First Steps to Understanding

Arabic

Hashim Mohamed

Al-Qalam Institute

First Steps to Understanding Arabic
First Edition 2021 (Second Print)

ISBN: 978-0-9576534-4-3

Printed in Turkey by Mega Printing

Compiler	**Hashim Mohamed**
Contact:	**Al-Qalam Institute**
	6 Sylvan Avenue,
	Leicester, LE5 3SN,
	United Kingdom
Email	info@alqalaminstitute.org
Website	www.alqalaminstitute.org
YouTube	www.youtube.com/alqalaminstitute
Telegram	https://t.me/AlQalamLeicester
	https://t.me/FSTUArabic

If you see any mistakes in this book, have any comments or suggestions, please feel free to contact us. Jazakallah.

Contents

بِسْمِ اللهِ الرَّحْمَنِ الرَّحِيمِ

All praise are due to Allah سُبْحَانَهُوَتَعَالَى, without whose help nothing is possible.

Alhamdulillah, through His grace and bounty, we present 'First Steps to Understanding Arabic'.

The Journey

In the year 2000, I started my journey in the Islamic Sciences, commencing with the study of various primers in Arabic language, written in Urdu, primarily for an Urdu speaking audience. Some of these books were exercise-based, which I greatly enjoyed, while others were merely rote memorised.

After graduating in 2005, one of the first books I taught was معلم الإنشاء. I enjoyed teaching this text as it involved practical application of Arabic. I liked the approach of introducing rules followed by exercises to help reinforce learning.

Teaching this book gave me an impetus to embark on my own journey of developing learner-friendly materials for my students. For approximately seven years I compiled notes and exercises, along with translation tips, taking on board students' feedback.

In 2012, I began teaching English speaking students who did not know Urdu. This posed a new challenge all together as it forced me to transfer all my work into English.

This led to the publication of the first two parts of 'Arabic a Step by Step Guide' in 2014, through the grace and mercy of Allah سُبْحَانَهُوَتَعَالَى. It was intended as a multiple part series. However, due to shortcomings in the structure and layout, I decided to start again.

After two years of numerous drafts, a new, easy-to-understand format was developed and published in 2016 as 'First Steps to

Understanding Nahw'. It covers the essentials of the Arabic language, in a simple, brief style.

Given the encouraging reception of 'First Steps to Understanding Nahw', over the next five years this project was expanded to encompass further explanation and many more concepts.

After a decade and a half of countless revisions, through the mercy of Allah سُبْحَانَهُوَتَعَالَى, I humbly present, 'First Steps to Understanding Arabic'. I ask Allah سُبْحَانَهُوَتَعَالَى and I also request you all to ask Him, that he accepts this work, overlooks its shortcomings, and makes it a means of reward in the hereafter.

Who is this book for?

This book is primarily aimed at students who wish to learn classical Arabic, in view of studying the Quran, Hadith and other Islamic material. Thus, the vocabulary used is largely from Quran, Hadith and classical Arabic.

'First Steps to Understanding Arabic' is not designed to teach students to converse in Arabic, nor to prepare students for Modern Standard Arabic.

Basic skills in reading and writing Arabic are required before studying this book.

Guidelines for Teachers

The concepts discussed in this book have been clearly explained for students to be able to practically apply them. Both the rules and vocabulary are reinforced, revisited, and built upon across units to support learning.

Exercises are, ideally, all completed verbally, as a class, so that rules can be implemented with ease. It is recommended that students then write out the tarkib of at least one sentence from each exercise.

We have adopted the concept of tarkib, popular within the Indian subcontinent, in a colour coded, diagrammatic form. When understood as an equivalent of classical irab its flaws are clear, (such as labelling a مَجْرُوْرٌ word as part of a فَاعِلٌ), however, our intent is in line with parsing; grouping words together to understand their role in translation, and not irab.

Exercises in translating from English to Arabic have not been included in this book as this can be incredibly challenging and time-consuming for beginners. However, as a supplementary exercise, students may write a few sentences of their own, using the vocabulary already used in the book.

Abundant written practice is useful not only to reinforce the acquired concepts, but also to develop handwriting and spelling.

Note that some Arabic rules that are easier for beginners to understand, despite being non-mainstream, are adopted. Examples of this approach include the irab of لَا لِنَفْيِ الْجِنْسِ and فِعْلُ امر, further labelling of the جَارٌّ and مَجْرُوْرٌ as مَفْعُوْلٌ غَيْرُ صَرِيْحٍ, assessing the شِبْهُ الْجُمْلَةِ after a مَعْرِفَةٌ etc.

Regardless of these extensions and slight variations, this textbook is a very comprehensive study of Arabic.

Acknowledgments

There are many people without whom this project would not have been possible.

May Allah سُبْحَانَهُوَتَعَالَى reward them all in this world and the hereafter for their contributions and help. Ameen.

UNIT 1

WORDS

Introduction: Words

Part 1: Nouns

Part 2: Verbs

Part 3: Particles

Supplement

Summary

Introduction: Words

In Arabic a word is called a كَلِمَةٌ. Words are divided into three categories: nouns, verbs, and particles.

Nouns

A noun is a name or a thing, e.g. man, pen, paper.

A noun is called an اِسْمٌ.

Nouns usually have an اَلْ at the beginning or a تَنْوِيْنٌ at the end.

قَلَمٌ	اَلْقَلَمُ

Verbs

A verb is an action, e.g. run, sit.

A verb is called a فِعْلٌ.

Verbs come in the following patterns:

اِفْتَحْ	يَفْتَحُ	فَتَحَ

Particles

A particle is usually a one- or two-letter word e.g. on, at.

A particle is called a حَرْفٌ.

عَلَى	إِلَى

Key Words

English	Arabic	English	Arabic
verb	فِعْلٌ ج أَفْعَالٌ	word	كَلِمَةٌ ج كَلِمَاتٌ
particle	حَرْفٌ ج حُرُوْفٌ	noun	اِسْمٌ ج أَسْمَاءٌ

Summary

Words (كَلِمَاتٌ)		
Noun (اِسْمٌ)	**Verb (فِعْلٌ)**	**Particle (حَرْفٌ)**
Name, Thing	Action	Two-Letter Words
قَلَمٌ اَلْقَلَمُ	اِفْتَحْ يَفْتَحُ فَتَحَ	لِ، مِنْ، فِيْ

Part 1: Nouns

Nouns have four important characteristics. These are:

1. Definite – Indefinite
2. Gender
3. Number
4. I'rab

DING is a mnemonic for remembering these characteristics.

D	efinite - Indefinite
I	'rab
N	umber
G	ender

Characteristic 1: Definite and Indefinite

Definite

A definite noun is either:

1. A proper noun (name) e.g. Muhammad.
2. A noun with the before it e.g. the pen.

   The اَلْ at the beginning of an Arabic noun is equivalent to the word the in English.

In Arabic, a definite noun is called مَعْرِفَةٌ.

اَلرَّسُوْلُ	مُحَمَّدٌ
the messenger	*Muhammad*

Adding اَلْ to a Noun

When اَلْ is added to a noun, sometimes the لَامٌ is pronounced, and sometimes it is not.

اَلرَّجُلُ	اَلْمَاءُ

The letters before which the لَامٌ is pronounced are called حُرُوْفٌ قَمَرِيَّةٌ, moon letters; letters which resemble the moon. Just as other stars are seen next to the moon, the لَامٌ is pronounced next to these letters.

The letters before which the لَامٌ is not pronounced are called حُرُوْفٌ شَمْسِيَّةٌ, sun letters; letters which resemble the sun. Just as other stars are not seen next to the sun, the لَامٌ is not pronounced next to

these letters. When the لَامٌ is not pronounced, it is absorbed into the first letter of the noun.
Remember, irrespective of whether the لَامٌ is pronounced or not, it must be written in all cases.
The following table presents the حُرُوْفٌ قَمَرِيَّةٌ and حُرُوْفٌ شَمْسِيَّةٌ.

حُرُوْفٌ قَمَرِيَّةٌ			
أ	اَلْأَبُ	ف	اَلْفَمُ
ب	اَلْبَابُ	ق	اَلْقَمَرُ
ج	اَلْجَنَّةُ	ك	اَلْكَلْبُ
ح	اَلْحِمَارُ	م	اَلْمَاءُ
خ	اَلْخُبْزُ	و	اَلْوَلَدُ
ع	اَلْعَيْنُ	ه	اَلْهَوَاءُ
غ	اَلْغَدَاءُ	ي	اَلْيَدُ

حُرُوْفٌ شَمْسِيَّةٌ			
ت	اَلتَّاجِرُ	ش	اَلشَّمْسُ
ث	اَلثَّوْبُ	ص	اَلصَّدْرُ
د	اَلدُّنْيَا	ض	اَلضَّيْفُ
ذ	اَلذَّهَبُ	ط	اَلطَّالِبُ
ر	اَلرَّجُلُ	ظ	اَلظُّهْرُ
ز	اَلزَّهْرَةُ	ل	اَللَّحْمُ
س	اَلسَّمَكُ	ن	اَلنَّجْمُ

Translation of اَلْ

The Arabic definite article, اَلْ, is usually translated as the English definite article, the.

اَلرَّسُوْلُ	اَلنَّبِيُّ
the messenger	*the prophet*

However, there are a few exceptions:

1. If the noun after اَلْ refers to something tangible in the general sense, اَلْ can be translated as a or omitted altogether.

اَلْأَوْلَادُ	اَلْوَلَدُ
children	*a child*

2. If the noun after اَلْ refers to something intangible.

اَلْعِلْمُ
knowledge

3. The word اَلْمَرْءُ. This is translated as a person.

اَلْمَرْءُ
a person

Indefinite

An indefinite noun is a noun with the letter a/an before it.

a pen	an angel

In Arabic, an indefinite noun is called نَكِرَةٌ. These words will have a تَنْوِيْنٌ at the end.

رَسُوْلٌ

a messenger

Translation of تَنْوِيْنٌ

Nouns with تَنْوِيْنٌ are translated as follows:

1. Singular words are translated as a.

رَسُوْلٌ

a messenger

2. Plural words are translated as some or a few.

طُلَّابٌ	طُلَّابٌ
some students	*a few students*

Vocab

Below is a list of new vocabulary. In the right column the Arabic word is given followed by its plural which is represented by a ج. The table reads from right to left in Arabic alphabetical order.

English	Arabic	English	Arabic
child	طِفْلٌ ج أَطْفَالٌ	imam, leader	إِمَامٌ ج أَئِمَّةٌ
pen	قَلَمٌ ج أَقْلَامٌ	woman	اِمْرَأَةٌ ج نِسَاءٌ، نِسْوَةٌ
book	كِتَابٌ ج كُتُبٌ	garden, heaven	جَنَّةٌ ج جَنَّاتٌ
chair	كُرْسِيٌّ ج كَرَاسِيُّ	lord, nourisher	رَبٌّ ج أَرْبَابٌ
teacher (male)	مُعَلِّمٌ ج مُعَلِّمُوْنَ	man	رَجُلٌ ج رِجَالٌ
teacher (female)	مُعَلِّمَةٌ ج مُعَلِّمَاتٌ	messenger	رَسُوْلٌ ج رُسُلٌ
desk	مَكْتَبٌ ج مَكَاتِبُ	student (male)	طَالِبٌ ج طُلَّابٌ
prophet	نَبِيٌّ ج أَنْبِيَاءُ، نَبِيُّوْنَ	student (female)	طَالِبَةٌ ج طَالِبَاتٌ

Exercise 1

Translate the following and state whether the words are مَعْرِفَةٌ or نَكِرَةٌ.

١) اَلرَّبُّ
٢) رَبٌّ
٣) اَلرَّسُوْلُ
٤) رَسُوْلٌ
٥) اَلنَّبِيُّ
٦) نَبِيٌّ
٧) اَلْكُتُبُ
٨) كُتُبٌ
٩) جَنَّةٌ
١٠) اَلإِمَامُ
١١) رَجُلٌ
١٢) اَلطَّالِبُ
١٣) طَالِبَةٌ
١٤) اَلْمَرْأَةُ
١٥) اَلطِّفْلُ
١٦) قَلَمٌ
١٧) اَلْكُرْسِيُّ
١٨) مُعَلِّمٌ
١٩) اَلْمُعَلِّمَةُ
٢٠) مَكَاتِبُ

Summary

<table>
<tr><td colspan="4">Word – كَلِمَةٌ</td></tr>
<tr><td colspan="4">Noun - اِسْمٌ</td></tr>
<tr><td colspan="4">Characteristic 1: Definite and Indefinite</td></tr>
<tr><td>Definite</td><td>مَعْرِفَةٌ</td><td>The</td><td>Name اَلْ</td></tr>
<tr><td>Indefinite</td><td>نَكِرَةٌ</td><td>A/An</td><td>تَنْوِيْنٌ</td></tr>
</table>

Characteristic 2: Gender

In Arabic, all nouns, living and non-living, have a grammatical gender; they are categorized as either masculine or feminine for grammatical purposes, even though they are neither male nor female.

Feminine Nouns

The Arabic term for feminine is مُؤَنَّث.
There are three types of feminine nouns.

Natural Gender

A noun is considered مُؤَنَّثٌ if it is feminine by natural gender.

أُمٌّ *mother*	مَرْيَمُ *Maryam*

Word with a Grammatical Sign

A word is also considered مُؤَنَّثٌ if it has an Arabic symbol for مُؤَنَّثٌ at the end of the word. One such symbol is التَّاءُ الْمَرْبُوْطَةُ, (ة).

السَّنَةُ *the year*	جَنَّةٌ *a garden*

Arab Usage

A word is also considered مُؤَنَّثٌ if the Arabs have used it as feminine in their grammar. These will be marked with the symbol (مث) to represent مُؤَنَّثٌ. Most body parts that occur in pairs and names of tribes fall under this category.

English	Arabic	English	Arabic
sun	شَمْسٌ ج شُمُوْسٌ (مث)	earth	أَرْضٌ ج أَرْضُوْنَ (مث)
eye, spring	عَيْنٌ ج أَعْيُنٌ، عُيُوْنٌ (مث)	world	دُنْيَا (مث)
fire	نَارٌ ج نِيْرَانٌ (مث)	foot	رِجْلٌ ج أَرْجُلٌ (مث)
soul	نَفْسٌ ج نُفُوْسٌ، أَنْفُسٌ (مث)	wind	رِيْحٌ ج رِيَاحٌ (مث)
hand	يَدٌ ج أَيْدٍ، أَيَادٍ (مث)	sky	سَمَاءٌ ج سَمَاوَاتٌ (مث)

Masculine Nouns

Aside from these three types of feminine nouns, all other nouns are masculine. The Arabic name for masculine is مُذَكَّرٌ.

Vocab

English	Arabic	English	Arabic
aunt (mother's sister)	خَالَةٌ ج خَالَاتٌ	sister	أُخْتٌ ج أَخَوَاتٌ
year	سَنَةٌ ج سَنَوَاتٌ، سِنُوْنَ	mother	أُمٌّ ج أُمَّهَاتٌ
child	طِفْلَةٌ ج أَطْفَالٌ	daughter	بِنْتٌ ج بَنَاتٌ
uncle (father's brother)	عَمٌّ ج أَعْمَامٌ	grandfather	جَدٌّ ج أَجْدَادٌ
night	لَيْلَةٌ، لَيْلٌ ج لَيَالٍ	grandmother	جَدَّةٌ ج جَدَّاتٌ

Exercise 2

Translate the following and state whether the words are مُذَكَّرٌ or مُؤَنَّثٌ.

١) أُخْتٌ
٢) اَلْجَدَّةُ
٣) سَمَاءٌ
٤) اَلْعَمُّ
٥) أُمٌّ
٦) خَالَةٌ
٧) مُعَلِّمٌ
٨) اَلْأُمَّهَاتُ
٩) بَنَاتٌ
١٠) طَالِبَةٌ
١١) نَارٌ
١٢) اَلبِنْتُ
١٣) اَلْجَنَّةُ
١٤) أَرْضٌ
١٥) اَلْجَدُّ
١٦) اَلسَّنَةُ
١٧) نُفُوْسٌ
١٨) اَلطِّفْلَةُ
١٩) اَللَّيْلَةُ
٢٠) نِسَاءٌ

Summary

Word – كَلِمَةٌ			
Noun - اسْمٌ			
Characteristic 2: Gender			
Masculine	مُذَكَّر		رَجُل
Feminine	مُؤَنَّث	Natural Gender	أُمّ
		Grammatical Sign	جَنَّة
		Arab Usage	أَرْض

Characteristic 3: Number

Nouns can be singular (boy) or plural (boys). In Arabic, nouns can also be dual i.e. referring to two items or units.

Singular

Singular nouns are called مُفْرَدٌ.

Dual

Dual nouns are called مُثَنًّى. In Arabic, there is a distinct way to show the dual form.

Forming the Dual

Duals are made from the مُفْرَدٌ by

1. Placing a فَتْحَةٌ on the last letter of the word.
2. Adding ـانِ.

رَجُلَانِ two men	⇦	رَجُلٌ + ـانِ a man

If ـانِ is added after a round ة, it will be written like a normal ت.

جَنَّتَانِ two heavens	⇦	جَنَّةٌ + ـانِ heaven

Dual as مَعْرِفَةٌ and نَكِرَةٌ

A dual word will never have a تَنْوِيْنٌ. It can, however, have an اَلْ. Therefore, if it has an اَلْ it will be مَعْرِفَةٌ and if it does not have an اَلْ it will be نَكِرَةٌ, even though it does not have a تَنْوِيْنٌ.

نَكِرَةٌ	مَعْرِفَةٌ
رَجُلَانِ *two men*	الرَّجُلَانِ *the two men*

Exercise 3

Translate the following.

١) جَدَّانِ ٤) اَلْخَالَتَانِ ٧) اِمْرَأَتَانِ ١٠) اَلْمُعَلِّمَانِ ١٣) اَلطِّفْلَتَانِ ١٦) اَللَّيْلَتَانِ

٢) اَلْعَمَّانِ ٥) جَنَّتَانِ ٨) إِمَامَانِ ١١) أُمَّانِ ١٤) اَلْقَلَمَانِ ١٧) أُخْتَانِ

٣) يَدَانِ ٦) اَلرَّجُلَانِ ٩) اَلْعَيْنَانِ ١٢) اَلْبِنْتَانِ ١٥) سَنَتَانِ ١٨) رِيْحٌ

Exercise 4

Make the following words مُثَنًّى.

١) اَلسَّنَةُ ٤) يَدٌ ٧) إِمَامٌ ١٠) خَالَةٌ ١٣) جَنَّةٌ ١٦) اَلرَّجُلُ

٢) كِتَابٌ ٥) اَلطِّفْلَةُ ٨) مَكْتَبٌ ١١) اَلْعَمُّ ١٤) اَلْجَنَّةُ ١٧) اِمْرَأَةٌ

٣) أَرْضٌ ٦) مُعَلِّمَةٌ ٩) اَللَّيْلَةُ ١٢) أُخْتٌ ١٥) عَيْنٌ ١٨) اَلْمَرْأَةُ

Plural

In Arabic plurals are called جَمْعٌ. There are two types of plurals in Arabic: regular and irregular.

Regular Plurals

A regular plural is one that follows a fixed pattern. This type of plural is called اَلْجَمْعُ السَّالِمُ. This is used for both مُذَكَّرٌ and مُؤَنَّثٌ words.

جَمْعُ الْمُذَكَّرِ السَّالِمُ

The masculine version, جَمْعُ الْمُذَكَّرِ السَّالِمُ, is made by placing a ضَمَّةٌ on the last letter of the مُفْرَدٌ; and then adding ـُوْنَ.

مُسْلِمُوْنَ *believers*	⇦	مُسْلِمٌ + ـُوْنَ *a believer*

جَمْعُ الْمُؤَنَّثِ السَّالِمُ

The feminine version, جَمْعُ الْمُؤَنَّثِ السَّالِمُ, is made by removing the ة, placing a فَتْحَةٌ on the last letter, and then adding ـاتٌ.

مُسْلِمَاتٌ *believing women*	⇦	مُسْلِمَةٌ + ـاتٌ *a believing woman*

Remember, the round ة / ـة is a sign of a singular word being مُؤَنَّثٌ, and the ـاتٌ is a sign of a plural word being مُؤَنَّثٌ.

Notes

The words one(s) or person/people may need to be added to the translation of some nouns.

اَلصَّادِقُوْنَ

The truthful ones
The truthful people

Vocab

The جَمْعُ الْمُذَكَّرِ السَّالِمُ is denoted with وْنَ, and the جَمْعُ الْمُؤَنَّثِ السَّالِمُ with اتٌ.

English	Arabic	English	Arabic
transgressor	فَاسِقٌ ج وْنَ	sitting	جَالِسٌ ج وْنَ
hardworking	مُجْتَهِدٌ ج وْنَ	thankful	شَاكِرٌ ج وْنَ
sincere	مُخْلِصٌ ج وْنَ	patient	صَابِرٌ ج وْنَ
Muslim	مُسْلِمٌ ج وْنَ	truthful	صَادِقٌ ج وْنَ
believer	مُؤْمِنٌ ج وْنَ	pious	صَالِحٌ ج وْنَ

Exercise 5

Translate the following.

١) اَلْمُسْلِمُ
٢) مُسْلِمُوْنَ
٣) صَادِقٌ
٤) اَلصَّادِقُوْنَ
٥) صَابِرَانِ
٦) جَالِسُوْنَ
٧) مُؤْمِنُوْنَ
٨) اَلشَّاكِرُوْنَ
٩) مُخْلِصُوْنَ
١٠) صَالِحُوْنَ
١١) اَلْفَاسِقُوْنَ
١٢) اَلْمُعَلِّمُوْنَ
١٣) مُجْتَهِدُوْنَ
١٤) اَلصَّالِحُوْنَ
١٥) اَلنَّبِيُّوْنَ
١٦) صَابِرُوْنَ

Exercise 6

Translate the following.

١) اَلْجَنَّاتُ
٢) اَلْمُجْتَهِدَاتُ
٣) اَلصَّابِرَاتُ
٤) اَلْمُسْلِمَاتُ
٥) اَلْبَنَاتُ
٦) سَنَوَاتٌ
٧) أَخَوَاتٌ
٨) اَلصَّادِقَاتُ
٩) جَالِسَاتٌ
١٠) اَلطَّالِبَاتُ
١١) خَالَاتٌ
١٢) اَلْمُخْلِصَتَانِ
١٣) مُؤْمِنَاتٌ
١٤) اَلشَّاكِرَاتُ
١٥) اَلْفَاسِقَةُ
١٦) اَلصَّالِحَاتُ

Irregular Plurals

An irregular plural is one that does not follow a fixed pattern. This is called اَلْجَمْعُ الْمُكَسَّرُ.

نَهْرٌ ⬅ أَنْهارٌ　　　　رَسُوْلٌ ⬅ رُسُلٌ

There is no rule to these plurals; they must be learnt.

Vocab

English	Arabic	English	Arabic
servant	عَبْدٌ ج عِبَادٌ	father	أَبٌ ج آبَاءٌ
nation	قَوْمٌ ج أَقْوَامٌ	brother	أَخٌ ج إِخْوَانٌ، إِخْوَةٌ
people	نَاسٌ ج أُنَاسٌ	mountain	جَبَلٌ ج جِبَالٌ
star	نَجْمٌ ج نُجُوْمٌ	chapter	سُوْرَةٌ ج سُوَرٌ
child, son	وَلَدٌ ج أَوْلَادٌ	guest	ضَيْفٌ ج ضُيُوْفٌ

Exercise 7

Translate the following.

١) آبَاءٌ　٤) اَلإِخْوَانُ　٧) إِخْوَةٌ　١٠) أَقْوَامٌ　١٣) اَلْأَرْبَابُ　١٦) جَنَّاتٌ

٢) اَلسُّوَرُ　٥) اَلْجِبَالُ　٨) اَلْكُتُبُ　١١) اَلْعِبَادُ　١٤) اَلْأَنْبِيَاءُ　١٧) اَلرِّجَالُ

٣) اَلضُّيُوْفُ　٦) اَلنُّجُوْمُ　٩) اَلْأَقْلَامُ　١٢) اَلْأَطْفَالُ　١٥) رُسُلٌ　١٨) اَلنِّسَاءُ

Summary

Word – كَلِمَةٌ				
Noun - اسْمٌ				
Characteristic 3: Number				
Singular	مُفْرَدٌ			مُسْلِمٌ، مُسْلِمَةٌ
Dual	مُثَنَّى			مُسْلِمَانِ، مُسْلِمَتَانِ
Plural	جَمْعٌ	سَالِمٌ	مُذَكَّرٌ	مُسْلِمُوْنَ
			مُؤَنَّثٌ	مُسْلِمَاتٌ
		مُكَسَّرٌ		رِجَالٌ، نِسَاءٌ

Characteristic 4: Irab

In Arabic, nouns occur in three states according to their grammatical function, irab, in the sentence. These three states are:

1. مَرْفُوْعٌ
2. مَنْصُوْبٌ
3. مَجْرُوْرٌ

This is like the English pronouns I, me and my: they all have similar meanings, but each is used for a different grammatical function.

Subject	Object	Possession
I am a student.	*You heard me.*	*This is my book.*

The different grammatical functions will be discussed in the next unit.

Declinable and Non-Declinable Nouns

Nouns are of two types according to their endings:

1. Non-Declinable Nouns: These are nouns whose endings do not change to reflect their grammatical state. In Arabic, these are called مَبْنِيٌ.
2. Declinable Nouns: These are nouns whose endings change to reflect their grammatical state. In Arabic, these are called مُعْرَبٌ.

There are six primary types of مُعْرَبٌ words:

1. الْمُفْرَدُ	4. جَمْعُ الْمُذَكَّرِ السَّالِمُ
2. الْجَمْعُ الْمُكَسَّرُ	5. جَمْعُ الْمُؤَنَّثِ السَّالِمُ
3. الْمُثَنّٰى	6. غَيْرُ مُنْصَرِفٍ

The first five types have already been discussed. The sixth, غَيْرُ مُنْصَرِفٍ, will be discussed here.

غَيْرُ مُنْصَرِفٍ

There are some special Arabic words called غَيْرُ مُنْصَرِفٍ. These words do not have تَنْوِيْنٌ nor كَسْرَةٌ.

There are three types of غَيْرُ مُنْصَرِف words:

1. Names
2. Plurals
3. Adjectives

Names

The following five types of names are غَيْرُ مُنْصَرِفٍ words:

1. Non-Arabic names

   إِبْرَاهِيْمُ

2. Feminine names

   آمِنَةُ

   This also includes masculine names that end in a ة

   حَمْزَةُ

3. Names in a pattern of a verb اَفْعَلُ

   أَحْمَدُ

4. Names in the pattern of فُعَلُ

   عُمَرُ

5. Names ending with ـان

   عُثْمَانُ

Notes

1. A key to remember these five is as follows:

   The great grandfather of the Prophet ﷺ (إِبْرَاهِيْمُ),
   his mother (آمِنَةُ), his name (أَحْمَدُ),
   his second (عُمَرُ) and third Khalif (عُثْمَانُ).

2. All names of the prophets are غَيْرُ مُنْصَرِفٍ apart from the following:

   نُوْحٌ، شُعَيْبٌ، هُوْدٌ، صَالِحٌ، لُوْطٌ، مُحَمَّدٌ

28

In the following table, some commonly used names from the Quran and Ahadith are mentioned.

Male Names								Female Names		
مُنْصَرِفٌ			غَيْرُ مُنْصَرِفٍ					غَيْرُ مُنْصَرِفٍ		
عَمَّارٌ	سَعِيْدٌ	بِلَالٌ	هَارُوْنُ	عُمَرُ	زَمْزَمُ	آدَمُ	إِبْلِيْسُ	سَوْدَةُ	خَدِيْجَةُ	أَسْمَاءُ
عَمْرٌو	شُعَيْبٌ	جَعْفَرٌ	هَامَانُ	عِمْرَانُ	سَلْمَانُ	جِبْرِيْلُ	إِدْرِيْسُ	فَاطِمَةُ	خَوْلَةُ	أُمَامَةُ
لُوْطٌ	عَامِرٌ	خَالِدٌ	يَعْقُوْبُ	فِرْعَوْنُ	سُلَيْمَانُ	حُذَيْفَةُ	أُسَامَةُ	مَارِيَةُ	رُقَيَّةُ	جُوَيْرِيَّةُ
مُصْعَبٌ	عَبَّاسٌ	خَبَّابٌ	يُوْسُفُ	لُقْمَانُ	طَلْحَةُ	حَمْزَةُ	إِلْيَاسُ	مَرْيَمُ	زَيْنَبُ	حَفْصَةُ
نُوْحٌ	عُزَيْرٌ	زُبَيْرٌ	يُوْنُسُ	مِيْكَائِيْلُ	عُبَيْدَةُ	دَاوُوْدُ	أَيُّوْبُ	نُسَيْبَةُ	سُمَيَّةُ	حَمْنَةُ

Plurals

Broken plurals in the patterns below are غَيْرُ مُنْصَرِفٍ. They only have one ضَمَّة.

قَرَاطِيْسُ	مَدَارِسُ	أَشْيَاءُ	عُلَمَاءُ	أَنْبِيَاءُ
papers	*schools*	*things*	*learned*	*prophet*

A key to remember these five is as follows:

The أَنْبِيَاءُ (prophets) passed on knowledge to the عُلَمَاءُ (learned) who taught أَشْيَاءُ (things) in مَدَارِسُ (schools) using قَرَاطِيْسُ (papers).

Vocab

English	Arabic	English	Arabic
paper (sheet of)	قِرْطَاسٌ ج قَرَاطِيْسُ	thing	شَيْءٌ ج أَشْيَاءُ
school, place of study	مَدْرَسَةٌ ج مَدَارِسُ	scholar	عَالِمٌ ج عُلَمَاءُ

Adjectives

Some adjectives are غَيْرُ مُنْصَرِفٍ; namely those in the pattern of أَفْعَلُ and فَعْلَانُ.

غَضْبَانُ	أَحْمَرُ
angry	*red*

A key to remember these two is as follows:

This list made me غَضْبَانُ (angry) and my face turned أَحْمَرُ (red).

Irab Table of Nouns

The following table summarises the types of nouns and the way they express each state.

		مَرْفُوْعٌ	مَنْصُوْبٌ	مَجْرُوْرٌ
1	الْمُفْرَدُ	ضَمَّةٌ	فَتْحَةٌ	كَسْرَةٌ
		كتابٌ	كِتَابًا	كِتَابٍ
2	الْجَمْعُ الْمُكَسَّرُ	ضَمَّةٌ	فَتْحَةٌ	كَسْرَةٌ
		كُتُبٌ	كُتُبًا	كُتُبٍ
3	الْمُثَنَّى	(ـَانِ)	(ـَيْنِ)	
		مُسْلِمَانِ	مُسْلِمَيْنِ	
4	جَمْعُ الْمُذَكَّرِ السَّالِمِ	(ـُوْنَ)	(ـِيْنَ)	
		مُسْلِمُوْنَ	مُسْلِمِيْنَ	
5	جَمْعُ الْمُؤَنَّثِ السَّالِمِ	ضَمَّةٌ (ـَاتٌ)	كَسْرَةٌ (ـَاتٍ)	
		مُسْلِمَاتٌ	مُسْلِمَاتٍ	
6	غَيْرُ مُنْصَرِفٍ	ضَمَّةٌ	فَتْحَةٌ	
		إِبْرَاهِيْمُ، أَنْبِيَاءُ	إِبْرَاهِيْمَ، أَنْبِيَاءَ	
*	مَبْنِيٌّ	Unchanged		
		هٰذَا	هٰذَا	هٰذَا

Exercise 8

Translate the following and state the irab of the word and its sign.

١) عَبْدٌ
٢) الْعَبْدَ
٣) عَبْدٍ
٤) الْعِبَادُ
٥) عِبَادًا
٦) الْعِبَادِ
٧) عَبْدَانِ
٨) الْعَبْدَيْنِ
٩) مُسْلِمُوْنَ
١٠) الْمُسْلِمِيْنَ
١١) مُؤْمِنَاتٌ
١٢) الْمُؤْمِنَاتِ
١٣) إِبْرَاهِيْمُ
١٤) إِسْمَاعِيْلَ
١٥) أَنْبِيَاءُ
١٦) أَنْبِيَاءَ

Summary

<table>
<tr><th colspan="4">Word – كَلِمَةٌ</th></tr>
<tr><th colspan="4">Noun - اسْمٌ</th></tr>
<tr><th colspan="4">Characteristic 1: Definite and Indefinite</th></tr>
<tr><td>Definite</td><td>مَعْرِفَةٌ</td><td>The</td><td>Name اَلْ،</td></tr>
<tr><td>Indefinite</td><td>نَكِرَةٌ</td><td>A</td><td>تَنْوِيْنٌ</td></tr>
<tr><th colspan="4">Characteristic 2: Gender</th></tr>
<tr><td>Masculine</td><td>مُذَكَّرٌ</td><td colspan="2">رَجُلٌ</td></tr>
<tr><td rowspan="3">Feminine</td><td rowspan="3">مُؤَنَّثٌ</td><td>Natural Gender</td><td>أُمٌّ</td></tr>
<tr><td>Grammatical Sign (ة)</td><td>جَنَّةٌ</td></tr>
<tr><td>Arabic Usage</td><td>أَرْضٌ</td></tr>
</table>

<table>
<tr><th colspan="5">Characteristic 3: Number</th></tr>
<tr><td>Singular</td><td colspan="3">مُفْرَدٌ</td><td>مُسْلِمٌ، مُسْلِمَةٌ</td></tr>
<tr><td>Dual</td><td colspan="3">مُثَنًّى</td><td>مُسْلِمَانِ، مُسْلِمَتَانِ</td></tr>
<tr><td rowspan="3">Plural</td><td rowspan="3">جَمْعٌ</td><td rowspan="2">سَالِمٌ</td><td>مُذَكَّرٌ</td><td>مُسْلِمُوْنَ</td></tr>
<tr><td>مُؤَنَّثٌ</td><td>مُسْلِمَاتٌ</td></tr>
<tr><td colspan="2">مُكَسَّرٌ</td><td>رِجَالٌ، نِسَاءٌ</td></tr>
</table>

<table>
<tr><th colspan="8">Characteristic 4: Grammatical States</th></tr>
<tr><td rowspan="2"></td><td colspan="6">مُعْرَبٌ
(Declinable Nouns)</td><td rowspan="2">مَبْنِيٌّ
(Non-Declinable Nouns)</td></tr>
<tr><td>مُفْرَدٌ</td><td>الْجَمْعُ الْمُكَسَّرِ</td><td>الْمُثَنَّى</td><td>جَمْعُ الْمُذَكَّرِ السَّالِمُ</td><td>جَمْعُ الْمُؤَنَّثِ السَّالِمُ</td><td>غَيْرُ مُنْصَرِفٍ</td></tr>
<tr><td>مَرْفُوْعٌ</td><td>ـٌ</td><td>ـٌ</td><td>ـَانِ</td><td>ـُوْنَ</td><td>ـَاتٌ</td><td>ـُ</td><td rowspan="3">Unchanged</td></tr>
<tr><td>مَنْصُوْبٌ</td><td>ـً</td><td>ـً</td><td rowspan="2">ـَيْنِ</td><td rowspan="2">ـِيْنَ</td><td rowspan="2">ـَاتٍ</td><td rowspan="2">ـَ</td></tr>
<tr><td>مَجْرُوْرٌ</td><td>ـٍ</td><td>ـٍ</td></tr>
</table>

31

Part 2: Verbs

A verb, فِعْلٌ, is a word that shows an action:

hit, run, read

Verbs have five important characteristics.

1. Tense
2. Irab
3. Affirmative and Negative
4. Gender
5. Voice

VoTING is a mnemonic for remembering these characteristics.

Vo	ice
T	ense
I	rab
N	egative and Affirmative
G	ender

Characteristic 1: Tense

In Arabic, a verb can come in three tenses:

اَلْمَاضِيْ

اَلْمَاضِيْ is the past tense. It shows that the action took place in the past.

ذَهَبَ زَيْدٌ

Zaid went.

اَلْمُضَارِعُ

اَلْمُضَارِعُ shows three tenses:

1. Present habitual: the action takes place regularly.

   Zaid goes.

2. Present continuous: the action is taking place right now.

   Zaid is going.

3. Future: The action will take place in the future.

   Zaid will go.

   The context of the sentence or paragraph will help determine which tense is being referred to.

   A فِعْلٌ مُضَارِعٌ has a ي at the beginning.

يَذْهَبُ زَيْدٌ

Zaid goes.	*Zaid is going.*	*Zaid will go.*

اَلْأَمْرُ

اَلْأَمْرُ is the imperative tense, i.e. command.

اِذْهَبْ

Go.

Vocab

Below is a list of new verbs. In the right column الْمَاضِي, الْمُضَارِعُ, and الْمَصْدَرُ of the verb is given. الْمَصْدَرُ will be explained later.

English	Arabic	English	Arabic
to go	ذَهَبَ يَذْهَبُ ذَهَابًا	to wake up	اِسْتَيْقَظَ يَسْتَيْقِظُ اسْتِيْقَاظًا
to fall	سَقَطَ يَسْقُطُ سُقُوْطًا	to believe	آمَنَ يُؤْمِنُ إِيْمَانًا
to fast	صَامَ يَصُوْمُ صَوْمًا، صِيَامًا	to break, become broken	اِنْكَسَرَ يَنْكَسِرُ انْكِسَارًا
to stand	قَامَ يَقُوْمُ قِيَامًا	to come	جَاءَ يَجِيْءُ مَجِيْئًا
to sleep	نَامَ يَنَامُ نَوْمًا	to sit	جَلَسَ يَجْلِسُ جُلُوْسًا

Exercise 1

Translate the following, mentioning all the tenses.

١) آمَنَ زَيْدٌ
٢) يُؤْمِنُ زَيْدٌ
٣) يَجِيْءُ خَالِدٌ
٤) يَجْلِسُ إِبْرَاهِيْمُ
٥) يَذْهَبُ أَحْمَدُ
٦) يَصُوْمُ مُوْسَى
٧) قَامَ مُحَمَّدٌ
٨) يَقُوْمُ مُحَمَّدٌ
٩) سَقَطَ الْكِتَابُ
١٠) يَسْقُطُ الْكِتَابُ
١١) انْكَسَرَ الْكُرْسِيُّ
١٢) يَنْكَسِرُ الْكُرْسِيُّ

Exercise 2

Change the فِعْلٌ مَاضٍ in the following sentences to مُضَارِعٌ.

١) آمَنَ أَحْمَدُ
٢) اِنْكَسَرَ الْقَلَمُ
٣) جَاءَ أَحْمَدُ
٤) جَلَسَ إِبْرَاهِيْمُ
٥) ذَهَبَ أَحْمَدُ
٦) اِسْتَيْقَظَ خَالِدٌ
٧) صَامَ مُوْسَى
٨) سَقَطَ زَيْدٌ
٩) نَامَ الْأَبُ
١٠) قَامَ الْأَخُ
١١) نَامَ الْعَمُّ
١٢) صَامَ الْعِبَادُ

Summary

Word – كَلِمَةٌ			
Verb – فِعْلٌ			
Characteristic 1: Tense			
اَلْمَاضِي	Past	Zaid went	ذَهَبَ زَيْدٌ
اَلْمُضَارِعُ	Present Habitual	Zaid goes	يَذْهَبُ زَيْدٌ
	Present Continuous	Zaid is going	
	Future	Zaid will go	
اَلْأَمْرُ	Imperative	Go	اِذْهَبْ

Characteristic 2: Irab

In Arabic, verbs can either be مَبْنِيٌ or مُعْرَبٌ.

Irab of اَلْفِعْلُ الْمَاضِي

اَلْفِعْلُ الْمَاضِي is مَبْنِيٌ, non-declinable, and does not occur in any state.

Irab of اَلْفِعْلُ الْمُضَارِعُ

الْفِعْلُ الْمُضَارِعُ is مُعْرَبٌ, declinable, and can occur in three states. These three states are:

1. مَرْفُوْعٌ
2. مَنْصُوْبٌ
3. مَجْزُوْمٌ

Irab of فِعْلُ الْأَمْرِ

فِعْلُ الْأَمْرِ only occurs in the مَجْزُوْمٌ state.

Irab Table of Verbs

The following table summarises the irab of verbs.

		مَرْفُوْعٌ	مَنْصُوْبٌ	مَجْزُوْمٌ
1	الْفِعْلُ الْمَاضِي	*	*	*
		*	*	*
2	الْفِعْلُ الْمُضَارِعُ	ضَمَّةٌ	فَتْحَةٌ	سُكُوْنٌ
		يَفْعَلُ	يَفْعَلَ	يَفْعَلْ
3	فِعْلُ الْأَمْرِ	*	*	سُكُوْنٌ
		*	*	اِفْعَلْ

Notes

1. If the middle letter of a فِعْلٌ مُضَارِعٌ is an أَلِفٌ, وَاوٌ or يَاءٌ, it will drop in the مَجْزُوْمٌ state.

   لَمْ يَقُوْمْ → لَمْ يَقُمْ

2. If the last letter of a فِعْلٌ مُضَارِعٌ is an أَلِفٌ, وَاوٌ or يَاءٌ,
   a) it will drop in the مَجْزُوْمٌ state.

   لَمْ يُعْطِيْ → لَمْ يُعْطِ

   b) its ضَمَّةٌ will drop in the مَرْفُوْعٌ state.

   يُعْطِيُ → يُعْطِيْ   يَرَيُ → يَرٰى

Vocab

English	Arabic	English	Arabic
to ask	سَأَلَ يَسْأَلُ سُؤَالًا	to give	أَعْطَى يُعْطِيْ إِعْطَاءً
to hear, listen	سَمِعَ يَسْمَعُ سَمْعًا	to make	جَعَلَ يَجْعَلُ جَعْلًا
to oppress	ظَلَمَ يَظْلِمُ ظُلْمًا	to see	رَأَى يَرَى رُؤْيَةً
to die	مَاتَ يَمُوْتُ مَوْتًا	to travel	سَافَرَ يُسَافِرُ مُسَافَرَةً

Exercise 3

State the irab of the following مُضَارِعٌ verbs.

١) يُسَافِرْ　٣) يَسْأَلُ　٥) يَجِيْءُ　٧) يَجْعَلْ　٩) يَرَى　١١) يَقُوْمَ

٢) يَقُمْ　٤) يَسْمَعَ　٦) يَجْلِسَ　٨) يَذْهَبْ　١٠) يَظْلِمْ　١٢) يَمُتْ

Summary

Word – كَلِمَةٌ			
Verb – فِعْلٌ			
Characteristic 2: Irab			
اَلْمَاضِي	مَبْنِيٌّ		
اَلْمُضَارِعُ	مُعْرَبٌ	مَرْفُوْعٌ	ـُ
اَلْمُضَارِعُ	مُعْرَبٌ	مَنْصُوْبٌ	ـَ
اَلْمُضَارِعُ	مُعْرَبٌ	مَجْزُوْمٌ	ـْ
اَلْأَمْرُ			

Characteristic 3: Affirmative – Negative

Verbs are either affirmative or negative.

Affirmative means the verb shows that the action took place. This is called مُثْبَتٌ.

Zaid sat.

Negative means the verb shows that the action did not take place. This is called مَنْفِيٌّ.

Zaid did not sit.

A verb is مَنْفِيٌّ when it is preceded by a حَرْفُ نَفْيٍ, a negative particle. A verb without such a particle will be مُثْبَتٌ.

Negative Particles

There are various particles to make a verb negative. We will discuss each one in detail. However, the following table summarises them.

Particle	Verb that follows	Tense of The Verb After Adding the حَرْفُ نَفْيٍ	Translation	Example
لَمْ	اَلْمُضَارِعُ	Past	Zaid did not go.	لَمْ يَذْهَبْ زَيْدٌ
ما	اَلْمَاضِي	Past	Zaid did not go.	مَا ذَهَبَ زَيْدٌ
	اَلْمُضَارِعُ	Present	Zaid is not going.	مَا يَذْهَبُ زَيْدٌ
لَا		Present/ Future	Zaid does not go. Zaid is not going. Zaid will not go.	لَا يَذْهَبُ زَيْدٌ
لَنْ		Future	Zaid will **not** go.	لَنْ يَذْهَبَ زَيْدٌ

Negative Particles for الْمَاضِي

الْمَاضِي is made negative by adding the particle مَا at the beginning.

مَا ذَهَبَ زَيْدٌ

Zaid did not go.

Negative Particles for الْمُضَارِعُ

الْمُضَارِعُ is made مَنْفِيٌّ by adding any of the following particles:

1. لَمْ: This gives الْمُضَارِعُ a negative meaning in the past tense.

   لَمْ يَذْهَبْ زَيْدٌ

   Zaid did not go.

   The فِعْلٌ مُضَارِعٌ after لَمْ will be in the مَجْزُوْمٌ state.
2. مَا: This gives الْمُضَارِعُ a negative meaning in the present tense, habitual or continuous.

   مَا يَذْهَبُ زَيْدٌ

   Zaid does not go. *Zaid is not going.*
3. لَا: This gives الْمُضَارِعُ a negative meaning which can be either the present, (habitual or continuous), or future tense.

   لَا يَذْهَبُ زَيْدٌ

   Zaid does not go. *Zaid is not going.* *Zaid will not go.*
4. لَنْ: This gives الْمُضَارِعُ an emphatic negative meaning in the future tense.

   لَنْ يَذْهَبَ زَيْدٌ

   Zaid will not go.

   The فِعْلٌ مُضَارِعٌ after it will be in the مَنْصُوْبٌ state.

Summary of the Negative Particles

The following table summarises all the negative particles.

Future	Present		Past	
لَنْ	لَا	مَا		لَمْ
لَن يَذْهَبَ زَيْدٌ	لَا يَذْهَبُ زَيْدٌ	مَا يَذْهَبُ زَيْدٌ	مَا ذَهَبَ زَيْدٌ	لَمْ يَذْهَبْ زَيْدٌ
Zaid will <u>not</u> go.	Zaid will not go.	Zaid is not going. Zaid does not go.	Zaid did not go.	

Exercise 4

Translate the following. Ensure you translate the tense correctly. Where it is possible to have more than one tense, mention all of them.

١) لَا يَسْمَعُ زَيْدٌ

٢) لَن يَّسْمَعَ زَيْدٌ

٣) مَا سَمِعَ زَيْدٌ

٤) لَمْ يَسْمَعْ زَيْدٌ

٥) مَا يَسْمَعُ زَيْدٌ

٦) لَمْ يَسْتَيْقِظْ خَالِدٌ

٧) مَا اسْتَيْقَظَ خَالِدٌ

٨) مَا يَسْتَيْقِظُ خَالِدٌ

٩) لَن يَّسْقُطَ خَالِدٌ

١٠) لَا يَسْقُطُ خَالِدٌ

١١) مَا يُعْطِي إِبْرَاهِيمُ

١٢) مَا أَعْطَى إِبْرَاهِيمُ

١٣) لَن يُعْطِيَ إِبْرَاهِيمُ

١٤) لَمْ يُعْطِ إِبْرَاهِيمُ

١٥) لَا يُعْطِي إِبْرَاهِيمُ

١٦) لَمْ يَظْلِمْ مُحَمَّدٌ

١٧) لَن يَّظْلِمَ مُحَمَّدٌ

١٨) لَا يَظْلِمُ مُحَمَّدٌ

١٩) مَا يَظْلِمُ مُحَمَّدٌ

٢٠) مَا ظَلَمَ مُحَمَّدٌ

Summary

<table>
<tr><td colspan="6">Word – كَلِمَةٌ</td></tr>
<tr><td colspan="6">Verb – فِعْلٌ</td></tr>
<tr><td colspan="6">Characteristic 3: Affirmative and Negative</td></tr>
<tr><td>Affirmative</td><td colspan="3">مُثْبَتٌ</td><td colspan="2">ذَهَبَ زَيْدٌ</td></tr>
<tr><td rowspan="5">Negative</td><td rowspan="5">مَنْفِيٌّ</td><td>لَمْ</td><td>الْمُضَارِعُ (مَجْزُوْمٌ)</td><td>Past</td><td>لَمْ يَذْهَبْ زَيْدٌ</td></tr>
<tr><td rowspan="2">ما</td><td>الْمَاضِي</td><td>Past</td><td>مَا ذَهَبَ زَيْدٌ</td></tr>
<tr><td>الْمُضَارِعُ</td><td>Present</td><td>مَا يَذْهَبُ زَيْدٌ</td></tr>
<tr><td>لَا</td><td>الْمُضَارِعُ</td><td>Present / Future</td><td>لَا يَذْهَبُ زَيْدٌ</td></tr>
<tr><td>لَنْ</td><td>الْمُضَارِعُ (مَنْصُوْبٌ)</td><td>Future</td><td>لَن يَّذْهَبَ زَيْدٌ</td></tr>
</table>

Characteristic 4: Gender

Verbs are classified as masculine, مُذَكَّرٌ, or feminine, مُؤَنَّثٌ for grammatical purposes.

The verbs given in the vocabulary lists are مُذَكَّرٌ; فَعَلَ and يَفْعَلُ.

اَلْفِعْلُ الْمَاضِيْ is made مُؤَنَّثٌ by adding a تْ, التَّاءُ الْمَفْتُوْحَةُ, at the end.

فَعَلَ	⇦	فَعَلَتْ

الْفِعْلُ الْمُضَارِعُ is made مُؤَنَّثٌ by changing the ي at the beginning to a ت.

يَفْعَلُ	⇦	تَفْعَلُ

Exercise 5

Make the following verbs مُؤَنَّثٌ.

١) جَعَلَ	٥) سَافَرَ	٩) ظَلَمَ	١٣) اسْتَيْقَظَ	١٧) نَامَ
٢) يَجْعَلُ	٦) يُسَافِرُ	١٠) يَظْلِمُ	١٤) يَسْتَيْقِظُ	١٨) يَنَامُ
٣) سَأَلَ	٧) مَاتَ	١١) سَمِعَ	١٥) سَقَطَ	١٩) انْكَسَرَ
٤) يَسْأَلُ	٨) يَمُوْتُ	١٢) يَسْمَعُ	١٦) يَسْقُطُ	٢٠) يَنْكَسِرُ

Summary

Word – كَلِمَةٌ				
Verb – فِعْلٌ				
Characteristic 4: Gender				
مُذَكَّرٌ	الْمَاضِيْ	فَعَلَ	الْمُضَارِعُ	يَفْعَلُ
مُؤَنَّثٌ	الْمَاضِيْ	فَعَلَتْ	الْمُضَارِعُ	تَفْعَلُ

Characteristic 5: Voice

Verbs can be divided into two categories according to their voice:

1. Active voice
2. Passive voice

Active Voice

The active voice uses a verb in which the subject carries out the action upon the object.

عَرَفَ الرَّجُلُ الْوَلَدَ

The man recognised the boy.

In this sentence, the man is doing the recognising.
This is called فِعْلٌ مَعْلُوْمٌ.

Passive Voice

The passive voice uses a verb in which the subject is the recipient of the verb's action.

عُرِفَ الْوَلَدُ

The boy was recognised.

In this sentence, the boy is the recipient of the verb recognising.
The passive voice is called فِعْلٌ مَجْهُوْلٌ.
The active voice of the verb is given in the vocabulary list. The passive voice is formed from the active voice.

📖 Vocab

English	Arabic	English	Arabic
to drink	شَرِبَ يَشْرَبُ شُرْبًا	to eat	أَكَلَ يَأْكُلُ أَكْلًا
to worship	عَبَدَ يَعْبُدُ عِبَادَةً	to send down	أَنْزَلَ يُنْزِلُ إِنْزَالًا
to recognise	عَرَفَ يَعْرِفُ مَعْرِفَةً	to send, resurrect	بَعَثَ يَبْعَثُ بَعْثًا
to read	قَرَءَ يَقْرَءُ قِرَاءَةً	to create	خَلَقَ يَخْلُقُ خَلْقًا
to help	نَصَرَ يَنْصُرُ نَصْرًا	to provide	رَزَقَ يَرْزُقُ رِزْقًا

Forming الْمَاضِي الْمَجْهُوْل

The passive, الْمَجْهُوْل, of الْمَاضِي is formed by:

1. Leaving the harakah of the last letter as it is.
2. Giving the second last letter a كَسْرَةٌ.
3. Giving the remaining letters a ضَمَّةٌ.

الْمَاضِي الْمَعْلُوْم		1		2		3
بَعَثَ	←	بعثَ	←	بعِثَ	←	بُعِثَ
أَنْزَلَ	←	أنزلَ	←	أنزِلَ	←	أُنْزِلَ
اِسْتَغْفَرَ	←	اسْتغْفرَ	←	اسْتغْفِرَ	←	اُسْتُغْفِرَ

Exercise 6

State whether the following verbs are مَجْهُوْلٌ or مَعْلُوْمٌ.

١) أَكَلَ	٤) خَلَقَ	٧) عَبَدَ	١٠) نَصَرَ	١٣) سُئِلَ	١٦) سَمِعَ
٢) أُنْزِلَ	٥) رَزَقَ	٨) عُرِفَ	١١) جُعِلَ	١٤) أُعْطِيَ	١٧) ظُلِمَ
٣) بُعِثَ	٦) شُرِبَ	٩) قُرِءَ	١٢) سَافَرَ	١٥) رُئِيَ	١٨) مَاتَ

Exercise 7

Change the following verbs into the مَجْهُوْل form.

١) ظَلَمَ	٤) سَأَلَ	٧) رَزَقَتْ	١٠) شَرِبَتْ	١٣) ظَلَمَتْ
٢) سَمِعَتْ	٥) بَعَثَ	٨) عَرَفَ	١١) أَعْطَى	١٤) نَصَرَ
٣) جَعَلَتْ	٦) خَلَقَتْ	٩) قَرَءَ	١٢) أَنْزَلَ	١٥) أَكَلَ

Forming الْمُضَارِعُ الْمَجْهُوْلُ

The passive, الْمَجْهُوْلُ, of الْمُضَارِعُ is formed by:

1. Giving the first letter a ضَمَّةٌ;
2. Giving the second last letter a فَتْحَةٌ;
3. Leaving the harakah of the remaining letters as they are.

الْمُضَارِعُ الْمَعْلُوْمُ		❶		❷		❸
يَبْعَثُ	⬅	يُبعث	⬅	يُبْعَث	⬅	يُبْعَثُ
يُنزِلُ	⬅	يُنْزل	⬅	يُنزَل	⬅	يُنْزَلُ
يَسْتَغْفِرُ	⬅	يُستغفر	⬅	يُسْتغفَر	⬅	يُسْتَغْفَرُ

Exercise 8

State whether the following verbs are مَجْهُوْلٌ or مَعْلُوْمٌ.

١) يُؤْكَلُ	٤) يَخْلُقُ	٧) يُعْبَدُ	١٠) يُنْصَرُ	١٣) يُسْأَلُ	١٦) يَمُوْتُ
٢) يُنْزِلُ	٥) يُرْزَقُ	٨) يُعْرَفُ	١١) يُجْعَلُ	١٤) يُسْمَعُ	١٧) يُعْطٰى
٣) يُبْعَثُ	٦) يَشْرَبُ	٩) يَقْرَءُ	١٢) يُسَافِرُ	١٥) يَظْلِمُ	١٨) يُرٰى

Exercise 9

Change the following verbs into the مَجْهُوْلٌ form.

١) تُعْطِيْ	٤) يَنْصُرُ	٧) يَخْلُقُ	١٠) يَعْرِفُ	١٣) تَسْأَلُ
٢) يَأْكُلُ	٥) يُنْزِلُ	٨) تَرْزُقُ	١١) تَقْرَءُ	١٤) يَظْلِمُ
٣) يَعْبُدُ	٦) يَبْعَثُ	٩) يَشْرَبُ	١٢) يَجْعَلُ	١٥) تَسْمَعُ

Translation of الْفِعْلُ الْمَجْهُوْلُ

The passive voice is translated by adding the auxiliary verb to be (was, is, is being, will be) to the past tense of the main verb.

The bike was [auxiliary verb] stolen [past tense of the main verb].

The tense is shown in the auxiliary verb, not the main verb, as this remains the same in all tenses.

Tense		Active Voice	Passive Voice
الْمَاضِي	Past	The thief stole the bike.	The bike was stolen.
الْمُضَارِعُ	Present Habitual	The thief steals the bike.	The bike is stolen.
	Present Continuous	The thief is stealing the bike.	The bike is being stolen.
	Future	The thief will steal the bike.	The bike will be stolen.

In these examples, the past tense of the verb to steal, stolen, is used with all the tenses. The auxiliary verb is used in its different tenses to show the tense of the main verb.

Vocab

English	Arabic	English	Arabic
moon	قَمَرٌ ج أَقْمَارٌ	drink	شَرَابٌ ج أَشْرِبَةٌ
water	مَاءٌ ج مِيَاهٌ	food	طَعَامٌ ج أَطْعِمَةٌ
king	مَلِكٌ ج مُلُوْكٌ	destitute	فَقِيْرٌ ج فُقَرَاءُ

Exercise 10

Translate the following. Ensure you differentiate between the مَعْلُوْمٌ form and the مَجْهُوْلٌ form.

١) أَعْطَى زَيْدٌ
٢) أُعْطِيَ زَيْدٌ
٣) يَبْعَثُ اللهُ
٤) يُبْعَثُ الْعِبَادُ
٥) أَنْزَلَ اللهُ
٦) أُنْزِلَ الْقُرآنُ
٧) عَرَفَ النَّاسُ
٨) مَا شَرِبَ الأَخُ
٩) مَا شُرِبَ الْمَاءُ
١٠) أُكِلَ الطَّعَامُ
١١) رُئِيَ الْقَمَرُ
١٢) نُصِرَ الْفُقَرَاءُ
١٣) لَا يَعْرِفُ الْوَلَدُ
١٤) مَا عُرِفَ الرَّجُلُ
١٥) لَنْ يَظْلِمَ الْمَلِكُ
١٦) لَنْ يُظْلَمَ النَّاسُ

Summary

Word – كَلِمَةٌ

Verb – فِعْلٌ

Characteristic 1: Tense

الْمَاضِي	Past	Zaid went	ذَهَبَ زَيْدٌ
الْمُضَارِعُ	Present Habitual	Zaid goes	يَذْهَبُ زَيْدٌ
	Present Continuous	Zaid is going	يَذْهَبُ زَيْدٌ
	Future	Zaid will go	يَذْهَبُ زَيْدٌ
الْأَمْرُ	Imperative	Go	اِذْهَبْ

Characteristic 2: Irab

الْمَاضِي	مَبْنِيٌّ			
الْمُضَارِعُ/ الْأَمْرُ	مُعْرَبٌ	مَرْفُوْعٌ ـُ	مَنْصُوْبٌ ـَ	مَجْزُوْمٌ ـْ

Characteristic 3: Affirmative and Negative

Affirmative	مُثْبَتٌ				ذَهَبَ زَيْدٌ
Negative	مَنْفِيٌّ	لَمْ	الْمُضَارِعُ (مَجْزُوْمٌ)	Past	لَمْ يَذْهَبْ زَيْدٌ
		ما	الْمَاضِي	Past	مَا ذَهَبَ زَيْدٌ
			الْمُضَارِع	Present	مَا يَذْهَبُ زَيْدٌ
		لَا	الْمُضَارِعُ	Present / Future	لَا يَذْهَبُ زَيْدٌ
		لَنْ	الْمُضَارِعُ (مَنْصُوْبٌ)	Future	لَنْ يَّذْهَبَ زَيْدٌ

Characteristic 4: Gender

مُذَكَّرٌ	الْمَاضِي	فَعَلَ	الْمُضَارِعُ	يَفْعَلُ
مُؤَنَّثٌ	الْمَاضِي	فَعَلَتْ	الْمُضَارِعُ	تَفْعَلُ

Characteristic 5: Voice

فِعْلٌ مَعْلُوْمٌ	الْمَاضِي	فَعَلَ	الْمُضَارِعُ	يَفْعَلُ
فِعْلٌ مَجْهُوْلٌ	الْمَاضِي	فُعِلَ	الْمُضَارِعُ	يُفْعَلُ

Part 3: Particles

حُرُوْفٌ, particles, are added to nouns and verbs to give them additional meaning.

For example, the particle لَنْ gives additional meaning to the verb it precedes.

Like nouns and verbs, particles also have different characteristics. We are going to study two characteristics of particles.

Characteristic 1: Irab

All particles are مَبْنِيٌّ: they remain unchanged in all circumstances.

Characteristic 2: Governance

Particles are of two types according to whether they cause the irab of the subsequent noun or verb to change:

1. عَامِلٌ: A governing particle
2. غَيْرُ عَامِلٍ: A non-governing particle

حَرْفٌ عَامِلٌ

A حَرْفٌ عَامِلٌ, is a particle which causes the irab of the following word(s) to change. For example, the particle لَمْ causes the following verb to be مَجْزُوْمٌ.

لَمْ يَذْهَبْ زَيْدٌ

حَرْفٌ غَيْرُ عَامِلٍ

A حَرْفٌ غَيْرُ عَامِلٍ is a particle which does not cause the irab of the following word(s) to change. For example, the particle مَا makes the past tense negative, but it does not cause the irab of the words after it to change.

مَا ذَهَبَ زَيْدٌ

Exercise 1

State whether the negative particles before the verbs are عَامِلٌ or غَيْرُ عَامِلٍ.

١) لَا يَسْمَعُ زَيْدٌ

٢) لَن يَّسْمَعَ زَيْدٌ

٣) مَا سَمِعَ زَيْدٌ

٤) لَمْ يَسْمَعْ زَيْدٌ

٥) مَا يَسْمَعُ زَيْدٌ

٦) مَا يَجْلِسُ إِبْرَاهِيْمُ

٧) مَا جَلَسَ إِبْرَاهِيْمُ

٨) لَن يَّجْلِسَ إِبْرَاهِيْمُ

٩) لَمْ يَجْلِسْ إِبْرَاهِيْمُ

١٠) لَا يَجْلِسُ إِبْرَاهِيْمُ

١١) لَمْ يَظْلِمْ مُحَمَّدٌ

١٢) لَن يَّظْلِمَ مُحَمَّدٌ

١٣) لَا يَظْلِمُ مُحَمَّدٌ

١٤) مَا يَظْلِمُ مُحَمَّدٌ

١٥) مَا ظَلَمَ مُحَمَّدٌ

١٦) لَمْ يَسْمَعْ مُوْسَى

Summary

Word - كَلِمَةٌ	
Particle - حَرْفٌ	
Characteristic 1: Irab	
مَبْنِيٌّ	Remains Unchanged
Characteristic 2: Governance	
عَامِلٌ	Governing Particle
غَيْرُ عَامِلٍ	Non-Governing Particle

Supplement

In this section, we will be discussing a few more rules regarding nouns based on their derivation.

مَصْدَرٌ

In the vocabulary lists, three words are written for verbs: الْمَاضِيْ, الْمُضَارِعُ and الْمَصْدَرُ.

الْمَصْدَرُ	⇦	الْمُضَارِعُ	⇦	الْمَاضِيْ
سُؤَالًا		يَسْأَلُ		سَأَلَ

الْمَاضِيْ and الْمُضَارِعُ are verbs; and the مَصْدَرٌ is a noun.
The English equivalents of a مَصْدَرٌ are:

1. An infinitive, i.e. a noun with to before it.
   A gerund, i.e. a noun ending in -ing.

   to ask asking

   A tip for remembering this is an infini**t**ive is translated as **t**o, and a **g**erund is translated as -in**g**
2. A verbal noun, i.e. a noun without any element of action to it.

   question

   When a مَصْدَرٌ is used as a verbal noun, it can have its own plural.

   سُؤَالٌ ج أَسْئِلَةٌ

Exercise 1

Translate the following مَصْدَرٌ as infinitives, gerunds, and verbal nouns.

١) إِنْزَالٌ	٤) خَلْقٌ	٧) شُرْبٌ	١٠) عِبَادَةٌ	١٣) مَوْتٌ
٢) إِيْمَانٌ	٥) رِزْقٌ	٨) صَوْمٌ	١١) قِرَاءَةٌ	١٤) نَصْرٌ
٣) بَعْثٌ	٦) سُقُوْطٌ	٩) ظُلْمٌ	١٢) مَعْرِفَةٌ	١٥) نَوْمٌ

Adjectives

Some أَسْمَاءٌ are made by placing the letters of the مَصْدَرٌ in different forms. These are called مُشْتَقٌّ; a derived noun.

In this section we are going to discuss four of the مُشْتَقَّاتٌ:

1. اِسْمُ الْفَاعِلِ
2. اِسْمُ الْمَفْعُوْلِ
3. الصِّفَةُ الْمُشَبَّهَةُ بِاسْمِ الْفَاعِلِ
4. اِسْمُ التَّفْضِيْلِ

اِسْمُ الْفَاعِلِ

The active participle, اِسْمُ الْفَاعِلِ, represents the one who is carrying out the verb. It is made from the same letters as its الْمَاضِيْ.

For example, the word رَازِقٌ is the اِسْمُ الْفَاعِلِ of رَزَقَ يَرْزُقُ رِزْقًا; it means a person who provides. This can be translated by adding -er after the meaning of the verb, or one who or that which before it.

Constructing the اِسْمُ الْفَاعِلِ

The اِسْمُ الْفَاعِلِ is formed by placing the letters in the pattern of فَاعِلٌ if its الْمَاضِيْ has three letters.

If a verb's الْمَاضِيْ has more than three letter, its اِسْمُ الْفَاعِلِ is formed by

1. Changing the ي in the مُضَارِعٌ to a مُ;
2. Placing a كَسْرَةٌ on the penultimate letter.

رَزَقَ يَرْزُقُ رِزْقًا	أَنْذَرَ يُنْذِرُ إِنْذَارًا
رَازِقٌ *provider* *one who provides*	مُنْذِرٌ *warner* *one who warns*

Exercise 2

Translate the following.

١) مُؤْمِنٌ ٤) مُسَافِرٌ ٧) مُنْزِلٌ ١٠) اَلْعَابِدُ

٢) اَلصَّائِمُ ٥) اَلسَّائِلُ ٨) اَلْخَالِقُ ١١) نَاصِرٌ

٣) نَائِمٌ ٦) ظَالِمٌ ٩) رَازِقٌ ١٢) اَلْقَارِئُ

اِسْمُ الْمَفْعُوْلِ

The passive participle, اِسْمُ الْمَفْعُوْلِ, represents the one upon whom the action is carried out. It is made from the same letters as its الْمَاضِيْ.

For example, the word مَرْزُوْقٌ is the اِسْمُ الْمَفْعُوْلِ of رَزَقَ يَرْزُقُ رِزْقًا; it means one who is provided. This can be translated by adding -ed after the meaning of the verb, or one who is or that which is before it.

Constructing the اِسْمُ الْمَفْعُوْلِ

The اِسْمُ الْمَفْعُوْلِ is formed by placing the letters in the pattern of مَفْعُوْلٌ if its الْمَاضِيْ has three letters.

If a verb's الْمَاضِيْ has more than three-letter, its اِسْمُ الْمَفْعُوْلِ is formed by:

1. Changing the يَ in the مُضَارِعٌ to a مُ;
2. Placing a فَتْحَةٌ on the penultimate letter.

رَزَقَ يَرْزُقُ رِزْقًا	أَنْذَرَ يُنْذِرُ إِنْذَارًا
مَرْزُوْقٌ *provided* *one who is provided*	مُنْذَرٌ *warned* *one who is warned*

Exercise 3

Translate the following.

١) اَلْمَسْئُوْلُ
٢) مَأْكُوْلٌ
٣) مَبْعُوْثُوْنَ
٤) اَلْمَخْلُوْقَانِ
٥) مَرْزُوْقَةٌ
٦) اَلْمَعْبُوْدُ
٧) مَقْرُوْءٌ
٨) مَنْصُوْرٌ

الصِّفَةُ الْمُشَبَّهَةُ بِاسْمِ الْفَاعِلِ

The الصِّفَةُ الْمُشَبَّهَةُ بِاسْمِ الْفَاعِل depicts the one who is carrying out the verb, like the اسْمُ الْفَاعِل. However, the meaning of the الصِّفَةُ الْمُشَبَّهَةُ بِاسْمِ الْفَاعِل is usually more long term or intense compared to an اِسْمُ الْفَاعِل. For example, the word كَثِيْرٌ is the الصِّفَةُ الْمُشَبَّهَةُ بِاسْمِ الْفَاعِل of كَثُرَ يَكْثُرُ كَثْرَةً: it depicts the meaning of abundance.

Some common patterns for الصِّفَةُ الْمُشَبَّهَةُ بِاسْمِ الْفَاعِل are:

1. فَعِيْلٌ:

كَثُرَ يَكْثُرُ كَثْرَةً
كَثِيْرٌ *abundant*

The plurals of these adjectives will usually be a جَمْعٌ مُكَسَّرٌ. Some common patterns for these are:

أَفْعِلَاءُ	فُعَلَاءُ	فِعَالٌ
غَنِيٌّ ج أَغْنِيَاءُ	فَقِيْرٌ ج فُقَرَاءُ	صَغِيْرٌ ج صِغَارٌ

2. فَعُوْلٌ:

غَفَرَ يَغْفِرُ مَغْفِرَةً
غَفُوْرٌ *forgiving*

3. فَعْلَانُ: The feminine of this adjective occurs on the pattern of فَعْلَى.

غَضِبَ يَغْضَبُ غَضَبًا
غَضْبَانُ – غَضْبَى *angry*

4. فَعَّالٌ:

صَبَرَ يَصْبِرُ صَبْرًا
صَبَّارٌ *extremely patient*

Usage of the اَلصِّفَةُ الْمُشَبَّهَةُ بِاسْمِ الْفَاعِلِ and اِسْمُ الْمَفْعُوْلِ ,اِسْمُ الْفَاعِلِ

The اسْمُ الْفَاعِلِ, اسْمُ الْمَفْعُوْلِ and الصِّفَةُ الْمُشَبَّهَةُ بِاسْمِ الْفَاعِلِ can be used as both nouns and adjectives.

	مُجْتَهِدٌ	غَنِيٌّ
Adjective	*hardworking*	*rich*
Noun	*one who works hard*	*rich person*

Sometimes, there is no English equivalent for the Arabic noun. In such a case, it can be translated by adding one who before the noun or person after it.

If the اسْمُ الْفَاعِلِ is an adjective, its plural will be a جَمْعٌ سَالِمٌ with ـُوْنَ. However, if it is in the meaning of a noun, its plural will also be a جَمْعٌ مُكَسَّرٌ. Some common patterns for these are:

فُعَلَاءُ	فُعَّالٌ	فَعَلَةٌ
عَاقِلٌ ج عُقَلَاءُ	كَافِرٌ ج كُفَّارٌ	عَابِدٌ ج عَبَدَةٌ

Notes

In vocabulary lists, some adjectives will be written along with their plural, and some will not be written, but will have to be deduced from the verb.

52

Vocab

English	Arabic	English	Arabic
to be patient	صَبَرَ يَصْبِرُ صَبْرًا	to smile	اِبْتَسَمَ يَبْتَسِمُ ابْتِسَامًا
to tell the truth	صَدَقَ يَصْدُقُ صِدْقًا	to work hard	اِجْتَهَدَ يَجْتَهِدُ اجْتِهَادًا
to be thirsty	عَطِشَ يَعْطَشُ عَطَشًا	to hasten	أَسْرَعَ يُسْرِعُ إِسْرَاعًا
to teach	عَلَّمَ يُعَلِّمُ تَعْلِيْمًا	to warn	أَنْذَرَ يُنْذِرُ إِنْذَارًا
to be absent, hidden, unseen, vanish,	غَابَ يَغِيبُ غَيْبًا، غَيْبُوبَةً	to be hungry	جَاعَ يَجُوْعُ جَوْعًا
to be angry	غَضِبَ يَغْضَبُ غَضَبًا	to be unaware of, ignorant, not know	جَهِلَ يَجْهَلُ جَهْلًا
to forgive	غَفَرَ يَغْفِرُ مَغْفِرَةً	to be sad, grieve	حَزِنَ يَحْزَنُ حُزْنًا
to be abundant	كَثُرَ يَكْثُرُ كَثْرَةً	to attend	حَضَرَ يَحْضُرُ حُضُوْرًا
to lie, be dishonest	كَذَبَ يَكْذِبُ كِذْبًا كَذِبًا	to make a loss	خَسِرَ يَخْسَرُ خُسْرَانًا
to disbelieve, be ungrateful	كَفَرَ يَكْفُرُ كُفْرًا	to be sated	شَبِعَ يَشْبَعُ شِبْعًا، شَبْعًا
to be sick	مَرِضَ يَمْرَضُ مَرَضًا	to thank	شَكَرَ يَشْكُرُ شُكْرًا

Exercise 4

Translate the following and mention the type of adjective.

١) جَاهِلٌ	٦) خَالِقٌ	١١) صَادِقٌ	١٦) عَلَّامٌ	٢١) مُبْتَسِمٌ
٢) جَائِعٌ	٧) خَلَّاقٌ	١٢) صَائِمٌ	١٧) عَطْشَانُ	٢٢) مَرِيْضٌ
٣) جَوْعَانُ	٨) رَازِقٌ	١٣) ظَالِمٌ	١٨) غَضْبَانُ	٢٣) مُسَافِرٌ
٤) حَزِيْنٌ	٩) رَزَّاقٌ	١٤) ظَلَّامٌ	١٩) قَارِئٌ	٢٤) مُسْتَيْقِظٌ
٥) خَاسِرٌ	١٠) سَائِلٌ	١٥) عَالِمٌ	٢٠) كَثِيْرٌ	٢٥) مُؤْمِنٌ

اِسْمُ التَّفْضِيلِ

The comparative and superlative nouns, اِسْمُ التَّفْضِيْل, depict the meaning of an اِسْمُ الْفَاعِل in a comparative or superlative context.

For example, the word أَصْدَقُ is the اِسْمُ التَّفْضِيْل of صَدَقَ يَصْدُقُ صِدْقًا; it shows a person who possesses the quality of truthfulness more or the most. This can be translated as either:

1. The comparative (i.e. by adding -er or more after it)
2. The superlative (i.e. by adding -est or most before it)

Constructing the اسْمُ التَّفْضِيْل

The اِسْمُ التَّفْضِيْل is formed by placing the three letters of الْمَاضِي in the pattern of أَفْعَلُ. The feminine form comes on the pattern of فُعْلَى.

صَدَقَ يَصْدُقُ صِدْقًا	غَضِبَ يَغْضَبُ غَضَبًا
أَصْدَقُ *more truthful* *most truthful*	أَغْضَبُ *angrier* *angriest*

Exercise 5

Translate the following as both the comparative and superlative.

١) أَظْلَمُ	٤) أَصْدَقُ	٧) أَمْرَضُ	١٠) أَعْرَفُ
٢) أَصْبَرُ	٥) أَجْهَلُ	٨) أَشْكَرُ	١١) أَقْرَأُ
٣) أَعْلَمُ	٦) أَسْمَعُ	٩) أَعْبَدُ	١٢) أَنْصَرُ

Summary

Types of Nouns			
مَصْدَرٌ	Infinitive	to ask	سُؤَالٌ
	Gerund	asking	
	Verbal Noun	question	سُؤَالٌ ج أَسْئِلَةٌ
الْمُشْتَقَّاتُ			
اِسْمُ الْفَاعِلِ	Three-Letter	Nouns Adjectives	رَازِقٌ
	Four- Five- Letter		مُنْذِرٌ
اِسْمُ الْمَفْعُوْلِ	Three-Letter		مَرْزُوْقٌ
	Four- Five- Letter		مُنْذَرٌ
الصِّفَةُ الْمُشَبَّهَةُ بِاسْمِ الْفَاعِلِ			فَعِيْلٌ، فَعُوْلٌ، فَعْلَانُ، فَعَّالٌ
اِسْمُ التَّفْضِيلِ	Comparative -er Superlative -est		أَفْعَلُ

Summary

Key Terms

Below are the key terms discussed in this section. They are listed according to the order of occurrence.

English	Arabic
state	إِعْرَابٌ
a state of a noun and verb	مَرْفُوْعٌ
a state of a noun and verb	مَنْصُوْبٌ
a state of a noun	مَجْرُوْرٌ
a state of a verb	مَجْزُوْمٌ
non-declinable	مَبْنِيٌّ
declinable	مُعْرَبٌ
noun without اَلْ or تَنْوِيْنٌ	غَيْرُ مُنْصَرِفٍ
past tense	مَاضٍ
present or future	مُضَارِعٌ
imperative	أَمْرٌ
affirmative	مُثْبَتٌ
negative	مَنْفِيٌّ
negative particle	حَرْفُ نَفْيٍ
active voice	فِعْلٌ مَعْلُوْمٌ
passive voice	فِعْلٌ مَجْهُوْلٌ
governing particle	عَامِلٌ
non-governing particle	غَيْرُ عَامِلٍ

English	Arabic
word	كَلِمَةٌ ج كَلِمَاتٌ
noun	اِسْمٌ ج أَسْمَاءٌ
verb	فِعْلٌ ج أَفْعَالٌ
particle	حَرْفٌ ج حُرُوْفٌ
definite noun	مَعْرِفَةٌ ج مَعَارِفُ
indefinite noun	نَكِرَةٌ ج نَكِرَاتٌ
double harakah	تَنْوِيْنٌ
masculine	مُذَكَّرٌ
feminine	مُؤَنَّثٌ
round *taa*	اَلتَّاءُ الْمَرْبُوْطَةُ
open *taa*	اَلتَّاءُ الْمَفْتُوْحَةُ
singular	مُفْرَدٌ
dual	مُثَنًّى
plural	جَمْعٌ
regular plural	جَمْعٌ سَالِمٌ
irregular plural	جَمْعٌ مُكَسَّرٌ

Vocabulary

أَسْمَاءٌ

English	Arabic	English	Arabic
year	سَنَةٌ ج سَنَوَاتٌ، سِنُوْنَ	father	أَبٌ ج آبَاءٌ
chapter	سُوْرَةٌ ج سُوَرٌ	brother	أَخٌ ج إِخْوَانٌ، إِخْوَةٌ
thankful	شَاكِرٌ ج وْنَ	sister	أُخْتٌ ج أَخَوَاتٌ
drink	شَرَابٌ ج أَشْرِبَةٌ	earth	أَرْضٌ ج أَرَضُوْنَ (مث)
sun	شَمْسٌ ج شُمُوْسٌ (مث)	mother	أُمٌّ ج أُمَّهَاتٌ
thing	شَيْءٌ ج أَشْيَاءَ	imam, leader	إِمَامٌ ج أَئِمَّةٌ
patient	صَابِرٌ ج وْنَ	woman	اِمْرَأَةٌ ج نِسَاءٌ، نِسْوَةٌ
truthful	صَادِقٌ ج وْنَ	daughter	بِنْتٌ ج بَنَاتٌ
pious	صَالِحٌ ج وْنَ	sitting	جَالِسٌ ج وْنَ
guest	ضَيْفٌ ج ضُيُوْفٌ	mountain	جَبَلٌ ج جِبَالٌ
student	طَالِبٌ ج طُلَّابٌ	grandfather	جَدٌّ ج أَجْدَادٌ
student	طَالِبَةٌ ج طَالِبَاتٌ	grandmother	جَدَّةٌ ج جَدَّاتٌ
food	طَعَامٌ ج أَطْعِمَةٌ	garden, heaven	جَنَّةٌ ج جَنَّاتٌ
child	طِفْلٌ ج أَطْفَالٌ	aunt (mother's siter)	خَالَةٌ ج خَالَاتٌ
child	طِفْلَةٌ ج أَطْفَالٌ	world	دُنْيَا (مث)
scholar	عَالِمٌ ج عُلَمَاءُ	lord, nourisher	رَبٌّ ج أَرْبَابٌ
servant	عَبْدٌ ج عِبَادٌ	foot	رِجْلٌ ج أَرْجُلٌ (مُث)
uncle (father's brother)	عَمٌّ ج أَعْمَامٌ	man	رَجُلٌ ج رِجَالٌ
eye, spring	عَيْنٌ ج أَعْيُنٌ، عُيُوْنٌ (مث)	messenger	رَسُوْلٌ ج رُسُلٌ
transgressor	فَاسِقٌ ج وْنَ	wind	رِيْحٌ ج رِيَاحٌ (مث)
destitute	فَقِيْرٌ ج فُقَرَاءُ	sky	سَمَاءٌ ج سَمَاوَاتٌ (مث)

English	Arabic	English	Arabic
teacher	مُعَلِّمٌ ج مُعَلِّمُوْنَ	paper (sheet of)	قِرْطَاسٌ ج قَرَاطِيْسُ
teacher	مُعَلِّمَةٌ ج مُعَلِّمَاتٌ	pen	قَلَمٌ ج أَقْلَامٌ
desk	مَكْتَبٌ ج مَكَاتِبُ	moon	قَمَرٌ ج أَقْمَارٌ
king	مَلِكٌ ج مُلُوْكٌ	nation	قَوْمٌ ج أَقْوَامٌ
believer	مُؤْمِنٌ ج وْنَ	book	كِتَابٌ ج كُتُبٌ
fire	نَارٌ ج نِيْرَانٌ (مث)	chair	كُرْسِيٌّ ج كَرَاسِيُّ
people	نَاسٌ ج أُنَاسٌ	night	لَيْلَةٌ، لَيْلٌ ج لَيَالٍ
prophet	نَبِيٌّ ج أَنْبِيَاءُ، نَبِيُّوْنَ	water	مَاءٌ ج مِيَاهٌ
star	نَجْمٌ ج نُجُوْمٌ	hardworking	مُجْتَهِدٌ ج وْنَ
soul	نَفْسٌ ج نُفُوْسٌ، أَنْفُسٌ (مث)	sincere	مُخْلِصٌ ج وْنَ
child, son	وَلَدٌ ج أَوْلَادٌ	school, place of study	مَدْرَسَةٌ ج مَدَارِسُ
hand	يَدٌ ج أَيْدٍ، أَيَادٍ (مث)	Muslim	مُسْلِمٌ ج وْنَ

أَفْعَالٌ

English	Arabic	English	Arabic
to break, become broken	اِنْكَسَرَ يَنْكَسِرُ انْكِسَارًا	to smile	اِبْتَسَمَ يَبْتَسِمُ ابْتِسَامًا
to send, resurrect	بَعَثَ يَبْعَثُ بَعْثًا	to work hard	اِجْتَهَدَ يَجْتَهِدُ اجْتِهَادًا
to come	جَاءَ يَجِيْءُ مَجِيْئًا	to wake up	اِسْتَيْقَظَ يَسْتَيْقِظُ اسْتِيْقَاظًا
to be hungry	جَاعَ يَجُوْعُ جَوْعًا	to hasten	أَسْرَعَ يُسْرِعُ إِسْرَاعًا
to make	جَعَلَ يَجْعَلُ جَعْلًا	to give	أَعْطَى يُعْطِيْ إِعْطَاءً
to sit	جَلَسَ يَجْلِسُ جُلُوْسًا	to eat	أَكَلَ يَأْكُلُ أَكْلًا
to be unaware of, ignorant, not know	جَهِلَ يَجْهَلُ جَهْلًا	to believe	آمَنَ يُؤْمِنُ إِيْمَانًا
to be sad, grieve	حَزِنَ يَحْزَنُ حُزْنًا	to warn	أَنْذَرَ يُنْذِرُ إِنْذَارًا
to attend	حَضَرَ يَحْضُرُ حُضُوْرًا	to send down	أَنْزَلَ يُنْزِلُ إِنْزَالًا

English	Arabic
to worship	عَبَدَ يَعْبُدُ عِبَادَةً
to recognise	عَرَفَ يَعْرِفُ مَعْرِفَةً
to be thirsty	عَطِشَ يَعْطَشُ عَطَشًا
to teach	عَلَّمَ يُعَلِّمُ تَعْلِيْمًا
to be absent, hidden, unseen, vanish,	غَابَ يَغِيْبُ غَيْبًا، غَيْبُوبَةً
to be angry	غَضِبَ يَغْضَبُ غَضَبًا
to forgive	غَفَرَ يَغْفِرُ مَغْفِرَةً
to stand	قَامَ يَقُوْمُ قِيَامًا
to read	قَرَءَ يَقْرَءُ قِرَاءَةً
to be abundant	كَثُرَ يَكْثُرُ كَثْرَةً
to lie, be dishonest	كَذَبَ يَكْذِبُ كِذْبًا كَذِبًا
to disbelieve, be ungrateful	كَفَرَ يَكْفُرُ كُفْرًا
to die	مَاتَ يَمُوْتُ مَوْتًا
to be sick	مَرِضَ يَمْرَضُ مَرَضًا
to sleep	نَامَ يَنَامُ نَوْمًا
to help	نَصَرَ يَنْصُرُ نَصْرًا

English	Arabic
to make a loss	خَسِرَ يَخْسَرُ خُسْرَانًا
to create	خَلَقَ يَخْلُقُ خَلْقًا
to go	ذَهَبَ يَذْهَبُ ذَهَابًا
to see	رَأَى يَرٰى رُؤْيَةً
to provide	رَزَقَ يَرْزُقُ رِزْقًا
to travel	سَافَرَ يُسَافِرُ مُسَافَرَةً
to ask	سَأَلَ يَسْأَلُ سُؤَالًا
to fall	سَقَطَ يَسْقُطُ سُقُوْطًا
to hear, listen	سَمِعَ يَسْمَعُ سَمْعًا
to be sated	شَبِعَ يَشْبَعُ شِبَعًا، شَبْعًا
to drink	شَرِبَ يَشْرَبُ شُرْبًا
to thank	شَكَرَ يَشْكُرُ شُكْرًا
to fast	صَامَ يَصُوْمُ صَوْمًا، صِيَامًا
to be patient	صَبَرَ يَصْبِرُ صَبْرًا
to tell the truth	صَدَقَ يَصْدُقُ صِدْقًا
to oppress	ظَلَمَ يَظْلِمُ ظُلْمًا

UNIT 2
Section 1

SENTENCES

Introduction: Sentences

Part 1: اَلْجُمْلَةُ الِاسْمِيَّةُ

Part 2: Additional Rules of اَلْجُمْلَةُ الِاسْمِيَّةُ

Summary

Introduction: Sentences

In Unit 1, nouns, verbs, and particles were discussed. In this unit, we are going to learn how to put the different types of words together to form sentences.

In Arabic, a sentence is called a جُمْلَةٌ. The plural of this is جُمَلٌ.

There are two types of sentences:

1. اَلْجُمْلَةُ الْإِسْمِيَّةُ
2. اَلْجُمْلَةُ الْفِعْلِيَّةُ

Part 1: اَلْجُمْلَةُ الْاِسْمِيَّةُ

اَلْجُمْلَةُ الْاسْمِيَّةُ is a sentence which is made up of two parts:

1. مُبْتَدَأٌ: the subject, i.e. the thing you are talking about.
2. خَبَرٌ: the information regarding the مُبْتَدَأٌ.

The man is truthful.

In the above example, the man is the subject, مُبْتَدَأٌ; and truthful is the information, خَبَرٌ.

Rules of مُبْتَدَأٌ and خَبَرٌ

1. The مُبْتَدَأٌ is given first, followed by the خَبَرٌ.
2. The مُبْتَدَأٌ must be a noun in the مَرْفُوْعٌ state.
3. The خَبَرٌ must match the مُبْتَدَأٌ in Irab, Number and Gender (ING), but not Definite and Indefinite.

جَمْعٌ	مُثَنَّى	مُفْرَدٌ	
الرِّجَالُ صَادِقُوْنَ	الرَّجُلَانِ صَادِقَانِ	الرَّجُلُ صَادِقٌ	مُذَكَّرٌ
الْأَخَوَاتُ صَادِقَاتٌ	الْأُخْتَانِ صَادِقَتَانِ	الْأُخْتُ صَادِقَةٌ	مُؤَنَّثٌ

Translation of the مُبْتَدَأٌ and خَبَرٌ

In Arabic, there is no word for is or are, however they must be added to the English translation.

The man is truthful. *The men are truthful.*

Exercise 1

Translate the following sentences into English. Notice how the خَبَرٌ changes to match the مُبْتَدَأٌ.

١) اَلنَّبِيُّ صَادِقٌ	٥) اَلْبِنْتَانِ صَادِقَتَانِ	٩) اَلْأُمُّ صَائِمَةٌ
٢) اَلنَّبِيَّانِ صَادِقَانِ	٦) اَلْبَنَاتُ صَادِقَاتٌ	١٠) اَلْمُؤْمِنَاتُ شَاكِرَاتٌ
٣) اَلْأَنْبِيَاءُ صَادِقُوْنَ	٧) اَلْأَخُ صَالِحٌ	١١) اَلطِّفْلَتَانِ صَابِرَتَانِ
٤) اَلْبِنْتُ صَادِقَةٌ	٨) اَلْعَبْدَانِ مُؤْمِنَانِ	١٢) اَلْأَوْلَادُ مُجْتَهِدُوْنَ

Grammatical Analysis

In Arabic grammar, we analyse sentences to understand the meaning and function of each word. This breakdown is called تَرْكِيْبٌ (parsing). In this book, the tarkib will be written as follows:

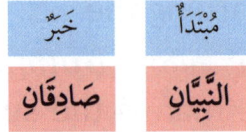

خَبَرٌ	مُبْتَدَأٌ
صَادِقَانِ	النَّبِيَّانِ

This diagram can be written up in an exercise book as follows:

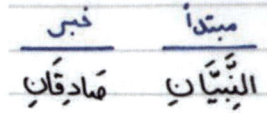

خبر
مبتدأ
صَادِقَانِ
النَّبِيَّانِ

The text is written in **black ink** and the label of the main parts of the sentence in blue above it.

Vocab

English	Arabic	English	Arabic
old	قَدِيْمٌ ج قُدَمَاءُ	cold	بَارِدٌ
strong	قَوِيٌّ ج أَقْوِيَاءُ	house	بَيْتٌ ج بُيُوْتٌ
big	كَبِيْرٌ ج كِبَارٌ	new	جَدِيْدٌ ج جُدُدٌ
school	مَدْرَسَةٌ ج مَدَارِسُ	small	صَغِيْرٌ ج صِغَارٌ
mosque	مَسْجِدٌ ج مَسَاجِدُ	weak	ضَعِيْفٌ ج ضُعَفَاءُ

Exercise 2

Translate the following.

١) اَللهُ رَحِيْمٌ

٢) مُحَمَّدٌ صَادِقٌ

٣) اَلْمَاءُ بَارِدٌ

٤) اَلْقَلَمُ كَبِيْرٌ

٥) اَلرَّجُلُ قَوِيٌّ

٦) اَلْبَيْتُ قَدِيْمٌ

٧) اَلْجَدَّةُ مَرِيْضَةٌ

٨) اَلْعَمَّانِ صَابِرَانِ

٩) اَلْمَسْجِدُ جَدِيْدٌ

١٠) اَلرَّجُلَانِ جَالِسَانِ

١١) اَلرِّجَالُ صَائِمُوْنَ

١٢) اَلْأُمَّانِ شَاكِرَتَانِ

١٣) اَلْبَنَاتُ ضُعَفَاءُ

١٤) اَلْأُمَّهَاتُ مُسْلِمَاتٌ

١٥) اَلْمَسْجِدَانِ قَدِيْمَانِ

١٦) اَلْمَرْأَتَانِ كَاذِبَتَانِ

١٧) اَلْمُعَلِّمُوْنَ مُخْلِصُوْنَ

١٨) اَلطَّالِبَاتُ مُجْتَهِدَاتٌ

Exercise 3

Complete the sentences below by making the word in brackets the خَبَرٌ. Ensure you adjust its number and gender as required.

١) اللهُ .... (رَحِيْمٌ)

٢) الرُّسُلُ.......... (عَبْدٌ)

٣) الْبَيْتَانِ.......... (قَدِيْمٌ)

٤) خَالِدٌ .... (غَضْبَانُ)

٥) فَاطِمَةُ .... (حَزِيْنٌ)

٦) الْأُمُّ .... (مُخْلِصٌ)

٧) الْأَوْلَادُ .... (قَوِيٌّ)

٨) النَّبِيَّانِ .... (صَادِقٌ)

٩) الْجَبَلُ .... (كَبِيْرٌ)

١٠) الْأُمَّانِ .... (شَاكِرٌ)

١١) النِّسَاءُ .... (صَالِحٌ)

١٢) النَّجْمَانِ .... (كَبِيْرٌ)

١٣) الْيَدَانِ .... (صَغِيْرٌ)

١٤) الْأَخَوَاتُ .... (فَقِيْرٌ)

١٥) الضَّيْفَانِ .... (ضَعِيْفٌ)

١٦) الْمَسْجِدَانِ .... (جَدِيْدٌ)

Summary

<table>
<tr><th colspan="5">Sentence: جُمْلَةٌ</th></tr>
<tr><td colspan="5">جُمْلَةٌ اسْمِيَّةٌ</td></tr>
<tr><td>مُبْتَدَأٌ</td><td>Subject</td><td>مَعْرِفَةٌ</td><td>مَرْفُوْعٌ</td><td rowspan="2">Agree in number and gender</td></tr>
<tr><td>خَبَرٌ</td><td>Information</td><td>نَكِرَةٌ</td><td>مَرْفُوْعٌ</td></tr>
</table>

Part 2: Additional Rules of الْجُمْلَةُ الْاِسْمِيَّةُ

Additional words can be added to a جُمْلَةٌ اسْمِيَّةٌ to create specific meanings. Two such words are:

1. فِعْلٌ نَاقِصٌ
2. حَرْفٌ مُشَبَّهٌ بِالْفِعْلِ

فِعْلٌ نَاقِصٌ

A فِعْلٌ نَاقِصٌ is an auxiliary verb which precedes a جُمْلَةٌ اسْمِيَّةٌ. In this section we will be discussing two of the أَفْعَالٌ نَاقِصَةٌ:

1. كَانَ
2. لَيْسَ

كَانَ

كَانَ changes the جُمْلَةٌ اسْمِيَّةٌ to the past tense.

زَيْدٌ مَرِيْضٌ	←	كَانَ زَيْدٌ مَرِيْضًا
Zaid is ill.		*Zaid was ill.*

Grammatical Changes to a Sentence with a فِعْلٌ نَاقِصٌ

When a فِعْلٌ نَاقِصٌ precedes a جُمْلَةٌ اسْمِيَّةٌ:

1. The مُبْتَدَأٌ is called the اِسْمٌ of that فِعْلٌ نَاقِصٌ and remains مَرْفُوْعٌ.
2. The خَبَرٌ is called the خَبَرٌ of that فِعْلٌ نَاقِصٌ and becomes مَنْصُوْبٌ.

مُبْتَدَأٌ	خَبَرٌ		فِعْلٌ نَاقِصٌ	اِسْمُ كَانَ	خَبَرُ كَانَ
زَيْدٌ	مَرِيْضٌ	←	كَانَ	زَيْدٌ	مَرِيْضًا

Vocab

English	Arabic	English	Arabic
punishment	عَذَابٌ	date	تَمْرَةٌ ج تَمَرَاتٌ
short	قَصِيْرٌ ج قِصَارٌ	sweet	حُلْوٌ
lazy	كَسْلَانُ ج كُسَالَى	friend	خَلِيْلٌ ج أَخِلَّاءُ
tasty	لَذِيْذٌ	healthy, sound, intact	سَالِمٌ
tired	مُتْعَبٌ ج وْنَ	severe	شَدِيْدٌ ج شِدَادٌ
sick	مَرِيْضٌ مَرْضَى	friend	صَدِيْقٌ ج أَصْدِقَاءُ
active, energetic	نَشِيْطٌ ج نُشَطَاءُ	long, tall	طَوِيْلٌ ج طِوَالٌ
easy	يَسِيْرٌ	enemy	عَدُوٌّ ج أَعْدَاءٌ

Exercise 1

Translate the following.

١) الْبَيْتُ قَدِيْمٌ
٢) كَانَ الْبَيْتُ قَدِيْمًا
٣) كَانَ الْمَاءُ بَارِدًا
٤) كَانَ مُحَمَّدٌ رَحِيْمًا
٥) كَانَ الرَّجُلُ مَرِيْضًا
٦) كَانَ الْأَخُ صَغِيْرًا
٧) كَانَ الرَّجُلُ ضَعِيْفًا
٨) كَانَ الْمُسْلِمُوْنَ شَاكِرِيْنَ

Exercise 2

Change the following sentences into the past tense.

١) الْعَدُوُّ كَاذِبٌ
٢) الْمَسْجِدُ كَبِيْرٌ
٣) الْإِخْوَانُ كِبَارٌ
٤) الصَّدِيْقُ مَرِيْضٌ
٥) الْأَوْلَادُ كَاذِبُوْنَ
٦) الْأَخِلَّاءُ صَادِقُوْنَ
٧) الرَّجُلَانِ قَصِيْرَانِ
٨) الْأَخَوَاتُ صِغَارٌ

مَا كَانَ

The negative particle مَا can be added to كَانَ to give a negative past tense meaning. This will be translated as was not.

مَا كَانَ الرَّجُلُ مَرِيْضًا

The man was not ill.

In tarkib, this مَا is labelled as حَرْفُ نَفْيٍ. This, and all other حُرُوْفٌ which do not become one of the main parts of a sentence, should be labelled in black ink.

خَبَرُ كَانَ	اِسْمُ كَانَ	فِعْلٌ نَاقِصٌ	حَرْفُ نَفْيٍ
مَرِيْضًا	الرَّجُلُ	كَانَ	مَا

Exercise 3

Translate the following and write out the tarkib.

١) مَا كَانَ الْمَاءُ بَارِدًا
٢) مَا كَانَ النَّاسُ أَقْوِيَاءَ
٣) مَا كَانَ الْأَنْبِيَاءُ كَاذِبِيْنَ
٤) مَا كَانَ الْآبَاءُ كَافِرِيْنَ
٥) مَا كَانَ الرَّجُلَانِ طَوِيْلَيْنِ
٦) مَا كَانَ الْمُسْلِمُوْنَ صَائِمِيْنَ

Exercise 4

Change the following sentences into the negative past tense.

١) الْأَبُ مَرِيْضٌ
٢) الرَّجُلُ صَالِحٌ
٣) الْمَلِكُ صَائِمٌ
٤) الطَّعَامُ لَذِيْذٌ
٥) الْأَوْلَادُ طُلَّابٌ
٦) الْأَصْدِقَاءُ مُتْعَبُوْنَ

لَا يَكُوْنُ and يَكُوْنُ

يَكُوْنُ is the مُضَارِعٌ of كَانَ. It will also have an اسْمٌ and خَبَرٌ and will change the جُمْلَةٌ اسْمِيَّةٌ to the future tense. This will be translated as will be.

يَكُوْنُ زَيْدٌ قَوِيًا

Zaid will be strong.

The tarkib of this is written as follows:

خبر كَانَ	اِسْمُ كَانَ	فِعْلٌ نَاقِصٌ
قَوِيًّا	زَيْدٌ	يَكُوْنُ

The negative of this is made by adding a لَا before it. This will be translated as will not be.

لَا يَكُوْنُ زَيْدٌ مَرِيْضًا

Zaid will not be ill.

The tarkib of this is written as follows:

خبرُ كَانَ	اِسْمُ كَانَ	فِعْلٌ نَاقِصٌ	حَرْفُ نَفْيٍ
مَرِيْضًا	زَيْدٌ	يَكُوْنُ	لَا

Exercise 5

Translate the following.

١) يَكُوْنُ الْعَمُّ قَوِيًّا
٢) يَكُوْنُ الْمَاءُ بَارِدًا
٣) يَكُوْنُ الْأَعْدَاءُ كَاذِبِيْنَ
٤) يَكُوْنُ الْآبَاءُ صَابِرِيْنَ
٥) يَكُوْنُ الْمَكْتَبَانِ طَوِيْلَيْنِ
٦) يَكُوْنُ الْأَوْلَادُ صَادِقِيْنَ
٧) يَكُوْنُ الطَّالِبُ مُجْتَهِدًا
٨) يَكُوْنُ الْوَلَدَانِ مُجْتَهِدَيْنِ
٩) يَكُوْنُ الْمُعَلِّمَانِ شَاكِرَيْنِ

Exercise 6

Change the following sentences into the future tense.

١) الْعَذَابُ شَدِيْدٌ
٢) الْقَوْمُ كَاذِبُوْنَ
٣) الطِّفْلَانِ طَوِيْلَانِ
٤) الْمَكْتَبُ قَصِيْرٌ
٥) الْبَيْتَانِ طَوِيْلَانِ
٦) الْأَعْمَامُ فُقَرَاءُ
٧) النَّاسُ مُتْعَبُوْنَ
٨) الْأَوْلَادُ مَرْضَى
٩) الْإِمَامَانِ صَائِمَانِ

لَيْسَ

لَيْسَ is another فِعْلٌ نَاقِصٌ. It changes the meaning of جُمْلَةٌ اسْمِيَّةٌ into the present negative. This will be translated as not.

لَيْسَ زَيْدٌ مَرِيْضًا

Zaid is not ill.

The tarkib of this is written as follows:

خبرُ لَيْس	اِسْمُ لَيْسَ	فِعْلٌ نَاقِصٌ
مَرِيْضًا	زَيْدٌ	لَيْسَ

لَيْسَ only occurs as الْفِعْلُ الْمَاضِي, not الْمُضَارِع.

Vocab

English	Arabic	English	Arabic
close	قَرِيْبٌ	god, deity	إِلٰهٌ ج آلِهَةٌ
Christian	نَصْرَانِيٌّ ج نَصَارَى	far	بَعِيْدٌ ج بُعَدَاءُ
Jew	يَهُوْدِيٌّ ج يَهُوْدٌ	idol	صَنَمٌ ج أَصْنَامٌ

Exercise 7

Translate the following.

١) الْبَيْتُ قَدِيْمٌ

٢) لَيْسَ الْبَيْتُ قَدِيْمًا

٣) الْمَاءُ بَارِدٌ

٤) لَيْسَ الْمَاءُ بَارِدًا

٥) لَيْسَ الْإِمَامُ مَرِيْضًا

٦) لَيْسَ الْأَخُ قَصِيْرًا

٧) لَيْسَ الْقَوْمُ كَافِرِيْنَ

٨) لَيْسَ الْعِبَادُ مَظْلُوْمِيْنَ

٩) لَيْسَ الْأَنْبِيَاءُ ظَالِمِيْنَ

١٠) لَيْسَ الطَّالِبَانَ صَابِرَيْنِ

١١) لَيْسَ الْقَلَمَانِ جَدِيْدَيْنِ

١٢) لَيْسَ الْمُعَلِّمُوْنَ فَاسِقِيْنَ

Exercise 8

Change the following sentences into the negative using لَيْسَ.

١) الشَّيْءُ جَدِيْدٌ

٢) الْقَمَرُ قَرِيْبٌ

٣) النَّجْمُ كَبِيْرٌ

٤) الْقَلَمُ قَصِيْرٌ

٥) الْكِتَابُ جَدِيْدٌ

٦) الْجَدُّ يَهُوْدِيٌّ

٧) الأَصْنَامُ آلِهَةٌ

٨) الْجَبَلَانِ صَغِيْرَانِ

٩) الْعَمَّانِ نَصْرَانِيَّانِ

١٠) الْمُعَلِّمُوْنَ غَائِبُوْنَ

١١) الطُّلَّابُ حَاضِرُوْنَ

١٢) الضُّيُوْفُ مُخْلِصُوْنَ

70

The Gender of the فِعْلٌ نَاقِصٌ

If the اِسْمٌ of a فِعْلٌ نَاقِصٌ is feminine, مُؤَنَّثٌ, the فِعْلٌ نَاقِصٌ must be given in its feminine form.

Feminine Form	Masculine Form
كَانَتْ كَانَتْ فَاطِمَةُ صَائِمَةً	كَانَ كَانَ زَيْدٌ صَائِمًا
تَكُوْنُ تَكُوْنُ فَاطِمَةُ صَائِمَةً	يَكُوْنُ يَكُوْنُ زَيْدٌ صَائِمًا
لَيْسَتْ لَيْسَتْ فَاطِمَةُ صَائِمَةً	لَيْسَ لَيْسَ زَيْدٌ صَائِمًا

Exercise 9

Translate the following.

١) كَانَ أَحْمَدُ كَسْلَانَ
٢) يَكُوْنُ الْمَاءُ بَارِدًا
٣) كَانَتْ فَاطِمَةُ جَالِسَةً
٤) يَكُوْنُ الْمُبْتَدَأُ مَرْفُوْعًا
٥) كَانَتْ زَيْنَبُ شَاكِرَةً
٦) لَا تَكُوْنُ النِّسَاءُ أَعْدَاءً
٧) تَكُوْنُ الْبَنَاتُ مُتْعَبَاتٍ
٨) لَا يَكُوْنُ الْمُبْتَدَأُ مَجْرُوْرًا
٩) لَا يَكُوْنُ الرِّجَالُ كَاذِبِيْنَ
١٠) يَكُوْنُ الْمُسْلِمُوْنَ صَادِقِيْنَ
١١) تَكُوْنُ الْأَخَوَاتُ صَالِحَاتٍ
١٢) لَا تَكُوْنُ الْأُمَّهَاتُ صَالِحَاتٍ

Joining Two Words Together

If the word after the feminine form of the فِعْلٌ نَاقِصٌ has an ال, the تْ will change to a تِ for pronunciation purposes.

كَانَتِ الْبِنْتُ نَشِيْطَةً *The girl was active.*	كَانَتْ فَاطِمَةُ نَشِيْطَةً *Fatima was active.*

Exercise 10

Translate the following.

١) لَيْسَتِ الْأُمُّ نَشِيْطَةً
٢) كَانَتْ فَاطِمَةُ مَرِيْضَةً
٣) لَيْسَتْ زَيْنَبُ طَوِيْلَةً
٤) لَيْسَتِ الطِّفْلَةُ كَبِيْرَةً
٥) كَانَتِ الْأُخْتُ كَسْلَى
٦) كَانَتِ الطِّفْلَةُ قَصِيْرَةً
٧) كَانَتِ الْخَالَةُ بَعِيْدَةً
٨) كَانَتِ النِّسَاءُ صَادِقَاتٍ
٩) كَانَتِ الْبِنْتَانِ صَالِحَتَيْنِ

مَا الْمُشَبَّهَةُ بِلَيْسَ

The particle مَا can be added to a جُمْلَةٌ اِسْمِيَّةٌ. It resembles لَيْسَ; it makes the sentence negative and changes its خَبَرٌ into the مَنْصُوْب state.

مَا زَيْدٌ مَرِيْضًا

Zaid is not ill.

In tarkib, this مَا is labelled as مَا الْمُشَبَّهَةُ بِلَيْسَ: مَا which resembles لَيْسَ.

خَبَرُ مَا	اِسْمُ مَا	مَا الْمُشَبَّهَةُ بِلَيْسَ
مَرِيْضًا	**زَيْدٌ**	**مَا**

Exercise 11

Translate the following.

١) الْمَاءُ بَارِدٌ
٢) كَانَ الْمَاءُ بَارِدًا
٣) لَيْسَ الْمَاءُ بَارِدًا
٤) مَا كَانَ الْمَاءُ بَارِدًا
٥) مَا الْمَاءُ بَارِدًا
٦) مَا الْأَخُ مَظْلُوْمًا
٧) مَا الْأَبُ ظَالِمًا
٨) مَا الْبَيْتُ جَدِيْدًا
٩) مَا الْمُلُوْكُ رُحَمَاءَ
١٠) مَا مُحَمَّدٌ كَاذِبًا
١١) مَا فَاطِمَةُ كَاذِبَةً
١٢) مَا الْمَسْجِدُ قَدِيْمًا
١٣) مَا الْأُخْتُ رَحِيْمَةً
١٤) مَا الْوَلَدَانِ شَاكِرَيْنَ
١٥) مَا الْخَالَاتُ طَوِيْلَاتٍ
١٦) مَا الْأَخَوَاتُ مُجْتَهِدَاتٍ

Summary

The following table summarises the negative جُمْلَةٌ اسْمِيَّةٌ.

جُمْلَةٌ اسْمِيَّةٌ			
Future	**Present**		**Past**
لَا يَكُوْنُ	مَا	لَيْسَ	مَا كَانَ
لَا يَكُوْنُ زَيْدٌ مَرِيْضًا	مَا زَيْدٌ مَرِيْضًا	لَيْسَ زَيْدٌ مَرِيْضًا	مَا كَانَ زَيْدٌ مَرِيْضًا
Zaid will not be sick.	Zaid is not sick.	Zaid is not sick.	Zaid was not sick.

Summary

Sentence: جُمْلَةٌ				
جُمْلَةٌ اسْمِيَّةٌ				
جُمْلَةٌ اسْمِيَّةٌ **with a** فِعْلٌ نَاقِصٌ				
كَانَ	was		مَا كَانَ	was not
يَكُوْنُ	will be		لَا يَكُوْنُ	will not be
لَيْسَ	is/are not		مَا	is/are not

اِسْمُ كَانَ / لَيْسَ / مَا	subject	مَعْرِفَةٌ	مَرْفُوْعٌ	agree in number and gender
خَبَرُ كَانَ / لَيْسَ / مَا	information	نَكِرَةٌ	مَنْصُوْبٌ	

حَرْفٌ مُشَبَّهٌ بِالْفِعْلِ

A حَرْفٌ مُشَبَّهٌ بِالْفِعْلِ is a particle which precedes the جُمْلَةٌ اسْمِيَّةٌ. One such particle is إِنَّ. This creates emphasis in the sentence. It can be translated as indeed or certainly.

إِنَّ زَيْدًا صَادِقٌ

Indeed, Zaid is truthful.

The word indeed or certainly is followed by a comma.

Grammatical Changes to a Sentence with إِنَّ

When a حَرْفٌ مُشَبَّهٌ بِالْفِعْلِ precedes a جُمْلَةٌ اسْمِيَّةٌ:

1. The مُبْتَدَأٌ is called the اِسْمٌ of that حَرْفٌ مُشَبَّهٌ بِالْفِعْلِ and becomes مَنْصُوْبٌ.
2. The خَبَرٌ is called the خَبَرٌ of that حَرْفٌ مُشَبَّهٌ بِالْفِعْلِ and remains مَرْفُوْعٌ.

The tarkib of this is written as follows:

خَبَرُ إِنَّ	اِسْمُ إِنَّ	حَرْفٌ مُشَبَّهٌ بِالْفِعْلِ
غَفُوْرٌ	اللهَ	إِنَّ

Exercise 12

Translate the following.

١) إِنَّ نُوْحًا نَبِيٌّ
٢) إِنَّ الْيَوْمَ طَوِيْلٌ
٣) إِنَّ السَّنَةَ طَوِيْلَةٌ
٤) إِنَّ الْقَوْمَ كَافِرُوْنَ
٥) إِنَّ الْقُرآنَ صَادِقٌ
٦) إِنَّ الشَّيْطَانَ كَاذِبٌ
٧) إِنَّ الْعَذَابَ شَدِيْدٌ
٨) إِنَّ الْخَالَةَ قَصِيْرَةٌ
٩) إِنَّ الْبِنْتَيْنِ ضَعِيْفَتَانِ
١٠) إِنَّ التَّمْرَتَيْنِ حُلْوَتَانِ
١١) إِنَّ الْمُسْلِمِيْنَ صَادِقُوْنَ
١٢) إِنَّ الْمُسْلِمَاتِ صَادِقَاتٌ

Exercise 13

Add إِنَّ to the following sentences, making the necessary changes to the irab. Then, translate into English.

١) اَلْمَاءُ بَارِدٌ
٢) اَلْخَالَةُ قَوِيَّةٌ
٣) اَلْعَمَّانِ كَاذِبَانِ
٤) اَلْأَئِمَّةُ غَائِبُوْنَ
٥) اَلْكِتَابُ بَعِيْدٌ
٦) اَلْمَدْرَسَةُ قَرِيْبَةٌ
٧) اَلْبَنَاتُ طَوِيْلَاتٌ
٨) اَلطِّفْلَانِ حَاضِرَانِ
٩) اَللَّيْلَتَانِ قَصِيْرَتَانِ
١٠) اَلْأَعْدَاءُ ضِعَافٌ
١١) اَلتَّمْرَتَانِ كَبِيْرَتَانِ
١٢) اَلْأَخَوَاتُ صَابِرَاتٌ

لَامُ الاِبْتِدَاءِ

Sometimes, a لَ can be given at the beginning of a sentence. This is called لَامُ الاِبْتِدَاءِ.

لَزَيْدٌ صَادِقٌ

This creates emphasis which is not always reflected in the translation. However, it can be shown using underlining or italics.

Zaid is truthful.

This حَرْفٌ does not cause the irab of the following word(s) to change: it is غَيْرُ عَامِلٍ.

In tarkib, لَامُ الِابْتِدَاءِ does not become a main part of the sentence.

خَبَرٌ	مُبْتَدَأٌ	لَامُ الاِبْتِدَاءِ
صَادِقٌ	زَيْدٌ	لَ

Notes

If the word after لَامُ الاِبْتِدَاءِ has اَلْ, the ا is not written.

لَلْوَلَدُ ⬅ لَ الْوَلَدُ

Exercise 14

Translate the following.

١) لَزَيْدٌ طَوِيْلٌ ٣) لَأَحْمَدُ صَغِيْرٌ ٥) لَخَالِدٌ مَرِيْضٌ ٧) لَلْمَاءُ بَارِدٌ

٢) لَفَاطِمَةُ قَوِيَّةٌ ٤) لَزَيْنَبُ طَوِيْلَةٌ ٦) لَلْأَبُ صَائِمٌ ٨) لَلْوَلَدُ كَاذِبٌ

Vocab

English	Arabic	English	Arabic
to forgive, overlook	عَفَا يَعْفُوْ عَفْوًا	Most-Relenting	تَوَّابٌ
Oft-Pardoning	عَفُوٌّ	to have mercy	رَحِمَ يَرْحَمُ رَحْمَةً
All-Knowing	عَلِيْمٌ	Merciful	رَحِيْمٌ ج رُحَمَاءُ
Forgiving	غَفُوْرٌ	All-Hearing	سَمِيْعٌ
The Grantor	وَهَّابٌ	All-Mighty	عَزِيْزٌ

اَللَّامُ الْمُزَحْلَقَةُ

Sometimes a لَ can be added to the خَبَرٌ of إِنَّ. In this case, it is called اَللَّامُ الْمُزَحْلَقَةُ.

إِنَّ زَيْدًا لَصَادِقٌ

Like لَامُ الْإِبْتِدَاءِ, this creates additional emphasis which is not always reflected in the translation.

Indeed, Zaid is truthful.

This حَرْفٌ is غَيْرُ عَامِلٍ and does not become one of the main parts of a sentence.

حَرْفٌ مُشَبَّهٌ بِالْفِعْلِ	اِسْمُ إِنَّ	لَامٌ مُزَحْلَقَةٌ	خَبَرُ إِنَّ
إِنَّ	اللهَ	لَـ	غَفُوْرٌ

Exercise 15

Translate the following.

١) اللهُ رَحِيْمٌ

٢) إِنَّ اللهَ رَحِيْمٌ

٣) إِنَّ اللهَ لَرَحِيْمٌ

٤) الشَّيْطَانُ عَدُوٌّ

٥) إِنَّ الشَّيْطَانَ عَدُوٌّ

٦) إِنَّ الشَّيْطَانَ لَعَدُوٌّ

٧) ﴿إِنَّ اللهَ لَغَفُوْرٌ﴾

٨) ﴿إِنَّ اللهَ لَسَمِيْعٌ﴾

٩) ﴿إِنَّ اللهَ لَعَلِيمٌ﴾

١٠) ﴿إِنَّ اللهَ لَعَفُوٌّ﴾

١١) ﴿إِنَّ اللهَ لَقَوِيٌّ﴾

١٢) إِنَّ الْعَذَابَ لَشَدِيْدٌ

Exercise 16

Add a فِعْلٌ نَاقِصٌ and إِنَّ to the sentences below, as has been done in the example below.

اَلْمَاءُ بَارِدٌ	كَانَ الْمَاءُ بَارِدًا	مَا كَانَ الْمَاءُ بَارِدًا	يَكُوْنُ الْمَاءُ بَارِدًا	لَا يَكُوْنُ الْمَاءُ بَارِدًا	لَيْسَ الْمَاءُ بَارِدًا	مَا الْمَاءُ بَارِدًا	إِنَّ الْمَاءَ بَارِدٌ
The water is cold.	The water was cold.	The water was not cold.	The water will be cold.	The water will not be cold.	The water is not cold.	The water is not cold.	Indeed, the water is cold.

١) اللَّيْلَةُ طَوِيْلَةٌ

٢) الْعَذَابُ شَدِيْدٌ

٣) الرَّجُلُ صَادِقٌ

٤) السُّوْرَةُ قَصِيْرَةٌ

٥) الشَّرَابُ لَذِيْذٌ

٦) الضَّيْفُ كَسْلَانُ

٧) الْأَعْدَاءُ كَاذِبُوْنَ

٨) الْأُخْتَانِ نَشِيْطَتَانِ

٩) التَّمْرَتَانِ حُلْوَتَانِ

١٠) الرِّجَالُ صَالِحُوْنَ

١١) الْأَخَوَاتُ شَاكِرَاتٌ

١٢) الْمُسْلِمَاتُ صَائِمَاتٌ

Exercise 17

Translate the following.

١) التَّمْرَةُ حُلْوَةٌ

٢) لَلتَّمْرَةُ حُلْوَةٌ

٣) إِنَّ التَّمْرَةَ لَذِيْذَةٌ

٤) إِنَّ التَّمْرَةَ لَلَذِيْذَةٌ

٥) كَانَتِ التَّمْرَةُ قَرِيْبَةً

٦) يَكُوْنُ التَّمْرَةُ قَرِيْبَةً

٧) مَا التَّمْرَةُ بَعِيْدَةً

٨) لَيْسَتِ التَّمْرَةُ بَعِيْدَةً

٩) مَا كَانَتِ التَّمْرَةُ صَغِيْرَةً

١٠) لَا يَكُوْنُ التَّمْرَةُ صَغِيْرَةً

١١) الْمَسْجِدُ كَبِيْرٌ

١٢) لَلْمَسْجِدُ كَبِيْرٌ

١٣) إِنَّ الْمَسْجِدَ طَوِيْلٌ

١٤) إِنَّ الْمَسْجِدَ لَطَوِيْلٌ

١٥) كَانَ الْمَسْجِدُ قَصِيْرًا

١٦) يَكُوْنُ الْمَسْجِدُ قَصِيْرًا

١٧) مَا الْمَسْجِدُ قَدِيْمًا

١٨) لَيْسَ الْمَسْجِدُ قَدِيْمًا

١٩) مَا كَانَ الْمَسْجِدُ جَدِيْدًا

٢٠) لَا يَكُوْنُ الْمَسْجِدُ جَدِيْدًا

٢١) الْعَذَابُ شَدِيْدٌ

٢٢) لَلشَّيْطَانُ عَدُوٌّ

٢٣) إِنَّ الضَّيْفَ مُسْلِمٌ

٢٤) إِنَّ الْمَرْأَةَ لَمُؤْمِنَةٌ

٢٥) مَا الْأُخْتُ مَرِيْضَةً

٢٦) لَيْسَتِ الْأُمُّ صَائِمَةً

٢٧) يَكُوْنُ الْأَوْلَادُ مُجْتَهِدِيْنَ

٢٨) كَانَتِ الْخَالَاتُ صَابِرَاتٍ

٢٩) مَا كَانَتِ الْبَنَاتُ ضُعَفَاءَ

٣٠) لَا يَكُوْنُ الْأَوْلَادُ ضُيُوْفًا

Summary

The following table summarises the different particles that can be added to a جُمْلَةٌ اسْمِيَّةٌ to create emphasis.

Emphasised جُمْلَةٌ اسْمِيَّةٌ		
اللَّامُ الْمُزَحْلَقَةُ	لَامُ الْاِبْتِدَاءِ	إِنَّ
إِنَّ زَيْدًا لَصَادِقٌ	لَزَيْدٌ صَادِقٌ	إِنَّ زَيْدًا صَادِقٌ
Indeed, Zaid is truthful.	Zaid is truthful.	Indeed, Zaid is truthful.

The خَبَرٌ as a Noun

If the خَبَرٌ is an adjective, it must agree with the مُبْتَدَأٌ in both number and gender.

However, if the خَبَرٌ is a noun, not an adjective, it does not need to agree in either number or gender.

الصِّدْقُ نَجَاةٌ

Truth is salvation.

In this example, the خَبَرٌ is a noun, نَجَاةٌ; therefore, it does not have to agree in gender with the مُبْتَدَأٌ.

الْحَرْفُ قِسْمَانِ

Harf is two types.

In this example, the خَبَرٌ is a noun, قِسْمَانِ; therefore, it does not have to agree in number with the مُبْتَدَأٌ.

The following table summarises the difference between the two:

خَبَرٌ	
Adjective	**Noun**
Must agree with the مُبْتَدَأٌ in number and gender	Does not have to agree with مُبْتَدَأٌ in number and gender
الْأَوْلَادُ صَالِحُوْنَ	الْأَوْلَادُ نِعْمَةٌ

Vocab

English	Arabic	English	Arabic
Eid	عِيْدٌ ج أَعْيَادٌ	legend, tale, myth	أُسْطُوْرَةٌ ج أَسَاطِيْرُ
trail, test	فِتْنَةٌ ج فِتَنٌ	nation	أُمَّةٌ ج أُمَمٌ
religious duty, obligation	فَرِيْضَةٌ ج فَرَائِضُ	verse, sign	آيَةٌ ج آيَاتٌ
type	قِسْمٌ ج أَقْسَامٌ	blessing	بَرَكَةٌ ج اتٌ
wealth	مَالٌ ج أَمْوَالٌ	proof	بُرْهَانٌ ج بَرَاهِيْنُ
calamity	مُصِيْبَةٌ ج مَصَائِبُ	Friday	جُمُعَةٌ ج اتٌ
gift	نِعْمَةٌ ج نِعَمٌ	shield	جُنَّةٌ ج جُنَنٌ
light	نُوْرٌ ج أَنْوَارٌ	darkness	ظُلْمَةٌ ج اتٌ

Exercise 18

Translate the following.

١) اَلْقَمَرُ آيَةٌ

٢) الْأَرْضُ آيَةٌ

٣) الْقُرْآنُ بَرَكَةٌ

٤) الْقُرْآنُ نِعْمَةٌ

٥) النَّاسُ أَقْسَامٌ

٦) إِنَّ الْمَالَ فِتْنَةٌ

٧) الْجُمُعَةُ عِيْدٌ

٨) «الصَّلَاةُ نُوْرٌ»

٩) الصَّوْمُ فَرِيْضَةٌ

١٠) «الصَّوْمُ جُنَّةٌ»

١١) الْمُسْلِمُوْنَ أُمَّةٌ

١٢) الْأَوْلَادُ فِتْنَةٌ

١٣) الظُّلْمُ ظُلُمَاتٌ

١٤) الْحَرْفُ قِسْمَانِ

١٥) كَانَ إِبْرَاهِيْمُ أُمَّةً

١٦) «الصَّدَقَةُ بُرْهَانٌ»

١٧) ﴿الْمُؤْمِنُونَ إِخْوَةٌ﴾

١٨) لَيْسَ الْقُرْآنُ أُسْطُوْرَةً

The خَبَرٌ as a Participle

We have previously learnt that the اِسْمُ الْفَاعِلِ and اِسْمُ الْمَفْعُوْلِ can be used as adjectives.

Another usage of the اِسْمُ الْفَاعِلِ and اِسْمُ الْمَفْعُوْلِ is as a participle: a noun that represents a meaning of a verb.

When the اِسْمُ الْفَاعِلِ and اِسْمُ الْمَفْعُوْلِ function as a participle, it expresses the present continuous or near future tense.

The اِسْمُ الْفَاعِلِ gives a فِعْلٌ مَعْلُوْمٌ meaning and the اِسْمُ الْمَفْعُوْلِ gives a فِعْلٌ مَجْهُوْلٌ meaning.

They will be translated as follows:

	Present	Near Future
اِسْمُ الْفَاعِلِ	شَارِبٌ	
	... ing drinking	going to ... going to drink
اِسْمُ الْمَفْعُوْلِ	مَشْرُوْبٌ	
	being ... being drunk	will be ... will be drunk

Exercise 19

Translate the following sentences. Notice how the participles are used.

١) الْأُخْتُ ذَاهِبَةٌ

٢) الْإِمَامُ مُبْتَسِمٌ

٣) النَّاسُ مَسْئُوْلُوْنَ

٤) إِنَّ الطَّالِبَ آكِلٌ

٥) إِنَّ الْجَدَّ مُسَافِرٌ

٦) إِنَّ الْخَالَةَ قَائِمَةٌ

٧) إِنَّ الْقَوْمَ مَظْلُوْمُوْنَ

٨) لَيْسَ الرَّجُلُ خَاسِرًا

٩) كَانَتِ الطَّالِبَةُ مُسْرِعًا

١٠) الْأَطْفَالُ مُسْتَيْقِظُوْنَ

١١) إِنَّ النَّاسَ لَمَبْعُوْثُوْنَ

١٢) كَانَ الْأَعْمَامُ نَائِمِينَ

١٣) لَيْسَ الْوَلَدَانِ غَائِبَيْنِ

١٤) لَيْسَ الصَّائِمُوْنَ آكِلِيْنَ

١٥) لَيْسَتِ الْمُعَلِّمَتَانِ جَالِسَتَيْنِ

Summary

Sentence: جُمْلَةٌ

جُمْلَةٌ اسْمِيَّةٌ

جُمْلَةٌ اسْمِيَّةٌ on its Own

مُبْتَدَأٌ	subject	مَعْرِفَةٌ	مَرْفُوْعٌ	agree in number and gender
خَبَرٌ	information	نَكِرَةٌ	مَرْفُوْعٌ	

جُمْلَةٌ اسْمِيَّةٌ with a فِعْلٌ نَاقِصٌ

كَانَ	was	مَا كَانَ	was not
يَكُوْنُ	will be	لَا يَكُوْنُ	will not be
لَيْسَ	is/are not	مَا	is/are not

إِسْمُ كَانَ / لَيْسَ / مَا	subject	مَعْرِفَةٌ	مَرْفُوْعٌ	agree in number and gender
خَبَرُ كَانَ / لَيْسَ / مَا	information	نَكِرَةٌ	مَنْصُوْبٌ	

جُمْلَةٌ إِسْمِيَّةٌ with a حَرْفٌ مُشَبَّهٌ بِالْفِعْلِ

إِنَّ	indeed			
إِسْمُ إِنَّ	subject	مَعْرِفَةٌ	مَنْصُوْبٌ	agree in number and gender
خَبَرُ إِنَّ	information	نَكِرَةٌ	مَرْفُوْعٌ	

لَامُ الابْتِدَاءِ	emphasis	comes on the مُبْتَدَأٌ
اَللَّامُ الْمُزَحْلَقَةُ		comes on the خَبَرُ إِنَّ

UNIT 2
Section 2

SENTENCES

Introduction: جُمْلَةٌ فِعْلِيَّةٌ

Part 1: اَلْجُمْلَةُ الْفِعْلِيَّةُ

Part 2: Additions Rules of اَلْجُمْلَةُ الْفِعْلِيَّةُ

Summary

Introduction: جُمْلَةٌ فِعْلِيَّةٌ

الْجُمْلَةُ الْفِعْلِيَّةُ is a sentence which starts with a verb.
It is comprised of two essential slots which are found in every جُمْلَةٌ فِعْلِيَّةٌ:

1. Verb
2. Subject

The remaining slots are non-essential: a sentence does not have to include them:

3. Object
4. Indirect Object
5. Deputy Subject
6. Adverbs of Time and Place
7. Adverbs of Degree and Frequency
8. Adverbs of Reason
9. State
10. Clarification
11. Exclusion

Part 1: الْجُمْلَةُ الْفِعْلِيَّةُ

Subject

The subject is the one who is carrying out the action.

The boy sat.

In this example, the boy is the subject.

In Arabic, the subject of a الْجُمْلَةُ الْفِعْلِيَّةُ is called فَاعِلٌ. The فَاعِلٌ is مَرْفُوْعٌ.

In Arabic, the فَاعِلٌ comes after the فِعْلٌ. However, when translating, the فَاعِلٌ should be written first.

ذَهَبَ زَيْدٌ

Zaid went.

The tarkib is written as follows:

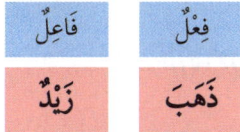

فَاعِلٌ	فِعْلٌ
زَيْدٌ	ذَهَبَ

If the verb is مَنْفِيٌّ, the negative particle will be labelled as حَرْفُ نَفْيٍ.

فَاعِلٌ	فِعْلٌ	حَرْفُ نَفْيٍ
الرَّجُلُ	جَاءَ	مَا

Remember, in a جُمْلَةٌ اسْمِيَّةٌ the subject is called مُبْتَدَأٌ, and in a جُمْلَةٌ فِعْلِيَّةٌ it is called فَاعِلٌ. In English, they are both called the subject.

Vocab

English	Arabic	English	Arabic
to enter	دَخَلَ يَدْخُلُ دُخُوْلًا	to come	أَتَى يَأْتِيْ إِتْيَانًا
to disobey	عَصَى يَعْصِيْ مَعْصِيَةً	to misguide	أَضَلَّ يُضِلُّ إِضْلَالًا
to do, work	عَمِلَ يَعْمَلُ عَمَلًا	to obey	أَطَاعَ يُطِيْعُ إِطَاعَةً، طَاعَةً
to sit	قَعَدَ يَقْعُدُ قُعُوْدًا	to collect, gather	جَمَعَ يَجْمَعُ جَمْعًا
to earn	كَسَبَ يَكْسِبُ كَسْبًا	to fear	خَافَ يَخَافُ خَوْفًا
to guide	هَدَى يَهْدِيْ هِدَايَةً، هُدًى	to come out, leave	خَرَجَ يَخْرُجُ خُرُوْجًا

Exercise 1

Translate the following.

١) هَدَى اللهُ
٢) جَاءَ الْأَنْبِيَاءُ
٣) خَرَجَ الْمَاءُ
٤) مَاتَ الصَّدِيْقُ
٥) خَافَ الْعِبَادُ
٦) مَا أَطَاعَ الْوَلَدَانِ
٧) مَا كَذَبَ الطِّفْلُ
٨) لَمْ يَقُمِ الْأَعْمَامُ
٩) صَدَقَ الْمُسْلِمُوْنَ
١٠) لَمْ يَجْلِسِ الْأَخُ
١١) لَنْ يُّسَافِرَ الْأَبُ
١٢) يَجِيْءُ الرِّجَالُ
١٣) خَسِرَ الظَّالِمُوْنَ
١٤) اِنْكَسَرَ الْكُرْسِيُّ
١٥) لَا يَذْهَبُ الْأَبُ
١٦) لَا يَظْلِمُ الرَّجُلُ
١٧) لَمْ يَسْأَلِ النَّاسُ
١٨) مَا دَخَلَ الْعَدُوَّانِ
١٩) مَا يَصُوْمُ الْمَرِيْضُ
٢٠) لَنْ يَّذْهَبَ الْأَوْلَادُ

Feminine Subjects

If the فَاعِلٌ is feminine, مُؤَنَّثٌ, the verb must be in its feminine form.

تَجْلِسُ فَاطِمَةُ	جَلَسَتْ فَاطِمَةُ
Fatima sits/is sitting/will sit.	*Fatima sat.*

Exercise 2

Translate the following.

١) كَسَبَ الرَّجُلُ
٢) كَسَبَتِ الْمَرْأَةُ
٣) يَدْخُلُ الرِّجَالُ
٤) تَعْمَلُ الْخَالَاتُ
٥) تَدْخُلُ الْمُعَلِّمَاتُ
٦) نَامَتِ الْجَدَّةُ
٧) لَمْ تَقُمِ الْبَنَاتُ
٨) صَامَتْ فَاطِمَةُ
٩) لَمْ تَأْتِ النِّسَاءُ
١٠) مَا قَرَءَتِ الطَّالِبَةُ
١١) مَا يَقُوْمُ الْأَوْلَادُ
١٢) مَا جَلَسَتِ الْأُمُّ
١٣) اِسْتَيْقَظَتِ الْبِنْتُ
١٤) لَنْ تَظْلِمَ الْأُمَّهَاتُ
١٥) سَمِعَتِ الطَّالِبَاتُ
١٦) تَجْلِسُ الْأَخَوَاتُ
١٧) لَا تَسْأَلُ الْمُعَلِّمَةُ
١٨) مَا تُسَافِرُ الْخَالَاتُ
١٩) لَا تَسْتَيْقِظُ الطِّفْلَةُ
٢٠) تَجِيْءُ الْمُسْلِمَاتُ

Exercise 3

Complete the sentences below by adding the verb in brackets. If there is a negative particle, add this and adjust as necessary.

١) .... اللهُ (هَدَى)
٢) .... الْعَدُوُّ (كَذَبَ)
٣) .... الْأُخْتُ (قَرَءَ)
٤) .... الْأَخُ (مَا + سَقَطَ)
٥) .... الْبَنَاتُ (مَا + أَتَى)
٦) .... الْأَصْدِقَاءُ (لَمْ + يَمُوْتُ)
٧) .... الْأُمُّ (لَنْ + يُسَافِرُ)
٨) .... الْأَبُ (لَمْ + يَظْلِمُ)
٩) .... الْوَلَدُ (مَا + صَدَقَ)
١٠) .... الْكَافِرُ (لَمْ + يُؤْمِنُ)

Stative and Dynamic Verbs

Regular verbs show the occurrence of an action. These are known as dynamic verbs, e.g. to eat, to walk.

Some verbs show a state. These are usually verbs with to be, e.g. to be sick. These are known as stative verbs.

A stative verb is translated with an auxiliary verb (is, was, will be) which shows the tense, followed by the state, like a جُمْلَةٌ اسْمِيَّةٌ.

الْفِعْلُ	Tense		Translation
فَرِحَ	الْمَاضِي	Past	The man was happy. The man became happy.
يَفْرَحُ	الْمُضَارِعُ	Present Habitual	The man is happy.
		Present Continuous	The man is happy.
		Future	The man will be happy.

Vocab

English	Arabic	English	Arabic
to be happy with, approve of	رَضِيَ يَرْضَى رِضْوَانًا	to be successful	أَفْلَحَ يُفْلِحُ إِفْلَاحًا
to be quiet	سَكَتَ يَسْكُتُ سُكُوْتًا	to be guided, find the right way	اِهْتَدَى يَهْتَدِي اِهْتِدَاءً
to be mislead	ضَلَّ يَضِلُّ ضَلَالًا	to be impatient (opposite of صَبَرَ)	جَزِعَ يَجْزَعُ جَزَعًا
to be just	عَدَلَ يَعْدِلُ عَدْلًا	to be humble	خَشَعَ يَخْشَعُ خُشُوْعًا

Exercise 4

Translate the following.

١) حَزِنَ الْعَبْدُ
٢) صَبَرَ النَّبِيُّ
٣) يَفْرَحُ النَّاسُ
٤) غَابَتْ فَاطِمَةُ
٥) يَعْدِلُ الْمُلُوْكُ
٦) يَغِيْبُ خَالِدٌ
٧) يَجْزَعُ الْمَرِيْضُ
٨) فَرِحَتِ الطِّفْلَةُ
٩) أَفْلَحَ الْمُؤْمِنُوْنَ
١٠) لَمْ تَفْرَحِ الْأُخْتُ
١١) صَبَرَ الْمَظْلُوْمَانِ
١٢) يَضِلُّ الظَّالِمُوْنَ
١٣) يَخْسَرُ الْكَافِرُوْنَ
١٤) خَشَعَ الصَّالِحُوْنَ
١٥) مَا سَكَتَتِ الْمَرْأَةُ
١٦) لَنْ يَّسْكُتَ الْمَظْلُوْمُ
١٧) اِهْتَدَى الْمُسْلِمُوْنَ
١٨) لَنْ يَّهْتَدِيَ الشَّيْطَانُ
١٩) يَجْزَعُ الْمَظْلُوْمُوْنَ
٢٠) لَنْ يَّحْزَنَ الصَّادِقُوْنَ

Object

The object is the one upon whom the action is carried out.

The boy ate the apple.

In this example, the apple is the object.

In Arabic, the object is called مَفْعُوْلٌ بِهِ. The مَفْعُوْلٌ بِهِ is مَنْصُوْبٌ.

The مَفْعُوْلٌ بِه comes after the فَاعِلٌ in both English and Arabic.

شَرِبَ الرَّجُلُ الْمَاءَ

The man drank the water.

The tarkib of this is written as follows:

فِعْلٌ	فَاعِلٌ	مَفْعُوْلٌ بِهِ
شَرِبَ	الرَّجُلُ	الْمَاءَ

Vocab

English	Arabic	English	Arabic
devil	شَيْطَانٌ ج شَيَاطِيْنُ	container	إِنَاءٌ ج آنِيَةٌ
path	صِرَاطٌ ج صُرُطٌ	businessman	تَاجِرٌ ج تُجَّارٌ
honey	عَسَلٌ	Haji (one who has performed Hajj)	حَاجٌّ ج حُجَّاجٌ
knowledge	عِلْمٌ ج عُلُوْمٌ	religion, retribution	دِيْنٌ ج أَدْيَانٌ
meat	لَحْمٌ ج لُحُوْمٌ	sins	ذَنْبٌ ج ذُنُوْبٌ

Exercise 5

Translate the following.

١) يَرْزُقُ اللهُ الْعِبَادَ

٢) بَعَثَ اللهُ النَّبِيِّيْنَ

٣) جَعَلَ اللهُ النُّوْرَ

٤) أَكَلَ الْوَلَدُ اللَّحْمَ

٥) أَضَلَّ فِرْعَوْنُ الْقَوْمَ

٦) تَشْرَبُ الطِّفْلَةُ عَسَلًا

٧) خَلَقَ اللهُ السَّمَاوَاتِ

٨) تُطِيْعُ الْمُسْلِمَاتُ اللهَ

٩) لَا يَخَافُ الْكَافِرُ اللهَ

١٠) يَعْصِي الشَّيْطَانُ اللهَ

١١) نَصَرَتِ الْأُخْتُ الْأَبَ

١٢) لَا يَظْلِمُ الْمُلُوْكُ النَّاسَ

١٣) مَا تَعْرِفُ فَاطِمَةُ زَيْنَبَ

١٤) مَا قَرَءَتِ الْبِنْتَانِ الْقُرْآنَ

١٥) لَمْ تَسْمَعِ الْبَنَاتُ الْقُرْآنَ

١٦) يُطِيْعُ الْمُؤْمِنُوْنَ الرَّسُوْلَ

١٧) مَا رَأَى الطُّلَّابُ الْمُعَلِّمَ

١٨) لَنْ تَقْرَءَ خَدِيْجَةُ الْكِتَابَيْنِ

Translation of Negative Sentences with نَكِرَةٌ Words

In a negative sentence, if the فَاعِلٌ is نَكِرَةٌ, the word no will be added to the فَاعِلٌ, instead of a, and the negative particle will be omitted.

مَا جَاءَ رَجُلٌ

No man came. ✓

A man did not come. ✗

If the مَفْعُوْلٌ بِهِ is نَكِرَةٌ, the word any will be added to the مَفْعُوْلٌ بِهِ, and the negative particle will be added to the verb as normal.

مَا شَرِبَ الْوَلَدُ مَاءً

The child did not drink any water.

Notes

The words أَحَدٌ (translated as one or anyone) and شَيْءٌ (translated as anything) are commonly used in negative sentences.

مَا سَأَلَ الْوَلَدُ أَحَدًا

The child did not ask anyone.

مَا سَقَطَ شَيْءٌ

Nothing fell.

Exercise 6

Translate the following.

١) لَمْ يَأْتِ مُعَلِّمٌ

٢) لَمْ يَحْزَنْ أَحَدٌ

٣) لَا يُسَافِرُ أَحَدٌ

٤) لَمْ يَكْذِبْ وَلَدٌ

٥) مَا يَقْعُدُ أَحَدٌ

٦) لَمْ يَهْتَدِ كَافِرٌ

٧) مَا سَكَتَتْ بِنْتٌ

٨) مَا اسْتَيْقَظَ أَحَدٌ

٩) مَا اسْتَيْقَظَ وَلَدٌ

١٠) لَمْ يَعْصِ نَبِيٌّ اللهَ

١١) لَمْ يَعْبُدْ نَبِيٌّ صَنَمًا

١٢) مَا نَصَرَ أَحَدٌ خَالِدًا

١٣) لَمْ يَأْكُلْ أَحْمَدُ شَيْئًا

١٤) مَا كَانَ أَحَدٌ صَائِمًا

١٥) مَا ظَلَمَ الْأَنْبِيَاءُ كَافِرًا

١٦) مَا خَلَقَ النَّاسُ شَيْئًا

١٧) مَا رَأَى الْمُعَلِّمُ أَحَدًا

١٨) مَا أَضَلَّ الشَّيْطَانُ نَبِيًّا

١٩) لَمْ يَشْرَبِ الرَّجُلُ مَاءً

٢٠) مَا كَسَبَ الْفَقِيرُ مَالًا

٢١) مَا تَسْأَلُ الْمُعَلِّمَةُ طَالِبَةً

Direct and Indirect Object

Some verbs can have two objects.

I gave you a pen.

In this example, you is the first object and a pen is the second.

The first object, the indirect object, is called the مَفْعُوْلٌ بِهِ, and the second object, the direct object, is called the مَفْعُوْلٌ بِهِ ثَانٍ.

The مَفْعُوْلٌ بِهِ ثَانٍ is also مَنْصُوْبٌ and usually comes after the مَفْعُوْلٌ بِهِ.

جَعَلَ اللهُ مُحَمَّدًا ﷺ نَبِيًّا

Allah made Muhammad ﷺ a prophet.

The tarkib of this is written as follows:

مَفْعُوْلٌ بِهِ ثَانٍ	مَفْعُوْلٌ بِهِ	فَاعِلٌ	فِعْلٌ
نَبِيًّا	مُحَمَّدًا	اللهُ	جَعَلَ

Notes

1. Sometimes, the English translation of the مَفْعُوْلٌ بِهِ ثَانٍ will have to be adjusted to suit the English style.

   أَنْذَرَ الرَّسُوْلُ النَّاسَ الْعَذَابَ

   The Prophet warned the people of/about the punishment.

2. If the مَفْعُوْلٌ بِهِ ثَانٍ is an adjective, it must agree with the مَفْعُوْلٌ بِهِ in number and gender. If it is a noun, it does not have to.

مَفْعُوْلٌ بِهِ ثَانٍ	
Adjective	**Noun**
جَعَلَ اللهُ الشَّمْسَ كَبِيْرَةً	جَعَلَ اللهُ الشَّمْسَ ضِيَاءً
Must agree with the مَفْعُوْلٌ بِهِ in number and gender	Does not have to agree with مَفْعُوْلٌ بِهِ in number nor gender

3. If an Arabic verb is translated as multiple English words, it is usually better to translate the مَفْعُوْلٌ بِهِ between the two words, e.g. to give to drink.

سَقَى أَحْمَدُ فَاطِمَةَ مَاءً

Ahmad gave Fatima water to drink. ✓

Ahmad gave to drink Fatima water. ✗

Vocab

English	Arabic	English	Arabic
to kill, murder	قَتَلَ يَقْتُلُ قَتْلًا	to take as	اِتَّخَذَ يَتَّخِذُ اِتِّخَاذًا
to reject	كَذَّبَ يُكَذِّبُ تَكْذِيْبًا	to give	آتَى يُؤْتِي إِيْتَاءً
to clothe	كَسَا يَكْسُوْ كَسْوًا	to show	أَرَى يُرِيْ إِرَاءَةً
to fill	مَلَأَ يَمْلَأُ مَلْأً	to feed	أَطْعَمَ يُطْعِمُ إِطْعَامًا
to promise	وَعَدَ يَعِدُ وَعْدًا	to spend	أَنْفَقَ يُنْفِقُ إِنْفَاقًا
to give, grant	وَهَبَ يَهَبُ هِبَةً	to give to drink	سَقَى يَسْقِيْ سَقْيًا

Exercise 7

Translate the following.

١) سَأَلَ الْوَلَدُ اللهَ مَالًا

٢) سَقَى الْوَلَدُ الْأُمَّ مَاءً

٣) جَعَلَ اللهُ الْقُرآنَ نُوْرًا

٤) يُعْطِي اللهُ الْعِبَادَ الرِّزْقَ

٥) آتَى اللهُ مُحَمَّدًا الْقُرآنَ

٦) آتَى اللهُ عِيسَى الْإِنْجِيْلَ

٧) وَعَدَ اللهُ الْمُؤْمِنِيْنَ الْجَنَّةَ

٨) أَنْذَرَ الْأَنْبِيَاءُ الْأَقْوَامَ النَّارَ

٩) سَقَتِ الْخَالَةُ الْبِنْتَ مَاءً

١٠) وَهَبَ الرَّجُلُ الْأُمَّ مَالًا

١١) هَدَى الْأَنْبِيَاءُ النَّاسَ الدِّيْنَ

١٢) أَنْذَرَ الرُّسُلُ النَّاسَ الْعَذَابَ

١٣) مَا أَعْطَى الرَّجُلُ الْوَلَدَ مَاءً

١٤) أَطْعَمَ التُّجَّارُ الْفُقَرَاءَ لَحْمًا

١٥) سَقَى الْأَبُ الْبِنْتَ عَسَلًا

١٦) تُطْعِمُ الْخَالَةُ الْأَطْفَالَ عَسَلًا

١٧) وَهَبَ اللهُ إِبْرَاهِيْمَ إِسْمَاعِيْلَ

١٨) عَلَّمَتِ الْمُعَلِّمَةُ الطُّلَّابَ الْقُرآنَ

١٩) اِتَّخَذَ الْكَافِرُوْنَ الشَّيْطَانَ خَلِيْلًا

٢٠) أَطْعَمَتِ الْأُمُّ الْأَوْلَادَ تَمَرَاتٍ

٢١) أَعْطَتِ الْبِنْتُ الصَّائِمَاتِ تَمَرَاتٍ

Exercise 8

Complete the following sentences by filling in the blanks with an appropriate word. Use a different word for each question.

١) لَن .... مُؤْمِنٌ

٢) رَأَتْ .... نُجُوْمًا

٣) يَأْكُلُ الضُّيُوْفُ ....

٤) كَسَبَ .... أَمْوَالًا

٥) وَهَبَ اللهُ .... عِلمًا

٦) .... الرَّجُلُ اللهَ عِلْمًا

٧) لَمْ .... الشَّيْطَانُ اللهَ

٨) آتى اللهُ .... التَّوْرَاةَ

٩) جَعَلَ اللهُ مُحَمَّدًا ....

١٠) جَعَلَ اللهُ الْإِسْلَامَ ....

١١) .... الْحَاجُّ النَّاسَ زَمْزَمَ

١٢) أَعْطَتِ الْمَرأَةُ .... تَمْرَتَيْنِ

١٣) لَمْ .... الطَّالِبَةُ ....

١٤) أَطْعَمَتْ .... الْفُقَرَاءَ ....

١٥) أَطْعَمَ ....الضُّيُوْفَ ....

١٦) .... الْمُعَلِّمَةُ .... سُوْرَتَيْنِ

Deputy Subject

If the verb is in the passive form, فِعْلٌ مَجْهُوْلٌ, the فَاعِلٌ is removed and the مَفْعُوْلٌ بِهِ takes the place of the فَاعِلٌ.
In this case, the مَفْعُوْلٌ بِهِ is now called نَائِبُ الْفَاعِلِ; the deputy subject.
The نَائِبُ الْفَاعِلِ follows the same rules as the فَاعِلٌ: it is مَرْفُوْعٌ and the gender of the verb will agree with it.
In tarkib, if the verb is مَجْهُوْلٌ, it must be labelled as such. If it is مَعْلُوْمٌ, it is not necessary to label it as مَعْلُوْمٌ as this is the default state.

مَفْعُوْلٌ بِهِ	فَاعِلٌ	فِعْلٌ
الْقُرْآنَ	الْبِنْتُ	سَمِعَتِ

نَائِبُ الْفَاعِلِ	فِعْلٌ مَجْهُوْلٌ
الْقُرْآنُ	سُمِعَ

The فِعْلٌ مَجْهُوْلٌ is translated as follows:

الْفِعْلُ	Tense		Translation
سُمِعَ الْقُرْآنُ	الْمَاضِي	Past	The Quran was heard.
يُسْمَعُ الْقُرْآنُ	الْمُضَارِعُ	Present Habitual	The Quran is heard.
		Present Continuous	The Quran is being heard.
		Future	The Quran will be heard.

Vocab

English	Arabic	English	Arabic
God-fearing	مُتَّقٍ ج وْنَ	part	جُزْءٌ ج أَجْزَاءٌ
happy	مَسْرُوْرٌ ج وْنَ	lesson	دَرْسٌ ج دُرُوْسٌ
angel	مَلَكٌ ج مَلَائِكَةٌ	polytheism	شِرْكٌ
migrant	مُهَاجِرٌ ج وْنَ	rich	غَنِيٌّ ج أَغْنِيَاءُ
helper	نَاصِرٌ ج أَنْصَارٌ	blessed	مُبَارَكٌ

Exercise 9

Translate the following.

١) يَعْرِفُ الْعِبَادُ اللهَ

٢) يُعْرَفُ اللهُ

٣) خَلَقَ اللهُ آدَمَ

٤) خُلِقَ آدَمُ

٥) صُدِقَ الْمُؤْمِنُوْنَ

٦) بُعِثَ الْأَنْبِيَاءُ

٧) خُلِقَتِ الْجَنَّةُ

٨) مُلِأَ الْإِنَاءُ

٩) لَن يُّعْبَدَ الصَّنَمُ

١٠) خُلِقَتِ السَّمَاءُ

١١) خُلِقَتِ الْأَرْضُ

١٢) مَا شُرِبَ الْمَاءُ

١٣) لَمْ يُظْلَمِ النَّاسُ

١٤) كُذِّبَ الرُّسُلُ

١٥) يُنْصَرُ الْمُسْلِمُوْنَ

١٦) لَن يُّظْلَمَ الْمُلُوْكُ

١٧) ﴿سُئِلَ مُوْسٰى﴾

١٨) ﴿أُنْزِلَ ... الْقُرْآنُ﴾

Exercise 10

Rewrite the following sentences by changing the verb to a فِعْلٌ مَجْهُوْلٌ.

١) غَفَرَ اللهُ الذَّنْبَ

٢) سَأَلَ الْوَلَدُ الْأَبَ

٣) هَدَى اللهُ النَّاسَ

٤) جَمَعَ الْأَخُ الْمَالَ

٥) يَرْزُقُ اللهُ الْعِبَادَ

٦) أَنْذَرَ الْأَنْبِيَاءُ النَّاسَ

٧) كَذَّبَتِ الطِّفْلَةُ الْأَبَ

٨) عَرَفَ الْعَمُّ الْأَوْلَادَ

٩) ظَلَمَ الْمَلِكُ الْفُقَرَاءَ

١٠) سَمِعَتِ الْمَرْأَةُ النَّاسَ

١١) نَصَرَ الْمُؤْمِنُوْنَ الرُّسُلَ

١٢) كَذَّبَ الْكَافِرُوْنَ النَّبِيَّ

١٣) صَدَقَ الْأَخُ الْأَخَوَاتِ

١٤) جَمَعَ الْأَبُ الْأَخَوَاتِ

١٥) كَذَبَ الشَّيْطَانُ الْكَافِرِيْنَ

Exercise 11

Complete the following sentences by filling in the blanks with an appropriate word. Use a different word for each question.

١) سُئِلَ ....

٢) تُسْأَلُ ....

٣) يُسْمَعُ ....

٤) مُلِئَ ....

٥) يُظْلَمُ ....

٦) تُؤْكَلُ ....

٧) شُرِبَ ....

٨) قُتِلَ ....

٩) كُذِّبَ ....

١٠) نُصِرَتْ ....

١١) يُعْبَدُ ....

١٢) أُكِلَ ....

١٣) أُنْزِلَ ....

١٤) كُسِبَ ....

١٥) عُرِفَتْ ....

The مَفْعُوْلٌ بِهِ of a Verb with Two فِعْلٌ مَجْهُوْلٌ

If a verb has two مَفْعُوْلٌ بِهِ, the first will become the نَائِبُ الْفَاعِلِ and will be مَرْفُوْعٌ. The second will become the مَفْعُوْلٌ بِهِ and will remain مَنْصُوْبٌ.

أَعْطَى اللهُ زَيْدًا مَالًا *Allah gave Zaid wealth.*	⇦	أُعْطِيَ زَيْدٌ مَالًا *Zaid was given wealth.*

The tarkib of this is written as follows:

فِعْلٌ مَجْهُوْلٌ	نَائِبُ فَاعِلٍ	مَفْعُوْلٌ بِهِ
أُعْطِيَ	**زَيْدٌ**	**مَالًا**

Exercise 12

Translate the following.

١) جَعَلَ اللهُ نُوْحًا نَبِيًّا

٢) جُعِلَ نُوْحٌ نَبِيًّا

٣) اِتَّخَذَ النَّصَارَى عِيْسَى إِلٰهًا

٤) اُتُّخِذَ عِيْسَى إِلٰهًا

٥) جَعَلَ اللهُ الْقُرآنَ نُوْرًا

٦) جُعِلَ الْقُرآنُ نُوْرًا

٧) اُتُّخِذَتْ مَرْيَمُ إِلٰهًا

٨) أُوْتِيَ النَّبِيُّ الْقُرْآنَ

٩) مَا أُعْطِيَ الْوَلَدُ مَاءً

١٠) أُنْذِرَ الْكَافِرُوْنَ النَّارَ

١١) لَمْ يُعْطَ الرَّجُلُ عِلْمًا

١٢) أُوْتِيَ مُوسَى التَّوْرَاةَ

١٣) وُعِدَ الْمُؤْمِنُوْنَ الْجَنَّةَ

١٤) أُنْذِرَ الْكَافِرُوْنَ الْعَذَابَ

١٥) أُعْطِيَتِ الْبِنْتَانِ تَمَرَاتٍ

Exercise 13

Rewrite the following sentences by changing the verb to a فِعْلٌ مَجْهُوْلٌ.

١) يَرْزُقُ اللهُ الْعِبَادَ رِزْقًا

٢) سَقَى الْأَخُ الْأَبَ شَرَابًا

٣) سَأَلَ الطِّفْلُ الْأُمَّ عَسَلًا

٤) يَهْدِي اللهُ النَّاسَ الصِّرَاطَ

٥) جَعَلَ اللهُ الْكَعْبَةَ مُبَارَكًا

٦) اتَّخَذَ اللهُ إِبْرَاهِيمَ خَلِيْلًا

٧) وَعَدَ اللهُ الْمُؤْمِنِيْنَ الْجَنَّةَ

٨) أَعْطَتِ الْخَالَةُ الْبِنْتَ قَلَمًا

٩) اِتَّخَذَ النَّاسُ الصَّنَمَ إِلٰهًا

١٠) عَلَّمَتِ الْأُمُّ الْأَوْلَادَ الْقُرْآنَ

١١) أَرَتِ الْمُعَلِّمَةُ الطَّالِبَةَ مَكْتَبًا

١٢) أَطْعَمَ الْأَغْنِيَاءُ الضُّيُوْفَ طَعَامًا

Adverbs of Time and Place

An adverb gives more information regarding the verb.

Some adverbs show the time or place in which the action takes place.

Last night, the boy slept on the sofa.

In this example, last night and on the sofa are the adverbs of time and place.

In Arabic, this is called مَفْعُوْلٌ فِيْهِ. The مَفْعُوْلٌ فِيْهِ is مَنْصُوْبٌ.

The مَفْعُوْلٌ فِيْهِ can come at the beginning or at the end of the sentence in both Arabic and English.

الْبَارِحَةَ جَاءَ الضُّيُوْفُ *Last night, the guest came.*	جَاءَ الضُّيُوْفُ الْبَارِحَةَ *The guest came last night.*

The tarkib of this is written as follows:

مَفْعُوْلٌ فِيْهِ	فَاعِلٌ	فِعْلٌ
الْبَارِحَةَ	الضُّيُوْفُ	جَاءَ

Translation of the مَفْعُوْلٌ فِيْهِ

1. Words like on, in, etc. may need to be added to the translation of a مَفْعُوْلٌ فِيْهِ.

   صَلَّى الرَّجُلُ لَيْلًا
   The man prayed at night

2. The word يَوْمٌ on its own means day. However, when it has an ال, الْيَوْمَ, it means today.
3. أَحْيَانٌ, the plural of حِيْنٌ (time), is translated as sometimes.
4. The word قَطُّ is used with a negative فِعْلٌ مَاضٍ.

   مَا عَبَدَ الْأَنْبِيَاءُ صَنَمًا قَطُّ
   The prophets did not ever worship an idol.

Vocab

English	Arabic	English	Arabic
minute	دَقِيْقَةٌ ج دَقَائِقُ	always, ever	أَبَدٌ
time, while, hour, Day of Judgement	سَاعَةٌ ج اتٌ	week	أُسْبُوْعٌ ج أَسَابِيْعُ
month	شَهْرٌ ج شُهُوْرٌ، أَشْهُرٌ	yesterday	أَمْسِ (مَبْنِيٌّ)
morning	صَبَاحٌ	time	آنٌ
tomorrow	غَدٌ	now, just now	اَلْآنُ
ever	قَطُّ (مَبْنِيٌّ)	last night	اَلْبَارِحَةُ
evening	مَسَاءٌ	yet, until now	بَعْدُ (مَبْنِيٌّ)
day/daytime	نَهَارٌ	time	حِيْنٌ ج أَحْيَانٌ
day	يَوْمٌ ج أَيَّامٌ	always	دَائِمٌ

Exercise 14

Translate the following.

١) يَنَامُ النَّاسُ لَيْلًا

٢) قَعَدَ الْجَدُّ دَقَائِقَ

٣) يُقْرَءُ الْقُرْآنُ صَبَاحًا

٤) أَمْسِ حَزِنَتْ زَيْنَبُ

٥) مَا غَابَ خَالِدٌ قَطُّ

٦) يُسَافِرُ الرِّجَالُ غَدًا

٧) يَعْمَلُ النَّاسُ نَهَارًا

٨) غَابَتْ فَاطِمَةُ أَيَّامًا

٩) صَامَ الْوَلَدَانِ شَهْرًا

١٠) اسْتَيْقَظَ الطِّفْلُ لَيْلًا

١١) لَمْ يَذْهَبِ التَّاجِرُ بَعْدُ

١٢) لَمْ تُسَافِرِ النِّسَاءُ الْيَوْمَ

١٣) صَامَتِ الْبَنَاتُ يَوْمَيْنِ

١٤) اَلْيَوْمَ لَنْ يُسَافِرَ الرَّجُلُ

١٥) يَصُوْمُ الْمُسْلِمُوْنَ شَهْرًا

١٦) يَنْصُرُ الْأَطْفَالُ الْأُمَّ أَحْيَانًا

١٧) مَا سَافَرَتْ خَدِيْجَةُ أَمْسِ

١٨) يَقْرَأُ الطُّلَّابُ الْكُتُبَ سَاعَاتٍ

Exercise 15

Add a suitable مَفْعُوْلٌ فِيْهِ from the brackets and translate.

١) يَقْرَأُ أَحْمَدُ .... (اَلْآنَ/ دَقِيْقَةٌ)

٢) لَمْ يَكْذِبْ نَبِيٌّ .... (بَعْدُ/ قَطُّ)

٣) تُسَافِرُ خَدِيْجَةُ .... (يَوْمٌ/ أَبَدٌ)

٤) يَصُوْمُ الْمُسْلِمُوْنَ .... (أَيَّامٌ/ قَطُّ)

٥) تَصْدُقُ الْبِنْتُ .... (دَائِمٌ/ سَاعَةٌ)

٦) يَكْذِبُ التَّاجِرُ .... (أُسْبُوْعٌ/ أَحْيَانٌ)

٧) مَلَأَ الرَّجُلُ الْإِنَاءَ .... (أَمْسِ/ غَدًا)

٨) تَسْتَيْقِظُ الْخَالَةُ .... (شَهْرٌ/ صَبَاحٌ)

Multiple مَفْعُوْلٌ فِيْهِ:

One sentence may have multiple مَفْعُوْلٌ فِيْهِ.

> اَلْيَوْمَ قَرَءَتْ فَاطِمَةُ سَاعَةً
>
> *Today, Fatima read for an hour.*

The tarkib of this is written as follows:

مَفْعُوْلٌ فِيْهِ	فَاعِلٌ	فِعْلٌ	مَفْعُوْلٌ فِيْهِ
سَاعَةً	**فَاطِمَةُ**	**قَرَءَتْ**	**اَلْيَوْمَ**

مَفْعُوْلٌ فِيْهِ in a جُمْلَةٌ اسْمِيَّةٌ

A جُمْلَةٌ اسْمِيَّةٌ with a فِعْلٌ نَاقِصٌ can also have a مَفْعُوْلٌ فِيْهِ.

> كَانَ زَيْدٌ مَرِيْضًا الْبَارِحَةَ
>
> *Zaid was sick last night.*

The tarkib of this is written as follows:

مَفْعُوْلٌ فِيْهِ	خَبَرُ كَانَ	اِسْمُ كَانَ	فِعْلٌ نَاقِصٌ
الْبَارِحَةَ	**مَرِيْضًا**	**زَيْدٌ**	**كَانَ**

Exercise 16

Translate the following.

١) يَكُوْنُ الْأَخُ مُتْعَبًا مَسَاءً
٢) لَيْسَ الْوَلَدُ جَائِعًا الْآنَ
٣) كَانَ زَيْدٌ مَرِيْضًا شَهْرًا
٤) مَا كَانَ الْمَاءُ بَارِدًا أَمْسِ
٥) كَانَ الْجَدُّ مُبْتَسِمًا دَائِمًا
٦) مَا كَانَ الْمَلِكُ ظَالِمًا قَطُّ
٧) كَانَتِ الطِّفْلَةُ حَزِيْنَةً سَاعَةً
٨) مَا كَانَ خَالِدٌ غَائِبًا أُسْبُوْعًا
٩) يَكُوْنُ الْعَذَابُ شَدِيْدًا غَدًا
١٠) يَكُوْنُ الْأَبُ غَضْبَانَ أَحْيَانًا
١١) لَيْسَتِ الطِّفْلَةُ مَرِيْضَةً الْيَوْمَ
١٢) تَكُوْنُ فَاطِمَةُ نَشِيْطَةً صَبَاحًا
١٣) كَانَ الطِّفْلُ مَسْرُوْرًا الْبَارِحَةَ
١٤) يَكُوْنُ الرِّجَالُ صَائِمِيْنَ غَدًا
١٥) كَانَتِ الطِّفْلَتَانِ جَالِسَتَيْنِ دَقَائِقَ

Adverbs of Degree and Frequency

Some adverbs show the degree to which an action occurs, or the frequency with which it takes place.

The boy was extremely patient.
The man performed Hajj twice.

In these examples, extremely and twice are adverbs of degree and frequency.

In Arabic, this is called مَفْعُوْلٌ مُطْلَقٌ. The مَفْعُوْلٌ مُطْلَقٌ is مَنْصُوْبٌ and نَكِرَةٌ.

Adverbs of Degree

The مَفْعُوْلٌ مُطْلَقٌ which is the adverb of degree is usually the مَصْدَرٌ of the main verb or the مَصْدَرٌ of a synonym of the main verb.

جَلَسَ الرَّجُلُ جُلُوْسًا   جَلَسَ الرَّجُلُ قُعُوْدًا

The مَفْعُوْلٌ مُطْلَقٌ usually comes after the فَاعِلٌ, and مَفْعُوْلٌ بِهِ if there is one.

The مَفْعُوْلٌ مُطْلَقٌ of stative verbs can be translated as so, very, extremely, etc.

صَبَرَ يَعْقُوْبُ عَلَيْهِ السَّلَام صَبْرًا

Yaqub was very patient.

The مَفْعُوْلٌ مُطْلَقٌ of dynamic verbs can be translated in different ways. Sometimes it simply cannot be reflected in translation.

The tarkib of this is written as follows:

مَفْعُوْلٌ مُطْلَقٌ	فَاعِلٌ	فِعْلٌ
صَبْرًا	يَعْقُوْبُ	صَبَرَ

Vocab

Translation	Arabic	Translation	Arabic
to recite clearly	رَتَّلَ يُرَتِّلُ تَرْتِيْلًا	to love	أَحَبَّ يُحِبُّ إِحْبَابًا، حُبًّا
to bow	رَكَعَ يَرْكَعُ رُكُوْعًا	to perform Umrah	اِعْتَمَرَ يَعْتَمِرُ اِعْتِمَارًا
to prostrate	سَجَدَ يَسْجُدُ سُجُوْدًا	to recite	تَلَا يَتْلُوْ تِلَاوَةً
to hit	ضَرَبَ يَضْرِبُ ضَرْبًا	to call, supplicate	دَعَا يَدْعُوْ دَعْوَةً دُعَاءً

Exercise 17

Translate the following.

١) يُجْمَعُ الْعِبَادُ جَمْعًا

٢) ظَلَم فِرْعَوْنُ ظُلْمًا

٣) فَرِحَ الْأَوْلَادُ فَرَحًا

٤) تَسْكُتُ الْبَنَاتُ سُكُوْتًا

٥) ضَرَبَ زَيْدٌ خَالِدًا ضَرْبًا

٦) خَسِرَ الظَّالِمُوْنَ خُسْرَانًا

٧) يُحِبُّ النَّاسُ الْمَالَ حُبًّا

٨) آمَنَ الْمُهَاجِرُوْنَ إِيْمَانًا

٩) شَكَرَ دَاوُوْدُ عليه السلام شُكْرًا

١٠) حَزِنَ يَعْقُوْبُ عليه السلام حُزْنًا

١١) صَبَرَ يُوْسُفُ عليه السلام صَبْرًا

١٢) عَرَفَ النَّاسُ النَّبِيَّ ﷺ مَعْرِفَةً

١٣) يُحِبُّ الْمُسْلِمُوْنَ اللهَ حُبًّا

١٤) أُنْذِرَ النَّاسُ الْعَذَابَ إِنْذَارًا

١٥) كَذَّبَ الْقَوْمُ نُوْحًا عليه السلام تَكْذِيْبًا

١٦) مَا اسْتَيْقَظَتْ فَاطِمَةُ اسْتِيْقَاظًا

١٧) نَصَرَ الْأَنْصَارُ النَّبِيَّ ﷺ نَصْرًا

١٨) يُرَتِّلُ الْقُرَّاءُ الْقُرْآنَ لَيْلًا تَرْتِيْلًا

Exercise 18

Add a مَفْعُوْلٌ مُطْلَقٌ of degree to the following sentences then translate.

١) تَفْرَحُ زَيْنَبُ ....

٢) فَرِحَ النَّاسُ ....

٣) تَسْكُتُ الْبَنَاتُ ....

٤) ضَلَّ الْكَافِرُوْنَ ....

٥) كَذَبَتِ الْمَرْأَةُ ....

٦) يَصْدُقُ الرَّجُلُ ....

٧) وَعَدَتِ الْخَالَةُ ....

٨) هَدَى اللهُ النَّاسَ ....

٩) مَلَأَ الصَّدِيْقُ الْإِنَاءَ ....

١٠) يُطْعِمُ التَّاجِرُ الْأَوْلَادَ ....

١١) تُعَلِّمُ الْأَخُ الْأُخْتَ ....

١٢) يُطِيْعُ الْأَوْلَادُ الْأُمَّهَاتِ ....

Adverbs of Frequency

When the مَفْعُوْلٌ مُطْلَقٌ is used to show the frequency of an action, it can be:

1. A مَصْدَرٌ in the pattern of فَعْلَةٌ if it depicts a bodily action.

جَلَس الْوَلَدُ جَلْسَةً

The boy sat once.

This مَصْدَرٌ can be made dual and plural.

جَلَس الْوَلَدُ جَلْسَاتٍ

The boy sat a few times.

جَلَس الْوَلَدُ جَلْسَتَيْنِ

The boy sat twice.

2. A normal noun. The word مَرَّةٌ (plural مَرَّاتٌ) is commonly used for this.

غَابَتِ الْمُعَلِّمَةُ مَرَّتَيْنِ

The teacher was absent twice.

Exercise 19

Translate the following.

١) رَكَعَ الْإِمَامُ رَكْعَةً

٢) سَجَدَ النَّاسُ سَجْدَتَيْنِ

٣) قَعَدتِ الطَّالِبَةُ قَعْدَتَيْنِ

٤) أَكَلَ الضُّيُوْفُ أَكَلَاتٍ

٥) سَكَتَ الصَّدِيْقُ سَكْتَةً

٦) اِعْتَمَرَتِ الْجَدَّةُ مَرَّاتٍ

٧) يَفْرَحُ الصَّائِمُوْنَ فَرْحَتَيْنِ

٨) شَرِبَ الحُجَّاجُ زَمْزَمَ شَرْبَةً

٩) دَخَلَ التُّجَّارُ الْمَدْرَسَةَ مَرَّةً

١٠) أَرَى الْأَبُ الْوَلَدَ الْجَبَلَ مَرَّتَيْنَ

Adverbs of Reason

Some adverbs show the reason why the subject carries out the verb.

The man fasts in hope of reward.

In this example, in hope of reward is the adverb of reason.

In Arabic, this is called مَفْعُوْلٌ لَهُ. The مَفْعُوْلٌ لَهُ is مَنْصُوْبٌ and نَكِرَةٌ.

This can be translated as because of, due to, in, etc.

يَصُوْمُ الرَّجُلُ رَغْبَةً

The tarkib of this is written as follows:

مَفْعُوْلٌ لَهُ	فَاعِلٌ	فِعْلٌ
رَغْبَةً	الرَّجُلُ	يَصُوْمُ

Vocab

English	Arabic	English	Arabic
to hope, desire	رَغِبَ يَرْغَبُ رَغْبَةً، رَغَبًا	to respect, honour	اِحْتَرَمَ يَحْتَرِمُ اِحْتِرَامًا
to fear	رَهِبَ يَرْهَبُ رَهْبَةً، رَهَبًا	to hope for reward	اِحْتَسَبَ يَحْتَسِبُ اِحْتِسَابًا
show	سُمْعَةٌ	to seek forgiveness	اِسْتَغْفَرَ يَسْتَغْفِرُ اِسْتِغْفَارًا
to desire	طَمِعَ يَطْمَعُ طَمَعًا	to envy	حَسَدَ يَحْسُدُ حَسَدًا
to perform salah	صَلَّى يُصَلِّيْ صَلَاةً	to show off	رَاءَى يُرَائِي رِيَاءً رِئَاءً مُرَاءَاةً

Exercise 20

Translate the following.

١) صَلَّى النَّاسُ رِيَاءً

٢) سَجَدَ الْعِبَادُ شُكْرًا

٣) تَسْتَغْفِرُ الْجَدَّةُ رَهَبًا

٤) يُطْعِمُ الْأَبُ الْأَوْلَادَ حُبًّا

٥) قَامَتِ الطَّالِبَاتُ احْتِرَامًا

٦) يَدْعُو الْمُسْلِمُوْنَ اللهَ رَغَبًا

٧) لَا يَعْبُدُ الْمُؤْمِنُوْنَ اللهَ سُمْعَةً

٨) تَعْبُدُ الْمُسْلِمَاتُ اللهَ خَوْفًا

٩) تَعْبُدُ الْمُؤْمِنَاتُ اللهَ طَمَعًا

١٠) كَذَّبَ الْكَافِرُوْنَ الْأَنْبِيَاءَ حَسَدًا

١١) تَقُوْمُ الْمُؤْمِنَاتُ رَمَضَانَ إِيْمَانًا

١٢) صَامَ الْمُسْلِمُوْنَ رَمَضَانَ احْتِسَابًا

Differentiating Between مَفْعُوْلٌ مُطْلَقٌ and مَفْعُوْلٌ لَهُ

The مَفْعُوْلٌ مُطْلَقٌ is the مَصْدَرٌ of the main verb, whilst the مَفْعُوْلٌ لَهُ is a مَصْدَرٌ of another verb.

مَصْدَرٌ	⇨	of the **main** verb	⇨	مَفْعُوْلٌ مُطْلَقٌ	⇨	*Emphasis*
	⇨	of **another** verb	⇨	مَفْعُوْلٌ لَهُ	⇨	*Reason*

Look at the two examples below.

صَبَرَ يَعْقُوْبُ عَلَيْهِ السَّلَامُ صَبْرًا [مفعول مطلق]

Yaqub was very patient.

صَبَرَ يَعْقُوْبُ عَلَيْهِ السَّلَامُ رَغْبَةً [مفعول لَهُ]

Yaqub was patient in hope.

Exercise 21

Translate the following. Ensure you differentiate between the مَفْعُوْلٌ مُطْلَقٌ and مَفْعُوْلٌ لَهُ.

١) بَكَى الرَّجُلُ بُكَاءً

٢) بَكَى الرَّجُلُ حُزْنًا

٣) صَبَرَ يُوْسُفُ احْتِسَابًا

٤) تَسْتَغْفِرُ الْمُؤْمِنَاتُ اللهَ رَهَبًا

٥) تَعْبُدُ الْمُسْلِمَاتُ اللهَ عِبَادَةً

٦) يَعْبُدُ الْمُسْلِمُوْنَ اللهَ طَاعَةً

٧) نَصَرَتِ الْمُؤْمِنَاتُ النَّبِيَّ نَصْرًا

٨) نَصَرَ الْمُهَاجِرُوْنَ الرَّسُوْلَ إِيْمَانًا

٩) كَذَّبَ النَّاسُ الْأَنْبِيَاءَ تَكْذِيْبًا

١٠) كَذَّبَ الكَافِرُوْنَ الرُّسُلَ حَسَدًا

١١) يُطِيْعُ الْمُسْلِمُوْنَ الرَّسُوْلَ رَغَبًا

١٢) يُطِيْعُ الْمُسْلِمُوْنَ الرَّسُوْلَ إِطَاعَةً

١٣) لَنْ يَّصُوْمَ الْعِبَادُ رَمَضَانَ رِيَاءً

١٤) لَا يَتْلُو الْمُخْلِصُوْنَ الْقُرْآنَ سُمْعَةً

Exercise 22

Translate the following sentences into English.

١) مَا غَابَ أَحْمَدُ أُسْبُوْعًا

٢) لَا يَعْتَمِرُ خَالِدٌ رِئَاءً أَبَدًا

٣) تَصَدَّقُ فَاطِمَةُ دَائِمًا رَغَبًا

٤) لَمْ يَنْصُرِ الْأَعْدَاءُ قَطُّ حَسَدًا

٥) أَمْسِ انْكَسَرَ الْكُرْسِيُّ انْكِسَارًا

٦) نَصَرَ الْأَصْدِقَاءُ الْأَعْمَامَ طَاعَةً

٧) الْآنَ ضَرَبَ الْأَخُ الْأُخْتَ غَضَبًا

٨) لَا تَحْتَرِمُ الْبِنْتُ الْأَصْدِقَاءَ حَسَدًا

٩) دَائِمًا يَحْتَرِمُ الْأَوْلَادُ الْأُمَّهَاتِ احْتِرَامًا

١٠) أَطْعَمَ الْأَغْنِيَاءُ الْفُقَرَاءَ طَعَامًا احْتِسَابًا

State

Some adverbs describe the condition of the subject or object at the time of the verb.

The man came riding.

In this example, riding is the state.

In Arabic, this is called حَالٌ. The حَالٌ is مَنْصُوْبٌ and نكِرَةٌ.

The حَالٌ is usually translated by adding -ing or -ly to the verb e.g. crying, riding, quietly, patiently.

جَاءَ الرَّجُلُ رَاكِبًا

The man came riding.

The حَالٌ comes in the pattern of اسْمُ الْفَاعِلِ or اسْمُ الْمَفْعُوْلِ.

The tarkib of this is written as follows:

حَالٌ	فَاعِلٌ	فِعْلٌ
رَاكِبًا	الرَّجُلُ	جَاءَ

The حَالٌ agrees with the noun it is describing in number and gender.

جَمْعٌ	مُثَنًّى	مُفْرَدٌ	
جَاءَ الرِّجَالُ رَاكِبِيْنَ	جَاءَ الرَّجُلَانِ رَاكِبَيْنِ	جَاءَ الرَّجُلُ رَاكِبًا	مُذَكَّرٌ
جَاءَتِ النِّسَاءُ رَاكِبَاتٍ	جَاءَتِ الْمَرْأَتَانِ رَاكِبَتَيْنِ	جَاءَتِ الْمَرْأَةُ رَاكِبَةً	مُؤَنَّثٌ

Vocab

English	Arabic	English	Arabic
to give a lecture	خَطَبَ يَخْطُبُ خُطْبَةً	to take, seize	أَخَذَ يَأْخُذُ أَخْذًا
to hope	رَجَا يَرْجُوْ رَجَاءً	to send	أَرْسَلَ يُرْسِلُ إِرْسَالًا
to ride	رَكِبَ يَرْكَبُ رُكُوْبًا	to increase	اِزْدَادَ يَزْدَادُ اِزْدِيَادًا
to increase	زَادَ يَزِيْدُ زِيَادَةً	to buy	اِشْتَرَى يَشْتَرِي اِشْتِرَاءً
to laugh	ضَحِكَ يَضْحَكُ ضِحْكًا	to sell	بَاعَ يَبِيْعُ بَيْعًا
to walk	مَشَى يَمْشِيْ مَشْيًا	to cry	بَكَى يَبْكِيْ بُكَاءً
to forget	نَسِيَ يَنْسَى نِسْيَانًا	to leave	تَرَكَ يَتْرُكُ تَرْكًا

Exercise 23

Translate the following.

١) رُئِيَتِ الْبِنْتَانِ بَاكِيَتَيْنِ

٢) جَلَسَ النَّاسُ سَامِعِيْنَ

٣) ذَهَبَتِ النِّسَاءُ رَاكِبَاتٍ

٤) جَاءَ الرَّجُلَانِ مَاشِيَيْنِ

٥) دَخَلَتِ الطِّفْلَةُ بَاكِيَةً

٦) مَا جَلَسَتِ الْبِنْتُ سَاكِتَةً

٧) رَأَتِ الْأُمُّ الطِّفْلَةَ نَائِمَةً

٨) تَرَكَتِ النِّسَاءُ نَاسِيَاتٍ

٩) لَا يَعْمَلُ النَّاسُ جَالِسِيْنَ

١٠) سَمِعَتِ الْأُمُّ الطِّفْلَ بَاكِيًا

١١) يَخْطُبُ الْإِمَامُ قَائِمًا دَائِمًا

١٢) صَامَ الْمُسْلِمُوْنَ صَابِرِيْنَ

١٣) يَعْبُدُ الْمُسْلِمُوْنَ اللهَ رَاجِيًا

١٤) جَلَسَتِ الْمَرْأَتَانِ سَاكِتَتَيْنِ

١٥) رَأَى الْوَلَدُ الْمُسْلِمِيْنَ صَائِمِيْنَ

١٦) تَقُوْمُ الْمُؤْمِنَاتُ خَاشِعَاتٍ

١٧) مَا خَطَبَ الْإِمَامُ جَالِسًا قَطُّ

١٨) يُصَلِّي الْمُسْلِمُونَ خَاشِعِيْنَ دَائِمًا

Exercise 24

Add a حَالٌ to the following sentences using the words in brackets.

١) تَأْكُلُ الطَّالِبَةُ .... (شَاكِرٌ)

٢) يَتْلُو الْقَارِئُ .... (حَزِيْنٌ)

٣) سَجَدَ الْوَلَدَانِ .... (مُسْرِعٌ)

٤) أَتَتِ الْأَخَوَاتُ .... (مُتْعَبٌ)

٥) قَعَدَ الضُّيُوْفُ .... (مُبْتَسِمٌ)

٦) يَسْتَيْقِظُ مُحَمَّدٌ .... (جَائِعٌ)

٧) جَاءَ الْأَصْدِقَاءُ .... (مُسْرِعٌ)

٨) قَرَءَ الْمُعَلِّمَانِ .... (مَسْرُوْرٌ)

٩) تُصَلِّي الْخَالَتَانِ .... (قَائِمٌ)

١٠) رَأَى الْأَبُ الْبَنَاتِ .... (نَائِمٌ)

١١) رَأَتِ الْبِنْتُ الْجَدَّ .... (سَالِمٌ)

١٢) جَلَسَ الْأَعْدَاءُ .... (ضَاحِكٌ)

١٣) رَأَتْ الْجَدَّةُ الْأَخَ .... (غَضْبَانُ)

١٤) يَعْتَمِرُ الْحُجَّاجُ .... (مُحْتَسِبٌ)

مَعًا

The word مَعَ on its own means with. When it is نَكِرَةٌ, it becomes the حَالٌ and is translated as together, all together or at the same time.

جَاءَ الضُّيُوفُ مَعًا

The guests came together.

Clarification

Some adverbs clarify any ambiguity that may occur in a sentence.

Allah increased the Prophet in knowledge.

In this example, in knowledge is clarifying what was increased.
In Arabic, this is called تَمْيِيْزٌ. The تَمْيِيْزٌ is مَنْصُوْبٌ and نَكِرَةٌ.
The تَمْيِيْزٌ is translated as with, in, of, etc.

زَادَ اللهُ النَّبِيَّ عِلْمًا

Allah increased the Prophet in knowledge.

The tarkib of this is written as follows:

تَمْيِيْزٌ	مَفْعُوْلٌ بِهِ	فَاعِلٌ	فِعْلٌ
عِلْمًا	النَّبِيَّ	اللهُ	زَادَ

Vocab

English	Arabic	English	Arabic
pound (weight)	رَطْلٌ ج أَرْطَالٌ	reward, wage	أَجْرٌ ج أُجُوْرٌ
evil deed	سَيِّئَةٌ ج اتٌ	better	أَحْسَنُ
worse, worst, evil	شَرٌّ ج شِرَارٌ	reward, recompense	ثَوَابٌ
milk	لَبَنٌ ج أَلْبَانٌ	good deed	حَسَنَةٌ ج اتٌ
litre	لِتْرٌ ج لِتْرَاتٌ	bag	حَقِيْبَةٌ ج حَقَائِبُ
scale	مِيْزَانٌ ج مَوَازِيْنُ	better, best, goodness	خَيْرٌ ج خِيَارٌ

Exercise 25

Translate the following.

١) زَادَ اللهُ النَّبِيَّ عِلْمًا
٢) اِزْدَادَ الْكَافِرُوْنَ كُفْرًا
٣) مَلَأَ الرَّجُلُ الْإِنَاءَ مَاءً
٤) اِزْدَادَتِ الْمَرْأَةُ حُزْنًا
٥) اِشْتَرَى الْوَلَدُ لِتْرَيْنِ لَبَنًا
٦) شَرِبَتِ الْخَالَةُ لِتْرًا مَاءً
٧) اِزْدَادَ الْمُؤْمِنُوْنَ إِيْمَانًا
٨) مَلَأَ الرَّسُوْلُ الدُّنْيَا عِلْمًا
٩) يَزِيْدُ اللهُ الْمُؤْمِنِيْنَ إِيْمَانًا
١٠) بَاعَ التَّاجِرُ رَطْلًا عَسَلًا
١١) يَزِيْدُ الْقُرْآنُ الْمُؤْمِنِيْنَ رَغْبَةً
١٢) أَكَلَ الضُّيُوْفُ أَرْطَالًا لَحْمًا
١٣) اِشْتَرَى الْحَاجُّ رَطْلَيْنِ تَمْرَةً
١٤) يَمْلَأُ الْمُؤْمِنُ الْمِيْزَانَ حَسَنَاتٍ
١٥) يَمْلَأُ الظَّالِمُ الْمِيْزَانَ سَيِّئَاتٍ

تَمْيِيْزٌ in a جُمْلَةٌ اسْمِيَّةٌ

A جُمْلَةٌ اسْمِيَّةٌ may also have a تَمْيِيْزٌ.

> الْإِنَاءُ مَمْلُوْءٌ مَاءً
>
> *The container is filled with water.*

The tarkib of this is written as follows:

تَمْيِيْزٌ	خَبَرٌ	مُبْتَدَأٌ
مَاءً	مَمْلُوْءٌ	الْإِنَاءُ

It is common for an اسْمُ التَّفْضِيْل to have a تَمْيِيْزٌ.

> الطُّلَّابُ أَكْثَرُ احْتِرَامًا
>
> *The students are most respectful.*

The translation of these may have to be adjusted.

Vocab

English	Arabic	English	Arabic
severe, severest	أَشَدُّ	more, most	أَكْثَرُ
better	أَحْسَنُ	less, least	أَقَلُّ

Exercise 26

Translate the following.

١) اللهُ خَيْرٌ عَدْلًا

٢) اَلْقُرْآنُ أَشَدُّ نُوْرًا

٣) اَلْعُلَمَاءُ أَكْثَرُ عِلْمًا

٤) اَلْإِنَاءُ مَمْلُوْءٌ لَبَنًا

٥) اَلْمُتَّقُوْنَ خَيْرٌ أَجْرًا

٦) اَلْكَافِرُوْنَ شَرٌّ ثَوَابًا

٧) اَلْحَقِيْبَةُ مَمْلُوْءَةٌ كِتَابًا

٨) اَلْأَعْدَاءُ أَكْثَرُ حَسَدًا

٩) اَلْمُنَافِقُوْنَ أَشَدُّ عَذَابًا

١٠) اَلْمُؤْمِنُوْنَ أَحْسَنُ عِبَادَةً

١١) كَانَتِ الدُّنْيَا مَمْلُوْءَةً ظُلْمًا

١٢) كَانَتِ الدُّنْيَا مَمْلُوْءَةً جَهْلًا

Exclusion

The preposition except is used to remove someone or something from the statement.

The students came except Zaid.

In this example, except is excluding Zaid from the previous statement.

جَاءَ الطُّلَّابُ إِلَّا زَيْدًا

The students came except Zaid.

In Arabic, exclusion is called اِسْتِثْنَاءٌ. The word إِلَّا is used for exclusion. This is called حَرْفُ الْإِسْتِثْنَاءِ, the particle of exclusion.

The word after إِلَّا is called مُسْتَثْنَى, the excluded. The مُسْتَثْنَى is مَنْصُوْبٌ.

In tarkib, the element from which the exclusion is taking place, مُسْتَثْنَى مِنْهُ, must be mentioned.

مُسْتَثْنَى مِنَ الْفَاعِلِ	حَرْفُ الاسْتِثْنَاءِ	فَاعِلٌ	فِعْلٌ
زَيْدًا	إِلَّا	الطُّلَّابُ	جَاءَ

مُسْتَثْنَى in a جُمْلَةٌ اسْمِيَّةٌ

A جُمْلَةٌ اسْمِيَّةٌ may also have a مُسْتَثْنَى.

الطُّلَّابُ مُجْتَهِدُوْنَ إِلَّا زَيْدًا

The students are hardworking except Zaid.

The tarkib of this is written as follows:

مُسْتَثْنَى مِنَ الْمُبْتَدَإِ	حَرْفُ الاسْتِثْنَاءِ	خَبَرٌ	مُبْتَدَأٌ
زَيْدًا	إِلَّا	مُجْتَهِدُوْنَ	الطُّلَّابُ

Vocab

English	Arabic	English	Arabic
to open	فَتَحَ يَفْتَحُ فَتْحًا	to favour	أَنْعَمَ يُنْعِمُ إِنْعَامًا
to understand	فَهِمَ يَفْهَمُ فَهْمًا	to memorise, protect	حَفِظَ يَحْفَظُ حِفْظًا
to say	قَالَ يَقُوْلُ قَوْلًا	to return	رَجَعَ يَرْجِعُ رُجُوْعًا
to write, prescribe	كَتَبَ يَكْتُبُ كِتَابَةً	to make, manufacture, do	صَنَعَ يَصْنَعُ صَنْعًا
to put	وَضَعَ يَضَعُ وَضْعًا	to know	عَلِمَ يَعْلَمُ عِلْمًا

Exercise 27

Translate the following.

١) عَدَلَ النَّاسُ إِلَّا الْمَلِكَ

٢) لَمْ يَجْلِسِ النَّاسُ إِلَّا الْإِمَامَ

٣) الرِّجَالُ كَاذِبُوْنَ إِلَّا رَجُلَيْنِ

٤) الطُّلَّابُ مُجْتَهِدُوْنَ إِلَّا زَيْدًا

٥) جَاءَ النَّاسُ الْيَوْمَ إِلَّا رَجُلَيْنِ

٦) مَا غَابَتْ فَاطِمَةُ قَطُّ إِلَّا يَوْمًا

٧) يَغْفِرُ اللهُ الذُّنُوْبَ إِلَّا الشِّرْكَ

٨) صَامَ الْأَوْلَادُ شَهْرًا إِلَّا يَوْمَيْنِ

٩) تَصْدُقُ الْبَنَاتُ دَائِمًا إِلَّا بِنْتَيْنِ

١٠) وَضَعَ الطُّلَّابُ الْكُتُبَ إِلَّا عُمَرَ

١١) ﴿سَجَدَ الْمَلَائِكَةُ إِلَّا إِبْلِيْسَ﴾

١٢) فَهِمَتِ الطَّالِبَاتُ الدَّرْسَ إِلَّا بِنْتًا

١٣) صَامَ الْأَوْلَادُ صَابِرِيْنَ إِلَّا زَيْنَبَ

١٤) حَفِظَتْ فَاطِمَةُ الْقُرْآنَ إِلَّا جُزْءَيْنِ

١٥) كَتَبَ الْأَوْلَادُ الدُّرُوسَ صَبَاحًا إِلَّا طَلْحَةَ

١٦) مَا صَلَّى الْمُسْلِمُوْنَ قَاعِدِيْنَ إِلَّا الْمَرْضٰى

Exercise 28

Complete the following sentences by filling in the blanks with an appropriate word. Use a different word in each sentence.

١) يَشْكُرُ النَّاسُ اللهَ إِلَّا ....

٢) دَخَلَ النَّاسُ ....إِلَّا الْإِمَامَ

٣) غَدًا يَرْجِعُ .... إِلَّا أَحْمَدَ

٤) اِشْتَرَى التَّاجِرُ .... إِلَّا لِتْرًا

٥) مَا فَهِمَ .... الدَّرْسَ إِلَّا زُبَيْرًا

٦) لَا تَضَعُ الْبَنَاتُ الْآنِيَةَ إِلَّا ....

٧) لَا تَبِيْعُ الْمَرْأَةُ التَمَرَاتِ إِلَّا ....

٨) يَحْتَرِمُ ....الْمُعَلِمِيْنَ إِلَّا ....

٩) مَا شَرِبَ الضُّيُوْفُ الشَّرَابَ إِلَّا ....

١٠) حَضَرَت .... الدَّرْسَ إِلَّا فَاطِمَةَ

Exercise 29

Translate the following.

١) صَامَ الْوَلَدُ صَوْمًا

٢) صَامَتِ النِّسَاءُ احْتِسَابًا

٣) صَامَ الْأَوْلَادُ يَوْمَيْنِ إِلَّا زَيْدًا

٤) أَمْسِ صَامَ أَحْمَدُ صَابِرًا طَاعَةً

٥) عُبِدَتِ الْأَصْنَامُ جَهْلًا

٦) عَبَدَ النَّاسُ الْأَصْنَامَ جَاهِلِيْنَ إِلَّا الْمُؤْمِنِيْنَ

Summary

Sentence: جُمْلَةٌ				
جُمْلَةٌ فِعْلِيَّةٌ				
Verb				
فِعْلٌ	Verb	مَاض مُضَارِعٌ	مَعْلُوْمٌ مَجْهُوْلٌ	agrees with the فَاعِلٌ c نَائِبُ الْفَاعِلِ in gender
مَرْفُوْعٌ Slots				
فَاعِلٌ	Subject			
نَائِبُ الْفَاعِلِ	Deputy Subject			
مَنْصُوْبٌ Slots				
مَفْعُوْلٌ بِهِ	Object			
مَفْعُوْلٌ بِهِ ثَانٍ	Object			
مَفْعُوْلٌ فِيْهِ	Adverb of Time/Place			
مَفْعُوْلٌ مُطْلَقٌ	Adverb of Degree/Frequency	very, extremely, x times	مَصْدَرٌ	نَكِرَةٌ
مَفْعُوْلٌ لَهُ	Adverb of Reason	because of, due to		
حَالٌ	State	-ing, -ly		
تَمْيِيْزٌ	Clarification	with, in, etc.		
مُسْتَثْنَى	Exclusion	except	إِلَّا	

Tense

As mentioned before, فِعْلٌ مُضَارِعٌ can have three tenses:

1. Present Habitual
2. Present Continuous
3. Future

However, there are two particles which can be prefixed to a فِعْلٌ مُضَارِعٌ to specify its meaning to the future.

These are:

1. سَ: This specifies the مُضَارِعٌ to the near future.

   This is translated as soon.

   سَيَذْهَبُ زَيْدٌ

   Zaid will soon go.

2. سَوْفَ: This specifies the مُضَارِعٌ to the distant future.

   This is best left untranslated.

   سَوْفَ يَذْهَبُ زَيْدٌ

   Zaid will go.

Exercise 1

Translate the following. Ensure you translate the tenses correctly.

١) سَيَرْجِعُ الْحُجَّاجُ

٢) سَيَحْسُدُ الْأَعْدَاءُ

٣) سَوْفَ يَعْدِلُ الْمَلِكُ

٤) سَوْفَ تَعْتَمِرُ الْخَالَةُ

٥) سَوْفَ يَخْطُبُ الْإِمَامُ

٦) سَيَكْتُبُ الْوَلَدُ الدَّرْسَ

٧) سَيَفْهَمُ الطُّلَّابُ الدَّرْسَ

٨) سَوْفَ يُرَتِّلُ الْقُرَّاءُ الْقُرْآنَ

٩) سَوْفَ يَحْفَظُ أَحْمَدُ جُزْءً

١٠) سَتَشْتَرِي الْأُمُّ لِتَرْيْنِ لَبَنًا

١١) سَوْفَ تَضَعُ الطَّالِبَةُ الْكِتَابَ

١٢) سَيَكُوْنُ الْمِيْزَانُ مَمْلُوْءً حَسَنَاتٍ

Emphasising the Verb

Certain particles can be added to sentences to create emphasis.

قَدْ

The particle قَدْ can be added before a verb to emphasise it.

قَدْ is called حَرْفُ تَحْقِيْقٍ and is غَيْرُ عَامِلٍ.

فَاعِلٌ	فِعْلٌ	حَرْفُ تَحْقِيْق
زَيْدٌ	ذَهَبَ	قَدْ

Translation of قَدْ

The particle قَدْ can be translated in different ways.

1. If قَدْ comes before الْمَاضِيْ it can be translated:
    a. By adding indeed or certainly at the beginning of the sentence, followed by a comma.

       Indeed, Zaid went.

    b. By adding the emphatic do before the verb.

       Zaid did go.

    c. By adding has/have followed by the past participle of the verb.

       Indeed, Zaid has gone.

2. If قَدْ comes before الْمُضَارِعُ it can be translated:
    a. By adding indeed or certainly.

       قَدْ يَعْلَمُ اللهُ

       Indeed, Allah knows.

    b. As sometimes or maybe. This قَدْ is known as حَرْفُ تَقْلِيْلٌ.

       قَدْ يَصْدُقُ الْكَذُوْبُ

       Sometimes, a liar speaks the truth.

    The context will help determine the meaning.

Notes

كَانَ is also a verb, فِعْلٌ نَاقِصٌ, so it can also have the particle قَدْ or لَقَدْ before it.

قَدْ كَانَ مُحَمَّدٌ صَادِقًا

Indeed, Muhammad was honest.

Vocab

English	Arabic	English	Arabic
clear, clear proof	بَيِّنَةٌ ج بَيِّنَاتٌ	wisdom	حِكْمَةٌ ج حِكَمٌ
truth	حَقٌّ	bearer of glad tidings	بَشِيْرٌ
admonition	مَوْعِظَةٌ ج مَوَاعِظُ	enlightenment, insight	بَصِيْرَةٌ ج بَصَائِرُ

Exercise 2

Translate the following.

١) ﴿قَدْ أَنْعَمَ اللهُ﴾

٢) ﴿قَدْ يَعْلَمُ اللهُ﴾

٣) ﴿قَدْ جَاءَ ... نُورٌ﴾

٤) ﴿قَدْ جَاءَ ... بَشِيرٌ﴾

٥) ﴿قَدْ جَاءَ... رُسُلٌ﴾

٦) ﴿قَدْ جَاءَ ... بَصَائِرُ﴾

٧) ﴿قَدْ جَاءَتْ... بَيِّنَةٌ﴾

٨) ﴿قَدْ جَاءَ ... الْحَقُّ﴾

٩) ﴿قَدْ جَاءَ ... بُرْهَانٌ﴾

١٠) ﴿قَدْ أَفْلَحَ الْمُؤْمِنُونَ﴾

١١) قَدْ حَفِظَ الْوَلَدُ الْقُرآنَ

١٢) ﴿قَدْ جَاءَتْ... مَوْعِظَةٌ﴾

Adding لَامُ الابْتِدَاءِ Before قَدْ

A لَامُ الابْتِدَاءِ can also come before قَدْ to create extra emphasis. This will not be reflected in the translation.

﴿لَقَدْ سَمِعَ اللّٰهُ﴾

Indeed, Allah has heard.

The tarkib of this is written as follows:

فَاعِلٌ	فِعْلٌ	حَرْفُ تَحْقِيْقٍ	لَامُ الابْتِدَاءِ
اللّٰه	سَمِعَ	قَدْ	لَ

Adding لَامُ الِابْتِدَاءِ to a فِعْلٌ مُضَارِعٌ

A لَامُ الِابْتِدَاءِ can be added to a فِعْلٌ مُضَارِعٌ. This creates emphasis and specifies the مُضَارِعٌ to the present tense, unless there is context denoting otherwise.

لَيَفْتَحُ الرَّجُلُ الْبَابَ

Indeed, the man is opening the door.

نُوْنُ التَّأْكِيْدِ

The particle نَّ can be added to a فِعْلٌ مُضَارِعٌ to create emphasis. This is called نُوْنُ التَّأْكِيْدِ, the ن of emphasis.

Adding نُوْنُ التَّأْكِيْدِ to a فِعْلٌ مُضَارِعٌ

This is done by:

1. Placing a لَامُ الْاِبْتِدَاءِ before the فِعْلٌ مُضَارِعٌ;
2. Changing the مُضَارِعٌ to مَبْنِيٌّ with a فَتْحَةٌ;
3. Adding the particle نَّ to the end of the فِعْلٌ مُضَارِعٌ.

لَ + يَنْصُرَ + نَّ

لَيَنْصُرَنَّ اللهُ الْمُسْلِمِيْنَ

Translation of نُوْنُ التَّأْكِيْدِ

This is translated as most certainly or most definitely.

When a نُوْنُ التَّأْكِيْدِ comes on a فِعْلٌ مُضَارِعٌ, it will be translated in the future tense.

Allah will most definitely help the Muslims.

The tarkib is written as follows:

مَفْعُوْلٌ بِهِ	فَاعِلٌ	نُوْنُ التَّأْكِيْدِ	فِعْلٌ	لَامُ الْاِبْتِدَاءِ
الْمُسْلِمِيْنَ	اللهُ	نَّ	يَنْصُرَ	لَ

Exercise 3

Translate the following.

١) لَيَمُوْتَنَّ النَّاسُ

٢) لَيُحْفَظَنَّ الْقُرآنُ

٣) لَيُفْلِحَنَّ الْمُتَّقُوْنَ

٤) لَيَبْعَثَنَّ اللهُ الْعِبَادَ

٥) لَيَسْأَلَنَّ اللهُ الْعِبَادَ

٦) لَيَعْدِلَنَّ الْمَلِكُ عَدْلًا

٧) لَيُسَافِرَنَّ الرَّجُلُ غَدًا

٨) لَيَنْصُرَنَّ اللهُ الْمُؤْمِنِيْنَ

٩) لَيَجْمَعَنَّ اللهُ الْعِبَادَ جَمْعًا

١٠) لَيَرْزُقَنَّ اللهُ الْمُؤْمِنِيْنَ الْجَنَّةَ

١١) لَيَزِيْدَنَّ اللهُ الْمُؤْمِنِيْنَ إِيْمَانًا

١٢) لَيُطِيْعَنَّ الْمُسْلِمُوْنَ الرَّسُوْلَ

١٣) لَيَغْفِرَنَّ اللهُ الذُّنُوْبَ إِلَّا الشِّرْكَ

١٤) لَيَحْفَظَنَّ الْأَوْلَادُ الْقُرْآنَ إِلَّا وَلَدَيْنِ

١٥) لَيَصُوْمَنَّ الْمُسْلِمُوْنَ رَمَضَانَ احْتِسَابًا

Adding لَنْ to الْفِعْلُ الْمُضَارِعُ

The negative particle لَنْ can be brought before a فِعْلٌ مُضَارِعٌ to give an emphatic negative meaning in the future tense and rendering it مَنْصُوْبٌ.

لَنْ يَذْهَبَ زَيْدٌ
Zaid will not go.

Exercise 4

Translate the following.

١) لَن يُفْلِحَ ظَالِمٌ

٢) لَن يَكْذِبَ مُؤْمِنٌ

٣) لَن يَخْسِرَ الْمُتَّقُوْنَ

٤) لَن يَغْفِرَ اللهُ الشِّرْكَ

٥) لَن يَعْبُدَ الْمُتَّقُوْنَ رِيَاءً

٦) لَن يُسَافِرَ الرِّجَالُ غَدًا

٧) لَن تُطِيعَ فَاطِمَةُ الشَّيْطَانَ

٨) لَن يَخْطُبَ الْإِمَامُ جَالِسًا

٩) لَن يَعْصِيَ الْمَلَائِكَةُ اللهَ

١٠) لَن يَسْتَغْفِرَ الْكَافِرُوْنَ اللهَ

١١) لَنْ تَضْرِبَ الْأُمُّ أَحَدًا ظُلْمًا

١٢) لَنْ تَفْتَحَ الْمُعَلِّمَةُ الْأَبْوَابَ

١٣) لَن يَلْقَى مُحَمَّدٌ خَالِدًا غَدًا

١٤) لَن يَتَّخِذَ الْمُسْلِمُوْنَ نَبِيًّا إِلٰهً

١٥) لَن يَمْلَأَ الظَّالِمُ الْمِيْزَانَ حَسنَاتٍ

Summary of Verb Emphasis

	Affirmative	Negative
Past	قَدْ قَدْ صَدَقَ الْوَلَدُ	قَطُّ مَا كَذَبَ الْوَلَدُ قَطُّ
Present	لَامُ الِابْتِدَاءِ لَيَصْدُقُ الْوَلَدُ	
Future	لَامُ الِابْتِدَاءِ + نُوْنُ التَّأْكِيْدِ لَيَصْدُقَنَّ الْوَلَدُ	لَنْ لَن يَكْذِبَ الْوَلَدُ

Emphasising Parts of a Sentence

Order of a Sentence

In Arabic, sentence structure is very flexible; the words in a sentence can be changed around for various reasons.

Bringing any part of a sentence before its usual place creates emphasis. For example, the مَفْعُوْلٌ بِهِ can be brought before the فَاعِلٌ or even the فِعْلٌ to create emphasis.

يَعْبُدُ الْمُسْلِمُوْنَ اللهَ ⇐ يَعْبُدُ اللهَ الْمُسْلِمُوْنَ ⇐ اللهَ يَعْبُدُ الْمُسْلِمُوْنَ

In this case, the fronted element is labelled as مُقَدَّمٌ.

In tarkib, the emphasised part can be underlined in red.

فَاعِلٌ	فِعْلٌ	مَفْعُوْلٌ بِهِ مُقَدَّمٌ
الْمُسْلِمُوْنَ	يَعْبُدُ	اللهَ

Creating Emphasis in Translation

This emphasis can be translated in three ways:

1. Underlining or using italics.

   Muslims worship Allah.

2. Using the word only before the emphasised element.

   The Muslims worship only Allah.

3. Changing the sentence structure.

   It is Allah who the Muslims worship.

Vocab

Translation	Arabic	Translation	Arabic
to cure	شَفَى يَشْفِي شِفَاءٌ	hereafter	آخِرَةٌ
thing	شَيْءٌ ج أَشْيَاءُ	door	بَابٌ ج أَبْوَابٌ
world	عَالَمٌ ج وْنَ	human being	بَشَرٌ
room	غُرْفَةٌ ج غُرَفٌ، اتٌ	apple	تُفَّاحَةٌ ج تُفَّاحَاتٌ
window	نَافِذَةٌ ج نَوَافِذُ	stone	حَجَرٌ ج أَحْجَارٌ، حِجَارَةٌ
one	وَاحِدٌ	room	حُجْرَةٌ ج اتٌ

Exercise 5

Translate the following.

١) يَدْعُو اللهَ الْمُسْلِمُوْنَ

٢) يَخَافُ اللهَ الْمُتَّقُوْنَ

٣) الْبَابَ فَتَحَتِ الْأُمُّ

٤) الْحَقِيْبَةَ صَنَعَ التَّاجِرُ

٥) صَامَتْ أَمْسِ الْأُمُّ

٦) الْأَجْرَ تَرْجُو الْمَرْأَةُ

٧) الرَّسُوْلَ كَذَّبَ الْقَوْمُ

٨) الدَّرْسَ كَتَبَتِ الطَّالِبَةُ

٩) الْآخِرَةَ يَرْجُو الْمُتَّقُوْنَ

١٠) الثَّوَابَ تَرْجُو الْمُؤْمِنَاتُ

١١) الرَّسُوْلَ يُطِيْعُ الْمُسْلِمُوْنَ

١٢) الْمُؤْمِنِيْنَ وَعَدَ اللهُ الْجَنَّةَ

Notes

If a sentence starts with a مَنْصُوْبٌ word, it will be a مَفْعُوْلٌ مُقَدَّمٌ and not the مُبْتَدَأٌ.

جُمْلَةٌ فِعْلِيَّةٌ	جُمْلَةٌ اسْمِيَّةٌ
اللهَ يَعْبُدُ الْمُسْلِمُوْنَ	اللهُ رَبٌّ

Exercise 6

Rewrite the following sentences by fronting the underlined words.

١) خَطَبَ الْإِمَامُ قَائِمًا

٢) خَطَبَ الْإِمَامُ قَائِمًا

٣) يَغِيْبُ الطَّالِبُ الْيَوْمَ

٤) يَغِيْبُ الطَّالِبُ الْيَوْمَ

٥) صَامَ الْمُسْلِمُوْنَ رَمَضَانَ

٦) صَامَ الْمُسْلِمُوْنَ رَمَضَانَ

٧) يَرْحَمُ الْأَغْنِيَاءُ الضُّعَفَاءَ

٨) لَا تَتْرُكُ زَيْنَبُ الصَّلَاةَ

٩) أَرْسَلَ اللهُ الْأَنْبِيَاءَ

١٠) حَفِظَ طَلْحَةُ جُزْئَيْنِ

١١) لا يَغْفِرُ اللهُ الشِّرْكَ

١٢) لَمْ تَضَعْ زَيْنَبُ الْحَقِيْبَةَ

إِلَّا for Emphasis

If إِلَّا occurs in a negative sentence and the مُسْتَثْنًى مِنْهُ is omitted, it will not be for exclusion. Instead, it will be for emphasis.

If إِلَّا is for emphasis, the negative particle and إِلَّا can be translated as only. This will be placed before the point of emphasis.

Muslims do not worship except Allah.
Muslims worship only Allah.

In the tarkib, إِلَّا is labelled as حَرْفُ حَصْرٍ; a particle of emphasis. Likewise, the word after it will not be the مُسْتَثْنًى. Instead, it will be the فَاعِلٌ, مَفْعُوْلٌ بِهٖ etc., depending on its role in the sentence.

مَفْعُوْلٌ بِهٖ	حَرْفُ حَصْرٍ	فَاعِلٌ	فِعْلٌ	حَرْفُ نَفْيٍ
اللهَ	إِلَّا	الْمُسْلِمُوْنَ	يَعْبُدُ	لَا

The table below summarises the uses of إِلَّا in a negative sentence.

Negative Sentence	
مُسْتَثْنًى مِنْهُ Mentioned	مُسْتَثْنًى مِنْهُ not Mentioned
Exclusion	Emphasis
لَا يَعْبُدُ الْمُسْلِمُوْنَ أَحَدًا إِلَّا اللهَ *The Muslims do not worship anyone except Allah.*	لَا يَعْبُدُ الْمُسْلِمُوْنَ إِلَّا اللهَ *The Muslims do not worship ... except Allah.*

Notes

The خَبَرٌ of مَا الْمُشَبَّهَةُ بِلَيْسَ will be مَرْفُوْعٌ if it is preceded by إِلَّا.

مَا مُحَمَّدٌ ﷺ إِلَّا رَسُوْلٌ

Muhammad ﷺ is only a Messenger.

Exercise 7

Translate the following.

١) مَا مُحَمَّدٌ إِلَّا عَبْدٌ
٢) مَا اسْتَيْقَظَ إِلَّا الْوَلَدُ
٣) لَا يَسْأَلُ النَّاسُ إِلَّا اللهَ
٤) مَا نَامَ الرَّجُلُ إِلَّا لَيْلًا
٥) مَا غَابَتْ زَيْنَبُ إِلَّا يَوْمَيْنِ
٦) مَا صَامَتِ الطِّفْلَةُ إِلَّا يَوْمًا
٧) لَا يَخْطُبُ الْإِمَامُ إِلَّا قَائِمًا
٨) مَا صَلَّى الرَّسُوْلُ إِلَّا خَاشِعًا
٩) مَا ازْدَادَ الْكَافِرُوْنَ إِلَّا كُفْرًا
١٠) مَا فَتَحَتِ الْبِنْتُ إِلَّا النَّافِذَةَ
١١) لَا تُصَلِّي الْبَنَاتُ إِلَّا احْتِسَابًا
١٢) مَا جَعَلَ اللهُ مُحَمَّدًا إِلَّا رَسُوْلًا

Emphasising the فَاعِلٌ with إِلَّا

When the point of emphasis is the فَاعِلٌ, it occurs after إِلَّا and is labelled as فَاعِلٌ مُؤَخَّرٌ, the delayed فَاعِلٌ.

لَا يَعْبُدُ اللهَ إِلَّا مُؤْمِنٌ

Only a believer worships Allah.

The tarkib of this is written as follows:

فَاعِلٌ مُؤَخَّرٌ	حَرْفُ حَصْرٍ	مَفْعُوْلٌ بِهِ	فِعْلٌ	حَرْفُ نَفْيٍ
مُؤْمِنٌ	إِلَّا	اللهَ	يَعْبُدُ	لَا

Exercise 8

Translate the following.

١) لَا يَغْفِرُ الذُّنُوْبَ إِلَّا اللهُ

٢) لَا يَعْلَمُ السَّاعَةَ إِلَّا اللهُ

٣) مَا حَفِظَ الْوَلَدُ إِلَّا جُزْءًا

٤) لَا يَعْلَمُ الْغَيْبَ إِلَّا اللهُ

٥) لَن يَّأْكُلَ الصَّائِمُوْنَ إِلَّا لَيْلًا

٦) لَن يُّحِبَّ الْمَوْتَ إِلَّا مُؤْمِنٌ

٧) لَا يَعْرِفُ اللهَ إِلَّا الْمُسْلِمُوْنَ

٨) مَا سَافَرَ أَمْسِ إِلَّا الرَّجُلَانِ

٩) لَا يَظْلِمُ النَّاسَ إِلَّا الْمُلُوْكُ

١٠) مَا صَلَّى جَالِسًا إِلَّا الْمَرِيْضُ

١١) لَا يَصُوْمُ رَمَضَانَ إِلَّا الْمُسْلِمُوْنَ

١٢) لَا يُرَتِّلُ الْقُرآنَ تَرْتِيْلًا إِلَّا الْقُرَّاءُ

١٣) مَا كَانَتِ الدُّنْيَا مَمْلُوْءَةً إِلَّا جَهْلًا

١٤) لَمْ يَمْلَأِ الظَّالِمُ الْمِيْزَانَ إِلَّا سَيِّئَاتٍ

The Gender of the فِعْلٌ When it is Followed by إِلَّا

If a feminine فَاعِلٌ is the point of emphasis after إِلَّا, the verb will remain masculine.

مَا قَامَ إِلَّا فَاطِمَةُ ✓	مَا قَامَتْ إِلَّا فَاطِمَةُ ✗

Exercise 9

Translate the following.

١) مَا مَاتَ إِلَّا الطِّفْلَةُ

٢) لَا يُفْلِحُ إِلَّا الْمُؤْمِنَاتُ

٣) مَا أَكَلَ اللَّحْمَ إِلَّا الْبِنْتُ

٤) لَا يَحْفَظُ الْقُرآنَ إِلَّا الْأُختُ

٥) لَا يَخَافُ اللهَ إِلَّا الْمُسْلِمَاتُ

٦) لَا يَرْجُو الثَّوابَ إِلَّا الصَّائِمَاتُ

Differentiating Between إِلَّا for Exclusion and Emphasis

If إِلَّا comes in an affirmative sentence, or a negative sentence with a مُسْتَثْنًى مِنْهُ, it will be حَرْفُ اسْتِثْنَاءٍ and translated as except or other than. If إِلَّا comes in a negative sentence and there is no مُسْتَثْنًى مِنْهُ, it will be a حَرْفُ حَصْرٍ and will be translated as only.

إِلَّا	Affirmative Sentence	Negative Sentence	
	مُسْتَثْنًى مِنْهُ Mentioned	مُسْتَثْنًى مِنْهُ Mentioned	مُسْتَثْنًى مِنْهُ Not Mentioned
Label	حَرْفُ اسْتِثْنَاءٍ		حَرْفُ حَصْرٍ
Purpose	Exclusion		Emphasis
Translation	Except		Only
Governance	عَامِلٌ		غَيْرُ عَامِلٍ
Following Word	مُسْتَثْنًى – مَنْصُوبٌ		Varies
Example	جَاءَ الرِّجَالُ إِلَّا زَيْدًا *The men came except Zaid.*	مَا جَاءَ الرِّجَالُ إِلَّا زَيْدًا *The men did not come except Zaid.*	مَا جَاءَ إِلَّا زَيْدٌ *Only Zaid came.*

Exercise 10

Translate the following. Ensure you differentiate between إِلَّا when it is حَرْفُ اسْتِثْنَاءٍ and when it is حَرْفُ حَصْرٍ.

١) مَا أَكَلَ إِلَّا أَحْمَدُ

٢) مَا أَكَلَ الصَّائِمُوْنَ إِلَّا أَحْمَدَ

٣) لَا يَغْفِرُ الذُّنُوْبَ إِلَّا اللهُ

٤) يَغْفِرُ اللهُ الذُّنُوْبَ إِلَّا الشِّرْكَ

٥) الْأَوْلَادُ قَائِمُوْنَ إِلَّا أَحْمَدَ

٦) مَا الْأَوْلَادُ إِلَّا قَائِمُوْنَ

٧) مَا حَفِظَ الْقُرْآنَ إِلَّا الْبِنْتُ

٨) حَفِظَتِ الْبِنْتُ الْقُرْآنَ إِلَّا جُزْءًا

٩) مَا اسْتَيْقَظَ إِلَّا فَاطِمَةُ

١٠) مَا اسْتَيْقَظَتِ الْبَنَاتُ إِلَّا فَاطِمَةَ

١١) لَا يَصُوْمُ الْمَرِيْضُ إِلَّا رَمَضَانَ

١٢) صَامَ الْمَرِيْضُ رَمَضَانَ إِلَّا يَوْمَيْنِ

إِنْ النَّافِيَةُ

إِنْ is a negative particle which is used with إِلَّا as a حَرْفُ حَصْرٍ to emphasise both a جُمْلَةٌ اسْمِيَّةٌ and جُمْلَةٌ فِعْلِيَّةٌ.

إِنْ النَّافِيَةُ is غَيْرُ عَامِلٍ, therefore there will be no change to the noun or verb after it.

It is translated as only or surely.

إِنِ الرَّجُلُ إِلَّا قَائِمٌ

The man is surely standing.

The tarkib of this is written as follows:

خَبَرٌ	حَرْفُ حَصْرٍ	مُبْتَدَأٌ	حَرْفُ نَفْيٍ
قَائِمٌ	إِلَّا	الرَّجُلُ	إِنِ

When it precedes a فِعْلٌ مُضَارِعٌ, it is translated in the present tense.

إِنْ تَرْجُو الْمُؤْمِنُوْنَ إِلَّا الْجَنَّةَ

The believers hope only for Jannah.

Exercise 11

Translate the following.

١) إِنْ زَيْدٌ إِلَّا عَبْدٌ

٢) إِنِ الْأَنْبِيَاءُ إِلَّا بَشَرٌ

٣) إِنِ الْكَعْبَةُ إِلَّا بَيْتٌ

٤) إِنْ خَالِدٌ إِلَّا مُعَلِّمٌ

٥) إِنِ الْقُرْآنُ إِلَّا بَصَائِرُ

٦) إِن يَرْزُقُ الْعِبَادَ إِلَّا اللهُ

٧) إِنْ أَكَلَتْ فَاطِمَةُ إِلَّا تَمْرَةً

٨) إِن يَصُوْمُ الْيَوْمَ إِلَّا أَحْمَدُ

٩) إِنِ الْأَطْفَالُ إِلَّا جَالِسُوْنَ

١٠) إِنِ الْمُتَّقُوْنَ إِلَّا صَادِقُوْنَ

١١) إِنْ يَقُوْلُ الْكَاذِبُوْنَ إِلَّا كَذِبًا

١٢) إِنِ الْكِتَابُ مَمْلُوْءٌ إِلَّا حِكْمَةً

Exercise 12

Rewrite the following by adding إِنْ النَّافِيَةُ with the underlined word after إِلَّا. Thereafter, translate.

١) يُرَائِي الْمُنَافِقُوْنَ

٢) اَلطُّلَّابُ مُتْعَبُوْنَ

٣) اَلضَّيْفَانِ شَاكِرَانِ

٤) اِبْتَسَمَ الضَّيْفُ

٥) نَامَتِ الطِّفْلَةُ لَيْلًا

٦) فَتَحَ الرَّجُلُ النَّافِذَةَ

٧) اَلْجَدَّاتُ مُخْلِصَاتٌ

٨) اَلْأَعْمَامُ مُجْتَهِدُوْنَ

٩) عَطِشَ الْجَدُّ الْآنَ

١٠) غَابَ فَاطِمَةُ الْيَوْمَ

إِنَّمَا

إِنَّمَا is a particle of emphasis, حَرْفُ حَصْرٍ. It can precede both a جُمْلَةٌ اسْمِيَّةٌ and جُمْلَةٌ فِعْلِيَّةٌ. It is translated as only.

This particle is غَيْرُ عَامِلٍ; it does not affect the irab of subsequent words.

إِنَّمَا الرَّجُلُ كَاذِبٌ

The man is only a liar.
The man is surely a liar.

The point of emphasis in a sentence with إِنَّمَا comes at the end of the sentence. Therefore, the order of the sentence changes to have the emphasised word at the end.

إِنَّمَا يَنَامُ الطِّفْلُ نَهَارًا

The child sleeps only during the day.

إِنَّمَا يَنَامُ نَهَارًا الطِّفْلُ

Only the child sleeps during the day.

The tarkib of this sentence is written as follows:

حَرْفُ حَصْرٍ	مُبْتَدَأٌ	خَبَرٌ
إِنَّمَا	الرَّجُلُ	كَاذِبٌ

Exercise 13

Translate the following.

١) إِنَّمَا يَشْفِي اللهُ
٢) إِنَّمَا الْإِلٰهُ وَاحِدٌ
٣) إِنَّمَا بَكَى الطِّفْلُ
٤) إِنَّمَا صَبَرَتِ الْأُمُّ
٥) إِنَّمَا الرَّسُوْلُ بَشَرٌ
٦) إِنَّمَا الْأَنْبِيَاءُ عِبَادٌ
٧) إِنَّمَا يُسَافِرُ الرِّجَالُ
٨) إِنَّمَا عِيْسَى رَسُوْلٌ
٩) إِنَّمَا الشَّيْطَانُ عَدُوٌّ
١٠) إِنَّمَا يَرْزُقُ الْعِبَادَ اللهُ
١١) إِنَّمَا الْأَصْنَامُ حِجَارَةٌ
١٢) إِنَّمَا يَعْبُدُ الْمُسْلِمُوْنَ اللهَ
١٣) إِنَّمَا يَعْرِفُ اللهَ الْمُؤْمِنُوْنَ
١٤) إِنَّمَا غَابَتْ خَدِيْجَةُ يَوْمَيْنِ
١٥) إِنَّمَا يَسْأَلُ الرَّجُلُ اللهَ عِلْمًا
١٦) إِنَّمَا تَعْبُدُ الْمُؤْمِنَاتُ اللهَ رَغْبَةً
١٧) إِنَّمَا يَصُوْمُ رَمَضَانَ الْمُسْلِمُوْنَ
١٨) إِنَّمَا يَمْلَأُ الظَّالِمُ الْمِيْزَانَ سَيِّئَاتٍ

Summary

Summary of Emphasis

Emphasis								
Entire Sentence			Verb			Single Part of A Sentence		
			Past	Future				
				Affirmative	Negative			
إنَّ	لَامُ الابْتِدَاءِ	اللَّامُ الْمُزَحْلَقَةُ	حَرْفُ تَحْقِيقٍ	لَ ... نَّ	لَنْ	Fronting	حَرْفُ حَصْرٍ	إِنَّمَا
			قَدْ صَامَ زَيْدٌ	لَيَصُوْمَنَّ زَيْدٌ	لَن يَّصُوْمَ زَيْدٌ	أَمْسِ صَامَ زَيْدٌ	مَا صَامَ زَيْدٌ إِلَّا أَمْسِ	إِنَّمَا صَامَ زَيْدٌ أَمْسِ
إِنَّ زَيْدًا	لَزَيْدٌ قَائِمٌ	إِنَّ زَيْدًا لَقَائِمٌ					مَا زَيْدٌ إِلَّا صَائِمٌ	إِنَّمَا زَيْدٌ صَائِمٌ

Summary of Negative Particles

جُمْلَةٌ اسْمِيَّةٌ				
Future	Present			Past
لَا يَكُوْنُ	إِنْ	مَا	لَيْسَ	مَا كَانَ
لَا يَكُوْنُ زَيْدٌ مَرِيْضً	إِنْ زَيْدٌ إِلَّا مَرِيْضٌ	مَا زَيْدٌ مَرِيْضًا	لَيْسَ زَيْدٌ مَرِيْضًا	مَا كَانَ زَيْدٌ مَرِيْضًا
aid will not be sick	Zaid is only sick	Zaid is not sick.	Zaid is not sick	Zaid was not sick

جُمْلَةٌ فِعْلِيَّةٌ				
Future	Present		Past	
لَنْ	لَا	مَا		لَمْ
لَنْ يَذْهَبَ زَ	لَا يَذْهَبُ زَيْدٌ	مَا يَذْهَبُ زَيْدٌ	مَا ذَهَبَ زَيْدٌ	لَمْ يَذْهَبْ زَيْدٌ
id will not go	Zaid will not go	Zaid is not going Zaid does not go	Zaid did not go	
		إِنْ		
		إِنْ يَذْهَبُ إِلَّا زَيْدٌ	إِنْ ذَهَبَ إِلَّا زَيْدٌ	
		Only Zaid goes Only Zaid is going	Only Zaid went	

125

Parts of الْجُمْلَةُ الْفِعْلِيَّةُ

مُسْتَثْنًى
exclusion
تَمْيِيزٌ
clarification
حَالٌ
state
مَفْعُولٌ لِأَجْلِهِ
reason
مَفْعُولٌ مُطْلَقٌ
degree
مَفْعُولٌ فِيهِ
time/place
مَفْعُولٌ بِهِ ثَانٍ
object
مَفْعُولٌ بِهِ
object
فَاعِلٌ
subject
نَائِبُ الْفَاعِلِ
deputy subject
فِعْلٌ مَعْلُومٌ
فِعْلٌ مَجْهُولٌ
إِلَّا
Emphasis
قَدْ
لَقَدْ
indeed
most certainly

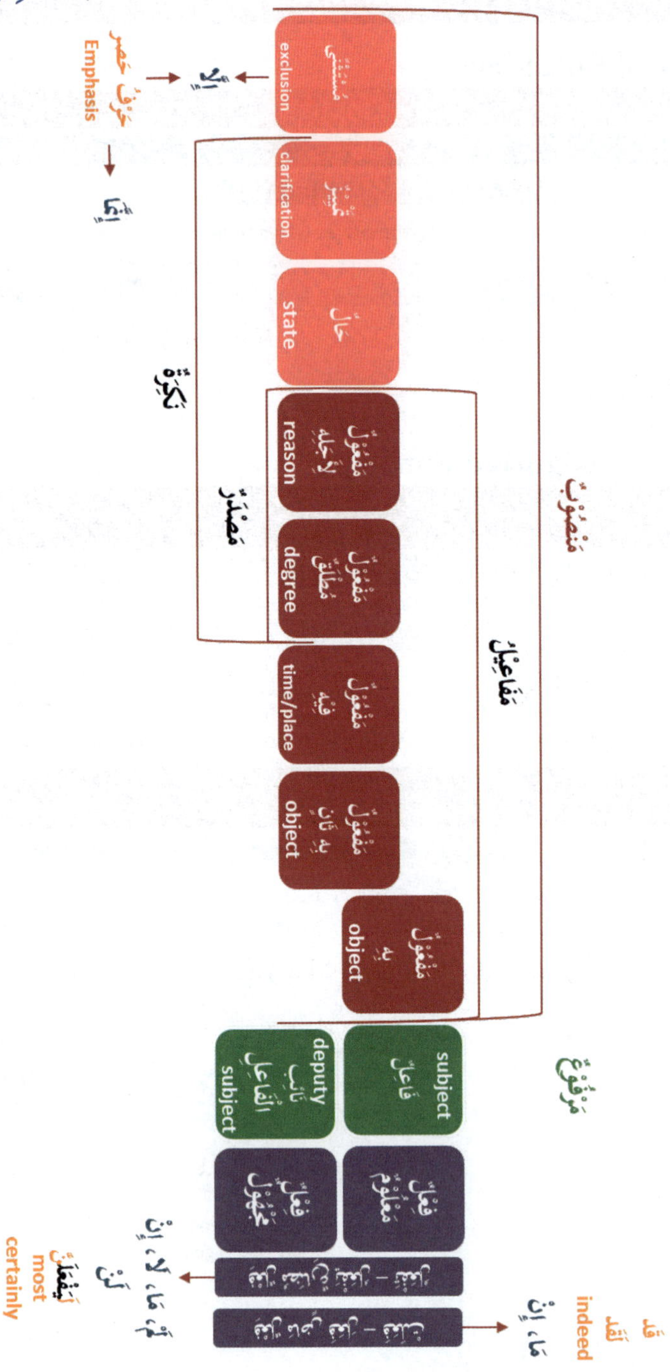

Parts of a جُمْلَةٌ اسْمِيَّةٌ

		نَكِرَةٌ Agree in Number, Gender		مَعْرِفَةٌ	
Is/are		خَبَرٌ		مُبْتَدَأٌ	
Is/are		خَبَرٌ		مُبْتَدَأٌ	لَامُ الابْتِدَاءِ
Was/were		خَبَرٌ		اسْمٌ	كان
Was/were not		خَبَرٌ		اسْمٌ	ما كَانَ
Will be		خَبَرٌ		اسْمٌ	يَكُوْنُ
Will not be		خَبَرٌ		اسْمٌ	لَا يَكُوْنُ
Is/are not		خَبَرٌ		اسْمٌ	لَيْسَ
Is/are not		خَبَرٌ		اسْمٌ	مَا
Is/are not		خَبَرٌ	إِلَّا	مُبْتَدَأٌ	إِنْ
Indeed		خَبَرٌ		اسْمٌ	إِنَّ
Indeed		خَبَرٌ	لَامٌ مُزَحْلَقَةٌ	اسْمٌ	إِنَّ
Only		خَبَرٌ		مُبْتَدَأٌ	إِنَّمَا
In, with	تَمْيِيزٌ				
Except	مُسْتَثْنَى				

Revision Exercises

Exercise 1

Translate the following. Ensure you translate the emphasis correctly.

١) شَرِبَتْ مَاءً فَاطِمةُ

٢) لَتَشْرَبَنَّ فَاطِمَةُ مَاءً

٣) لَقَدْ شَرِبَتْ فَاطِمَةُ مَاءً

٤) مَا شَرِبَتْ فَاطِمَةُ إِلَّا مَاءً

٥) مَا شَرِبَ مَاءً إِلَّا فَاطِمَةُ

٦) إِنْ تَشْرَبُ فَاطِمَةُ إِلَّا مَاءً

٧) إِنْ يَشْرَبُ مَاءً إِلَّا فَاطِمَةُ

٨) إِنَّمَا تَشْرَبُ فَاطِمَةُ مَاءً

٩) إِنَّمَا تَشْرَبُ مَاءً فَاطِمَةُ

Exercise 2

Translate the following. Ensure you differentiate between the different structures and translate accordingly. Underline any extra emphasis.

١) خَالِدٌ صَائِمٌ

٢) لَفَاطِمَةُ صَائمَةٌ

٣) صَامَ زَيْدٌ صَابِرًا

٤) صَامَ زَيْدٌ صَوْمًا

٥) إِنَّ خَالِدًا لَصَائِمٌ

٦) إِنَّ فَاطِمَةَ صَائِمَةٌ

٧) قَدْ صَامَ زَيْدٌ أَمْسِ

٨) لَقَدْ صَامَ زَيْدٌ أَمْسِ

٩) الْيَوْمَ تَصُوْمُ فَاطِمَةُ

١٠) إِنَّمَا صَامَ زَيْدٌ الْيَوْمَ

١١) إِنَّمَا صَامَ الْيَوْمَ زَيْدٌ

١٢) لَيْسَ زَيْدٌ إِلَّا صَائِمًا

١٣) غَدًا لَتَصُوْمَنَّ فَاطِمَةُ

١٤) كَانَتْ فَاطِمَةُ صَائِمَةً

١٥) لَتَصُوْمَنَّ فَاطِمَةُ الْيَوْمَ

١٦) لَن يَصُوْمَ زَيْدٌ إِلَّا غَدًا

١٧) صَامَ الرِّجَالُ إِلَّا زَيْدًا

١٨) اِزْدَادَتْ فَاطِمَةُ صَوْمًا

١٩) لَيْسَتْ فَاطِمَةُ صَائِمَةً

٢٠) مَا صَامَ أَمْسِ إِلَّا زَيْدٌ

٢١) صَامَتْ فَاطِمَةُ احْتِسَابًا

٢٢) إِن يَّصُوْمُ زَيْدٌ إِلَّا رَمَضَانَ

٢٣) إِنَّمَا صَامَتِ الْيَوْمَ فَاطِمَةُ

٢٤) إِنْ صَامَتْ فَاطِمَةُ إِلَّا رَمَضَانَ

Exercise 3

Translate the following.

١) مَا زَيْدٌ كَاذِبًا

٢) مَا كَذَبَ أَحْمَدُ

٣) مَا تَكْذِبُ زَيْنَبُ

٤) لا يَكْذِبُ مُحَمَّدٌ

٥) لَنْ تَكْذِبَ صَفِيَّةُ

٦) مَا تَصُوْمُ فَاطِمَةُ

٧) لَمْ يَكْذِبْ فَاطِمَةُ

٨) مَا صَامَ زَيْدٌ أَمْسِ

٩) لَمْ يَصُمْ زَيْدٌ أَمْسِ

١٠) لَن يَصُوْمَ زَيْدٌ غَدًا

١١) مَا كَانَ خَالِدٌ صَائِمًا

١٢) لَيْسَتِ الْبِنْتُ كَاذِبَةً

Exercise 4

Rewrite the following sentences by emphasising the verb.

١) خُلِقَتِ الْجَنَّةُ

٢) لَا يُسَافِرُ الأَبُ

٣) نَامَتْ خَدِيْجَةُ

٤) لَا يَظْلِمُ الْمَلِكُ

٥) يُنْصَرُ الْمُسْلِمُوْنَ

٦) لَا يَعْمَلُ النَّاسُ لَيْلًا

٧) يُجْمَعُ الْعِبَادُ جَمْعًا

٨) خَلَقَ اللهُ السَّمَاوَاتِ

٩) يَسْأَلُ الرَّجُلُ اللهَ عِلْمًا

١٠) خَسِرَ الظَّالِمُوْنَ خُسْرَانًا

١١) كَانَتِ الدُّنْيَا مَمْلُوْءَةً ظُلْمًا

١٢) يَزِيْدُ الْقُرْآنُ الْمُؤْمِنِيْنَ رَغْبَةً

Exercise 5

Rewrite the following sentences twice creating emphasis on the underlined word, once by using إِنَّمَا and once by using a negative particle and إِلَّا.

١) خَطَبَ الْإِمَامُ قَائِمًا

٢) خَطَبَ الْإِمَامُ قَائِمًا

٣) دخَلَتِ الْبِنْتُ الْآنَ

٤) دخَلَتِ الْبِنْتُ الْآنَ

٥) قَتَلَ الظَّالِمُ الْمَظْلُوْمَ

٦) يَغِيْبُ الطَّالِبُ الْيَوْمَ

٧) يَغِيْبُ الطَّالِبُ الْيَوْمَ

٨) صَامَ الْمُسْلِمُوْنَ رَمَضَانَ

٩) صَامَ الْمُسْلِمُوْنَ رَمَضَانَ

Exercise 6

Emphasise the verbs in the following sentences by either adding قَدْ, قَطُّ, نُوْنُ التَّأْكِيْد or لَنْ.

١) تَرْحَمُ الأُمُّ رَحْمَةً

٢) تَرَكَ الْغَنِيُّ الذُّنُوْبَ

٣) مَا عَمِلَ الرَّجُلُ لَيْلًا

٤) لَا يَأْخُذُ الْوَلَدُ التُّفَّاحَةَ

٥) لَا تَعْصِي خَدِيْجَةُ الأُمَّ

٦) يَخْسَرُ الظَّالِمُوْنَ خُسْرَانًا

٧) أَطَاعَتِ الْبَنَاتُ الْمُعَلِّمَاتِ

٨) يَخَافُ الْمُسْلِمُوْنَ اللهَ رَغْبَةً

٩) قَتَلَ الْمَلِكُ الْمُسْلِمِيْنَ ظُلْمًا

١٠) تَصْدُقُ الطَّالِبَاتُ إِلَّا طَالِبَتَيْنِ

١١) أَضَلَّ الشَّيْطَانُ النَّاسَ إِضْلَالًا

١٢) خَرَجَتْ فَاطِمَةُ الْمَدْرَسَةَ مَسَاءً

129

Key Terms

English	Arabic
a sentence that begins with a فِعْلٌ	جُمْلَةٌ فِعْلِيَّةٌ
subject	فَاعِلٌ
substitute subject	نَائِبُ الْفَاعِلِ
object	مَفْعُوْلٌ بِهِ
object	مَفْعُوْلٌ بِهِ ثَانٍ
adverb of time/place	مَفْعُوْلٌ فِيْهِ
adverb of degree	مَفْعُوْلٌ مُطْلَقٌ
adverb of reason	مَفْعُوْلٌ لَهُ
state	حَالٌ
clarification	تَمْيِيْزٌ
exclusion	مُسْتَثْنًى

a particle of emphasis	حَرْفُ تَحْقِيْقٍ
a particle of emphasis	نُوْنُ التَّأْكِيْدِ
a particle of restriction	حَرْفُ حَصْرٍ
a particle of emphasis	إِنَّمَا

English	Arabic
a sentence comprised of a مُبْتَدَأٌ and خَبَرٌ	جُمْلَةٌ اسْمِيَّةٌ
subject	مُبْتَدَأٌ
information	خَبَرٌ
grammatical analysis of a sentence	تَرْكِيْبٌ
auxiliary verb	فِعْلٌ نَاقِصٌ
was	كَانَ
will be	يَكُوْنُ
is not	لَيْسَ
was not	مَا كَانَ
will not be	لَا يَكُوْنُ
the subject of a sentence with كَانَ or إِنَّ	اِسْمُ كَانَ / إِنَّ
the information of a sentence with كَانَ or إِنَّ	خَبَرُ كَانَ / إِنَّ
not	مَا النَّافِيَةُ
a negative particle	إِنْ النَّافِيَةُ
*	حَرْفٌ مُشَبَّهٌ بِالْفِعْلِ
a لَامٌ for emphasis	لَامُ الِابْتِدَاءِ
a لَامٌ for emphasis	لَامٌ مُزَحْلَقَةٌ

Vocabulary

أَسْمَاءٌ

English	Arabic
always, ever	أَبَدٌ
reward, wage	أَجْرٌ ج أُجُوْرٌ
better	أَحْسَنُ
hereafter	آخِرَةٌ
week	أُسْبُوْعٌ ج أَسَابِيْعُ
severe, severest	أَشَدُّ
less, least	أَقَلُّ
more, most	أَكْثَرُ
yesterday	أَمْسِ (مَبْنِيٌّ)
time	آنٌ
now, just now	اَلْآنَ
container	إِنَاءٌ ج آنِيَةٌ
door	بَابٌ ج أَبْوَابٌ
last night	اَلْبَارِحَةُ
human being	بَشَرٌ
bearer of glad tidings	بَشِيْرٌ
enlightenment, insight	بَصِيْرَةٌ ج بَصَائِرُ
yet, until now	بَعْدُ (مَبْنِيٌّ)
clear, clear proof	بَيِّنَةٌ ج بَيِّنَاتٌ
businessman	تَاجِرٌ ج تُجَّارٌ
apple	تُفَّاحَةٌ ج تُفَّاحَاتٌ

English	Arabic
reward, recompense	ثَوَابٌ
part	جُزْءٌ ج أَجْزَاءٌ
Haji (one who has performed Hajj)	حَاجٌّ ج حُجَّاجٌ
stone	حَجَرٌ ج أَحْجَارٌ، حِجَارَةٌ
room	حُجْرَةٌ ج اتٌ
good deed	حَسَنَةٌ ج اتٌ
truth	حَقٌّ
bag	حَقِيْبَةٌ ج حَقَائِبُ
wisdom	حِكْمَةٌ ج حِكَمٌ
time	حِيْنٌ ج أَحْيَانٌ
better, best, goodness	خَيْرٌ ج خِيَارٌ
always	دَائِمٌ
lesson	دَرْسٌ ج دُرُوْسٌ
minute	دَقِيْقَةٌ ج دَقَائِقُ
religion, retribution	دِيْنٌ ج أَدْيَانٌ
sins	ذَنْبٌ ج ذُنُوْبٌ
pound (weight)	رَطْلٌ ج أَرْطَالٌ
time, while, hour, Day of Judgement	سَاعَةٌ ج اتٌ
show	سُمْعَةٌ
evil deed	سَيِّئَةٌ ج اتٌ
worse, worst, evil	شَرٌّ ج شِرَارٌ

English	Arabic	English	Arabic
meat	لَحْمٌ ج لُحُوْمٌ	polytheism	شِرْكٌ
blessed	مُبَارَكٌ	month	شَهْرٌ ج شُهُوْرٌ، أَشْهُرٌ
God-fearing	مُتَّقٍ ج وْنَ	thing	شَيْءٌ ج أَشْيَاءُ
evening	مَسَاءٌ	devil	شَيْطَانٌ ج شَيَاطِيْنُ
happy	مَسْرُوْرٌ ج وْنَ	morning	صَبَاحٌ
angel	مَلَكٌ ج مَلَائِكَةٌ	path	صِرَاطٌ ج صُرُطٌ
migrant	مُهَاجِرٌ ج وْنَ	world	عَالَمٌ ج وْنَ
admonition	مَوْعِظَةٌ ج مَوَاعِظُ	honey	عَسَلٌ
scale	مِيْزَانٌ ج مَوَازِيْنُ	knowledge	عِلْمٌ ج عُلُوْمٌ
helper	نَاصِرٌ ج أَنْصَارٌ	tomorrow	غَدٌ
window	نَافِذَةٌ ج نَوَافِذُ	room	غُرْفَةٌ ج غُرَفٌ، اتٌ
day/daytime	نَهَارٌ	rich	غَنِيٌّ ج أَغْنِيَاءُ
one	وَاحِدٌ	ever	قَطُّ (مَبْنِيٌّ)
day	يَوْمٌ ج أَيَّامٌ	milk	لَبَنٌ ج أَلْبَانٌ
		litre	لِتْرٌ ج لِتْرَاتٌ

English	Arabic
to leave, let	تَرَكَ يَتْرُكُ تَرْكًا
to recite	تَلَا يَتْلُو تِلَاوَةً
to be impatient (opposite of صَبَرَ)	جَزِعَ يَجْزَعُ جَزَعًا
to collect, gather	جَمَعَ يَجْمَعُ جَمْعًا
to envy	حَسَدَ يَحْسُدُ حَسَدًا
to memorise, protect	حَفِظَ يَحْفَظُ حِفْظًا
to fear	خَافَ يَخَافُ خَوْفًا
to come out, leave	خَرَجَ يَخْرُجُ خُرُوْجًا
to be humble	خَشَعَ يَخْشَعُ خُشُوْعًا
to give a lecture	خَطَبَ يَخْطُبُ خُطْبَةً
to enter	دَخَلَ يَدْخُلُ دُخُوْلًا
to call, supplicate	دَعَا يَدْعُوْ دَعْوَةً دُعَاءً
to show off	رَاءَى يُرَائِي رِيَاءً رِئَاءً مُرَاءَاةً
to recite clearly	رَتَّلَ يُرَتِّلُ تَرْتِيْلًا
to hope	رَجَا يَرْجُوْ رَجَاءً
to return	رَجَعَ يَرْجِعُ رُجُوْعًا
to be happy with, approve of	رَضِيَ يَرْضَى رِضْوَانًا
to hope, desire	رَغِبَ يَرْغَبُ رَغْبَةً، رَغَبًا
to ride	رَكِبَ يَرْكَبُ رُكُوْبًا
to bow	رَكَعَ يَرْكَعُ رُكُوْعًا
to fear	رَهِبَ يَرْهَبُ رَهْبَةً، رَهَبًا
to increase	زَادَ يَزِيْدُ زِيَادَةً

English	Arabic
to take as	اِتَّخَذَ يَتَّخِذُ اِتِّخَاذًا
to come	أَتَى يَأْتِيْ إِتْيَانًا
to give	آتَى يُؤْتِيْ إِيْتَاءً
to love	أَحَبَّ يُحِبُّ إِحْبَابًا، حُبًّا
to respect, honour	اِحْتَرَمَ يَحْتَرِمُ اِحْتِرَامًا
to hope for reward	اِحْتَسَبَ يَحْتَسِبُ اِحْتِسَابًا
to take, seize	أَخَذَ يَأْخُذُ أَخْذًا
to send	أَرْسَلَ يُرْسِلُ إِرْسَالًا
to show	أَرَى يُرِيْ إِرَاءَةً
to increase	اِزْدَادَ يَزْدَادُ اِزْدِيَادًا
to seek forgiveness	اِسْتَغْفَرَ يَسْتَغْفِرُ اِسْتِغْفَارًا
to buy	اِشْتَرَى يَشْتَرِي اِشْتِرَاءً
to misguide	أَضَلَّ يُضِلُّ إِضْلَالًا
to obey	أَطَاعَ يُطِيْعُ إِطَاعَةً، طَاعَةً
to feed	أَطْعَمَ يُطْعِمُ إِطْعَامًا
to perform Umrah	اِعْتَمَرَ يَعْتَمِرُ اِعْتِمَارًا
to be successful	أَفْلَحَ يُفْلِحُ إِفْلَاحًا
to favour	أَنْعَمَ يُنْعِمُ إِنْعَامًا
to spend	أَنْفَقَ يُنْفِقُ إِنْفَاقًا
to be guided, find the right way	اِهْتَدَى يَهْتَدِيْ اِهْتِدَاءً
to sell	بَاعَ يَبِيْعُ بَيْعًا
to cry	بَكَى يَبْكِيْ بُكَاءً

English	Arabic
to understand	فَهِمَ يَفْهَمُ فَهْمًا
to say	قَالَ يَقُوْلُ قَوْلًا
to kill murder	قَتَلَ يَقْتُلُ قَتْلًا
to sit	قَعَدَ يَقْعُدُ قُعُوْدًا
to write, prescribe	كَتَبَ يَكْتُبُ كِتَابَةً
to reject	كَذَّبَ يُكَذِّبُ تَكْذِيْبًا
to clothe	كَسَا يَكْسُوْ كَسْوًا
to earn	كَسَبَ يَكْسِبُ كَسْبًا
to walk	مَشَى يَمْشِيْ مَشْيًا
to fill	مَلَأَ يَمْلَأُ مَلأً
to forget	نَسِيَ يَنْسَى نِسْيَانًا
to guide	هَدَى يَهْدِيْ هِدَايَةً، هُدًى
to put	وَضَعَ يَضَعُ وَضْعًا
to promise	وَعَدَ يَعِدُ وَعْدًا
to give, grant	وَهَبَ يَهَبُ هِبَةً

English	Arabic
to prostrate	سَجَدَ يَسْجُدُ سُجُوْدًا
to give to drink	سَقَى يَسْقِيْ سَقْيًا
to be quiet	سَكَتَ يَسْكُتُ سُكُوْتًا
to cure	شَفَى يَشْفِيْ شِفَاءٌ
to perform salah	صَلَّى يُصَلِّيْ صَلَاةً
to make, manufacture, do	صَنَعَ يَصْنَعُ صَنْعًا
to laugh	ضَحِكَ يَضْحَكُ ضِحْكًا
to hit	ضَرَبَ يَضْرِبُ ضَرْبًا
to be mislead	ضَلَّ يَضِلُّ ضَلَالًا
to desire	طَمَعَ يَطْمَعُ طَمَعًا
to be just	عَدَلَ يَعْدِلُ عَدْلًا
to disobey	عَصَى يَعْصِيْ مَعْصِيَةً
to know	عَلِمَ يَعْلَمُ عِلْمًا
to do, work	عَمِلَ يَعْمَلُ عَمَلًا
to open	فَتَحَ يَفْتَحُ فَتْحًا

UNIT 3
Section 1

PHRASES

Introduction: Phrases

Part 1: Descriptive Phrases

Part 2: Demonstrative Phrases

Part 3: Conjunction Phrases

Part 4: Appositive Phrases

Part 5: Possessive Phrases

Part 6: Number Phrases

Supplement: Nested Phrases

Summary

Nouns can be joined together to form phrases.
Look at the following example:

> [The boy] ate [the apple] on [Friday].

In this sentence, each noun is a single word. However, if we wanted to give more information regarding any noun, we could join another noun to it to make it into a phrase.

> [This boy and girl] ate [the fresh apple] on [the day of Friday].

In Arabic, there are seven types of phrases:

1. Descriptive Phrases
2. Demonstrative Phrases
3. Conjunction Phrases
4. Appositive Phrases
5. Possessive Phrases
6. Number Phrases
7. Prepositional Phrases

We will discuss the first six in this section.

Part 1: Descriptive Phrases

A descriptive phrase consists of an adjective and a noun, in which the adjective describes the noun.

small house

The noun being described is called the مَنْعُوْتٌ.
The adjective is called the نَعْتٌ.

Rules of Descriptive Phrase

1. In English, the adjective precedes the noun. In Arabic, however, the noun being described, مَنْعُوْتٌ, precedes the adjective, نَعْتٌ.

⇨ ⇦

a believing	servant	مُؤْمِنٌ	عَبْدٌ
نَعْتٌ	مَنْعُوْتٌ	نَعْتٌ	مَنْعُوْتٌ
Adjective	Noun	Adjective	Noun

2. The نَعْتٌ must agree with the مَنْعُوْتٌ in four characteristics:
   - Definite – Indefinite: مَعْرِفَةٌ-نَكِرَةٌ
   - Irab: مَرْفُوْعٌ-مَنْصُوْبٌ-مَجْرُوْرٌ
   - Number: مُفْرَدٌ-مُثَنًّى-جَمْعٌ
   - Gender: مُذَكَّرٌ-مُؤَنَّثٌ

Look at the examples below and notice how the نَعْتٌ agrees with the مَنْعُوْتٌ.

	عَبْدٌ مُؤْمِنٌ	الْأَخَوَاتُ الصَّالِحَاتُ
D	نَكِرَةٌ	مَعْرِفَةٌ
I	مَرْفُوْعٌ	مَرْفُوْعٌ
N	مُفْرَدٌ	جَمْعٌ
G	مُذَكَّرٌ	مُؤَنَّثٌ

137

In tarkib, the parts of a phrase are labelled under the word in green ink.

صَالِحٌ	عَبْدٌ
نَعْتٌ	مَنْعُوْتٌ

Vocab

English	Arabic	English	Arabic
great	عَظِيْمٌ	heavy	ثَقِيْلٌ ج ثِقَالٌ
ugly, unsightly	قَبِيْحٌ	beautiful	جَمِيْلٌ
few, a little	قَلِيْلٌ	beautiful, good, nice, pleasant	حَسَنٌ
many, a lot, an abundance	كَثِيْرٌ	pure	خَالِصٌ
noble	كَرِيْمٌ ج كِرَامٌ	light	خَفِيْفٌ ج خِفَافٌ
closed	مُغْلَقٌ	palatable	عَذْبٌ

Exercise 1

Translate the following.

١) قَلَمٌ قَبِيْحٌ

٢) شَيْءٌ حَسَنٌ

٣) لَيْلَةٌ طَوِيْلَةٌ

٤) الْمَكْتَبُ كَبِيْرٌ

٥) الْوَلَدُ الْكَاذِبُ

٦) عَذَابٌ شَدِيْدٌ

٧) بَيْتَانِ صَغِيْرَانِ

٨) الْقَمَرُ الصَّغِيْرُ

٩) الْبِنْتَانِ الْكَاذِبَتَانِ

١٠) مَسْجِدَانِ بَعِيْدَانِ

١١) الرِّجَالُ الْأَقْوِيَاءُ

١٢) يَوْمَانِ طَوِيْلَانِ

١٣) الْمَسْجِدُ الْكَبِيْرُ

١٤) الْأَوْلَادُ الضُّعَفَاءُ

١٥) أَخَوَاتٌ صَادِقَاتٌ

١٦) الْمَرْأَتَانِ الصَّالِحَتَانِ

Exercise 2

Fill in the blanks with an appropriate word to make a مَنْعُوْتٌ-نَعْتٌ. Use each word only once.

١) .... مُتَّقُوْنَ

٢) .... مُبَارَكَانِ

٣) .... غَفُوْرٌ

٤) .... الْقَدِيْمُ

٥) .... بَعِيْدَةٌ

٦) .... قَرِيْبَتَانِ

٧) .... مُجْتَهِدَاتٌ

٨) .... الْمُخْلِصَةُ

٩) .... الْفَاسِقَتَانِ

١٠) .... الصَّابِرَاتُ

١١) .... الضَّعِيْفَانِ

١٢) .... الْأَقْوِيَاءُ

A Descriptive Phrase in a Sentence

A descriptive phrase occurs as any of the main parts of a sentence.

يُصَلِّي الرَّجُلُ الصَّالِحُ لَيْلًا

The pious man prays (salah) during the night.

The tarkib of a descriptive phrase in a sentence is written as follows:

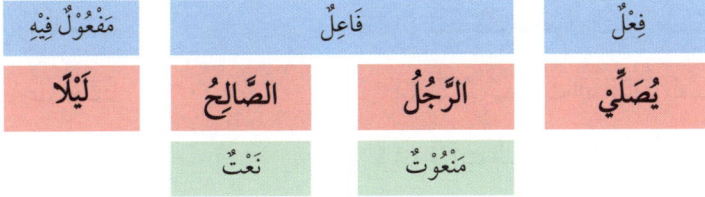

مَفْعُوْلٌ فِيْهِ	فَاعِلٌ		فِعْلٌ
لَيْلًا	الصَّالِحُ	الرَّجُلُ	يُصَلِّي
	نَعْتٌ	مَنْعُوْتٌ	

This diagram can be written up in an exercise book as follows:

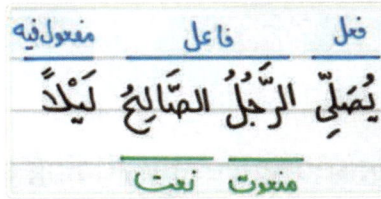

The parts of the phrase are written in **green** below the text.

Vocab

English	Arabic	English	Arabic
scholar	عَالِمٌ ج وْنَ، عُلَمَاءُ	teacher, professor	أُسْتَاذٌ ج أَسَاتِذَةٌ
deed, action	عَمَلٌ ج أَعْمَالٌ	spouse	زَوْجٌ ج أَزْوَاجٌ
poor	مِسْكِيْنٌ ج مَسَاكِيْنُ	young man	شَابٌّ ج شُبَّانٌ، شَبَابٌ
river	نَهْرٌ ج أَنْهَارٌ	witness, martyr	شَهِيْدٌ ج شُهَدَاءُ
orphan	يَتِيْمٌ ج يَتَامٰى	shaykh, old man	شَيْخٌ ج شُيُوْخٌ

Exercise 3

Translate the following.

١) مَا خَالِدٌ رَجُلًا كَاذِبًا

٢) فَاطِمَةُ بِنْتٌ ضَعِيْفَةٌ

٣) لَلْقُرْآنُ كِتَابٌ كَرِيْمٌ

٤) ﴿إِنَّمَا اللهُ إِلٰهٌ وَاحِدٌ﴾

٥) لَيْسَ خَالِدٌ رَجُلًا قَوِيًّا

٦) إِنْ أَحْمَدُ إِلَّا عَبْدٌ شَاكِرٌ

٧) إِنَّ زَيْنَبَ مُعَلِّمَةٌ صَادِقَةٌ

٨) إِنَّ الْبَنَاتَ الصِّغَارَ لَضُعَفَاءُ

٩) كَانَ رَمَضَانُ شَهْرًا مُبَارَكًا

١٠) مَا كَانَتْ خَدِيْجَةُ بِنْتًا طَوِيْلَةً

١١) ﴿إِنَّ الشِّرْكَ لَظُلْمٌ عَظِيْمٌ﴾

١٢) يَكُوْنُ الْقُرَّاءُ الصَّالِحُوْنَ أَئِمَّةً

Exercise 4

Translate the following.

١) صَامَ النَّاسُ يَوْمًا طَوِيْلًا

٢) حَزِنَ يَعْقُوبُ حُزْنًا شَدِيْدًا

٣) قَدْ أَفْلَحَ الْمُؤْمِنُوْنَ الْمُتَّقُوْنَ

٤) يَرْزُقُ اللهُ النَّاسَ رِزْقًا حَسَنًا

٥) وُعِدُ الْمُؤْمِنُوْنَ وَعْدًا حَسَنًا

٦) ضَلَّ الْكَافِرُوْنَ ضَلَالًا بَعِيْدًا

٧) لَا يَصُوْمُ الْيَوْمَ إِلَّا الْعَبْدُ الصَّابِرُ

٨) جُعِلَ مُحَمَّدٌ ﷺ رَسُوْلًا عَظِيْمًا

٩) إِنْ نَصَرَ الْقَوْمَ الْمَظْلُوْمَ إِلَّا الْمَلِكُ

١٠) إِنَّمَا يُصَلِّي الرَّجُلُ الْمَرِيْضُ جَالِسًا

١١) تُعَلِّمُ الْمُعَلِّمَةُ الطَّالِبَاتِ تَعْلِيْمًا حَسَنًا

١٢) لَقَدْ ظَلَمَ فِرْعَوْنُ النَّاسَ ظُلْمًا عَظِيْمًا

١٣) اَلْيَوْمَ حَضَرَتِ الطَّالِبَاتُ الصِّغَارُ الدَّرْسَ

١٤) قَرَأَتِ الْبِنْتُ الصَّادِقَةُ الْقُرْآنَ الْكَرِيْمَ الْبَارِحَةَ

١٥) لَيَصُوْمَنَّ الْأَوْلَادُ الصِّغَارُ إِلَّا الْبِنْتَ الْمَرِيْضَةَ

١٦) لَنْ يَظْلِمَ النَّاسَ الضُّعَفَاءَ إِلَّا الْمُلُوْكُ الظَّالِمُوْنَ

Exercise 5

Complete the following sentences by adding a suitable نَعْتٌ or مَنْعُوْتٌ.

١) إِنَّمَا اللهُ .... وَاحِدٌ

٢) كَانَ الْإِنَاءُ .... خَفِيْفًا

٣) مَا .... الظَّالِمُوْنَ مُتَّقِيْنَ

٤) لَا يَكُوْنُ الطَّالِبُ .... فَائِزًا

٥) يَكُونُ رَمَضَانُ شَهْرًا ....

٦) مَا كَانَ الْعَمُّ .... مَسْرُوْرًا

٧) لَيْسَتْ .... الْحَزِيْنَةُ مُتْعَبَةً

٨) إِنَّ الْفُقَرَاءَ .... لَمَظْلُوْمُوْنَ

٩) لَمْ يَأْتِ .... الْكِرَامُ بَعْدُ

١٠) مَا كَذَبَ الْوَلَدُ .... قَطُّ

١١) إِنَّمَا يُفْلِحُ الْمُؤْمِنُوْنَ ....

١٢) لَقَدْ فَرِحَ الْأَوْلَادُ فَرَحًا ....

١٣) مَا صَنَعَتِ الْأُمُّ إِلَّا .... لَذِيْذًا

١٤) فَتَحَ الْعَمُّ الْأَبْوَابَ إِلَّا .... وَاحِدًا

١٥) لَيَغْفِرَنَّ .... الْغَفُوْرُ .... كَثِيْرَةً

١٦) لَنْ تَعْبُدَ النِّسَاءُ .... صَنَمًا ....

Notes

If the مَنْعُوْتٌ is a proper noun, the نَعْتٌ can be translated after it.

عَائِشَةُ الصِّدِّيْقَةُ

Aisha رَضِيَ اللهُ عَنْهَا, the most truthful

Non-Human and Broken Human Plurals

Non-Human Plurals

In Arabic, the plurals of non-human nouns, جَمْعُ غَيْرِ الْعُقَلَاءِ, i.e. things or animals, can be treated as singular and feminine. This will affect the خَبَرٌ, نَعْتٌ or فِعْلٌ in that they will be in the singular feminine form.

جَاءَتْ أَيَّامٌ مُبَارَكَةٌ	الأَنْهَارُ كَبِيرَةٌ
Blessed days have come.	*The rivers are big.*

Exercise 6

Translate the following.

١) أَيَّامٌ مُبَارَكَةٌ

٢) أَعْيَادٌ مُبَارَكَةٌ

٣) أَمْوَالٌ كَثِيْرَةٌ

٤) تُغْفَرُ الذُّنُوْبُ

٥) التَّمَرَاتُ الْحُلْوَةُ

٦) الْمَسَاجِدُ قَدِيْمَةٌ

٧) اَلسَّنَوَاتُ طَوِيْلَةٌ

٨) الْجَنَّاتُ جَمِيْلَةٌ

٩) لَقَدْ جَاءَتْ بَصَائِرُ

١٠) ذَهَبَتْ شُهُوْرٌ كَثِيْرَةٌ

١١) كَانَتِ الْأَنْهَارُ كَبِيْرَةً

١٢) إِنَّ الْمَسَاجِدَ جَمِيْلَةٌ

١٣) الْآنِيَةُ مَمْلُوْءَةٌ زَمْزَمَ

١٤) جَاءَتِ الْأَيَّامُ الْمُبَارَكَةُ

١٥) لَيْسَتِ الْبُيُوْتُ جَدِيْدَةً

Exercise 7

Complete the descriptive phrase below using the word in brackets.

١) أَطْعِمَةٌ .... (لَذِيْذٌ)

٢) كُتُبٌ .... (طَوِيْلٌ)

٣) الْأَقْسَامُ .... (كَثِيْرٌ)

٤) الْآنِيَةُ .... (خَفِيْفٌ)

٥) أَحْجَارٌ .... (ثَقِيْلٌ)

٦) أَجْزَاءٌ .... (قَلِيْلٌ)

٧) الأَشْيَاءُ .... (كَثِيْرٌ)

٨) مَسَاجِدُ .... (جَدِيْدٌ)

٩) مَوَازِيْنُ .... (صَغِيْرٌ)

١٠) الْمَدَارِسُ .... (قَدِيْمٌ)

١١) السُّوَرُ .... (قَصِيْرٌ)

١٢) عَسَلٌ .... (خَالِصٌ)

١٣) التَّمَرَاتُ .... (حُلْوٌ)

١٤) الدُّرُوْسُ .... (جَمِيْلٌ)

١٥) الْأَصْنَامُ .... (ضَعِيْفٌ)

Notes

Sometimes, the نَعْتٌ of non-human plurals can also occur in the plural form.

آيَاتٌ بَيِّنَاتٌ	آيَاتٌ بَيِّنَةٌ
clear signs	

141

Broken Plurals of Humans

Broken plurals of humans can also be treated either as singular feminine or singular masculine.

This will affect the خَبَرٌ, نَعْتٌ or فِعْلٌ.

جَاءَ النِّسَاءُ	جَاءَ الرِّجَالُ
جَاءَتِ النِّسَاءُ	جَاءَتِ الرِّجَالُ
The women came.	*The men came.*

Vocab

English	Arabic	English	Arabic
to be healthy, correct	صَحَّ يَصِحُّ صِحَّةً	to call (to prayers)	أَذَّنَ يُؤَذِّنُ تَأْذِيْنًا
to harm	ضَرَّ يَضُرُّ ضَرًّا	to ascribe partners	أَشْرَكَ يُشْرِكُ إِشْرَاكًا
to punish	عَذَّبَ يُعَذِّبُ تَعْذِيْبًا	to avail, be of use	أَغْنَى يُغْنِيْ إِغْنَاءً
to be successful	فَازَ يَفُوْزُ فَوْزً	to account	حَاسَبَ يُحَاسِبُ حِسَابًا
to act hypocritically	نَافَقَ يُنَافِقُ مُنَافَقَةً نِفَاقًا	to perform Hajj	حَجَّ يَحُجُّ حَجًّا

Exercise 8

Translate the following.

١) حَزِنَ الْآبَاءُ

٢) حَزِنَتِ الْآبَاءُ

٣) جَاءَ رُسُلٌ

٤) جَاءَتْ رُسُلٌ

٥) فَرِحَتِ الْأُمَّهَاتُ

٦) فَرِحَ الْأُمَّهَاتُ

٧) ﴿قَالَ نِسْوَةٌ﴾

٨) مَاتَتِ الشُّهَدَاءُ

٩) اِسْتَيْقَظَتِ الْأَوْلَادُ

١٠) يَرْجِعُ الْحُجَّاجُ غَدًا

١١) جَاءَتِ الشُّيُوْخُ أَمْسِ

١٢) آمَنَ الْمُهَاجِرُوْنَ

١٣) ﴿لَقَدْ كُذِّبَتْ رُسُلٌ﴾

١٤) نَصَرَتِ الْأَنْصَارُ النَّبِيَّ ﷺ

١٥) أَعْطَتِ الْأَغْنِيَاءُ الْمَسَاكِيْنَ

Removing the مَنْعُوْتٌ

The مَنْعُوْتٌ can be removed, leaving the نَعْتٌ to take its place.

Look at the following example.

أَعْمَالٌ صَالِحَاتٌ

righteous deeds

In the example above, the word صَالِحَاتٌ, pious/righteous, is the نَعْتٌ of أَعْمَالٌ, i.e. righteous deeds. However, the مَنْعُوْتٌ, أَعْمَالٌ, is removed and the word صَالِحَاتٌ takes its place. Both the نَعْتٌ and مَنْعُوْتٌ are reflected in the translation, i.e. righteous deeds.

The tarkib of this is written as follows. It is not necessary to indicate the hidden مَنْعُوْتٌ,

فِعْلٌ	فَاعِلٌ	مَفْعُوْلٌ بِه
عَمِلَ	الْمُؤْمِنُوْنَ	صَالِحَاتِ

The believers did good *deeds*.

مُبْتَدَأٌ	خَبَرٌ
اَلْفَقِيْرُ	صَالِحٌ

The poor *man* is pious.

✒ Exercise 9

Translate the following sentences into English.

١) جَاعَ الْفُقَرَاءُ

٢) جَاءَ الْبُعَدَاءُ

٣) خَسِرَ الظَّالِمُ

٤) فَرِحَ الْحَزِيْنُ

٥) بَكَى الْمَسْرُوْرُوْنَ

٦) يَصْدُقُ الصُّلَحَاءُ

٧) اِهْتَدَتِ الْمُؤْمِنَاتُ

٨) أَفْلَحَ الْمُخْلِصُوْنَ

٩) يَرْحَمُ اللهُ الْمَظْلُوْمَ

١٠) يُنْفِقُ الْأَغْنِيَاءُ الْأَمْوَالَ

١١) يَنْصُرُ اللهُ الْمُجْتَهِدِيْنَ

١٢) يَتْرُكُ الصَّائِمُوْنَ الطَّعَامَ

١٣) يَنْصُرُ الْأَقْوِيَاءُ الضُّعَفَاءَ

١٤) كَسَبَ الْكَافِرُوْنَ سَيِّئَاتٍ

١٥) كَسَبَتِ الْمُسْلِمَاتُ حَسَنَاتٍ

مَفْعُوْلٌ مُطْلَقٌ as نَعْتٌ

In a مَفْعُوْلٌ مُطْلَقٌ, it is common for the مَنْعُوْتٌ to be removed and for the نَعْتٌ to take its place.

يَذْكُرُ الْمُسْلِمُوْنَ اللهَ ذِكْرًا كَثِيْرًا ⟸ يَذْكُرُ الْمُسْلِمُوْنَ اللهَ كَثِيْرًا

Muslims remember Allah abundantly.

In this example, the adjective, نَعْتٌ, takes the place of the مَفْعُوْلٌ مُطْلَقٌ.

مَفْعُوْلٌ مُطْلَقٌ	مَفْعُوْلٌ بِهِ	فَاعِلٌ	فِعْلٌ
كَثِيْرًا	اللهَ	الْمُسْلِمُوْنَ	يَذْكُرُ

Using شَيْئًا as a مَفْعُوْلٌ مُطْلَقٌ

Even though the word شَيْئًا is not an adjective, it can have the meaning of an adjective, e.g. slightest, at all, etc.

مَا يَظْلِمُ اللهُ النَّاسَ ظُلْمًا قَلِيْلًا ≈ مَا يَظْلِمُ اللهُ النَّاسَ شَيْئًا

Therefore, it can also take the place of a مَفْعُوْلٌ مُطْلَقٌ.

مَا يَظْلِمُ اللهُ النَّاسَ شَيْئًا

Allah does not oppress people in the slightest.

The tarkib of this is written as follows:

مَفْعُوْلٌ مُطْلَقٌ	مَفْعُوْلٌ بِهِ	فَاعِلٌ	فِعْلٌ	حَرْفُ نَفْيٍ
شَيْئًا	النَّاسَ	اللهُ	يَظْلِمُ	مَا

Exercise 10

Translate the following.

١) يَشْكُرُ النَّاسُ اللهَ قَلِيْلًا

٢) لَا يَظْلِمُ اللهُ النَّاسَ شَيْئًا

٣) يُحِبُّ النَّاسُ الْمَالَ كَثِيْرًا

٤) غَدًا لَنْ تُغْنِيَ الْأَوْلَادُ شَيْئًا

٥) لَقَدْ ضَلَّ الْمُشْرِكُوْنَ بَعِيْدًا

٦) فَرِحَ الْأَوْلَادُ الصِّغَارُ كَثِيْرًا

٧) لَنْ يَّضُرَّ الْكَافِرُوْنَ اللهَ شَيْئًا

٨) لَيُعَذِّبَنَّ اللهُ الظَّالِمِيْنَ شَدِيْدًا

٩) لَيُحَاسِبَنَّ اللهُ الْمُؤْمِنِيْنَ يَسِيْرًا

١٠) دَعَا نُوْحٌ الْقَوْمَ الْكَافِرِيْنَ كَثِيْرًا

١١) يَقُوْمُ الْعِبَادُ الصَّالِحُوْنَ طَوِيْلًا

١٢) يَذْكُرُ الْمُؤْمِنُوْنَ الْمُتَّقُوْنَ اللهَ كَثِيْرًا

Recap of مَفْعُوْلٌ مُطْلَقٌ

مَفْعُوْلٌ مُطْلَقٌ	
مَصْدَرٌ on its Own	مَصْدَرٌ with a نَعْتٌ
Emphasis	Description of the verb
شَكَرَ الرَّجُلُ شُكْرًا	شَكَرَ الرَّجُلُ شُكْرًا كَثِيْرًا شَكَرَ الرَّجُلُ كَثِيْرًا

Summary

Phrases		
Descriptive Phrases		
مَنْعُوْتٌ	Noun	Agree in DING (Non-human plurals = feminine singular)
نَعْتٌ	Adjective	

Differentiating Between خَبَرٌ and نَعْتٌ

The مُبْتَدَأٌ and خَبَرٌ agree in three characteristics, i.e. ING, whilst مَنْعُوْتٌ and نَعْتٌ agree in all four characteristics, i.e. DING.

	D	I	N	G		
	مَعْرِفَةٌ نَكِرَةٌ	إِعْرَابٌ	مُفْرَدٌ مُثَنًّى جَمْعٌ	مُذَكَّرٌ مُؤَنَّثٌ		
اَلْوَلَدُ الصَّادِقُ	✓	✓	✓	✓	مَنْعُوْتٌ – نَعْتٌ (Phrase)	the truthful boy
وَلَدٌ صَادِقٌ	✓	✓	✓	✓		a truthful boy
اَلْوَلَدُ صَادِقٌ	×	✓	✓	✓	مُبْتَدَأٌ – خَبَرٌ (Sentence)	The boy is truthful.
اَلْأَوْلَادُ صَادِقُوْنَ	×	✓	✓	✓		The boys are truthful.

Exercise 11

Translate the following. Ensure you differentiate between مُبْتَدَأٌ - خَبَرٌ and مَنْعُوْتٌ - نَعْتٌ structures.

١) اَلرَّجُلُ قَوِيٌّ
٢) رَجُلٌ قَوِيٌّ
٣) اَلرَّجُلُ الْقَوِيُّ
٤) رَبٌّ غَفُوْرٌ
٥) اَلرَّبُّ الْغَفُوْرُ
٦) اَلرَّبُّ غَفُوْرٌ
٧) اَلْيَوْمَانِ طَوِيْلَانِ
٨) يَوْمَانِ طَوِيْلَانِ
٩) اَلْيَوْمَانِ الطَّوِيْلَانِ
١٠) نِسَاءٌ صَالِحَاتٌ
١١) اَلنِّسَاءُ صَالِحَاتٌ
١٢) اَلنِّسَاءُ الصَّالِحَاتُ

Exercise 12

Change the following sentences into مَنْعُوْتٌ-نَعْتٌ structures.

١) اَلنَّافِذَةُ مُغْلَقَةٌ
٢) اَلشَّابُّ فَاسِقٌ
٣) اَلْكُرْسِيُّ قَبِيْحٌ
٤) اَلشُّيُوْخُ كِرَامٌ
٥) اَلشَّهْرُ مُبَارَكٌ
٦) اَلْأُسْتَاذُ صَالِحٌ
٧) اَلْفُقَرَاءُ شَاكِرُوْنَ
٨) اَلْجَنَّتَانِ جَمِيْلَتَانِ
٩) اَلْأَنْهَارَانِ صَغِيْرَانِ
١٠) كَانَ الْمَكْتَبُ ثَقِيْلًا
١١) اَلْجَدَّتَانِ مَسْرُوْرَتَانِ
١٢) اَلْمُسْلِمُوْنَ مُخْلِصُوْنَ

Part 2: Demonstrative Phrases

A demonstrative phrase is used to specify which noun is being referred to.

It is created by placing a demonstrative pronoun before a noun.

this man	*that man*

The demonstrative pronoun is called اِسْمُ الْإِشَارَةِ.

The thing being pointed at is called مُشَارٌ إِلَيْهِ.

The Demonstrative Pronouns

There are twelve أَسْمَاءُ الْإِشَارَةِ:

- Six are for indicating things which are close. These are called أَسْمَاءُ الْإِشَارَةِ لِلْقَرِيْبِ.
- Six are for indicating things which are far away. These are called أَسْمَاءُ الْإِشَارَةِ لِلْبَعِيْدِ.

All twelve are listed below. Notice that some of the أَسْمَاءُ الْإِشَارَةِ are pronounced differently to how they are written.

أَسْمَاءُ الْإِشَارَة لِلْبَعِيْد	أَسْمَاءُ الْإِشَارَة لِلْقَرِيْب		
ذٰلِكَ That	هٰذَا This	مُفْرَدٌ	اَلْمُذَكَّرُ
ذَانِكَ Those	هٰذَانِ These	مُثَنًّى	
أُولٰئِكَ Those	هٰؤُلَاءِ These	جَمْعٌ	
تِلْكَ That	هٰذِهِ This	مُفْرَدٌ	اَلْمُؤَنَّثُ
تَانِكَ Those	هَاتَانِ These	مُثَنًّى	
أُولٰئِكَ Those	هٰؤُلَاءِ These	جَمْعٌ	

Rules of Demonstrative Phrases

Rules of the اِسْمُ الْإِشَارَةِ

1. The أَسْمَاءُ الْإِشَارَةِ are مَعْرِفَةٌ by nature and therefore do not need اَلْ to make them مَعْرِفَةٌ.

2. The أَسْمَاءُ الْإِشَارَةِ are مَبْنِيٌّ, except the مُثَنَّى forms which are مُعْرَبٌ and change as normal مُثَنَّى nouns.

هَاتَيْنِ	⟲	هَاتَانِ		هٰذَيْنِ	⟲	هٰذَانِ
تَيْنِكَ	⟲	تَانِكَ		ذَيْنِكَ	⟲	ذَانِكَ

3. The demonstrative pronoun comes before the noun.

هٰذا الْقُرْآنُ

this Quran

The tarkib of this is written as follows:

الْقُرْآنُ	هَذَا
مُشَارٌ إِلَيْهِ	اِسْمُ الْإِشَارَةِ

4. If the مُشَارٌ إِلَيْهِ is a non-human plural, the اِسْمُ الْإِشَارَةِ will be singular and feminine.

هٰذِهِ الْأَبْوَابُ

5. If the مُشَارٌ إِلَيْهِ is a broken human plural, the اِسْمُ الْإِشَارَةِ can also be singular and feminine.

تِلْكَ الرُّسُلُ	أُولٰئِكَ الرُّسُلُ

Rules of the مُشَارٌ إِلَيْهِ

1. The مُشَارٌ إِلَيْهِ must always have an اَلْ. A name cannot be the مُشَارٌ إِلَيْهِ.

2. The اِسْمُ الْإِشَارَةِ and its مُشَارٌ إِلَيْهِ must agree in all four characteristics, i.e. DING.

However, because the أَسْمَاءُ الْإِشَارَةِ are مَبْنِيٌّ, we will not notice the change in its irab.

Exercise 1

Translate the following.

١) هٰذا الْأُسْتَاذُ

٢) تِلْكَ الْأَبْوَابُ

٣) هٰذانِ الشَّيخَانِ

٤) هٰؤُلَاءِ الْمُلُوْكُ

٥) هٰذِهِ التَّمْرَةُ

٦) هَاتَانِ الْأُخْتَانِ

٧) هٰؤُلَاءِ النِّسَاءُ

٨) ذٰلِكَ الدِّيْنُ

٩) ذَانِكَ الْقَلَمَانِ

١٠) هٰذَا الْكُرْسِيُّ

١١) ذٰلِكَ الْخَلِيْلُ

١٢) هٰذَا الْأُسْبُوْعُ

١٣) أُولَئِكَ الْعِبَادُ

١٤) تِلْكَ الرُّسُلُ

١٥) تَانِكَ السَّنَتَانِ

١٦) ذٰلِكَ الْكِتَابُ

١٧) هٰذِهِ الْأَنْهَارُ

١٨) تِلْكَ السَّاعَةُ

١٩) ذَانِكَ الشَّهْرَانِ

٢٠) أُولَئِكَ الْأَخَوَاتُ

Exercise 2

Add an appropriate اسْمُ الإِشَارَةِ لِلْقَرِيْبِ to the following and translate.

١) .... التَّمْرَاتُ

٢) .... الْإِخْوَةُ

٣) .... الْأَعْدَاءُ

٤) .... الْأَرْضُ

٥) .... الْأُمَّانِ

٦) .... الْأَئِمَّةُ

٧) .... الْآلِهَةُ

٨) .... الصَّنَمَانِ

٩) .... الْجَبَلَانِ

١٠) .... الْأَجْدَادُ

١١) .... الْجَدَّةُ

١٢) .... الْجَنَّةُ

١٣) .... الْخَالَاتُ

١٤) .... السَّمَاوَاتُ

١٥) .... السَّنَتَانِ

١٦) .... السُّوْرَتَانِ

١٧) .... الشَّرَابُ

١٨) .... الضُّيُوْفُ

١٩) .... الْأَطْعِمَةُ

٢٠) .... الطِّفْلَانِ

Exercise 3

Add an appropriate اسْمُ الإِشَارَةِ لِلْبَعِيْدِ to the following and translate.

١) .... الطِّفْلَةُ

٢) .... الْأَطْفَالُ

٣) .... التَّاجِرَانِ

٤) .... الْأَعْمَامُ

٥) .... الْفُقَرَاءُ

٦) .... الْأَقْلَامُ

٧) .... الْقَمَرُ

٨) .... الْقَوْمُ

٩) .... الْكُتُبُ

١٠) .... الْكَرَاسِيُّ

١١) .... اللَّيْلَةُ

١٢) .... الْأَصْدِقَاءُ

١٣) .... الْمَكَاتِبُ

١٤) .... الْمُلُوْكُ

١٥) .... النَّارُ

١٦) .... النَّاسُ

١٧) .... الْعِلْمُ

١٨) .... الْإِنَاءُ

١٩) .... النَّجْمُ

٢٠) .... النَّفْسُ

A Demonstrative Phrase in a Sentence

A demonstrative phrase occurs as any of the main parts of a sentence.

يُصَلِّيْ ذٰلِكَ الرَّجُلُ لَيْلًا

That man prays at night.

The tarkib of this is written as follows:

مَفْعُوْلٌ فِيْهِ	فَاعِلٌ		فِعْلٌ
لَيْلًا	الرَّجُلُ	ذٰلِكَ	يُصَلِّيْ
	مُشَارٌ إِلَيْهِ	اِسْمُ الْإِشَارَةِ	

Exercise 4

Translate the following.

١) هٰذِهِ الْأَقْلَامُ جَدِيْدَةٌ

٢) مَا هٰذَا الشَّيْخُ أُسْتَاذًا

٣) ذٰلِكَ الْإِنَاءُ مَمْلُوْءٌ لَبَنًا

٤) يَكُوْنُ ذٰلِكَ الْأَجْرُ كَبِيْرًا

٥) لَيْسَ هٰذَا الْكُرْسِيُّ قَدِيْمًا

٦) مَا كَانَتِ تِلْكَ التَّمْرَةُ حُلْوَةً

٧) إِنَّ هٰؤُلَاءِ النَّاسَ لَمَسَاكِيْنُ

٨) كَانَ هٰذَانِ الْوَلَدَانِ شَاكِرَيْنِ

٩) إِنْ هٰذَانِ الرَّجُلَانِ إِلَّا فَقِيْرَانَ

١٠) تَكُوْنُ هٰؤُلَاءِ الْبَنَاتُ صَادِقَاتٍ

١١) إِنَّ هٰؤُلَاءِ الرِّجَالَ أَقْوِيَاءُ إِلَّا زَيْدًا

١٢) إِنَّمَا أُولٰئِكَ الْمُعَلِّمَاتُ نِسَاءٌ ضِعَافٌ

Exercise 5

Translate the following.

١) شَفَى اللهُ هٰذَا الْمُعَلِّمَ شِفَاءً

٢) صَلَّى هٰذَا الرَّجُلُ تِلْكَ اللَّيْلَةَ

٣) سَافَرَتْ هٰذِهِ الْبِنْتُ ذٰلِكَ الْيَوْمَ

٤) لَقَدْ صَامَ هٰؤُلَاءِ الْأَوْلَادُ احْتِسَابًا

٥) إِنَّمَا يَنْصُرُ هٰذَا الْفَقِيْرَ ذٰلِكَ الرَّجُلُ

٦) لَا تُصَلِّى هَاتَانِ الْبِنْتَانِ خَاشِعَتَيْنِ

٧) مَا غَابَ مُحَمَّدٌ إِلَّا ذَيْنِكَ الْيَوْمَيْنِ

٨) شَرِبَ هَذَا الْوَلَدُ ذَلِكَ اللَّبَنَ جَالِسًا

٩) اِتَّخَذَ أُولٰئِكَ النَّاسُ تِلْكَ الْأَصْنَامَ آلِهَةً

١٠) قَرَأَتْ تِلْكَ الْمُعَلِّمَةُ ذٰلِكَ الْكِتَابَ قَائِمَةً

١١) نَصَرَتْ هٰذِهِ الْأُمُّ هٰؤُلَاءِ الْبَنَاتِ إِلَّا خَدِيْجَةَ

١٢) تَحْفَظُ أُولٰئِكَ الْبَنَاتُ الْقُرآنَ الْكَرِيْمَ احْتِسَابًا

Differentiating Between خَبَرٌ and مُشَارٌ إِلَيْهِ

The مُبْتَدَأٌ and خَبَرٌ agree in three characteristics, i.e. ING.

The اِسْمُ الْإِشَارَةِ and مُشَارٌ إِلَيْهِ agree in all four characteristics, i.e. DING.

Therefore, if the word after the اسْمُ الْإِشَارَةِ has an اَلْ, it will be مُشَارٌ إِلَيْهِ.

However, if the word after the اسْمُ الْإِشَارَةِ does not have اَلْ, it will become the خَبَرٌ.

In this case, the اِسْمُ الْإِشَارَةِ will not have a مُشَارٌ إِلَيْهِ.

The flow chart below summarises the above rule.

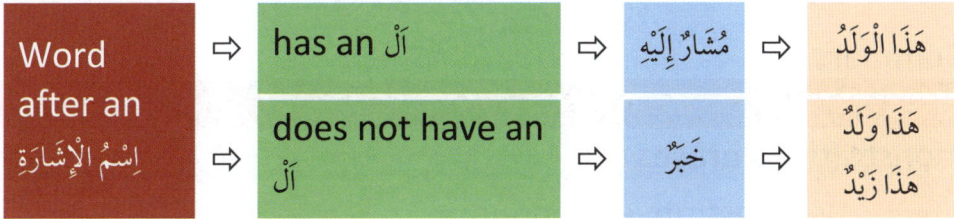

Word after an اِسْمُ الْإِشَارَةِ	⇨	has an اَلْ	⇨	مُشَارٌ إِلَيْهِ	⇨	هَذَا الْوَلَدُ
	⇨	does not have an اَلْ	⇨	خَبَرٌ	⇨	هَذَا وَلَدٌ هَذَا زَيْدٌ

Look at the examples below.

مُبْتَدَأٌ – خَبَرٌ

هَذَا وَلَدٌ

This is a boy.

مُبْتَدَأٌ	خَبَرٌ
هَذَا	وَلَدٌ

اِسْمُ الْإِشَارَةِ – مُشَارٌ إِلَيْهِ

هَذَا الْوَلَدُ

this boy

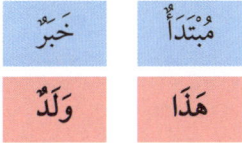

هَذَا	الْوَلَدُ
اِسْمُ الْإِشَارَةِ	مُشَارٌ إِلَيْهِ

The word after the اِسْمُ الْإِشَارَةِ will be the خَبَرٌ even if it is a name.

هَذَا زَيْدٌ

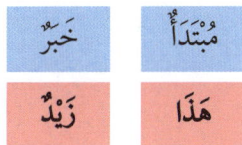

مُبْتَدَأٌ	خَبَرٌ
هَذَا	زَيْدٌ

Exercise 6

Translate the following.

١) هٰذَا بَابٌ

٢) هٰذِهِ اللَّيْلَةُ

٣) ذٰلِكَ الْمَالُ

٤) ذٰلِكَ نَهْرٌ

٥) تِلْكَ الْمَرْأَةُ

٦) هٰؤُلَاءِ أَوْلَادٌ

٧) ذٰلِكَ الشَّهْرُ

٨) ذَانِكَ كِتَابَانِ

٩) هٰذِهِ الْأَرْضُ

١٠) أُولَئِكَ النِّسَاءُ

١١) هَاتَانِ امْرَأَتَانِ

١٢) هٰذَانِ الْكُرْسِيَّانِ

١٣) أُولَئِكَ الْأَخَوَاتُ

١٤) ﴿مَا هَذَا إِلَّا بَشَرٌ﴾

١٥) ﴿إِنْ هَذَا إِلَّا مَلَكٌ كَرِيمٌ﴾

Summary

Phrases		
Demonstrative Phrases		
اِسْمُ الْإِشَارَة	Demonstrative Pronoun	Agree in DING
مُشَارٌ إِلَيْه	Must have an اَلْ	

Part 3: Conjunction Phrases

A conjunctive phrase comprises two or more words joined with a conjunction, like and, or, etc.

Muhammad ﷺ and Nooh عليه السلام

In Arabic, a conjunction is called حَرْفُ عَطْفٍ.
The word before the حَرْفُ الْعَطْفِ is called مَعْطُوفٌ عَلَيْهِ.
The word after the حَرْفُ الْعَطْفِ is called مَعْطُوْفٌ.

Rules of Conjunctions

The مَعْطُوْفٌ will have the same إِعْرَابٌ as the مَعْطُوفٌ عَلَيْهِ.

مُحَمَّدٌ وَأَحْمَدُ

The tarkib of this is written as follows:

أَحْمَدُ	وَ	مُحَمَّدٌ
مَعْطُوْفٌ	حَرْفُ عَطْفٍ	مَعْطُوفٌ عَلَيْهِ

Common Arabic Conjunctions

1. وَ: and

مُحَمَّدٌ وَأَحْمَدُ
Muhammad and Ahmad

2. فَ: then (immediate)

فَاطِمَةُ فَزَيْنَبُ
Fatima then Zainab

3. ثُمَّ: then (delayed)

الْعِلْمُ ثُمَّ الْعَمَلُ
knowledge then practice

4. أَوْ: or

مُؤْمِنٌ أَوْ كَافِرٌ
a believer or disbeliever

If أَوْ is followed by a word with an اَلْ, the و will be given a كَسْرَةٌ to aid pronunciation.

اَلْمَسْجِدُ أَوِ الْبَيْتُ

Exercise 1

Translate the following.

١) يَوْمٌ وَلَيْلَةٌ

٢) مَاءٌ أَوْ لَبَنٌ

٣) الْأَخُ فَالْأُخْتَانِ

٤) سَنَةٌ وَشَهْرَانِ

٥) الْأَبُ أَوِ الْأُمُّ

٦) يَوْمَانِ وَلَيْلَتَانِ

٧) تَمْرَةٌ أَوْ تَمْرَتَانِ

٨) الشَّمْسُ وَالْقَمَرُ

٩) الْأَنْبِيَاءُ والرُّسُلُ

١٠) مُحَمَّدٌ ثُمَّ خَالِدٌ

١١) اَلْأَرْضُ وَالسَّمَاءُ

١٢) الْمُسْلِمُوْنَ وَالْمُسْلِمَاتُ

Vocab

English	Arabic	English	Arabic
well-being	عَافِيَةٌ	son	ابْنٌ ج أَبْنَاءٌ، وْنَ
village	قَرْيَةٌ ج قُرًى	hot	حارٌّ
resurrection	قِيَامَةٌ	living	حَيٌّ ج أَحْيَاءٌ
city	مَدِيْنَةٌ ج مُدُنٌ	bread	خُبْزٌ ج أَخْبَازٌ
straight	مُسْتَقِيْمٌ	alcohol	خَمْرٌ
dead	مَيِّتٌ ج أَمْوَاتٌ	pomegranate	رُمَّانَةٌ ج اتٌ
compulsory	وَاجِبٌ	companion	صَحَابِيٌّ ج صَحَابَةٌ

Exercise 2

Complete the phrase below by making the مَعْطُوْفٌ an antonym of the مَعْطُوْفٌ عَلَيْهِ.

١) عَالِمٌ وَ ....

٢) الْأَحْيَاءُ وَ ....

٣) مُجْتَهِدَانِ وَ ....

٤) الْمُخْلِصُ وَ ....

٥) قَائِمَةٌ وَ ....

٦) كَافِرَتَانِ وَ ....

٧) الْحَاضِرَاتُ وَ ....

٨) الظَّالِمُ وَ ....

٩) صَدِيْقَانِ وَ ....

١٠) الْأَغْنِيَاءُ وَ ....

١١) حَزِيْنَةٌ وَ ....

١٢) خَفِيْفَتَانِ وَ ....

A Conjunctive Phrase in a Sentence

A conjunctive phrase occurs as any of the main parts of a sentence.

سَافَرَ خَالِدٌ وَحَامِدٌ

Khalid and Hamid travelled.

The tarkib of this is written as follows:

فَاعَلٌ			فِعْلٌ
حَامِدٌ	وَ	خَالِدٌ	سَافَرَ
مَعْطُوْفٌ	حَرْفُ عَطْفٍ	مَعْطُوفٌ عَلَيْهِ	

Exercise 3

Translate the following.

١) الشَّمْسُ وَالْقَمَرُ آيَتَانِ

٢) مَا عِيْسَى وَمَرْيَمُ إِلٰهيْنِ

٣) لَلْكِتَابُ وَالْقَلَمُ جَدِيْدَانِ

٤) إِنَّمَا الْإِنَاءُ مَمْلُوْءٌ مَاءً وَلَبَنًا

٥) يَكُوْنُ الْيَوْمُ وَاللَّيْلُ طَوِيْلَيْنِ

٦) مَا كَانَ الْأَبُ وَالْأُمُّ صَائِمَيْنِ

٧) لَيْسَ الْمَسجِدُ وَالْبَيْتُ بَعِيْدَيْنِ

٨) إِنَّ الشَّيْخَ وَالْأَسَاتِذَةَ لَصَالِحُوْنَ

٩) كَانَتِ الدُّنْيَا مَمْلُوْءَةً جَهْلًا وَظُلْمًا

١٠) إِنَّ مُحَمَّدًا وَنُوْحًا رَسُوْلَانِ صَادِقَانِ

١١) إِنْ عِيْسَى وَمَرْيَمُ إِلَّا عَبْدَانِ صَالِحَانِ

١٢) كَانَتِ الْمُهَاجِرُوْنَ وَالْأَنْصَارُ صَحَابَةً

Exercise 4

Translate the following.

١) خَلَقَ اللهُ الْجَنَّةَ وَالنَّارَ

٢) اُتُّخِذَ عِيْسَى وَمَرْيَمُ إِلٰهيْنِ

٣) شَرِبَ هٰذَا الْوَلَدُ مَاءً ثُمَّ لَبَنًا

٤) صَامَتِ الْمُعَلِّمَةُ الْيَوْمَ وَأَمْسِ

٥) يَذْكُرُ الْمُسْلِمُونَ اللهَ لَيْلًا وَنَهَارًا

٦) نَصَرَ الْأَخُ وَالْأُخْتُ الْأُمَّ وَالْأَبَ

٧) لَا يُسَافِرُ غَدًا إِلَّا أَحْمَدُ وَخَدِيْجَةُ

٨) صَلَّى هٰؤُلَاءِ النَّاسُ إِلَّا خَالِدًا وَزَيْنَبَ

٩) يَدْعُو أُولٰئِكَ الْمُسْلِمُوْنَ اللهَ رَغَبًا وَرَهَبًا

١٠) رَأَتِ الْأُمُّ تِلْكَ الطِّفْلَةَ سَاكِتَةً وَجَالِسَةً

١١) جَعَلَ اللهُ اللَّيْلَ وَالنَّهَارَ آيَتَيْنِ عَظِيْمَتَيْنِ

١٢) لَيَصُوْمَنَّ الْمُسْلِمُوْنَ وَالْمُسْلِمَاتُ رَمَضَانَ

١٣) لَيَزِيْدَنَّ الْقُرْآنُ الْكَرِيْمُ الْمُسْلِمِيْنَ عِلْمًا وَإِيْمَانًا

١٤) يَقُوْمُ الْمُسْلِمُوْنَ وَالْمُسْلِمَاتُ رَمَضَانَ إِيْمَانًا وَاحْتِسَابًا

Either (إِمَّا)

The حَرْفُ الْعَطْفِ of إِمَّا is used to convey the meaning of either, like أَوْ.
The particle إِمَّا is brought before the مَعْطُوْفٌ عَلَيْهِ and is repeated before the مَعْطُوْفٌ along with the particle و.
This is translated as either … or.

> الْفِعْلُ إِمَّا مُثْبَتٌ وَإِمَّا مَنْفِيٌّ
>
> *A verb is either affirmative or negative.*

The tarkib of this is written as follows:

خَبَرٌ				مُبْتَدَأٌ
مَنْفِيٌّ	وَإِمَّا	مُثْبَتٌ	إِمَّا	الْفِعْلُ
مَعْطُوْفٌ	حَرْفُ عَطْفٍ	مَعْطُوْفٌ عَلَيْهِ	حَرْفُ عَطْفٍ	

The second وَإِمَّا can be replaced by أَوْ.

> الْاِسْمُ إِمَّا مُذَكَّرٌ أَوْ مُؤَنَّثٌ
>
> *A noun is either masculine or feminine.*

The tarkib of this is written as follows:

خَبَرٌ				مُبْتَدَأٌ
مُؤَنَّثٌ	أَوْ	مُذَكَّرٌ	إِمَّا	الْاِسْمُ
مَعْطُوْفٌ	حَرْفُ عَطْفٍ	مَعْطُوْفٌ عَلَيْهِ	حَرْفُ عَطْفٍ	

Exercise 5

Translate the following.

١) أَكَلَ زَيْدٌ إِمَّا لَحْمًا وَإِمَّا خُبْزًا

٢) النَّاسُ إِمَّا مُؤْمِنُوْنَ وَإِمَّا كَافِرُوْنَ

٣) يُطِيْعُ النَّاسُ إِمَّا اللهَ وَإِمَّا الشَّيْطَانَ

٤) يَشْرَبُ الصَّائِمُوْنَ إِمَّا مَاءً أَوْ لَبَنًا

٥) رَأَى الْوَلَدُ إِمَّا الشَّمْسَ وَإِمَّا الْقَمَرَ

٦) يَرْجِعُ الْحُجَّاجُ إِمَّا الْيَوْمَ وَإِمَّا غَدًا

٧) يَزِيْدُ الْقُرْآنُ النَّاسَ إِمَّا إِيْمَانًا أَوْ كُفْرًا

٨) يَعْبُدُ الْمُسْلِمُوْنَ اللهَ إِمَّا رَغَبًا وَإِمَّا رَهَبًا

٩) لَيُصَلِّيَنَّ الْمَرِيْضُ إِمَّا قَائِمًا وَإِمَّا جَالِسًا

١٠) لَيَمْلَأَنَّ النَّاسُ الْمَوَازِيْنَ إِمَّا حَسَنَاتٍ وَإِمَّا سَيِّئَاتٍ

Not (لَا)

In an affirmative sentence, the مَعْطُوْفٌ is made negative by using the حَرْفُ الْعَطْفِ of لَا.

This is translated as not.

جَاءَ زَيْدٌ لَا خَالِدٌ

Zaid came, not Khalid.

The tarkib of this is written as follows:

فَاعِلٌ			فِعْلٌ
خَالِدٌ	لَا	زَيْدٌ	جَاءَ
مَعْطُوْفٌ	حَرْفُ عَطْفٍ	مَعْطُوْفٌ عَلَيهِ	

Negative		⬅	Affirmative	
خَالِدٌ	لَا		زَيْدٌ	جَاءَ

Exercise 6

Translate the following.

١) هٰذَا اللَّحْمُ حَارٌّ لَا بَارِدٌ

٢) كَانَ خَالِدٌ فَقِيْرًا لَا غَنِيًّا

٣) إِنَّ الْأُمَّ رَحِيْمَةٌ لَا ظَالِمَةٌ

٤) تَكُوْنُ النَّارُ حَارَّةً لَا بَارِدَةً

٥) إِنَّمَا الْأَنْبِيَاءُ بَشَرٌ لَا مَلَائِكَةٌ

٦) الشَّيْخُ الْكَبِيْرُ عَالِمٌ لَا جَاهِلٌ

٧) إِنَّ هٰذَا الْوَلَدَ لَصَادِقٌ لَا كَاذِبٌ

٨) إِنَّ الشَّمْسَ وَالْقَمَرَ بَعِيْدَانِ لَا قَرِيْبَانِ

٩) الْمَسْجِدُ وَالْبَيْتُ جَدِيْدَانِ لَا قَدِيْمَانِ

١٠) إِنَّ الْأَخَ وَالْأُخْتَ لَمُؤْمِنَانِ لَا كَافِرَانِ

Exercise 7

Translate the following.

١) قَرَأَ هٰذَا الشَّيْخُ سُوْرَةً لَا سُوْرَتَيْنِ

٢) تَصُوْمُ الْأُمُّ الصَّالِحَةُ غَدًا لَا الْيَوْمَ

٣) شَرِبَتْ فَاطِمَةُ هٰذَا الْمَاءَ لَا اللَّبَنَ

٤) أَكَلَ أَحْمَدُ وَزَيْنَبُ الْخُبْزَ لَا اللَّحْمَ

٥) جَاءَ هٰؤُلَاءِ الرِّجَالُ مَاشِيْنَ لَا رَاكِبِيْنَ

٦) لَقَدْ بَكَى الْإِمَامُ الصَّالِحُ خَوْفًا لَا رِيَاءً

٧) يَرْجُو هٰؤُلَاءِ الْمُؤْمِنُوْنَ الْآخِرَةَ لَا الدُّنْيَا

٨) اِزْدَادَتِ الْأُخْتُ الْمَرِيْضَةُ حُزْنًا لَا فَرَحًا

٩) لَيُحَاسِبَنَّ اللهُ الظَّالِمِيْنَ شَدِيْدًا لَا يَسِيْرًا

١٠) صَامَ الْمُسْلِمُوْنَ وَالْمُسْلِمَاتُ احْتِسَابًا لَا نِفَاقًا

Nor (وَلَا)

In a negative sentence, the مَعْطُوْفٌ is made negative by using the حَرْفُ الْعَطْفِ of وَلَا. In English, this will usually be translated as nor.

مَا جَاءَ زَيْدٌ وَلَا خَالِدٌ

Neither Zaid nor Khalid came.

The tarkib of this is written as follows:

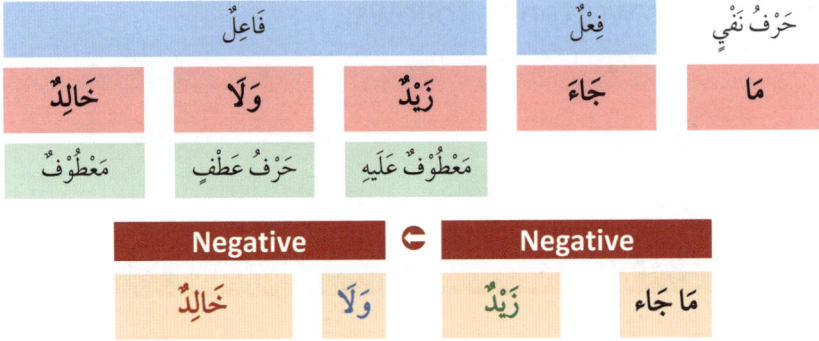

فَاعِلٌ			فِعْلٌ	حَرْفُ نَفْيٍ
خَالِدٌ	وَلَا	زَيْدٌ	جَاءَ	مَا
مَعْطُوْفٌ	حَرْفُ عَطْفٍ	مَعْطُوْفٌ عَلَيْهِ		

Negative		⬅	Negative	
خَالِدٌ	وَلَا		زَيْدٌ	مَا جَاءَ

Exercise 8

Translate the following.

١) مَا الشَّمْسُ إِلٰهً وَلَا رَبًّا

٢) مَا بَكَى الرَّجُلُ وَلَا الْوَلَدُ

٣) لَيْسَتِ التَّمْرَةُ بَارِدًا وَلَا حَارًّا

٤) مَا كَانَ الْإِنَاءُ مَمْلُوْءً لَبَنًا وَلَا مَاءً

٥) مَا سَافَرَتْ فَاطِمَةُ يَوْمًا وَلَا لَيْلَةً

٦) لَمْ يُصَلِّ الرَّجُلُ قَائِمًا وَلَا جَالِسًا

٧) لَمْ يَمْلَأِ الرَّجُلُ الْإِنَاءَ مَاءً وَّلَا لَبَنًا

٨) مَا رَأَى الْوَلَدُ الْبَيْتَ وَلَا الْمَسْجِدَ

٩) لَا يَعْرِفُ الْكَافِرُوْنَ اللهَ ولَا الدِّيْنَ

١٠) مَا خَلَقَ النَّاسُ الشَّمْسَ وَلَا الْقَمَرَ

١١) مَا نَصَرَ أَحْمَدُ فَاطِمَةَ وَلَا زَيْنَبَ قَطُّ

١٢) لَا يَكُوْنُ الْكَاذِبُوْنَ عُلَمَاءَ وَلَا قُرَّاءَ أَبَدًا

١٣) مَا صَلَّى الْمُنَافِقُوْنَ إِيْمَانًا وَلا احْتِسَابًا

١٤) لَن يَّتَّخِذَ الْمُسْلِمُوْنَ مُحَمَّدًا رَبًّا وَلَا إِلٰهً

١٥) ﴿مَا كَانَ إِبْرَاهِيمُ يَهُودِيًّا وَلَا نَصْرَانِيًّا﴾

١٦) غَدًا لَنْ تُغْنِيَ الْأَوْلَادُ وَلَا الْأَمْوَالُ شَيْئًا

Neither ... Nor (لَا ... وَلَا)

In an affirmative sentence, both the مَعْطُوْفٌ عَلَيْهِ and the مَعْطُوْفٌ are made negative by placing the حَرْفُ النَّفْيِ of لَا before the مَعْطُوْفٌ عَلَيْهِ and the حَرْفُ عَطْفٍ of وَلَا before the مَعْطُوْفٌ.

زَيْدٌ لَا فَقِيْرٌ وَلَا غَنِيٌّ

Zaid is neither poor nor rich.

The tarkib of this is written as follows:

خَبَرٌ			حَرْفُ نَفْيٍ	مُبْتَدَأٌ
غَنِيٌّ	وَلَا	فَقِيْرٌ	لَا	زَيْدٌ
مَعْطُوْفٌ	حَرْفُ عَطْفٍ	مَعْطُوْفٌ عَلَيْهِ		

Negative		⇐ Negative	
غَنِيٌّ	وَلَا	لَا فَقِيْرٌ	زَيْدٌ

Exercise 9

Translate the following.

١) زَيْدٌ لَا فَقِيْرٌ وَلَا غَنِيٌّ

٢) اَللَّبَنُ لَا حَارٌّ وَلَا بَارِدٌ

٣) أَحْمَدُ لَا مُنَافِقٌ وَلَا كَافِرٌ

٤) الرَّجُلُ لَا عَالِمٌ وَلَا جَاهِلٌ

٥) يُوْسُفُ لَا شَيْخٌ وَلَا مُعَلِّمٌ

٦) الْكِتَابُ لَا قَدِيْمٌ وَلَا جَدِيْدٌ

٧) الْبَنَاتُ لَا أَقْوِيَاءُ وَلَا ضُعَفَاءُ

٨) فَاطِمَةُ لَا نَصْرَانِيَّةٌ وَلَا يَهُوْدِيَّةٌ

٩) هٰؤُلَاءِ النَّاسُ لَا يَهُوْدٌ وَلَا نَصَارٰى

١٠) تِلْكَ الطِّفْلَةُ لَا مَرِيْضَةٌ وَلَا ضَعِيْفَةٌ

Rather (بَلْ)

In a negative sentence, the مَعْطُوْفٌ is made affirmative by using the حَرْفُ الْعَطْفِ of بَلْ. This can be translated as rather or instead.

مَا جَاءَ زَيْدٌ بَلْ خَالِدٌ

Zaid did not come, rather Khalid.

The tarkib of this is written as follows:

فَاعِلٌ			فِعْلٌ
خَالِدٌ	**بَلْ**	**زَيْدٌ**	**مَا جَاء**
مَعْطُوْفٌ	حَرْفُ عَطْفٍ	مَعْطُوْفٌ عَلَيهِ	

Affirmative		Negative	
خَالِدٌ	بَلْ	زَيْدٌ	مَا جَاء

It is usually better to add appropriate words after بَلْ to create a more fluent English translation. It is best to place these in brackets.

Zaid did not come, rather Khalid (came).

Exercise 10

Translate the following.

١) مَا كَانَ الْبَيْتُ بَعِيْدًا بَلْ قَرِيْبًا

٢) مَا الْقُرآنُ أَسَاطِيْرَ بَلْ مَوَاعِظَ

٣) لَيْسَ الشُّهَدَاءُ أَمْوَاتًا بَلْ أَحْيَاءً

٤) لَا تَصُوْمُ فَاطِمَةُ الْيَوْمَ بَلْ غَدًا

٥) مَا سَافَرَ حَامِدٌ أَمْسِ بَلِ الْيَوْمَ

٦) مَا بَكَى الرَّجُلُ حُزْنًا بَلْ فَرَحًا

٧) مَا كَانَ فِرْعَوْنُ رَحِيْمًا بَلْ ظَالِمًا

٨) لَمْ تَأْكُلِ الصَّائِمَةُ لَحْمًا بَلْ تَمْرَةً

٩) مَا خَطَبَ الْإِمَامُ جَالِسًا بَلْ قَائِمًا

١٠) لَا يَكُوْنُ الْإِنَاءُ مَمْلُوْءً مَاءً بَلْ لَبَنًا

١١) لَن يَشْرَبَ خَالِدٌ خَمْرًا أَبَدًا بَلْ مَاءً

١٢) مَا سَأَلَ الْحُجَّاجُ اللهَ الدُّنْيَا بَلِ الْآخِرَةَ

١٣) مَا صَلَّتِ الْمُنَافِقَاتُ احْتِسَابًا بَلْ رِيَاءً

١٤) لَا يَمْلَأُ الرِّيَاءُ الْمِيْزَانَ حَسَنَاتٍ بَلْ سَيِّئَاتٍ

Rather (لٰكِنْ)

In a negative sentence, the مَعْطُوْفٌ is made affirmative by using the حَرْفُ الْعَطْفِ of لٰكِنْ. This can be translated as rather or instead.

مَا جَاءَ زَيْدٌ لٰكِنْ خَالِدٌ

Zaid did not come, rather Khalid (came).

The tarkib of this is written as follows:

فَاعِلٌ			فِعْلٌ
خَالِدٌ	لٰكِنْ	زَيْدٌ	مَا جَاء
مَعْطُوْفٌ	حَرْفُ عَطْفٍ	مَعْطُوْفٌ عَلَيهِ	

Affirmative		⬅	Negative	
خَالِدٌ	لٰكِنْ		زَيْدٌ	مَا جَاء

Sometimes the particle وَ comes with لٰكِنْ and it becomes وَلٰكِنْ. This وَ is not translated in English.

مَا جَاءَ زَيْدٌ وَلٰكِنْ خَالِدٌ

Zaid did not come, rather Khalid (came).

The tarkib of this is written as follows:

فَاعِلٌ			فِعْلٌ
خَالِدٌ	وَلٰكِنْ	زَيْدٌ	مَا جَاء
مَعْطُوْفٌ	حَرْفُ عَطْفٍ	مَعْطُوْفٌ عَلَيهِ	

Exercise 11

Translate the following.

١) لَا تُطِيْعُ فَاطِمَةُ النَّاسَ لٰكِنِ اللهَ

٢) لَمْ يَمُتِ الرَّجُلُ وَلٰكِنِ امْرَأَتَانِ

٣) مَا نَامَتِ الْبَنَاتُ وَلٰكِنِ الْأَطْفَالُ

٤) لَمْ يَسْتَيْقِظْ أَسْمَاءُ لٰكِنْ خَدِيْجَةُ

٥) لَا يُرَتِّلُ الْقُرْآنَ الْوَلَدُ لٰكِنِ الْقَارِئُ

٦) مَا خَسِرَ الْمُتَّقُوْنَ وَلٰكِنِ الظَّالِمِيْنَ

٧) مَا كَانَ الْأَنْبِيَاءُ مَلَائِكَةً وَلٰكِنْ عِبَادًا

٨) لَا يَخَافُ الْمُتَّقُوْنَ الْمَوْتَ لٰكِنِ اللهَ

٩) مَا يَزْدَادُ الْمُؤْمِنُوْنَ جَهْلًا لٰكِنْ إِيْمَانًا

١٠) لَا يُحِبُّ الْمُسْلِمُوْنَ الدُّنْيَا لٰكِنِ الْآخِرَةَ

Recap

The following chart summarises the difference between the حُرُوْفُ الْعَطْفِ.

	Affirmative		⇐	Affirmative		
and	خَالِدٌ	وَ		زَيْدٌ		جَاءَ
	Affirmative		⇐	Affirmative		
then	خَالِدٌ	فَ		زَيْدٌ		جَاءَ
	Affirmative		⇐	Affirmative		
then	خَالِدٌ	ثُمَّ		زَيْدٌ		جَاءَ
	Affirmative		⇐	Affirmative		
either ... or	خَالِدٌ	أَوْ		زَيْدٌ		جَاءَ
	Affirmative		⇐	Affirmative		
either ... or	خَالِدٌ	وَإِمَّا		إِمَّا زَيْدٌ		جَاءَ
	Negative		⇐	Affirmative		
not	خَالِدٌ	لَا		زَيْدٌ		جَاءَ
	Negative		⇐	Negative		
neither ... nor	خَالِدٌ	وَلَا		زَيْدٌ		مَا جَاءَ
	Negative		⇐	Negative		
neither ... nor	جَالِسٌ	وَلَا		لَا قَائِمٌ		زَيْدٌ
	Affirmative		⇐	Negative		
rather, but	خَالِدٌ	بَلْ		زَيْدٌ		مَا جَاءَ
	Affirmative		⇐	Negative		
rather, but	خَالِدٌ	(وَ) لٰكِنْ		زَيْدٌ		مَا جَاءَ

Exercise 12

Translate the following.

١) الرَّجُلُ حَيٌّ أَوْ مَيِّتٌ

٢) الْأَنْبِيَاءُ بَشَرٌ لَا مَلَائِكَةٌ

٣) الشُّهَدَاءُ أَحْيَاءٌ لَا أَمْوَاتٌ

٤) مَا قَرَأَ الْإِمَامُ جُزْءً لَكِنْ جُزْئَيْنِ

٥) أَفْلَحَ الْمُؤْمِنُوْنَ لَا الظَّالِمُوْنَ

٦) لَمْ يَصُمِ النَّاسُ أَمْسِ وَلَا الْيَوْمَ

٧) مَا أَكَلَتِ الصَّائِمَةُ تَمْرَةً وَلَا لَحْمًا

٨) لَنْ يُّفْلِحَ الظَّالِمُوْنَ وَلَا الْمُنَافِقُوْنَ

٩) كَانَتِ الدُّنْيَا مَمْلُوْءَةً جَهْلًا لَا عِلْمًا

١٠) مَا كَانَ الصَّحَابَةُ مُنَافِقِيْنَ بَلْ مُؤْمِنِيْنَ

١١) يَأْكُلُ الصَّائِمُوْنَ إِمَّا خُبْزًا وَإِمَّا لَحْمًا

١٢) لَا يَخَافُ اللهَ الْكَافِرُوْنَ بَلِ الْمُؤْمِنُوْنَ

١٣) لَا تَعْبُدُ الْمُنَافِقَاتُ اللهَ خَوْفًا وَلَا رَغْبَةً

١٤) يَرْجُو الْمُؤْمِنُوْنَ وَالْمُؤْمِنَاتُ الْآخِرَةَ لَا الدُّنْيَا

Exercise 13

Translate the following. Ensure you differentiate between the different types of حُرُوْفُ الْعَطْفِ.

١) هٰذَا قَلَمٌ لَا كِتَابٌ

٢) لَيْسَ هٰذَا غَنِيًّا بَلْ فَقِيْرًا

٣) أَكَلَ أَحْمَدُ لَحْمًا وَخُبْزًا

٤) مَا هٰذَا كِتَابًا وَلَا كُرْسِيًّا

٥) شَرِبَتْ فَاطِمَةُ مَاءً أَوْ لَبَنًا

٦) أَكَلَتْ فَاطِمَةُ لَحْمًا فَخُبْزًا

٧) أَكَلَ الرَّجُلُ رُمَّانَةً ثُمَّ عِنَبَةً

٨) مَا كَانَ الْبَيْتُ قَرِيْبًا لٰكِنْ بَعِيْدًا

٩) شَرِبَ الْوَلَدُ إِمَّا عَسَلًا وَإِمَّا لَبَنًا

١٠) أُولٰئِكَ النِّسَاءُ لَا صَابِرَاتٌ وَلَا شَاكِرَاتٌ

Multiple مَعْطُوْفٌ

A single phrase may have multiple مَعْطُوْفٌ. In Arabic, each مَعْطُوْفٌ is preceded by the conjunction وَ.

In English, the word and is only mentioned once before the last مَعْطُوْفٌ. The other وَ are substituted with commas.

جَاءَ زَيْدٌ وَخَالِدٌ وَأَحْمَدُ

Zaid, Khalid and Ahmad came.

The tarkib of this is written as follows:

فَاعِلٌ					فِعْلٌ
أَحْمَدُ	وَ	خَالِدٌ	وَ	زَيْدٌ	جَاءَ
مَعْطُوْفٌ	حَرْفُ عَطْفٍ	مَعْطُوْفٌ	حَرْفُ عَطْفٍ	مَعْطُوْفٌ عَلَيْهِ	

Exercise 14

Translate the following.

١) الْقُرْآنُ هُدًى وَرَحْمَةٌ وَمَوْعِظَةٌ

٢) سَافَرَ الرَّجُلُ سَنَةً وَشَهْرَيْنَ وَيَوْمَيْنَ

٣) أُتُّخِذَ عِيْسَى وَمَرْيَمُ وَالْمَلَائِكَةُ آلِهَةً

٤) الاسْمُ إِمَّا مُفْرَدٌ وَإِمَّا مُثَنًّى وَإِمَّا جَمْعٌ

٥) حَزِنَ الْأَبُ وَالْأُمُّ لَا الْأَخُ وَلَا الْأُخْتُ

٦) مَا كَانَ زَيْدٌ وَلَا خَالِدٌ وَلَا عُثْمَانُ صَائِمِيْنَ

٧) الْفِعْلُ إِمَّا مَرْفُوْعٌ وَإِمَّا مَنْصُوْبٌ وَإِمَّا مَجْزُوْمٌ

٨) مَا يُطِيْعُ الْمُسْلِمُوْنَ الشَّيْطَانَ بَلِ اللهَ والرَّسُوْلَ

٩) جَعَلَ اللهُ إِبْرَاهِيْمَ وَإِسْمَاعِيْلَ وَإِسْحَاقَ أَنْبِيَاءَ

١٠) مَا كَانَتْ فَاطِمَةُ وَلَا مَرْيَمُ وَلَا خَدِيْجَةُ مَرْضٰى

١١) جَعَلَ اللهُ اللَّيْلَ وَالنَّهَارَ وَالشَّمْسَ وَالْقَمَرَ آيَاتٍ

١٢) قَدْ أَفْلَحَ الْمُؤْمِنُوْنَ وَالْمُتَّقُوْنَ لَا الظَّالِمُوْنَ وَلَا الْمُنَافِقُوْنَ

The Separated and Intertwined مَعْطُوْفٌ عَلَيْهِ and مَعْطُوْفٌ

The Separated مَعْطُوْفٌ عَلَيْهِ and مَعْطُوْفٌ

The مَعْطُوْفٌ عَلَيْهِ and مَعْطُوْفٌ may be separated by another part of the sentence.

نَصَرَ أَحْمَدُ فَاطِمَةَ لَا عُثْمَانُ

Ahmad, not Usman, helped Fatima.
It was Ahmad who helped Fatima, not Usman.

Because the مَعْطُوْفٌ عَلَيْهِ and مَعْطُوْفٌ are separated, in tarkib it is not possible to place them under one slot. Instead, the first part of the slot, which is becoming the مَعْطُوْفٌ عَلَيْهِ, will be followed by an ellipsis (...) and the second part of the slot, which is becoming the مَعْطُوْفٌ, will be preceded by an ellipsis.

... فَاعِلٌ		مَفْعُوْلٌ بِهِ	فَاعِلٌ ...	فِعْلٌ
عُثْمَانُ	**لَا**	**فَاطِمَةَ**	**أَحْمَدُ**	**نَصَرَ**
مَعْطُوْفٌ	حَرْفُ عَطْفٍ		مَعْطُوْفٌ عَلَيهِ	

Exercise 15

Translate the following.

١) يَصُوْمُ أَحْمَدُ الْيَوْمَ لَا خَالِدٌ

٢) يَرْزُقُ اللهُ الْعِبَادَ لَا الْأَصْنَامُ

٣) خَمْرًا شَرِبَ الرَّجُلُ لَا مَاءً

٤) قَصِيْرًا كَانَ الْيَوْمُ لَا طَوِيْلًا

٥) قَرَأَتِ الْبِنْتُ الْكِتَابَ لَا الْوَلَدُ

٦) مَا تَصُوْمُ فَاطِمَةُ الْيَوْمَ بَلْ زَيْنَبُ

٧) يَنْصُرُ الْأَبُ الْوَلَدَ لَا الْأَصْدِقَاءُ

٨) سَمِعَتْ فَاطِمَةُ الْقُرْآنَ لَا زَيْنَبُ

٩) الْآخِرَةَ يَرْجُو الْمُؤْمِنُوْنَ لَا الدُّنْيَا

١٠) مَا كَانَتْ زَيْنَبُ جَالِسَةً وَلَا فَاطِمَةُ

١١) لَمْ يَحْفَظِ الْأَخُ الْقُرآنَ وَلَا الْأُخْتُ

١٢) وَعَدَ اللهُ الْمُؤْمِنِيْنَ الْجَنَّةَ لَا الْمُنَافِقِيْنَ

١٣) اُتُّخِذَ عِيْسَى إِلٰهً لَا مُوْسَى وَلَا إِبْرَاهِيْمُ

١٤) لَيَصُوْمَنَّ الْمُسْلِمُوْنَ رَمَضَانَ لَا الْيَهُوْدُ وَلَا النَّصَارٰى

The Intertwined مَعْطُوْفٌ عَلَيْهِ and مَعْطُوْفٌ

The مَعْطُوْفٌ عَلَيْهِ and مَعْطُوْفٌ may be intertwined with another مَعْطُوْفٌ عَلَيْهِ and مَعْطُوْفٌ.

جَعَلَ اللهُ مُحَمَّدًا نَبِيًّا وَالْإِسْلَامَ دِيْنًا

Allah made Muhammad ﷺ a prophet and Islam a religion.

In tarkib, each مَعْطُوْفٌ عَلَيْهِ should be labelled with a letter (أ، ب) and the corresponding مَعوطُوْفٌ with the same letter.

ـلٌ	فَاعِلٌ	مَفْعُوْلٌ بِهِ ...	مَفْعُوْلٌ بِهِ ثَانٍ ...		... مَفْعُوْلٌ بِهِ	... مَفْعُوْلٌ بِهِ ثَانٍ
ـلَ	اللهُ	مُحَمَّدًا	نَبِيًّا	وَ	الْإِسْلَامَ	دِيْنًا
		مَعْطُوْفٌ عَلَيهِ (أ)	مَعْطُوْفٌ عَلَيهِ (ب)	حَرْفُ عَطْفٍ	مَعْطُوْفٌ (أ)	مَعْطُوْفٌ (ب)

Exercise 16

Translate the following.

١) مَا الْقُرْآنُ أُسْطُوْرَةً وَلَا النَّبِيُّ كَاذِبًا

٢) صَامَتْ فَاطِمَةُ يَوْمًا وَزَيْنَبُ يَوْمَيْنِ

٣) أُعْطِيَ الْعُلَمَاءُ الْعِلْمَ والْأَغْنِيَاءُ مَالًا

٤) جَعَلَ اللهُ الصَّلَاةَ نُوْرًا وَالصَّوْمَ جُنَّةً

٥) شَرِبَ الرِّجَالُ الْخَمْرَ وَالْأَوْلَادُ اللَّبَنَ

٦) أَعْطَى الْأَبُ الْوَلَدَ مَاءً والْأُمُّ الْبِنْتَ لَبَنًا

٧) جَعَلَ اللهُ مُحَمَّدًا رَسُوْلًا وَالْإِسْلَامَ دِيْنًا

٨) آتَى اللهُ مُوْسَى التَّوْرَاةَ وعِيْسَى الْإِنْجِيْلَ

٩) صَلَّى الْمُؤْمِنُوْنَ احْتِسَابًا وَالْمُنَافِقُوْنَ رِيَاءً

١٠) يَمْلَأُ الْمِيْزَانَ الْمُؤْمِنُوْنَ حَسَنَاتٍ وَالظَّالِمُوْنَ سَيِّئَاتٍ

مَفْعُوْلٌ بِهِ ثَانٍ vs مَعْطُوْفٌ

It is important to remember that a مَعْطُوْفٌ in a conjunction phrase is not a مَفْعُوْلٌ بِهِ ثَانٍ. The following examples will help clarify the difference between them.

مَعْطُوْفٌ عَلَيْهِ – مَعْطُوْفٌ

عَلَّمَ الْمُعَلِّمُ زَيْدًا وَخَالِدًا

The teacher taught Zaid and Khalid.

In this example, خَالِدٌ is not the مَفْعُوْلٌ بِهِ ثَانٍ; rather it is part of the مَفْعُوْلٌ بِهِ in a مَعْطُوْفٌ عَلَيْهِ and مَعْطُوْفٌ structure.

فِعْلٌ	فَاعِلٌ	مَفْعُوْلٌ بِهِ		
عَلَّمَ	الْمُعَلِّمُ	زَيْدًا	وَ	خَالِدًا
		مَعْطُوْفٌ عَلَيهِ	حَرْفُ عَطْفٍ	مَعْطُوْفٌ

مَفْعُوْلٌ بِهِ ثَانٍ

عَلَّمَ الْمُعَلِّمُ زَيْدًا الْقُرْآنَ

The teacher taught Zaid the Quran.

In this example, الْقُرْآن becomes the مَفْعُوْلٌ بِهِ ثَانٍ.

فِعْلٌ	فَاعِلٌ	مَفْعُوْلٌ بِهِ	مَفْعُوْلٌ بِهِ ثَانٍ
عَلَّمَ	الْمُعَلِّمُ	زَيْدًا	الْقُرْآنَ

Exercise 17

Translate the following.

١) أَكَلَ الْوَلَدُ اللَّحْمَ وَالْخُبْزَ

٢) سَأَلَ الْوَلَدُ اللهَ مَالًا وَعِلْمًا

٣) رَزَقَ اللهُ الْأُمَّ صِحَّةً وَّعَافِيَةً

٤) جَعَلَ اللهُ الْقُرآنَ نُوْرًا وَّهُدًى

٥) يَسْأَلُ الرَّجُلُ اللهَ عِلْمًا وَهِدَايَةً

٦) أَنْذَرَ الْأَنْبِيَاءُ الْأَقْوَامَ النَّارَ وَالْعَذَابَ

٧) يَهْدِي اللهُ النَّاسَ الصِّرَاطَ الْمُسْتَقِيْمَ

٨) مَا أَعْطَى الرَّجُلُ الْوَلَدَ وَلَا الْبِنْتَ مَاءً

٩) أَطْعَمَ الْمَرأَةُ الْبِنْتَ وَالْوَلَدَ لَحمًا وَخُبْزًا

١٠) وَعَدَ اللهُ الْمُؤْمِنِيْنَ وَالْمُؤْمِنَاتِ الْجَنَّةَ وَالْمَغْفِرَةَ

نَعْتٌ ثَانٍ and خَبَرٌ ثَانٍ

خَبَرٌ ثَانٍ

One مُبْتَدَأ (or اسْمٌ of كَانَ, etc.) can have two خَبَرٌ without a حَرْفُ عَطْفٍ between them. The second خَبَرٌ is called خَبَرٌ ثَانٍ.
In Arabic, the word and (وَ) is not mentioned between the multiple خَبَرٌ. However, it can be added in the English translation.

﴿إِنَّ اللهَ لَعَلِيمٌ حَلِيمٌ﴾

Indeed, Allah is All-Knowing and Forbearing.
Indeed, Allah is All-Knowing, Forbearing.

The tarkib of this is written as follows

خَبَرُ إِنَّ ثَانٍ	خَبَرُ إِنَّ	لَامٌ مُزَحْلَقَةٌ	اِسْمُ إِنَّ	حَرْفٌ مُشَبَّهٌ بِالْفِعْلِ
حَلِيمٌ	عَلِيمٌ	لَ	اللهُ	إِنَّ

Notes

It is not possible for an adjective to be a مَنْعُوْتٌ. Therefore, in the above sentences, it is not possible to assume that the words عَلِيْمٌ حَلِيْمٌ are a مَنْعُوْتٌ – نَعْتٌ structure, since both are adjectives.

خَبَرٌ ثَانٍ	خَبَرٌ	مُبْتَدَأٌ
رَحِيْمٌ	غَفُوْرٌ	اللهُ

خَبَرٌ		مُبْتَدَأٌ
رَحِيْمٌ	رَبٌّ	اللهُ
نَعْتٌ	مَنْعُوْتٌ	

Vocab

English	Arabic	English	Arabic
Appreciative	شَاكِرٌ	All-Wise	حَكِيْمٌ
All-Powerful	قَوِيٌّ	Forbearing	حَلِيْمٌ
All-Subtle	لَطِيفٌ	All-Aware	خَبِيْرٌ
All-Encompassing	وَاسِعٌ	Most Kind	رَءُوْفٌ

Exercise 18

Translate the following.

١) ﴿اللهُ غَنِيٌّ حَلِيمٌ﴾

٢) ﴿اللهُ وَاسِعٌ عَلِيمٌ﴾

٣) ﴿اللهُ سَمِيعٌ عَلِيمٌ﴾

٤) ﴿إِنَّ اللهَ لَعَفُوٌّ غَفُورٌ﴾

٥) ﴿إِنَّ اللهَ لَغَفُورٌ رَحِيمٌ﴾

٦) ﴿إِنَّ اللهَ لَقَوِيٌّ عَزِيزٌ﴾

٧) ﴿إِنَّ اللهَ لَعَلِيمٌ حَلِيمٌ﴾

٨) ﴿إِنَّ اللهَ واسِعٌ عَلِيمٌ﴾

٩) ﴿إِنَّ اللهَ لَطِيفٌ خَبِيرٌ﴾

١٠) ﴿إِنَّ اللهَ شَاكِرٌ عَلِيمٌ﴾

١١) ﴿إِنَّ اللهَ عَزِيزٌ حَكِيمٌ﴾

١٢) ﴿إِنَّ اللهَ ... لَرَءُوفٌ رَحِيمٌ﴾

نعتٌ ثانٍ

Just as a مُبْتَدَأ can have two خَبَرٌ without a حَرْفُ عَطْفٍ in between them, one مَنْعُوْتٌ can also have two نَعْتٌ without a حَرْفُ عَطْفٍ in between them. The second نَعْتٌ is called نَعْتٌ ثَانٍ.

In Arabic, the حَرْفُ الْعَطْفِ of وَ will not be mentioned between the multiple نَعْتٌ. However, it can be added in the English translation.

يَعْبُدُ النَّاسُ اللهَ الرَّحْمَنَ الرَّحِيْمَ

People worship Allah, the All-Merciful, the Compassionate.
People worship Allah, the All-Merciful, and the Compassionate.

The tarkib of this is written as follows:

فِعْلٌ	فَاعِلٌ	مَفْعُوْلٌ بِهِ		
يَعْبُدُ	**النَّاسُ**	**اللهَ**	**الرَّحْمَنَ**	**الرَّحِيْمَ**
		مَنْعُوْتٌ	نَعْتٌ	نَعْتٌ ثَانٍ

مَفْعُوْلٌ مَعَهُ

The مَفْعُوْلٌ مَعَهُ is a noun which occurs after a وَاوٌ called وَاوُ الْمَعِيَّةِ, and shows the person or thing with which the action took place.

Zaid came with Khalid.

In this example, Khalid is the مَفْعُوْلٌ مَعَهُ.

The مَفْعُوْلٌ مَعَهُ is مَنْصُوْبٌ. This is translated as with or along with.

جَاء زيْدٌ وَخَالِدًا

Zaid came with Khalid.

Differentiating Between the مَفْعُوْلٌ مَعَهُ and مَعْطُوْفٌ

The مَفْعُوْلٌ مَعَهُ and مَعْطُوْفٌ are similar as they both occur after وَ. However, there are two major differences:

1. The مَفْعُوْلٌ مَعَهُ is always in the مَنْصُوْبٌ state, while the مَعْطُوْفٌ can be in any of the three states.
2. The مَفْعُوْلٌ مَعَهُ carries out the action simultaneously with the subject. Look at the example below.

جَاء زيْدٌ وَخَالِدًا

Zaid came with Khalid.

This sentence explicitly states that both Zaid and Khalid came at the same time. On the contrary, if Khalid were مَعْطُوْفٌ, not مَفْعُوْلٌ مَعَهُ, it could mean either that they came at the same time or separately.

جَاء زَيْدٌ وَخَالِدٌ

Zaid and Khalid came.

Exercise 19

Translate the following.

١) حَجَّ مُحَمَّدٌ وَزَيْدًا

٢) رَجَعَ الشَّيْخُ وَالإِمَامَ

٣) إِعْتَمَرَتِ الْجَدَّةُ وَالْجَدَّ

٤) أَرْسَلَ اللهُ الرُّسُلَ وَالآيَاتِ

٥) جَاءَتْ فَاطِمَةُ وَخَدِيْجَةَ الْيَوْمَ

٦) أَكَلَ الأُسْتَاذُ وَالطُّلَّابَ اللَّحْمَ

٧) يُسَافِرُ الرَّجُلُ وَالْوَلَدَ الصَّغِيْرَ الآنَ

٨) يَجْمَعُ اللهُ الْمُؤْمِنِيْنَ وَالْكَافِرِيْنَ يَوْمَ الْقِيَامَةِ

حَرْفُ عَطْفٍ Between Sentences

A حَرْفُ عَطْفٍ can occur between two sentences.

جَاءَ زَيْدٌ وَذَهَبَ عَمْرٌو

Zaid came and Amr went.

In tarkib, each sentence will be labelled independently.

فَاعِلٌ	فِعْلٌ	حَرْفُ عَطْفٍ	فَاعِلٌ	فِعْلٌ
عَمْرٌو	ذَهَبَ	وَ	زَيْدٌ	جَاءَ

In Arabic, it is not uncommon to start a sentence with وَ.

﴿وَقَالَ مُوْسَى...﴾

and Musa said

Exercise 20

Translate the following.

١) الْإِيْمَانُ نُوْرٌ وَالْكُفْرُ ظُلُمَاتٌ

٢) جَلَسَتِ الْجَدَّةُ وَ قَامَ الْأَوْلَادُ

٣) جَاءَ الْوَلَدُ مَاشِيًا وَجَاءَ الْوَالِدُ رَاكِبًا

٤) قَدْ يَمُوْتُ الشَّابُّ وَيَمْرَضُ الصَّحِيْحُ

٥) اِهْتَدَى عُمَرُ وَعُثْمَانُ وَضَلَّ الْخَطَّابُ

٦) أَخَذَ خَالِدٌ الْقَلَمَ وَتَرَكَ أَحْمَدُ الْكُرْسِيَّ

٧) اِسْتَيْقَظَ الْأَبُ الْآنَ ونَامَتِ الْأُمُّ الْبَارِحَةَ

٨) تَعْبُدُ الْمُسْلِمَاتُ اللهَ وَتَعْبُدُ الْمُشْرِكَاتُ الْأَصْنَامَ

٩) لَيَدْخُلَنَّ الْمُسْلِمُوْنَ الْجَنَّةَ وَ لَيَدْخُلَنَّ الظَّالِمُوْنَ النَّارَ

١٠) سَيَفْرَحُ الطَّالِبُ الْمُجْتَهِدُ وَسَيَحْزَنُ الطَّالِبُ الْكَسْلَانُ

١١) رَجَعَ هٰؤُلَاءِ الْمُسَافِرُوْنَ أَمْسِ وَيُسَافِرُ أُولٰئِكَ الْيَوْمَ

١٢) اشْتَرَتِ الْمُعَلِّمُ كُرْسِيًّا جَدِيْدًا وَبَاعَ الْمُعَلِّمُ مَكْتَبًا قَدِيْمًا

١٣) يَأْكُلُ أَحْمَدُ التَّمَرَاتِ صَبَاحًا وَتَشْرَبُ الْبِنْتُ لَبَنًا لَيْلًا

١٤) أَرْسَلَ اللهُ أَنْبِيَاءَ وَلٰكِنْ لَمْ يُؤْمِنِ الْكَافِرُوْنَ بَلْ كَذَّبُوْا

Notes

1. If the subject of the second sentence is the same as the first, it will not be repeated. Instead, there will be a hidden فَاعِلٌ in the second verb.

جَاءَ مُحَمَّدٌ ثُمَّ ذَهَبَ

Muhammad came and (he) left.

The tarkib of this is written as follows:

فِعْلٌ وَفَاعِلٌ	حَرْفُ عَطْفٍ	فَاعِلٌ	فِعْلٌ
ذَهَبَ	ثُمَّ	مُحَمَّدٌ	جَاءَ

2. The مَفْعُوْلٌ فِيْهِ of the first sentence may also apply to the meaning of the second sentence.

اَلْيَوْمَ حَضَرَ مُحَمَّدٌ وَغَابَ أَحْمَدُ

Today, Muhammad was present, and Ahmad was absent.

In this sentence, اَلْيَوْمَ is technically the مَفْعُولٌ فِيْهِ of حَضَرَ, but the meaning also applies to the second verb, غَابَ.

3. The particle فَ can show that the first sentence is the cause of the second. This is translated as so.

قَدْ جَاءَ رَمَضَانُ فَيَصُوْمُ الْمُسْلِمُوْنَ

Ramadhan has come so the Muslims are fasting.

Exercise 21

Translate the following.

١) اَلْإِيْمَانُ نُوْرٌ وَالْكُفْرُ ظُلُمَاتٌ

٢) مَاتَ الرَّجُلُ فَحَزِنَ الْأَوْلَادُ

٣) عَطِشَ الشَّيْخُ فَشَرِبَ مَاءً بَارِدًا

٤) مَرِضَتِ الْبِنْتَ وَلٰكِنْ لَمْ تَصْبِرْ

٥) فَتَحَ التَّاجِرُ الْبَيْتَ فَدَخَلَ النَّاسُ

٦) يَسْتَغْفِرُ الْعِبَادُ فَيَغْفِرُ اللهُ الذُّنُوْبَ

٧) يُذْنِبُ الْعَبْدُ الْمُؤْمِنُ ثُمَّ يَسْتَغْفِرُ اللهَ

٨) اِشْتَرَى الْحَاجُّ إِنَاءً وَمَلَأَ الْإِنَاءَ زَمْزَمَ

٩) رَأَتِ الْأُمُّ الطِّفْلَ قَارِئًا فَفَرِحَتْ وَابْتَسَمَتْ

١٠) دَخَلَ الْإِمَامُ الْمَسْجِدَ فَقَامَ وَخَطَبَ ثُمَّ صَلَّى

١١) رُزِقَ ذٰلِكَ الرَّجُلُ مَالًا كَثِيْرًا فَيَشْكُرُ اللهَ كَثِيْرًا

١٢) كَانَتِ الْمَرْأَةُ صَائِمَةً فَلَمْ يَأْكُلْ طَعَامًا وَلَمْ تَشْرَبْ شَرَابًا

Summary

Phrases		
Conjunction Phrases		
حَرْفُ عَطْفٍ	Conjunction	وَ، فَ، ثُمَّ، أَوْ، إِمَّا، لَا، وَلَا، بَلْ، لٰكِنْ
مَعْطُوْفٌ عَلَيْهِ	The word before the conjunction	Agree in Irab
مَعْطُوْفٌ	The word after the conjunction	
	Multiple مَعْطُوْفٌ	
Separated مَعْطُوْفٌ عَلَيْهِ and مَعْطُوْفٌ		نَعْتٌ ثَانٍ and خَبرٌ ثَانٍ

173

Part 4: Appositive Phrases

An appositive phrase consists of two nouns, where the second explains or gives more information regarding the first.

Your brother, Ahmad, is very clever.

The first word, the one being explained, is called مُبْدَلٌ مِنْهُ and the second the بَدَلٌ.

Rules of Appositive Phrases

The بَدَلٌ will have the same إِعْرَابٌ as the مُبْدَلٌ مِنْهُ.

The appositive phrase is usually punctuated with a comma.

أَرْسَلَ اللهُ النَّبِيَّ مُحَمَّدًا

Allah sent the Prophet, Muhammad.

A possessive phrase occurs as any of the main parts of a sentence. The tarkib of this is written as follows:

مَفْعُوْلٌ بِهِ		فَاعِلٌ	فِعْلٌ
مُحَمَّدًا	النَّبِيَّ	اللهُ	أَرْسَلَ
بَدَلٌ	مُبْدَلٌ مِنْهُ		

Exercise 1

Translate the following.

١) كَانَ النَّبِيُّ نُوْحٌ صَابِرًا

٢) إِنَّ النَّبِيَّ إِبْرَاهِيْمَ لَصَادِقٌ

٣) صَلَّى الأَخُ أَحْمَدُ جَالِسًا

٤) إِنِ الأُسْتَاذُ مُحَمَّدٌ إِلَّا صَالِحٌ

٥) مَا جَاءَ الْمُعَلِّمُ زَيْدٌ إِلَّا مَاشِيًا

٦) إِنَّ الْمَلِكَ خَالِدًا لَمَلِكٌ شَاكِرٌ

٧) الْآخِرَةَ الْجَنَّةَ يَرْجُوْ الْمُؤْمِنُوْنَ

٨) الشَّيْخَ خَالِدًا رَأَى الْأَخُ أَحْمَدُ

٩) الْيَوْمَ إِنَّمَا صَامَتِ الْأُخْتُ زَيْنَبُ

١٠) جَاءَ الْمُعَلِّمُوْنَ إِلَّا الْمُعَلِّمَ زَيْدًا

١١) مَا نَصَرَ فَاطِمَةَ إِلَّا الْمُعَلِّمَةُ زَيْنَبُ

١٢) سَأَلَ هٰؤُلَاءِ الْأَوْلَادُ الْمُعَلِّمَةَ خَدِيْجَةَ

١٣) لَيُسَافِرَنَّ الْمُعَلِّمُ أَحْمَدُ شَهْرًا وَيَوْمَيْنَ

١٤) لَمْ تَنْصُرِ الْمُعَلِّمَةُ زَيْنَبُ إِلَّا الْأُخْتَ فَاطِمَةَ

Summary

Phrases		
Appositive Phrases		
مُبْدَلٌ مِنْهُ	Noun	Agree in Irab
بَدَلٌ	Noun	

Recap

We have now studied four types of phrases which are summarised in the chart below.

Agree in DING		Agree Only in Irab	
Descriptive Phrase	**Demonstrative Phrase**	**Conjunctive Phrase**	**Appositive Phrase**
مَنْعُوْتٌ نَعْتٌ	اِسْمُ الْإِشَارَةِ مُشَارٌ إِلَيْهِ	مَعْطُوْفٌ عَلَيْهِ حَرْفُ عَطْفٍ مَعْطُوْفٌ	مُبْدَلٌ مِنْهُ بَدَلٌ

The chart below can be used to help determine the type of phrase.

PHRASE		
	Contains a حَرْفُ عَطْفٍ	مَعْطُوْفٌ عَلَيْهِ، مَعْطُوْفٌ
	The first word is an اسْمُ الْإِشَارَةِ	اِسْمُ الْإِشَارَةِ، مُشَارٌ إِلَيْهِ
	The second word is an adjective	مَنْعُوْتٌ، نَعْتٌ
	The second word is a noun	مُبْدَلٌ مِنْهُ، بَدَلٌ

Exercise 2

Translate the following and identify which kind of phrases they are.

١) جَاءَ هٰذَا الْمُعَلِّمُ

٢) جَاءَ الْمُعَلِّمُ زَيْدٌ

٣) جَاءَ الْمُعَلِّمُ الصَّالِحُ

٤) جَاءَ الْمُعَلِّمُ ثُمَّ الشَّيْخُ

٥) بَكَتِ الطِّفْلَةُ فَاطِمَةُ

٦) رَأَى الْوَلَدُ زَيْدًا وَخَالِدًا

٧) تِلْكَ الْبِنْتُ فَاطِمَةُ

٨) اَلْأُخْتُ فَاطِمَةُ أُخْتٌ صَادِقَةٌ

٩) فَاطِمَةُ وَزَيْنَبُ بِنْتَانِ صَالِحَتَانِ

١٠) رَأَتِ الْأُخْتُ أَوِ الْأُمُّ هٰذَا الْقَلَمَ

١١) جَعَلَ اللهُ النَّبِيَّ مُحَمَّدًا نَبِيًّا صَادِقًا

١٢) شَرِبَتْ تِلْكَ الْأُخْتُ الْمَاءَ الْبَارِدَ

Part 5: Possessive Phrases

A possessive phrase indicates ownership or a relationship between two nouns.

the man's house *the house of the man*

In Arabic, the possessed comes first, followed by the possessor.

بَيْتُ الرَّجُلِ

The first word, the possessed, is called مُضَافٌ.
The second word, the possessor, is called مُضَافٌ إِلَيْهِ.

الرَّجُلِ	بَيْتُ
الْمُضَافُ إِلَيْهِ	الْمُضَافُ

Rules of Possessive Phrases

1. اَلْمُضَافُ will not have an اَلْ nor a تَنْوِيْنٌ.
2. الْمُضَافُ إِلَيْهِ will always be مَجْرُوْرٌ.
3. As الْمُضَافُ does not have an اَلْ nor a تَنْوِيْنٌ, it will be مَعْرِفَةٌ or نَكِرَةٌ based on the مُضَافٌ إِلَيْهِ:
   If the مُضَافٌ إِلَيْهِ is مَعْرِفَةٌ the مُضَافٌ will also be مَعْرِفَةٌ,

   بَيْتُ الرَّجُلِ
   the man's house
   the house of the man

   If the مُضَافٌ إِلَيْهِ is نَكِرَةٌ, the مُضَافٌ will also be نَكِرَةٌ.

   بَيْتُ رَجُلٍ
   a man's house
   house of a man

Notes

الْمُضَافُ does not have to agree with الْمُضَافُ إِلَيْهِ in any of the four characteristics (DING).

بِنْتُ الرَّجُلِ
the daughter of the man

كِتَابُ الْأُخْتِ
the book of the sister

Translation of Possessive Phrases

The possessive phrase is translated using *'s* or *of*.

If the مُضَافٌ إِلَيْهِ is مَعْرِفَةٌ, it will be translated as follows:

بَيْتُ الرَّجُلِ

the man's house — *house of the man*

If the مُضَافٌ إِلَيْهِ is نَكِرَةٌ, it will be translated as follows:

بَيْتُ رَجُلٍ

a man's house — *house of a man*

Vocab

English	Arabic	English	Arabic
bird	طَيْرٌ ج طُيُوْرٌ	camel	إِبِلٌ
horse	فَرَسٌ ج أَفْرَاسٌ	lion	أَسَدٌ ج أُسْدٌ، أُسُدٌ
elephant	فِيْلٌ ج فِيَلَةٌ، أَفْيَالٌ	cow	بَقَرَةٌ ج بَقَرَاتٌ
power	قَدْرٌ	donkey	حِمَارٌ ج حَمِيْرٌ، حُمُرٌ
ram	كَبْشٌ	fly	ذُبَابٌ ج ذِبَّانٌ
dog	كَلْبٌ ج كِلَابٌ	sheep	شَاةٌ ج شِيَاهٌ، شَاءٌ

Exercise 1

Translate the following.

١) بَيْتُ اللهِ
٢) عَدُوُّ اللهِ
٣) كِتَابُ اللهِ
٤) رَسُوْلُ اللهِ
٥) قَلَمُ وَلَدٍ
٦) أَيَّامُ الْحَجِّ
٧) صَدِيْقُ مُحَمَّدٍ
٨) يَوْمُ الْجُمُعَةِ
٩) لَيْلَةُ الْقَدْرِ
١٠) أُمُّ الْأَوْلَادِ
١١) مَلِكُ النَّاسِ
١٢) أُخْتُ الْمُعَلِّمِ
١٣) أَبْوَابُ بَيْتٍ
١٤) دِيْنُ الْإِسْلَامِ
١٥) بَابُ الْمَسْجِدِ
١٦) كُرْسِيُّ أُسْتَاذٍ

A Possessive Phrase in a Sentence

A possessive phrase can occur as any of the main parts of a sentence.

صَامَ الرَّجُلُ يَوْمَ الْجُمُعَةِ

The man fasted on Friday/the day of Friday.

The tarkib of this is written as follows:

مَفْعُوْلٌ فِيْهِ		فَاعِلٌ	فِعْلٌ
الْجُمُعَةِ	يَوْمَ	الرَّجُلُ	صَامَ
الْمُضَافُ إِلَيْهِ	الْمُضَافُ		

The مُضَافٌ does not have its own irab; the irab is dependent on where it occurs within the sentence.

Vocab

English	Arabic	English	Arabic
yellow	أَصْفَرُ (صَفْرَاءُ) ج صُفْرٌ	white	أَبْيَضُ (بَيْضَاءُ) ج بِيْضٌ
family, people (of)	أَهْلٌ ج وْنَ	red	أَحْمَرُ (حَمْرَاءُ) ج حُمْرٌ
first, beginning	أَوَّلٌ ج وْنَ، أَوَائِلُ	last, ending	آخِرٌ ج وْنَ، أَوَاخِرُ
recompense, reward	جَزَاءٌ	green	أَخْضَرُ (خَضْرَاءُ) ج خُضْرٌ
those who do good	مُحْسِنٌ ج وْنَ	blue	أَزْرَقُ (زَرْقَاءُ) ج زُرْقٌ
face	وَجْهٌ ج وُجُوْهٌ	black	أَسْوَدُ ج سُوْدٌ

Exercise 2

Translate the following.

١) لَلْكَعْبَةُ بَيْتُ اللهِ

٢) وَجْهُ الْبَقَرَةِ طَوِيْلٌ

٣) رِجْلُ الشَّاةِ صَغِيْرَةٌ

٤) أَهْلُ الْقُرآنِ أَهْلُ اللهِ

٥) مَا أَهْلُ خَالِدٍ أَغْنِيَاءَ

٦) مُحَمَّدٌ ﷺ رَسُوْلُ اللهِ

٧) إِنَّ مَاءَ زَمْزَمَ مَاءٌ مُبَارَكٌ

٨) مَا أُمَّةُ مُوْسَى آخِرَ الْأُمَمِ

٩) لَيْسَ صَدِيْقُ مُحَمَّدٍ قَائِمًا

١٠) ﴿ذَلِكَ جَزَاءُ الظَّالِمِينَ﴾

١١) إِنَّ لَيْلَةَ الْقَدْرِ لَلَيْلَةٌ مُبَارَكَةٌ

١٢) ﴿ذَلِكَ جَزَاءُ الْمُحْسِنِينَ﴾

١٣) يَكُوْنُ يَوْمُ الْعِيْدِ يَوْمًا مُبَارَكًا

١٤) إِنْ أَيَّامُ رَمَضَانَ إِلَّا أَيَّامٌ مُبَارَكَةٌ

١٥) ﴿إِنْ هَذَا إِلَّا أَسَاطِيرُ الْأَوَّلِينَ﴾

Exercise 3

Translate the following.

١) يَغْفِرُ اللهُ ذُنُوْبَ الْعِبَادِ

٢) لَا تُسَافِرُ أُمُّ مُحَمَّدٍ غَدًا

٣) يَفْرَحُ الْأَطْفَالُ يَوْمَ الْعِيْدِ

٤) لَيُبْعَثَنَّ عِبَادُ اللهِ يَوْمَ الْقِيَامَةِ

٥) فَرِحَ الْأَوْلَادُ إِلَّا بِنْتَ فَاطِمَةَ

٦) يَقُوْمُ عِبَادُ الرَّحْمٰنِ لَيْلًا رَغْبَةً

٧) يَحْفَظُ صَدِيْقُ خَالِدٍ كِتَابَ اللهِ

٨) جَعَلَ اللهُ يَوْمَ الْجُمُعَةِ يَوْمَ عِيْدٍ

٩) لَن يَّصُوْمَ الْمُسْلِمُوْنَ أَيَّامَ الْعِيْدِ

١٠) مَا حَفِظَتِ الْبِنْتُ إِلَّا سُوْرَةَ الْبَقَرَةِ

١١) رَأَى صَدِيْقُ الرَّجُلِ وَلَدَ الْأُمِّ بَاكِيًا

١٢) رَأَتْ أُخْتُ خَالِدٍ مَسْجِدَ الرَّسُوْلِ ﷺ

The مَفْعُوْلٌ مُطْلَقٌ as a مُضَافٌ-مُضَافٌ إِلَيْهِ

The مَفْعُوْلٌ مُطْلَقٌ in a possessive phrase shows a comparison between the action of the فَاعِلٌ and the مُضَافٌ إِلَيْهِ of the مَفْعُوْلٌ مُطْلَقٌ.

This can be translated as like.

يَدْعُوْ الْعَبْدُ اللهَ دُعَاءَ الْمِسْكِيْنِ

The servant supplicates to Allah like a poor person.

In this example, the مَفْعُوْلٌ مُطْلَقٌ compares the supplication of the فَاعِلٌ, الْعَبْدُ (the servant), to the supplication of the مُضَافٌ إِلَيْهِ of the مَفْعُوْلٌ مُطْلَقٌ, الْمِسْكِيْنِ (a poor person).

The tarkib of this is written as follows:

مَفْعُوْلٌ مُطْلَقٌ		فَاعِلٌ		فِعْلٌ
الْمِسْكِيْنِ	دُعَاءَ	الرَّحْمٰنِ	عِبَادُ	يَدْعُوْ
مُضَافٌ إِلَيْهِ	مُضَافٌ	مُضَافٌ إِلَيْهِ	مُضَافٌ	

The مَصْدَرٌ which is the مُضَافٌ in the مَفْعُوْلٌ مُطْلَقٌ structure commonly comes in the pattern of فِعْلَةٌ.

جَلَسَ الْوَلَدُ جِلْسَةَ قَارِئٍ

The boy sat like a reciter.

☑ Exercise 4

Translate the following.

١) قَامَ أَبُوْ بَكْرٍ قِيَامَ نَبِيٍّ

٢) عَدَلَ عُمَرُ عَدْلَ نَبِيٍّ

٣) جَلَسَ الْوَلَدُ جِلْسَةَ قَارِئٍ

٤) شَرِبَ الْعَطْشَانُ شُرْبَ إِبِلٍ

٥) أَكَلَ الْوَلَدُ الْجَائِعُ أَكْلَ بَقَرَةٍ

٦) صَبَرَتِ الْمَرْأَةُ صَبْرَ يَعْقُوْبَ

٧) ظَلَمَ هٰذَا الْمَلِكُ ظُلْمَ فِرْعَوْنَ

٨) يَصُوْمُ هٰذَا الرَّجُلُ صَوْمَ دَاؤُوْدَ

٩) آمَنَ الصَّحَابَةُ الْكِرَامُ إِيْمَانَ مَلَكٍ

١٠) مَاتَتْ هٰؤُلَاءِ النِّسَاءُ مَوْتَ الشُّهَدَاءِ

📖 Recap of مَفْعُوْلٌ مُطْلَقٌ

مَفْعُوْلٌ مُطْلَقٌ		
مَصْدَرٌ on its Own	نَعْتٌ with a مَصْدَرٌ	مُضَاف إِلَيْهِ with a مَصْدَرٌ
Emphasis	Description of the verb	Comparison
شَكَرَ الرَّجُلُ شُكْرًا	شَكَرَ الرَّجُلُ شُكْرًا كَثِيْرًا شَكَرَ الرَّجُلُ كَثِيْرًا	شَكَرَ الرَّجُلُ شُكْرَ الْأَنْبِيَاءِ

📖 Vocab

English	Arabic	English	Arabic
Rabi al-Awal	رَبِيْعُ الْأَوَّلُ	Sunday	يَوْمُ الْأَحَدِ
Rabi at-Thani	رَبِيْعُ الثَّانِي	Monday	يَوْمُ الْإِثْنَيْنِ
Jumada al-Awal	جُمَادَى الْأُوْلَى	Tuesday	يَوْمُ الثَّلَاثَاءِ
Jumada at-Thani	جُمَادَى الْآخِرَةِ	Wednesday	يَوْمُ الْأَرْبِعَاءِ
Rajab	رَجَبٌ	Thursday	يَوْمُ الْخَمِيْسِ
Shaban	شَعْبَانُ	Friday	يَوْمُ الْجُمُعَةِ
Ramadhan	رَمَضَانُ	Saturday	يَوْمُ السَّبْتِ
Shawwal	شَوَّالٌ		
Zul Qadah	ذُو الْقَعْدَةِ	Muharram	مُحَرَّمٌ
Zul Hijjah	ذُو الْحِجَّةِ	Safar	صَفَرٌ

180

Nested مُضَافٌ إِلَيْهِ

One possessive phrase may have multiple possessive phrases nested within it.

بَيْتُ أُمِّ صَدِيْقِ حَامِدٍ

Hamid's friend's mother's house

The house of the mother of the friend of Hamid

The first word becomes مُضَافٌ, and the last a مُضَافٌ إِلَيْهِ. The middle words become مُضَافٌ إِلَيْهِ to the previous word, as well as مُضَافٌ to the word after them.

Therefore, the middle word will follow the rules of both مُضَافٌ and مُضَافٌ إِلَيْهِ: they are مَجْرُوْرٌ, and do not carry an اَلْ nor a تَنْوِيْنٌ.

بَيْتُ	أُمِّ	صَدِيْقِ	حَامِدٍ
مُضَافٌ ...	... مُضَافٌ إليه / مُضَافٌ ...	... مُضَافٌ إليه / مُضَافٌ ...	مُضَافٌ إليه

Exercise 5

Translate the following.

١) نُوْرُ كِتَابِ اللهِ

٢) ذُنُوْبُ عِبَادِ اللهِ

٣) بَرَكَةُ لَيْلَةِ الْقَدْرِ

٤) أَيَّامُ شَهْرِ صَفَرٍ

٥) كُرْسِيُّ أُمِّ الْبَنَاتِ

٦) أَعْدَاءُ رَسُوْلِ اللهِ

٧) قَلَمُ مُعَلِّمِ الطُّلَّابِ

٨) صَدِيْقُ أُخْتِ الْأُمِّ

٩) مُعَلِّمُ أَبْنَاءِ الْمَلِكِ

١٠) صَوْمُ أَيَّامِ رَمَضَانَ

١١) أُمَّةُ رَسُوْلِ اللهِ ﷺ

١٢) صَلَاةُ يَوْمِ الْجُمُعَةِ

١٣) بَابُ مَسْجِدِ الرَّسُوْلِ

١٤) كُرْسِيُّ إِمَامِ الْمَسْجِدِ

١٥) مَكْتَبُ مُعَلِّمِ الْمَدْرَسَةِ

Exercise 6

Complete the following phrases by adding an appropriate مُضَافٌ إِلَيْهِ.

١) وَجْهُ .... خَالِدٍ

٢) عَذَابُ أَهْلِ ....

٣) صِحَّةُ .... حَامِدٍ

٤) أُمَّةُ رَسُوْلِ ....

٥) آيَاتُ .... الْفَاتِحَةِ

٦) حَجُّ بَيْتِ ....

٧) فَهْمُ أَبْنَاءِ ....

٨) دُرُوْسُ أَسَاتِذَةِ ....

٩) رَحْمَةُ .... الْعَالَمِيْنَ

١٠) حِسَابُ .... الْقِيَامَةِ

١١) طَعَامُ .... الْجَنَّةِ

١٢) .... شَهْرِ رَمَضَانَ

جَمْعُ الْمُذَكَّرِ السَّالِمُ and اَلْمُثَنَّى as اَلْمُضَافُ

The ن at the end of الْمُثَنَّى and جَمْعُ الْمُذَكَّرِ السَّالِمُ are semi-equivalent to a تَنْوِيْنٌ. Therefore, when الْمُثَنَّى and جَمْعُ الْمُذَكَّرِ السَّالِمُ occur as a مُضَافٌ, their ن will drop just as the تَنْوِيْنٌ drops from a singular word when it is مُضَافٌ.

أُخْتَانِ ← أُخْتَا مُحَمَّدٍ	مُعَلِّمُوْنَ ← مُعَلِّمُو الْأَوْلَادِ
Muhammad's two sisters	*the teachers of the children*

Exercise 7

Translate the following.

١) قَلَمَا الْوَلَدِ
٢) نَهْرَا الْقَرْيَةِ
٣) يَوْمَا الْعِيْدِ
٤) بِنْتَا مُحَمَّدٍ
٥) مُسْلِمُوْ الْقَرْيَةِ
٦) بَابَا الْمَسْجِدِ
٧) كَافِرُو الْمَدِيْنَةِ
٨) قِسْمَا الْفِعْلِ
٩) صَدِيْقَا أَحْمَدَ
١٠) عِيْدَا الْمُسْلِمِيْنَ
١١) مُعَلِّمُو الْأَوْلَادِ
١٢) مَسْجِدَا الْمَدِيْنَةِ

Exercise 8

Change the مُضَافٌ in the following sentences into the dual and translate.

١) لِتْرُ خَمْرٍ
٢) ابْنُ الْأُمِّ
٣) يَدُ الطِّفْلَةِ
٤) رِطْلُ لَحْمٍ
٥) خُطْبَةُ الْعِيْدِ
٦) رِجْلُ الْأَسَدِ
٧) نَجْمُ السَّمَاءِ
٨) جَبَلُ الْمَدِيْنَةِ
٩) خَلِيْلُ الضَّيْفِ
١٠) حَقِيْبَةُ الطَّالِبِ
١١) مَكْتَبُ الْمُعَلِّمَةِ
١٢) رَسُوْلُ رَبِّ الْعَالَمِيْنَ

Exercise 9

Change the مُضَافٌ in the following sentences into the plural and translate.

١) آخِرُ الْأُمَّةِ
٢) أَوَّلُ الْأُمَّةِ
٣) ظُلْمَةُ اللَّيْلِ
٤) تَمَرَةُ التَّاجِرِ
٥) اِبْنُ إِسْرَائِيْلَ
٦) مُنَافِقُ الْمَدِيْنَةِ
٧) مُهَاجِرُ الْمَدِيْنَةِ
٨) رُمَّانَةُ الْحَدِيْقَةِ
٩) بَرَكَةِ يَوْمِ الْجُمُعَةِ

اَلْأَسْمَاءُ الْخَمْسَةُ as اَلْمُضَافُ

Five two-letter nouns, الْأَسْمَاءُ الْخَمْسَةُ, express their irab differently when they are مُضَافٌ. These words are أَبٌ, أَخٌ, فَمٌ, ذُوْ and حَمٌ.

		مَرْفُوْعٌ	مَنْصُوْبٌ	مَجْرُوْرٌ
7	الْأَسْمَاءُ الْخَمْسَةُ	وَاوٌ	أَلِفٌ	يَاءٌ
		أَبُوْ بَكْرٍ	أَبَا بَكْرٍ	أَبِيْ بَكْرٍ

The regular ضَمَّةٌ, فَتْحَةٌ and كَسْرَةٌ are replaced by وَاوٌ, أَلِفٌ and يَاءٌ to make pronunciation easier.

أَبُ بَكْرٍ ⇐ أَبُوْ بَكْرٍ   أَبَ بَكْرٍ ⇐ أَبَا بَكْرٍ   أَبِ بَكْرٍ ⇐ أَبِيْ بَكْرٍ

Vocab

English	Arabic	English	Arabic
brother-in-law	حَمٌ ج أَحْمَاءٌ	mouth	فَمٌ ج أَفْوَاهٌ

Exercise 10

Translate the following.

١) كَانَ جَعْفَرٌ أَخَا عَلِيٍّ

٢) كَانَ حَمْزَةُ أَخَا أَبِي طَالِبٍ

٣) كَان اسْمُ أَبِي بَكْرٍ عَبْدَ اللهِ

٤) كَانَ عُمَرُ صَاحِبَ أَبِي بَكْرٍ

٥) أَطْعَمَ أَبُو بَكْرٍ فُقَرَاءَ الْمَدِيْنَةِ

٦) صَبَرَ أَبُو يُوْسُفَ صَبْرًا جَمِيْلًا

٧) كَانَ أَبُوْ جَهْلٍ عَدُوَّ رَسُوْلِ اللهِ ﷺ

٨) نَصَرَ عُمَرُ وَعُثْمَانُ وَعَلِيٌّ أَبَا بَكْرٍ

٩) كَانَتْ أَسْمَاءُ وَعَائِشَةُ بِنْتَيْ أَبِيْ بَكْرٍ

١٠) كَانَ أَبُوْ بَكْرٍ خَلِيْفَةَ رَسُوْلِ اللهِ ﷺ

١١) لَقَدْ نَصَرَ أَبُوْ طَالِبٍ النَّبِيَّ مُحَمَّدًا ﷺ لَا أَبُوْ لَهَبٍ

١٢) أَطْعَمَ أَبُوْ مُحَمَّدٍ أَخَا خَالِدٍ تَمْرَتَيْنِ وَأَخَا زَيْنَبَ تَمْرَةً

Note

The word فَمٌ can be used in two ways:

1. As a normal noun with a ضَمَّةٌ, فَتْحَةٌ or كَسْرَةٌ to denote its state.
2. As one of the أَسْمَاءُ الْخَمْسَةِ with وَاوٌ, أَلِفٌ or يَاءٌ replacing the م to denote its state.

مَرْفُوْعٌ	مَنْصُوْبٌ	مَجْرُوْرٌ
فُوْ خَالِدٍ / فَمُ خَالِدٍ	فَا خَالِدٍ / فَمَ خَالِدٍ	فِيْ خَالِدٍ / فَمِ خَالِدٍ

Possessive Phrases with Adjective Meanings

Some structures are grammatically مُضَافٌ and مُضَافٌ إِلَيْهِ, but they have an adjective meaning. These are:

1. ذُوْ and its sisters
2. مِثْلُ
3. غَيْرُ and سِوَى

ذُوْ

ذُوْ and its sisters are used as مُضَافٌ, and their مُضَافٌ إِلَيْهِ is always a noun with a general meaning. They are translated as a possessive phrase or an adjective phrase.

ذُوْ مَالٍ	ذُوْ ثَمَرٍ
wealthy	*fruitful, full of fruit*

The dual, plural, and feminine forms of ذُوْ are as given as follows:

مَجْرُوْرٌ	مَنْصُوْبٌ	مَرْفُوْعٌ		
ذِيْ	ذَا	ذُوْ	مُفْرَدٌ	اَلْمُذَكَّرُ
ذَوَيْ	ذَوَيْ	ذَوَا	مُثَنًّى	اَلْمُذَكَّرُ
ذَوِيْ	ذَوِيْ	ذَوُوْ	جَمْعٌ	اَلْمُذَكَّرُ
أُولِيْ	أُولِيْ	أُولُوْ	جَمْعٌ	اَلْمُذَكَّرُ
ذَاتِ	ذَاتَ	ذَاتُ	مُفْرَدٌ	اَلْمُؤَنَّثُ
ذَوَاتَيْ	ذَوَاتَيْ	ذَوَاتَا	مُثَنًّى	اَلْمُؤَنَّثُ
ذَوَاتِ	ذَوَاتِ	ذَوَاتُ	جَمْعٌ	اَلْمُؤَنَّثُ
أُولَاتِ	أُولَاتِ	أُولَاتُ	جَمْعٌ	اَلْمُؤَنَّثُ

The و in أُولُوْا and أُولَات is written but not pronounced.

Usage of ذُوْ

The word ذُوْ can be used in two ways:

1. In a descriptive phrase as a نَعْتٌ.
2. In a sentence as a direct slot direct.

ذُوْ as a نَعْتٌ

After a نَكِرَةٌ word, ذُوْ and its مُضَافٌ إِلَيْهِ become the نَعْتٌ.

رَجُلٌ **ذُوْ** مَالٍ

a wealthy man
*a **possessor of** wealth*
*a man who **has** wealth*

The tarkib of this is written as follows:

فَاعِلٌ			فِعْلٌ
عِلْمٍ	ذُوْ	رَجُلٌ	جَاءَ
مُضَافٌ إِلَيْهِ	مُضَافٌ		
نَعْتٌ		مَنْعُوْتٌ	

Vocab

English	Arabic	English	Arabic
tree	شَجَرَةٌ ج أَشْجَارٌ	last	أَخِيْرٌ
nobility, high rank	شَرَفٌ	trustworthy	أَمِيْنٌ
page	صَفْحَةٌ ج اتٌ	ocean	بَحْرٌ ج بِحَارٌ، أَبْحُرٌ
throne	عَرْشٌ ج عُرُوْشٌ	fruit	ثَمَرٌ ج أَثْمَارٌ
grace, virtue	فَضْلٌ	answer	جَوَابٌ ج أَجْوِبَةٌ
strength	قُوَّةٌ ج اتٌ	need	حَاجَةٌ ج اتٌ
name of a river in paradise	اَلْكَوْثَرُ	garden	حَدِيْقَةٌ ج حَدَائِقُ
accepted	مَقْبُوْلٌ	sword	سَيْفٌ ج سُيُوْفٌ

Exercise 11

Translate the following sentences.

١) نِسَاءٌ أُولَاتُ قُوَّةٍ

٢) مُنَافِقٌ ذُوْ وَجْهَيْنِ

٣) رَجُلَانِ ذَوَا شَرَفٍ

٤) عُلَمَاءُ أُولُوْ عِلْمٍ

٥) حَدِيْقَتَانِ ذَوَاتَا أَثْمَارٍ

٦) مُعَلِّمَاتٌ ذَوَاتُ مَالٍ

٧) رَجُلٌ ذُوْ سَيْفٍ كَبِيْرٍ

٨) مُتَّقُوْنَ ذَوُوْ عَمَلٍ صَالِحٍ

٩) كُتُبٌ ذَاتُ صَفَحَاتٍ كَثِيْرَةٍ

185

ذُوْ as a Direct Slot

If a نَكِرَةٌ word does not precede ذُوْ and its مُضَافٌ إِلَيْهِ, it becomes one of the main parts of a sentence directly.

زَيْدٌ ذُوْ مَالٍ

Zaid is wealthy.

The tarkib of this is written as follows:

خَبَرٌ		مُبْتَدَأٌ
مَالٍ	ذُوْ	زَيْدٌ
مُضَافٌ إِلَيْهِ	مُضَافٌ	

The following table shows the difference between its two forms.

ذُوْ	
Preceded by a نَكِرَةٌ and agree in irab	Not preceded by a نَكِرَةٌ
نَعْتٌ	Direct Slot
جَاءَ رَجُلٌ ذُوْ عِلْمٍ	جَاءَ ذُوْ عِلْمٍ

Vocab

English	Arabic	English	Arabic
to name, call	سَمَّى يُسَمِّي تَسْمِيَةً	to exceed bounds, be extravagant	أَسْرَفَ يُسْرِفُ إِسْرَافًا
to scream	صَاحَ يَصِيْحُ صَيْحَةً	to make grow	أَنْبَتَ يُنْبِتُ إِنْبَاتًا
to seek	طَلَبَ يَطْلُبُ طَلَبًا	to destroy	أَهْلَكَ يُهْلِكُ إِهْلَاكًا
to make compulsory	فَرَضَ يَفْرِضُ فَرْضًا	to build, construct	بَنَى يَبْنِيْ بِنَاءً
to cut	قَطَعَ يَقْطَعُ قَطْعًا	to perform ablution	تَوَضَّأَ يَتَوَضَّأُ تَوَضُّأً
to descend, come down	نَزَلَ يَنْزِلُ نُزُوْلًا	to be permissible	جَازَ يَجُوْزُ جَوَازًا
to marry	نَكَحَ يَنْكِحُ نِكَاحًا	to gather	حَشَرَ يَحْشُرُ حَشْرًا
to find	وَجَدَ يَجِدُ وِجْدَانًا، وُجُوْدًا	to taste	ذَاقَ يَذُوْقُ ذَوْقًا

Exercise 12

Translate the following.

١٠) إِنَّ اللهَ لَذُوْ قُوَّةٍ

١١) إِنَّ اللهَ ذُوْ الْعَرْشِ

١٢) هٰذَا الرَّجُلُ ذُوْ مَالٍ

١٣) إِنَّ اللهَ ﴿لَذُو مَغْفِرَةٍ﴾

١٤) إِنَّ الْمُنَافِقَ ذُو وَجْهَيْنِ

١٥) كَانَ هٰذَا الْفَقِيْرُ ذَا حَاجَةٍ

١٦) اللهُ ﴿ذُو رَحْمَةٍ وَاسِعَةٍ﴾

١٧) إِنَّ الْمُعَلِّمَ أَحْمَدَ لَذُوْ عِلْمٍ

١٨) ﴿اللهُ ذُو الْفَضْلِ الْعَظِيمِ﴾

١٩) سُمِّيَ عُثْمَانُ رَضِيَ اللهُ عَنْهُ ذَا النُّوْرَيْنِ

٢٠) إِنَّ هٰذَا رَجُلٌ ذُوْ عَمَلٍ صَالِحٍ

٢١) سَافَرَ الْحُجَّاجُ أَوَّلَ ذِيْ الْقَعْدَةِ

٢٢) رَجَعَ الْحُجَّاجُ آخِرَ ذِي الْحِجَّةِ

٢٣) فَتَحَ اللهُ ﴿بَابًا ذَا عَذَابٍ شَدِيدٍ﴾

Exercise 13

Translate the following.

١) هَاتَانِ الْمَرْأَتَانِ ذَوَاتَا قُوَّةٍ

٢) بَنَاتُ أَحْمَدَ أُولَاتُ فَضْلٍ

٣) مَا هٰذِهِ الشَّجَرَةُ ذَاتَ ثَمَرٍ

٤) إِنَّ هٰؤُلَاءِ لَأُولُو عِلْمٍ وَعَمَلٍ

٥) إِنَّ الْأُخْتَ فَاطِمَةَ ذَاتُ أَوْلَادٍ

٦) إِنَّ هٰؤُلَاءِ النِّسَاءَ ذَوَاتُ شَرَفٍ

٧) كَانَ هٰؤُلَاءِ الطُّلَّابُ ذَوِيْ فَضْلٍ

٨) إِنَّ هٰذَيْنِ الرَّجُلَيْنِ ذَوَا حَاجَةٍ

٩) كَانَ الصَّحَابَةُ الْكِرَامُ أُولِيْ عِلْمٍ

١٠) لَا يَنْكِحُ أَحْمَدُ إِلَّا امْرَأَةً ذَاتَ دِيْنٍ

١١) كَانَ الصَّحَابِيُّ عُمَرُ رَضِيَ اللهُ عَنْهُ ذَا عَدْلٍ

١٢) كَانَتْ خَدِيْجَةُ امْرَأَةً ذَاتَ شَرَفٍ وَمَالٍ

مِثْلٌ

The word مِثْلُ is used to give the meaning of like or similar. It is used in two ways:

1. In a descriptive phrase as a نَعْتٌ.
2. In a sentence as a direct slot direct.

مِثْلٌ as a نَعْتٌ

If مِثْلُ and the preceding نَكِرَةٌ noun agree in irab, مِثْلُ and its مُضَافٌ إِلَيْهِ become the نَعْتٌ.

زَيْدٌ رَجُلٌ مِثْلُ خَالِدٍ

Zaid is a man like Khalid.

If the مَنْعُوْتٌ of مِثْلُ is plural, it will change to its plural form, أَمْثَالٌ.

بُيُوْتٌ أَمْثَالُ الْجِبَالِ

houses like mountains

The tarkib of this is written as follows:

خَبَرٌ			مُبْتَدَأٌ
خَالِدٍ	مِثْلُ	رَجُلٌ	زَيْدٌ
مُضَافٌ إِلَيْهِ	مُضَافٌ		
نَعْتٌ		مَنْعُوْتٌ	

Exercise 14

Translate the following phrases into English.

١) ... سَاعَةٌ مِثْلُ يَوْمٍ

٢) ... شَهْرٌ مِثْلُ سَنَةٍ

٣) ... مَاءٌ مِثْلُ عَسَلٍ

٤) ... قَرْيَةٌ مِثْلُ بَلَدٍ

٥) ... وُجُوْهٌ مِثْلُ الْقَمَرِ

٦) ... حِمَارٌ مِثْلُ فَرَسٍ

٧) ... شُبَّانٌ أَمْثَالُ الشُّيُوْخِ

٨) ... كِلَابٌ أَمْثَالُ الْأُسْدِ

٩) ... شَهْرٌ مِثْلُ شَهْرِ رَجَبٍ

١٠) ... أَشْجَارٌ أَمْثَالُ الْجِبَالِ

١١) ... أَحْيَاءٌ أَمْثَالُ الْأَمْوَاتِ

١٢) ... أَبْوَابٌ أَمْثَالُ الْأَحْجَارِ

١٣) ... دِيْنٌ مِثْلُ دِيْنِ الْيَهُوْدِ

١٤) ... لَحْمٌ مِثْلُ لَحْمِ الْبَقَرَةِ

١٥) ... مَصَائِبُ أَمْثَالُ الْجِبَالِ

١٦) ... حَاجَةٌ مِثْلُ حَاجَةِ فَقِيْرٍ

١٧) ... شَرَفٌ مِثْلُ شَرَفِ الْعِلْمِ

١٨) ... صَدِيْقٌ مِثْلُ صَدِيْقِ خَالِدٍ

188

Exercise 15

Translate the following.

١) مَا جَعَلَ اللهُ بَيْتًا مِثْلَ الْكَعْبَةِ

٢) يَغْفِرُ اللهُ ذُنُوْبًا أَمْثَالَ الْجِبَالِ

٣) مَا خَلَقَ اللهُ مَاءً مِثْلَ مَاءِ زَمْزَمَ

٤) مَا خَلَقَ اللهُ قَوْمًا مِثْلَ الْأَنْصَارِ

٥) مَا أَنْزَلَ اللهُ كِتَابًا مِثْلَ الْقُرْآنِ

٦) مَا جَعَلَ اللهُ لَيْلَةً مِثْلَ لَيْلَةِ الْقَدْرِ

٧) مَا أَرْسَلَ اللهُ نَبِيًّا مِثْلَ مُحَمَّدٍ ﷺ

٨) مَا خَلَقَ اللهُ يَوْمًا مِثْلَ يَوْمِ الْجُمُعَةِ

٩) لَنْ يَّشْرَبَ النَّاسُ مَاءً مِثْلَ مَاءِ الْكَوْثَرِ

١٠) مَا خَلَقَ اللهُ مَدِيْنَةً مِثْلَ مَدِيْنَةِ الرَّسُوْلِ ﷺ

١١) مَا ذَاقَتِ الْبِنْتُ تُفَّاحَةً مِثْلَ هٰذِهِ التُّفَّاحَةِ

١٢) لَيَبْنِيَنَّ أَهْلُ الْمَدِيْنَةِ مَسْجِدًا مِثْلَ مَسْجِدِ الْقَرْيَةِ

مِثْلٌ as a Direct Slot

If a نَكِرَةٌ noun does not precede مِثْلٌ, مِثْلُ and its مُضَافٌ إِلَيْهِ become one of the main slots of a sentence directly.

زَيْدٌ مِثْلُ خَالِدٍ

Zaid is like Khalid

Sometimes, you will need to add a word to show the implied مَنْعُوْتٌ, e.g. something.

رَأَى زَيْدٌ مِثْلَ طَائِرَةٍ

Zaid saw (something) like/resembling a plane.

The tarkib of this is written as follows:

خَبَرٌ		مُبْتَدَأٌ
خَالِدٍ	مِثْلُ	زَيْدٌ
مُضَافٌ إِلَيْهِ	مُضَافٌ	

مِثْلٌ as a مَفْعُوْلٌ مُطْلَقٌ

If مِثْلَ and its مُضَافٌ إِلَيْهِ describe the verb, they become the مَفْعُوْلٌ مُطْلَقٌ.

عَدَلَ عُمَرُ مِثْلَ أَبِيْ بَكْرٍ رَضِيَ اللهُ عَنْهُمَا

Omar was fair like/as Abu Bakr.

The tarkib of this is written as follows:

مَفْعُوْلٌ مُطْلَقٌ			فَاعِلٌ	فِعْلٌ
بَكْرٍ	أَبِيْ	مِثْلَ	عُمَرُ	عَدَلَ
مُضَافٌ إِلَيْهِ	مُضَافٌ إِلَيْهِ	مُضَافٌ		

Exercise 16

Translate the following.

١) كَذَّبَتْ قُرَيْشٌ النَّبِيَّ مِثْلَ عَادٍ

٢) لَمْ يُؤْتَ أَحَدٌ مِثْلَ مَالِ قَارُوْنَ

٣) يَبْكِي الرَّجُلُ الصَّالِحُ مِثْلَ طِفْلٍ

٤) لَيْسَتْ نَارُ الآخِرَةِ مِثْلَ نَارِ الدُّنْيَا

٥) لَمْ يَصْبِرْ أَحَدٌ مِثْلَ يَعْقُوبَ عَلَيْهِ السَّلَامُ

٦) لَيْسَتْ جَنَّةُ الآخِرَةِ مِثْلَ جَنَّاتِ الدُّنْيَا

٧) إِنَّمَا يُصَلِّي الْمُسْلِمُوْنَ مِثْلَ النَّبِيِّ ﷺ

٨) لَن يُّؤْتَى أَحَدٌ مِثْلَ مُلْكِ سُلَيْمَانَ عَلَيْهِ السَّلَامُ

٩) لَمْ يَنْصُرْ أَحَدٌ رَسُوْلَ اللهِ ﷺ مِثْلَ الْأَنْصَارِ

١٠) لَمْ يَفْهَمْ هٰذَا الْوَلَدُ الدَّرْسَ مِثْلَ تِلْكَ الْبِنْتِ

Summary

The table below summarises the difference between the two forms.

مِثْلٌ		
Preceded by a نَكِرَةٌ – agree in irab	Not preceded by a نَكِرَةٌ	Preceded by a نَكِرَةٌ – do not agree in irab
نَعْتٌ	Direct Slot	
زَيْدٌ رَجُلٌ مِثْلُ خَالِدٍ	زَيْدٌ مِثْلُ خَالِدٍ	جَلَسَ رَجُلٌ مِثْلَ خَالِدٍ

غَيْرٌ and سِوَى

The words غَيْرٌ and سِوَى can be used in two ways:

1. In a descriptive phrase as a نَعْتٌ.
2. In a sentence as a direct slot.

غَيْرٌ and سِوَى as a نَعْتٌ

The words غَيْرٌ and سِوَى become the نَعْتٌ of the preceding نَكِرَةٌ noun if they agree in irab.

زَيْدٍ	سِوَى	رَجُلٌ
مُضَافٌ إِلَيْهِ	مُضَافٌ	
نَعْتٌ		مَنْعُوْتٌ

صَحِيْحٍ	غَيْرُ	جَوَابٌ
مُضَافٌ إِلَيْهِ	مُضَافٌ	
نَعْتٌ		مَنْعُوْتٌ

Translation of غَيْرٌ

When غَيْرٌ is used as a نَعْتٌ, it can give two meanings depending on its مُضَافٌ إِلَيْهِ:

1. If its مُضَافٌ إِلَيْهِ is an adjective, it will function as a negative prefix such as un-, dis-, etc.; i.e. it will give the opposite meaning.

صَحِيْحٌ *correct*	غَيْرُ صَحِيْحٍ *incorrect*

   Sometimes, it is easier to translate غَيْرٌ as a negative particle.

الرَّجُلُ غَيْرُ صَادِقٍ	
The man is untruthful.	The man is not truthful.

2. If its مُضَافٌ إِلَيْهِ is a noun, it will give the meaning of other than, apart from, etc.

   إِلَٰهٌ غَيْرُ اللهِ
   a deity other than Allah

The table below explains the difference between the two usages.

غَيْر	مُضَافٌ إِلَيْهِ is an adjective	negative prefix	غَيْرُ صَحِيْحٍ
	مُضَافٌ إِلَيْهِ is a noun	other than	إِلَٰهٌ غَيْرُ اللهِ

191

Translation of سِوَى

The مُضَافٌ إِلَيْهِ of سِوَى is always a noun and gives the meaning of other than, apart from, etc.

أَحَدٌ سِوَى اللهِ

anyone other than Allah

Exercise 17

Translate the following phrases into English.

١) ... غَيْرُ غَنِيٍّ

٢) ... غَيْرُ تُفَّاحَةٍ

٣) ... غَيْرُ وَاحِدٍ

٤) ... غَيْرُ حَجَرٍ

٥) ... غَيْرُ مُسْلِمٍ

٦) ... غَيْرُ سَالِمٍ

٧) ... غَيْرُ مُسْرُوْرٍ

٨) ... غَيْرُ الْمُتَّقِيْنَ

٩) ... غَيْرُ مُبَارَكٍ

١٠) ... غَيْرُ رَحِيْمٍ

١١) ... سِوَى الشِّرْكِ

١٢) ... غَيْرُ الْحُجَّاجِ

١٣) ... غَيْرُ غَضْبَانَ

١٤) ... سِوَى الْعَسَلِ

١٥) ... غَيْرُ ذٰلِكَ الْبَابِ

١٦) ... غَيْرُ صِرَاطِ اللهِ

Exercise 18

Translate the following.

١) صَامَ النَّاسُ يَوْمًا غَيْرَ طَوِيْلٍ

٢) لَا يَعْبُدُ الْمُسْلِمُوْنَ إِلَهًا غَيْرَ اللهِ

٣) إِنَّ هٰذَا الْوَلَدَ مُجْتَهِدٌ غَيْرُ كَسْلَانَ

٤) لَن يَقْبَلَ اللهُ دِيْنًا غَيْرَ دِيْنِ الْإِسْلَامِ

٥) لَا يَطُوْفُ الْحُجَّاجُ بَيْتًا غَيْرَ الْكَعْبَةِ

٦) كَانَ الشَّيْخُ أَحْمَدُ شَيْخًا غَيْرَ كَاذِبٍ

٧) إِنَّ عَذَابَ الْآخِرَةِ عَذَابٌ غَيْرُ يَسِيْرٍ

٨) إِنَّ هٰذِهِ الْأَوْلَادَ لَفِتْنَةٌ غَيْرُ فِتْنَةِ الْمَالِ

٩) لَا يُحِبُّ الطُّلَّابُ دَرْسًا غَيْرَ هٰذَا الدَّرْسِ

١٠) مَا وَجَدَ النَّاسُ مَسْجِدًا غَيْرَ هَذَا الْمَسْجِدِ

١١) لَا يَرْضَى الْمُسْلِمُوْنَ صِرَاطًا غَيْرَ صِرَاطِ اللهِ

١٢) لَا يَقْرَأُ هَذَا الرَّجُلُ كِتَابًا غَيْرَ الْقُرآنِ أَيَّامَ رَمَضَانَ

غَيْرٌ and سِوَى as a Slot

If a نَكِرَة noun does not precede غَيْر or سِوَى and its مُضَافٌ إِلَيْه, it becomes one of the slots of a sentence directly.

هٰذَا الْمَاءُ مَاءٌ غَيْرُ كَثِيْرٍ	⬅	هٰذَا الْمَاءُ غَيْرُ كَثِيْرٍ

This water is not a lot.

The tarkib of this is written as follows:

خَبَرٌ		مُبْتَدَأٌ
كَثِيْرٍ	غَيْرُ	الْمَاءُ
مُضَافٌ إِلَيْهِ	مُضَافٌ	

Exercise 19

Translate the following.

١) اِسْتَيْقَظَ غَيْرُ أَحْمَدَ

٢) هٰذَا الرَّجُلُ غَيْرُ فَقِيْرٍ

٣) هٰذَا الْإِنَاءُ مُمْلُوْءٌ غَيْرَ مَاءٍ

٤) هَذِهِ الْأَعْمَالُ غَيْرُ مَقْبُوْلَةٍ

٥) الشُّهَدَاءُ أَحْيَاءٌ غَيْرُ أَمْوَاتٍ

٦) إِنَّ الْمَوْتَ لَقَرِيْبٌ غَيْرُ بَعِيْدٍ

٧) هَؤُلَاءِ الْبَنَاتُ غَيْرُ صَائِمَاتٍ

٨) أُولَئِكَ الْأَوْلَادُ غَيْرُ صَادِقِيْنَ

٩) هَذَا الْمَسْجِدُ جَدِيْدٌ غَيْرُ قَدِيْمٍ

١٠) مَا هٰذَا الْجَوابُ إِلَّا غَيْرُ صَحِيْحٍ

١١) لَيُحَاسِبَنَّ اللهُ الظَّالِمِيْنَ غَيْرَ يَسِيْرٍ

١٢) يُطْعِمُ هٰذَا الْغَنِيُّ الْفُقَرَاءَ غَيْرَ مُرَاءٍ

١٣) مَا أَيَّامُ غَيْرِ رَمَضَانَ مِثْلَ أَيَّامِ رَمَضَانَ

١٤) يُنْفِقُ هٰؤُلَاءِ النَّاسُ الْأَمْوَالَ غَيْرَ مُسْرِفِيْنَ

غَيْرٌ and سِوَى as Particles of Exclusion and Emphasis

The words غَيْرٌ and سِوَى can also be used in the same way as إِلَّا; as particles of exclusion and emphasis.

As Particles of Exclusion

When غَيْرٌ and سِوَى are used for exclusion, they are translated as except.

جَاءَ الْأَوْلَادُ غَيْرَ زَيْدٍ

The children came except Zaid.

غَيْرٌ will have the same irab as the word after إِلَّا, i.e. it will usually be مَنْصُوْبٌ. The irab of سِوَى will not be visible, it will remain as سِوَى in all cases. This will be discussed later.

In tarkib, غَيْرَ and سِوَى are labelled as أَدَاةُ الاِسْتِثْنَاءِ, and the word after them as the مُسْتَثْنَى. However, because they are also مُضَافٌ and مُضَافٌ إِلَيْهِ, they will also be labelled as phrases.

مُسْتَثْنَى	أَدَاةُ الاِسْتِثْنَاءِ	فَاعِلٌ	فِعْلٌ
زَيْدٍ	غَيْرَ	الْأَوْلَادُ	جَاءَ
مُضَافٌ إِلَيْهِ	مُضَافٌ		

As Particles of Emphasis

غَيْرٌ and سِوَى function as حَرْفُ حَصْرٍ if there is a حَرْفُ نَفْيٍ before them and the مُسْتَثْنًى مِنْهُ is omitted. They will be translated as only.

مَا جَاءَ غَيْرُ زَيْدٍ

No one other than Zaid came.
Only Zaid came.

The tarkib of this will be written as follows:

فَاعِلٌ	حَرْفُ حَصْرٍ	فِعْلٌ	حَرْفُ نَفْيٍ
زَيْدٍ	غَيْرُ	جَاءَ	مَا
مُضَافٌ إِلَيْهِ	مُضَافٌ		

The table below summarises the different uses of غَيْرُ.

غَيْرُ		
Preceded by a نَكِرَةٌ	Not preceded by a نَكِرَةٌ	
نَعْتٌ	Direct Slot	
هٰذا شَهْرٌ غَيْرُ رَمَضَانَ	صَامَ النَّاسُ غَيْرَ الْمَرِيْضِ	مَا صَامَ غَيْرُ زَيْدٍ
	اِسْتِثْنَاءٌ	حَصْرٌ

Exercise 20

Translate the following.

١) نَامَ الْأَوْلَادُ غَيْرَ زَيْنَبَ

٢) مَا يَخْطُبُ الْإِمَامُ غَيْرَ قَائِمٍ

٣) يَجُوْزُ الصَّوْمُ غَيْرَ أَيَّامِ الْعِيْدِ

٤) مَا وَجَدَتْ فَاطِمَةُ غَيْرَ تَمْرَةٍ

٥) لَا يَزِيْدُ الْكَافِرُوْنَ غَيْرَ ضَلَالٍ

٦) ذَاقَ الْأَوْلَادُ الطَّعَامَ غَيْرَ فَاطِمَةَ

٧) أَكَلَ الضُّيُوْفُ الطَّعَامَ غَيْرَ اللَّحْمِ

٨) لَا يَرْضَى اللهُ دِيْنًا غَيْرَ دِيْنِ الْإِسْلَامِ

٩) لَا يَقْرَأُ الطُّلَّابُ الْكُتُبَ غَيْرَ مُتَوَضِّئِيْنَ

١٠) قَرَءَ هٰؤُلَاءِ الطُّلَّابُ غَيْرَ سُوْرَةِ الْبَقَرَةِ

١١) لَا يَذُوْقُ عَذَابَ النَّارِ غَيْرُ الظَّالِمِيْنَ

١٢) لَا يَقْرَأُ هٰذَا الرَّجُلُ أَيَّامَ رَمَضَانَ غَيْرَ الْقُرْآنِ

١٣) قَرَأَ الطُّلَّابُ الْكِتَابَ غَيْرَ الصَّفْحَةِ الْأَخِيْرَةِ

١٤) لَا تَصُوْمُ هٰذِهِ الْبِنْتُ الْمَرِيْضَةُ غَيْرَ شَهْرِ رَمَضَانَ

Note

The word أَكْثَرُ (most) is used as a مُضَافٌ. However, it can also be translated as an adjective.

لَا يَشْكُرُ أَكْثَرُ النَّاسِ

Most people are not grateful.

Summary

Phrases		
Possessive Phrase		
مُضَافٌ	Owned	No اَل, no تَنْوِيْنٌ
مُضَافٌ إِلَيْهِ	Owner	مَجْرُوْرٌ (Don't agree)

A phrase with a number is called a number phrase.

six books

There are two types of numbers:

1. Cardinal Number: This number shows how many things there are, e.g. one, two, three.
2. Ordinal Number: This shows the position of something, e.g. first, second, third.

We will discuss both in detail.

Cardinal Numbers

A cardinal number phrase is comprised of a number, عَدَدٌ, and the item being quantified, the مَعْدُوْدٌ.

six	books
عَدَدٌ	مَعْدُوْدٌ

There are six types of Arabic cardinal numbers according to their grammatical function:

1. 1–2
2. 3–10
3. 11–19
4. Tens
5. Tens and Units
6. 100s and 1,000s

Numbers 1–2

Below are the numbers one and two.

English	Arabic	English	Arabic
two	اِثْنَانِ / اِثْنَتَانِ	one	وَاحِدٌ / وَاحِدَةٌ

The meaning of one and two is understood from the مُفْرَدٌ and مُثَنًّى forms themselves. Therefore, the numbers one and two are not usually required. However, it can be added to create emphasis.

﴿إِلٰهٌ وَاحِدٌ﴾

one God/only one God

In tarkib, the numbers one and two will become the نَعْتٌ of the مَعْدُوْدٌ.

بِنْتَانِ اثْنَتَانِ	رَجُلَانِ اثْنَانِ
two girls	*two men*

The tarkib of this is written as follows:

وَاحِدٌ	إِلٰهٌ
نَعْتٌ	مَنْعُوْتٌ

However, along with the tarkib, it is important to identify and identify the عَدَدٌ and مَعْدُوْدٌ.

Exercise 1

Add the number in brackets to the nouns given below.

١) جُمُعَةٌ .... (٢) ٣) نِعْمَةٌ .... (٢) ٥) مَدِيْنَةٌ .... (١)

٢) قِسْمٌ .... (١) ٤) أُمَّةٌ .... (١) ٦) قَرْيَةٌ .... (٢)

Summary of Numbers 1–2

Number	Structure of the عَدَدٌ - مَعْدُوْدٌ	Number of the مَعْدُوْدٌ	Gender of the عَدَدٌ	Example
1–2	مَنْعُوْتٌ نَعْتٌ	agree	agree	وَلَدٌ وَاحِدٌ بِنْتٌ وَاحِدَةٌ

Numbers 3–10

Below are the numbers three to ten.

English	Arabic	English	Arabic
seven	سَبْعٌ / سَبْعَةٌ (٧)	three	ثَلَاثٌ / ثَلَاثَةٌ (٣)
eight	ثَمَانٍ / ثَمَانِيَةٌ (٨)	four	أَرْبَعٌ / أَرْبَعَةٌ (٤)
nine	تِسْعٌ / تِسْعَةٌ (٩)	five	خَمْسٌ / خَمْسَةٌ (٥)
ten	عَشْرٌ / عَشَرَةٌ (١٠)	six	سِتٌّ / سِتَّةٌ (٦)

The numbers three to ten:

1. become مُضَافٌ to the مَعْدُوْدٌ.
2. will be in the plural form.

سَبْعَةُ أَبْوَابٍ

seven doors

The tarkib of this is written as follows:

أَبْوَابٍ	سَبْعَةُ
مُضَافٌ إِلَيْهِ	مُضَافٌ

📖 **Notes**

1. The numbers three to ten have the opposite gender to their مَعْدُوْدٌ. This is called **chiastic concord**.

ثَلَاثُ نِسَاءٍ   ثَلَاثَةُ رِجَالٍ

2. The chiastic concord is based on the singular of the word, not the plural.

ثَلَاثُ سُوَرٍ

three chapters

In this example, the عَدَدٌ has chiastic concord with the singular form of the word, سُوْرَةٌ, not the plural, سُوَرٌ.

Vocab

English	Arabic	English	Arabic
charity	صَدَقَةٌ ج اتٌ	call to prayer	أَذَانٌ
prayer, salutation	صَلَاةٌ ج صَلَوَاتٌ	wing	جَنَاحٌ ج أَجْنِحَةٍ
pure	طَيِّبٌ (ة) ج وْنَ (ات)	pound (£)	جُنَيْهٌ ج اتٌ
room	غُرْفَةٌ ج غُرَفٌ	status	دَرَجَةٌ ج اتٌ
farmer	فَلَّاحٌ ج وْنَ	shop	دُكَّانٌ ج دَكَاكِيْنَ
drop	قَطْرَةٌ ج اتٌ	dinar	دِيْنَارٌ ج دَنَانِيْرُ
mile	مِيْلٌ ج أَمْيَالٌ	ship	سَفِيْنَةٌ ج سُفُنٌ
time	وَقْتٌ ج أَوْقَاتٌ	knife	سِكِّيْنٌ ج سَكَاكِيْنُ

Exercise 2

Translate the following.

١) ﴿سِتَّةِ أَيَّامٍ﴾

٢) ﴿مَاءٍ وَاحِدٍ﴾

٣) ﴿سَبْعَةُ أَبْحُرٍ﴾

٤) ﴿عَشْرِ سُوَرٍ﴾

٥) ﴿بَابٍ وَاحِدٍ﴾

٦) ﴿سَبْعَ سِنِينَ﴾

٧) ﴿أَرْبَعَةِ أَشْهُرٍ﴾

٨) ﴿سَبْعِ بَقَرَاتٍ﴾

٩) ﴿سَبْعَةُ أَبْوَابٍ﴾

١٠) ﴿أَرْبَعَةِ شُهَدَاءَ﴾

١١) ﴿طَعَامٍ وَاحِدٍ﴾

١٢) ﴿نَفْسٍ وَاحِدَةٍ﴾

١٣) ﴿زَوْجَيْنِ اثْنَيْنِ﴾

١٤) ﴿صَيْحَةً وَاحِدَةً﴾

١٥) ﴿سَبْعَ سَمَاوَاتٍ﴾

١٦) ﴿عَشَرَةِ مَسَاكِينَ﴾

١٧) ﴿صِيَامُ ثَلَاثَةِ أَيَّامٍ﴾

١٨) ﴿تِسْعَ آيَاتٍ بَيِّنَاتٍ﴾

Summary

Number	Structure of the عَدَدٌ – مَعْدُوْدٌ	Number of the مَعْدُوْدٌ	Gender of the عَدَدٌ	Example
1–2	مَنْعُوْتٌ نَعْتٌ	agree	agree	وَلَدٌ وَاحِدٌ بِنْتٌ وَاحِدَةٌ
3–10	مُضَافٌ مُضَافٌ إِلَيْهِ	plural	chiastic concord	ثَلَاثَةُ أَوْلَادٍ ثَلَاثُ بَنَاتٍ

عَدَدٌ and مَعْدُوْدٌ in Sentences

A number phrase occurs as a main part of the sentence. If it becomes the فَاعِلٌ, the verb will agree in gender with the مَعْدُوْدٌ.

جَاءَ ثَلَاثَةُ رِجَالٍ	جَاءَتْ ثَلَاثُ بَنَاتٍ

The tarkib of this will be written as follows:

فِعْلٌ	فَاعِلٌ	
جَاءَ	ثَلَاثَةُ	رِجَالٍ
	مُضَافٌ	مُضَافٌ إِلَيْهِ

Making the عَدَدٌ-مَعْدُوْدٌ Definite

The number phrase is made مَعْرِفَةٌ by adding اَلْ to the مَعْدُوْدٌ.

جَاءَ ثَلَاثَةُ رِجَالٍ *three men came*	→	جَاءَ ثَلَاثَةُ الرِّجَالِ *the three men came*

Exercise 3

Translate the following.

١) ﴿إِنَّمَا اللهُ إِلَهٌ وَاحِدٌ﴾

٢) إِنْ أَيَّامُ الْحَجِّ إِلَّا سِتَّةُ أَيَّامٍ

٣) قَدْ سَقَطَتْ تِسْعَةُ الْأَقْلَامِ

٤) جَاءَ خَمْسَةُ الْأَئِمَّةِ مَاشِيْنَ

٥) ﴿كَانَ النَّاسُ أُمَّةً وَاحِدَةً﴾

٦) لَقَدْ خَلَقَ اللهُ سَبْعَ سَمَاوَاتٍ

٧) بَنَى أَرْبَعَةُ الْمُلُوْكِ سِتَّ الْقُرَى

٨) فَرَضَ اللهُ خَمْسَ صَلَوَاتٍ فَرْضًا

٩) يَوْمَ الْعِيْدِ ذَبَحَ النَّاسُ أَرْبَعَ بَقَرَاتٍ

١٠) مَا اشْتَرَتِ الْمَرْأَةُ إِلَّا خَمْسَةَ أَشْيَاءَ

١١) أَكَلَتْ سِتُّ الصَّائِمَاتِ سِتَّ تَمَرَاتٍ

١٢) قَرَأَتْ رُقَيَّةُ عَشْرَةَ الْكُتُبِ وَالْأَخُ كِتَابًا وَاحِدًا

١٣) حَفِظَتِ الْبِنْتُ الصَّغِيْرَةُ ثَلَاثَ سُوَرٍ احْتِسَابًا

١٤) لَيُسَافِرَنَّ تِسْعَةُ الْأَصْدِقَاءِ يَوْمَ الْجُمُعَةِ رَاكِبِيْنَ

١٥) سَافَرَ أَبُوْ زَيْدٍ سَبْعَةَ أَيَّامٍ وَأَبُوْ أَحْمَدَ ثَلَاثَةَ أَشْهُرٍ

١٦) كُلَّ يَوْمٍ يُعْطِي هٰذَا الْغَنِيُّ ذٰلِكَ الْفَقِيْرَ ثَلَاثَةَ جُنَيْهَاتٍ

Exercise 4

Add the number in brackets to the nouns given below to form a noun phrase and make the necessary grammatical changes.

١) .... اِبْنٌ (٣)	٦) .... دَقِيْقَةٌ (٣)	١١) .... شَهِيْدٌ (٥)	١٦) .... مَرَّةٌ (٦)
٢) .... آيَةٌ (٢)	٧) .... رُمَّانَةٌ (١)	١٢) .... صَفْحَةٌ (٩)	١٧) .... مِسْكِيْنٌ (٧)
٣) .... تُفَّاحَةٌ (٥)	٨) .... سَاعَةٌ (٤)	١٣) .... عَالِمٌ (٦)	١٨) .... نَهْرٌ (١٠)
٤) .... حَاجَةٌ (٧)	٩) .... شَجَرَةٌ (٤)	١٤) .... عَمَلٌ (٩)	١٩) .... غُرْفَةٌ (٢)
٥) .... حَدِيْقَةٌ (١٠)	١٠) .... شَابٌّ (٨)	١٥) .... عِيْدٌ (١)	٢٠) .... يَتِيْمٌ (٨)

An عَدَدٌ as a مَفْعُوْلٌ مُطْلَقٌ

The word مَرَّةٌ can be used as a مَفْعُوْلٌ مُطْلَقٌ.

حَجَّ زَيْدٌ ثَلَاثَ مَرَّاتٍ

Zaid performed Hajj three times.

Sometimes, the word مَرَّةٌ is removed.

حَجَّ زَيْدٌ ثَلَاثًا

Exercise 5

Translate the following.

١) اِسْتَيْقَظَتِ الْبِنْتُ سِتَّ مَرَّاتٍ

٢) لَن يَذُوْقَ أَحَدٌ الْمَوْتَ مَرَّتَيْنِ

٣) يُصَلِّي الْمُسْلِمُوْنَ خَمْسَ مَرَّاتٍ

٤) حَجَّ النَّبِيُّ مُحَمَّدٌ ﷺ مَرَّةً وَاحِدَةً

٥) اِعْتَمَرَ النَّبِيُّ مُحَمَّدٌ ﷺ أَرْبَعَ مَرَّاتٍ

٦) أَطْعَمَتْ فَاطِمَةُ الضَّيْفَ ثَلَاثَ مَرَّاتٍ

Recap of مَفْعُوْلٌ مُطْلَقٌ

مَفْعُوْلٌ مُطْلَقٌ			
With an عَدَدٌ	With a مُضَاف إِلَيْهِ	With A نَعْتٌ	On Its Own
Quantity	Comparison	Description	Emphasis
شَكَرَ الرَّجُلُ ثَلَاثَ مَرَّاتٍ	شَكَرَ الرَّجُلُ شُكْرَ الْأَنْبِيَاءِ	شَكَرَ الرَّجُلُ شُكْرًا كَثِيْرًا شَكَرَ الرَّجُلُ كَثِيْرًا	شَكَرَ الرَّجُلُ شُكْرًا

Notes

1. Sometimes the عَدَدٌ and مَعْدُوْدٌ from numbers three to ten are also used in a نَعْتٌ - مَنْعُوْتٌ structure. They will also have chiastic concord.

﴿السَّمَاوَاتِ السَّبْعِ﴾	﴿ظُلُمَاتٍ ثَلاثٍ﴾
the seven heavens	*three darknesses*

2. An عَدَدٌ may be used without a مَعْدُوْدٌ if it can be understood from the context of the sentence.

أَكَلَ أَحْمَدُ ثَلَاثَ تَمَرَاتٍ وَخَالِدٌ أَرْبَعًا

Ahmad ate three dates, and Khalid ate four (dates)

Exercise 6

Translate the following.

١) قَدْ سَقَطَتِ الْأَقْلَامُ التِّسْعَةُ

٢) جَاءَ الْأَئِمَّةُ الْخَمْسَةُ مَاشِيْنَ

٣) لَقَدْ خَلَقَ اللهُ السَّمَاوَاتِ السَّبْعَ

٤) بَنَى الْمُلُوْكُ الْأَرْبَعَةُ الْقُرَى السِّتَّ

٥) مَا كَانَتِ الْأَجْوِبَةُ الْعَشْرَةُ صَحِيْحَةً

٦) رَضِيَ الْأَوْلَادُ إِلَّا الْأَخَوَاتِ الْأَرْبَعَ

٧) مَا اشْتَرَتِ الْمَرْأَةُ إِلَّا أَشْيَاءَ خَمْسَةً

٨) أَكَلَتِ الصَّائِمَاتُ السِّتُّ تَمَرَاتٍ سِتًّا

٩) حَفِظَتِ الْبِنْتُ الصَّغِيْرَةُ سُوَرًا ثَلَاثًا احْتِسَابًا

١٠) قَرَأَتْ رُقَيَّةُ الْكُتُبَ الْعَشْرَةَ وَالْأَخُ كِتَابًا وَاحِدًا

Exercise 7

Fill in the blanks with a نَعْتٌ using the number from the brackets.

١) لَقَدِ انْكَسَرَ الْعُرُوْشُ .... (٥)

٢) إِنْ تَوَضَّأَ إِلَّا الرِّجَالُ .... (٩)

٣) لَن تَبِيْعُ الْمَرْأَةُ السُّيُوْفَ .... (٦)

٤) مَا تَوَضَّأَتْ إِلَّا الْمُؤْمِنَاتُ .... (٣)

٥) إِن يَطْلُبُ الْمُعَلِّمُ إِلَّا كُتُبًا .... (٨)

٦) لَمْ يَقْطَعِ الْفَلَّاحُ الشَّجَرَاتِ .... (٤)

٧) لَيَذُوْقَنَّ الضُّيُوْفُ الرُّمَّانَاتِ .... (١٠)

٨) مَا قَرَأَتِ الطَّالِبَاتُ الصَّفْحَاتِ .... (٧)

Numbers 11–19

Below are the numbers eleven to nineteen.

English	Arabic	English	Arabic
sixteen	سِتَّ عَشْرَةَ/ سِتَّةَ عَشَرَ	eleven	أَحَدَ عَشَرَ / إِحْدَى عَشْرَةَ
seventeen	سَبْعَ عَشْرَةَ/ سَبْعَةَ عَشَرَ	twelve	اِثْنَا عَشَرَ / اِثْنَتَا عَشْرَةَ
eighteen	ثَمَانِيَ عَشْرَةَ/ ثَمَانِيَةَ عَشَرَ	thirteen	ثَلَاثَ عَشْرَةَ/ ثَلَاثَةَ عَشَرَ
nineteen	تِسْعَ عَشْرَةَ/ تِسْعَةَ عَشَرَ	fourteen	أَرْبَعَ عَشْرَةَ/ أَرْبَعَةَ عَشَرَ
		fifteen	خَمْسَ عَشْرَةَ/ خَمْسَةَ عَشَرَ

These numbers were initially مَعْطُوفٌ عَلَيْهِ and مَعْطُوفٌ. Then, the وَ was removed, and they are now one word.

The مَعْدُودٌ of these numbers are singular and become تَمْيِيزٌ.

رَأَى يُوْسُفُ عَلَيْهِ السَّلَامُ أَحَدَ عَشَرَ كَوْكَبًا

*Yusuf ﷺ saw **eleven** stars.*

In tarkib, the number is labelled as مُمَيَّزٌ.

فِعْلٌ	فَاعِلٌ	مَفْعُوْلٌ بِهِ	
رَأَى	يُوْسُفُ	أَحَدَ عَشَرَ	كَوْكَبًا
		مُمَيَّزٌ	تَمْيِيزٌ

11–12

The numbers eleven and twelve agree in gender with the مَعْدُودٌ, and both parts of the عَدَدَ have the same gender.

أَطْعَمَتِ الْأُمُّ إِحْدَى عَشْرَةَ بِنْتًا

رَأَى يُوْسُفُ أَحَدَ عَشَرَ كَوْكَبًا

13–19

In the numbers thirteen to nineteen, the ten will match with the مَعْدُودٌ, and the unit will have chiastic concord with the مَعْدُودٌ.

جَاءَ ثَلَاثَ عَشْرَةَ امْرَأَةً

جَاءَ ثَلَاثَةَ عَشَرَ رَجُلًا

Notes

1. The numbers eleven to nineteen, except for twelve, are مَبْنِيٌّ.

رَأَى زَيْدٌ أَحَدَ عَشَرَ رَجُلًا	جَاءَ أَحَدَ عَشَرَ رَجُلًا
Zaid saw eleven men.	*Eleven men came.*

The numbers for twelve, اِثْنَا / اِثْنَتَا, are مُعْرَبٌ and have the same irab as a مُثَنًّى word.

قَرَءَ أَحْمَدُ اثْنَيْ عَشَرَ كِتَابًا	جَاءَ اثْنَا عَشَرَ رِجَالًا
Ahmad read twelve books.	*Twelve men came.*

2. The numbers eleven to nineteen are made مَعْرِفَةٌ by placing an اَلْ on both parts of the عَدَدٌ.

الثَّلَاثَ الْعَشْرَةَ كِتَابًا
The thirteen books

Exercise 8

Translate the following.

١) اِثْنَا عَشَرَ دِينَارًا
٢) أَرْبَعَةَ عَشَرَ مِيلًا
٣) سِتَّ عَشْرَةَ شَاةً
٤) اِثْنَتَا عَشْرَةَ غُرْفَةً
٥) أَحَدَ عَشَرَ دُكَّانًا
٦) ثَلَاثَ عَشْرَةَ قَطْرَةً
٧) ثَلَاثَةَ عَشَرَ فَلَّاحًا
٨) أَرْبَعَ عَشْرَةَ صَلَاةً
٩) خَمْسَ عَشْرَةَ بَقَرَةً
١٠) سِتَّةَ عَشَرَ سِكِّينًا
١١) سَبْعَةَ عَشَرَ بَحْرًا
١٢) تِسْعَةَ عَشَرَ أَسَدًا
١٣) ثَلَاثَةَ عَشَرَ فَقِيرًا
١٤) ثَمَانِيَ عَشْرَةَ رُمَّانَةً
١٥) ثَمَانِيَةَ عَشَرَ جَوَابًا
١٦) تِسْعَ عَشْرَةَ شَجَرَةً
١٧) خَمْسَةَ عَشَرَ جَنَاحًا
١٨) سَبْعَ عَشْرَةَ صَفْحَةً
١٩) ثَمَانِيَ عَشْرَةَ دَقِيقَةً
٢٠) إِحْدَى عَشْرَةَ سَفِينَةً

Exercise 9

Fill in the blanks with the number from the brackets.

١) .... آيَةٌ (١٥)
٢) .... جَدٌّ (١٢)
٣) .... فَقِيرٌ (١٣)
٤) .... قَلَمٌ (١٤)
٥) .... بَقَرَةٌ (١١)
٦) .... جَبَلٌ (١١)
٧) .... جَدَّةٌ (١٩)
٨) .... سَيْفٌ (١٨)
٩) .... سَنَةٌ (١٧)
١٠) .... عَمٌّ (١١)
١١) .... طِفْلٌ (١٧)
١٢) .... لَيْلَةٌ (١٤)
١٣) .... مَلِكٌ (١٨)
١٤) .... نَجْمٌ (١٩)
١٥) .... نِعْمَةٌ (١٢)
١٦) .... كِتَابٌ (١٥)
١٧) .... سُورَةٌ (١٦)
١٨) .... سَاعَةٌ (١٣)
١٩) .... كُرْسِيٌّ (١٦)
٢٠) .... مَكْتَبٌ (١٧)

Exercise 10

Translate the the following.

١) إِنَّمَا فَتَحَ النَّاسُ الثَّمَانِيَةَ الْعَشَرَ بَابًا

٢) مَا تَلَا الْإِمَامُ زَيْدٌ إِلَّا سَبْعَ عَشَرَةَ آيَةً

٣) وَجَدتْ أُمُّ فَاطِمَةَ ثَلَاثَةَ عَشَرَ شَيْئًا قَدِيْمًا

٤) قَدْ أَنْفَقَ الْأَغْنِيَاءُ الْكِرَامُ تِسْعَ عَشْرَةَ دِيْنَارًا

٥) الْيَوْمَ مَا مَشَى النَّاسُ إِلَّا خَمْسَةَ عَشَرَ مِيْلًا

٦) مَا سَافَرَ هٰؤُلَاءِ الْحُجَّاجُ إِلَّا اثْنَي عَشَرَ يَوْمًا

٧) لَقَدْ قَرَأَ الطُّلَّابُ الصِّغَارُ اثْنَتَيْ عَشْرَةَ صَفْحَةً

٨) ما ذَبَحَ هٰذَانِ الرَّجُلَانِ إِلَّا خَمْسَ عَشْرَةَ بَقَرَةً

٩) مَاتَ تِسْعَةَ عَشَرَ رَجُلًا الْيَوْمَ وَسَبْعَ عَشْرَةَ امْرَأَةً أَمْسِ

١٠) صَامَتْ هٰذِهِ الطِّفْلَةُ رَمَضَانَ غَيْرَ أَحَدَ عَشَرَ يَوْمًا

١١) لَيُطْعِمَنَّ الرَّجُلُ الْكَرِيْمُ السِّتَّةَ الْعَشَرَ ضَيْفًا
احْتِسَابًا

١٢) حَفِظَ أَخُوْ أَحْمَدَ إِحْدٰى عَشْرَةَ سُوْرَةً هٰذَا الشَّهْرَ
وَأَرْبَعَ سُوَرٍ ذٰلِكَ الشَّهْرَ

١٣) بَنَى الْمَلِكُ أَحْمَدُ أَرْبَعَةَ عَشَرَ مَسْجِدًا وَالْمَلِكُ
خَالِدٌ خَمْسَةَ عَشَرَ

١٤) الْيَوْمَ صَلَّتِ الْبِنْتُ والْأُخْتُ سِتَّ عَشْرَةَ رَكْعَةً
قَائِمَتَيْنِ وَأَرْبَعَ رَكَعَاتٍ جَالِسَتَيْنِ

Summary

Number	Structure of the عَدَدٌ - مَعْدُوْدٌ	Number of the مَعْدُوْدٌ	Gender of the عَدَدٌ	Example
1–2	مَنْعُوْتٌ نَعْتٌ	agree	agree	وَلَدٌ وَاحِدٌ بِنْتٌ وَاحِدَةٌ
3–10	مُضَافٌ مُضَافٌ إِلَيْهِ	plural	chiastic concord	ثَلَاثَةُ أَوْلَادٍ ثَلَاثُ بَنَاتٍ
11–12	تَمْيِيْزٌ	singular	agree	أَحَدَ عَشَرَ وَلَدًا إِحْدٰى عَشْرَةَ بِنْتًا
13–19	تَمْيِيْزٌ	singular	chiastic concord	ثَلَاثَةَ عَشَرَ وَلَدًا ثَلَاثَ عَشْرَةَ بِنْتًا

Tens

Below are the tens.

English	Arabic	English	Arabic
sixty	سِتُّوْنَ	twenty	عِشْرُوْنَ
seventy	سَبْعُوْنَ	thirty	ثَلَاثُوْنَ
eighty	ثَمَانُوْنَ	forty	أَرْبَعُوْنَ
ninety	تِسْعُوْنَ	fifty	خَمْسُوْنَ

These words have the same irab as جَمْعُ الْمُذَكَّرِ السَّالِمُ, i.e. in the مَنْصُوْبٌ and مَجْرُوْرٌ state, عِشْرُوْنَ become عِشْرِيْنَ, etc.
Their مَعْدُوْدٌ are singular and become تَمْيِيْزٌ.

بَلَغَ الرَّجُلُ أَرْبَعِيْنَ سَنَةً

The man reached forty years.

The tarkib of this is written as follows:

مَفْعُوْلٌ فِيْهِ		فَاعِلٌ	فِعْلٌ
سَنَةً	أَرْبَعِيْنَ	الرَّجُلُ	بَلَغَ
تَمْيِيْزٌ	مُمَيَّزٌ		

Vocab

English	Arabic	English	Arabic
to remain, stay, spend (time)	لَبِثَ يَلْبَثُ لَبْثًا،لُبْثًا	to pass, spend	مَضَى يَمْضِيْ مُضِيًّا
to acquire	حَصَلَ يَحْصُلُ حُصُوْلًا	to remain	بَقِيَ يَبْقَى بَقَاءً
to gather	اجْتَمَعَ يَجْتَمِعُ اجْتِمَاعًا	to reach	بَلَغَ يَبْلُغُ بُلُوْغًا
to accept	قَبِلَ يَقْبَلُ قُبُوْلًا، قَبُوْلًا	to fly	طَارَ يَطِيْرُ طَيْرًا

Exercise 11

Fill in the blanks with the number from the brackets and make the necessary grammatical changes.

١) .... أُسْبُوْعٌ (٥٠)

٢) .... أَسَدٌ (٩٠)

٣) .... جُزْءٌ (٤٠)

٤) .... حَقِيْبَةٌ (٣٠)

٥) .... خَلِيْلٌ (٢٠)

٦) .... دَرْسٌ (٩٠)

٧) .... رَطْلٌ (٧٠)

٨) .... شَهْرٌ (٦٠)

٩) .... شَيْءٌ (٥٠)

١٠) .... صَدِيْقٌ (٤٠)

١١) .... صَنَمٌ (٣٠)

١٢) .... طَيْرٌ (٣٠)

١٣) .... عَمَلٌ (٧٠)

١٤) .... غَائِبٌ (٢٠)

١٥) .... غَنِيٌ (٨٠)

١٦) .... فَرَسٌ (٨٠)

١٧) .... كَبْشٌ (٢٠)

١٨) .... نَهْرٌ (٦٠)

Making the عَدَدٌ-مَعْدُوْدٌ Definite

A number phrase with a ten is made مَعْرِفَةٌ by adding اَلْ to the عَدَدٌ.

اَلْعِشْرُوْنَ رَجُلًا

the twenty men

Exercise 12

Translate the following.

١) مَضَى خَمْسُوْنَ يَوْمًا

٢) مَا بَقِيَ إِلَّا عِشْرُوْنَ يَوْمًا

٣) السَّبْعُوْنَ صَنَمًا حِجَارَةٌ

٤) الْعِشْرُوْنَ سِكِّيْنًا صِغَارٌ

٥) مَضَتِ السَّنَةُ إِلَّا سِتِّيْنَ يَوْمًا

٦) شُيُوْخُ الْإِمَامِ ثَلَاثُوْنَ شَيْخًا

٧) الْأَرْبَعُوْنَ إِنَاءً مَمْلُوْءَةٌ مَاءً لَا لَبَنًا

٨) الْيَوْمَ رَجَع ثَمَانُوْنَ حَاجًّا رَاكِبِيْنَ

٩) بَلَغَتِ الْمَرْأَةُ أَرْبَعِيْنَ سَنَةً لَا ثَلَاثِيْنَ

١٠) لَتُعْطِيَنَّ الْغَنِيَّةُ الْفَقِيْرَةَ تِسْعِيْنَ جُنَيْهًا

١١) تُطْعِمُ هٰؤُلَاءِ النِّسَاءُ عِشْرِيْنَ مِسْكِيْنًا

١٢) حَضَرَ الطَّالِبُ الْمُجْتَهِدُ سَبْعِيْنَ دَرْسًا

١٣) مَا قَرَأَ حَامِدٌ وَخَدِيْجَةُ إِلَّا خَمْسِيْنَ كِتَابًا

١٤) أَهْلَكَ الْمَلِكُ الظَّالِمُ سِتِّيْنَ قَرْيَةً وَثَلَاثَ مُدُنٍ

١٥) الْيَوْمَ جَاءَ الثَّمَانُوْنَ طَالِبًا وخَمْسَةُ الْمُعَلِّمِيْنَ

١٦) أَطْعَمَ ذٰلِكَ الْغَنِيُّ تِسْعِيْنَ فَقِيْرًا لَا تِلْكَ الْغَنِيَّةُ

١٧) لَقَدْ حَفِظَ الْوَلَدُ الصَّغِيْرُ ثَلَاثِيْنَ جُزْءًا لَا عِشْرِيْنَ

١٨) مَا جَاء الْيَوْمَ العِشْرُوْنَ مُعَلِّمًا وَلَا التِّسْعُوْنَ طَالِبًا

Summary

Number	Structure of the عَدَدٌ - مَعْدُوْدٌ	Number of the مَعْدُوْدٌ	Gender of the عَدَدٌ	Example
1–2	مَنْعُوْتٌ نَعْتٌ	agree	agree	وَلَدٌ وَاحِدٌ بِنْتٌ وَاحِدَةٌ
3–10	مُضَافٌ مُضَافٌ إِلَيْهِ	plural	chiastic concord	ثَلَاثَةُ أَوْلَادٍ ثَلَاثُ بَنَاتٍ
11–12	تَمْيِيْزٌ	singular	agree	أَحَدَ عَشَرَ وَلَدًا إِحْدٰى عَشْرَةَ بِنْتًا
13–19	تَمْيِيْزٌ	singular	chiastic concord	ثَلَاثَةَ عَشَرَ وَلَدًا ثَلَاثَ عَشْرَةَ بِنْتًا
Tens	تَمْيِيْزٌ	singular	unchanged	عِشْرُوْنَ وَلَدًا عِشْرُوْنَ بِنْتًا

Tens and Units

In Arabic, the units precede the tens in written form. The حَرْفُ عَطْفٍ of وَ is used to join the tens to the units.

مَضَى خَمْسَةٌ وَثَلَاثُوْنَ يَوْمًا

Thirty-five days have passed.
(Five and thirty days have passed.)

The tarkib of this is written as follows:

<table>
<tr><td>فِعْلٌ</td><td colspan="4">فَاعِلٌ</td></tr>
<tr><td>مَضَى</td><td>خَمْسَةٌ</td><td>وَ</td><td>ثَلَاثُوْنَ</td><td>يَوْمًا</td></tr>
<tr><td></td><td>مَعْطُوْفٌ عَلَيهِ</td><td>حَرْفُ عَطْفٍ</td><td>مَعْطُوْفٌ</td><td>تَمْيِيْزٌ</td></tr>
<tr><td></td><td colspan="3">عَدَدٌ</td><td>مَعْدُوْدٌ</td></tr>
</table>

The unit in the numbers twenty-one and twenty-two, thirty-one and thirty-two etc. agree in gender with the مَعْدُوْدٌ.

جَاءَ وَاحِدٌ وَّثَلَاثُوْنَ رَجُلًا

جَاءَتِ اثْنَتَانِ وَثَلَاثُوْنَ امْرَأَةً

The unit in the numbers twenty-three to twenty-nine, thirty-three to thirty-nine etc. have chiastic concord.

جَاءَ ثَلَاثَةٌ وَّثَلَاثُوْنَ رَجُلًا

جَاءَتْ أَرْبَعٌ وَّثَلَاثُوْنَ امْرَأَةً

Exercise 13

Fill in the blanks with the number from the brackets and make the necessary grammatical changes.

١) .... بَحْرٌ (٢٨)

٢) .... بَقَرَةٌ (٩٩)

٣) .... جَنَاحٌ (٥٥)

٤) .... جُنَيْهٌ (٣٧)

٥) .... حِمَارٌ (٦٤)

٦) .... دُكَّانٌ (٩١)

٧) .... رِجْلٌ (٣٦)

٨) .... سِكِّيْنٌ (٨٢)

٩) .... شَاةٌ (٥٧)

١٠) .... شَمْسٌ (٢٥)

١١) .... صَفْحَةٌ (٧٨)

١٢) .... عَرْشٌ (١٩)

١٣) .... غُرْفَةٌ (٤١)

١٤) .... فَلَّاحٌ (٧٣)

١٥) .... قَطْرَةٌ (٦٢)

١٦) .... نَفْسٌ (٢٤)

١٧) .... وَقْتٌ (٤٦)

١٨) .... يَدٌ (٨٣)

Exercise 14

Translate the following.

١) اشْتَرى الرِّجَالُ اثْنَيْنِ وَتِسْعِيْنَ شَيْئًا

٢) أَمْسِ جَاءَ الخَمْسَةُ وَّالتِّسْعُوْنَ صَدِيْقًا

٣) أَنْفَقَ الأَبُ اثْنَيْنِ وَثَمَانِيْنَ دِيْنَارًا احْتِسَابًا

٤) ذَبَحَ الرِّجَالُ الْأَرْبَعَةُ ثَلَاثًا وَّخَمْسِيْنَ بَقَرَةً

٥) وَجَدَ الطِّفْلُ وَاحِدًا وَّعِشْرِيْنَ جُنَيْهًا الْيَوْمَ

٦) لَقَدْ قَطَعَتْ هٰؤُلَاءِ النِّسَاءُ خَمْسًا وَّثَلَاثِيْنَ شَجَرَةً

٧) لَيَكْتُبَنَّ الطُّلَّابُ الْعَشَرَةُ الْوَاحِدَ وَالْأَرْبَعِيْنَ جَوَابًا

٨) صَلَّى سِتَّةٌ وَّثَلَاثُوْنَ مُسْلِمًا وَأَرْبَعٌ وَعِشْرُوْنَ مُسْلِمَةً

٩) مَلَأَتِ الْأُمُّ سَبْعًا وَّسَبْعِيْنَ آنِيَةً مَاءً وَأَرْبَعَ إِنَاءٍ مَاءَ زَمْزَمَ

١٠) بَاعَ هٰذَا التَّاجِرُ سَبْعَةً وَّأَرْبَعِيْنَ سَيْفًا وَخَمْسَةَ عَشَرَ سِكِّيْنًا

١١) حَفِظَتِ الطَّالِبَةُ سِتًّا وَّثَمَانِيْنَ آيَةً وَالطَّالِبُ خَمْسًا وَثَلَاثِيْنَ

١٢) قَرَأَتِ الْبِنْتُ فَاطِمَةُ هٰذِهِ السُّوْرَةَ أَرْبَعًا وَّعِشْرِيْنَ مَرَّةً يَوْمَيْنِ

١٣) أَطْعَمَ الرَّجُلُ الْكَرِيْمُ ثَمَانِيَةً وَّخَمْسِيْنَ ضَيْفًا لَا الرَّجُلُ الظَّالِمُ

١٤) قَرَأَ هٰذَا الْمُعَلِّمُ تِسْعًا وَّسِتِّيْنَ صَفْحَةً الْيَوْمَ وخَمْسًا وَّعِشْرِيْنَ أَمْسِ

١٥) هٰذَا الْأُسْبُوْعَ تَلَا الْأَخُ زُبَيْرٌ ثَلَاثًا وَّسَبْعِيْنَ سُوْرَةً وَالْأُخْتُ الْمَرِيْضَةُ ثَلَاثَةَ أَجْزَاءٍ

١٦) صَامَتِ الْمَرْأَةُ هٰذِهِ السَّنَةَ أَرْبَعَةً وَّسِتِّيْنَ صَوْمًا وَتِلْكَ السَّنَةَ خَمْسًا وَّتِسْعِيْنَ صَوْمًا

210

Summary

Number	Structure of the عَدَدٌ - مَعْدُوْدٌ	Number of the مَعْدُوْدٌ	Gender of the عَدَدٌ	Example
1–2	مَنْعُوْتٌ نَعْتٌ	agree	agree	وَلَدٌ وَاحِدٌ بِنْتٌ وَاحِدَةٌ
3–10	مُضَافٌ مُضَافٌ إِلَيْهِ	plural	chiastic concord	ثَلَاثَةُ أَوْلَادٍ ثَلَاثُ بَنَاتٍ
11–12	تَمْيِيْزٌ	singular	agree	أَحَدَ عَشَرَ وَلَدًا إِحْدٰى عَشْرَةَ بِنْتًا
13–19	تَمْيِيْزٌ	singular	chiastic concord	ثَلَاثَةَ عَشَرَ وَلَدًا ثَلَاثَ عَشْرَةَ بِنْتًا
Tens	تَمْيِيْزٌ	singular	unchanged	عِشْرُوْنَ وَلَدًا عِشْرُوْنَ بِنْتًا
Tens + 1–2	(مَعْطُوْفٌ عَلَيْهِ – مَعْطُوْف) – تَمْيِيْزٌ	singular	agree	وَاحِدٌ وَثَلَاثُوْنَ وَلَدًا وَاحِدَةٌ وَّثَلَاثُوْنَ بِنْتًا
Tens + 3–9	(مَعْطُوْفٌ عَلَيْهِ – مَعْطُوْف) – تَمْيِيْزٌ	singular	chiastic concord	ثَلَاثَةٌ وَأَرْبَعُوْنَ وَلَدًا ثَلَاثٌ وَّأَرْبَعُونَ بِنْتًا

Numbers 100 and 1,000

Translation	Arabic	Translation	Arabic
one thousand	أَلْفٌ ج آلَافٌ، أُلُوْفٌ	one hundred	مِائَةٌ ج مِئَاتٌ

The numbers one hundred and one thousand become مُضَافٌ to the مَعْدُوْدٌ, which will be in its singular form.

﴿أَلْفِ شَهْرٍ﴾

one thousand months

شَهْرٍ	أَلْفِ
مُضَافٌ إِلَيْهِ	مُضَافٌ
مَعْدُوْدٌ	عَدَدٌ

﴿مِائَةَ عَامٍ﴾

one hundred years

عَامٍ	مِائَةَ
مُضَافٌ إِلَيْهِ	مُضَافٌ
مَعْدُوْدٌ	عَدَدٌ

Notes

The ا in مِائَةٌ is silent. In some scripts it is also written as مِئَةٌ.

Vocab

English	Arabic	English	Arabic
house, (land)	دَارٌ ج دِيَارٌ، دُوْرٌ (مث)	leader	أَمِيْرٌ ج أُمَرَاءُ
year	عَامٌ ج أَعْوَامٌ	stingy	بَخِيْلٌ ج بُخَلَاءُ
dirty	وَسِخٌ	city	بَلَدٌ ج بِلَادٌ

Exercise 15

Translate the following.

١) مِائَةُ أَمِيْرٍ
٢) أَلْفُ بَخِيْلٍ
٣) مِائَةُ بَلَدٍ
٤) أَلْفُ دَرٍ
٥) مِائَةُ عَامٍ
٦) أَلْفُ سِكِّيْنٍ

Exercise 16

Fill in the blanks with the number from the brackets and make the necessary grammatical changes.

١) .... سَفِيْنَةٌ (١٠٠)
٢) .... دَرَجَةٌ (١٠٠٠)
٣) .... صَيْحَةٌ (١٠٠٠)
٤) .... فَرَسٌ (١٠٠)
٥) .... أَسَدٌ (١٠٠)
٦) .... حِمَارٌ (١٠٠٠)

Exercise 17

Translate the following.

٧) سَافَرَ الْمُسَافِرُوْنَ مِائَةَ مِيْلٍ

٨) مَاتَ أَلْفَا مُسَافِرٍ ومِائَتَا حِمَارٍ

٩) يَوْمَ بَدْرٍ كَانَ مُشْرِكُوْ مَكَّةَ أَلْفًا

١٠) رَأَى الْأَوْلَادُ الصِّغَارُ أَلْفَ نَجْمٍ

١١) مَا أَطْعَمَ هٰذَا الرَّجُلُ مِائَةَ فَقِيْرٍ بَلْ أَلْفًا

١٢) لَبِثَ نُوْحٌ أَلْفَ سَنَةٍ إِلَّا خَمْسِيْنَ عَامًا

١٣) الْبَارِحَةَ قَرَأَ الطَّالِبُ مِائَتَيْ صَفْحَةٍ قَائِمًا

١٤) بَنَى مُسْلِمُو الْبَلَدِ مِائَةَ مَسْجِدٍ لَا مَسْجِدًا أَو مَسْجِدَيْنِ

مِائَةٌ and أَلْفٌ as مَعْدُوْدٌ of other numbers

مِائَةٌ and أَلْفٌ can also become the مَعْدُوْدٌ of other numbers.

When مِائَةٌ becomes the مَعْدُوْدٌ of a number between three and ten it remains singular, unlike the other numbers which become plural.

ثَلَاثُ مِائَةِ رَجُلٍ
three hundred men

أَرْبَعَةُ آلَافِ رَجُلٍ
four thousand men

ثَلَاثُ	مِائَةِ	رَجُلٍ
مُضَافٌ	مُضَافٌ إِلَيْهِ / مُضَافٌ	مُضَافٌ إِلَيْهِ

أَرْبَعَةُ	آلَافِ	رَجُلٍ
مُضَافٌ	مُضَافٌ إِلَيْهِ / مُضَافٌ	مُضَافٌ إِلَيْهِ

Exercise 18

Translate the following.

١) مِائَتَا آيَةٍ

٢) سِتُّ مِائَةِ تَمْرَةٍ

٣) سِتَّةُ آلَافِ نَجْمٍ

٤) ثَلَاثُ مِائَةِ فَقِيْرٍ

٥) تِسْعَةُ آلَافِ عِبَادٍ

٦) ثَلَاثَةُ آلَافِ صَنَمٍ

٧) سَبْعَةُ آلَافِ عَدُوٍّ

٨) أَرْبَعُ مِائَةِ يَهُوْدِيٍّ

٩) ثَمَانِيْ مِائَةِ مَرِيْضٍ

١٠) أَرْبَعَةُ آلَافِ ضَيْفٍ

١١) خَمْسُ مِائَةِ مَدْرَسَةٍ

١٢) خَمْسَةُ آلَافِ نَصْرَانِيٍّ

Exercise 19

Fill in the blanks with the number from the brackets and make the necessary grammatical changes.

١) .... صَلَاةٌ (٢٠٠)

٢) .... غُرْفَةٌ (١٠٠)

٣) .... حَاجَةٌ (٤٠٠)

٤) .... حَدِيْقَةٌ (٥٠٠)

٥) .... كَبْشٌ (٦٠٠٠)

٦) .... كَلْبٌ (٧٠٠٠)

٧) .... مِيْلٌ (٩٠٠٠)

٨) .... جُنَيْهٌ (٧٠٠)

٩) .... طَيْرٌ (٥٠٠٠)

Exercise 20

Translate the following.

١) رَجَعَ تِسْعُ مِائَةِ حَاجٍّ الْيَوْمَ

٢) بَاعَ التَّاجِرُ الْغَنِيُّ تِسْعَ مِائَةِ تَمْرَةٍ

٣) يَوْمَ بَدْرٍ كَانَ الصَّحَابَةُ ثَلَاثَ مِائَةٍ

٤) لَبِثَ نُوْحٌ أَلْفَ سَنَةٍ إِلَّا خَمْسِيْنَ عَامًا

٥) أَطْعَمَ الرَّجُلُ الْكَرِيْمُ ثَلَاثَةَ آلَافِ ضَيْفٍ

٦) قَطَعَ النَّاسُ أَرْبَعَةَ آلَافِ شَجَرَةٍ هٰذِهِ السَّنَةَ

٧) مَا أَعْطَى الرَّجُلُ الْفَقِيْرَ أَلْفَ جُنَيْهٍ وَلَا خَمْسَ مِائَةٍ

٨) ماتَ هٰذِهِ السَّنَةَ ثَلَاثُ مِائَةِ رَجُلٍ وَخَمْسُ مِائَةِ امْرَأَةٍ

٩) بَنَى مُسْلِمُو الْبَلَدِ مِائَةَ مَسْجِدٍ لَا مَسْجِدًا أَو مَسْجِدَيْنِ

١٠) قَتَلَ الْمَلِكُ الظَّالِمُ أَرْبَعَةَ آلَافِ رَجُلٍ لَا مِائَةً أَو مِائَتَيْنِ

Joining Thousands, Hundreds, Tens, and Units

Thousands, hundreds, tens, and units are joined with وَ in the following order:

3,525

Tens		*Units*		*Hundreds*		*Thousands*
عِشْرُوْنَ	وَ	خَمْسٌ	وَ	خَمْسُ مِائَةٍ	وَ	ثَلَاثَةُ آلَافٍ

Exercise 21

Translate the following.

١) يَرَى النَّاسُ نَحْوَ أَلْفِ نَجْمٍ

٢) هٰذَا الْكِتَابُ أَلْفَانِ وَمِائَتَا صَفْحَةٍ

٣) مَضَى أَرْبَعَةُ آلَافٍ وَسِتُّ مِائَةِ يَوْمٍ

٤) مَا بَقِيَ إِلَّا تِسْعُ مِائَةٍ وَعِشْرُوْنَ قَلَمًا

٥) الْيَوْمَ اعْتَمَرَ نَحْوُ تِسْعَةِ آلَافِ مُسْلِمٍ

٦) عَدَدُ الْأَنْبِيَاءِ نَحْوُ مِائَةٍ وَعِشْرِيْنَ أَلْفًا

٧) كَانَ الصَّحَابَةُ يَوْمَ فَتْحِ مَكَّةَ عَشَرَةَ آلَافٍ

٨) كَانَ الصَّحَابَةُ يَوْمَ الْحُدَيْبِيَّةِ أَلْفًا وَأَرْبَعَ مِائَةٍ

٩) الْبَارِحَةَ اجْتَمَعَ أَرْبَعَةُ آلَافٍ وَخَمْسُ مِائَةِ رَجُلٍ

١٠) لَقَدْ سَافَرَ هٰؤُلَاءِ الضُّيُوْفُ نَحْوَ سِتِّ مِائَةِ مِيْلٍ

١١) قَدْ حَفِظَتِ الْبِنْتُ ثَلَاثَ مِائَةٍ وَبِضْعًا وَعِشْرِيْنَ آيَةً

١٢) هٰذَا الْأُسْبُوْعَ بَاعَ التُّجَّارُ أَرْبَعَةَ آلَافٍ وَتِسْعَ مِائَةِ كِتَابٍ

Summary

Number	Structure of the عَدَدٌ - مَعْدُوْدٌ	Number of the مَعْدُوْدٌ	Gender of the عَدَدٌ	Example
1–2	مَنْعُوْتٌ نَعْتٌ	agree	agree	وَلَدٌ وَاحِدٌ بِنْتٌ وَاحِدَةٌ
3–10	مُضَافٌ مُضَافٌ إِلَيْهِ	plural	chiastic concord	ثَلَاثَةُ أَوْلَادٍ ثَلَاثُ بَنَاتٍ
11–12	تَمْيِيْزٌ	singular	agree	أَحَدَ عَشَرَ وَلَدًا إِحْدٰى عَشْرَةَ بِنْتًا
13–19	تَمْيِيْزٌ	singular	chiastic concord	ثَلَاثَةَ عَشَرَ وَلَدًا ثَلَاثَ عَشْرَةَ بِنْتًا
Tens	تَمْيِيْزٌ	singular	unchanged	عِشْرُوْنَ وَلَدًا عِشْرُوْنَ بِنْتًا
Tens + 1–2	(مَعْطُوْفٌ عَلَيْهِ – مَعْطُوْف) – تَمْيِيْزٌ	singular	agree	وَاحِدٌ وَثَلَاثُوْنَ وَلَدًا وَاحِدَةٌ وَثَلَاثُوْنَ بِنْتًا
Tens + 3–9	(مَعْطُوْفٌ عَلَيْهِ – مَعْطُوْف) – تَمْيِيْزٌ	singular	chiastic concord	ثَلَاثَةٌ وَأَرْبَعُوْنَ وَلَدًا ثَلَاثٌ وَأَرْبَعُونَ بِنْتًا
100	مُضَافٌ مُضَافٌ إِلَيْهِ	singular	unchanged	مِائَةُ وَلَدٍ مِائَةُ بِنْتٍ
1,000	مُضَافٌ مُضَافٌ إِلَيْهِ	singular	unchanged	أَلْفُ وَلَدٍ أَلْفُ بِنْتٍ

Supplementary Numbers

The word بِضْعٌ and its feminine بِضْعَةٌ, are used to express the meaning of few or -odd, referring to a quantity between three and nine.

It can be used in two ways:

1. On its own

﴿لَبِثَ﴾ يُوسُفُ ﴿بِضْعَ سِنِينَ﴾

Yusuf remained for a few years.

2. Together with a ten

«الإِيْمَانُ بِضْعٌ وَّسَبْعُونَ شُعْبَةً»

Faith is seventy-odd branches.

The rules of بِضْعٌ and بِضْعَةٌ are the same as the numbers three to ten; they have chiastic concord with the مَعْدُوْدٌ.

بِضْعَةُ رِجَالٍ	بِضْعُ نِسَاءٍ

Exercise 22

Translate the following.

١) بِضْعَةُ أَمْيَالٍ

٢) بِضْعُ دَرَجَةٍ

٣) بِضْعُ سُفُنٍ

٤) بِضْعَةُ أَعْوَامٍ

٥) بِضْعُ قَطَرَاتٍ

٦) بِضْعَةُ جُنَيْهَاتٍ

٧) بِضْعُ صَلَوَاتٍ

٨) بِضْعَةُ سَكَاكِيْنَ

Ordinal Numbers

Ordinal Numbers 1st–10th

The ordinal numbers first to tenth are listed below.

English	Arabic	English	Arabic
sixth	السَّادِسُ / السَّادِسَةُ	first	الْأَوَّلُ / الْأُوْلَى
seventh	السَّابِعُ / السَّابِعَةُ	second	الثَّانِي / الثَّانِيَةُ
eighth	الثَّامِنُ / الثَّامِنَةُ	third	الثَّالِثُ / الثَّالِثَةُ
ninth	التَّاسِعُ / التَّاسِعَةُ	fourth	الرَّابِعُ / الرَّابِعَةُ
tenth	الْعَاشِرُ / الْعَاشِرَةُ	fifth	الْخَامِسُ / الْخَامِسَةُ

The ordinal numbers first to tenth come in the pattern of the اِسْمُ الْفَاعِلِ.

The ordinal numbers become the نَعْتٌ of the item they are describing.

Ordinal Number		Cardinal Number
الْيَوْمُ الثَّالِثُ	⬅	ثَلَاثَةُ أَيَّامٍ
السَّنَةُ الثَّالِثَةُ		ثَلَاثُ سَنَاوَاتٍ

In tarkib, the ordinal numbers become the نَعْتٌ.

الثَّالِثَةُ	السَّنَةُ
نَعْتٌ	مَنْعُوْتٌ

Notes

The ordinal numbers first and sixth are irregular: they are not formed from the same letters as the cardinal numbers.

السَّادِسُ – السَّادِسَةُ	الْأَوَّلُ – الْأُوْلَى
sixth	*first*

Exercise 23

Translate the following.

٩) الْبَحْرُ الثَّالِثُ

١٠) الْبَقَرَةُ الرَّابِعَةُ

١١) الْبَلَدُ الْعَاشِرُ

١٢) الْجَوَابُ السَّادِسُ

١٣) الْحَاجَةُ الْأُوْلَى

١٤) الْحَدِيْقَةُ الثَّالِثَةُ

١٥) الدَّرَجَةُ الْعَاشِرَةُ

١٦) الدُّكَّانُ التَّاسِعُ

١٧) السَّفِيْنَةُ التَّاسِعَةُ

١٨) السَّيْفُ الرَّابِعُ

١٩) الشَّجَرَةُ الْخَامِسَةُ

٢٠) الصَّفْحَةُ الثَّانِيَةُ

٢١) الصَّلَاةُ الثَّامِنَةُ

٢٢) الطَّيْرُ الثَّامِنُ

٢٣) الْعَامُ الْأَوَّلُ

٢٤) الْعَرْشُ الْخَامِسُ

٢٥) الْغُرْفَةُ السَّابِعَةُ

٢٦) الْمِيْلُ السَّادِسَةُ

٢٧) الْقَطْرَةُ الثَّانِيْ

٢٨) الْوَجْهُ السَّابِعُ

Exercise 24

Fill in the blanks with the corresponding ordinal number.

١) الْآيَةُ ..... (٦)

٢) الْبَابُ..... (٦)

٣) الْبُرْهَانُ .... (١٠)

٤) الْبَيِّنَةُ ..... (١٠)

٥) التُّفَّاحَةُ..... (١)

٦) التَّمْرَةُ ..... (٥)

٧) الْجُزْءُ ..... (٤)

٨) الْحَجَرُ ..... (١)

٩) الدَّقِيْقَةُ ..... (٢)

١٠) الْحَسَنَةُ ..... (٢)

١١) الْحَقِيْبَةُ ..... (٨)

١٢) الدَّرْسُ ..... (٥)

١٣) الْحَجَرُ..... (٣)

١٤) الرَّطْلُ ..... (٨)

١٥) الرُّمَّانَةُ ..... (٧)

١٦) السَّاعَةُ ..... (٤)

١٧) الشَّيْءُ ..... (٣)

١٨) اللِّتْرُ ..... (٧)

١٩) الْمُهَاجِرُ ..... (٩)

٢٠) النِّعْمَةُ ..... (٩)

Ordinal Number: 11-19

The ordinal numbers eleventh to nineteenth agree in gender. However, only the unit will have an ال, not the ten.

الْيَوْمُ الثَّالِثُ عَشَرَ

السَّنَةُ الثَّالِثَةُ عَشَرَ

Below are the numbers three to ten. Notice the pattern of eleventh.

English	Arabic	English	Arabic
sixteenth	السَّادِسَ عَشَرَ / السَّادِسَةَ عَشْرَةَ	eleventh	الْحَادِيَ عَشَرَ/ الْحَادِيَةَ عَشْرَةَ
seventeenth	السَّابِعَ عَشَرَ/ السَّابِعَةَ عَشْرَةَ	twelfth	الثَّانِيَ عَشَرَ/ الثَّانِيَةَ عَشْرَةَ
eighteenth	الثَّامِنَ عَشَرَ/ الثَّامِنَةَ عَشْرَةَ	thirteenth	الثَّالِثَ عَشَرَ/ الثَّالِثَةَ عَشْرَةَ
nineteenth	التَّاسِعَ عَشَرَ/ التَّاسِعَةَ عَشْرَةَ	fourteenth	الرَّابِعَ عَشَرَ/ الرَّابِعَةَ عَشْرَةَ
		fifteenth	الْخَامِسَ عَشَرَ/ الْخَامِسَةَ عَشْرَةَ

Exercise 25

Translate the following.

١) الْجَنَاحُ الثَّالِثَ عَشَرَ

٢) الْجُنَيْهُ السَّابِعَ عَشَرَ

٣) الْجَوَابُ السَّادِسَ عَشَرَ

٤) الْحَدِيْقَةُ السَّادِسَةَ عَشْرَةَ

٥) الدَّرَجَةُ الثَّالِثَةَ عَشْرَةَ

٦) الدُّكَّانُ الثَّانِيَ عَشَرَ

٧) السَّفِيْنَةُ الرَّابِعَةَ عَشْرَةَ

٨) السِّكِّيْنُ الرَّابِعَ عَشَرَ

٩) السُّؤَالُ الثَّامِنَ عَشَرَ

١٠) الصَّفْحَةُ الْخَامِسَةَ عَشْرَةَ

١١) الطَّالِبَةُ التَّاسِعَةَ عَشْرَةَ

١٢) الْعَامُ الْحَادِيَ عَشَرَ

١٣) الْغُرْفَةُ الثَّانِيَةَ عَشْرَةَ

١٤) الْفَلَّاحُ الْخَامِسَ عَشَرَ

١٥) الْقَطْرَةُ الْحَادِيَةَ عَشْرَةَ

١٦) الْكُرْسِيُّ التَّاسِعَ عَشَرَ

١٧) اللَّيْلَةُ السَّابِعَةَ عَشْرَةَ

١٨) النَّارُ الثَّامِنَةَ عَشْرَةَ

Ordinals Numbers 21-99

The unit of the ordinal numbers twenty-second to ninety-ninth agree in gender, whilst the ten remains unchanged. Both the ten and unit will have an ال.

الْيَوْمُ الثَّالِثُ وَالْعِشْرُوْنَ

السَّنَةُ الثَّالِثَةُ وَالثَّلَاثُوْنَ

Exercise 26

Translate the following.

١) الْآيَةُ الثَّالِثَةُ وَالثَّمَانُوْنَ

٢) السَّادِسَةُ وَالْخَمْسُوْنَ

٣) الْيَوْمُ التَّاسِعُ وَالْعِشْرُوْنَ

٤) النَّجْمُ الثَّانِيْ وَالأَرْبَعُوْنَ

٥) السُّوْرَةُ الثَّانِيَةُ وَالتِّسْعُوْنِ

٦) الْبَابُ السَّابِعُ وَالثَّمَانُوْنَ

٧) الضَّيْفُ الرَّابِعُ وَالسِّتُوْنَ

٨) الْغُرْفَةُ الرَّابِعَةُ وَالسَّبْعُوْنَ

٩) الْمَلِكُ الْحَادِيْ وَالثَّلَاثُوْنَ

١٠) الْجَبَلُ الثَّالِثُ وَالْخَمْسُوْنَ

١١) الدَّرْسُ الْخَامِسُ وَالسِّتُوْنَ

١٢) الحَاجَّةُ الْخَامِسَةُ وَالسِّتُوْنَ

١٣) الشَّهْرُ السَّادِسُ وَالسَّبْعُوْنَ

١٤) الْكِتَابُ الثَّامِنُ وَالتِّسْعُوْنِ

١٥) الْمُعَلِّمَةُ الثَّامِنَةُ وَالثَّلَاثُوْنَ

١٦) اللَّيْلَةُ التَّاسِعَةُ وَالْعِشْرُوْنَ

١٧) الْمَدْرَسَةُ الْحَادِيَةُ وَالْعِشْرُوْنَ

١٨) الْمَسْجِدُ السَّابِعَةُ وَالأَرْبَعُوْنَ

Ordinal Numbers: Tens, Hundreds and Thousands

The ordinals with tens from twenty to ninety, and hundreds and thousands without a unit, remain the same as the cardinal numbers.

الْيَوْمُ الْعِشْرُوْنَ	السَّنَةُ الْمِائَةُ	الصَّفْحَةُ الْأَلْفُ
20th day	100th year	1,000th page

Supplement: Nested Phrases

One phrase may be nested within another.

هَذَا الْوَلَدُ الصَّالِحُ صَادِقٌ

This pious boy is truthful.

In this sentence, the demonstrative phrase, this pious boy, consists of a descriptive phrase, pious boy, creating a descriptive phrase nested within the demonstrative phrase.

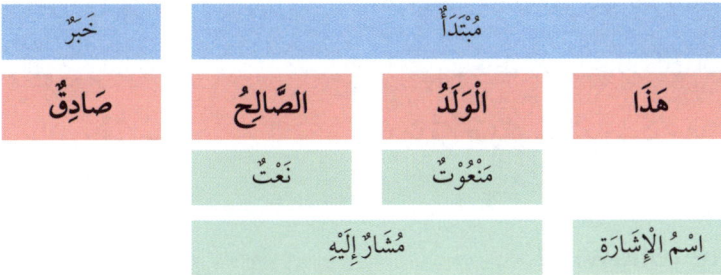

خَبَرٌ	مُبْتَدَأٌ		
صَادِقٌ	الصَّالِحُ	الْوَلَدُ	هَذَا
	نَعْتٌ	مَنْعُوْتٌ	
	مُشَارٌ إِلَيْهِ		اِسْمُ الْإِشَارَةِ

Below is a more complex structure.

[صَدِيْقُ خَالِدٍ] وَ [هٰذَا الرَّجُلُ] قَوِيَّانِ

[Khalid's friend] and [this man] are strong.

The tarkib of this is written as follows:

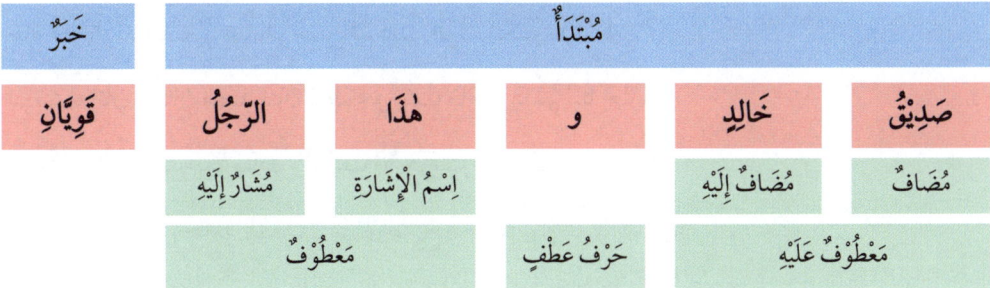

خَبَرٌ	مُبْتَدَأٌ				
قَوِيَّانِ	الرَّجُلُ	هٰذَا	و	خَالِدٍ	صَدِيْقُ
	مُشَارٌ إِلَيْهِ	اِسْمُ الْإِشَارَةِ		مُضَافٌ إِلَيْهِ	مُضَافٌ
	مَعْطُوْفٌ		حَرْفُ عَطْفٍ	مَعْطُوْفٌ عَلَيْهِ	

221

Exercise 1

Translate the following.

١) الاسْمُ قِسْمَانِ مُعْرَبٌ وَمَبْنِيٌّ

٢) تِلْكَ الْبِنْتُ الْمَرِيْضَةُ ضَعِيْفَةٌ

٣) الْفِعْلُ قِسْمَانِ مَعْلُوْمٌ وَمَجْهُوْلٌ

٤) إنَّ هٰذِهِ الْأَقْلَامَ الْجَدِيْدَةَ كَبِيْرَةٌ

٥) لَقَدْ مَضَى ثَلَاثَةُ أَعْوَامٍ وَشَهْرَانِ

٦) لَيْسَ هَذَا الْوَلَدُ الْقَوِيُّ وَلَدًا كَاذِبًا

٧) الْحَرْفُ قِسْمَانِ عَامِلٌ وَغَيْرُ عَامِلٍ

٨) كَذَّبَ فِرْعَوْنُ النَّبِيَّيْنِ مُوْسَى وَهَارُوْنَ

٩) اَلْأَبُ الصَّادِقُ والْأُمُّ الصَّادِقَةُ شَاكِرَانِ

١٠) يَغْفِرُ الرَّبُّ الْغَفُوْرُ هٰذِهِ الذُّنُوْبَ الْكَثِيْرَةَ

١١) أَكَلَ الطِّفْلُ الصَّائِمُ اللَّحْمَ الْحَارَّ وَالْخُبْزَ

١٢) جَاءَتْ هَاتَانِ الْمَرأَتَانِ الطَّوِيْلَتَانِ رَاكِبَتَيْنِ

١٣) شَرِبَتْ فَاطِمَةُ بِنْتُ خَالِدٍ ذَلِكَ الْمَاءَ الْبَارِدَ

١٤) مَا قَرَأَ صَدِيْقُ مُحَمَّدٍ وبِنْتُ خَالِدٍ الْكِتَابَ الْكَبِيْرَ

Exercise 2

Translate the following.

١) جَعَلَ الرَّبُّ الغَفُوْرُ الْعَبْدَ الصَّالِحَ مُوْسَى نَبِيًّا صَادِقًا

٢) جَاءَ مُعَلِّمُو الْأَوْلَادِ يَوْمَ الْجُمُعَةِ إِلَّا الْمُعَلِّمَ الْجَدِيْدَ خَالِدًا

٣) لَيْسَ هَذَا الْوَلَدُ الصَّالِحُ أَحْمَدُ وَذٰلِكَ الرَّجُلُ خَالِدٌ ضَعِيْفَيْنِ

٤) جَاءَ هٰذَا الْوَلَدُ الصَّغِيْرُ عَبْدُ الرَّحْمٰنِ ثُمَّ ذٰلِكَ الْوَلَدُ الْكَبِيْرُ عَبْدُ اللهِ

٥) شَرِبَتْ هَاتَانِ الْبِنْتَانِ الصَّائِمَتَانِ فَاطِمَةُ وَزَيْنَبُ مَاءً بَارِدًا ثُمَّ لَبَنًا حَارًّا

٦) إنَّ هَؤُلَاءِ الْأُمَّهَاتِ الْمُؤْمِنَاتِ وَأُولٰئِكَ الْأَخَواتِ الْمُسْلِمَاتِ صَادِقَاتٌ

٧) رَأَى أَحْمَدُ صَدِيْقُ حَامِدٍ الْمُعَلِّمَ زُبَيْرًا والشَّيْخَ مُحَمَّدًا يَوْمَ الْعِيْدِ سَاكِتَيْنِ

٨) إِنَّ أُخْتَ خَالِدٍ عَائِشَةَ وَأُولٰئِكَ الْبَنَاتِ الصَّالِحَاتِ خَدِيْجَةَ وَمَرْيَمَ وَآمِنَةَ صَائِمَاتٌ

٩) خُلَفَاءُ رَسُوْلِ اللهِ ﷺ الْخُلَفَاءُ الرَّاشِدُوْنَ أَرْبَعٌ أَبُوْ بَكْرٍ وَعُمَرُ وَعُثْمَانُ وَعَلِيٌّ رضي الله عنهم

١٠) مَا جَاءَ أَمْسِ يَوْمَ الْجُمُعَةِ إِلَّا مُحَمَّدٌ وَلَدُ ذٰلِكَ الْمُعَلِّمِ الْجَدِيْدِ وَتِلْكَ الْبِنْتُ الصَّغِيْرَةُ زَيْنَبُ

١١) يَقْرَأُ الْمُسْلِمُوْنَ سُوْرَةَ الْإِخْلَاصِ وَالْمُعَوِّذَتَيْنِ سُوْرَةَ الْفَلَقِ وَسُوْرَةَ النَّاسِ ثَلَاثَ مَرَّاتٍ صَبَاحًا وَمَسَاءً

Possessive Phrases with Other Phrases

The مُضَافٌ إِلَيْهِ and مُضَافٌ cannot be separated. Therefore, when they are given with any other phrase, they remain together, and the other phrases are adjusted accordingly.

Possessive Phrases with a Descriptive Phrase

The نَعْتٌ of the مُضَافٌ إِلَيْهِ comes after it.

كِتَابُ الرَّجُلِ الْفَقِيْرِ

the poor man's book

The tarkib of this is written as follows:

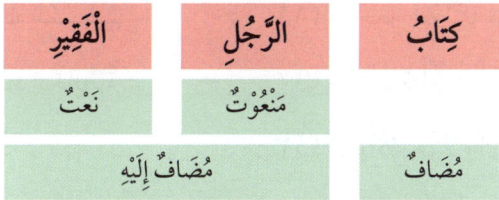

الْفَقِيْرِ	الرَّجُلِ	كِتَابُ
نَعْتٌ	مَنْعُوْتٌ	
مُضَافٌ إِلَيْهِ		مُضَافٌ

The نَعْتٌ of the مُضَافٌ also comes after the مُضَافٌ إِلَيْهِ.

كِتَابُ الرَّجُلِ الْكَبِيْرُ

the man's big book

The tarkib of this is written as follows:

الْكَبِيْرُ	الرَّجُلِ	كِتَابُ
	مُضَافٌ إِلَيْهِ	مُضَافٌ
نَعْتٌ	مَنْعُوْتٌ	

If the مُضَافٌ is in the مَجْرُوْرٌ state, context will help determine whether the نَعْتٌ is linked to the مُضَافٌ or the مُضَافٌ إِلَيْهِ.

If there is no context, it will not be possible to determine which word it is becoming the نَعْتٌ of.

مِفْتَاحُ بَابِ الْبَيْتِ الصَّغِيْرِ

the key of the door of the small house
the key of the small door of the house

Notes

The مُضَافٌ and its نَعْتٌ may both be مَعْرِفَةٌ, even though the مُضَاف does not have an ال.

كِتَابُ الرَّجُلِ الْكَبِيْرُ

Exercise 3

Translate the following.

١) يَقْبَلُ اللهُ أَعْمَالَ الْعِبَادِ الْمُخْلِصِيْنَ

٢) أَكَلَ أَصْدِقَاءُ أَحْمَدَ طَعَامَ الْأُمِّ اللَّذِيْذَ

٣) إِنَّ دِيْنَ الْإِسْلَامِ لَصِرَاطُ اللهِ الْمُسْتَقِيْمُ

٤) لَا يَقْبَلُ اللهُ إِلَّا أَعْمَالَ الْعِبَادِ الْخَالِصَةَ

٥) إِنَّ أَنْبِيَاءَ اللهِ الصَّادِقِيْنَ هَادُوْنَ مُهْتَدُوْنَ

٦) مَسْجِدُ النَّبِيِّ الْكَرِيْمِ ﷺ مَسْجِدٌ مُبَارَكٌ

٧) أَوَّلًا يَحْفَظُ الْأَوْلَادُ سُوَرَ الْقُرْآنِ الْقِصَارَ

٨) إِنَّ مَدِيْنَةَ الرَّسُوْلِ الْمُنَوَّرَةَ لَمَدِيْنَةٌ مُبَارَكَةٌ

٩) مَا يَرْجُو الْمُؤْمِنُوْنَ إِلَّا رَحْمَةَ اللهِ الْوَاسِعَةَ

١٠) مَا يَرْجُو الْمُؤْمِنُوْنَ إِلَّا رَحْمَةَ اللهِ الرَّحِيْمِ

١١) مَا جَعَلَ اللهُ لَيْلَةً مِثْلَ لَيْلَةِ الْقَدْرِ الْمُبَارَكَةِ

١٢) لَا تَصُوْمُ أُخْتُ أَحْمَدَ الْمَرِيْضَةُ غَيْرَ رَمَضَانَ

١٣) إِن يَّأْكُلْ هٰؤُلَاءِ الرِّجَالُ إِلَّا أَكْلَ بَقَرَةٍ جَائِعَةٍ

١٤) مَا قَرَأَتِ الْبِنْتُ إِلَّا صَفْحَةَ الْكِتَابِ الْأَخِيْرَةَ

١٥) يَوْمَ الْجُمُعَةِ الْمُبَارَكَةِ يَخْطُبُ إِمَامُ الْمَسْجِدِ الْجَدِيْدُ

١٦) لَا يَخْطُبُ إِمَامُ الْمَسْجِدِ الْجَدِيدِ غَيْرَ يَوْمِ الْجُمُعَةِ

Notes

Although uncommon, it is possible to have a نَعْتٌ of a possessive phrase, wherein the مُضَافٌ is نَكِرَةٌ.

هٰذَا كِتَابُ نَحْوٍ كَبِيْرٌ

This is a large book of Nahw.

Possessive Phrases with a Demonstrative Phrase

When an اِسْمُ الْإِشَارَةِ comes with a possessive phrase, the مُشَارٌ إِلَيْهِ can either be the مُضَافٌ or the مُضَافٌ إِلَيْهِ.

The مُشَارٌ إِلَيْهِ as the مُضَافٌ إِلَيْهِ

If the مُشَارٌ إِلَيْهِ is the مُضَافٌ إِلَيْهِ, there are no significant changes to the structure.

كِتَابُ هٰذَا الرَّجُلِ

this man's book

The tarkib of this is written as follows:

الرَّجُلِ	هٰذَا	كِتَابُ
مُشَارٌ إِلَيْهِ	اِسْمُ الْإِشَارَةِ	
مُضَافٌ إِلَيْهِ		مُضَافٌ

The مُشَارٌ إِلَيْهِ as the مُضَافٌ

If the مُشَارٌ إِلَيْهِ is the مُضَافٌ, the اِسْمُ الْإِشَارَةِ must come after the مُضَافٌ إِلَيْهِ.

كِتَابُ الرَّجُلِ هٰذَا

this book of the man

The tarkib of this is written as follows:

هٰذَا	الرَّجُلِ	كِتَابُ
	مُضَافٌ إِلَيْهِ	مُضَافٌ
اِسْمُ الْإِشَارَةِ الْمُؤَخَّرُ	مُشَارٌ إِلَيْهِ مُقَدَّمٌ	

The مُشَارٌ إِلَيْهِ as a Name

If the مُشَارٌ إِلَيْهِ is a name, the اِسْمُ الإِشَارَةِ must come after the مُشَارٌ إِلَيْهِ.

زَيْدٌ هٰذَا
this Zaid

The tarkib of this is written as follows:

زَيْدٌ	هٰذَا
مُشَارٌ إِلَيْهِ مُقَدَّمٌ	اِسْمُ الإِشَارَةِ المُؤَخَّرُ

In these examples, the اِسْمُ الإِشَارَةِ cannot be brought before the مُشَارٌ إِلَيْهِ, as it would become مبتدأ and خبر.

هٰذَا زَيْدٌ	هٰذَا كِتَابُ الرَّجُلِ
This is Zaid.	This is the man's book

Exercise 4

Translate the following.

١) عُمَرُ ذٰلِكَ أَبُوْ حَامِدٍ

٢) سُوَرُ الْقُرْآنِ هٰذِهِ طِوَالٌ

٣) إِنَّ أَرْضَ اللهِ هٰذِهِ فِرَاشٌ

٤) إِنَّ يَدَ الطِّفْلِ هٰذِهِ وَسِخَةٌ

٥) نُجُوْمُ السَّمَاءِ هٰذِهِ جَمِيْلَةٌ

٦) إِنَّ سُوَرَ الْقُرْآنِ تِلْكَ لَقِصَارٌ

٧) إِنَّ قَطَرَاتِ الْمَاءِ تِلْكَ لَنَجِسٌ

٨) إِنَّ نُجُوْمَ السَّمَاءِ هٰذِهِ لَجَمِيْلَةٌ

٩) لَيْسَ قَاضِي الْمَدِيْنَةِ هٰذَا ظَالِمًا

١٠) جَاءَ ضُيُوْفُ أَحْمَدَ هٰؤُلَاءِ أَمْسِ

١١) إِنَّ تُجَّارَ البِلَادِ أُولٰئِكَ لَصَادِقُوْنَ

١٢) ابْنَا حَامِدٍ هٰذَانِ ذَوَا عِلْمٍ وَشَرَفٍ

١٣) يَنْكِحُ ابْنُ خَالِدٍ هٰذَا بِنْتَ عَبْدِ اللهِ تِلْكَ

١٤) إِنَّ عُلَمَاءَ الْمَدْرَسَةِ هٰؤُلَاءِ لَصَالِحُوْنَ مُتَّقُوْنَ

١٥) يَقْطَعُ هٰذَانِ الرَّجُلَانِ الْقَوِيَّانِ شَجَرَةَ الْحَدِيْقَةِ هٰذِهِ

١٦) سَمَّى الْجَدُّ ابْنَ خَالِدٍ ذٰلِكَ عَبْدَ الرَّحْمٰنِ وَبِنْتَ زَيْنَبَ تِلْكَ أَمَةَ الرَّحْمٰنِ

Possessive Phrases with an Appositive Phrase

Appositive phrases are commonly used with possessive phrases in Arabic names.

مُحَمَّدُ بْنُ عَبْدِ اللهِ

Muhammad, son of Abdullah

The tarkib of this is written as follows:

اللهِ	عَبْدِ	بْنُ	مُحَمَّدُ
مُضَافٌ إِلَيْهِ	مُضَافٌ إليه / مُضَافٌ	مُضَافٌ	
بَدَلٌ			مُبْدَلٌ مِنْهُ

Rules of the Word ابْنٌ in a مُبْدَلٌ-بَدَلٌ Structure

Name After ابْنٌ

The name after اِبْنٌ can either be:

1. The father. In this case, the letter ا is dropped from the beginning of ابْنٌ.

   مُحَمَّدُ بْنُ عَبْدِ اللهِ ﷺ

   In this example, because عَبْدُ اللهِ is the father of مُحَمَّدٌ, the ا from ابْنٌ is dropped.

2. Someone other than the father. In this case, the ا must remain intact.

   عِيسَى ابْنَ مَرْيَمَ عَلَيْهِ السَّلَامُ

   In this example, because مَرْيَمُ is not the father of عِيسَى, the ا from ابْنٌ is not dropped.

   In both cases, it remains silent, and is not pronounced.

Name Before ابْنٌ

If the name before ابْنٌ is not غَيْرُ مُنْصَرِفٌ, i.e. it has a تَنْوِيْنٌ, it will be read and written without تَنْوِيْنٌ to make pronunciation easier.

عَلِيُّ بْنُ أَبِيْ طَالِبٍ ﵁

In this example, the تَنْوِيْنٌ drops from عَلِيٌّ.

The tarkib of complex names is written as follows:

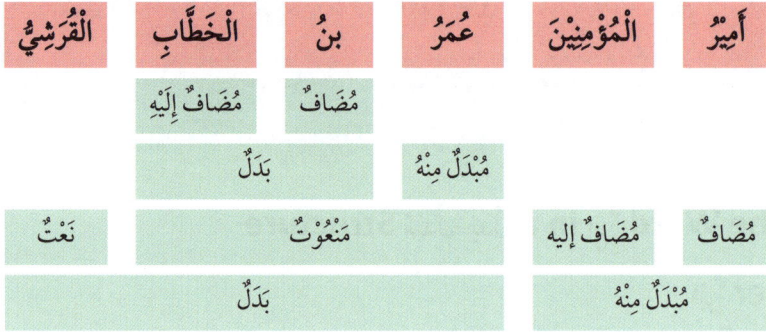

الْقُرَشِيُّ	الْخَطَّابِ	بنُ	عُمَرُ	الْمُؤْمِنِيْنَ	أَمِيْرُ
	مُضَافٌ إِلَيْهِ	مُضَافٌ			
	بَدَلٌ		مُبْدَلٌ مِنْهُ		
نَعْتٌ	مَنْعُوْتٌ			مُضَافٌ إليه	مُضَافٌ
بَدَلٌ				مُبْدَلٌ مِنْهُ	

Notes

1. The words ابْنٌ and بِنْتٌ are used as مُضَافٌ to a number to show age.

أَنَا ابْنُ عِشْرِيْنَ سَنَةً

I am twenty years old.

[I am the son of twenty years.]

2. A يَاءُ النِّسْبَةِ, the يَاءٌ of attribution can be added to a noun. This then becomes the نَعْتٌ of the name.

سَلْمَانُ الْفَارِسِيُّ ﵁

Salman, the Persian

Exercise 5

Translate the following.

١) كَانَ عُثْمَانُ بْنُ عَفَّانَ ﵁ ذَا النُّوْرَيْنِ

٢) كَانَ الإِمَامُ مَالِكُ بْنُ أَنَسٍ إِمَامَ الْمَدِيْنَةِ

٣) كَانَ عُمَرُ بنُ الْخَطَّابِ ﵁ أَمِيرَ الْمُؤْمِنِيْنَ

٤) لَيْسَ عِيْسَى ابْنُ مَرْيَمَ ﵇ إِلٰهًا بَلْ عَبْدَ اللهِ

٥) كَانَ مُوْسَى بْنُ عِمْرَانَ ﵇ نَبِيَّ بَنِيْ إِسْرَائِيْلَ

٦) مُحَمَّدُ بْنُ عَبْدِ اللهِ عَبْدُ اللهِ وَرَسُوْلُ الْمُسْلِمِيْنَ ﷺ

٧) كَانَ أَبُوْ بَكْرٍ عَبْدُ اللهِ بنُ قُحَافَةَ خَلِيْفَةَ رَسُوْلِ اللهِ ﷺ

٨) سَمَّى رَسُوْلُ اللهِ أَسْمَاءَ بِنْتَ أَبِيْ بَكْرٍ ﵄ ذَاتَ النِّطَاقَيْنِ

٩) كَانَ أَبُوْ عُبَيْدَةَ عَامِرُ بْنُ عَبْدِ اللهِ بْنِ الْجَرَّاحِ ﵁ أَمِيْنَ هٰذِهِ الأُمَّةِ

Rules of تَنْوِيْنٌ

1. A تَنْوِيْنٌ is originally a نْ written in the form of a double فَتْحَةٌ, ضَمَّةٌ or كَسْرَةٌ.

رَجُلٌ ← رَجُلُنْ

رَجُلًا ← رَجُلَنْ

رَجُلٍ ← رَجُلِنْ

2. If an اَلْ follows a word with a تَنْوِيْنٌ, the تَنْوِيْنٌ will be written as a نِ in subscript and it will be given a كَسْرَةٌ.

﴿كَذَّبَتْ قَوْمُ لُوطٍ الْمُرْسَلِينَ﴾ ← كَذَّبَتْ قَوْمُ لُوْطِ نِ الْمُرْسَلِيْنَ

قَرَأَ زَيْدٌ الْكِتَابَ ← قَرَأَ زَيْدُ نِ الْكِتَابَ

جَاءَ صَالِحٌ الْمَرِيْضُ ← جَاءَ صَالِحُ نِ الْمَرِيْضُ

Summary

The following table shows how phrases are joined to other phrases.

	نَعْتٌ	إِشَارَةٌ	عَطْفٌ	بَدَلٌ	إِضَافَةٌ
نَعْتٌ		هذَا الوَلَدُ الصَّالِحُ	وَلَدٌ صَالِحٌ وَبِنْتٌ صَالِحَةٌ وَلَدٌ صَالِحٌ وَمُجْتَهِدٌ	الْوَلَدُ الصَّالِحُ أَحْمَدُ زَيْنَبُ الْبِنْتُ الصَّالِحَةُ	أُمُّ الْوَلَدِ الصَّالِحِ أُمُّ الْوَلَدِ الصَّالِحَةُ
إِشَارَةٌ	هذَا الوَلَدُ الصَّالِحُ		هذَا الْوَلَدُ وَتِلْكَ الْبِنْتُ هؤُلَاءِ الرِّجَالُ وَالنِّسَاءُ	هذَا الْوَلَدُ زَيْدٌ	كِتَابُ هذَا الْوَلَدِ كِتَابُ الْوَلَدِ هذَا
عَطْفٌ	وَلَدٌ صَالِحٌ وَبِنْتٌ صَالِحَةٌ وَلَدٌ صَالِحٌ وَمُجْتَهِدٌ	هذَا الْوَلَدُ وَتِلْكَ الْبِنْتُ هؤُلَاءِ الرِّجَالُ وَالنِّسَاءُ		الْوَلَدَانِ حَامِدٌ وَخَالِدٌ فَاطِمَةُ وَخَدِيْجَةُ الْأُخْتَانِ	كِتَابُ الْوَلَدِ وَالْبِنْتِ
بَدَلٌ	الْوَلَدُ الصَّالِحُ أَحْمَدُ زَيْنَبُ الْبِنْتُ الصَّالِحَةُ	هذَا الْوَلَدُ زَيْدٌ	الْوَلَدَانِ حَامِدٌ وَخَالِدٌ فَاطِمَةُ وَخَدِيْجَةُ الْأُخْتَانِ		مُحَمَّدُ بْنُ عَبْدِ اللهِ
إِضَافَةٌ	أُمُّ الْوَلَدِ الصَّالِحِ أُمُّ الْوَلَدِ الصَّالِحَةُ	كِتَابُ هذَا الْوَلَدِ كِتَابُ الْوَلَدِ هذَا	كِتَابُ الْوَلَدِ وَالْبِنْتِ	مُحَمَّدُ بْنُ عَبْدِ اللهِ	

Completion of Irab Table

In Unit 1, we discussed the irab of six types of مُعْرَبٌ words (page 27). In Unit 3 we discussed the irab of الْأَسْمَاءُ الْخَمْسَةِ (page 183). In this section, we are going to discuss the irab of two more types of words, thereby completing the irab table.

الِاسْمُ الْمَنْقُوْصُ

An اسْمٌ مَنْقُوْصٌ is a word which ends in a يَاءٌ, and is preceded by a كَسْرَةٌ.

الْهَادِيْ

The irab of an اسْمٌ مَنْقُوْصٌ is depicted in the table below. It should be noted that when it has a تَنْوِيْنٌ, its irab is different.

		مَرْفُوْعٌ	مَنْصُوْبٌ	مَجْرُوْرٌ
8	الْاِسْمُ الْمَنْقُوْصُ	ضَمَّةٌ مُقَدَّرَةٌ	فَتْحَةٌ	كَسْرَةٌ مُقَدَّرَةٌ
		الْهَادِيْ هَادِي النَّاسِ	الْهَادِيَ هَادِيَ النَّاسِ	الْهَادِيْ هَادِي النَّاسِ
		هَادٍ	هَادِيًا	هَادٍ

مُقَدَّرَةٌ means hidden, i.e. the ضَمَّةٌ and كَسْرَةٌ are hidden and cannot be seen.

الاسْمُ الْمَقْصُوْرُ

An اِسْمٌ مَقْصُوْرٌ is a noun which ends in a يَاءٌ with a standing أَلِفٌ.

مُوْسٰى، الْهُدٰى، هُدًى

The irab of an اسْمٌ مَقْصُوْرٌ is depicted in the following table. It should be noted that when it has a تَنْوِيْنٌ, its irab is different.

		مَرْفُوْعٌ	مَنْصُوْبٌ	مَجْرُوْرٌ
9	الْاسْمُ الْمَقْصُوْرُ	ضَمَّةٌ مُقَدَّرَةٌ	فَتْحَةٌ مُقَدَّرَةٌ	كَسْرَةٌ مُقَدَّرَةٌ
		الْهُدٰى هُدَى اللهِ	الْهُدٰى هُدَى اللهِ	الْهُدٰى هُدَى اللهِ
		هُدًى	هُدًى	هُدًى

Notes

Even though these words appear to be مَبْنِيٌّ, Arabic grammarians have put these words into a separate category.

Vocab

English	Arabic	English	Arabic
impure	نَجِسٌ	caller	دَاعٍ ج دُعَاةٌ، وْنَ
guide	هَادٍ ج هُدَاةٌ، وْنَ	judge	قَاضٍ ج قُضَاةٌ، وْنَ
valley	وَادٍ ج وُدْيَانٌ، أَوْدِيَةٌ	guided	مُهْتَدٍ ج وْنَ

Exercise 6

Translate the following.

١) هٰذَا خَبَرٌ ثَانٍ

٢) هٰذَا وَادِيْ مَكَّةَ

٣) هٰذَا فِعْلٌ مَاضٍ

٤) هٰذَا قَاضٍ عَادِلٌ

٥) إِنَّ الْقَاضِيَ عَادِلٌ

٦) الْخَبَرُ الثَّانِيْ مَرْفُوْعٌ

٧) بَيْتُ الْقَاضِيْ صَغِيْرٌ

٨) كَانَ الْقَاضِيْ عَادِلًا

٩) مَاتَتْ ثَمَانِيْ بَقَرَاتٍ

١٠) إِنَّ مُوْسَى عليه السلام نَبِيٌّ

١١) هٰذَا الرَّجُلُ هَادٍ وَمُهْتَدٍ

١٢) كَانَ مُوْسَى عليه السلام نَبِيًّا

١٣) آتَى اللهُ مُوسَى الْكِتَابَ

١٤) إِنَّ الْقُرْآنَ لَهُدًى وَشِفَاءٌ

١٥) إِنَّ الْفِعْلَ الْمَاضِيَ مَبْنِيٌّ

١٦) هٰذِهِ الْكَلِمَةُ مَفْعُوْلٌ ثَانٍ

١٧) نَسِيَتْ فَاطِمَةُ ثَمَانِيَ سُوَرٍ

١٨) النَّبِيُّ مُحَمَّدٌ ﷺ هَادٍ مُهْتَدٍ

١٩) لَيْسَ الْفِعْلُ الْمَاضِيْ مُعْرَبًا

٢٠) غَسَلَ النَّاسُ الْأَيْدِيَ الْوَسِخَةَ

٢١) كَانَ هَارُوْنُ أَخَا مُوْسَى عليه السلام

٢٢) مَا الدُّنْيَا إِلَّا مِثْلُ قَطْرَةِ مَاءِ الْبَحْرِ

٢٣) جَعَلَ اللهُ وَادِيَ مَكَّةَ وَادِيًا مُبَارَكًا

٢٤) جَعَلَ اللهُ الْأَنْبِيَاءَ هَادِيْنَ وَمُهْتَدِيْنَ

٢٥) اِشْتَرَى التَّاجِرُ الْغَنِيُّ ثَمَانِيَ حَدَائِقَ

٢٦) لَيْسَ وَادِيْ مَكَّةَ مِثْلَ غَيْرِ وَادِيْ مَكَّةَ

٢٧) لَا يَغْسِلُ أَيْدِيَ الْأَطْفَالِ إِلَّا الْأُمَّهَاتُ

٢٨) كَانَ الشَّيْخُ الْمُتَّقِيْ صَدِيْقَ إِمَامِ الْمَسْجِدِ

Complete Irab Table

		مَرْفُوعٌ	مَنْصُوبٌ	مَجْرُورٌ
1	الْمُفْرَدُ	ضَمَّةٌ	فَتْحَةٌ	كَسْرَةٌ
		كتابٌ	كِتابًا	كِتَابٍ
2	الْجَمْعُ الْمُكَسَّرُ	ضَمَّةٌ	فَتْحَةٌ	كَسْرَةٌ
		كُتُبٌ	كُتُبًا	كُتُبٍ
3	الْمُثَنَّى	(ـَانِ)	(ـَيْنِ)	
		مُسْلِمَانِ	مُسْلِمَيْنِ	
4	جَمْعُ الْمُذَكَّرِ السَّالِمُ	(ـُونَ)	(ـِينَ)	
		مُسْلِمُوْنَ	مُسْلِمِيْنَ	
5	جَمْعُ الْمُؤَنَّثِ السَّالِمُ	ضَمَّةٌ (ـَاتٌ)	كَسْرَةٌ (ـَاتٍ)	
		مُسْلِمَاتٌ	مُسْلِمَاتٍ	
6	غَيْرُ مُنْصَرِفٍ	ضَمَّةٌ	فَتْحَةٌ	
		إِبْرَاهِيمُ، أَنْبِيَاءُ	إِبْرَاهِيمَ، أَنْبِيَاءَ	
7	الْأَسْمَاءُ الْخَمْسَةُ	وَاوٌ	أَلِفٌ	يَاءٌ
		أَبُوْ بَكْرٍ	أَبَا بَكْرٍ	أَبِيْ بَكْرٍ
8	الْاِسْمُ الْمَنْقُوصُ	ضَمَّةٌ مُقَدَّرَةٌ	فَتْحَةٌ	كَسْرَةٌ مُقَدَّرَةٌ
		الْهَادِيْ	الْهَادِيَ	الْهَادِيْ
		هَادٍ	هَادِيًا	هَادٍ
9	الْاِسْمُ الْمَقْصُورُ	ضَمَّةٌ مُقَدَّرَةٌ	فَتْحَةٌ مُقَدَّرَةٌ	كَسْرَةٌ مُقَدَّرَةٌ
		الْهُدٰى	الْهُدٰى	الْهُدٰى
		هُدًى	هُدًى	هُدًى
*	مَبْنِيٌّ	Unchanged		
		هٰذَا	هٰذَا	هٰذَا

Summary

Phrases			
Descriptive Phrases			
مَنْعُوْتٌ	Noun		Agree in DING
نَعْتٌ	Adjective		
	جَمْعُ غَيْرِ الْعُقَلَاءِ، الْجَمْعُ الْمُكَسَّرُ، نَعْتٌ ثَانٍ		
Demonstrative Phrases			
اِسْمُ الْإِشَارَةِ	Demonstrative Pronoun		Agree in DING
مُشَارٌ إِلَيْهِ	Must have ال		
Conjunction Phrases			
حَرْفُ عَطْفٍ	Conjunction		وَ، فَ، ثُمَّ، أَوْ، وَإِمَّا، لَا، وَلَا، بَلْ، (وَ) لٰكِنْ
مَعْطُوْفٌ عَلَيْهِ	The word before the conjunction		Agree in Irab
مَعْطُوْفٌ	The word after the conjunction		
	Multiple مَعْطُوفٌ, خَبرٌ ثَانٍ, separated مَعْطُوْفٌ		
Appositive Phrases			
مُبْدَلٌ مِنْهُ	Noun		Agree in Irab
بَدَلٌ	Noun		
Possessive Phrases			
مُضَافٌ	Owned	مِثْلٌ، غَيْرٌ، ذُوْ، ثَلَاثَةٌ – عَشَرٌ، مِائَةٌ، أَلْفٌ	No اَلْ, no تَنْوِيْنٌ
مُضَافٌ إِلَيْهِ	Owner		مَجْرُوْرٌ

233

Summary

Key Terms

English	Arabic
the five (special) nouns	الْأَسْمَاءُ الْخَمْسَةُ
like, similar	مِثْلٌ
like, similar	أَمْثَالٌ
un-, other than	غَيْرٌ
un-, other than	سِوَى
possessor of	ذُوْ
number	عَدَدٌ
the item being quantified	مَعْدُوْدٌ
few, -odd	بِضْعٌ
few, -odd	نَيِّفٌ
a word which ends in a يَاءٌ which is preceded by a كَسْرَةٌ	اسْمٌ مَنْقُوْصٌ
a noun which ends in a يَاءٌ with a standing أَلِفٌ	اِسْمٌ مَقْصُوْرٌ

English	Arabic
the noun being described	مَنْعُوْتٌ
the adjective	نَعْتٌ
plural of non-humans	جَمْعُ غَيْرِ الْعُقَلَاءِ
demonstrative pronoun	اِسْمُ الْإِشَارَةِ
what is being pointed at	مُشَارٌ إِلَيْهِ
conjunction	حَرْفُ عَطْفٍ
the word before the حَرْفُ الْعَطْفِ	مَعْطُوفٌ عَلَيْهِ
the word after the حَرْفُ الْعَطْفِ	مَعْطُوْفٌ
the second خَبَرٌ	خَبَرٌ ثَانٍ
the second نَعْتٌ	نَعْتٌ ثَانٍ
the first word of an appositive phrase	بَدَلٌ
the second word of an appositive	مُبْدَلٌ مِنْهُ
the possessed	مُضَافٌ
the possessor	مُضَافٌ إِلَيْهِ

Vocabulary

Days of the Week

English	Arabic	English	Arabic
Thursday	يَوْمُ الخَمِيْسِ	Sunday	يَوْمُ الْأَحَدِ
Friday	يَوْمُ الجُمُعَةِ	Monday	يَوْمُ الْإِثْنَيْنِ
Saturday	يَوْمُ السَّبْتِ	Tuesday	يَوْمُ الثُّلَاثَاءِ
		Wednesday	يَوْمُ الْأَرْبعَاءِ

Months of the Year

English	Arabic	English	Arabic
Rajab	رَجَبٌ	Muharram	مُحَرَّمٌ
Shaban	شَعْبَانُ	Safar	صَفَرٌ
Ramadhan	رَمَضَانُ	Rabi al-Awal	رَبِيْعٌ الأَوَّلُ
Shawwal	شَوَّالٌ	Rabi at-Thani	رَبِيْعٌ الثَّانِيْ
Zul Qadah	ذُو الْقِعْدَةِ	Jumada al-Awal	جُمَادَى الْأُوْلَى
Zul Hijjah	ذُو الْحِجَّةِ	Jumada at-Thani	جُمَادَى الْآخِرَةِ

Conjunctions

English	Arabic	English	Arabic
either or	إِمَّا ... أَوْ	and	وَ
not	لَا	then	فَ
neither nor	وَلَا	then	ثُمَّ
rather, but	بَلْ	either or	أَوْ
rather, but	لٰكِنْ	either or	إِمَّا ... وَإِمَّا

Numbers

English	Arabic
one	وَاحِدٌ / وَاحِدَةٌ
two	اِثْنَانِ / اِثْنَتَانِ
three	ثَلَاثٌ / ثَلَاثَةٌ
four	أَرْبَعٌ / أَرْبَعَةٌ
five	خَمْسٌ / خَمْسَةٌ
six	سِتٌّ / سِتَّةٌ
seven	سَبْعٌ / سَبْعَةٌ
eight	ثَمَانٍ / ثَمَانِيَةٌ
nine	تِسْعٌ / تِسْعَةٌ
ten	عَشْرٌ / عَشَرَةٌ
eleven	أَحَدَ عَشَرَ / إِحْدَى عَشْرَةَ
twelve	اِثْنَا عَشَرَ / اِثْنَتَا عَشْرَةَ
thirteen	ثَلَاثَ عَشْرَةَ / ثَلَاثَةَ عَشَرَ
fourteen	أَرْبَعَ عَشْرَةَ / أَرْبَعَةَ عَشَرَ
fifteen	خَمْسَ عَشْرَةَ / خَمْسَةَ عَشَرَ
sixteen	سِتَّ عَشْرَةَ / سِتَّةَ عَشَرَ
seventeen	سَبْعَ عَشْرَةَ / سَبْعَةَ عَشَرَ
eighteen	ثَمَانِيَ عَشْرَةَ / ثَمَانِيَةَ عَشَرَ
nineteen	تِسْعَ عَشْرَةَ / تِسْعَةَ عَشَرَ
twenty	عِشْرُوْنَ
thirty	ثَلَاثُوْنَ
forty	أَرْبَعُوْنَ
fifty	خَمْسُوْنَ
sixty	سِتُّوْنَ
seventy	سَبْعُوْنَ
eighty	ثَمَانُوْنَ
ninety	تِسْعُوْنَ
hundred	مِائَةٌ ج مِئَاتٌ
thousand	أَلْفٌ ج آلَافٌ، أُلُوْفٌ
approximately	نَحْوُ
approximately	حَوَالَي

English	Arabic	English	Arabic
fruit	ثَمَرٌ ج أَثْمَارٌ	camel	إِبِلٌ
recompense, reward	جَزَاءٌ	son	ابْنٌ ج أَبْنَاءٌ، وْنَ
beautiful	جَمِيْلٌ	white	أَبْيَضُ (بَيْضَاءُ) ج بِيْضٌ
wing	جَنَاحٌ ج أَجْنِحَةٍ	red	أَحْمَرُ (حَمْرَاءُ) ج حُمْرٌ
pound (£)	جُنَيْهٌ ج ات	last, ending	آخِرٌ ج وْنَ، أَوَاخِرُ
answer	جَوَابٌ ج أَجْوِبَةٌ	green	أَخْضَرُ (خَضْرَاءُ) ج خُضْرٌ
need	حَاجَةٌ ج ات	last	أَخِيْرٌ
hot	حَارٌّ	call to prayer	أَذَانٌ
garden	حَدِيْقَةٌ ج حَدَائِقُ	blue	أَزْرَقُ (زَرْقَاءُ) ج زُرْق
beautiful, good, nice, pleasant	حَسَنٌ	teacher, professor	أُسْتَاذٌ ج أَسَاتِذَةٌ
All-Wise	حَكِيْمٌ	lion	أَسَدٌ ج أُسْدٌ، أُسُدٌ
Forbearing	حَلِيْمٌ	black	أَسْوَدُ ج سُوْدٌ
brother-in-law	حَمٌ ج أَحْمَاءٌ	yellow	أَصْفَرُ (صَفْرَاءُ) ج صُفْرٌ
donkey	حِمَارٌ ج حَمِيْرٌ، حُمُرٌ	leader	أَمِيْرٌ ج أُمَرَاءُ
living	حَيٌّ ج أَحْيَاءٌ	trustworthy	أَمِيْنٌ
pure	خَالِصٌ	family, people (of)	أَهْلٌ ج وْنَ
bread	خُبْزٌ ج أَخْبَازٌ	first, beginning	أَوَّلُ ج وْنَ، أَوَائِلُ
All-Aware	خَبِيْرٌ	ocean	بَحْرٌ ج بِحَارٌ، أَبْحُرٌ
light	خَفِيْفٌ ج خِفَافٌ	stingy	بَخِيْلٌ ج بُخَلَاءُ
alcohol	خَمْرٌ	cow	بَقَرَةٌ ج بَقَرَاتٌ
house, (land)	دَارٌ ج دِيَارٌ، دُوْرٌ (مث)	city	بَلَدٌ ج بِلَادٌ
caller	دَاعٍ ج دُعَاةٌ، وْنَ	heavy	ثَقِيْلٌ ج ثِقَالٌ

237

English	Arabic
scholar	عَالِمٌ ج وْنَ، عُلَمَاءُ
year	عَامٌ ج أَعْوَامٌ
palatable	عَذْبٌ
throne	عَرْشٌ ج عُرُوْشٌ
great	عَظِيْمٌ
deed, action	عَمَلٌ ج أَعْمَالٌ
room	غُرْفَةٌ ج غُرَفٌ
horse	فَرَسٌ ج أَفْرَاسٌ
grace, virtue	فَضْلٌ
farmer	فَلَّاحٌ ج وْنَ
mouth	فَمٌ ج أَفْوَاهٌ
elephant	فِيْلٌ ج فِيَلَةٌ، أَفْيَالٌ
judge	قَاضٍ ج قُضَاةٌ، وْنَ
ugly, unsightly	قَبِيْحٌ
power	قَدْرٌ
village	قَرْيَةٌ ج قُرًى
drop	قَطْرَةٌ ج اتٌ
few, a little	قَلِيْلٌ
strength	قُوَّةٌ ج اتٌ
All-Powerful	قَوِيٌّ
resurrection	قِيَامَةٌ
ram	كَبْشٌ
many, a lot, an abundance	كَثِيْرٌ

English	Arabic
status	دَرَجَةٌ ج اتٌ
shop	دُكَّانٌ ج دَكَاكِيْنَ
dinar	دِيْنَارٌ ج دَنَانِيْرُ
fly	ذُبَابٌ ج ذِبَّانٌ
Most Kind	رَءُوْفٌ
pomegranate	رُمَّانَةٌ ج اتٌ
spouse	زَوْجٌ ج أَزْوَاجٌ
ship	سَفِيْنَةٌ ج سُفُنٌ
knife	سِكِّيْنٌ ج سَكَاكِيْنُ
sword	سَيْفٌ ج سُيُوْفٌ
young man	شَابٌّ ج شُبَّانٌ، شَبَابٌ
sheep	شَاةٌ ج شِيَاهٌ، شَاءٌ
Appreciative	شَاكِرٌ
tree	شَجَرَةٌ ج أَشْجَارٌ
nobility, high rank	شَرَفٌ
witness, martyr	شَهِيْدٌ ج شُهَدَاءُ
shaykh, old man	شَيْخٌ ج شُيُوْخٌ
companion	صَحَابِيٌّ ج صَحَابَةٌ
page	صَفْحَةٌ ج اتٌ
prayer	صَلَاةٌ ج صَلَوَاتٌ
pure	طَيِّبٌ (ة) ج وْنَ (ات)
bird	طَيْرٌ ج طُيُوْرٌ
well-being	عَافِيَةٌ

English	Arabic
noble	كَرِيْمٌ ج كِرَامٌ
dog	كَلْبٌ ج كِلَابٌ
name of a river in paradise	الْكَوْثَرُ
All-Subtle	لَطِيْفٌ
those who do good	مُحْسِنٌ ج وْنَ
city	مَدِيْنَةٌ ج مُدُنٌ
straight	مُسْتَقِيْمٌ
poor	مِسْكِيْنٌ ج مَسَاكِيْنُ
accepted	مَقْبُوْلٌ
guided	مُهْتَدٍ ج وْنَ
dead	مَيِّتٌ ج أَمْوَاتٌ

English	Arabic
mile	مِيْلٌ ج أَمْيَالٌ
impure	نَجِسٌ
river	نَهْرٌ ج أَنْهَارٌ
guide	هَادٍ ج هُدَاةٌ، وْنَ
compulsory	وَاجِبٌ
valley	وَادٍ ج وُدْيَانٌ، أَوْدِيَةٌ
All-Encompassing	وَاسِعٌ
face	وَجْهٌ ج وُجُوْهٌ
dirty	وَسِخٌ
time	وَقْتٌ ج أَوْقَاتٌ
orphan	يَتِيْمٌ ج يَتَامٰى

English	Arabic	English	Arabic
to name, call	سَمَّى يُسَمِّيْ تَسْمِيَةً	to gather	اِجْتَمَعَ يَجْتَمِعُ اجْتِمَاعًا
to scream	صَاحَ يَصِيْحُ صَيْحَةً	to call (to prayers)	أَذَّنَ يُؤَذِّنُ تَأْذِيْنًا
to be healthy, correct	صَحَّ يَصِحُّ صِحَّةً	to exceed bounds, be extravagant	أَسْرَفَ يُسْرِفُ إِسْرَافًا
to harm	ضَرَّ يَضُرُّ ضَرًّا	to ascribe partners	أَشْرَكَ يُشْرِكُ إِشْرَاكًا
to fly	طَارَ يَطِيْرُ طَيْرًا	to avail, be of use	أَغْنَى يُغْنِيْ إِغْنَاءً
to seek	طَلَبَ يَطْلُبُ طَلَبًا	to make grow	أَنْبَتَ يُنْبِتُ إِنْبَاتًا
to punish	عَذَّبَ يُعَذِّبُ تَعْذِيْبًا	to destroy	أَهْلَكَ يُهْلِكُ إِهْلَاكًا
to be successful	فَازَ يَفُوْزُ فَوْزًا	to remain	بَقِيَ يَبْقَى بَقَاءً
to make compulsory	فَرَضَ يَفْرِضُ فَرْضًا	to reach	بَلَغَ يَبْلُغُ بُلُوْغًا
to accept	قَبِلَ يَقْبَلُ قَبُوْلًا قُبُوْلًا	to build, construct	بَنَى يَبْنِيْ بِنَاءً
to cut	قَطَعَ يَقْطَعُ قَطْعًا	to perform ablution	تَوَضَّأَ يَتَوَضَّأُ تَوَضُّأً
to remain, stay, spend (time)	لَبِثَ يَلْبَثُ لَبْثًا ولُبْثًا	to be permissible	جَازَ يَجُوْزُ جَوَازًا
to past, spend	مَضَى يَمْضِيْ مُضِيًّا	to account	حَاسَبَ يُحَاسِبُ حِسَابًا
to act hypocritically	نَافَقَ يُنَافِقُ مُنَافَقَةً نِفَاقًا	to perform hajj	حَجَّ يَحُجُّ حَجًّا
to descend, come down,	نَزَلَ يَنْزِلُ نُزُوْلًا	to gather	حَشَرَ يَحْشُرُ حَشْرًا
to marry	نَكَحَ يَنْكِحُ نِكَاحًا	to acquire	حَصَلَ يَحْصُلُ حُصُوْلًا
to find	وَجَدَ يَجِدُ وِجْدَانًا، وُجُوْدًا	to taste	ذَاقَ يَذُوْقُ ذَوْقًا

UNIT 3 Section 2

PHRASES

Introduction: شِبْهُ الْجُمْلَةِ

Part 1: شِبْهُ الْجُمْلَةِ in a Sentence

Part 2: شِبْهُ الْجُمْلَةِ in a Phrase

Supplement: حَرْفُ جَارٍّ and حَرْفُ صِلَةٍ

Summary

Introduction: شِبْهُ الْجُمْلَةِ

A preposition is a word which precedes a noun to show its relation to another word in the sentence. A preposition and a noun together make up a prepositional phrase.

in the masjid	before the prayer

In Arabic, there are two types of prepositions:

1. Noun prepositions: prepositions which are اِسْمٌ. These are called ظَرْفٌ.
2. Particle prepositions: prepositions which are حَرْفٌ. These are called حَرْفُ جَارٍّ.

Noun Prepositions

English	Arabic	English	Arabic
during, in between	خِلَالَ	during	أَثْنَاءَ
behind	خَلْفَ	in front of	أَمَامَ
by, at the time of, in the eyes of, according to	عِنْدَ	after	بَعْدَ
above	فَوْقَ	between, amongst	بَيْنَ
before, ago	قَبْلَ	under	تَحْتَ
with	مَعَ	around	حَوْلَ

Particle Prepositions

English	Arabic	English	Arabic
for, belongs to	لِ	in	فِي
until, even	حَتّٰى	on	عَلَى
regarding, from	عَنْ	to, towards, until	إِلَى
like	كَ	from	مِنْ
		with	بِ

Prepositional Phrases

In Arabic, a prepositional phrase is called a شِبْهُ الْجُمْلَةِ.

There are two types of شِبْهُ الْجُمْلَةِ:

1. A شِبْهُ الْجُمْلَةِ comprising a ظَرْفٌ
2. A شِبْهُ الْجُمْلَةِ comprising a حَرْفٌ جَارٌّ

A شِبْهُ الْجُمْلَةِ Phrase Comprising a ظَرْفٌ

The ظَرْفٌ becomes مُضَافٌ to the noun that follows.

The مُضَافٌ is usually مَنْصُوْبٌ.

أَمَامَ الْمَسْجِدِ

in front of the masjid

The tarkib of this is written as a مُضَافٌ – مُضَافٌ إِلَيْهِ, as follows:

الْمَسْجِدِ	أَمَامَ
مُضَافٌ إِلَيْه	مُضَافٌ

Vocab

English	Arabic	English	Arabic
voice	صَوْتٌ ج أَصْوَاتٌ	sacred, impermissible	حَرامٌ
fruit	فَاكِهَةٌ ج فَوَاكِهُ	doubt	رَيْبٌ
classroom	فَصْلٌ ج فُصُوْلٌ	noble	شَرِيْفٌ ج شُرَفَاءُ
grave	قَبْرٌ ج قُبُوْرٌ	partner	شَرِيْكٌ ج شُرَكَاءُ
cup	كَأْسٌ ج كُؤُوْسٌ (مث)	people (of), companion	صَاحِبٌ ج أَصْحَابٌ

Exercise 1

Translate the following.

١) عِنْدَ اللهِ

٢) بَيْنَ ذَلِكَ

٣) بَعْدَ الْفَجْرِ

٤) مَعَ الْمُتَّقِيْنَ

٥) قَبْلَ الْعِيْدَيْنِ

٦) بَيْنَ الْبَحْرَيْنِ

٧) حَوْلَ الْمَسْجِدِ

٨) مَعَ الصَّابِرِيْنَ

٩) تَحْتَ الشَّجَرَةِ

١٠) فَوْقَ صَوْتِ النَّبِيِّ

١١) أَمَامَ الْأُسْتَاذِ خَالِدٍ

١٢) بَيْنَ الْكَلْبِ وَالْحِمَارِ

١٣) مَعَ الْقَوْمِ الظَّالِمِيْنَ

١٤) مَعَ الْقَوْمِ الصَّالِحِيْنَ

١٥) عِنْدَ الْمَسْجِدِ الْحَرَامِ

١٦) فَوْقَ بَيْتِ الْقَاضِيْ ذٰلِكَ

Notes

1. The word عِنْدَ is translated as at the time of, if it is followed by a مَصْدَرٌ or an abstract noun.

عِنْدَ الْأَكْلِ *at the time of eating*	عِنْدَ الْمُصِيبَةِ *at the time of difficulty*

2. The word ذَاتَ can become the مُضَافٌ of words which denote a meaning of time or place.

ذَاتَ الشِّمَالِ *towards the left*	ذَاتَ يَوْمٍ *one day*
ذَاتَ الْيَمِيْنِ *towards the right*	ذَاتَ لَيْلَةٍ *one night*

3. The words بَيْنَ يَدَيْ literally mean between the two hands. However, this is translated as in front of or before.

يُرْسِلُ اللهُ الرِّيَاحَ بَيْنَ يَدَيِ الْمَطَرِ
Allah sends winds before rain.

يَجْلِسُ الطَّالِبُ بَيْنَ يَدَيِ الْمُعَلِّمِ
The student sits in front of the teacher.

A شِبْهُ الْجُمْلَةِ Phrase Comprising a حَرْفٌ جَارٌّ

The حُرُوْفٌ جَارَّةٌ are labelled as حَرْفٌ جَارٌّ, and the following word becomes مَجْرُوْرٌ.

The حُرُوْفٌ جَارَّةٌ are مَبْنِيٌّ; they remain unchanged.

فِي الْمَسْجِدِ
in the masjid

The tarkib of this is written as follows:

الْمَسْجِدِ	فِي
مَجْرُوْرٌ	جَارٌّ

📖 Notes

Some حُرُوْفٌ جَارَّةٌ undergo changes to make pronunciation easier:

1. مِنْ becomes مِنَ if the word after it has an أَلْ.

مِنَ الْمَسْجِدِ

2. عَنْ becomes عَنِ if the word after it has an أَلْ.

عَنِ الدَّرْسِ

3. When لِ comes before a word with an أَلْ, the ا is dropped from that word.

الرَّجُلُ ⟵ لِلرَّجُلِ

4. When لِ is placed before the word اللهِ, it is written as follows:

لِلهِ

5. When فِيْ is followed by a word with an أَلْ, the ي is not pronounced.

فِيْ الْبَيْتِ ⟵ فِي الْبَيْتِ

6. The ي at the end of إِلَى and حَتَّى are pronounced as an أَلِفٌ.

✏️ Exercise 2

Translate the following.

١٣) لِلهِ رَبِّ الْعَالَمِيْنَ	٩) إِلَى ذٰلِكَ النَّجْمِ	٥) مِنَ الْمَدِيْنَةِ	١) لِلنَّاسِ
١٤) إِلَى صَلَاةِ الْعِشَاءِ	١٠) بِالْقَلَمِ وَالْكِتَابِ	٦) حَتَّى الْفَجْرِ	٢) لِلتَّاجِرِ
١٥) مِنَ الرَّجُلِ الْبَخِيْلِ	١١) عَلَى ثَلَاثَةِ بُيُوْتٍ	٧) عَنْ دِيْنِ اللهِ	٣) لِلضُّيُوْفِ
١٦) فِيْ بَيْتِ اللهِ الْحَرَامِ	١٢) إِلَى صَلَاةِ الظُّهْرِ	٨) عَلَى الْكُرْسِيِّ	٤) فِي السُّوْرَةِ

Part 1: شِبْهُ الْجُمْلَةِ in a Sentence

A شِبْهُ الْجُمْلَة occurs in a sentence, either اِسْمِيَّةٌ or فِعْلِيَّةٌ.
The شِبْهُ الْجُمْلَةِ can occur in any of the slots other than the subject slot i.e. the مُبْتَدَأٌ or فَاعِلٌ.

اَلْجُمْلَةُ الْإِسْمِيَّةُ in شِبْهُ الْجُمْلَةِ

In a جُمْلَةٌ اسْمِيَّةٌ a شِبْهُ الْجُمْلَةِ can occur in three ways:

1. as a خَبَرٌ
2. as a خَبَرٌ مُقَدَّمٌ
3. as a خَبَرٌ of لَا لِنَفْيِ الْجِنْسِ

We will discuss each of these individually.

شِبْهُ الْجُمْلَةِ as a خَبَرٌ

In a جُمْلَةٌ اِسْمِيَّةٌ the شِبْهُ الْجُمْلَةِ can only become the خَبَرٌ; and not the مُبْتَدَأٌ.

اَلرَّجُلُ عِنْدَ الْبَابِ

The man is by the door.

The tarkib of this is written as follows:

خَبَرٌ		مُبْتَدَأٌ
الْبَابِ	عِنْدَ	اَلرَّجُلُ
مُضَافٌ إِلَيْهِ	مُضَافٌ	

The مُضَافٌ in the مُضَافٌ-مُضَافٌ إِلَيْهِ form of a شِبْهُ الْجُمْلَةِ will be مَنْصُوْبٌ even when it is خَبَرٌ.

اَلرَّجُلُ فِي الْمَسْجِدِ

The man is in the masjid.

The tarkib of this is written as follows:

خَبَرٌ		مبتدأ
الْمَسْجِدِ	فِي	اَلرَّجُلُ
مَجْرُوْرٌ	جَارٌ	

Exercise 1

Translate the following.

١) ﴿إِنَّ اللهَ مَعَ الْمُتَّقِيْنَ﴾

٢) ﴿إِنَّمَا الْعِلْمُ عِنْدَ اللهِ﴾

٣) ﴿إِنَّمَا الْآيَاتُ عِنْدَ اللهِ﴾

٤) اَلْوَلَدُ الصَّغِيْرُ بَيْنَ الْأَبِ وَالْأُمِّ

٥) كَانَ الطَّيْرُ فَوْقَ تِلْكَ الشَّجَرَةِ

٦) صَلَاةُ الظُّهْرِ قَبْلَ صَلاَةِ الْعَصْرِ

٧) صَلَاةُ الْعِشَاءِ بَعْدَ صَلَاةِ الْمَغْرِبِ

٨) صَلَاةُ الْعَصْرِ بَيْنَ الظُّهْرِ وَالْمَغْرِبِ

٩) لَيْسَ كَلْبُ خَالِدٍ تَحْتَ الشَّجَرَةِ الْكَبِيْرَةِ

١٠) الْمَسْجِدُ الْكَبِيْرُ أَمَامَ ذَلِكَ الْبَيْتِ الصَّغِيْرِ

١١) كَانَتِ الرُّمَّانَةُ الْكَبِيْرَةُ عِنْدَ بَابِ الْبَيْتِ ذٰلِكَ

١٢) الأَشْجَارُ الْكَبِيْرَةُ حَوْلَ ذٰلِكَ الْبَيْتِ الْجَدِيْدِ

١٣) إنَّ بَيْتَ الرَّجُلِ الْقَدِيْمَ خَلْفَ الْمَسْجِدِ الْجَدِيْدِ

١٤) كَانَ صَدِيْقُ مُحَمَّدٍ زُبَيْرٌ مَعَ صَدِيْقِ خَالِدٍ أَحْمَدَ

Exercise 2

Translate the following.

١) إنَّ الْجَنَّةَ لِلْمُسْلِمِيْنَ الْمُتَّقِيْنَ

٢) إِنَّمَا الشَّمْسُ وَالْقَمَرُ فِي السَّمَاءِ

٣) دُرُوْسُ هَذَا الْمُعَلِّمِ إِلَى صَلَاةِ الظُّهْرِ

٤) إنِ الْمُسْلِمُوْنَ إِلَّا عَلَى صِرَاطٍ مُسْتَقِيْمٍ

٥) إِنَّمَا الْكَعْبَةُ بَيْتُ اللهِ فِيْ الْمَسْجِدِ الْحَرَامِ

٦) قَبْرُ النَّبِيِّ ﷺ الشَّرِيْفُ فِي مَدِيْنَةِ الرَّسُوْلِ

٧) الْمَاءُ البَارِدُ والتَّمْرَةُ الْحُلْوَةُ لِلْوَلَدِ الصَّائِمِ

٨) هَذَانِ الْكَلْبَانِ الصَّغِيْرَانِ مِنَ الْقَرْيَةِ الْبَعِيْدَةِ

٩) مَا اللَّحْمُ وَالْخُبْزُ والْفَوَاكِهُ مِنْ هٰذِهِ القَرْيَةِ

١٠) الرُّمَّانَاتُ الْحُلْوَةُ عَلَى تِلْكَ الشَّجَرَةِ الْكَبِيْرَةِ

١١) كَانَ ذلِكَ الرَّجُلُ الْمَرِيْضُ فِي الْبَيْتِ الْقَدِيْمِ

١٢) لَيْسَتْ هٰذِهِ التَّمَرَاتُ الصَّغِيْرَةُ مِنَ الْمَدِيْنَةِ الْمُنَوَّرَةِ

خَبَرٌ مُقَدَّمٌ as a شِبْهُ الْجُمْلَةِ

The شِبْهُ الْجُمْلَةِ form of the خَبَرٌ can come before a مُبْتَدَأٌ which is نَكِرَةٌ. When translating, there is/are is added before the مُبْتَدَأٌ and خَبَرٌ.

> فِي الْقُرْآنِ آيَاتٌ
>
> *There are signs in the Quran.*

In tarkib, the خَبَرٌ is called الْخَبَرُ الْمُقَدَّمُ, the fronted khabr. The مُبْتَدَأٌ is called الْمُبْتَدَأُ الْمُؤَخَّرُ, the delayed مُبْتَدَأٌ.

مُبْتَدَأٌ مُؤَخَّرٌ	خَبَرٌ مُقَدَّمٌ	
آيَاتٌ	الْقُرْآنِ	فِي
	مَجْرُوْرٌ	جَارٌّ

Exercise 3

Translate the following.

١) فِي الْيَوْمِ خَمْسُ صَلَوَاتٍ

٢) لِلْمُتَّقِيْنَ فَوَاكِهُ وَلَحْمُ طَيْرٍ

٣) أَمَامَ هَؤُلَاءِ الْبَنَاتِ مُعَلِّمَةٌ جَدِيْدَةٌ

٤) فِيْ السَّمَاءِ وَالْأَرْضِ آيَاتٌ بَيِّنَاتٌ

٥) فِي الْقُرْآنِ مِائَةٌ وَأَرْبَعَ عَشْرَةَ سُوْرَةً

٦) عِنْدَ بَابِ الْبَيْتِ الْقَدِيْمِ كُرْسِيٌّ كَبِيْرٌ

٧) خَلْفَ تِلْكَ الْمَدِيْنَةِأَرْبَعُ قُرًى صَغِيْرَةٍ

٨) فِي هَذَا الْمَسْجِدِ الصَّغِيْرِ بَابَانِ كَبِيْرَانِ

٩) فِيْ هَذِهِ الْمَدْرَسَةِ طَالِبَاتٌ صَالِحَاتٌ

١٠) خَلْفَ بَيْتِ حَامِدٍ ومُحَمَّدٍ مَسْجِدٌ كَبِيْرٌ

١١) فِي الْجَنَّةِ أَنْهَارُ مَاءٍ وَلَبَنٍ وَخَمْرٍ وَعَسَلٍ

١٢) فِي تِلْكَ الْقَرْيَةِ الصَّغِيْرَةِ قَاضٍ وَمُعَلِّمَانِ

١٣) فِي سُوْرَةِ الْبَقَرَةِ مِائَتَانِ وَثَمَانُوْنَ وسِتُّ آيَاتٍ

١٤) عَلَى تِلْكَ الشَّجَرَةِ طُيُوْرٌ جَمِيْلَةٌ مِثْلُ ذٰلِكَ الطَّيْرِ

The خَبَرٌ مُقَدَّمٌ of a فِعْلٌ نَاقِصٌ and حَرْفٌ مُشَبَّهٌ بِالْفِعْلِ

The خَبَرٌ of a فِعْلٌ نَاقِصٌ can also be fronted.

كَانَ فِي الْبَيْتِ رَجُلٌ

There was a man in the house.

The tarkib of this is written as follows:

فِعْلٌ نَاقِصٌ	خَبَرُ كَانَ الْمُقَدَّمُ		اِسْمُ كَانَ الْمُؤَخَّرُ
كَانَ	فِي	الْبَيْتِ	رَجُلٌ
	جَارٌّ	مَجْرُوْرٌ	

Likewise, the خَبَرٌ of a حَرْفٌ مُشَبَّهٌ بِالْفِعْلِ can also be fronted.

إِنَّ فِي الْبَيْتِ رَجُلًا

Indeed, there is a man in the house.

The tarkib of this is written as follows:

حَرْفٌ مُشَبَّهٌ بِالْفِعْلِ	خَبَرُ إِنَّ الْمُقَدَّمُ		اِسْمُ إِنَّ الْمُؤَخَّرُ
إِنَّ	فِي	الْبَيْتِ	رَجُلًا
	جَارٌّ	مَجْرُوْرٌ	

When the خَبَرٌ of إِنَّ is مُقَدَّمٌ, the لَامٌ مُزَحْلَقَةٌ will precede the اِسْمٌ مُؤَخَّرٌ.

إِنَّ فِي الْقُرْآنِ لَعِبْرَةً

Indeed, there are signs in the Quran.

Exercise 4

Translate the following.

١) إِنَّ فِي الْكُؤُوْسِ عَسَلًا وَلَبَنًا

٢) إِنَّ بَعْدَ الظُّهْرِ دَرْسًا طَوِيْلًا

٣) إِنَّ فِيْ كِتَابِ اللهِ آيَاتٍ بَيِّنَاتٍ

٤) لَيْسَ فِي تِلْكَ الْكَأْسِ مَاءٌ بَارِدٌ

٥) كَانَ عَلَى ذٰلِكَ الْجَبَلِ بَقَرَةٌ وَشَاتَانِ

٦) كَانَ فِي الْمَسْجِدِ الْحَرَامِ نَاسٌ كَثِيْرٌ

٧) مَا تَحْتَ هٰذَا الْكُرْسِيِّ كَلْبٌ صَغِيْرٌ

٨) إِنَّ لِلضَّيْفِ لَحْمًا وَخُبْزًا وَمَاءً وَفَوَاكِهَ

٩) إِنَّ فِي خَلْقِ السَّمَاوَاتِ وَالْأَرْضِ لَآيَاتٍ

١٠) كَانَ عَلَى مِنْبَرِ ذٰلِكَ الْمَسْجِدِ كِتَابٌ قَدِيْمٌ

١١) إِنَّ فِي السَّمَاءِ نُجُوْمًا كَثِيْرَةً غَيْرَ هٰذِهِ النُّجُوْمِ

١٢) لَيْسَتْ حَوْلَ ذٰلِكَ الْبَيْتِ الْجَدِيْدِ أَشْجَارٌ كَثِيْرَةٌ

عِنْدَ and لَ

When the ظَرْفٌ of عِنْدَ and the جَارٌّ of لَ become the خَبَرٌ مُقَدَّمٌ, they can give the meaning to have.

عِنْدَ التَّاجِرِ مَالٌ كَثِيرٌ	لِزَيْنَبَ ثَلَاثُ أَخَوَاتٍ
The merchant has a lot of wealth.	Zainab has three sisters.

The particle عِنْدَ is used for temporary possessions, e.g. wealth and items; whereas لَ is used for permanent possessions or attributions e.g. family members.

Exercise 5

Translate the following sentences.

١) لَيْسَ لِلْيَتِيمِ أَبٌ

٢) لِلْمَدِينَةِ بَابَانِ كَبِيرَانِ

٣) مَا لِأُولٰئِكَ الْمَسَاكِيْنِ مَالٌ

٤) عِنْدَ الطَّالِبَةِ قَلَمَانِ جَدِيْدَانِ

٥) إِنَّ فِي الْكُؤُوسِ عَسَلًا وَلَبَنًا

٦) عِنْدَ أَبِي فَاطِمَةَ سِكِّيْنٌ قَدِيْمٌ

٧) لِهٰذَا الشَّيْخِ الْكَبِيْرِ أَوْلَادٌ كَثِيْرٌ

٨) لِكِتَابِ خَالِدٍ ذٰلِكَ مِائَةُ صَفْحَةٍ

٩) لِلْكَلْبِ الْأَسْوَدِ عَيْنَانِ زَرْقَاوَانِ

١٠) عِنْدَ الضَّيْفِ خُبْزٌ وَلَحْمٌ لَا خَمْرٌ

١١) لِطَيْرِ أَحْمَدَ الْجَمِيْلِ جَنَاحَانِ أَحْمَرَانِ

١٢) لِهٰذَا الْكَبْشِ الْأَبْيَضِ رِجْلَانِ كَبِيرَتَانِ

خَبَرُ لَا لِنَفْيِ الْجِنْسِ as a شِبْهُ الْجُمْلَةِ

A لَا can be added to a جُمْلَةٌ اسْمِيَّةٌ to create an emphatic negative meaning. This is called لَا لِنَفْيِ الْجِنْسِ. This is translated as there is no.

لَا وَلَدَ فِي الْبَيْتِ

There is no boy in the house.

When a لَا لِنَفْيِ الْجِنْسِ precedes a جُمْلَةٌ اسْمِيَّةٌ:

1. The مُبْتَدَأٌ is called the اِسْمٌ of the لَا لِنَفْيِ الْجِنْسِ and is مَنْصُوْبٌ. Unlike regular nouns, it will only have one فَتْحَةٌ, and no اَلْ nor تَنْوِيْنٌ.
2. The خَبَرٌ is called the خَبَرٌ of the لَا لِنَفْيِ الْجِنْسِ. This is usually a شِبْهُ الْجُمْلَةِ.

The tarkib of this is written as follows:

خَبَرُ لَا		اِسْمُ لَا	لَا لِنَفْيِ الْجِنْسِ
الْبَيْتِ	فِي	وَلَدَ	لَا
مَجْرُوْرٌ	جَارٌّ		

If the خَبَرٌ is not a شِبْهُ الْجُمْلَةِ, it will be مَرْفُوْعٌ.

لَا وَلَدَ مَرِيْضٌ

No child is sick.

Vocab

English	Arabic	English	Arabic
to change	بَدَّلَ يُبَدِّلُ تَبْدِيْلًا	to be kind	أَحْسَنَ يُحْسِنُ إِحْسَانًا
to transgress	بَغَى يَبْغِيْ بَغْيًا	to grant permission	أَذِنَ يَأْذَنُ إِذْنًا
to forbid, make sacred	حَرَّمَ يُحَرِّمُ تَحْرِيْمًا	to answer a prayer, respond to a call	اسْتَجَابَ يَسْتَجِيْبُ اِسْتِجَابَةً
to resolve, make a firm decision	عَزَمَ يَعْزِمُ عَزْمًا	to get by without	اسْتَغْنَى يَسْتَغْنِيْ اسْتِغْنَاءً
to give virtue	فَضَّلَ يُفَضِّلُ تَفْضِيْلًا	to make aware, show, make apparent	أَظْهَرَ يُظْهِرُ إِظْهَارًا
to save, grant salvation	نَجَّى يُنَجِّيْ تَنْجِيَةً	to fabricate	اِفْتَرَى يَفْتَرِيْ افْتِرَاءً
to look	نَظَرَ يَنْظُرُ نَظَرًا	to feel safe from, trust	أَمِنَ يَأْمَنُ أَمْنًا

Exercise 6

Translate the following.

١) لَا قَبْرَ عِنْدَ الْبَيْتِ

٢) لَا رَيْبَ فِي الْقُرْآنِ

٣) لَا نَجْمَ فِي السَّمَاءِ

٤) ﴿لَا تَبْدِيلَ لِخَلْقِ اللهِ﴾

٥) لَا مَسْجِدَ فِي هَذِهِ الْقَرْيَةِ

٦) لَا مُعَلِّمَ فِي ذٰلِكَ الْفَصْلِ

٧) لَا شَرَابَ لِلضُّيُوْفِ الْكِرَامِ

٨) لَا مَالَ لِتِلْكَ الْبِنْتِ الْفَقِيْرَةِ

٩) لَا شَرِيْكَ لِلّٰهِ رَبِّ الْعَالَمِيْنَ

١٠) لَا تُرَابَ عَلَى قَمِيْصِ الطِّفْلِ

١١) لَا قَبْرَ أَمَامَ مَسْجِدِ الْقَرْيَةِ ذٰلِكَ

١٢) لَا نَبِيَّ بَعْدَ النَّبِيِّ مُحَمَّدٍ ﷺ

Summary of شِبْهُ الْجُمْلَةِ in a جُمْلَةٌ اسْمِيَّةٌ

شِبْهُ الْجُمْلَةِ		
خَبَرٌ	خَبَرٌ مُقَدَّمٌ	خَبَرُ لَا لِنَفْيِ الْجِنْسِ
الرَّجُلُ فِي الْبَيْتِ	فِي الْبَيْتِ رَجُلٌ	لَا رَجُلَ فِي الْبَيْتِ
The [مبتدأ] is [شِبْهُ الْجُمْلَةِ]	**There** is a [مبتدأ] [شِبْهُ الْجُمْلَةِ]	**There** is **no** [اسم] [شِبْهُ الْجُمْلَةِ]

Exercise 7

Translate the following.

١) فِي الْبَيْتِ قَاضٍ

٢) إِنَّ فِي الْبَيْتِ قَاضِيًا

٣) كَانَ فِي الْبَيْتِ قُضَاةٌ

٤) لَا قَاضِيَ فِي الْبَيْتِ

٥) الْقَاضِيْ الْعَادِلُ فِي الْبَيْتِ

٦) إِنَّ الْقَاضِيَ وَالْمُعَلِّمَ فِي الْبَيْتِ

٧) كَانَ الْقُضَاةُ فِي الْبَيْتِ الْبَارِحَةَ

٨) لَا حِمَارَ فِي الْبَلَدِ

٩) إِنَّ الْحِمَارَ فِي الْبَلَدِ

١٠) الْحِمَارُ فِي هٰذَا الْبَلَدِ

١١) كَانَ فِي الْبَلَدِ حِمَارٌ

١٢) إِنَّ فِي الْبَلَدِ حُمُرًا كِبَارًا

١٣) كَانَ ذٰلِكَ الْحِمَارُ فِي الْقَرْيَةِ

١٤) فِي الْبَلَدِ حُمُرٌ وَكِلَابٌ كَثِيْرَةٌ

١٥) لِلضُّيُوْفِ طَعَامٌ

١٦) إِنَّ لِلضَّيْفِ طَعَامًا

١٧) كَانَ لِلضُّيُوْفِ طَعَامٌ

١٨) الطَّعَامُ والشَّرَابُ لِلضَّيْفِ

١٩) إِنَّ الطَّعَامَ اللَّذِيْذَ لِلضُّيُوْفِ

٢٠) لَا طَعَامَ وَلَا شَرَابَ لِلضَّيْفِ

٢١) كَانَ الطَّعَامُ لِلضَّيْفِ الْكَرِيْمِ

اَلْجُمْلَةُ الْفِعْلِيَّةُ in شِبْهُ الْجُمْلَةِ

In a جُمْلَةٌ فِعْلِيَّةٌ a شِبْهُ الْجُمْلَةِ can come in nine slots:

1. مَفْعُوْلٌ بِهِ
2. نَائِبُ الْفَاعِلِ
3. مَفْعُوْلٌ فِيْهِ
4. مَفْعُوْلٌ مُطْلَقٌ
5. مَفْعُوْلٌ لَهُ
6. تَمْيِيْزٌ
7. مُسْتَثْنًى
8. مَفْعُوْلٌ مَعَهُ
9. آلَةٌ

We will discuss each of these slots individually.

مَفْعُوْلٌ بِهٖ as a شِبْهُ الْجُمْلَةِ

The object of most verbs occurs as a single noun or a phrase.

The man drank water.
The man drank cold water.

However, the object of some verbs occurs with a preposition.

The man cared for his mother.

In this example, the object of the verb care comes with the preposition for.

Verbs like apply for, approve of, add to, result in, count on, and deal with also behave in the same way.

Verbs used with a preposition are called prepositional verbs.

In Arabic, the مَفْعُوْلٌ بِهٖ of prepositional verbs occurs as a جَارٌّ-مَجْرُوْرٌ.

نَصَحَ الْأُسْتَاذُ لِلطَّالِبِ

The teacher advised the student.

In this case, the مَفْعُوْلٌ بِهٖ is labelled as مَفْعُوْلٌ بِهٖ غَيْرُ صَرِيْحٍ, the indirect مَفَعُوْلٌ بِهٖ which occurs with a حَرْفٌ جَارٌّ.

The tarkib of this is written as follows:

مَفْعُوْلٌ بِهٖ غَيرُ صَرِيْحٍ		فَاعِلٌ	فِعْلٌ
الطَّالِبِ	لِ	الْأُسْتَاذُ	نَصَحَ
مَجْرُوْرٌ	جَارٌّ		

Notes

1. Prepositional verbs have their own way of expressing their مَفْعُوْلٌ بِهِ غَيْرُ صَرِيْح. For example, the verb أَحْسَنَ (to be kind) comes with إِلَى whilst the verb غَضِبَ (to be angry) comes with عَلَى.

أَحْسَنَ الْوَلَدُ إِلَى الْأَبِ *The child was kind to the father.*	غَضِبَتِ الْأُمُّ عَلَى الْوَلَدِ *The mother became angry at the child.*

2. The حَرْفُ جَارٌّ which comes with a prepositional verb is not always translated directly into English. Instead, the intended meaning should be understood and translated accordingly.

آمَنَ النَّاسُ بِاللهِ

The people believed in Allah. ✓
The people believed with Allah. ×

بَغَى فِرْعَوْنُ عَلَى بَنِيْ إِسْرَائِيْلَ

Firawn transgressed against the Children of Israel. ✓
Firawn transgressed on the Children of Israel. ×

Exercise 8

Translate the following.

١) يَسْتَجِيْبُ اللهُ لِلْمُؤْمِنِيْنَ
٢) رَضِيَ اللهُ عَنِ الصَّحَابَةِ الْكِرَامِ
٣) يَحْزَنُ النَّاسُ عَلَى الْأَمْوَاتِ كَثِيْرًا
٤) لَنْ يَسْتَغْنِيَ طَالِبُ عِلْمٍ عَنِ الْكُتُبِ
٥) رَكِبَ الْأَوْلَادُ فِي السَّفِيْنَةِ فَرِحِيْنَ
٦) غَضِبَ اللهُ عَلَى الظَّالِمِيْنَ شَدِيْدًا
٧) يَكْفُرُ الْمُشْرِكُوْنَ بِآيَاتِ اللهِ الْبَيِّنَاتِ
٨) كَذَّبَ الْمُشْرِكُوْنَ بِيَوْمِ الدِّيْنِ تَكْذِيْبًا
٩) لَا تَسْتَجِيْبُ الْأَصْنَامُ لِلْمُشْرِكِيْنَ شَيْئًا
١٠) يَطُوْفُ الْحُجَّاجُ بِالْبَيْتِ مُسَبِّحِيْنَ مُكَبِّرِيْنَ
١١) يُؤْمِنُ الْمُؤْمِنُ بِاللهِ وَالْمَلَائِكَةِ وَالْكُتُبِ وَالرُّسُلِ
١٢) تَنْظُرُ الْأُمُّ إِلَى الْجِبَالِ وَالسَّمَاءِ وَالْأَرْضِ وَالنُّجُوْمِ
١٣) يُحْسِنُ الْأَوْلَادُ الصَّالِحُوْنَ إِلَى الْآبَاءِ وَالْأُمَّهَاتِ
١٤) ضَلَّ الْكَافِرُوْنَ عَنْ صِرَاطِ اللهِ الْمُسْتَقِيْمِ ضَلَالًا بَعِيْدًا
١٥) يَوْمَ الْقِيَامَةِ لَا يُغْنِي الْأَوْلَادُ وَلَا الْأَمْوَالُ عَنِ الْكَافِرِيْنَ شَيْئًا
١٦) بَغَى فِرْعَوْنُ عَلَى قَوْمِ مُوْسَى بَنِيْ إِسْرَائِيْلَ ظُلْمًا شَدِيْدًا

مَفْعُوْلٌ بِهِ ثَانٍ غَيْرُ صَرِيْح

The شِبْهُ الْجُمْلَةِ can become the مَفْعُوْلٌ بِهِ ثَانٍ غَيْرُ صَرِيْح.

أَظْهَرَ اللهُ النَّبِيَّ ﷺ عَلَى الْمُنَافِقِيْنَ

Allah made the Prophet aware of the hypocrites.

The tarkib of this is written as follows:

مَفْعُوْلٌ بِهِ ثَانٍ غَيْرُ صَرِيْحٍ		مَفْعُوْلٌ بِهِ	فَاعِلٌ	فِعْلٌ
الْمُنَافِقِيْنَ	عَلَى	النَّبِيَّ	اللهُ	أَظْهَرَ
مَجْرُوْرٌ	جَارٌّ			

Vocab

English	Arabic	English	Arabic
child	صَبِيٌّ ج صِبْيَةٌ، صِبْيَانٌ	soil	تُرَابٌ ج أَتْرِبَةٌ
intelligent	عَاقِلٌ ج عُقَلَاءُ	cloth	ثَوْبٌ ج ثِيَابٌ
grapes	عِنَبٌ ج أَعْنَابٌ	swine, pig	خِنْزِيرٌ
honoured, revered	مُكَرَّمَةٌ	blood	دَمٌ ج دِمَاءٌ
pulpit	مِنْبَرٌ ج مَنَابِرُ	time, period	زَمَنٌ، زَمَانٌ
carrion, dead	مَيْتَةٌ	olive	زَيْتُوْنٌ
migration	هِجْرَةٌ	brave	شُجَاعٌ ج شَجَعَةٌ، شُجْعَانٌ

Exercise 9

Translate the following.

١) يَغْفِرُ اللهُ الذُّنُوْبَ لِلْمُسْلِمِيْنَ

٢) أَمَرَ اللهُ النَّبِيَّ إِبْرَاهِيمَ بِبِنَاءِ الْكَعْبَةِ

٣) أَنْعَمَ اللهُ عَلَى الْإِنْسَانِ بِنِعَمٍ كَثِيْرَةٍ

٤) يَفْتَرِي الْمُشْرِكُوْنَ عَلَى اللهِ كَذِبًا

٥) يُحْسِنُ الْآبَاءُ وَالْأُمَّهَاتُ إِلَى الْأَوْلَادِ

٦) يَحْفَظُ الْمَلَائِكَةُ النَّاسَ مِنَ الْمَصَائِبِ

٧) أَنْذَرَ النَّبِيُّ هُوْدٌ الْقَوْمَ عَادًا عَذَابًا قَرِيْبًا

٨) فَرَضَ اللهُ خَمْسَ صَلَوَاتٍ عَلَى الْمُؤْمِنِيْنَ

٩) نَزَّلَ اللهُ عَلَى النَّبِيِّ عِيْسَى ابْنِ مَرْيَمَ الْإِنْجِيْلَ

١٠) حَرَّمَ اللهُ الْخَمْرَ وَالْخِنْزِيْرَ عَلَى الْمُسْلِمِيْنَ

١١) نَجَّى اللهُ مُوْسَى وَبَنِي إِسْرَائِيْلَ مِنَ الْعَذَابِ الْأَلِيْمِ

١٢) هَدَى اللهُ الْمُسْلِمِيْنَ إِلَى الْإِسْلَامِ الصِّرَاطِ الْمُسْتَقِيْمِ

📖 Notes

Some verbs have different meanings depending on the حَرْفٌ جَارٌّ they are used with. Therefore, it is important to understand the context of a sentence before translating.

Below are a few examples of one verb having different meanings because of the different حَرْفٌ جَارٌّ it is used with.

دَعَا يَدْعُوْ دُعَاءً	تَابَ يَتُوْبُ تَوْبَةً
دَعَا الْعَبْدُ اللهَ *The servant supplicated to Allah.*	تَابَ الْعَبْدُ إِلَى اللهِ *The servant repented to Allah.*
دَعَا الْمَظْلُوْمُ عَلَى الظَّالِمِ *The oppressed cursed the oppressor.*	تَابَ اللهُ عَلَى الْعَبْدِ *Allah accepted the repentance of the servant.*
دَعَا الرَّسُوْلُ النَّاسَ إِلَى الْإِسْلَامِ *The Prophet called the people to Islam.*	
دَعَا الرَّجُلُ الضُّيُوْفَ إِلَى الطَّعَامِ *The man invited the guests to food.*	

نَائِبُ الْفَاعِلِ as a شِبْهُ الْجُمْلَةِ

After a فِعْلٌ مَجْهُوْلٌ, the مَفْعُوْلٌ بِهِ غَيْرُ صَرِيح will become the نَائِبُ الْفَاعِلِ غَيْرُ صَرِيح.

غَضِبَ اللهُ عَلَى الظَّالِمِيْنَ *Allah became angry at the oppressors.*	⬅	غُضِبَ عَلَى الظَّالِمِيْنَ *Anger was shown to the oppressors.*

The tarkib of this is written as follows:

فِعْلٌ مَجْهُوْلٌ	نَائِبُ فَاعِلٍ غَيْرُ صَرِيح	
غُضِبَ	**عَلَى**	**الظَّالِمِيْنَ**
	جَارٌّ	مَجْرُوْرٌ

Notes

Sometimes it may be necessary to translate the Arabic فِعْلٌ مَجْهُوْلٌ as a فِعْلٌ مَعْلُوْمٌ with the subject someone or no one.

لَا يُسْتَغْنٰى عَنِ الْكُتُبِ
No one is independent of books.

Exercise 10

Translate the following.

١) اِسْتَجَابَ اللهُ لِلْمُؤْمِنِيْنَ

٢) أُسْتُجِيْبَ لِلْمُؤْمِنِيْنَ

٣) لَا يَأْمَنُ عَاقِلٌ عَلَى الْعَدُوِّ

٤) لَا يُؤْمَنُ عَلَى الْعَدُوِّ

٥) لَا يُسْتَغْنٰى عَنِ الْكُتُبِ

٦) أَذِنَتِ الْمُعَلِّمَةُ لِلْبَنَاتِ الْمَرْضٰى

٧) أُذِنَ لِهٰؤُلَاءِ الْبَنَاتِ الْمَرْضٰى

٨) لَيُكَذَّبُ بِيَوْمِ الدِّيْنِ

٩) يُجَاءُ بِجَهَنَّمَ يَوْمَ الْقِيَامَةِ

١٠) يُغْفَرُ لِلْمُؤْمِنِيْنَ وَالْمُؤْمِنَاتِ

١١) يُطَافُ بِالْكَعْبَةِ بَيْتِ اللهِ الْحَرَامِ لَيْلًا وَنَهَارًا

١٢) عُزِمَ عَلَى قَتْلِ النَّبِيِّ مُحَمَّدٍ ﷺ لَيْلَةَ الْهِجْرَةِ

١٣) بُغِيَ عَلَى بَنِيْ إِسْرَائِيْلَ قَوْمِ مُوسَى زَمَنَ فِرْعَوْنَ

١٤) حُرِّمَ عَلَى الْمُسْلِمِيْنَ الْمَيْتَةُ وَالدَّمُ وَلَحْمُ الْخِنْزِيرِ

مَفْعُوْلٌ فِيْهِ as a شِبْهُ الْجُمْلَةِ

The شِبْهُ الْجُمْلَةِ can occur as the مَفْعُوْلٌ فِيْهِ.

This can be in the مُضَافٌ – مُضَافٌ إِلَيْهِ form or the جَارٌّ – مَجْرُوْرٌ form of the شِبْهُ الْجُمْلَةِ.

مُضَافٌ – مُضَافٌ إِلَيْهِ as a مَفْعُوْلٌ فِيْهِ

The مَفْعُوْلٌ فِيْهِ can occur in the مُضَافٌ – مُضَافٌ إِلَيْهِ form of شِبْهُ الْجُمْلَةِ.

صَلَّى الرَّجُلُ قَبْلَ الْفَجْرِ

The man performed salah before Fajr.

In tarkib, this will be labelled as a regular مَفْعُوْلٌ فِيْهِ.

مَفْعُوْلٌ فِيْهِ		فَاعِلٌ	فِعْلٌ
الْفَجْرِ	قَبْلَ	الرَّجُلُ	صَلَّى
مُضَافٌ إِلَيْهِ	مُضَافٌ		

📖 Notes

One sentence can have more than one مَفْعُوْلٌ فِيْهِ.

It may be better to place the translation of the مَفْعُوْلٌ فِيْهِ at the beginning of the sentence.

صَلَّى الرَّجُلُ قَبْلَ الْفَجْرِ عِنْدَ الْبَابِ

Before Fajr, the man performed salah by the door.

The tarkib of this is written as follows:

مَفْعُوْلٌ فِيْهِ		مَفْعُوْلٌ فِيْهِ		فَاعِلٌ	فِعْلٌ
الْبَابِ	عِنْدَ	الْفَجْرِ	قَبْلَ	الرَّجُلُ	صَلَّى
مُضَافٌ إِلَيْهِ	مُضَافٌ	مُضَافٌ إِلَيْهِ	مُضَافٌ		

Vocab

English	Arabic	English	Arabic
to slaughter	ذَبَحَ يَذْبَحُ ذَبْحًا	to test	اِبْتَلَى يَبْتَلِيْ اِبْتِلَاءً
to shake	زَلْزَلَ يُزَلْزِلُ زَلْزَلَةً	to grant entry	أَدْخَلَ يُدْخِلُ إِدْخَالًا
to do tawaf	طَافَ يَطُوْفُ طَوَافًا	to afflict	أَصَابَ يُصِيْبُ إِصَابَةً
to be pure	طَهُرَ يَطْهُرُ طَهَارَةً	to be late	تَأَخَّرَ يَتَأَخَّرُ تَأَخُّرًا
to wash	غَسَلَ يَغْسِلُ غَسْلًا	to maintain good manners	تَأَدَّبَ يَتَأَدَّبُ تَأَدُّبًا
to succeed	نَجَحَ يَنْجَحُ نَجَاحًا	to deprive	حَرَمَ يَحْرِمُ حِرْمَانًا

Exercise 11

Translate the following.

١) تَوَضَّأَ الطَّالِبُ قَبْلَ الدَّرْسِ قَائِمًا

٢) صَلَّتْ فَاطِمَةُ عِنْدَ الْبَابِ خَاشِعَةً

٣) يَقُوْمُ الطِّفْلُ الصَّغِيْرُ أَمَامَ كُرْسِيِّ الْجَدِّ

٤) يَجْلِسُ الطُّلَّابُ أَمَامَ هٰؤُلَاءِ الْمُعَلِّمِيْنَ

٥) يَجْلِسُ الْأَوْلَادُ الصِّغَارُ عِنْدَ الْأُمِّ

٦) يَقْرَأُ الْوَلَدُ الصَّالِحُ آيَةَ الْكُرْسِيِّ عِنْدَ النَّوْمِ

٧) يَجْلِسُ الطُّلَّابُ عِنْدَ الشَّيْخِ مُحَمَّدٍ مُتَأَدِّبِيْنَ

٨) وَجَدَ الطَّالِبُ الْجَوَابَ الصَّحِيْحَ بَعْدَ الدَّرْسِ

٩) يَأْكُلُ الصَّائِمُوْنَ الْفَوَاكِهَ عِنْدَ صَلَاةِ الْمَغْرِبِ

١٠) تَوَضَّأَ الضُّيُوْفُ الْكِرَامُ عِنْدَ بَابِ الْمَسْجِدِ ذٰلِكَ

١١) يَطُوْفُ النَّاسُ حَوْلَ الْكَعْبَةِ بَيْتِ اللهِ لَيْلًا وَنَهَارًا

١٢) جَلَسَ النَّاسُ حَوْلَ مِنْبَرِ الْمَسْجِدِ الْكَبِيْرِ سَاكِتِيْنَ

جَارٌّ - مَجْرُوْرٌ as a مَفْعُوْلٌ فِيْهِ

The مَفْعُوْلٌ فِيْهِ can occur in the جَارٌّ-مَجْرُوْرٌ form of شِبْهُ الْجُمْلَةِ.
The حَرْفٌ جَارٌّ of فِيْ, عَلَى, إِلَى, مِنْ, بِ, and حَتَّى are used within a مَفْعُوْلٌ فِيْهِ غَيْرُ صَرِيْحٍ structure.

صَلَّى الرَّجُلُ فِيْ اللَّيْلِ

The man prayed salah at night.

In tarkib, the جَارٌّ – مَجْرُوْرٌ is labelled as مَفْعُوْلٌ فِيْهِ غَيْرُ صَرِيْحٍ.

مَفْعُوْلٌ فِيْهِ غَيْرُ صَرِيْحٍ		فَاعِلٌ	فِعْلٌ
اللَّيْلِ	فِيْ	الرَّجُلُ	صَلَّى
مَجْرُوْرٌ	جَارٌّ		

Notes

In addition to time and place, the مَفْعُوْلٌ فِيْهِ غَيْرُ صَرِيْحٍ can also show direction.

ذَهَبَ الرَّجُلُ إِلَى الْمَسْجِدِ

The man went to the masjid.

In this example, the phrase إِلَى الْمَسْجِدِ is not showing the place of the verb, but rather its direction.

Exercise 12

Translate the following.

١) أَنْزَلَ اللهُ مِنَ السَّمَاءِ مَاءً

٢) أَنْبَتَ اللهُ الشَّجَرَةَ مِنَ الْأَرْضِ إِنْبَاتًا

٣) ذَهَبَ الْوَلَدُ الصَّغِيْرُ إِلَى الْقَرْيَةِ مَاشِيًا

٤) بَعَثَ اللهُ الْأَنْبِيَاءَ الصَّادِقِيْنَ إِلَى النَّاسِ

٥) لَقَدْ جَاءَتْ تِلْكَ الْمَرأَةُ مِنَ الْقَرْيَةِ رَاكِبَةً

٦) رَجَعَ الْحُجَّاجُ الْكِرَامُ مِنْ مَكَّةَ هٰذَا الْأُسْبُوْعَ

٧) يَقُوْمُ الْإِمَامُ عَلَى الْمِنبَرِ أَيَّامَ الْجُمُعَةِ وَالْعِيْدِ

٨) يَقْرَأُ ذٰلِكَ الرَّجُلُ كِتَابَ اللهِ فِي اللَّيْلِ حَتَّى الْفَجْرِ

٩) تَسْتَيْقِظُ أُخْتُ هَاشِمٍ زَيْنَبُ مِنَ النَّوْمِ قَبْلَ الْفَجْرِ

١٠) جَلَسَ النَّاسُ قَبْلَ الْجُمُعَةِ فِيْ الْمَسْجِد أَمَامَ الْإِمَامِ

١١) لَا يُسْجَدُ فِيْ الْمَسْجِدِ الْحَرَامِ لِغَيْرِ اللهِ رَبِّ السَّمَاوَاتِ وَالْأَرْضِ

Adding a حَرْفٌ جَارٌّ Before a ظَرْفٌ

It is common for a مُضَافٌ - مُضَافٌ إِلَيْهِ form of a شِبْهِ الْجُمْلَةِ to be preceded by the حَرْفٌ جَارٌّ of مِنْ. Sometimes, this can be omitted from translation.

مِنْ قَبْلِ الصَّلَاةِ

from before salah
before salah

Removing the مُضَافٌ إِلَيْهِ of the ظَرْفٌ

The مُضَافٌ إِلَيْهِ of قَبْلُ and بَعْدُ can be removed. The مُضَافٌ إِلَيْهِ will be understood from the context.

مِنْ قَبْلُ

from before

In this case, the words قَبْلُ and بَعْدُ will be مَبْنِيٌّ with ضَمٌّ.

261

Exercise 13

Translate the following.

١) ﴿هٰذَا مِنْ عِنْدِ اللهِ﴾

٢) ﴿سُئِلَ مُوسَى مِنْ قَبْلُ﴾

٣) جَاءَ الْقُرْآنُ مِنْ عِنْدِ اللهِ

٤) تَابَ النَّاسُ مِنْ بَعْدِ ذٰلِكَ

٥) ﴿نُوحًا﴾ هَدَى اللهُ ﴿مِنْ قَبْلُ﴾

٦) جَاءَ هٰؤُلَاءِ النَّاسُ مِنْ عِنْدِ الْمَلِكِ

٧) جَاءَ هٰؤُلَاءِ الطُّلَّابُ مِنْ عِنْدِ ذٰلِكَ الشَّيْخِ

٨) دَرَسَ الْقُرْآنَ مِنْ بَعْدِ صَلَاةِ الْفَجْرِ إِلَى صَلَاةِ الظُّهْرِ

أَسْمَاءُ الْإِشَارَةِ as ظَرْفٌ

Some أَسْمَاءُ الْإِشَارَةِ are ظَرْفٌ. They are used without a مُضَافٌ إِلَيْهِ and a مُشَارٌ إِلَيْهِ.

الْأُمُّ هُنَا

The mother is here.

أَسْمَاءُ الْإِشَارَةِ used as ظَرْفٌ

English	Arabic
here	هُنَا
here	هٰهُنَا
there	هُنَاكَ

English	Arabic
there, at that time	هُنَالِكَ
there	ثَمَّ

Exercise 14

Translate the following.

١) الْكُتُبُ هُنَا

٢) الْقَاضِي هُنَالِكَ

٣) «التَّقْوَى هٰهُنَا»

٤) هُنَاكَ جَبَلٌ عَظِيمٌ

٥) هُنَا عِنَبٌ وَزَيْتُونٌ

٦) الْخُبْزُ وَاللَّحْمُ هٰهُنَا

٧) مَا هٰهُنَا وَلَدٌ وَلَا بِنْتٌ

٨) ﴿هُنَالِكَ دَعَا زَكَرِيَّا﴾ اللهَ

٩) ضُيُوفُ الرَّجُلِ الْكَرِيمِ هٰهُنَا

١٠) مَسْجِدُ الْمَدِينَةِ الْكَبِيرُ هُنَالِكَ

١١) ﴿هُنَالِكَ ابْتُلِيَ الْمُؤْمِنُونَ﴾

١٢) هُنَالِكَ زُلْزِلَ الْمُؤْمِنُونَ زِلْزَالًا شَدِيدًا

مَفْعُوْلٌ مُطْلَقٌ as a شِبْهُ الْجُمْلَةِ

A جَارٌّ – مَجْرُوْرٌ will be the مَفْعُوْلٌ مُطْلَقٌ غَيْرُ صَرِيْح if it describes the verb.

يَسْأَلُ النَّاسُ اللهَ كَعَبِيْدٍ

The people ask Allah like slaves.

The حَرْفُ جَارٍّ of كَ is used within a مَفْعُوْلٌ مُطْلَقٌ غَيْرُ صَرِيْح structure.

مَفْعُوْلٌ مُطْلَقٌ غَيْرُ صَرِيْح		مَفْعُوْلٌ بِهِ	فَاعِلٌ	فِعْلٌ
عَبِيْدٍ	ك	اللهَ	النَّاسُ	سَأَلَ
مَجْرُوْرٌ	جَارٌّ			

Exercise 15

Translate the following.

١) نَامَتْ فَاطِمَةُ كَطِفْلَةٍ صَغِيْرَةٍ

٢) مَشَى الرَّجُلُ الشُّجَاعُ كَأَسَدٍ

٣) تَغْضَبُ الطِّفْلَةُ كَفِيْلٍ جَائِعٍ

٤) بَكَى الوَلَدُ الْكَبِيْرُ كَوَلَدٍ صَغِيْرٍ

٥) عَدَلَ هٰذَا الْمَلِكُ الصَّالِحُ كَنَبِيٍّ

٦) ضَحِكَتِ الْخَالَةُ كَطِفْلَةٍ صَغِيْرَةٍ

٧) يَحْفَظُ الْوَلَدُ الصَّغِيْرُ الْقُرآنَ كَالْكِبَارِ

٨) يَتْلُوْ هٰؤُلَاءِ الْأَوْلَادُ الْقُرْآنَ كَقُرَّاءٍ حُذَّاقٍ

٩) تَجْلِسُ فَاطِمَةُ فِي الدَّرْسِ كَطَالِبَةٍ مُجْتَهِدَةٍ

١٠) كَذَّبَ النَّبِيَّ ﷺ مُشْرِكُوْ مَكَّةَ كَعَادٍ وَثَمُوْدَ

١١) يَجْلِسُ الطُّلَّابُ عِنْدَ الْأَسَاتِذَةِ كَعُلَمَاءَ مُتَأَدِّبِيْنَ

١٢) يَفْهَمُ الطُّلَّابُ الصِّغَارُ كِتَابَ النَّحْوِ هٰذَا كَرِجَالٍ عُقَلَاءَ

مَفْعُوْلٌ لَهُ as a شِبْهُ الْجُمْلَةِ

A جَارٌّ – مَجْرُوْرٌ can become the مَفْعُوْلٌ لَهُ غَيْرُ صَرِيْح if it shows the reason, purpose, or goal of the main verb.

The حَرْفٌ جَارٌّ of لِ, مِنْ, and بِ are used within a مَفْعُوْلٌ لَهُ غَيْرُ صَرِيْح structure.

أَصَابَتِ النَّاسَ مُصِيْبَةٌ بِالذُّنُوْبِ

A calamity befell the people because of (their) sins.

The tarkib of this is written as follows:

مَفْعُوْلٌ لَهُ غَيْرُ صَرِيْح		فَاعِلٌ	مَفْعُوْلٌ بِهِ	فِعْلٌ
الذُّنُوْبِ	بِ	مُصِيْبَةٌ	النَّاسَ	أَصَابَتِ
مَجْرُوْرٌ	جَارٌّ			

Vocab

English	Arabic	English	Arabic
to surpass, excel	فَاقَ يَفُوْقُ فَوقًا	to search	اِبْتَغَى يَبْتَغِي اِبْتِغَاءً
to do	فَعَلَ يَفْعَلُ فِعْلًا	to seal, complete	خَتَمَ يَخْتِمُ خَتْمًا
to wear	لَبِسَ يَلْبَسُ لُبْسًا	to remain hidden	خَفِيَ يَخْفَى خَفَاءً
to blow	نَفَخَ يَنْفُخُ نَفْخًا	to flow	فَاضَ يَفِيْضُ فَيْضَانًا

Exercise 16

Translate the following.

١) يُبَيِّنُ اللهُ الْآيَاتِ لِلنَّاسِ

٢) يُرْزَقُ النَّاسُ بِالضُّعَفَاءِ

٣) يَفْرَحُ الْمُؤْمِنُوْنَ بِنِعْمَةِ اللهِ

٤) لَيُعَذِّبَنَّ اللهُ الظَّالِمِيْنَ بِالظُّلْمِ

٥) يُحْرَمُ النَّاسُ الرِّزْقَ بِالذُّنُوْبِ

٦) يَحْضُرُ الطُّلَّابُ الدَّرْسَ لِلْعِلْمِ

٧) أَهْلَكَ اللهُ فِرْعَوْنَ وَهَامَانَ بِالظُّلْمِ

٨) لَيَزِيْدَنَّ اللهُ طَالِبَ عِلْمٍ عِلْمًا بِالتَّقْوَى

٩) مَا خَلَقَ اللهُ الْجِنَّ وَالْإِنْسَ إِلَّا لِلْعِبَادَةِ

١٠) يُطْعِمُ أَخُو حَامِدٍ هٰؤُلَاءِ الْفُقَرَاءَ لِرِضَى اللهِ

١١) يُدْخِلُ اللهُ الْمُؤْمِنِيْنَ الْجَنَّةَ بِالْأَعْمَالِ الصَّالِحَةِ

١٢) يُسَافِرُ النَّاسُ إِلَى مَكَّةَ الْمُكَرَّمَةِ لِلْحَجِّ وَالْعُمْرَةِ

١٣) يَدْخُلُ الْمُسْلِمُوْنَ الْجَنَّةَ بِرَحْمَةِ اللهِ ثُمَّ الْأَعْمَالِ

١٤) يَرْفَعُ اللهُ دَرَجَاتِ الْمُؤْمِنِيْنِ بِالْإِيْمَانِ وَالْأَعْمَالِ

مِنْ أَجْلِ

The noun أَجْل (because of, for the sake of, due to) is commonly added to after مِنْ or لِ to show reason.

يُصَلِّى النَّاسُ فِي الْبُيُوْتِ مِنْ أَجْلِ الْمَرَضِ

People are performing salah in the homes due to illness.

In tarkib أَجْل becomes مُضَافٌ. This is written as follows:

مَفْعُوْلٌ لَهُ غَيْرُ صَرِيْحٍ			مَفْعُوْلٌ فِيْهِ غَيْرُ صَرِيْحٍ		فَاعِلٌ	فِعْلٌ
الْمَرَضِ	أَجْلِ	مِنْ	الْبُيُوْتِ	فِي	النَّاسُ	يُصَلِّى
مُضَافٌ إِلَيْهِ	مُضَافٌ					
مَجْرُوْرٌ		جَارٌّ	مَجْرُوْرٌ	جَارٌّ		

تَمْيِيْزٌ as a شِبْهُ الْجُمْلَةِ

A جَارٌّ – مَجْرُوْرٌ can become the تَمْيِيْزٌ غَيْرُ صَرِيْحٍ if it clarifies any ambiguity within the sentence.

The حَرْفُ جَارٍّ of فِيْ, مِنْ, and ب are used within a تَمْيِيْزٌ غَيْرُ صَرِيْح structure.

زَادَ اللهُ النَّبِيَّ فِي الْعِلْمِ

Allah increased the Prophet in knowledge.

The tarkib of this is written as follows:

تَمْيِيْزٌ غَير صَرِيْح		مَفْعُوْلٌ بِهِ	فَاعِلٌ	فِعْلٌ
الْعِلْمِ	فِي	النَّبِيَّ	اللهُ	زَادَ
مَجْرُوْرٌ	جَارٌّ			

Notes

The particle مِنْ is often followed by the word حَيْثُ. This is translated as in terms of or according to, and becomes the تَمْيِيْزٌ غَيْرُ صَرِيْح.

الْفِعْلُ ثَلَاثَةُ أَقْسَامٍ مِنْ حَيْثُ الزَّمَنِ

The verb has three types according to its tense.

Vocab

English	Arabic	English	Arabic
foundation, rule	قَاعِدَةٌ ج قَوَاعِدُ	ear	أُذُنٌ ج آذَانٌ
peer, fellow	قِرْنٌ ج أَقْرَانٌ	sight	بَصَرٌ ج أَبْصَارٌ
close relative	قَرِيْبٌ ج أَقَارِبُ	teardrop	دَمْعٌ ج دُمُوْعٌ
prayer niche	مِحْرَابٌ ج مَحَارِيْبُ	market	سُوْقٌ ج أَسْوَاقٌ (مث)
Quran (written copy)	مُصْحَفٌ ج مَصَاحِفُ	back	ظَهْرٌ ج ظُهُوْرٌ، أَظْهُرٌ
place	مَوْضِعٌ ج مَوَاضِعُ	acquaintance, pledge, era	عَهْدٌ

266

Exercise 17

Translate the following.

١) الْإِنَاءُ مَمْلُوْءٌ بِلَبَنٍ بَارِدٍ

٢) اِزْدَادَ الْكَافِرُوْنَ فِيْ الكُفْرِ

٣) اِزْدَادَ الْمُؤْمِنُوْنَ فِي الإِيْمَانِ

٤) مَلَأَ الرَّجُلُ الْإِنَاءَ بِالْمَاءِالْحَارِّ

٥) مَلَأَ الرَّسُوْلُ الدُّنْيَا بِالْعِلْمِ وَالْعَدْلِ

٦) كَانَتِ الدُّنْيَا مَمْلُوْءَةً بِالظُّلْمِ وَالْجَهْلِ

٧) يَزِيدُ اللهُ الْمُؤْمِنِيْنَ فِي الْعِلْمِ وَالْإِيْمَانِ

٨) تَفِيْضُ أَعْيُنُ الْمُتَّقِينَ بِالدَّمْعِ خَوْفًا وَرَغْبَةً

٩) فَاقَتْ هٰذِهِ الْبِنْتُ الْمُجْتَهِدَةُ الْأَقْرَانَ اجْتِهَادًا ثُمَّ نَجَاحًا

١٠) فَاقَ هٰذَا الْوَلَدُ الْأَقْرَانَ فِي الْاجْتِهَادِ ثُمَّ فِي النَّجَاحِ

١١) يَمْلَأُ الظَّالِمُ الْمِيْزَانَ بِالسَّيِّئَاتِ والْمُؤْمِنُ الْمِيْزَانَ بِالْحَسَنَاتِ

مُسْتَثْنًى as a شِبْهُ الْجُمْلَةِ

A جَارٌّ – مَجْرُوْرٌ can also become the مُسْتَثْنًى. Its مُسْتَثْنًى مِنْهُ is usually omitted as it can be understood from context.

جَاءَ النَّاسُ إِلَّا مِنَ الْقَرْيَةِ

The people came except from the village.

The original sentence with the مُسْتَثْنًى مِنْهُ would have been:

جَاءَ النَّاسُ مِنْ كُلِّ مَكَانٍ إِلَّا مِنَ الْقَرْيَةِ

The people came (from all places) except from the village.

The tarkib of this is written as follows:

مُسْتَثْنًى غَيْر صَرِيْحٍ مِنَ الْمَفْعُوْلِ فِيْهِ		حَرْفُ اسْتِثْنَاءٍ	فَاعِلٌ	فِعْلٌ
الْقَرْيَةِ	**مِنَ**	**إِلَّا**	**النَّاسُ**	**جَاءَ**
مَجْرُوْرٌ	جَارٌّ			

Any of the حَرْفُ جَارٍّ can be used within a مُسْتَثْنًى structure.

Exercise 18

Translate the following.

١) يَغْفِرُ اللهُ إِلَّا لِلْمُشْرِكِيْنَ

٢) يَسْجُدُ الْمُشْرِكُوْنَ إِلَّا للهِ

٣) يَتَأَخَّرُ زَيْدٌ إِلَّا عَنِ الصَّلَاةِ

٤) يَحْفَظُ الدُّعَاءُ إِلَّا مِنَ الْمَوْتِ

٥) يُسَافِرُ النَّاسُ إِلَّا إِلَى تِلْكَ الْقَرْيَةِ

٦) يَهْدِي الشَّيْطَانُ النَّاسَ إِلَّا إِلَى الْحَقِّ

٧) يَحْفَظُ الطَّالِبُ الْقُرْآنَ إِلَّا بَعْدَ الْعِشَاءِ

٨) فَضَّلَ اللهُ الْمُؤْمِنِيْنَ إِلَّا عَلَى الْمَلَائِكَةِ

٩) يَسْتَغْنِي الْمُؤْمِنُوْنَ إِلَّا عَنِ اللهِ والرَّسُوْلِ

١٠) يَحْضُرُ الطُّلَّابُ الدَّرسَ إِلَّا فِي الْمَسَاءِ

١١) يُصَلِّى الْمُسْلِمُوْنَ إِلَّا فِي مَوَاضِعَ نَجِسَةٍ

١٢) فَرَضَ اللهُ خَمسَ صَلَوَاتٍ إِلَّا عَلَى الصِّبْيَانِ

شِبْهُ الْجُمْلَةِ After إِلَّا as an أَدَاةُ حَصْرٍ

The شِبْهُ الْجُمْلَةِ can also come after إِلَّا when it is an أَدَاةُ حَصْرٍ.

لَا يُصَلِّيْ خَالِدٌ إِلَّا فِي الْمَسْجِدِ

Khalid only performs salah in the masjid.

The tarkib of this is written as follows:

حَرْفُ نَفْيٍ	فِعْلٌ	فَاعِلٌ	أَدَاةُ حَصْرٍ	مَفْعُوْلٌ فِيْهِ غَيْرُ صَرِيْحٍ	
لَا	يُصَلِّيْ	خَالِدٌ	إِلَّا	فِي	الْمَسْجِدِ
				جَارٌّ	مَجْرُوْرٌ

This also applies to a جُمْلَةٌ اِسْمِيَّةٌ.

لَا نَجَاةَ إِلَّا فِي الصِّدْقِ

Salvation is only in truthfulness.
There is no salvation except in truthfulness.

The tarkib of this is written as follows:

لَا لِنَفْيِ الْجِنْسِ	اسْمُ لَا	حَرْفُ حَصْرٍ	خَبَرُ لَا لِنَفْيِ الْجِنْسِ	
لَا	نَجَاةَ	إِلَّا	فِي	الصِّدْقِ
			جَارٌّ	مَجْرُوْرٌ

Exercise 19

Translate the following.

١) لَا رَاحَةَ إِلَّا فِي الْآخِرَةِ

٢) لَا يَطُوْفُ الْمُسْلِمُوْنَ إِلَّا بِالْكَعْبَةِ

٣) لَا يَرْغَبُ أَهْلُ الدُّنْيَا إِلَّا فِي الدُّنْيَا

٤) مَا مَشَى الرَّجُلُ الشُّجَاعُ إِلَّا كَأَسَدٍ

٥) لَا يُحْرَمُ النَّاسُ الرِّزْقَ إِلَّا بِالذُّنُوْبِ

٦) مَا فِي هٰذَا الْبَيْتِ الْكَبِيْرِ إِلَّا أُمَرَاءُ أَغْنِيَاءُ

٧) لَا تَنْبُتُ الْأَشْجَارُ وَلَا الْأَثْمَارُ إِلَّا بِالْمَاءِ

٨) ﴿مَا النَّصْرُ إِلَّا مِنْ عِنْدِ اللهِ الْعَزِيزِ الْحَكِيمِ﴾

٩) لَا يَتَوَضَّأُ الْمُسْلِمُوْنَ لِلصَّلَاةِ إِلَّا بِمَاءٍ طَاهِرٍ

١٠) لَنْ يُسَافِرَ ذٰلِكَ الطَّالِبُ إِلَّا إِلَى تِلْكَ الْقَرْيَةِ

١١) لَا يُصَلِّي هٰؤُلَاءِ النَّاسُ إِلَّا فِي تِلْكَ الْمَسَاجِدِ

١٢) لَا يَذْهَبُ جَدُّ أَحْمَدَ الْمَرِيْضُ إِلَّا إِلَى الْمَسْجِدِ

١٣) لَا يَأْكُلُ الصَّائِمُوْنَ إِلَّا بَعْدَ أَذَانِ صَلَاةِ الْمَغْرِبِ

١٤) مَا فَاقَتْ بِنْتُ زُبَيْرٍ الْكَبِيْرَةُ الْأَقْرَانَ إِلَّا بِالْاجْتِهَادِ

مَفْعُوْلٌ مَعَهُ as a شِبْهُ الْجُمْلَةِ

Both the مُضَافٌ – مُضَافٌ إِلَيْهِ form and the جَارٌّ-مَجْرُوْرٌ form of a شِبْهُ الْجُمْلَةِ can become the مَفْعُوْلٌ مَعَهُ غَيْرُ صَرِيْحٍ if they show with whom the verb took place.

جَاءَتِ الْأُمُّ مَعَ وَلَدِهَا

The mother came with her child.

The tarkib of this is written as follows:

فِعْلٌ	فَاعِلٌ	مَفْعُوْلٌ مَعَهُ غَيْرُ صَرِيْحٍ	
جَاءَتِ	الْأُمُّ	مَعَ	وَلَدِهَا
		مُضَافٌ	مُضَافٌ إِلَيْهِ

The ظَرْفٌ of مَعَ and حَرْفٌ جَارٌّ of بِ are used within a مَفْعُوْلٌ مَعَهُ غَيْرُ صَرِيْحٍ structure.

Exercise 20

Translate the following.

١) إِعْتَمَرَتِ الْأُمُّ مَعَ الأَبِ

٢) جَاءَ التَّاجِرُ مَعَ الرَّجُلِ الْغَنِيِّ

٣) صَلَّى الْوَالِدُ مَعَ الصَّبِيِّ تَأْدِيبًا

٤) أَكَلَ الضُّيُوْفُ التَّمَرَاتَ بِالْفَوَاكِهِ

٥) الْيَوْمَ جَاءَتْ فَاطِمَةُ مَعَ خَدِيْجَةَ

٦) يُسَافِرُ الطُّلَّابُ بِالْكُتُبِ وَالْأَقْلَامِ

٧) يَخْرُجُ الرَّجُلُ بِالْوَلَدِ الصَّغِيْرِ الْآنَ

٨) سَيَحُجُّ مُحَمَّدٌ مَعَ أَخِي خَالِدٍ أَحْمَدَ

٩) أَطْعَمَ الْجَدُّ وَالْجَدَّةُ الْفُقَرَاءَ لَحْمًا بِخُبْزٍ

١٠) ذَهَبَ الْأَخُ وَالْأُخْتُ إِلَى السُّوْقِ مَعَ الْأَبَوَيْنِ

١١) رَجَعَ الشَّيْخُ عَبْدُ الرَّحْمٰنِ مَعَ إِمَامِ الْمَسْجِدِ

١٢) سَافَرَ الرِّجَالُ الْأَقْوِيَاءُ مَعَ الْأُمَّهَاتِ إِلَى الْمَدِيْنَةِ

١٣) أَمْسِ حَضَرَتِ الطَّالِبَةُ الْجَدِيْدَةُ مَعَ الطَّالِبَةِ الْقَدِيْمَةِ الدَّرْسَ

١٤) مَا قَامَ الْوَلَدُ الْمُخْلِصُ زَيْدٌ مَعَ الْوَلَدِ الصَّابِرِ خَالِدٍ لِلْمُعَلِّمِ الصَّالِحِ إِلَّا احْتِرَامًا

شِبْهُ الْجُمْلَةِ as an آلَةٌ

A جَارٌّ – مَجْرُوْرٌ will be the آلَةٌ if it shows the tool or material by which the action is carried out.

كَتَبَ الْوَلَدُ بِالْقَلَمِ

The boy wrote with the pen.

The tarkib of this is written as follows:

آلَةٌ		فَاعِلٌ	فِعْلٌ
الْقَلَمِ	بِـ	الْوَلَدُ	كَتَبَ
مَجْرُوْرٌ	جَارٌّ		

The حَرْفُ جَارٍّ of بِ and مِنْ are used within an آلَةٌ structure.

Exercise 21

Translate the following.

١) يَقْطَعُ الرَّجُلُ اللَّحْمَ بِالسِّكِّيْنِ الْحَادِّ

٢) يَتَوَضَّأُ الْمُسْلِمُوْنَ بِمَاءٍ طَاهِرٍ لِلصَّلَاةِ

٣) يَغْسِلُ الرَّجُلُ الثَّوْبَ النَّجِسَ بِمَاءٍ حَارٍّ

٤) خَلَقَ اللهُ الْإِنْسَانَ مِنْ تُرَابٍ وَالْجِنَّ مِنْ نَارٍ

٥) ذَبَحَ هٰؤُلَاءِ الرِّجَالُ بَقَرَةً وَشَاةً بِسِكِّيْنٍ خَالِدٍ

٦) كَتَبَتْ هٰذِهِ الْبِنْتُ الصَّادِقَةُ الدَّرْسَ بِقَلَمٍ جَدِيْدٍ

Note

The آلَةٌ can occur as a مَنْصُوْبٌ slot. However, this is seldom used.

ضَرَبَ الرَّجُلُ الْحِمَارَ سَوْطًا

The man hit the donkey with a whip.

Summary

The following table depicts the slots of a جُمْلَةٌ فِعْلِيَّةٌ within which a شِبْهُ الْجُمْلَةِ can occur.

شِبْهُ الْجُمْلَةِ in a جُمْلَةٌ فِعْلِيَّةٌ

Tool		Exclusion	Clarification	Reason	Description	Time / Place	Deputy Subject	Object
آلَةٌ	مَفْعُوْلٌ مَعَهُ	مُسْتَثْنَى	تَمْيِيْزٌ	مَفْعُوْلٌ لَهُ	مَفْعُوْلٌ مُطْلَقٌ	مَفْعُوْلٌ فِيْهِ	نَائِبُ الْفَاعِلِ	مَفْعُوْلٌ بِهِ

Part 2: شِبْهُ الْجُمْلَةِ as a Phrase

In a phrase, a شِبْهُ الْجُمْلَةِ can occur in any of four slots:

1. نَعْتٌ
2. مُضَافٌ إِلَيْهِ
3. بَدَلٌ
4. مَعْطُوْفٌ عَلَيْهِ

شِبْهُ الْجُمْلَةِ as a نَعْتٌ

If the شِبْهُ الْجُمْلَةِ describes a word within the sentence and is not directly becoming the خَبَرٌ, nor is it linked directly to the verb, it becomes the نَعْتٌ غَيْرُ صَرِيْحٍ of that word.

رَأَى الرَّجُلُ طَيْرًا عَلَى الشَّجَرَةِ

The man saw a bird on the tree.

In this example, the phrase عَلَى الشَّجَرَةِ, on the tree, is describing the location of the طَيْرًا, the bird; it is not the place the verb is taking place. Therefore, it is the نَعْتٌ غَيْرُ صَرِيْحٍ and not the مَفْعُوْلٌ فِيْهِ غَيْرُ صَرِيْحٍ.

In a جُمْلَةٌ فِعْلِيَّةٌ, the tarkib of this is written as follows:

مَفْعُوْلٌ بِهِ			فَاعِلٌ	فِعْلٌ
الشَّجَرَةِ	عَلَى	طَيْرًا	الرَّجُلُ	رَأَى
مَجْرُوْرٌ	جَارٌّ			
نَعْتٌ غَيْرُ صَرِيْحٍ		مَنْعُوْتٌ		

This rule applies to a جُمْلَةٌ اسْمِيَّةٌ as well.

هٰذَا هُدًى لِلنَّاسِ

This is guidance for people.

The tarkib of this in a جُمْلَةٌ اسْمِيَّةٌ is written as follows:

خَبَرٌ		مُبْتَدَأٌ
لِلنَّاسِ	هُدًى	هٰذَا
جَارٌّ - مَجْرُوْرٌ		
نَعْتٌ غَيْرُ صَرِيْحٍ	مَنْعُوْتٌ	

Exercise 1

Translate the following.

١) ذٰلِكَ فَضْلٌ

٢) ﴿ذٰلِكَ فَضْلُ اللهِ﴾

٣) ذٰلِكَ فَضْلٌ عَلَى النَّاسِ

٤) ذٰلِكَ فَضْلُ اللهِ عَلَى النَّاسِ

٥) إِنَّ الدِّينَ الْإِسْلَامُ

٦) ﴿إِنَّ الدِّينَ عِنْدَ اللهِ الْإِسْلَامُ﴾

٧) أُولٰئِكَ عَلَى هُدًى مِنَ اللهِ

٨) الْقُرْآنُ الْكَرِيْمُ كِتَابٌ مِنَ اللهِ

٩) قَدْ جَاءَ أَنْبِيَاءُ اللهِ بِآيَاتٍ مِنَ اللهِ

١٠) جَزَاءُ الْمُتَّقِيْنَ عِنْدَ اللهِ جَنَّاتٌ

١١) يَأْكُلُ الْأَوْلَادُ الْفَوَاكِهَ مِنَ الْحَدِيْقَةِ

١٢) فِي الْقُرْآنِ هُدًى لِلْمُتَّقِينَ وَرَحْمَةٌ

١٣) يَأْكُلُ الْأَوْلَادُ فَوَاكِهَ مِنَ الْحَدِيْقَةِ

١٤) لَيْسَ فِي الْبَيْتِ شَابٌّ مِنْ تِلْكَ الْقَرْيَةِ

١٥) اِشْتَرَتِ الْخَالَةُ ثَوْبًا جَدِيْدًا مِنَ الْمَدِيْنَةِ

١٦) لَيْسَ الشَّابُّ مِنْ تِلْكَ الْقَرْيَةِ فِي الْبَيْتِ

١٧) جَعَلَ اللهُ مَرْيَمَ وَعِيْسَى عليه السلام آيَةً لِلْعَالَمِينَ

١٨) سَمِعَ نَاسٌ فِي السُّوْقِ صَوْتًا مِنَ الْمِحْرَابِ

١٩) أَكَلَتِ الْبَنَاتُ الصِّغَارُ أَعْنَابًا حُلْوَةً مِنَ الْجِبَالِ

٢٠) كَانَتْ خَدِيْجَةُ رضي الله عنها امْرَأَةً ذَاتَ شَرَفٍ مِنْ قُرَيْشٍ

٢١) سَمِعَ النَّاسُ فِي السُّوْقِ الصَّوْتَ مِنَ الْمِحْرَابِ

٢٢) أَكَلَتِ الْبَنَاتُ الصِّغَارُ الْأَعْنَابَ الْحُلْوَةَ مِنَ الْجِبَالِ

Notes

In some cases, it will be possible for the شِبْهُ الْجُمْلَةِ in a single sentence to be taken as both a نَعْتٌ or a مَفْعُوْلٌ.

جَاءَ بَيِّنَاتٌ مِنَ اللهِ	جَاءَ بَيِّنَاتٌ مِنَ اللهِ
Signs from Allah came.	*Signs came from Allah.*

One tarkib of this will be written as follows:

فَاعِلٌ		فِعْلٌ
مِنَ اللهِ	بَيِّنَاتٌ	جَاءَ
جَارٌّ - مَجْرُوْرٌ		
نَعْتٌ غَيْرُ صَرِيحٍ	مَنْعُوْتٌ	

The alternative tarkib of this will be written as follows:

مَفْعُوْلٌ فِيْهِ غَيْرُ صَرِيْحٍ	فَاعِلٌ	فِعْلٌ
مِنَ اللهِ	بَيِّنَاتٌ	جَاءَ
جَارٌّ- مَجْرُوْرٌ		

Exercise 2

Translate the following.

١) قَدْ جَاءَتْ مَوْعِظَةٌ مِنَ اللهِ وَشِفَاءٌ

٢) آمَنَ الضُّعَفَاءُ مِنَ النَّاسِ بِمُحَمَّدٍ ﷺ

٣) يَعْلَمُ اللهُ الْقَوْلَ فِي السَّمَاءِ وَالْأَرْضِ

٤) مَا صَامَتْ زَيْنَبُ إِلَّا يَوْمَيْنِ مِنْ رَمَضَانَ

٥) أَوَّلًا آمَنَ الضُّعَفَاءُ مِنَ النَّاسِ بِمُحَمَّدٍ ﷺ

٦) يَبْتَغِي الْمُسْلِمُوْنَ فَضْلًا مِنَ اللهِ وَرِضْوانًا

٧) إِنَّمَا تَقْرَأُ فَاطِمَةُ مِنَ الْمُصْحَفِ مِنَ الْمَدِيْنَةِ

٨) جَاءَ الْحُجَّاجُ بِمَاءِ زَمْزَمَ مِنْ مَكَّةَ لِلْأَقَارِبِ

٩) فَاقَ الْوَلَدُ الْمُجْتَهِدُ الْأَقْرَانَ مِنَ الْمَدْرَسَةِ

١٠) رَفَعَ إِبْرَاهِيمُ وَإِسْمَاعِيلُ عليهما السلام الْقَوَاعِدَ مِنَ الْبَيْتِ

١١) أَنْزَلَ اللهُ إِلَي النَّاسِ آيَاتٍ بَيِّنَاتٍ وَمَوْعِظَةً لِلْمُتَّقِينَ

١٢) لَبِسَ الْإِمَامُ الثَّوْبَ الْجَدِيْدَ مِنَ الْمَدِيْنَةِ الْمُنَوَّرَةِ

١٣) يَسْمَعُ النَّاسُ الْأَذَانَ الْجَمِيْلَ مِنَ الْمَسْجِدِ الْحَرَامِ

١٤) مَا آمَنَ الْأَغْنِيَاءُ مِنْ قَوْمِ النَّبِيِّ الصَّالِحِ شُعَيْبٍ بِاللهِ

Notes

The word دُوْنَ is a ظَرْفٌ, which means below or beneath.

In the Quran, it is often used with مِنْ. This is translated as apart from or besides. It becomes the نَعْت or حَالٌ to the word before or after it.

يَعْبُدُ الْمُشْرِكُوْنَ الْأَصْنَامَ مِنْ دُوْنِ اللهِ

The polytheists worship idols apart from Allah.

بَدَلٌ as a شِبْهُ الْجُمْلَةِ

A شِبْهُ الْجُمْلَةِ can become the بَدَلٌ of another شِبْهُ الْجُمْلَةِ.

نَجَّى اللهُ قُرَيْشًا مِنَ الشِّرْكِ مِنْ عِبَادَةِ الْأَصْنَامِ

Allah saved the Quraish from polytheism: from worshipping idols.

The tarkib of this will be written as follows:

مَفْعُوْلٌ بِهِ ثَانٍ غَيْرُ صَرِيْحٍ				مَفْعُوْلٌ بِهِ	فَاعِلٌ	فِعْلٌ
عِبَادَةِ الْأَصْنَامِ	مِنْ	الشِّرْكِ	مِنَ	قُرَيْشًا	اللهُ	نَجَّى
مَجْرُوْرٌ	جَارٌّ	مَجْرُوْرٌ	جَارٌّ			
بَدَلٌ		مُبْدَلٌ مِنْهُ				

Instead of the entire شِبْهُ الْجُمْلَةِ becoming the مُبْدَلٌ مِنْهُ, it is more common for the مَجْرُوْرٌ to be the مُبْدَلٌ مِنْهُ on its own, followed by another noun which becomes the بَدَلٌ.

نَجَّى اللهُ قُرَيْشًا مِنَ الشِّرْكِ عِبَادَةِ الْأَصْنَامِ

Allah saved the Quraish from polytheism, from worshipping idols.

The tarkib of this will be written as follows:

مَفْعُوْلٌ بِهِ ثَانٍ			مَفْعُوْلٌ بِهِ	فَاعِلٌ	فِعْلٌ
عِبَادَةِ الْأَصْنَامِ	الشِّرْكِ	مِنَ	قُرَيْشًا	اللهُ	نَجَّى
بَدَلٌ	مُبْدَلٌ مِنْهُ				
مَجْرُوْرٌ		جَارٌّ			

مَعْطُوفٌ as a شِبْهُ الْجُمْلَةِ

A شِبْهُ الْجُمْلَةِ can become a مَعْطُوفٌ.

يَرْكَبُ النَّاسُ عَلَى الْإِبِلِ وَعَلَى الْحُمُرِ

People ride camels and donkeys.

The tarkib of this will be written as follows:

مَفْعُوْلٌ بِهِ غَيْرُ صَرِيْحٍ					فَاعِلٌ	فِعْلٌ
الْحُمُرِ	عَلَى	وَ	الْإِبِلِ	عَلَى	النَّاسُ	يَرْكَبُ
مَجْرُوْرٌ	جَارٌّ		مَجْرُوْرٌ	جَارٌّ		
مَعْطُوْفٌ		حَرْفُ عَطْفٍ	مَعْطُوْفٌ عَلَيهِ			

However, instead of the entire شِبْهُ الْجُمْلَةِ becoming the مَعْطُوْفٌ, it is more common for the مَجْرُوْرٌ to be the مَعْطُوْفٌ عَلَيْهِ on its own, with another noun becoming the مَعْطُوْفٌ.

يَرْكَبُ النَّاسُ عَلَى الْإِبِلِ وَالْحُمُرِ

People ride camels and donkeys.

The tarkib of this will be written as follows:

مَفْعُوْلٌ بِهِ غَيْرُ صَرِيْحٍ				فَاعِلٌ	فِعْلٌ
الْحُمُرِ	وَ	الْإِبِلِ	عَلَى	النَّاسُ	يَرْكَبُ
مَعْطُوْفٌ	حَرْفُ عَطْفٍ	مَعْطُوْفٌ عَلَيهِ			
مَجْرُوْرٌ			جَارٌّ		

Note

When a شِبْهُ الْجُمْلَةِ is مَعْطُوْفٌ, it is not necessary for the حَرْفٌ and ظَرْفٌ to be the same.

النَّبِيُّ مُحَمَّدٌ ﷺ سَيِّدُ النَّاسِ فِي الدُّنْيَا وَيَوْمَ الْقِيَامَةِ

The Prophet Muhammad ﷺ is the leader of people in the world and on the day of Resurrection.

In this example, the مَعْطُوْفٌ عَلَيْهِ is a مَفْعُوْلٌ فِيْهِ غَيْرُ صَرِيْحٍ, and the مَعْطُوْفٌ is in the مُضَافٌ-مُضَافٌ إِلَيْهِ form of مَفْعُوْلٌ فِيْهِ.

Exercise 4

Translate the following.

١) يَجْتَمِعُ النَّاسُ لِصَلَاةِ الْجُمُعَةِ فِي الْمُدُنِ لَا فِي الْقُرَى

٢) فِي الْقُبُوْرِ وَيَوْمَ الْقِيَامَةِ يُعَذَّبُ الظَّالِمُوْنَ عَذَابًا شَدِيْدًا

٣) يَتَوَضَّأُ الْمُسْلِمُوْنَ قَبْلَ الصَّلَاةِ فِي الْبُيُوْتِ وَفِي الْمَسَاجِدِ

٤) يَقْرَأُ هٰذَا الطِّفْلُ الصَّغِيْرُ آيَةَ الْكُرْسِيِّ فِي الصَّلَاةِ وَقَبْلَ النَّوْمِ

٥) لَيَحْشُرَنَّ اللهُ النَّاسَ يَوْمَ الْقِيَامَةِ مِنَ الْقُبُوْرِ لِلْحِسَابِ وَلِلْجَزَاءِ

٦) مَا آمَنَ الْأَغْنِيَاءُ مِنْ قَوْمِ النَّبِيِّ الصَّالِحِ شُعَيْبٍ بِاللهِ وَلَا بِالْيَوْمِ الْآخِرِ

٧) يَخْتِمُ اللهُ عَلَى الْقُلُوْبِ وَعَلَى الْآذَانِ وَعَلَى الْأَبْصَارِ مِنْ أَجْلِ الذُّنُوْبِ

٨) عَذَّبَ مَلِكُ مِصْرَ الظَّالِمُ فِرْعَوْنُ أَوْلَادَ النَّبِيِّ يَعْقُوْبَ بْنِ إِسْحَاقَ عليه السلام

٩) يَجْلِسُ هٰؤُلَاءِ الطُّلَّابُ إِمَّا عَلَى الْكُرْسِيِّ أَوْ عَلَى الْأَرْضِ أَوْ عِنْدَ الْبَابِ

١٠) يَتْلُو الْحُفَّاظُ كِتَابَ اللهِ الْقُرْآنَ الْكَرِيْمَ مِنَ الْمَصَاحِفِ ثُمَّ عَنْ ظَهْرِ الْقُلُوْبِ

١١) يُنْعِمُ اللهُ عَلَى الْمُسْلِمِيْنَ الْمُتَّقِيْنَ وَالْمُسْلِمِيْنَ غَيْرِ الْمُتَّقِيْنَ وَعَلَى الْكَافِرِيْنَ

١٢) لَقَدْ حَرَّمَ اللهُ لَحْمَ الْخِنْزِيْرِ عَلَى الْمُسْلِمِيْنَ وَعَلَى أَهْلِ الْكِتَابِ الْيَهُوْدِ وَالنَّصَارَى

١٣) يَطُوْفُ الْحُجَّاجُ حَوْلَ الْكَعْبَةِ سَبْعًا وَبَيْنَ الصَّفَا وَالْمَرْوَةِ سَبْعًا خَاشِعِيْنَ رَغَبًا وَرَهَبًا

١٤) يُصَلِّي الْمُسْلِمُوْنَ خَمْسَ مَرَّاتٍ فِي الْيَوْمِ فِي الْمَسَاجِدِ وَفِي الْبُيُوْتِ وَفِي الْأَسْوَاقِ وَعَلَى الْجِبَالِ وَفِي الْأَوْدِيَةِ

شِبْهُ الْجُمْلَةِ as a مُضَافٌ إِلَيْهِ غَيْرُ صَرِيْحٍ

The مُضَافٌ becomes مَعْرِفَةٌ when the مُضَافٌ إِلَيْهِ is مَعْرِفَةٌ even though it does not have an اَلْ. (see page 176)

The مُضَافٌ إِلَيْهِ غَيْرُ صَرِيْحٍ structure is used to show that the مُضَافٌ is نَكِرَةٌ whilst the مُضَافٌ إِلَيْهِ is مَعْرِفَةٌ.

The حَرْفُ جَارٍّ of مِنْ or لِ are used in the مُضَافٌ إِلَيْهِ غَيْرُ صَرِيْحٍ structure.

نَكِرَةٌ as a الْمُضَافُ		مَعْرِفَةٌ as a الْمُضَافُ
اِبْنٌ لِلرَّجُلِ *a son of the man*	⇐	اِبْنُ الرَّجُلِ *the son of the man*
صَفَحَاتٌ مِنَ الْكِتَابِ *a few pages of the book*	⇐	صَفَحَاتُ الْكِتَابِ *the pages of the book*

The tarkib of this will be written as follows:

مِنَ الْكِتَابِ	صَفَحَاتٌ
جَارٌّ- مَجْرُوْرٌ	
مُضَافٌ إِلَيْهِ غَيْرُ صَرِيْحٍ	مُضَافٌ

Notes

1. The مُضَافٌ إِلَيْهِ غَيْرُ صَرِيْحٍ structure is commonly comprised of a مُضَافٌ and مُضَافٌ إِلَيْهِ in which the مُضَافٌ is the plural of the main مُضَافٌ.

آيَةٌ مِنْ آيَاتِ الْقُرْآنِ *one verse of the Quran*	⇐	آيَةُ الْقُرْآنِ *the verse of the Quran*

The tarkib of this will be written as follows:

آيَاتِ الْقُرْآنِ	مِنَ	آيَةٌ
مُضَافٌ – مُضَافٌ إِلَيْهِ		
مَجْرُوْرٌ	جَارٌّ	
مُضَافٌ إِلَيْهِ غَيْرُ صَرِيْحٍ		مُضَافٌ

2. The words شَيْءٌ, قَلِيْلٌ and كَثِيْرٌ can become the مُضَافٌ of a مُضَافٌ إِلَيْهِ غَيْرُ صَرِيْحٍ. These are translated as some, a bit of, a piece of, a few, many, etc.

شَيْءٌ مِنَ الْمَاءِ
a bit of water

Exercise 3

Translate the following.

١) ذَبَحَ الْغَنِيُّ قَلِيْلًا مِنَ الْبَقَرَةِ

٢) أَضَلَّ الشَّيْطَانُ كَثِيْرًا مِنَ النَّاسِ

٣) هَذِهِ السَّنَةَ إِعْتَمَرَ وَلَدَا الْمُعَلِّمِ

٤) هَذِهِ السَّنَةَ إِعْتَمَرَ وَلَدَانِ لِلْمُعَلِّمِ

٥) رَتَّلَ الإِمَامُ كَثِيْرًا مِنَ السُّوْرَةِ تَرْتِيْلًا

٦) مَا نَسِيَ الْوَلَدُ الصَّغِيْرُ آيَةً مِنْ آيَاتِ الْقُرْآنِ

٧) مَا أَطَاعَ النَّبِيَّ نُوْحًا عَلَيْهِ السَّلَامُ إِلَّا قَلِيْلٌ مِنَ النَّاسِ

٨) قَرَأَتِ الْبِنْتُ الْمُجْتَهِدَةُ صَفَحَاتِ الْكِتَابِ

٩) شَرِبَ الرَّجُلُ الْمُتْعَبُ شَيْئًا مِنَ الْمَاءِ الْبَارِدِ

١٠) قَرَأَتِ الْبِنْتُ الْمُجْتَهِدَةُ صَفَحَاتٍ مِنَ الْكِتَابِ

١١) اَلْيَوْمَ يَلْبَسُ أَخٌ لِفَاطِمَةَ ثَوْبًا مِنْ ثِيَابِ الْمَدِيْنَةِ

١٢) يَنْظُرُ إِبْنٌ لِلرَّجُلِ إِلَى السَّمَاءِ وَالنُّجُوْمِ وَالْجِبَالِ

١٣) تَصْبِرُ بِنْتٌ لِلإِمَامِ عَلَى الْمَصَائِبِ صَبْرًا عَظِيْمًا

١٤) أَنْفَقَتِ الْمَرْأَةُ الصَّالِحَةُ كَثِيْرًا مِنَ الْمَالِ فِيْ سَبِيْلِ اللهِ

Summary of شِبْهُ الْجُمْلَةِ in جُمْلَةٌ فِعْلِيَّةٌ and in Phrases

شِبْهُ الْجُمْلَةِ in a جُمْلَةٌ اسْمِيَّةٌ		
خَبَرٌ لَا لِنَفْيِ الْجِنْسِ	خَبَرٌ مُقَدَّمٌ	خَبَرٌ
لَا رَجُلَ فِي الْبَيْتِ	فِي الْبَيْتِ رَجُلٌ	الرَّجُلُ فِي الْبَيْتِ
There is no [اسم] [شِبْهُ الْجُمْلَةِ]	There is a [مبتدأ] [شِبْهُ الْجُمْلَةِ]	The [مبتدأ] is [شِبْهُ الْجُمْلَةِ]

شِبْهُ الْجُمْلَةِ in a جُمْلَةٌ فِعْلِيَّةٌ								
آلَةٌ	مَفْعُوْلٌ مَعَهُ	مُسْتَثْنًى	تَمْيِيْزٌ	مَفْعُوْلٌ لَهُ	مَفْعُوْلٌ مُطْلَقٌ	مَفْعُوْلٌ فِيْهِ	نَائِبُ الْفَاعِلِ	مَفْعُوْلٌ بِهِ
Tool		Exclusion	Clarification	Reason	Description	Time Place	Deputy Subject	Object
بِ، مِنْ	بِ، مَعَ	Any حرف جار	بِ، فِي، مِنْ	لِ، مِنْ (+أَجل) بِ،	كَ، بِ، مِنْ	ظُرُوْفٌ فِي، عَلَى، إِلَى، مِنْ، حَتّٰى	Any حرف جار	

شِبْهُ الْجُمْلَةِ in a Phrase		
مَعْطُوْفٌ	بَدَلٌ	نَعْتٌ
Conjunction	Appositive Phrase	Description

Exercise 5

Translate the following.

١) الْهُدَى فِيْ الْقُرْآنِ

٢) لَا رَيْبَ فِيْ الْقُرْآنِ

٣) لَا هُدًى إِلَّا فِي الْقُرْآنِ

٤) فِيْ الْقُرْآنِ هُدًى وَرَحْمَةٌ

٥) يُطَافُ بِالْبَيْتِ

٦) يَطُوْفُ النَّاسُ فِيْ مَكَّةَ

٧) لَا يَطُوْفُ الْحُجَّاجُ إِلَّا لِلّٰهِ

٨) يَطُوْفُ الْحُجَّاجُ الْكِرَامُ لِلّٰهِ

٩) يَعْتَمِرُ النَّاسُ إِلَّا فِي أَيَّامِ الْحَجِّ

١٠) يَطُوْفُ الْحُجَّاجُ فِيْ أَيَّامِ الْحَجِّ

١١) يَطُوْفُ بَعْضُ الْحُجَّاجِ مَعَ الْأَوْلَادِ

١٢) يَطُوْفُ الْحُجَّاجُ كَالنَّبِيِّ وَالصَّحَابَةِ

١٣) يَطُوْفُ الْحُجَّاجُ بِالْكَعْبَةِ بِبَيْتِ اللهِ الْحَرَامِ

✎ Exercise 6

Translate the following.

١) يَصُوْمُ الْوَلَدُ مِنَ الْمَدِيْنَةِ ثَمَانِيَةَ أَيَّامٍ مِنَ الشَّهْرِ

٢) إِنَّ النَّبِيَّ مُحَمَّدَ بْنَ عَبْدِ اللهِ رَسُولٌ مِنْ رَبِّ الْعَالَمِينَ

٣) لَن يَّجْزَعَ مُؤْمِنٌ مُتَّقٍ عَلَى مُصِيْبَةٍ فِي الْمَالِ ولَا الأَوْلَادِ بَلْ فِيْ دِيْنٍ

٤) بَنَى النَّبِيَّانِ إِبْرَاهِيمُ وَإِسْمَاعِيلُ بَيْتًا للهِ فِي وَادٍ غَيرِ ذِيْ زَرْعٍ فِي مَكَّةَ بَيْنَ جَبَلَيْنِ

٥) لَقَدْ بُغِيَ عَلَى أَوْلَادِ النَّبِيِّ يَعْقُوْبَ عَلَيْهِ السَّلَامُ فِي مِصْرَ فِي عَهْدِ الْمَلِكِ الظَّالِمِ فِرْعَوْنَ

٦) يَصُوْمُ ابْنُ فَاطِمَةَ الكَبِيْرُ ثَلَاثَةَ أَيَّامٍ مِنَ الشَّهْرِ وَابْنُ إِسْمَاعِيْلَ الصَّغِيْرُ خَمْسَةَ عَشَرَ

٧) تَفِيْضُ أَعْيُنُ الْمُتَّقِيْنَ بِالدُّمُوْعِ فِي الصَّلَاةِ وَفِي الدُّعَاءِ وَأَثْنَاءَ تِلَاوَةِ الْقُرْآنِ خَوْفًا وَرَغَبًا

٨) لَيُسَافِرَنَّ هٰؤُلَاءِ الرِّجَالُ وَالنِّسَاءُ الْيَوْمَ إِلَى مَكَّةَ الْمُكَرَّمَةِ لِلعُمْرَةِ وَبَعْدَ أُسْبُوْعٍ إِلى الْمَدِيْنَةِ الْمُنَوَّرَةِ

٩) يَقْرَأُ أَخُوْ حَامِدٍ أَحْمَدُ خَمْسًا وَعِشْرِيْنَ صَفْحَةً مِنْ هٰذَا الْكِتَابِ لَيْلَةً وَخَمْسَةَ عَشَرَ مِنْ ذٰلِكَ صَبَاحًا

١٠) يَوْمَ الْجُمُعَةِ يَخْطُبُ إِمَامُ هٰذَا الْمَسْجِدِ لِخَمْسَ عَشْرَةَ دَقِيْقَةً وإِمَامُ ذٰلِكَ الْمَسْجِدِ لِخَمْسٍ وَّعِشْرِيْنَ دَقِيْقَةً

١١) بَعْدَ الْهِجْرَةِ اشْتَرَى النَّبِيُّ ﷺ أَرضًا فِي الْمَدِيْنَةِ مِنْ يَتِيْمَيْنِ مِنَ الْأَنْصَارِ سَهْلٍ وَسُهَيْلٍ رَضِيَ اللهُ عَنْهُمَا لِبِنَاءِ مَسْجِدٍ للهِ

Supplement: حَرْفُ صِلَةٍ as a حَرْفُ جَارٌّ

A حَرْفُ جَارٌّ can be used to create emphasis in a sentence, without its original translation. In this case, it is called حَرْفُ صِلَةٍ.

Two حَرْفُ جَارٌّ function as حَرْفُ صِلَةٍ:

1. بِ
2. مِنْ

بِ as a حَرْفُ صِلَةٍ

The particle بِ can be added to the خَبَرٌ of لَيْسَ or مَا الْمُشَبَّهَةُ بِلَيْسَ.

لَيْسَ زَيْدٌ قَائِمًا	⇐	لَيْسَ زَيْدٌ بِقَائِمٍ
مَا زَيْدٌ قَائِمًا	⇐	مَا زَيْدٌ بِقَائِمٍ

This creates emphasis but is not reflected in the translation.

Zaid is not standing.

In tarkib, this is labelled as حَرْفُ صِلَةٍ and it does not become part of any of the main slots.

فِعْلٌ نَاقِصٌ	اِسْمُ لَيْسَ	حَرْفُ صِلَةٍ	خَبَرُ لَيْسَ
لَيْسَ	زَيْدٌ	بِ	قَائِمٍ

Exercise 1

Translate the following.

١) لَيْسَ الْمَاءُ بِبَارِدٍ

٢) لَيْسَ الْيَوْمُ بِجُمُعَةٍ

٣) مَا هَذَا الثَّوْبُ بِنَجِسٍ

٤) لَيْسَتِ الشَّاةُ بِكَبِيْرَةٍ

٥) مَا هَذِهِ السُّوْقُ بِبَعِيْدَةٍ

٦) مَا ذَلِكَ الرَّجُلُ بِشَرِيْفٍ

٧) لَيْسَتْ تِلْكَ الْبِنْتُ بِعَاقِلَةٍ

٨) لَيْسَ هَذَا الصِّرَاطُ بِمُسْتَقِيْمٍ

٩) مَا هَذَا الرَّجُلُ بِعَاقِلٍ وَلَا شُجَاعٍ

مِنْ as a حَرْفُ صِلَةٍ

The particle مِنْ precedes a نَكِرَةٌ word in a negative sentence. This occurs in both جُمْلَةٌ فِعْلِيَّةٌ and جُمْلَةٌ اسْمِيَّةٌ.

مِنْ as a حَرْفُ صِلَةٍ in a جُمْلَةٌ فِعْلِيَّةٌ

The حَرْفُ صِلَةٍ of مِنْ usually occurs in the فَاعِلٌ or مَفْعُوْلٌ بِهِ slot.

فَاعِلٌ with a حَرْفُ صِلَةٍ	مَفْعُوْلٌ with a حَرْفُ صِلَةٍ
مَا جَاءَ رَجُلٌ	مَا أَكَلَ الْوَلَدُ فَاكِهَةً
مَا جَاءَ مِنْ رَجُلٍ	مَا أَكَلَ الْوَلَدُ مِنْ فَاكِهَةٍ
No man came.	*The child did not eat any fruit.*

In these examples, the words رَجُلٌ and فَاكِهَةٌ are نَكِرَةٌ. By bringing bring the حَرْفُ صِلَةٍ of مِنْ before them creates additional emphasis.
In tarkib, مِنْ is labelled as حَرْفُ صِلَةٍ and it does not become part of any of the main slots.

حَرْفُ نَفْيٍ	فِعْلٌ	حَرْفُ صِلَةٍ	فَاعِلٌ
مَا	جَاءَ	مِنْ	رَجُلٍ

Exercise 2

Translate the following.

١) مَا خَلَقَ النَّاسُ شَيْئًا

٢) مَا خَلَقَ النَّاسُ مِنْ شَيْءٍ

٣) لَا تَضُرُّ الْأَصْنَامُ شَيْئًا

٤) لَا تَضُرُّ الْأَصْنَامُ مِنْ شَيْءٍ

٥) مَا جَعَلَ اللهُ لِلْكَافِرِيْنَ نُوْرًا

٦) مَا جَعَلَ اللهُ لِلْكَافِرِيْنَ مِنْ نُوْرٍ

٧) مَا سَأَلَ الْأَنْبِيَاءُ النَّاسَ أَجْرًا

٨) مَا سَأَلَ الْأَنْبِيَاءُ النَّاسَ مِنْ أَجْرٍ

٩) مَا رَأَى الْوَلَدُ فِي السَّمَاءِ نَجْمًا

١٠) مَا رَأَى الْوَلَدُ فِي السَّمَاءِ مِنْ نَجْمٍ

١١) لَا يُشْرِكُ الْمُسْلِمُوْنَ بِاللهِ شَيْئًا

١٢) لَا يُشْرِكُ الْمُسْلِمُوْنَ بِاللهِ مِنْ شَيْءٍ

Multiple حَرْفُ جَارٍّ in a Single Sentence

A regular مِنْ may come in the same sentence as the حَرْفُ الصِّلَةِ of مِنْ. Remember, the مَجْرُوْرٌ of the حَرْفُ صِلَةٍ will always be نَكِرَةٌ.

مَا سَقَطَ مِنَ الْكُرْسِيِّ مِنْ أَحَدٍ

No one fell from the chair.

The tarkib of this is written as follows:

حَرْفُ نَفْيٍ	فِعْلٌ	مَفْعُوْلٌ فِيْهِ غَيْرُ صَرِيْحٍ		حَرْفُ صِلَةٍ	فَاعِلٌ
مَا	سَقَطَ	مِنْ	الْكُرْسِيِّ	مِنْ	أَحَدٍ
		جَارٌّ	مَجْرُوْرٌ		

Vocab

English	Arabic	English	Arabic
helper	نَصِيْرٌ	well	بِئْرٌ ج آبَارٌ (مث)
groove of a date-stone	نَقِيْرٌ	clay	طِيْنٌ
guardian, friend	وَلِيٌّ ج أَوْلِيَاءُ	cup	كُوْبٌ ج أَكْوَابٌ

Exercise 3

Translate the following.

١) لَن يَّضُرَّ الْكَافِرُوْنَ اللهَ مِنْ شَيْءٍ

٢) لَمْ يَكُنْ فِي هٰؤُلَاءِ مِنْ هَادٍ وَلَا مُهْتَدٍ

٣) يَوْمَ الْقِيَامَةِ لَا يُظْلَمُ النَّاسُ مِنْ نَقِيْرٍ

٤) مَا رَأَى الرَّجُلُ مِنْ أَحَدٍ فِي الْمَسْجِدِ

٥) مَا شَرِبَ الصَّائِمُوْنَ مِنْ لَبَنٍ وَلَا مَاءٍ

٦) لَا يَعْبُدُ الْمُسْلِمُوْنَ مِنْ صَنَمٍ وَلَا شَجَرٍ

٧) لَا يَقْبَلُ اللهُ مِنْ مُرَاءٍ مِنْ صَلَاةٍ وَلَا صَدَقَةٍ

٨) لَا يَصُوْمُ يَوْمَ الْعِيْدِ مِنْ أَحَدٍ مِنَ الْمُسْلِمِيْنَ

٩) لَا يُصِيْبُ النَّاسَ مِنْ مُصِيْبَةٍ إِلَّا مِنْ أَجْلِ الذُّنُوْبِ

١٠) تِلْكَ السَّنَةَ مَا سَقَطَ مِنْ قَطْرَةٍ مِنْ مَاءٍ فِي تِلْكَ الْوَادِي

١١) ﴿مَا يَخْفَى عَلَى اللهِ مِنْ شَيْءٍ فِي الْأَرْضِ وَلَا فِي السَّمَاءِ﴾

١٢) مَا شَرِبَتْ الْمَرْأَةُ الصَّائِمَةُ مِنْ مَاءٍ وَلَا لَبَنٍ إِلَّا بَعْدَ الْمَغْرِبِ

مِنْ as a حَرْفُ صِلَةٍ in a جُمْلَةٌ اسْمِيَّةٌ

The حَرْفُ صِلَةٍ of مِنْ usually occurs in the مُبْتَدَأٌ مُؤَخَّرٌ slot.

حَرْفُ صِلَةٍ with a مُبْتَدَأٌ مُؤَخَّرٌ
مَا فِي الْبَيْتِ رَجُلٌ
مَا فِي الْبَيْتِ مِنْ رَجُلٍ
There is no man in the house.

Both the خَبَرٌ مُقَدَّمٌ and اسْمٌ مُؤَخَّرٌ have حَرْفُ جَارٌّ before them. However, one is labelled as a حَرْفُ جَارٌّ and the other as حَرْفُ صِلَةٍ.

اسْمٌ مُؤَخَّرٌ	حَرْفُ صِلَةٍ	خَبَرٌ مُقَدَّمٌ		فِعْلٌ نَاقِصٌ
رَجُلٍ	مِنْ	الْبَيْتِ	فِي	لَيْسَ
		مَجْرُورٌ	جَارٌّ	

Exercise 4

Translate the following.

١) مَا عَلَى الثَّوْبِ تُرَابٌ

٢) مَا عَلَى الثَّوْبِ مِنْ تُرَابٍ

٣) مَا لِلظَّالِمِينَ أَنْصَارٌ

٤) ﴿مَا لِلظَّالِمِينَ مِنْ أَنْصَارٍ﴾

٥) مَا جَاءَ مِنْ هٰذِهِ الْقَرْيَةِ رَجُلٌ

٦) مَا جَاءَ مِنْ هٰذِهِ الْقَرْيَةِ مِنْ رَجُلٍ

٧) لَيْسَ فِي تِلْكَ الْقَرْيَةِ جَبَلٌ غَيْرُ هٰذَا الْجَبَلِ

٨) لَيْسَ فِي تِلْكَ الْقَرْيَةِ مِنْ جَبَلٍ

٩) لَيْسَ فِي هٰؤُلَاءِ مِنْ هَادٍ وَلَا مُهْتَدٍ

١٠) مَا لِلْمُشْرِكِينَ مِنْ وَلِيٍّ وَلَا نَصِيرٍ

١١) مَا لِخَالِدٍ مِنْ قَرِيبٍ فِي هٰذَا الْبَلَدِ

١٢) لَيْسَ لِلظَّالِمِينَ مِنْ أَجْرٍ فِي الْآخِرَةِ

١٣) لَيْسَ عِنْدَ هٰذَا الْفَقِيرِ مِنْ دِرْهَمٍ وَلَا دِينَارٍ

١٤) مَا قَطَعَ هٰؤُلَاءِ الرِّجَالُ مِنْ شَجَرَةٍ مِنْ هٰذِهِ الْحَدِيقَةِ

Types Irab

All nouns carry an irab i.e. they occur in the مَرْفُوْعٌ, مَنْصُوْبٌ and مَجْرُوْرٌ slots.

Irab occurs in two ways:

1. Apparent
2. Inferred

Apparent Irab

Apparent irab is a change at the end of a word which is visible. This is called إِعْرَابٌ لَفْظِيٌّ.

نَصَرَتِ الْمَرْأَةُ الرَّجُلَ

The lady helped the man.

In this example, the irab of الْمَرْأَةُ and الرَّجُلَ is apparent in the form of a ضَمَّةٌ and a فَتْحَةٌ respectively.

Inferred Irab

Inferred irab is an assumption that a word has an irab because of its grammatical function.

This is called إِعْرَابٌ مَحَلِّيٌّ.

نَصَرَتْ هٰذِهِ ذٰلِكَ

This (lady) helped that (man).

In this example, the irab of هٰذِهِ and ذٰلِكَ is not apparent because they are مَبْنِيٌّ. Therefor they are assumed to be in the مَرْفُوْعٌ and مَنْصُوْبٌ states respectively.

Instead of classifying these words as مَرْفُوْعٌ, مَنْصُوْبٌ and مَجْرُوْرٌ, we classify them as فِيْ مَحَلِّ الرَّفْع, فِيْ مَحَلِّ النَّصْبِ and فِيْ مَحَلِّ الْجَرِّ, i.e. in the slot of a مَرْفُوْعٌ, مَنْصُوْبٌ and مَجْرُوْرٌ.

Inferred Irab After حَرْفُ صِلَةٍ

Similarly, if a word is preceded by a حَرْفُ صِلَةٍ, its إِعْرَابٌ لَفْظِيٌّ will be governed by the حَرْفٌ جَارٌّ. However, it will also have an إِعْرَابٌ مَحَلِّيٌّ based on the slot it occurs in.

مَا جَاءَ مِنْ أَحَدٍ

In this example, the word أَحَدٌ is preceded by مِنْ, therefore its إِعْرَابٌ لَفْظِيٌّ will be مَجْرُوْرٌ. But as it is becoming the فَاعِلٌ, its إِعْرَابٌ مَحَلِّيٌّ will be مَرْفُوْعٌ.

Consequently, the نَعْتٌ of a noun after a حَرْفُ صِلَةٍ can match in its إِعْرَابٌ مَحَلِّيٌّ.

لَيْسَ لِلنَّاسِ مِنْ إِلٰهٍ غَيْرُ اللهِ

There is absolutely no deity for the people other than Allah.

In this sentence, غَيْرُ اللهِ becomes the نَعْتٌ of إِلٰهٍ. Initially, it may seem that they do not agree in irab. However, the inferred irab of إِلٰهٍ is مَرْفُوْعٌ because it becomes the اسْمٌ مُؤَخَّرٌ of لَيْسَ. Therefore, the نَعْتٌ does agree with the inferred irab.

The tarkib of this is written as follows:

اِسْمُ لَيْسَ			حَرْفُ صِلَةٍ	خَبَرُ لَيْسَ الْمُقَدَّمُ	فِعْلٌ نَاقِصٌ
اللهِ	غَيْرُ	إِلٰهٍ	مِنْ	لِلنَّاسِ	لَيْسَ
مُضَافٌ إِلَيْهِ	مُضَافٌ			جَارٌّ - مَجْرُوْرٌ	
نَعْتٌ		مَنْعُوْتٌ			

Summary: Different Types of حَرْفٌ جَارٌّ

حَرْفٌ جَارٌّ		
Regular حَرْفٌ جَارٌّ	حَرْفُ صِلَةٍ	
فِي، عَلَى، إِلَى، مِنْ، بِ، لِ، حَتّى، عَنْ	بِ before the خبر of لَيْسَ or مَا الْمُشَبَّهَةُ بِلَيْسَ	مِنْ before a نَكِرَةٌ word in a negative sentence

📝 Exercise 5

Translate the following sentences and write out the tarkib.

١) لَا مَاءَ فِي هٰذَا الْإِنَاءِ الصَّغِيْرِ عِنْدَ الْبِئْرِ وَلَا فِي ذٰلِكَ الْكُوْبِ الْكَبِيْرِ

٢) حَفِظَتْ بِنْتُ أَحْمَدَ هٰذِهِ قَوَاعِدَ هٰذَا الْكِتَابِ الْكَبِيْرِ إِلَّا أَرْبَعَ قَوَاعِدَ

٣) سَأَلَ الصَّحَابَةُ الْكِرَامُ النَّبِيَّ ﷺ الصَّادِقَ الْأَمِيْنَ عَنِ الْخَمْرِ وَالْمَيْسِرِ

٤) خَلَقَ اللهُ رَبُّ السَّمَاوَاتِ وَالْأَرْضِ أَبَا الْبَشَرِ آدَمَ مِنْ طِيْنٍ وَإِبْلِيْسَ مِن نَّارٍ

٥) صَامَ هٰذَا الْوَلَدُ ثَلَاثِيْنَ يَوْمًا مِنْ رَمَضَانَ وَتِلْكَ الْمَرأَةُ الْمَرِيْضَةُ ثَلَاثًا وَعِشْرِيْنَ يَوْمًا

٦) مَضَى الْمُسْلِمُوْنَ الصَّالِحُوْنَ الْمُتَّقُوْنَ أَيَّامَ رَمَضَانَ صَائِمِيْنَ وَلَيَالِيَ رَمَضَانَ مُصَلِّيْنَ

٧) لَيُسَافِرَنَّ هٰؤُلَاءِ النَّاسُ إِلَى مَكَّةَ الْمُكَرَّمَةِ وَمَدِيْنَةِ النَّبِيِّ الْمُنَوَّرَةِ بَعْدَ أَرْبَعَةِ أَشْهُرٍ لِلْعُمْرَةِ

٨) اِتَّخَذَ النَّصَارَى عِيْسَى ومَرْيَمَ عليهما السلام إِلٰهَيْنِ مِنْ دُوْنِ اللهِ وَالْعَرَبُ الْمَلَائِكَةَ بَنَاتِ اللهِ جَهْلًا

٩) لَا تَفِيْضُ أَعْيُنُ الْمُتَّقِيْنَ بِالدَّمْعِ فِي الصَّلَاةِ والدُّعَاءِ وَأَثْنَاءَ الطَّوَافِ إِلَّا مِنَ الْخَوْفِ وَالرَّغْبَةِ

١٠) عَبَدَ أَهْلُ مَكَّةَ أُمِّ الْقُرٰى الْأَصْنَامَ مِنْ دُوْنِ اللهِ قَبْلَ الْإِسْلَامِ قَبْلَ النَّبِيِّ مُحَمَّدِ بْنِ عَبْدِ اللهِ ﷺ

١١) زَادَ آيَاتُ الْقُرْآنِ الْبَيِّنَاتُ الصَّحَابَةَ الْكِرَامَ ثُمَّ الْمُؤْمِنِيْنَ إِيْمَانًا وَيَقِيْنًا وَالْكَافِرِيْنَ ضَلَالًا وَطُغْيَانًا

١٢) يَقْرَءُ الْأَوْلَادُ الدُّرُوْسَ فِي اللَّيْلِ عَلَى الْآبَاءِ وَالْأُمَّهَاتِ وَفِي الصَّبَاحِ عَلَى الْأَسَاتِذَةِ فِي الْمَدْرَسَةِ

١٣) أَمْسِ مَا سَافَرَتْ بِنْتُ خَالِدٍ الصَغِيْرَةُ إِلَى تِلْكَ الْمَدِيْنَةِ وَلَا إِلَى تِلْكَ الْقَرْيَةِ الْبَعِيْدَةِ بَلْ إِلَى هٰذِهِ الْقَرْيَةِ

Summary

Types of Phrases

Agree in DING		Agree Only in Irab	
Descriptive Phrase	**Demonstrative Phrase**	**Conjunctive Phrase**	**Appositive Phrase**
مَنْعُوْتٌ نَعْتٌ	اِسْمُ الْإِشَارَةِ مُشَارٌ إِلَيْهِ	مَعْطُوْفٌ عَلَيْهِ حَرْفُ عَطْفٍ مَعْطُوْفٌ	مُبْدَلٌ مِنْهُ بَدَلٌ

Do Not Agree		
Possessive Phrase	**Prepositional Phrase** (شِبْهُ الْجُمْلَةِ)	
مُضَافٌ مُضَافٌ إِلَيْهِ	مُضَافٌ (ظَرْفٌ) مُضَافٌ إِلَيْهِ	جَارٌّ مَجْرُوْرٌ

Phrases		
Normal Phrases		
Descriptive Phrases		
مَنْعُوْتٌ	Noun	Agree in DING
نَعْتٌ	Adjective	
Demonstrative Phrases		
اِسْمُ الْإِشَارَةِ	Demonstrative Pronoun	Agree in DING
مُشَارٌ إِلَيْهِ	Must have اَلْ	
Conjunction Phrases		
حَرْفُ عَطْفٍ	Conjunction	وَ، فَ، ثُمَّ، أَوْ
مَعْطُوْفٌ عَلَيْهِ	The word before the conjunction	Agree in irab
مَعْطُوْفٌ	The word after the conjunction	
Appositive Phrases		
مُبْدَلٌ مِنْهُ	First Noun	Agree in irab
بَدَلٌ	Second Noun	
Possessive Phrases		
مُضَافٌ	Owned	No اَلْ, no تَنْوِيْنٌ
مُضَافٌ إِلَيْهِ	Owner	مَجْرُوْرٌ (Do not Agree)
Prepositional Phrases (شِبْهُ الْجُمْلَةِ)		
مُضَافٌ	Time / Place (ظَرْف)	No اَلْ, no تَنْوِيْنٌ, مَنْصُوْبٌ
مُضَافٌ إِلَيْهِ	Noun	مَجْرُوْرٌ
جَارٌّ	Particle	مَبْنِيٌّ
مَجْرُوْرٌ	Noun	مَجْرُوْرٌ

Summary of شِبْهُ الْجُمْلَةِ

شِبْهُ الْجُمْلَةِ in a جُمْلَةٌ اسْمِيَّةٌ

خَبَرٌ	مُبْتَدَأٌ	لَا لِنَفْيِ الْجِنْسِ	حَرْفٌ مُشَبَّهٌ بِالْفِعْلِ	فِعْلٌ نَاقِصٌ
Noun Phrase	Noun Phrase		Particle	Verb
شِبْهُ الْجُمْلَةِ				

شِبْهُ الْجُمْلَةِ in a جُمْلَةٌ اسْمِيَّةٌ		
خَبَرُ لَا لِنَفْيِ الْجِنْسِ	خَبَرٌ مُقَدَّمٌ	خَبَرٌ
لَا رَجُلَ فِي الْبَيْتِ	فِي الْبَيْتِ رَجُلٌ	الرَّجُلُ فِي الْبَيْتِ
There is **no** [اسم] [شِبْهُ الْجُمْلَةِ]	**There** is a [مبتدأ] [شِبْهُ الْجُمْلَةِ]	The [مبتدأ] is [شِبْهُ الْجُمْلَةِ]

شِبْهُ الْجُمْلَةِ in a جُمْلَةٌ فِعْلِيَّةٌ

مُسْتَ	تَمْيِيزٌ	مَفْعُوْلٌ لَهُ	مَفْعُوْلٌ مُطْلَقٌ	مَفْعُوْلٌ فِيهِ	نَائِبُ الْفَاعِلِ	مَفْعُوْلٌ بِهِ ثَانٍ	مَفْعُوْلٌ بِهِ	فَاعِلٌ	فِعْلٌ
un	Noun	Noun	Noun	Noun	Noun	Noun	Noun	Noun	Verb
ase		Phrase	Phrase	Phrase	Phrase	Phrase	Phrase	Phrase	
				ظَرْفٌ					
جَ وَمَجْ	جَارٌّ وَمَجْرُوْرٌ	جَارٌّ وَمَجْرُوْرٌ	جَارٌّ وَمَجْرُوْرٌ	جَارٌّ وَمَجْرُوْرٌ	جَارٌّ وَمَجْرُوْرٌ	جَارٌّ وَمَجْرُوْرٌ	جَارٌّ وَمَجْرُوْرٌ		

Summary of Sentences

جُمْلَةٌ اسْمِيَّةٌ

The following table illustrates the various forms of a جُمْلَةٌ اِسْمِيَّةٌ.

Is/are		خَبَرٌ		مُبْتَدَأٌ	
This is/are		خَبَرٌ مُقَدَّمٌ		مُبْتَدَأٌ مُؤَخَّرٌ	
Is/are		خَبَرٌ		مُبْتَدَأٌ	لَامُ الابْتِدَاءِ
Was/were		خَبَرٌ		اسْمٌ	كان
Was/were not		خَبَرٌ		اسْمٌ	ما كَانَ
Will be		خَبَرٌ		اسْمٌ	يَكُوْنُ
Will not be		خَبَرٌ		اسْمٌ	لَا يَكُوْنُ
Is/are not		خَبَرٌ	حَرْفُ صِلَة (بـ)	اسْمٌ	لَيْسَ
Is/are not		خَبَرٌ		اسْمٌ	مَا
Is/are not		خَبَرٌ	إِلَّا	مُبْتَدَأٌ	إِنْ
Indeed		خَبَرٌ		اسْمٌ	إِنَّ
Indeed		خَبَرٌ	لَامٌ مُزَحْلَقَةٌ	اسْمٌ	إِنَّ
Only		خَبَرٌ		مُبْتَدَأٌ	إِنَّمَا
There is no		خَبَرٌ [شِبْهُ جُمْلَةٍ]		اسْمٌ	لَا لِنَفْيِ الْجِنْسِ
In, with	تَمْيِيزٌ				
Except	مُسْتَثْنًى				

Key Terms

English	Arabic	English	Arabic
لَا to create emphatic negative meaning	لَا لِنَفْيِ الْجِنْسِ	Prepositional Phrase	شِبْهُ الْجُمْلَةِ
Indirect slot	غَيْرُ صَرِيْحٍ	Noun Preposition	ظَرْفٌ ج ظُرُوْفٌ
Particle of emphasis	حَرْفُ صِلَةٍ	Fronted خَبَرٌ	خَبَرٌ مُقَدَّمٌ

Vocabulary

Prepositions

ظُرُوْفٌ

English	Arabic	English	Arabic
during, in between	خِلَالَ	during	أَثْنَاءَ
behind	خَلْفَ	in front of	أَمَامَ
by, at the time of, in the eyes of, according to	عِنْدَ	after	بَعْدَ
above	فَوْقَ	between, amongst	بَيْنَ
before, ago	قَبْلَ	under	تَحْتَ
with	مَعَ	around	حَولَ

حُرُوْفٌ جَارَّةٌ

English	Arabic	English	Arabic
for, belongs to	لِ	in	فِيْ
until, even	حَتّٰى	on	عَلَى
regarding, from	عَنْ	to, towards, until	إِلٰى
like	كَ	from	مِنْ
		with	بِ

ظَرْفٌ used as أَسْمَاءُ الْإِشَارَةِ

English	Arabic
there, at that time	هُنَالِكَ
there	ثَمَّ

English	Arabic
here	هُنَا
here	هٰهُنَا
there	هُنَاكَ

أَسْمَاءُ

English	Arabic
voice	صَوْتٌ ج أَصْوَاتٌ
clay	طِيْنٌ
back	ظَهْرٌ ج ظُهُوْرٌ، أَظْهُرٌ
intelligent	عَاقِلٌ ج عُقَلَاءُ
grapes	عِنَبٌ ج أَعْنَابٌ
acquaintance, pledge, era	عَهْدٌ
fruit	فَاكِهَةٌ ج فَوَاكِهُ
classroom	فَصْلٌ ج فُصُوْلٌ
foundation, rule	قَاعِدَةٌ ج قَوَاعِدُ
grave	قَبْرٌ ج قُبُوْرٌ
peer, fellow	قِرْنٌ ج أَقْرَانٌ
close relative	قَرِيْبٌ ج أَقَارِبُ
cup	كَأْسٌ ج كُؤُوْسٌ (مث)
cup	كُوْبٌ ج أَكْوَابٌ
prayer niche	مِحْرَابٌ ج مَحَارِيْبُ
Quran (written copy)	مُصْحَفٌ ج مَصَاحِفُ
honoured, revered	مُكَرَّمَةٌ
pulpit	مِنْبَرٌ ج مَنَابِرُ

English	Arabic
ear	أُذُنٌ ج آذَانٌ
sight	بَصَرٌ ج أَبْصَارٌ
well	بِئْرٌ ج آبَارٌ (مث)
soil	تُرَابٌ ج أَتْرِبَةٌ
cloth	ثَوْبٌ ج ثِيَابٌ
sacred, impermissible	حَرَامٌ
swine, pig	خِنْزِيْرٌ
blood	دَمٌ ج دِمَاءٌ
teardrop	دَمْعٌ ج دُمُوْعٌ
doubt	رَيْبٌ
time, period	زَمَنٌ، زَمَانٌ
olive	زَيْتُوْنٌ
market	سُوْقٌ ج أَسْوَاقٌ (مث)
brave	شُجَاعٌ ج شَجَعَةٌ، شُجْعَانٌ
noble	شَرِيْفٌ ج شُرَفَاءُ
partner	شَرِيْكٌ ج شُرَكَاءُ
people (of), companion	صَاحِبٌ ج أَصْحَابٌ
child	صَبِيٌّ ج صِبْيَةٌ، صِبْيَانٌ

English	Arabic	English	Arabic
groove of a date-stone	نَقِيرٌ	place	مَوْضِعٌ ج مَوَاضِعُ
migration	هِجْرَةٌ	carrion, dead	مَيْتَةٌ
guardian, friend	وَلِيٌّ ج أَوْلِيَاءُ	helper	نَصِيرٌ

أَفْعَالٌ

English	Arabic	English	Arabic
to seal, complete	خَتَمَ يَخْتِمُ خَتْمًا	to search	اِبْتَغَى يَبْتَغِيْ اِبْتِغَاءً
to remain hidden	خَفِيَ يَخْفَى خَفَاءً	to test	اِبْتَلَى يَبْتَلِيْ اِبْتِلَاءً
to slaughter	ذَبَحَ يَذْبَحُ ذَبْحًا	to be kind	أَحْسَنَ يُحْسِنُ إِحْسَانًا
to shake	زَلْزَلَ يُزَلْزِلُ زَلْزَلَةً	to grant entry	أَدْخَلَ يُدْخِلُ إِدْخَالًا
to do tawaf	طَافَ يَطُوْفُ طَوَافًا	to grant permission	أَذِنَ يَأْذَنُ إِذْنًا
to be pure	طَهُرَ يَطْهُرُ طَهَارَةً	to answer a prayer, respond to a call	اسْتَجَابَ يَسْتَجِيبُ اِسْتِجَابَةً
to resolve, make a firm decision	عَزَمَ يَعْزِمُ عَزْمًا	to get by without	اسْتَغْنَى يَسْتَغْنِيْ اسْتِغْنَاءً
to wash	غَسَلَ يَغْسِلُ غَسْلًا	to afflict	أَصَابَ يُصِيبُ إِصَابَةً
to flow	فَاضَ يَفِيْضُ فَيْضَانًا	to make aware, show, make apparent	أَظْهَرَ يُظْهِرُ إِظْهَارًا
to surpass, excel	فَاقَ يَفُوْقُ فوقًا	to fabricate	اِفْتَرَى يَفْتَرِيْ افْتِرَاءً
to give virtue	فَضَّلَ يُفَضِّلُ تَفْضِيْلًا	to feel safe from, trust	أَمِنَ يَأْمَنُ أَمْنًا
to do	فَعَلَ يَفْعَلُ فِعْلًا	to change	بَدَّلَ يُبَدِّلُ تَبْدِيْلًا
to wear	لَبِسَ يَلْبَسُ لُبْسًا	to transgress	بَغَى يَبْغِيْ بَغْيًا
to succeed	نَجَحَ يَنْجَحُ نَجَاحًا	to get late	تَأَخَّرَ يَتَأَخَّرُ تَأَخُّرًا
to save, grant salvation	نَجَّى يُنَجِّيْ تَنْجِيَةً	to maintain good manners	تَأَدَّبَ يَتَأَدَّبُ تَأَدُّبًا
to look	نَظَرَ يَنْظُرُ نَظَرًا	to forbid, make sacred	حَرَّمَ يُحَرِّمُ تَحْرِيمًا
to blow	نَفَخَ يَنْفُخُ نَفْخًا	to deprive	حَرَمَ يَحْرِمُ حِرْمَانًا

UNIT 4
Section 1

PRONOUNS

Introduction: Personal Pronouns

Part 1: ضَمِيْرٌ مَرْفُوْعٌ

Part 2: ضَمِيْرٌ مَنْصُوْبٌ

Part 3: ضَمِيْرٌ مَجْرُوْرٌ

Supplement: Additional Rules of Pronouns

Summary

Introduction: Personal Pronouns

A pronoun takes the place of a regular noun.

Ahmad came into the house.
He sat on his chair and I gave him water.

In Arabic, a pronoun is called a ضَمِيْرٌ. The plural of this is ضَمَائِرُ.

Pronouns are مَبْنِيٌّ; they do not change because of their state. Instead, there are three sets of pronouns for each grammatical state.

1. ضَمِيْرٌ مَرْفُوْعٌ
2. ضَمِيْرٌ مَنْصُوْبٌ
3. ضَمِيْرٌ مَجْرُوْرٌ

هٰذَا كِتَابِي	سَمِعْتُمُوْنِي	أَنَا طَالِبٌ
This is my book.	*You heard me.*	*I am a student.*

In these examples, the words I, me and my are represented by three different types of pronouns, one for each state.

The Pronouns

Each set of the ضَمِيْرٌ مَرْفُوْعٌ, ضَمِيْرٌ مَنْصُوْبٌ and ضَمِيْرٌ مَجْرُوْرٌ consists of fourteen pronouns, each representing a different number, gender, and person.

Each of these is called a صِيْغَةٌ. The plural of this is صِيَغٌ.

Gender and number have been discussed before (see pages 21 and 23) .

In regards to person, there are three types:

1. First person: i.e. I or we. In Arabic this is called مُتَكَلِّمٌ: the person speaking about themselves.
2. Second person: i.e. you. In Arabic, this is called مُخَاطَبٌ: the addressee (the person being spoken to).
3. Third person: i.e. he, she or they. In Arabic, this is called غَائِبٌ: the person being spoken about.

Part 1: ضَمِيْرٌ مَرْفُوْعٌ

A ضَمِيْرٌ مَرْفُوْعٌ is used to refer to a noun in the مَرْفُوْعٌ state, namely the مُبْتَدَأٌ and the فَاعِلٌ.

Consequently, there are two sets of ضَمِيْرٌ مَرْفُوْعٌ:

1. ضَمِيْرُ الْمُبْتَدَإِ
2. ضَمِيْرُ الْفَاعِلِ

ضَمِيْرُ الْمُبْتَدَإِ

The following pronouns are used as الْمُبْتَدَأُ.

M: Masculine	
F: Feminine	
S: Singular	
D: Dual	
P: Plural	

English	ضَمِيْرُ الْمُبْتَدَإِ	صِيْغَةٌ
He / It	هُوَ	الغَائِبُ
They (m/d)	هُمَا	الْغَائِبَانِ
They (m/p)	هُمْ	الْغَائِبُوْنَ
She / It	هِيَ	الْغَائِبَةُ
They (f/d)	هُمَا	الْغَائِبَتَانِ
They (f/p)	هُنَّ	الْغَائِبَاتُ
You (m/s)	أَنْتَ	الْمُخَاطَبُ
You (m/d)	أَنْتُمَا	الْمُخَاطَبَانِ
You (m/p)	أَنْتُمْ	الْمُخَاطَبُوْنَ
You (f/s)	أَنْتِ	الْمُخَاطَبَةُ
You (f/d)	أَنْتُمَا	الْمُخَاطَبَتَانِ
You (f/p)	أَنْتُنَّ	الْمُخَاطَبَاتُ
I	أَنَا	الْمُتَكَلِّمُ
We	نَحْنُ	الْمُتَكَلِّمُوْنَ

Notes

1. Number and gender cannot be determined in **they** and **you**. The following abbreviations are used to clarify them.

m (masculine)	f (feminine)	
s (singular)	d (dual)	p (plural)

2. In English, the word **it** is used for inanimate objects or for the neutral gender.

This is my pen. It is small.

In Arabic, there is no neutral gender. Instead, هُوَ (he) is used for masculine nouns, and هِيَ (she) for feminine nouns.

هٰذَا قَلَمٌ، هُوَ كَبِيْرٌ	هَذِهِ تَمْرَةٌ، هِيَ حُلْوَةٌ
This is a pen. It is big.	*This is a date. It is sweet.*

3. In phrases, a ضَمِيرُ الْمُبْتَدَإِ is only used in a conjunctive phrase.

أَنَا وَأَنْتَ صَدِيْقَانِ

You and I are (two) friends.

Exercise 1

Translate the following.

١) هُمْ أَوْلِيَاءُ
٢) هُمَا شَابَّانِ
٣) هِيَ مُصِيْبَةٌ
٤) هُمَا صَبِيَّتَانِ
٥) أَنَا قَاضٍ
٦) هُمْ أَعْدَاءُ
٧) هُوَ شُجَاعٌ
٨) أَنْتِ طِفْلَةٌ
٩) هُنَّ عُقَلَاءُ
١٠) هُوَ مُهْتَدٍ
١١) هُمَا أَمِيْنَانِ
١٢) أَنْتُمَا مَظْلُوْمَانِ
١٣) أَنْتُمْ أَقْرَانٌ
١٤) أَنْتُنَّ شُرَفَاءُ
١٥) أَنْتُمَا أَمِيْرَانِ

Exercise 2

Translate the following.

١) هُوَ رَبُّ النَّاسِ
٢) هِيَ طَالِبَةٌ بَخِيْلَةٌ
٣) أَنْتِ طِفْلَةٌ صَغِيْرَةٌ
٤) هُنَّ نِسَاءٌ مُؤْمِنَاتٌ
٥) أَنَا وَأَنْتَ وَهُوَ تُجَّارٌ
٦) أَنْتُمَا وَلَدَانِ شَرِيْفَانِ
٧) هِيَ زَيْنَبُ أُخْتُ مُحَمَّدٍ
٨) أَنْتَ مَعَ هَذَا الضَّيْفِ الْكَرِيْمِ
٩) أَنْتُمْ مَعَ الشَّيْخِ الصَّالِحِ فَيْصَلٍ
١٠) هُنَّ عَلَى ذَلِكَ الْجَبَلِ الْكَبِيْرِ
١١) نَحْنُ عِنْدَ هٰذَا الْمُعَلِّمِ الْعَاقِلِ
١٢) هُوَ وَخَالِدٌ عَلَى مِنْبَرِ ذٰلِكَ الْمَسْجِدِ
١٣) نَحْنُ أَبْنَاءُ ذَلِكَ الرَّجُلِ الطَّوِيْلِ
١٤) هُمْ أَوْلَادُ الْمُعَلِّمِ الْجَدِيدِ خَالِدٍ
١٥) هُمَا تَحْتَ تِلْكَ الشَّجَرَةِ الْكَبِيْرَةِ

ضَمِيرُ الْفَاعِلِ

There are two types of فَاعِلٌ pronouns.

1. مُسْتَتِرٌ: pronouns which are hidden within the verb.

جَلَسَ (هُوَ)، جَلَسَتْ (هِيَ)

2. بَارِزٌ: pronouns which are visible at the end of the verb.

جَلَسْتُ (تُ)، يَفْعَلَانِ (ا)، اِفْعَلِيْ (ي)

In the following table the ضَمِيرٌ مُسْتَتِرٌ and ضَمِيرٌ بَارِزٌ are written in brackets after the verb.

English	الْمُضَارِعُ	الْمَاضِيْ	صِيغَةٌ
He / It	يَفْعَلُ (هُوَ)	فَعَلَ (هُوَ)	الغَائِبُ
They (m/d)	يَفْعَلَانِ (ا)	فَعَلَا (ا)	الْغَائِبَانِ
They (m/p)	يَفْعَلُوْنَ (و)	فَعَلُوْا (و)	الْغَائِبُوْنَ
She / It	تَفْعَلُ (هِيَ)	فَعَلَتْ (هِيَ)	الْغَائِبَةُ
They (f/d)	تَفْعَلَانِ (ا)	فَعَلَتَا (ا)	الْغَائِبَتَانِ
They (f/p)	يَفْعَلْنَ (نَ)	فَعَلْنَ (ن)	الْغَائِبَاتُ
You (m/s)	تَفعَلُ (أَنْتَ)	فَعَلْتَ (تَ)	الْمُخَاطَبُ
You (m/d)	تَفْعَلَانِ (ا)	فَعَلْتُمَا (تُمَا)	الْمُخَاطَبَانِ
You (m/p)	تَفْعَلُوْنَ (و)	فَعَلْتُمْ (تُمْ)	الْمُخَاطَبُوْنَ
You (f/s)	تَفْعَلِيْنَ (ي)	فَعَلْتِ (تِ)	الْمُخَاطَبَةُ
You (f/d)	تَفْعَلَانِ (ا)	فَعَلْتُمَا (تُمَا)	الْمُخَاطَبَتَانِ
You (f/p)	تَفْعَلْنَ (نَ)	فَعَلْتُنَّ (تُنَّ)	الْمُخَاطَبَاتُ
I	أَفْعَلُ (أَنَا)	فَعَلْتُ (تُ)	الْمُتَكَلِّمُ
We	نَفْعَلُ (نَحْنُ)	فَعَلْنَا (نَا)	الْمُتَكَلِّمُوْنَ

التَّاءُ الْمَرْبُوطَةُ and التَّاءُ الْمَفْتُوحَةُ

The تْ at the end of الْغَائِبَةُ in الْمَاضِي, i.e. فَعَلَتْ, is called التَّاءُ الْمَفْتُوحَةُ: the open taa. This is not a subject pronoun; it is a sign to indicate the verb is feminine. It is just like التَّاءُ الْمَرْبُوطَةُ (ة), which shows that the noun is feminine.

التَّاءُ الْمَفْتُوحَةُ	التَّاءُ الْمَرْبُوطَةُ
نَصَرَتْ	طَالِبَةٌ

Exercise 3

State whether the following verbs have a ضَمِيرٌ مُسْتَتِرٌ or ضَمِيرٌ بَارِزٌ, and if it is a ضَمِيرٌ بَارِزٌ, identify which one it is.

١) انْكَسَرَ	٥) تَظْلِمُ	٩) أَدْخُلُ	١٣) عَدَلْتُمَا
٢) يَجْتَمِعْنَ	٦) مَرِضْتُمْ	١٠) اِحْتَسَبْنَ	١٤) حَاسَبْتُنَّ
٣) أَسْرَعَتْ	٧) شَبِعْتِ	١١) قَعَدَا	١٥) تَطْلُبِيْنَ
٤) حَزِنْتَ	٨) يَجْزَعُ	١٢) نَخْشَعُ	١٦) يَلْبَسَانِ

Using ضَمِيرُ الْفَاعِلِ

Verbs can be divided into two categories according to the ضَمِيرُ الْفَاعِلِ attached to them:

1. الْغَائِبُ and الْغَائِبَةُ
2. The other صِيَغٌ

الْغَائِبُ and الْغَائِبَةُ

The غَائِبٌ and غَائِبَةٌ forms of the verb can be used in two ways:

1. If there is a مَرْفُوعٌ noun after the verb, that noun will be the فَاعِلٌ and there will be no hidden pronoun, ضَمِيرٌ مُسْتَتِرٌ, within the verb.

تَذْهَبُ الْبِنْتُ	ذَهَبَ الرَّجُلُ
The daughter goes.	*The man* went.

In these examples, الرَّجُلُ and اَلْبِنْتُ are the subjects, so there are no pronouns within the verbs ذَهَبَ or تَذْهَبُ.

فَاعِلٌ	فِعْلٌ	فَاعِلٌ	فِعْلٌ
الْبِنْتُ	تَذْهَبُ	الرَّجُلُ	ذَهَبَ

2. If there is no مَرْفُوعٌ noun after the غَائِبٌ and غَائِبَةٌ form of the verb, the ضَمِيرٌ مُسْتَتِرٌ will be the فَاعِلٌ.

فِعْلٌ وَفَاعِلٌ (هِيَ)	فِعْلٌ وَفَاعِلٌ (هِيَ)	فِعْلٌ وَفَاعِلٌ (هُوَ)	فِعْلٌ وَفَاعِلٌ (هُوَ)
تَذْهَبُ	ذَهَبَتْ	يَذْهَبُ	ذَهَبَ
She goes.	*She* went.	*He* goes.	*He* went.

Note

When the فَاعِلٌ is a noun after the verb, the verb remains in the singular form, even if the فَاعِلٌ is plural.

جَاءَ الرِّجَالُ

Exercise 4

Translate the following and identify the فَاعِلٌ.

١) ذَبَحَتْ فَاطِمَةُ بَقَرَةً

٢) ذَبَحَتْ بَقَرَةً

٣) فَهِمَ الْأَوْلَادُ الدَّرْسَ

٤) فَهِمَ الدَّرْسَ

٥) أَطْعَمَ الْأَغْنِيَاءُ الْفُقَرَاءَ

٦) أَطْعَمَ الْفُقَرَاءَ

٧) تَوَضَّأَ الرَّجُلُ فِي الْبَيْتِ

٨) تَوَضَّأَ فِي الْمَسْجِدِ

٩) سَقَطَتْ بِنْتٌ فِي السُّوْقِ

١٠) سَقَطَتْ فِي الْحَدِيْقَةِ

١١) بَنَى الْمَلِكُ الْمَسْجِدَ

١٢) بَنَى مَسَاجِدَ كَثِيْرَةً

١٣) اِسْتَيْقَظَ خَالِدٌ قَبْلَ الْأُخْتِ

١٤) اِسْتَيْقَظَ بَعْدَ الْبِنْتِ

١٥) نَظَرَتِ الْمَرْأَةُ إِلَى الْقَمَرِ

١٦) نَظَرَتْ إِلَى الشَّمْسِ الْجَمِيْلَةِ

١٧) طَافَ زَيْدٌ حَوْلَ الْكَعْبَةِ

١٨) طَافَ بَيْنَ الصَّفَا وَالْمَرْوَةِ

Exercise 5

Translate the following.

١) تَنَامُ

٢) تَنَامُ الْبِنْتُ

٣) يَجْزَعُ

٤) يَجْزَعُ خَالِدٌ

٥) يَجْتَهِدُ

٦) يَجْتَهِدُ الْوَلَدُ

٧) تَلْبَسُ الْأُمُّ

٨) تَلْبَسُ

٩) لَا تَضُرُّ الْأَصْنَامُ

١٠) لَا تَضُرُّ

١١) يَبْتَغِي

١٢) يَبْتَغِي الْقَوْمُ

١٣) يَحْشُرُ اللهُ النَّاسَ

١٤) يَحْشُرُ النَّاسَ

١٥) لَا يَشْرَبُ الْخَمْرَ

١٦) لَا يَشْرَبُ مُؤْمِنٌ الْخَمْرَ

Other صِيَغٌ

Apart from the غَائِبٌ and غَائِبَةٌ forms, the فَاعِلٌ of the other forms is always a ضَمِيرٌ; either مُسْتَتِرٌ or بَارِزٌ.

When writing the tarkib, the pronoun is written in brackets after the verb, as follows:

فِعْلٌ وَفَاعِلٌ (ا)	فِعْلٌ وَفَاعِلٌ (و)	فِعْلٌ وَفَاعِلٌ (أَنَا)
ذَهَبَا	يَذْهَبُوْنَ	أَذْهَبُ
They (d) went.	*They go.*	*I go.*

Exercise 6

Translate the following.

١) تَأَخَّرْتُمْ
٢) مَشَيْتُ
٣) سَكَتَتَا
٤) اِفْتَرَوْا
٥) رَأَيْتُمَا
٦) صَلَّيْنَ
٧) مَا وَجَدتُّ
٨) غَسَلْتُمْ
٩) غَفَرْنَا
١٠) نَظَرُوْا
١١) قُمْتُمْ
١٢) مَا عَزَمْتِ
١٣) اِشْتَرَيْنَا
١٤) طُفْتُنَّ
١٥) تَوَضَّأْنَ
١٦) آمَنَّا

Exercise 7

Translate the following.

١) تُحْسِنُوْنَ
٢) نَقْرَأُ
٣) لَا تَسْمَعِيْنَ
٤) يُسَافِرَانِ
٥) أَعْمَلُ
٦) يُؤْمِنُوْنَ
٧) أَقُوْمُ
٨) لَا يَغْضَبْنَ
٩) يَحْفَظُوْنَ
١٠) تَفْرَحُوْنَ
١١) نَذْكُرُ
١٢) نَمْشِي
١٣) تَسْتَيْقِظَانِ
١٤) لَا يُبَدِّلَانِ
١٥) تَجْعَلُوْنَ
١٦) يَأْكُلْنَ

Vocab

English	Arabic	English	Arabic
to seek protection	عَاذَ يَعُوْذُ عَوْذًا	to seek help	اِسْتَعَانَ يَسْتَعِيْنُ اِسْتِعَانَةً
to speak	كَلَّمَ يُكَلِّمُ تَكْلِيْمًا، كَلَامًا	to establish, stay, reside	أَقَامَ يُقِيْمُ إِقَامَةً
to curse	لَعَنَ يَلْعَنُ لَعْنًا	to command	أَمَرَ يَأْمُرُ أَمْرًا
to benefit	نَفَعَ يَنْفَعُ نَفْعًا	to deceive	خَدَعَ يَخْدَعُ خَدْعًا

Exercise 8

Translate the following.

١) يُبَدِّلُوْنَ كَلَامَ اللهِ

٢) يَخْدَعُوْنَ النَّاسَ

٣) نِمْتُ فِي الْبَيْتِ

٤) أَكَلْنَا خُبْزًا وَعَسَلًا

٥) ﴿يُؤْتُونَ الزَّكَاةَ﴾

٦) ﴿يُؤْمِنُونَ بِالْغَيْبِ﴾

٧) ﴿يُقِيمُوْنَ الصَّلَاةَ﴾

٨) عَرَفُوْا رَسُوْلَ اللهِ ﷺ

٩) ﴿يَسْمَعُونَ كَلَامَ اللهِ﴾

١٠) يَتَوَضَّؤُوْنَ قَبْلَ الصَّلَاةِ

١١) يَقُوْمُوْنَ فِي الصَّلَاةِ خَاشِعِيْنَ

١٢) ذَبَحُوْا شَاتَيْنِ صَغِيْرَتَيْنِ وَبَقَرَةً

١٣) سَمِعْنَا الْأَذَانَ مِنَ الْمَسْجِدِ

١٤) نَعُوْذُ بِاللهِ مِنَ الشَّيْطَانِ الرَّجِيْمِ

١٥) أَشْرَبُ اللَّبَنَ الْحَارَّ وَالْمَاءَ الْبَارِدَ

١٦) نَظَرْنَا إِلَى النُّجُوْمِ وَالشَّمْسِ

١٧) نَطُوْفُ حَوْلَ الْكَعْبَةِ بَيْتِ اللهِ

١٨) تُسَافِرُوْنَ إِلَى مَدِيْنَةِ الرَّسُوْلِ ﷺ

Exercise 9

Rewrite the following sentences by changing the فَاعِلٌ into a pronoun. Thereafter, translate. One has been done for you.

أَخَذَ الطُّلَّابُ الْكُتُبَ ⬅ أَخَذُوْا الْكُتُبَ

١) ضَلَّ الْكَافِرُوْنَ

٢) خَسِرَ الظَّالِمُوْنَ

٣) قَدْ أَفْلَحَ الْمُؤْمِنُوْنَ

٤) مَا جَزِعَتِ الْمُسْلِمَتَانِ

٥) سَقَطَتِ الدُّمُوْعُ عَلَى الْوَجْهِ

٦) لَمْ يَرْجِعِ الْكَلْبُ إِلَى الْبَيْتِ

٧) أَصَابَتِ النَّاسَ مُصِيْبَةٌ عَظِيْمَةٌ

٨) سَقَطَتِ الْفَوَاكِهُ مِنَ الشَّجَرَةِ

٩) غَابَتِ الطَّالِبَاتُ مِنَ الْمَدْرَسَةِ

١٠) لَا يَسْأَلُ هٰذَانِ الْفَقِيْرَانِ النَّاسَ

١١) صَبَرَتِ الْمَرْأَتَانِ عَلَى الْمُصِيْبَةِ

١٢) نَصَرَ الْأَنْصَارُ وَالْمُهَاجِرُوْنَ النَّبِيَّ ﷺ

Exercise 10

Rewrite the following sentences by changing the مُبْتَدَأٌ into a pronoun. Thereafter, translate.

فَاطِمَةُ شَرِيْفَةٌ ⬅ هِيَ شَرِيْفَةٌ

١) زَيْدٌ أُسْتَاذٌ

٢) الْمُدُنُ بَعِيْدَةٌ

٣) الْمُسْلِمُوْنَ أُمَّةٌ

٤) الطَّالِبَةُ عَاقِلَةٌ

٥) الْأُخْتَانِ غَنِيَّتَانِ

٦) التَّاجِرَانِ بَخِيْلَانِ

٧) تِلْكَ الْمَرْأَةُ جَاهِلَةٌ

٨) النِّسَاءُ فِي السَّفِيْنَةِ

٩) هٰذَا الشَّيْخُ شَرِيْفٌ

١٠) الصِّبْيَانُ ضُعَفَاءُ

١١) الْكُتُبُ فِي الْبَيْتِ

١٢) هٰؤُلَاءِ الْبَنَاتُ فُقَرَاءُ

١٣) الْمَحَارِيْبُ صَغِيْرَةٌ

١٤) الْمَالُ وَالْأَوْلَادُ فِتْنَةٌ

١٥) الْعَالِمُوْنَ مُجْتَهِدُوْنَ

١٦) فَاطِمَةُ وَزَيْنَبُ جَائِعَتَانِ

The اِسْمُ of كَانَ and لَيْسَ

The اسْمُ of كَانَ and لَيْسَ is مَرْفُوْعٌ. Therefore, like normal verbs, the مَرْفُوْعٌ noun after the كَانَ and لَيْسَ can occur as a ضَمِيرٌ مَرْفُوْعٌ.

The following table illustrates كَانَ and لَيْسَ with their اسْمٌ as a pronoun.

English	لَيْسَ	يَكُوْنُ	كَانَ	صِيْغَةٌ
He / It	لَيْسَ (هُوَ)	يَكُوْنُ (هُوَ)	كَانَ (هُوَ)	الغَائِبُ
They (m/d)	لَيْسَا (ا)	يَكُوْنَانِ (ا)	كَانَا (ا)	الْغَائِبَانِ
They (m/p)	لَيْسُوْا (و)	يَكُوْنُوْنَ (و)	كَانُوْا (و)	الْغَائِبُوْنَ
She / It	لَيْسَتْ (هِيَ)	تَكُوْنُ (هِيَ)	كَانَتْ (هِيَ)	الْغَائِبَةُ
They (f/d)	لَيْسَتَا (ا)	تَكُوْنَانِ (ا)	كَانَتَا (ا)	الْغَائِبَتَانِ
They (f/p)	لَسْنَ (نَ)	يَكُنَّ (نَ)	كُنَّ (ن)	الْغَائِبَاتُ
You (m/s)	لَسْتَ (تَ)	تَكُوْنُ (أَنْتَ)	كُنْتَ (تَ)	الْمُخَاطَبُ
You (m/d)	لَسْتُمَا (تُمَا)	تَكُوْنَانِ (ا)	كُنْتُمَا (تُمَا)	الْمُخَاطَبَانِ
You (m/p)	لَسْتُمْ (تُمْ)	تَكُوْنُوْنَ (و)	كُنْتُمْ (تُمْ)	الْمُخَاطَبُوْنَ
You (f/s)	لَسْتِ (تِ)	تَكُوْنِيْنَ (ي)	كُنْتِ (تِ)	الْمُخَاطَبَةُ
You (f/d)	لَسْتُمَا (تُمَا)	تَكُوْنَانِ (ا)	كُنْتُمَا (تُمَا)	الْمُخَاطَبَتَانِ
You (f/p)	لَسْتُنَّ (تُنَّ)	تَكُنَّ (نَ)	كُنْتُنَّ (تُنَّ)	الْمُخَاطَبَاتُ
I	لَسْتُ (تُ)	أَكُوْنُ (أَنَا)	كُنْتُ (تُ)	الْمُتَكَلِّمُ
We	لَسْنَا (نَا)	نَكُوْنُ (نَحْنَ)	كُنَّا (نَا)	الْمُتَكَلِّمُوْنَ

Note

The اسْمٌ of كَانَ and لَيْسَ take the same form as a ضَمِيْرُ فَاعِلٍ but are labelled as اسْمٌ.

﴿كَانُوْا ظَالِمِيْنَ﴾

They were oppressors.

The tarkib of this is written as follows:

خَبَرُ كَانَ	فِعْلٌ نَاقِصٌ، اسْمُ كَانَ (و)
ظَالِمِيْنَ	كَانُوْا

Exercise 11

Translate the following.

١) لَيْسُوْا كِرَامًا
٢) كَانُوْا شُهَدَاءَ
٣) لَسْنَا مُنَافِقِيْنَ
٤) لَسْتُنَّ أَمْوَاتًا
٥) لَيْسَتَا مُهَاجِرَتَيْنِ
٦) لَسْتَ مِنَ الْأَسَاتِذَةِ
٧) لَيْسَتِ امْرَأَةً فَقِيْرَةً
٨) كُنْتُمْ عَلَى الْكُرْسِيِّ
٩) كَانَ صَحَابِيًّا عَظِيْمًا
١٠) لَيْسَا مِنَ الشُّيُوْخِ الْعِظَامِ
١١) يَكُوْنُوْنَ عِنْدَ شَجَرَةِ الزَّيْتُوْنِ
١٢) كَانُوْا رِجَالًا أُوْلِي عَمَلٍ صالِحٍ

Exercise 12

Translate the following.

١) ﴿كُنْتُمْ أَعْدَاءً﴾
٢) ﴿كُنَّا ظَالِمِيْنَ﴾
٣) ﴿كُنَّا صَادِقِيْنَ﴾
٤) ﴿كَانُوا كَافِرِيْنَ﴾
٥) ﴿كُنْتُمْ مُؤْمِنِيْنَ﴾
٦) ﴿كُنْتُمْ صَادِقِيْنَ﴾
٧) ﴿كُنْتَ مِنَ الصَّادِقِيْنَ﴾
٨) ﴿كُنْتُ مِنَ الظَّالِمِيْنَ﴾
٩) ﴿ كَانُوا قَوْمًا فَاسِقِيْنَ﴾

Exercise 13

Rewrite the following sentences by changing the إِسْمُ of كَانَ and لَيْسَ into a pronoun. Thereafter, translate into English.

١) كَانَ الْوَجْهُ جَمِيْلًا
٢) كَانَتْ يَدِيْ وَسِخَةً
٣) كَانَ النَّجْمَانِ قَرِيْبَيْنِ
٤) كَانَتِ النِّعَمُ عَظِيْمَةً
٥) كَانَ الشَّيْطَانُ عَدُوًّا
٦) كَانَ الرِّجَالُ عِطَاشًا
٧) كَانَ الْمُنَافِقُوْنَ أَعْدَاءً
٨) كَانَتِ الْأُذُنَانِ كَبِيْرَتَيْنِ
٩) كَانَتِ الْأَعْمَالُ خَالِصَةً
١٠) كَانَتِ الرُّمَّانَتَانِ حُلْوَتَيْنِ
١١) كَانَ الْمُصْحَفَانِ مَفْتُوْحَيْنِ
١٢) كَانَ الْكِتَابَانِ عَلَى الْكُرْسِيِّ

The نَائِبُ الْفَاعِلِ as a Pronoun

The نَائِبُ الْفَاعِلِ can be a pronoun.

هُدِيْتُمْ

You were guided.

The tarkib of this is written as follows:

فِعْلٌ وَنَائِبُ الفَاعِلِ (تُمْ)

هُدِيْتُمْ

Exercise 14

Translate the following.

١) يُطْعَمُوْنَ	٤) يُوْجَدُ	٧) فُرِضَتْ	١٠) فُضِّلُوْا	١٣) كُتِبَ
٢) أُبْتُلِيْتُمْ	٥) أُنْفِقَ	٨) لَا يُعْرَفَانِ	١١) أُسْتُجِبْتُمْ	١٤) لَا يُقْتَلُوْنَ
٣) يُهْدَيَانِ	٦) أُهْلِكُوْا	٩) مَا أُكْرِهْنَ	١٢) لَا يُظْلَمُوْنَ	١٥) نُسِيْتُمْ

Exercise 15

Translate the following.

١) أُهْلِكُوْا بِالظُّلْمِ

٢) يُحْرَمُوْنَ الرِّزْقَ

٣) مَا سُئِلُوْا مِنْ أَجْرٍ

٤) يُرْزَقُوْنَ بِالضُّعَفَاءِ

٥) مَا خُلِقُوْا إِلَّا لِلْعِبَادَةِ

٦) يُهْدَوْنَ إِلَّا إِلَى الْحَقِّ

٧) ﴿زُلْزِلُوا زِلْزَالًا شَدِيْدًا﴾

٨) فُضِّلُوْا إِلَّا عَلَى الْمَلَائِكَةِ

٩) يُحْرَمُوْنَ الرِّزْقَ بِالذُّنُوْبِ

١٠) يَوْمَ الْقِيَامَةِ لَا يُظْلَمُوْنَ شَيْئًا

١١) يُهْدَوْنَ إِلَى الْإِسْلَامِ صِرَاطِ اللهِ الْمُسْتَقِيْمِ

١٢) فِي الْقُبُوْرِ وَيَوْمَ الْقِيَامَةِ يُعَذَّبُوْنَ عَذَابًا شَدِيْدًا

١٣) يُحْشَرُوْنَ يَوْمَ الْقِيَامَةِ مِنَ الْقُبُوْرِ لِلْحِسَابِ وَلِلْجَزَاءِ

١٤) عُذِّبُوْا قَبْلَ مُوْسَى عَلَيْهِ السَّلَامُ وَمِنْ بَعْدِ مُوْسَى عَلَيْهِ السَّلَامُ

The إِعْرَابُ of الْفِعْلُ الْمُضَارِعُ When It Has a ضَمِيرُ الْفَاعِلِ

The صِيَغٌ of الْفِعْلُ الْمُضَارِعُ

There are three types of صِيَغٌ of الْفِعْلُ الْمُضَارِعُ:

1. Those صِيَغٌ which do not end in a نُوْنٌ.

يَفْعَلُ	تَفْعَلُ	أَفْعَلُ	نَفْعَلُ

2. Those which end in a نُوْنُ الإِعْرَابِ.
   A نُوْنُ الإِعْرَابِ is a نُوْنٌ which comes after the ضَمِيرُ الْفَاعِلِ to express the مَرْفُوْعٌ state.

يَفْعَلَانِ	يَفْعَلُوْنَ	تَفْعَلَانِ	تَفْعَلُوْنَ	تَفْعَلِيْنَ

3. الْغَائِبَاتُ and الْمُخَاطَبَاتُ which have a ضَمِيرُ الْفَاعِلِ in the form of a نُوْنٌ at the end. This نُوْنٌ is known as نُوْنُ النِّسْوَةِ.

يَفْعَلْنَ	تَفْعَلْنَ

Irab of الْفِعْلُ الْمُضَارِعُ

The الْغَائِبَاتُ and الْمُخَاطَبَاتُ form of the مُضَارِعٌ are مَبْنِيٌّ. Therefore, their irab will be مَحَلِّيٌّ, i.e. inferred.

The remaining twelve forms are مُعْرَبٌ.

The following table summarises the irab of الْفِعْلُ الْمُضَارِعُ.

		مَرْفُوْعٌ	مَنْصُوْبٌ	مَجْزُوْمٌ
2A	الْفِعْلُ الْمُضَارِعُ without نُوْنُ الإِعْرَابِ	ضَمَّةٌ	فَتْحَةٌ	سُكُوْنٌ (Removal of ضَمَّةٌ)
		يَفْعَلُ	لَن يَفْعَلَ	لَمْ يَفْعَلْ
2B	الْفِعْلُ الْمُضَارِعُ with نُوْنُ الإِعْرَابِ	Keeping the ن	Dropping the ن	
		يَفْعَلَانِ	لَن يَفْعَلَا	لَمْ يَفْعَلَا
2C	الْغَائِبَاتُ الْمُخَاطَبَاتُ	مَبْنِيٌّ (نَ does not drop)		
		يَفْعَلْنَ	لَن يَّفْعَلْنَ	لَمْ يَفْعَلْنَ

Differentiating Between نُوْنُ الْإِعْرَابِ and نُوْنُ النِّسْوَةِ

The نُوْنُ الْإِعْرَابِ comes after the pronoun to show that the فِعْلٌ مُضَارِعٌ is in the مَرْفُوْعٌ state.

The نُوْنٌ at the end of الْغَائِبَاتُ and الْمُخَاطَبَاتُ are the ضَمِيْرُ الْفَاعِلِ. This is known as نُوْنُ الضَّمِيْرِ; the نُوْنٌ which is a pronoun, not a sign of irab, or نُوْنُ النِّسْوَةِ, a نُوْنٌ which shows the feminine pronoun.

فِعْلٌ	فَاعِلٌ	Sign of إِعْرَاب
يَفْعَلُـ	ـوْ	نَ
يَفْعَلْ	نَ	

Exercise 16

Translate the following and state the irab of the verb and how it is expressed.

١) جَزِعَ	٦) يُنْفَخُ	١١) لَن يَّلْبَثُوْا	١٦) لَمْ تَنْجَحْنَ
٢) تَجْزَعُ	٧) لَن يُّنْفَخَ	١٢) لَمْ يَلْبَثَا	١٧) مَا رَجَعُوْا
٣) لَنْ أَجْزَعَ	٨) لَمْ يُنْفَخْ	١٣) نَجَحْنَ	١٨) لَا يَرْجِعُوْنَ
٤) لَمْ نَجْزَعْ	٩) لَبِسُوْا	١٤) تَنْجَحْنَ	١٩) لَن يَّرْجِعُوْا
٥) نُفِخَ	١٠) تَلْبَسُوْنَ	١٥) لَن يَّنْجَحْنَ	٢٠) لَمْ تَرْجِعُوْا

إِعْرَابٌ of Verbs with Weak Letters

The letters أَلِفٌ, وَاوٌ and يَاءٌ are known as حَرْفُ الْعِلَّةِ, weak letters.

If a verb has حَرْفُ الْعِلَّةِ and does not end in a نُوْنُ الْإِعْرَابِ or نُوْنُ الضَّمِيْرِ, it will undergo slight changes to make pronunciation easier.

Weak Letters in the Middle

If the حَرْفُ الْعِلَّةِ is in the middle, it will drop when the فِعْلٌ مُضَارِعٌ is in the مَجْزُوْمٌ state.

يَقُوْلُ ⬅ لَمْ يَقُلْ　　يَبِيْعُ ⬅ لَمْ يَبِعْ　　يَخَافُ ⬅ لَمْ يَخَفْ

Weak Letters at the End

In the مَرْفُوْعٌ state, the ضَمَّةٌ will not be pronounced, i.e. it will be مُقَدَّرَةٌ.

يَدْعُوُ ⬅ يَدْعُوْ　　يَرْمِيُ ⬅ يَرْمِيْ　　يَرْضَيُ ⬅ يَرْضٰى

In the مَنْصُوْبٌ state, فَتْحَةٌ on the وَاوٌ and يَاءٌ will be pronounced, but the فَتْحَةٌ on the أَلِفٌ will be مُقَدَّرَةٌ.

لَنْ يَّدْعُوَ　　لَنْ يَّرْمِيَ　　لَنْ يَّرْضٰى

In the مَجْزُوْمٌ state, the حَرْفُ الْعِلَّةِ (أَلِفٌ and وَاوٌ, يَاءٌ) will be dropped.

يَدْعُوُ ⬅ لَمْ يَدْعُ　　يَرْمِيُ ⬅ لَمْ يَرْمِ　　يَرْضَيُ ⬅ لَمْ يَرْضَ

The following table illustrates the إِعْرَابٌ of these verbs.

			مَرْفُوْعٌ	مَنْصُوْبٌ	مَجْزُوْمٌ
2 A	الْفِعْلُ الْمُضَارِعُ with weak letters and without نُوْنُ الْإِعْرَابِ		ضَمَّةٌ (مُقَدَّرَةٌ)	فَتْحَةٌ (مُقَدَّرَةٌ)	سُكُوْنٌ (Removal of ضَمَّةٌ or weak letter)
		حَرْفُ الْعِلَّةِ in the middle	يَقُوْلُ يَبِيْعُ يَخَافُ	لَنْ يَّقُوْلَ لَنْ يَّبِيْعَ لَنْ يَّخَافَ	لَمْ يَقُلْ لَمْ يَبِعْ لَمْ يَخَفْ
		حَرْفُ الْعِلَّةِ at the end	يَدْعُوْ يَرْمِيْ يَرْضٰى	لَنْ يَّدْعُوَ لَنْ يَّرْمِيَ لَنْ يَّرْضٰى	لَمْ يَدْعُ لَمْ يَرْمِ لَمْ يَرْضَ

Exercise 17

Translate the following and state the irab of the verb and how it is is expressed.

١) نَرْضٰى
٢) لَمْ أَرْضَ
٣) لَنْ تَرْضٰى
٤) لَمْ تَنَمِ الصَّبِيَّةُ
٥) لَمْ يَطِرِ الطَّيْرُ
٦) لَمْ يَجُزِ الْخَمْرُ
٧) لَمْ يَفِضِ النَّهْرُ
٨) لَمْ يَبْقَيْنَ فِي السُّوْقِ
٩) لَمْ يَبِعِ التَّاجِرُ الْبَيْتَ
١٠) لَمْ يُصَلِّ النَّاسُ بَعْدُ
١١) لَمْ نَطُفْ حَتّٰى الْآنِ
١٢) يَفْتَرُوْنَ عَلَى اللهِ الْكَذِبَ
١٣) لَن نَّفْتَرِيَ عَلٰى اللهِ كَذِبًا
١٤) لَمْ تُصِبْ هٰؤُلَاءِ مُصِيْبَةٌ
١٥) لَن نَّنْسٰى اللهَ وَلَا الْآخِرَةَ
١٦) لَمْ نَرَ الطُّيُوْرَ فَوْقَ الْجَبَلِ
١٧) لَن يَّبْنُوْا بَيْتًا بَلْ مَسْجِدًا جَمِيْلًا
١٨) لَمْ تُغْنِ الْأَصْنَامُ عَنِ الْمُشْرِكِيْنَ

Complete Irab Table of Verbs

		مَرْفُوْعٌ	مَنْصُوْبٌ	مَجْزُوْمٌ
1	الْفِعْلُ الْمَاضِيْ	*	*	*
		*	*	*
2 A	الْفِعْلُ الْمُضَارِعُ without نُوْنُ الْإِعْرَابِ	ضَمَّةٌ (مُقَدَّرَةٌ)	فَتْحَةٌ (مُقَدَّرَةٌ)	سُكُوْنٌ (Removal of ضَمَّةٌ or weak letter)
		يَفْعَلُ يَقُوْلُ، يَبِيْعُ، يَخَافُ يَدْعُوْ، يَرْمِيْ، يَرْضٰى	لَن يَفْعَلَ لَن يَقُوْلَ، يَبِيْعَ، يَخَافَ لَن يَّدْعُوَ، يَرْمِيَ، يَرْضٰى	لَمْ يَفْعَلْ لَمْ يَقُلْ، يَبِعْ، يَخَفْ لَمْ يَدْعُ، يَرْمِ، يَرْضَ
2 B	الْفِعْلُ الْمُضَارِعُ with نُوْنُ الْإِعْرَابِ	Keeping the ن	Dropping the ن	
		يَفْعَلَانِ	لَن يَفْعَلَا	لَمْ يَفْعَلَا
2 C	الْغَائِبَاتُ الْمُخَاطَبَاتُ	مَبْنِيٌّ (نَ does not drop)		
		يَفْعَلْنَ	لَن يَّفْعَلْنَ	لَمْ يَفْعَلْنَ
3	فِعْلُ الْأَمْرِ	*	*	سُكُوْنٌ
		*	*	اِفْعَلْ

The Imperative and Negative Imperative

The imperative, الْأَمْرُ, and negative imperative, النَّهْيُ, are used to issue commands or prohibitions.

These verbs are formed from the مُضَارِعٌ and are always in the مَجْزُوْمٌ state.

لَا تَجْلِسْ	اِجْلِسْ
Do not sit.	*Sit.*

The subject pronoun with the أَمْرٌ and نَهْيٌ is given in the table below. Since a command or prohibition can only be issued to someone in front of the speaker, الْأَمْرُ and النَّهْيُ are primarily used with the صِيَغٌ of the مُخَاطَبٌ.

English	النَّهْيُ	الْأَمْرُ	صِيغَةٌ
You (m/s)	لَا تَفْعَلْ (أَنْتَ)	اِفْعَلْ (أَنْتَ)	الْمُخَاطَبُ
You (m/d)	لَا تَفْعَلَا (ا)	اِفْعَلَا (ا)	الْمُخَاطَبَانِ
You (m/p)	لَا تَفْعَلُوْا (و)	اِفْعَلُوْا (و)	الْمُخَاطَبُوْنَ
You (f/s)	لَا تَفْعَلِيْ (ي)	اِفْعَلِيْ (ي)	الْمُخَاطَبَةُ
You (f/d)	لَا تَفْعَلَا (ا)	اِفْعَلَا (ا)	الْمُخَاطَبَتَانِ
You (f/p)	لَا تَفْعَلْنَ (نَ)	اِفْعَلْنَ (نَ)	الْمُخَاطَبَاتُ

اَلْأَمْرُ

The imperative, اَلْأَمْرُ, is made from the مُخَاطَبٌ in its مَجْزُوْمٌ state by removing the تَ at the beginning.

تُصَدِّقُ	➜	صَدِّقْ	تَقُوْلُ	➜	قُـلْ
يَعِدُ	➜	عِدْ			

If the letter after the تَ has a سُكُوْنٌ, a هَمْزَةُ الْوَصْلِ will be added at the beginning to aid pronunciation.

تَفْتَحُ	➜	اِفْتَحْ	تَنْصُرُ	➜	اُنْصُرْ

Translation of أَمْرٌ

When translating an أَمْرٌ, the subject, you, is not mentioned as the addressee is understood to be the subject.

اِجْلِسْ

Sit. ✓

You sit. ✗

When translating, words like kindly, please, etc. can be added.

Please sit.

Exercise 18

Translate the following.

١) ﴿رَتِّلِ الْقُرْآنَ تَرْتِيْلًا﴾

٢) اِصْبِرُوْا عَلَى الْمَصَائِبِ

٣) أَنْفِقِ الْأَمْوَالَ فِي سَبِيْلِ اللهِ

٤) فِي الصَّلَاةِ قُوْمُوْا لِلّٰهِ خَاشِعِيْنَ

٥) سَلُوْا اللهَ رَبَّ الْعَالَمِيْنَ لَا النَّاسَ

٦) اِغْسِلُوْا الْأَيْدِيَ قَبْلَ الطَّعَامِ وَبَعْدَ الطَّعَامِ

٧) أَطْعِمَا الْفُقَرَاءَ وَالْمَسَاكِيْنَ إِطْعَامًا لِوَجْهِ اللهِ

٨) كُلُوْا اللَّحْمَ وَالْخُبْزَ بَعْدَ أَذَانِ صَلَاةِ الْمَغْرِبِ

٩) طُوْفُوْا بِالْكَعْبَةِ سَبْعًا وَبَيْنَ الصَّفَا وَالْمَرْوَةِ سَبْعًا

١٠) أَحْسِنُوْا إِلَى الْآبَاءِ وَالْأُمَّهَاتِ وَالْأَقَارِبِ وَالضُّعَفَاءِ

١١) اُتْلُوْا كِتَابَ اللهِ فِي أَيَّامِ رَمَضَانَ وَفِيْ غَيْرِ أَيَّامِ رَمَضَانَ

١٢) اُعْبُدُو اللهَ رَبَّ الْعَالَمِيْنَ لَا الْأَصْنَامَ ولَا أَحَدًا غَيْرَ اللهِ

١٣) صُوْمُوْا ثَلَاثِيْنَ يَوْمًا أَوْ تِسْعَةً وَّعِشْرِيْنَ يَوْمًا فِي رَمَضَانَ شَهْرِ اللهِ الْمُبَارَكِ

النَّهْيُ

The negative imperative, النَّهْيُ, is made by adding a حَرْفُ نَهْيٍ, i.e. لَا before the صِيَغٌ of the مُخَاطَبٌ in its مَجْزُوْمٌ form.

تَفْتَحُ ⟵ لَا تَفْتَحْ

تَنْصُرَانِ ⟵ لَا تَنْصُرَا

تُصَدِّقُوْنَ ⟵ لَا تُصَدِّقُوْا

The tarkib is written as follows:

حَرْفُ نَهْيٍ	فِعْلُ نَهْيٍ وَفَاعِلُ (أَنْتَ)
لَا	**تَجْلِسْ**

Translation of نَهْيٌ

When translating the نَهْيٌ, the subject, you, is not mentioned as the addressee is understood to be the subject.

لَا تَجْلِسْ

Do not sit. ✓

You do not sit. ✗

When translating, words like kindly, please etc. can be added.

Please do not sit.

Exercise 19

Translate the following.

١) لَا تَكْفُرِيْ بِاللهِ

٢) لَا تَظْلِمِ الْفُقَرَاءَ

٣) لَا تَقُوْلُوْا الْكَذِبَ

٤) لَا تَتَّخِذْ عِيْسَى إِلٰهً

٥) لَا تَلْعَنَا الْأَخَ الْمُسْلِمَ

٦) لَا تَعْبُدْ أَحَدًا غَيْرَ اللهِ

٧) لَا تُصَلِّ الصَّلَاةَ رِيَاءً

٨) لَا تَأْكُلُوْا لَحْمَ الْخِنْزِيْرِ

٩) لَا تُنْفِقْنَ الْمَالَ مُسْرِفَاتٍ

١٠) لَا تَعْتَمِرَا فِيْ أَيَّامِ الْحَجِّ

١١) لَا تَدْخُلِيْ الْغُرْفَةَ بِغَيْرِ الْإِذْنِ

١٢) لَا تَشْرِبْنَ الْخَمْرَ بَلِ الْمَاءَ أَوِ اللَّبَنَ

النَّهْيُ with حَصْرٌ

If a نَهْيٌ is followed by إِلَّا, it will be a حَرْفُ حَصْرٍ, and can be translated as an أَمْرٌ.

لَا تَعْبُدُوْا إِلَّا اللهَ

Worship only Allah.
Do not worship anyone other than Allah.

Exercise 20

Translate the following.

١) لَا تَقْتُلْ نَفْسًا

٢) لَا تُكْرِهُوْا النَّاسَ

٣) لَا تَخَافُوْا إِلَّا اللهَ

٤) لَا تَتَأَخَّرَا عَنِ الدَّرْسِ

٥) لَا تُصَلُّوْا إِلَّا خَاشِعِيْنَ

٦) لَا تَتَّخِذُوْا الْأَصْنَامَ آلِهَةً

٧) لَا تَسْجُدُوْا لِأَحَدٍ غَيْرِ اللهِ

٨) ﴿لَا تَقُوْلُوْا عَلَى اللهِ إِلَّا الْحَقَّ﴾

٩) لَا تَشْرَبُوْا الْخَمْرَ بَلِ الْمَاءَ وَاللَّبَنَ

١٠) لَا تَعْتَمِرْ أَيَّامَ الْحَجِّ بَلْ غَيْرَ أَيَّامِ الْحَجِّ

١١) لَا تَشْرَبْ مِنْ مَاءٍ وَلَا لَبَنٍ إِلَّا بَعْدَ الْأَذَانِ

١٢) لَا تَمْلَأِ الْمِيْزَانَ سَيِّئَاتٍ بَلْ حَسَنَاتٍ كَثِيْرَةٍ

١٣) لَا تَنَمْنَ قَبْلَ صَلَاةِ الْعِشَاءِ وَلَا بَعْدَ الْفَجْرِ

١٤) لَا تَجْزَعْ عَلَى مُصِيْبَةٍ صَغِيْرَةٍ وَلَا عَظِيْمَةٍ

Vocab

English	Arabic	English	Arabic
gold	ذَهَبٌ	another	آخَرُ ج وْنَ
guided	رَاشِدٌ ج وْنَ	painful	أَلِيْمٌ
rejected	رَجِيْمٌ	Fire of Hell	جَحِيْمٌ
equal	سَوَاءٌ	silk	حَرِيْرٌ
silver	فِضَّةٌ	good	خَيْرٌ
clear	مُبِيْنٌ	taste	ذَائِقَةٌ

317

اَلْأَمْرُ لِلْغَائِبِ

A third-person imperative, اَلْأَمْرُ لِلْغَائِبِ, is used to issue a command to someone who is not present.

This is formed by placing a لَامُ الْأَمْرِ, i.e. لِ, before the مَجْزُوْمٌ form of the مُضَارِعٌ.

لِيَذْهَبْ

He should go.
Let him go.

The tarkib of this is written as follows:

لَامُ أَمْرٍ	فِعْلٌ مُضَارِعٌ وَفَاعِلٌ (هُوَ)
لِ	**يَذْهَبْ**

The same applies to النَّهْيُ; a negative command can be issued to someone who is not present. This formed by adding لَا before the مَجْزُوْمٌ form of the مُضَارِعٌ.

لَا يَذْهَبَا

They (m/d) should not go.
Do not let them go.

The tarkib of this is written as follows:

حَرْفُ نَهْيٍ	فِعْلٌ مُضَارِعٌ وَفَاعِلٌ (ا)
لَا	**يَذْهَبَا**

Exercise 21

Translate the following.

١) لِيَفْعَلُوا الْخَيْرَ

٢) لِتُقِيمَا الصَّلَاةَ

٣) لَا يَخْدَعْ أَحَدًا

٤) لَا يُشْرِكُوْا بِهِ شَيْئًا

٥) لَا يَظْلِمَا الْفُقَرَاءَ

٦) لَا يَعْبُدُوْا أَحَدًا غَيْرَ اللهِ

٧) لِيَقْرَأْنَ الْقُرْآنَ صَبَاحًا

٨) لِتَسْتَيْقِظَا قَبْلَ صَلَاةِ الْفَجْرِ

٩) لَا يَغِيْبُوْا مِنَ الدَّرْسِ الْيَوْمَ

١٠) لِيُسَافِرْ إِلَى مَكَّةَ لِلْحَجِّ

١١) لِيَعْمَلُوْا عَمَلًا صَالِحًا

١٢) لَا يَجْزَعُوْا عَلَى مُصِيْبَةٍ

١٣) لَا يَرْكَعَا لِأَحَدٍ غَيْرِ اللهِ

١٤) لِيَغْسِلْنَ أَيْدِيَهُنَّ قَبْلَ الطَّعَامِ

١٥) لِيَبْنُوْا مَسْجِدًا فِي هٰذِهِ الْقَرْيَةِ

Notes

اَلْأَمْرُ لِلْغَائِبِ and اَلنَّهْيُ لِلْغَائِبِ can have a فَاعِلٌ after them.

لِيَذْهَبْ زَيْدٌ إِلَى الْمَسْجِدِ

Zaid should go to the masjid.

Exercise 22

Translate the following.

١) لِيَعْدِلِ الْقَاضِيْ

٢) لِيَبْكِ الْعِبَادُ عَلَى الذُّنُوْبِ

٣) لِيَسْكُتِ النَّاسُ عِنْدَ الْخُطْبَةِ

٤) لَا يَدْخُلِ الْبَيْتَ أَحَدٌ إِلَّا بِالْإِذْنِ

٥) لِيَتَوَضَّأِ الطُّلَّابُ قَبْلَ الدُّرُوْسِ

٦) لِيُنْفِقِ الْأَغْنِيَاءُ مِنْكُمْ عَلَى الْفُقَرَاءِ

٧) لَا يَطُفْ أَحَدٌ بِالْبَيْتِ غَيْرَ مُتَوَضِّئٍ

٨) لِيَسْتَيْقِظِ الْمُؤْمِنُوْنَ قَبْلَ صَلَاةِ الْفَجْرِ

٩) لِيَحْضُرِ الطُّلَّابُ الدَّرْسَ يَوْمَ الْجُمُعَةِ

١٠) لَا يَمْشِ ابْنٌ وَلَا بِنْتٌ أَمَامَ الْأَبِ وَالْأُمِّ

١١) لَا يَلْبَسِ الرِّجَالُ الْمُؤْمِنُوْنَ ذَهَبًا وَلَا حَرِيْرًا

١٢) لَا يُصَلِّ الرِّجَالُ الصَّلَوَاتِ الْخَمْسَ إِلَّا فِي الْمَسَاجِدِ

Note

The particle لَا can function as both a حَرْفُ نَفْيٍ and a حَرْفُ نَهْيٍ.

A نَفْيٌ is a negative statement:

1. In a جُمْلَةٌ اسْمِيَّةٌ it negates the link between the مُبْتَدَأٌ and خَبَرٌ.
2. In a جُمْلَةٌ فِعْلِيَّةٌ it shows that an action did not occur.

مَا الْوَلَدُ جَالِسًا

The boy is not sitting.

لَا يَجْلِسُ الْوَلَدُ

The boy is not sitting.
The boy will not sit.

A نَهْيٌ is a prohibition; a command to the addressee not to do something.

لَا تَجْلِسْ

Do not sit.

319

Summary

The following table illustrates the different forms and meanings of the various forms of a مُضَارِعٌ.

الْمُضَارِعُ / الْأَمْرُ / النَّهْيُ	Not preceded by any حَرْفٌ	مَرْفُوْعٌ	فِعْلٌ مُضَارِعٌ مُثْبَتٌ يَذْهَبُ He goes
	Not preceded by any حَرْفٌ	مَجْزُوْمٌ	فِعْلُ أَمْرٍ اِذْهَبْ صَلِّ Go Pray
	Preceded by لِ	مَجْزُوْمٌ	أَمْرٌ لِلْغَائِبِ لِيَذْهَبْ He should go
	Preceded by لَا النَّافِيَةُ	مَرْفُوْعٌ	فِعْلٌ مُضَارِعٌ مَنْفِيٌّ لَا تَذْهَبُ You do not go
	مُخَاطَبٌ preceded by لَا النَّاهِيَةُ	مَجْزُوْمٌ	نَهْيٌ لَا تَذْهَبْ Do not go
	غَائِبٌ preceded by لَا النَّاهِيَةُ	مَجْزُوْمٌ	نَهْيٌ لِلْغَائِبِ لَا يَذْهَبْ He should not go

Exercise 23

Translate the following.

١) يَرْكَعُ

٢) اِرْكَعْ

٣) لِيَرْكَعْ

٤) لَا يَرْكَعُ

٥) لَا يَرْكَعْ

٦) لَا تَرْكَعْ

٧) يَلْبَسْنَ

٨) لِيَلْبَسْنَ

٩) لَا يَقْتُلُوْنَ

١٠) لَا يَقْتُلُوْا

١١) لَا تَقْتُلُوْا

١٢) يَطُفْنَ

١٣) لِيَطُفْنَ

١٤) لَا تَطُفْنَ

١٥) لَا يَخْدَعَانِ

١٦) لَا يَخْدَعَا

١٧) يُقِيْمُوْنَ الصَّلَاةَ

١٨) لَا يُقِيْمَانِ الصَّلَاةَ

١٩) لِيُقِيْمُوا الصَّلَاةَ

٢٠) لَا تَنْظُرُ الْمَرْأَةُ

٢١) لَا تَنْظُرِ النِّسَاءُ

٢٢) لَا يَظْلِمُ الْمَلِكُ

٢٣) لَا يَظْلِمِ الْمَلِكُ

٢٤) لَا يَظْلِمِ النَّاسَ

Note

When الْأَمْرُ لِلْغَائِبِ is preceded by a حَرْفُ الْعَطْفِ, the لِ changes to a لْ.

وَلِيَذْهَبُوْا	وَلْيَذْهَبُوْا

ضَمِيرُ الْفَاعِلِ with نُوْنُ التَّأْكِيْدِ

A نُوْنُ التَّأْكِيْدِ can be attached to a فِعْلٌ مُضَارِعٌ. (see page 115)
A نُوْنُ التَّأْكِيْدِ can also be attached to an أَمْرٌ and a نَهْيٌ.
In this case, the أَمْرٌ and نَهْيٌ will have a فَتْحَةٌ on the last letter of the verb before the نُوْنُ التَّأْكِيْدِ.

اِجْلِسْ ⬅ اِجْلِسَنَّ

This emphasis can be translated by adding words like do, never, ever, etc.

لَا تُشْرِكَنَّ بِاللهِ	لَا تَكْذِبَنَّ	اِجْلِسَنَّ
Never ascribe partners with Allah	*Do not ever lie.*	*Please do sit.*

Exercise 24

Translate the following.

١) اِجْتَهِدَنَّ فِي الدُّرُوْسِ
٢) أَحْسِنَنَّ إِلَى الْأُمَّهَاتِ
٣) لَا تَغْضَبَنَّ عَلَى الْآبَاءِ
٤) لَا تَتَأَخَّرَنَّ عَنِ الدَّرْسِ
٥) لَا تَتَّخِذَنَّ الْأَصْنَامَ آلِهَةً
٦) اِسْتَيْقِظَنَّ لِصَلَاةِ الْفَجْرِ
٧) أَطِيْعَنَّ اللهَ والرَّسُوْلَ ﷺ
٨) اِصْبِرَنَّ عَلَى الْمَصَائِبِ
٩) لَا تَسْجُدَنَّ لِأَحَدٍ غَيْرِ اللهِ

Exercise 25

Rewrite the following sentences by adding a نُوْنُ التَّأْكِيْدِ to the verb.

١) اِجْلِسْ عَلَى الْكُرْسِيِّ
٢) لَا تَصُوْمُوْا يَوْمَ الْعِيْدِ
٣) اِجْتَهِدِيْ فِي الدُّرُوْسِ
٤) اِصْبِرُوْا عَلَى الْمَصَائِبِ
٥) اِحْفَظَا سُوْرَةً مِنَ الْقُرْآنِ
٦) لَا تَعْتَمِرْنَ فِي أَيَّامِ الْحَجِّ
٧) لَا تَذْهَبِيْ إِلَى الدُّكَّانِ لَيْلًا
٨) أَنْفِقْنَ الْأَمْوَالَ لِرِضَى اللهِ
٩) لَا تَظْلِمِ الْفُقَرَاءَ ظُلْمًا شَدِيْدًا
١٠) لَا تَحْزَنَا عَلَى الْمُصِيْبَةِ الْعَظِيْمَةِ
١١) لَا تَذْبَحُوْا بَقَرَاتٍ بِغَيْرِ اسْمِ اللهِ
١٢) قَبْلَ الطَّعَامِ وَبَعْدَ الطَّعَامِ اغْسِلِ الْأَيْدِيَ

Different Verbs with نُوْنُ التَّأْكِيْدِ

Remember the following tips to help differentiate between the three forms of the verb which can have a نُوْنُ التَّأْكِيْدِ.

فِعْلٌ مُضَارِعٌ مَعَ نُوْنِ التَّأْكِيْدِ

Verb has لَامُ الابْتِدَاءِ	فِعْلٌ مُضَارِعٌ	لَيَفْعَلَنَّ He will certainly do
Verb has لَا النَّاهِيَةِ	فِعْلُ نَهْيٍ	لَا تَفْعَلَنَّ Definitely do not do
Verb has لَامُ الْأَمْرِ	أَمْرٌ لِلْغَائِبِ	لِيَفْعَلَنَّ He should definitely do
Verb has neither لَامُ الابْتِدَاءِ, لَامُ الْأَمْرِ nor لَا النَّاهِيَةِ	فِعْلُ أَمْرٍ	اِفْعَلَنَّ Definitely do

Exercise 26

Translate the following.

١) اِذْهَبَنَّ
٢) لَيَذْهَبَنَّ
٣) لِيَذْهَبَنَّ
٤) لَا تَذْهَبَنَّ
٥) اُسْجُدَنَّ
٦) لَتَسْجُدَنَّ
٧) لَا تَسْجُدَنَّ
٨) لِتَسْجُدَنَّ
٩) لِيَحْفَظَنَّ
١٠) لَيَحْفَظَنَّ
١١) اِحْفَظَنَّ
١٢) لَا تَحْفَظَنَّ

ضَمِيْرُ الْفَاعِلِ with نُوْنُ التَّأْكِيْدِ

When the فِعْلُ مُضَارِعٌ, فِعْلُ أَمْرٍ or فِعْلُ نَهْيٍ come with a ضَمِيْرٌ, it is conjugated slightly differently to the regular form.

صِيغَةٌ	الْمُضَارِعُ	الْمُضَارِعُ مَعَ نُوْنِ التَّأْكِيْدِ	الْأَمْرُ مَعَ نُوْنِ التَّأْكِيْدِ	النَّهْيُ مَعَ نُوْنِ التَّأْكِيْدِ
الْغَائِبُ	يَفْعَلُ (هُوَ)	لَيَفْعَلَنَّ (هُوَ)		
الْغَائِبَانِ	يَفْعَلَانِ (ا)	لَيَفْعَلَانِّ (ا)		
الْغَائِبُوْنَ	يَفْعَلُوْنَ (و)	لَيَفْعَلُنَّ (و مُقَدَّرَةٌ)		
الْغَائِبَةُ	تَفْعَلُ (هِيَ)	لَتَفْعَلَنَّ (هِيَ)		
الْغَائِبَتَانِ	تَفْعَلَانِ (ا)	لَتَفْعَلَانِّ (ا)		
الْغَائِبَاتُ	يَفْعَلْنَ (نَ)	لَيَفْعَلْنَانِّ (نَ)		
الْمُخَاطَبُ	تَفْعَلُ (أَنْتَ)	لَتَفْعَلَنَّ (أَنْتَ)	اِفْعَلَنَّ (أَنْتَ)	لَا تَفْعَلَنَّ (أَنْتَ)
الْمُخَاطَبَانِ	تَفْعَلَانِ (ا)	لَتَفْعَلَانِّ (ا)	اِفْعَلَانِّ (ا)	لَا تَفْعَلَانِّ (ا)
الْمُخَاطَبُوْنَ	تَفْعَلُوْنَ (و)	لَتَفْعَلُنَّ (و مُقَدَّرَةٌ)	اِفْعَلُنَّ (و مُقَدَّرَةٌ)	لَا تَفْعَلُنَّ (و مُقَدَّرَةٌ)
الْمُخَاطَبَةُ	تَفْعَلِيْنَ (ي)	لَتَفْعَلِنَّ (ي مُقَدَّرَةٌ)	اِفْعَلِنَّ (ي مُقَدَّرَةٌ)	لَا تَفْعَلِنَّ (ي مُقَدَّرَةٌ)
الْمُخَاطَبَتَانِ	تَفْعَلَانِ (ا)	لَتَفْعَلَانِّ (ا)	اِفْعَلَانِّ (ا)	لَا تَفْعَلَانِّ (ا)
الْمُخَاطَبَاتُ	تَفْعَلْنَ (نَ)	لَتَفْعَلْنَانِّ (نَ)	اِفْعَلْنَانِّ (نَ)	لَا تَفْعَلْنَانِّ (نَ)
الْمُتَكَلِّمُ	أَفْعَلُ (أَنَا)	لَأَفْعَلَنَّ (أَنَا)		
الْمُتَكَلِّمُوْنَ	نَفْعَلُ (نَحْنُ)	لَنَفْعَلَنَّ (نَحْنُ)		

Notes

To make pronunciation easier, the نُوْنُ الْإِعْرَابِ is removed before adding the نُوْنُ التَّأْكِيْدِ.

لَ + يَفْعَلَانِ + نِّ	←	لَيَفْعَلَانِنِّ	←	لَيَفْعَلَانِّ

Similarly, in the صِيغَةٌ of الْغَائِبُوْنَ, الْمُخَاطَبُوْن and الْمُخَاطَبَةُ, the ضَمِيرُ الْفَاعِلِ (the وْ and يْ respectively) are removed along with the نُوْنُ الْإِعْرَابِ, to make pronunciation easier. The فَاعِلٌ will be deemed to be hidden, مُقَدَّرَةٌ.

لَ + تَفْعَلُوْنَ + نَّ	←	لَتَفْعَلُوْنَّ	←	لَتَفْعَلُنَّ (و مُقَدَّرَةٌ)
لَ + تَفْعَلِيْنَ + نَّ	←	لَتَفْعَلِيْنَّ	←	لَتَفْعَلِنَّ (ي مُقَدَّرَةٌ)

Exercise 27

Translate the following.

١) لَيَدْخُلَنَّ الْجَنَّةَ

٢) لَيَدْخُلُنَّ الْجَنَّةَ

٣) لَتَدْخُلَنَّ الْجَنَّةَ

٤) لَتَدْخُلُنَّ الْجَنَّةَ

٥) لَا تَلْعَنُنَّ النَّاسَ

٦) لَا تَنْسَوُنَّ نِعَمَ اللهِ

٧) لَنَذُوْقَنَّ الْمَوْتَ

٨) لَتُطِيْعِنَّ اللهَ وَالرَّسُوْلَ ﷺ

٩) لَتُنْفِقْنَانِّ الْأَمْوَالَ غَيْرَ مُسْرِفَاتٍ

١٠) لَتُسْئَلُنَّ يَوْمَ الْقِيَامَةِ عَنْ نِعَمِ اللهِ

١١) اِقْرَأُنَّ الْقُرآنَ وَالْكُتُبَ مُتَوَضِّئِيْنَ

١٢) لَيَذُوْقُنَّ عَذَابَ النَّارِ فِي الْآخِرَةِ

١٣) لَيَصْبِرَنَّ عَلَى الْمَصَائِبِ ابْتِغَاءَ وَجْهِ اللهِ

١٤) لَتُبْعَثُنَّ يَوْمَ الْقِيَامَةِ مِنَ الْقُبُوْرِ لِلْحِسَابِ

١٥) لَنَسْأَلَنَّ اللهَ خَيْرَ الدَّارَيْنِ الدُّنْيَا وَالْآخِرَةِ

١٦) لَتَجِدِنَّ فِي هٰذِهِ الْقَرْيَةِ مَسْجِدًا ذَا أَبْوَابٍ كَبِيْرَةٍ

Part 2: ضَمِيرٌ مَنْصُوْبٌ

A ضَمِيرٌ مَنْصُوْبٌ is used to replace a noun in the مَنْصُوْبٌ state, namely the مَفْعُوْلٌ بِهِ and the اسْمُ of إِنَّ.

Consequently, there are two sets of ضَمِيرٌ مَنْصُوْبٌ:

1. ضَمِيرُ الْمَفْعُوْلِ بِهِ
2. ضَمِيرُ اسْمِ إِنَّ

These pronouns are attached to either the verb or to إِنَّ.

English	Pronoun as اسْمُ إِنَّ	Pronoun as مَفْعُوْلٌ بِهِ	Individual Form	صِيْغَةٌ
He / Him	إِنَّهُ	سَمِعْتُهُ	هُ	الغَائِبُ
They / Them (m/d)	إِنَّهُمَا	سَمِعْتُهُمَا	هُمَا	الْغَائِبَانِ
They / Them (m/p)	إِنَّهُمْ	سَمِعْتُهُمْ	هُمْ	الْغَائِبُوْنَ
She / Her	إِنَّهَا	سَمِعْتُهَا	هَا	الْغَائِبَةُ
They / Them (f/d)	إِنَّهُمَا	سَمِعْتُهُمَا	هُمَا	الْغَائِبَتَانِ
They / Them (f/p)	إِنَّهُنَّ	سَمِعْتُهُنَّ	هُنَّ	الْغَائِبَاتُ
You (m/s)	إِنَّكَ	سَمِعْتُكَ	كَ	الْمُخَاطَبُ
You (m/d)	إِنَّكُمَا	سَمِعْتُكُمَا	كُمَا	الْمُخَاطَبَانِ
You (m/p)	إِنَّكُمْ	سَمِعْتُكُمْ	كُمْ	الْمُخَاطَبُوْنَ
You (f/s)	إِنَّكِ	سَمِعْتُكِ	كِ	الْمُخَاطَبَةُ
You (f/d)	إِنَّكُمَا	سَمِعْتُكُمَا	كُمَا	الْمُخَاطَبَتَانِ
You (f/p)	إِنَّكُنَّ	سَمِعْتُكُنَّ	كُنَّ	الْمُخَاطَبَاتُ
I / Me	إِنَّنِي	سَمِعْتُنِي	نِي	الْمُتَكَلِّمُ
We / Us	إِنَّنَا	سَمِعْتُنَا	نَا	الْمُتَكَلِّمُوْنَ

اِسْمُ إِنَّ

When the اِسْمٌ of إِنَّ is a pronoun, it is attached to إِنَّ.

إِنَّهُ صَادِقٌ

Indeed, he is truthful.

When the first-person pronoun is used with إِنَّ, it can be read in two ways:

إِنِّي / إِنَّنِي   إِنَّا / إِنَّنَا

Exercise 1

Translate the following.

١) إِنَّهُ خَيْرٌ
٢) إِنَّنِي مَرِيْضٌ
٣) إِنَّهَا شَاكِرَةٌ
٤) إِنَّهُمْ فَاسِقُوْنَ
٥) إِنَّهُنَّ أَخَوَاتٌ
٦) إِنَّهُمَا مِنَ الْغَيْبِ
٧) إِنَّكُمْ صَالِحُوْنَ
٨) إِنَّكُمَا ضَعِيْفَتَانِ
٩) ﴿إِنَّهُ لَمِنَ الصَّادِقِيْنَ﴾
١٠) ﴿إِنَّهُ لَمِنَ الظَّالِمِيْنَ﴾
١١) ﴿إِنَّكَ لَرَسُولُ اللهِ﴾
١٢) ﴿إِنَّهُ لَقُرْآنٌ كَرِيْمٌ﴾

Exercise 2

Rewrite the following sentences by replacing the اسْمُ إِنَّ with a ضَمِيْرٌ.

١) إِنَّ الْيَدَ وَسِخَةٌ
٢) إِنَّ الْكَأْسَ مَمْلُوْءٌ
٣) إِنَّ الْقَوْمَ لَفَاسِقُوْنَ
٤) إِنَّ النِّسَاءَ مُجْتَهِدَاتٌ
٥) إِنَّ السَّفِيْنَةَ فِي الْبَحْرِ
٦) إِنَّ الشِّرْكَ لَظُلْمٌ عَظِيْمٌ
٧) إِنَّ الْخَالَتَيْنِ صَالِحَتَانِ
٨) إِنَّ الطَّيْرَيْنِ فَوْقَ الْجَبَلِ
٩) إِنَّ الْمَكْتَبَ الْقَدِيْمَ ثَقِيْلٌ
١٠) إِنَّ رَمَضَانَ لَشَهْرٌ مُبَارَكٌ
١١) إِنَّ أَطْفَالَ الشَّيْخِ لَصَادِقُوْنَ
١٢) إِنَّ الضُّيُوْفَ مِنَ الْقَرْيَةِ الْبَعِيْدَةِ

Notes

1. If the ضَمِيْرُ الْفَاعِلِ of تُمْ is followed by a ضَمِيْرُ الْمَفْعُوْلِ بِهِ, it is changed as follows to make pronunciation easier.

سَمِعْتُمْهُ ⟵ سَمِعْتُمُوْهُ

2. The مْ at the end of a ضَمِيْرٌ is given a ضَمَّةٌ when it is followed by an اَلْ.

سَمِعْتُمْ الْأَذَانَ ⟵ سَمِعْتُمُ الْأَذَانَ

327

ضَمِيرُ الْمَفْعُوْلِ بِهِ

The object pronoun is attached to the verb. Therefore, if the subject is a regular noun, not a pronoun, the مَفْعُوْلٌ بِهِ occurs before the فَاعِلٌ.

خَلَقَكَ اللهُ

Allah created you.

The tarkib of this is written as follows:

فِعْلٌ وَمَفْعُوْلٌ بِهِ (كَ)	فَاعِلٌ
خَلَقَكَ	اللهُ

Notes

1. An entire sentence can appear as one unit with a فِعْلٌ followed by a فَاعِلٌ and مَفْعُوْلٌ بِهِ as a ضَمِيرٌ.

   سَمِعْتُكَ

   I heard you.

   The tarkib of this is written as follows:

فِعْلٌ وَفَاعِلٌ (تُ) وَمَفْعُوْلٌ بِهِ (كَ)
سَمِعْتُكَ

2. The following are written similarly, but they have different meanings.

سَمِعْنَا	سَمِعَنَا
We heard.	*He heard us.*

Exercise 3

Translate the following.

١) اِقْرَأْهَا
٢) لَا تَسْأَلْهُ
٣) خَلَقَنَا اللهُ
٤) يَرْزُقُهُمُ اللهُ
٥) لَيَشْرَبَنَّهُ الْوَلَدُ
٦) نَصَرَكُمُ اللهُ
٧) لَا تَظْلِمْهَا
٨) عَرَفَتْهُمُ الْأُمُّ
٩) سَمِعَكَ الْمُعَلِّمُ
١٠) يَرَاهُمُ النَّاسُ
١١) عَلِمَهُ الطُّلَّابُ
١٢) عَبَدَتْهُ الْبِنْتُ
١٣) ﴿رَزَقَهُمُ اللهُ﴾
١٤) ﴿يَبْعَثُهُمُ اللهُ﴾
١٥) ﴿وَعَدَنَا اللهُ﴾
١٦) ﴿نَصَرَكُمُ اللهُ﴾
١٧) تَظْلِمُهُمُ الْأُخْتُ
١٨) لَقَدْ سَمِعَتْكَ الْأُمُّ
١٩) يَسْأَلُكَ الطُّلَّابُ
٢٠) خَدَعَهُمُ الشَّيْطَانُ

Exercise 4

Translate the following.

١) أَسْأَلُكَ
٢) لَتَعْرِفَنَّهُ
٣) يَفْتَرُوْنَهُ
٤) ﴿ذَبَحُوْهَا﴾
٥) تَجِدُوْنَهُ
٦) تَعْبُدُوْنَهُ
٧) مَا كَتَبْتَهَا
٨) لَا تَظْلِمْهَا
٩) خَدَعْتُهُمْ
١٠) أُنْصُرُوْهُمْ
١١) يَعْلَمُهُمْ
١٢) يَذْكُرُوْنَهُ
١٣) أُعْبُدُنَّهُ
١٤) لَقَدْ خَلَقْنَا
١٥) لَقَدْ نَصَرْتُنَّهُمْ
١٦) لَمْ يَخْدَعْهُمْ
١٧) تَظْلِمُوْنَهُمْ
١٨) ﴿أُعْبُدُوْهُ﴾
١٩) ﴿هَدَاكُمْ﴾
٢٠) ﴿خَلَقَكُمْ﴾

Exercise 5

Translate the following.

١) ﴿إِنَّا لِلّٰهِ﴾
٢) ﴿لَا يَضُرُّهُمْ﴾
٣) ﴿لَا يَنْفَعُهُمْ﴾
٤) ﴿يَلْعَنُهُمُ اللّٰهُ﴾
٥) ﴿أَمَرَكُمُ اللّٰهُ﴾
٦) ﴿لَأَزِيْدَنَّكُمْ﴾
٧) ﴿يُعَذِّبُهُمُ اللّٰهُ﴾
٨) ﴿صَدَقَكُمُ اللّٰهُ﴾
٩) لَا تُشْرِكُوْا بِاللّٰهِ شَيْئًا
١٠) ﴿جَعَلَهُ مِنَ الصَّالِحِينَ﴾
١١) ﴿آتَاهُمُ اللّٰهُ ثَوَابَ الدُّنْيَا﴾
١٢) ﴿يَسْأَلُونَكَ عَنِ الْجِبَالِ﴾
١٣) ﴿يَسْأَلُونَكَ عَنِ الْيَتَامٰى﴾
١٤) ﴿لَعَنَهُمُ اللّٰهُ فِي الدُّنْيَا وَالْآخِرَةِ﴾
١٥) ﴿أُعَذِّبُهُمْ عَذَابًا شَدِيدًا فِي الدُّنْيَا وَالْآخِرَةِ﴾

Exercise 6

Rewrite the following sentences by replacing the مَفْعُوْلٌ بِهِ with a pronoun.

١) يَفْتَحُوْنَ النَّافِذَتَيْنِ
٢) أَمَرَ الْوَالِدُ الْأَوْلَادَ
٣) تَعْرِفُ الْجَدَّةُ الطَّالِبَاتِ
٤) رَأَيْتُ الصِّبْيَانَ فِي الْحَدِيْقَةِ
٥) نَصَرَ التَّاجِرُ الْغَنِيُّ الْمِسْكِيْنَ
٦) رَكِبَتِ الْبِنْتُ الصَّغِيْرَةُ الْحِمَارَ
٧) يُعَذِّبُ اللّٰهُ الظَّالِمِيْنَ يَوْمَ الْقِيَامَةِ
٨) غَسَلَ الشَّيْخُ الْكَأْسَ بَعْدَ الطَّعَامِ
٩) أَطْعَمَ الْأَخُ حَامِدٌ الْأُخْتَ خَدِيْجَةَ
١٠) وَجَدَ الطَّالِبُ الْمُجْتَهِدُ الْقَلَمَ الْآنَ
١١) قَرَأَ الْعَمُّ الْكِتَابَ الطَّوِيْلَ فِيْ يَوْمٍ وَاحِدٍ
١٢) تَشْرَبُ فَاطِمَةُ الْمَاءَ الْبَارِدَ ثُمَّ اللَّبَنَ الْحَارَّ

Notes

To maintain rhythm at the end of verses in the Quran, the ي at the end of a word is sometimes removed.

أَنْ يَقْتُلُوْنِيْ ← ﴿أَنْ يَقْتُلُونِ﴾

الْمُتَعَالِيْ ← الْمُتَعَالِ

Attached and Detached Pronouns

The مَرْفُوْعٌ and مَنْصُوْبٌ pronouns can occur in two ways:

1. Attached, i.e. joined to another word, مُتَّصِلٌ.
2. Detached, i.e. on its own, مُنْفَصِلٌ.

الضَّمِيْرُ الْمُتَّصِلُ

The ضَمِيْرُ الْفَاعِلِ is always مُتَّصِلٌ; it comes joined to the فِعْلٌ.

ذَهَبْتُ (تُ)

The مَنْصُوْبٌ pronouns mentioned previously, both the ضَمِيْرُ الْمَفْعُوْلِ بِهِ and اِسْمُ إِنَّ, were also مُتَّصِلٌ.

إِنَّهُ	سَمِعْتُهُ

الضَّمِيْرُ الْمُنْفَصِلُ

The ضَمِيْرُ الْمُبْتَدَأِ is always مُنْفَصِلٌ.

أَنَا خَالِدٌ

In the following section, we will be studying the مُنْفَصِلٌ forms of the مَنْصُوْبٌ pronouns.

الضَّمِيرُ الْمَنْصُوْبُ الْمُنْفَصِلُ

The detached مَنْصُوْبٌ pronoun is the same as the attached form, the only difference is that it is preceded by إِيَّا.

English	الْمَنصُوْبُ الْمُنْفَصِلِ	
He / Him	إِيَّاهُ	الغَائِبُ
They / Them (m/d)	إِيَّاهُمَا	الْغَائِبَانِ
They / Them (m/p)	إِيَّاهُمْ	الْغَائِبُوْنَ
She / Her	إِيَّاهَا	الْغَائِبَةُ
They / Them (f/d)	إِيَّاهُمَا	الْغَائِبَتَانِ
They / Them (f/p)	إِيَّاهُنَّ	الْغَائِبَاتُ
You (m/s)	إِيَّاكَ	الْمُخَاطَبُ
You (m/d)	إِيَّاكُمَا	الْمُخَاطَبَانِ
You (m/p)	إِيَّاكُمْ	الْمُخَاطَبُوْنَ
You (f/s)	إِيَّاكِ	الْمُخَاطَبَةُ
You (f/d)	إِيَّاكُمَا	الْمُخَاطَبَتَانِ
You (f/p)	إِيَّاكُنَّ	الْمُخَاطَبَاتُ
I / Me	إِيَّايَ	الْمُتَكَلِّمُ
We / Us	إِيَّانَا	الْمُتَكَلِّمُوْنَ

Usage of الضَّمِيرُ الْمَنْصُوبُ الْمُنْفَصِلُ

The detached مَنْصُوبٌ pronouns are used in the following ways:

1. As a مَفْعُوْلٌ بِهِ ثَانٍ.

رَزَقَكَ اللهُ إِيَّاهُ

Allah granted it to you.

This can also be expressed with a ضَمِيرٌ مُتَّصِلٌ.

سَأَلْتَنِيهِ

You asked me for it.

2. As a مَفْعُوْلٌ بِهِ مُقَدَّمٌ to create emphasis.

﴿إِيَّاكَ نَعْبُدُ﴾

It is you who we worship.
You alone do we worship.

3. After إِلَّا, either for emphasis or exclusion.

مَا رَأَيْتُ إِلَّا إِيَّاكَ

I only saw you.

رَأَيْتُ الطُّلَّابَ إِلَّا إِيَّاكَ

I saw the students except you.

4. As a مَعْطُوْفٌ to a مَنْصُوبٌ noun.

رَأَيْتُكَ وَإِيَّاهُ

I saw you and him.

إِنَّهُمْ وَإِيَّاكُمْ مُؤْمِنُوْنَ

Indeed, they and you are believers.

Exercise 7

Translate the following.

١) إِيَّاهُ أَخَافُ
٢) إِيَّاكَ أَمَرْتُ
٣) وَعَدَكُمُ اللهُ إِيَّاهُ
٤) عَرَفْتُهُ ثُمَّ إِيَّاكَ
٥) إِيَّانَا تَخْدَعُوْنَ
٦) إِيَّاهُمْ تَظْلِمُوْنَ
٧) لَا نُطِيعُ إِلَّا إِيَّاهُ
٨) ﴿إِيَّاكَ نَعْبُدُ﴾
٩) ﴿إِيَّاهُ تَعْبُدُوْنَ﴾
١٠) ﴿إِيَّاهُ تَدْعُوْنَ﴾
١١) ﴿وَعَدَهَا إِيَّاهُ﴾
١٢) ﴿إِيَّاكَ نَسْتَعِينُ﴾
١٣) مَا رَأَيْتُ إِلَّا إِيَّاكَ
١٤) إِنَّهُ وَإِيَّاهَا يَتِيمَانِ
١٥) ﴿نَرْزُقُهُمْ وَإِيَّاكُمْ﴾
١٦) مَا صَدَقَكَ وَلَا إِيَّايَ
١٧) ﴿لَا تَعْبُدُوْا إِلَّا إِيَّاهُ﴾
١٨) إِنَّهُمْ وَإِيَّاكُمْ لَعَلَى هُدًى

Exercise 8

Rewrite the following sentences by replacing the مَفْعُوْلٌ بِهِ or اسْمُ إِنَّ with a pronoun.

١) الْعِلْمَ نَطْلُبُ

٢) مَا ضَرَبَ زَيْدٌ إِلَّا خَالِدًا

٣) إِنَّ قَلَمَ الْمُعَلِّمِ مَكْسُوْرٌ

٤) لَا يُعَذِّبُ اللهُ إِلَّا الظَّالِمِيْنَ

٥) اللهَ يُطِيْعُ الْمُسْلِمُوْنَ الْمُتَّقُوْنَ

٦) إِنَّ الْأَوْلَادَ وَالْبَنَاتَ لَمُجْتَهِدُوْنَ

٧) رَأَيْتُ الْجَدَّ وَالْأَوْلَادَ فِي السُّوْقِ

٨) إِنَّ الْآبَاءَ وَالْأُمَّهَاتِ فِي الْمَسْجِدِ

٩) إِنَّ الْمُسْلِمَاتِ وَالْمُؤْمِنِيْنَ لَمُهْتَدُوْنَ

١٠) إِنَّ الصَّوْمَ وَالصَّلَاةَ مِنْ دِيْنِ الْإِسْلَامِ

١١) أَعْمَالَ الْمُؤْمِنِيْنَ يُحَاسِبُ اللهُ يَوْمَ الْقِيَامَةِ

١٢) إِنَّ النَّافِذَتَيْنِ الْكَبِيْرَتَيْنِ وَالْأَبْوَابَ الصِّغَارَ مُغْلَقَةٌ

Part 3: ضَمِيْرٌ مَجْرُوْرٌ

A ضَمِيْرٌمَجْرُوْرٌ is used to replace a noun which is in the مَجْرُوْرٌ state, i.e. the الْمُضَافُ إِلَيْهِ and the مَجْرُوْرٌ of a حَرْفٌ جَارٌّ.

English	Pronoun as مَجْرُوْرٌ	Pronoun as مُضَافٌ إِلَيْهِ	Individual Form	صِيْغَةٌ
His / Him	لَهُ	رَبُّهُ	هُ	الْغَائِبُ
Their / Them (m/d)	لَهُمَا	رَبُّهُمَا	هُمَا	الْغَائِبَانِ
Their / Them (m/p)	لَهُمْ	رَبُّهُمْ	هُمْ	الْغَائِبُوْنَ
Hers / Her	لَهَا	رَبُّهَا	هَا	الْغَائِبَةُ
Their / Them (f/d)	لَهُمَا	رَبُّهُمَا	هُمَا	الْغَائِبَتَانِ
Their / Them (f/p)	لَهُنَّ	رَبُّهُنَّ	هُنَّ	الْغَائِبَاتُ
Your (m/s)	لَكَ	رَبُّكَ	كَ	الْمُخَاطَبُ
Your (m/d)	لَكُمَا	رَبُّكُمَا	كُمَا	الْمُخَاطَبَانِ
Your (m/p)	لَكُمْ	رَبُّكُمْ	كُمْ	الْمُخَاطَبُوْنَ
Your (f/s)	لَكِ	رَبُّكِ	كِ	الْمُخَاطَبَةُ
Your (f/d)	لَكُمَا	رَبُّكُمَا	كُمَا	الْمُخَاطَبَتَانِ
Your (f/p)	لَكُنَّ	رَبُّكُنَّ	كُنَّ	الْمُخَاطَبَاتُ
My / Me	لِيْ / لِيَ	رَبِّيْ	يْ	الْمُتَكَلِّمُ
Our / Us	لَنَا	رَبُّنَا	نَا	الْمُتَكَلِّمُوْنَ

ضَمِيْرُ الْمُضَافِ إِلَيْهِ

The ضَمِيْرُ الْمُضَافِ إِلَيْهِ functions like a normal مُضَافٌ إِلَيْهِ.

صَامَتْ أُخْتُـكَ

Your sister fasted.

The tarkib of this is written as follows:

فَاعِلٌ		فِعْلٌ
كَ	أُخْتُ	صَامَتْ
مُضَافٌ إِلَيْهِ	مُضَافٌ	

Changes to Pronouns

Pronouns are مَبْنِيٌّ, non-declinable. However, some do change to make pronunciation easier.

For example, the ضَمَّةٌ on the pronouns هُ, هُمَا and هُمْ changes to a كَسْرَةٌ if it is preceded by كَسْرَةٌ or يَاءٌ.

فِيْهِ	فِيْ كِتَابِهِ	مَعَ أُمِّهِمَا	إِلَى رَبِّهِمْ

Exercise 1

Translate the following.

١) بَقَرَتُهُمْ
٢) ثَوَابُهُ
٣) نَوْمُكُنَّ
٤) سِكِّيْنُكَ
٥) دُرُوْسُكُمْ
٦) قَدْرِهِ
٧) ثِيَابَكُمْ
٨) صِرَاطَكَ
٩) طَيِّبَاتِكُمْ
١٠) أُمَّهَاتُكُمْ
١١) دِيْنِكُمْ
١٢) أَقْلَامَهُمْ
١٣) لِذَنْبِكِ
١٤) عَدُوِّكُمْ
١٥) قَرْيَتِكُمْ

Exercise 2

Rewrite the following sentences by replacing the مُضَافٌ إِلَيْهِ with a pronoun.

١) هٰذِهِ غُرْفَةُ زَيْدٍ
٢) هٰذَا صَبِيُّ الْعَمَّةِ
٣) شَاةُ الْفَلَّاحِ صَغِيْرَةٌ
٤) إِنَّ بَيْتَ الرَّجُلِ بَعِيْدٌ
٥) الشَّيْطَانُ عَدُوُّ الْمُسْلِمِيْنَ
٦) هَلْ تَلْبَسِيْنَ ثَوْبَ عَائِشَةَ
٧) سَافَرْتُ مَعَ ابْنِ الصَّدِيْقِ
٨) كَانَ طِفْلُ الْمُؤْمِنِ مُجْتَهِدًا
٩) تِلْكَ كُتُبُ أُوْلٰئِكَ الطُّلَّابِ
١٠) هَلْ تَنَامُ أُمُّ فَاطِمَةَ فِيْ الْبَيْتِ
١١) جَلَسَ الْجَدُّ فِيْ بَيْتِ الشَّابِّ
١٢) يَغْضَبُ الْمَلِكُ عَلَى وَلَدِ الْعَالِمِ

ضَمِيرُ الْمَجْرُوْرِ

The ضَمِيرُ الْمَجْرُوْرِ functions like a normal مَجْرُوْرٌ.

ذَهَبَ الْوَلَدُ إِلَيْهِ

The child went towards him.

The tarkib of this is written as follows:

فِعْلٌ	فَاعِلٌ	مَفْعُوْلٌ فِيْهِ غَيْرُ صَرِيْحٍ	
ذَهَبَ	**الْوَلَدُ**	**إِلَيْ**	**هِ**
		جَارٌّ	مَجْرُوْرٌ

Notes

The أَلِفٌ at the end of إِلَى and عَلى (which is written as a ى) changes to a ي when it is joined to a pronoun.

إِلَى with a Noun		إِلَى with a Pronoun
إِلَى الْبَيْتِ	⬅	إِلَيْهِ
عَلَى الْبَيْتِ	⬅	عَلَيْهِ

Exercise 3

Translate the following.

١) لَهُ	٤) إِلَيْكُمْ	٧) عَلَيْهِ	١٠) لَكُمَا	١٣) فِيْهِنَّ
٢) عَلَيْهِمْ	٥) لَهُنَّ	٨) لَكَ	١١) إِلَيْهَا	١٤) بِكُمْ
٣) لَهَا	٦) بِنَا	٩) عَلَيْهِمَا	١٢) لِيْ	١٥) عَلَيْكُمْ

Exercise 4

Translate the following.

١) ﴿إِنَّا مَعَكُمْ﴾

٢) ﴿لَا عِلْمَ لَنَا﴾

٣) ﴿اُشْكُرُوْا لَهُ﴾

٤) ﴿هُمْ فِي رَيْبِهِمْ﴾

٥) ﴿إِنَّا رَسُوْلَا رَبِّكَ﴾

٦) ﴿اغْفِرْ لَنَا ذُنُوْبَنَا﴾

٧) ﴿فِيهِ آيَاتٌ بَيِّنَاتٌ﴾

٨) ﴿لَا تَحْزَنْ عَلَيْهِمْ﴾

٩) ﴿خَلَقَكَ مِنْ تُرَابٍ﴾

١٠) ﴿وَعَدَنَا اللّٰهُ وَرَسُولُهُ﴾

١١) ﴿يَتْلُوْ عَلَيْهِمْ آيَاتِكَ﴾

١٢) ﴿يَشْرَبُوْنَ مِنْ كَأْسٍ﴾

١٣) ﴿أَنْزَلْنَا عَلَيْهَا الْمَاءَ﴾

١٤) ﴿أَهْلَكْنَاهُمْ بِذُنُوبِهِمْ﴾

١٥) ﴿لَا تُشْرِكُوا بِهِ شَيْئًا﴾

١٦) ﴿أَخَذَهُمُ اللّٰهُ بِذُنُوْبِهِمْ﴾

١٧) ﴿أَنْزَلْنَا عَلَيْكَ الْكِتَابَ﴾

١٨) ﴿أَنْزَلَ مِنَ السَّمَاءِ مَاءً﴾

١٩) ﴿مَا هَذَا إِلَّا بَشَرٌ مِثْلُكُمْ﴾

٢٠) ﴿آمَنَ بِاللّٰهِ وَمَلَائِكَتِهِ وَكُتُبِهِ وَرُسُلِهِ﴾

٢١) ﴿لَتُبْلَوُنَّ فِي أَمْوَالِكُمْ وَأَنْفُسِكُمْ﴾

Exercise 5

Rewrite the following sentences by replacing the مَجْرُوْرٌ with a pronoun.

١) آمَنُوْا بِاللّٰهِ

٢) حَضَرُوْا الدَّرْسَ

٣) رَأَيْتَهُ فِيْ بَيْتِ الْمُعَلِّمِ

٤) سَقَطَ الشَّابُ مِنَ الْفَرَسِ

٥) إِنَّ فِي السَّمَاءِ نُجُوْمًا كَثِيْرَةً

٦) كَانَتِ الطُّيُوْرُ عَلَى الشَّجَرَةِ

٧) يَغْضَبُ الْغَنِيُّ عَلَى الْفُقَرَاءِ

٨) ذَهَبَتْ أُمُّ فَاطِمَةَ إِلَى السُّوْقِ

٩) لَا تَغْضَبُ الْأُمُّ عَلَى الْبَنَاتِ

١٠) سَافَرَتِ الْجَدَّةُ إِلَى الْقَرْيَةِ الْبَعِيْدَةِ

١١) مَشَيْتُ إِلَى الْمَسْجِدِ ثُمَّ إِلَى الدُّكَّانِ

١٢) جَلَسَ الْمَلِكُ الظَّالِمُ عَلَى الْعَرْشِ الْعَظِيْمِ

Summary of the Pronouns

ضَمِيْرٌ مَرْفُوْعٌ					ضَمِيْرٌ مَنْصُوْبٌ			ضَمِيْرٌ مَجْرُوْرٌ	
مُنْفَصِلٌ	مُتَّصِلٌ				مُتَّصِلٌ		مُنْفَصِلٌ	مُتَّصِلٌ	
الْمُبْتَدَأُ	الْفَاعِلِ				الْمَفْعُوْلُ بِهِ	اسْمُ إِنَّ		مُضَافٌ إِلَيْهِ	مَجْرُوْرٌ
	الْمَاضِيْ	الْمُضَارِعُ	الْأَمْرُ	النَّهْيُ					
هُوَ	فَعَلَ (هُوَ)	يَفْعَلُ (هُوَ)	لِيَفْعَلْ (هُوَ)	لَا يَفْعَلْ (هُوَ)	سَمِعْتُهُ	إِنَّهُ	إِيَّاهُ	رَبُّهُ	لَهُ
هُمَا	فَعَلَا (ا)	يَفْعَلَانِ (ا)	لِيَفْعَلَا (ا)	لَا يَفْعَلَا (ا)	سَمِعْتُهُمَا	إِنَّهُمَا	إِيَّاهُمَا	رَبُّهُمَا	لَهُمَا
هُمْ	فَعَلُوْا (و)	يَفْعَلُوْنَ (و)	لِيَفْعَلُوْا (و)	لَا يَفْعَلُوْا (و)	سَمِعْتُهُمْ	إِنَّهُمْ	إِيَّاهُمْ	رَبُّهُمْ	لَهُمْ
هِيَ	فَعَلَتْ (هِيَ)	تَفْعَلُ (هِيَ)	لِتَفْعَلْ (هِيَ)	لَا تَفْعَلْ (هِيَ)	سَمِعْتُهَا	إِنَّهَا	إِيَّاهَا	رَبُّهَا	لَهَا
هُمَا	فَعَلَتَا (ا)	تَفْعَلَانِ (ا)	لِتَفْعَلَا (ا)	لَا تَفْعَلَا (ا)	سَمِعْتُهُمَا	إِنَّهُمَا	إِيَّاهُمَا	رَبُّهُمَا	لَهُمَا
هُنَّ	فَعَلْنَ (ن)	يَفْعَلْنَ (نَ)	لِيَفْعَلْنَ (نَ)	لَا يَفْعَلْنَ (نَ)	سَمِعْتُهُنَّ	إِنَّهُنَّ	إِيَّاهُنَّ	رَبُّهُنَّ	لَهُنَّ
أَنْتَ	فَعَلْتَ (تَ)	تَفْعَلُ (أَنْتَ)	اِفْعَلْ (أَنْتَ)	لَا تَفْعَلْ (أَنْتَ)	سَمِعْتُكَ	إِنَّكَ	إِيَّاكَ	رَبُّكَ	لَكَ
أَنْتُمَا	فَعَلْتُمَا (تُمَا)	تَفْعَلَانِ (ا)	اِفْعَلَا (ا)	لَا تَفْعَلَا (ا)	سَمِعْتُكُمَا	إِنَّكُمَا	إِيَّاكُمَا	رَبُّكُمَا	لَكُمَا
أَنْتُمْ	فَعَلْتُمْ (تُمْ)	تَفْعَلُوْنَ (و)	اِفْعَلُوْا (و)	لَا تَفْعَلُوْا (و)	سَمِعْتُكُمْ	إِنَّكُمْ	إِيَّاكُمْ	رَبُّكُمْ	لَكُمْ
أَنْتِ	فَعَلْتِ (تِ)	تَفْعَلِيْنَ (ي)	اِفْعَلِيْ (ي)	لَا تَفْعَلِيْ (ي)	سَمِعْتُكِ	إِنَّكِ	إِيَّاكِ	رَبُّكِ	لَكِ
أَنْتُمَا	فَعَلْتُمَا (تُمَا)	تَفْعَلَانِ (ا)	اِفْعَلَا (ا)	لَا تَفْعَلَا (ا)	سَمِعْتُكُمَا	إِنَّكُمَا	إِيَّاكُمَا	رَبُّكُمَا	لَكُمَا
أَنْتُنَّ	فَعَلْتُنَّ (تُنَّ)	تَفْعَلْنَ (نَ)	اِفْعَلْنَ (نَ)	لَا تَفْعَلْنَ (نَ)	سَمِعْتُكُنَّ	إِنَّكُنَّ	إِيَّاكُنَّ	رَبُّكُنَّ	لَكُنَّ
أَنَا	فَعَلْتُ (تُ)	أَفْعَلُ (أَنَا)	لِأَفْعَلْ (أَنَا)	لَا أَفْعَلْ (أَنَا)	سَمِعْتَنِيْ	إِنَّنِيْ	إِيَّايَ	رَبِّيْ	لِيْ
نَحْنُ	فَعَلْنَا (نَا)	نَفْعَلُ (نَحْنُ)	لِنَفْعَلْ (نَحْنُ)	لَا نَفْعَلْ (نَحْنُ)	سَمِعْتَنَا	إِنَّا	إِيَّانَا	رَبُّنَا	لَنَا

Recognising the Pronouns

Pronoun	On its own	⇨	أَنَا	⇨	مُبْتَدَأٌ
	After the verb	⇨	سَمِعْتُ	⇨	فَاعِلٌ
	After verb/subject pronoun	⇨	سَمِعْتُهُ	⇨	مَفْعُوْلٌ بِهِ
	Joined to إِنَّ	⇨	إِنَّهُ	⇨	اِسْمُ إِنَّ
	With إِيَّا	⇨	إِيَّاهُ	⇨	مَفْعُوْلٌ بِهِ، اِسْمُ إِنَّ، مَعْطُوْفٌ
	Joined to a noun	⇨	رَبُّهُ	⇨	مُضَافٌ إِلَيْهِ
	Joined to a حَرْفٌ جَارٌّ	⇨	إِلَيْهِ	⇨	مَجْرُوْرٌ

Supplement: Additional Rules of Pronouns

Additional Rules of Demonstrative Pronouns

Changes to the اسْمُ الإِشَارَةِ

The كَ at the end of the أَسْمَاءُ الإِشَارَةِ can be changed according to the addressee. For example, if there are two male addressees, the كَ can change to كُمَا.

تِلْكَ حَدِيْقَةٌ ⬅ تِلْـكُمَا حَدِيْقَةٌ

In this example, the كَ changes to كُمَا because there are two male addressees. Note that the gender and number of the مُشَارٌ إِلَيْهِ or خَبَرٌ do not affect the كَ.

Exercise 1

Translate the following. Notice the change to the اسْمُ الإِشَارَةِ.

١) ذٰلِكُمَا حَرِيْرٌ
٢) ذٰلِكُنَّ ذَهَبٌ
٣) تِلْكُمْ فِضَّةٌ
٤) أُولٰئِكُمْ أُمَّهَاتٌ
٥) تِلْكُمْ دُمُوْعٌ كَاذِبَةٌ
٦) تَانِكُنَّ سُوْقَانِ كَبِيْرَتَانِ
٧) رَأَيْتُ ذَيْنِكُمُ الْأُذُنَيْنِ مِنْ قَبْلُ
٨) لِمَاذَا سَافَرْتُنَّ إِلَى تِلْكُنَّ الْقَرْيَةِ
٩) هَلْ تُحِبَّانِ أُولٰئِكُمَا الْأَصْحَابَ

Usage of كَذٰلِكَ

The particle كَ can come before the اسْمُ الإِشَارَةِ of ذٰلِكَ to form the word كَذٰلِكَ. This is used to draw comparison and is translated as like this, likewise, similarly etc.

In a جُمْلَةٌ فِعْلِيَّةٌ, this becomes the مَفْعُوْلٌ مُطْلَقٌ of the verb.

كَذٰلِكَ يُحْيِي اللهُ الْمَوْتَى

Likewise, Allah will resurrect the dead.

In a جُمْلَةٌ اسْمِيَّةٌ, this becomes a خَبَرٌ مُقَدَّمٌ.

كَذٰلِكَ جَزَاءُ الْكَافِرِينَ

The recompense of the disbelievers will be like this.

The خَبَرٌ of Pronouns

If the خَبَرٌ is an adjective, it should have a تَنْوِيْنٌ. The reason for this is that, if it were to have an اَلْ, it could easily be misunderstood to be the نَعْتٌ.

الرَّجُلُ الصَّالِحُ

The man is pious. / the pious man

However, there are some cases where the خَبَرٌ may have an اَلْ to create emphasis in the sentence.

The خَبَرٌ of Pronouns with an اَلْ

A pronoun can never be a مَنْعُوْتٌ. Therefore, if the adjective after it has an اَلْ it cannot be mistaken for a مَنْعُوْتٌ – نَعْتٌ. In this case, the خَبَرٌ of a pronoun may have an اَلْ; this will create emphasis.

هُمُ الصَّالِحُوْنَ

They are the pious ones.
It is they who are the pious.

However, this emphasis is not always reflected in the translation.

They are the pious.

Exercise 2

Translate the following.

١) هُوَ الْوَلِيُّ
٢) هُوَ الْمُعَلِّمُ
٣) هِيَ الْأَمِيْنَةُ
٤) أَنْتَ الْأَمِيْرُ
٥) هِيَ النِّعْمَةُ
٦) أَنْتُمُ الْكِرَامُ
٧) هُمُ الْمُهْتَدُوْنَ
٨) هُنَّ الْأَمْوَاتُ
٩) هُمَ الْمُنَافِقُوْنَ
١٠) أَنْتُمَا التَّاجِرَانِ
١١) نَحْنُ الْمَظْلُوْمُوْنَ
١٢) نَحْنُ الْفُقَرَاءُ إِلَى اللهِ

ضَمِيرٌ الْفَصْل

To avoid misunderstanding a خَبَرٌ with an اَلْ as a نَعْتٌ or مُشَارٌ إِلَيْهِ, a pronoun is placed between the مُبْتَدَأٌ and خَبَرٌ which matches the مُبْتَدَأٌ in number and gender. This is called ضَمِيرٌ فَصْل; a pronoun to differentiate between خَبَرٌ and the نَعْتٌ or مُشَارٌ إِلَيْهِ.

﴿أُولَٰئِكَ هُمُ الْفَاسِقُوْنَ﴾

The ضَمِيرُ الْفَصْلِ creates emphasis. The translation of a sentence with a ضَمِيرُ الْفَصْلِ is changed to reflect this emphasis.

They are the ones who are transgressors.
It is these (people) who are the transgressors.

In tarkib, the ضَمِيرُ الْفَصْلِ is not labelled as a main part of the sentence.

خَبَرٌ	ضَمِيرُ الْفَصْلِ	مُبْتَدَأٌ
الْفَاسِقُوْنَ	هُمُ	أُولَٰئِكَ

A ضَمِيرٌ فَصْل can also be added to create emphasis, even when there is no possibility of the خَبَرٌ being misunderstood as a نَعْتٌ.

الْإِسْلَامُ هُوَ دِيْنِي
Islam is my religion.

The following table summarises the خَبَرٌ when it has an اَلْ.

خَبَرٌ has ال	⇨ مُبْتَدَأٌ is a pronoun	No ضَمِيرُ الْفَصْلِ	﴿هُمُ الْعَدُوُّ﴾
	⇨ مُبْتَدَأٌ is not a pronoun	ضَمِيرُ الْفَصْلِ	﴿أُولَٰئِكَ هُمُ الْفَاسِقُوْنَ﴾

Vocab

English	Arabic	English	Arabic
to climb	صَعِدَ يَصْعَدُ صُعُوْدًا	to follow	اِتَّبَعَ يَتَّبِعُ اِتِّبَاعًا
to test, trial	فَتَنَ يَفْتِنُ فُتُوْنًا	to give preference	آثَرَ يُؤْثِرُ إِيْثَارًا
to play	لَعِبَ يَلْعَبُ لَعْبًا	to backbite	اِغْتَابَ يَغْتَابُ اغْتِيَابًا
to own, control	مَلَكَ يَمْلِكُ مُلْكًا	to enter	دَخَلَ يَدْخُلُ دُخُوْلًا
to reach	وَصَلَ يَصِلُ وُصُوْلًا	to intercede	شَفَعَ يَشْفَعُ شَفَاعَةً

Exercise 3

Translate the following.

١) ﴿ إِنَّ اللهَ هُوَ الْغَنِيُّ ﴾

٢) ﴿إِنَّهُمْ هُمُ الْكَاذِبُوْنَ﴾

٣) ﴿أُولَئِكَ هُمُ الْمُتَّقُوْنَ﴾

٤) ﴿أُولَئِكَ هُمُ الْمُفْلِحُوْنَ﴾

٥) ﴿أُولَئِكَ هُمُ الْخَاسِرُوْنَ﴾

٦) ﴿أُولَئِكَ هُمُ الْمُهْتَدُوْنَ﴾

٧) ﴿أُولَئِكَ هُمُ الْفَاسِقُوْنَ﴾

٨) ﴿أُولَئِكَ هُمُ الرَّاشِدُوْنَ﴾

٩) ﴿أُولَئِكَ هُمُ الْكَافِرُوْنَ﴾

١٠) الْعُلَمَاءُ هُمُ الْخَاشِعُوْنَ

١١) الْإِسْلَامُ هُوَ دِيْنُ اللهِ الْحَقُّ

١٢) إِنَّ الطُّلَّابَ هُمُ الْمُجْتَهِدُوْنَ

Exercise 4

Join the following together by adding a ضَمِيْرُ الْفَصْلِ between the مُبْتَدَأٌ and خَبَرٌ.

١) اللهُ / الْخَبِيْرُ

٢) التَّقْوَى / الْجُنَّةُ

٣) أَسْمَاءُ / الشَّرِيْفَةُ

٤) عَبْدُ اللهِ / الْأُسْتَاذُ

٥) الذُّنُوْبُ / الْمُصِيْبَةُ

٦) الصَّحَابَةُ / الرَّاشِدُوْنَ

٧) ذٰلِكُمُ اللَّبَنُ / الْخَالِصُ

٨) الْمُسْلِمُوْنَ / الْمُفْلِحُوْنَ

٩) الظَّالِمُوْنَ / الْخَاسِرُوْنَ

١٠) ذٰانِكَ الرَّجُلَانِ / الْبَخِيْلَانِ

Reflexive Pronouns

A reflexive pronoun is used when there is a pronoun in the sentence which refers to the subject.

In English, the reflexive pronoun has the suffix -self.

He saw him in the mirror. ⇨ *He saw himself in the mirror.*

In Arabic, the word نَفْسٌ or its plural, أَنْفُسٌ, is used as the reflexive pronoun. These words become the مُضَافٌ to a pronoun referring to the subject.

رَأَى الرَّجُلُ نَفْسَهُ

The man saw himself.

Notes

The word نَفْسٌ on its own means soul, but it will not be translated as such.

Exercise 5

Translate the following.

١) اِحْفَظْ نَفْسَكَ

٢) لَا تُعَذِّبْ نَفْسَكَ

٣) يَخْدَعُوْنَ أَنْفُسَهُمْ

٤) يَدْعُوْنَ لِأَنْفُسِهِمْ

٥) ﴿ظَلَمُوْا أَنْفُسَهُمْ﴾

٦) لَمْ يَخْلُقُوْا أَنْفُسَهُمْ

٧) ﴿يُهْلِكُوْنَ أَنْفُسَهُمْ﴾

٨) ﴿لَا تَقْتُلُوْا أَنْفُسَكُمْ﴾

٩) إِنَّمَا يَعْمَلُوْنَ لِأَنْفُسِهِمْ

١٠) ﴿كَذَبُوْا عَلَى أَنْفُسِهِمْ﴾

١١) ﴿أَسْرَفُوا عَلَى أَنْفُسِهِمْ﴾

١٢) ﴿يُؤْثِرُوْنَ عَلَى أَنْفُسِهِمْ﴾

١٣) ﴿مَا يَخْدَعُونَ إِلَّا أَنْفُسَهُمْ﴾

١٤) لَا تُدْخِلْنَانِّ أَنْفُسَكُنَّ فِيْ مُصِيْبَةٍ

١٥) لِيُحَاسِبِ الْعِبَادُ أَنْفُسَهُمْ قَبْلَ الْمَوْتِ

Exercise 6

Complete the following sentences by adding a reflexive pronoun.

١) قُلْتُ لِ.......

٢) أَهْلَكُوْا ....

٣) وَعَدْتُّمْ ....

٤) يَظْلِمَانِ ....

٥) يَنْصُرُوْنَ ....

٦) تُحَاسِبُوْا ....

٧) لَا تَلْعَنِيْ ....

٨) لَا تُعَذِّبْنَ ....

٩) تُنْفِقُ الْمَالَ عَلَى ....

١٠) عَلِّمْ .... الْأَدَبَ

١١) لَا تَحْرِمْ .... الرِّزْقَ

١٢) يُؤْثِرُوْنَ أَصْدِقَائَهُمْ عَلَى ....

Reciprocal Pronouns

A reciprocal pronoun indicates that two or more people are carrying out the same action upon each other.

In English, this is translated as each other or one another.

The children helped the children. ⇨ *The children helped each other.*

Arabic Reciprocal Pronouns

In Arabic, such a structure is formed per the following steps:

1. Placing the word بَعْضٌ as the فَاعِلٌ in a مُضَافٌ – مُضَافٌ إِلَيْهِ structure.
2. Repeating the word بَعْضٌ as the مَفْعُوْلٌ بِهِ in نَكِرَةٌ form.

مَفْعُوْلٌ بِهِ	فَاعِلٌ		فِعْلٌ
بَعْضًا	الْأَوْلَادِ	بَعْضُ	نَصَرَ
Word بَعْضٌ as the مَفْعُوْلٌ بِهِ in نَكِرَةٌ form	بَعْضٌ as the فَاعِلٌ in a مُضَافٌ – مُضَافٌ إِلَيْهِ structure		

Translation of Reciprocal Pronouns

Reciprocal pronouns are translated as per the following steps:

1. Translate the مُضَافٌ إِلَيْهِ of the first بَعْضٌ as the فَاعِلٌ;
2. Translate the verb;
3. Translate both بَعْضٌ together as each other.

بَعْضًا	الْأَوْلَادِ	بَعْضُ	نَصَرَ
3	1	3	2
... other	The children	each ...	helped

Exercise 7

Translate the following.

١) مَا رَأَى بَعْضُنَا بَعْضًا

٢) يَعْرِفُ بَعْضُكُمْ بَعْضًا

٣) أَهْلَكَ بَعْضُهُمْ بَعْضًا

٤) لَا يَشْكُرُ بَعْضُهُمْ لِبَعْضٍ

٥) لَا يَخْدَعُ بَعْضُكُمْ بَعْضًا

٦) ﴿لَا يَغْتَبْ بَعْضُكُمْ بَعْضًا﴾

٧) لَا يَتَّخِذْ بَعْضُنَا بَعْضًا أَرْبَابًا

٨) ﴿نَظَرَ بَعْضُهُمْ إِلَى بَعْضٍ﴾

٩) يَسْأَلُ بَعْضُ الطُّلَّابِ بَعْضًا

١٠) لَا يَرْضَى بَعْضُنَا عَنْ بَعْضٍ

١١) ﴿أَقْبَلَ بَعْضُهُمْ عَلَى بَعْضٍ﴾

١٢) لَا تَسْتَغْنِي بَعْضُهُنَّ عَنْ بَعْضٍ

١٣) يَنْصُرُ بَعْضُ الطُّلَّابِ بَعْضًا

١٤) ﴿يَلْعَنُ بَعْضُكُمْ بَعْضًا﴾ يَوْمَ الْقِيَامَةِ

١٥) ﴿يَوْمَ الْقِيَامَةِ يَكْفُرُ بَعْضُكُمْ بِبَعْضٍ﴾

١٦) ﴿الْيَوْمَ لَا يَمْلِكُ بَعْضُكُمْ لِبَعْضٍ نَفْعًا وَلَا ضَرًّا﴾

Notes

If the first بَعْضٌ is not the فَاعِلٌ, it may be better to translate as some and other(s).

رَفَعَ اللهُ بَعْضَكُمْ فَوْقَ بَعْضٍ

Allah elevated some of you over others.

Exercise 8

Translate the following.

١) ﴿فَتَنَّا بَعْضَهُمْ بِبَعْضٍ﴾

٢) ﴿جَعَلْنَا بَعْضَكُمْ لِبَعْضٍ فِتْنَةً﴾

٣) ﴿ فَضَّلَ اللهُ بَعْضَهُمْ عَلَى بَعْضٍ﴾

٤) لَقَدْ فَضَّلَ اللهُ بَعْضَ النَّبِيِّينَ عَلَى بَعْضٍ

٥) فَضَّلَ اللهُ بَعْضَكُمْ عَلَى بَعْضٍ فِي الرِّزْقِ

٦) لَقَدْ فَضَّلَ اللهُ النَّاسَ بَعْضَهُمْ عَلَى بَعْضٍ فِي الْعِلْمِ

Pronouns Before the Noun

Sometimes a مَفْعُوْلٌ بِهٖ مُقَدَّمٌ is followed by a فَاعِلٌ, which has a مُضَافٌ إِلَيْهِ pronoun that refers to the مَفْعُوْلٌ بِهٖ مُقَدَّمٌ.

فَاعِلٌ + ضَمِيْرٌ	مَفْعُوْلٌ بِهٖ مُقَدَّمٌ	فِعْلٌ

Look at the example below:

ابْتَلَى إِبْرَاهِيْمَ رَبُّهُ

In the example, the فَاعِلٌ comprises a pronoun that refers to the مَفْعُوْلٌ مُقَدَّمٌ. This is translated using the normal English sentence order: subject, verb, object. However, the مُضَافٌ إِلَيْهِ pronoun is translated in place of the noun it is referring to, and the noun is translated as a pronoun.

His Lord tested Ibrahim. ✗
Ibrahim's Lord tested him. ✓

Exercise 9

Translate the following and write out the tarkib.

١) جَاءَ أُمَّةً رَسُوْلُهَا
٢) نَصَرَ الْبِنْتَ أُمُّهَا
٣) أَطْعَمَ الْوَلَدَ أَبُوْهُ
٤) سَمَّتْ أَحْمَدَ جَدَّتُهُ
٥) عَذَّبَ الْقَوْمَ مَلِكُهُمْ
٦) يَعْرِفُ الْبَيْتَ أَهْلُهُ
٧) يَسْتَغْفِرُ اللهَ عِبَادُهُ
٨) يَرْزُقُ النَّاسَ رَبُّهُمْ
٩) كَذَّبَ النَّبِيَّ قَوْمُهُ
١٠) عَلَّمَتِ الْأَوْلَادَ أُمُّهُمْ
١١) قَتَلَ بَعْضَ الْأَنْبِيَاءِ عَلَيْهِمُ السَّلَامُ قَوْمُهُمْ
١٢) وَعَدَ الْمُؤْمِنِيْنَ رَبُّهُمْ جَنَّةً وَحَرِيْرًا

Summary

Key Terms

English	Arabic
Imperative	الْأَمْرُ
Third-person imperative	الْأَمْرُ لِلْغَائِبِ
Negative imperative	النَّهْيُ
Particle for negative imperative (لَا)	حَرْفُ نَهْيٍ
أَلِفٌ, وَاوٌ or يَاءٌ.	حَرْفُ الْعِلَّةِ
تْ	التَّاءُ الْمَفْتُوحَةُ
A نُوْنٌ which comes after the ضَمِيْرٌ الْفَاعِلِ to express the مَرْفُوْعٌ state	نُوْنُ الإِعْرَابِ
a نُوْنٌ for the feminine pronoun	نُوْنُ النِّسْوَةِ
(Pronoun to differentiate between خَبَرٌ and نَعْتٌ)	ضَمِيرُ الْفَصْلِ
Reflexive pronouns	نَفْسٌ
Reciprocal pronouns	بَعْضٌ + بَعْضًا

English	Arabic
Pronoun	ضَمِيرٌ
Pronouns	ضَمَائِرُ
First person	مُتَكَلِّمٌ
Second person	مُخَاطَبٌ
Third person	غَائِبٌ
Hidden pronoun	ضَمِيرٌ مُسْتَتِرٌ
Visible pronoun	ضَمِيرٌ بَارِزٌ
Attached	ضَمِيرٌ مُتَّصِلٌ
Detached	ضَمِيرٌ مُنْفَصِلٌ
مَرْفُوْعٌ Pronouns	ضَمِيرٌ مَرْفُوْعٌ
مَنْصُوْبٌ Pronouns	ضَمِيرٌ مَنْصُوْبٌ
مَجْرُوْرٌ Pronouns	ضَمِيرٌ مَجْرُوْرٌ

Vocabulary

أَسْمَاءٌ

English	Arabic	English	Arabic
gold	ذَهَبٌ	another	آخَرُ ج وْنَ
guided	رَاشِدٌ ج وْنَ	painful	أَلِيْمٌ
rejected	رَجِيْمٌ	Fire of Hell	جَحِيْمٌ
equal	سَوَاءٌ	silk	حَرِيْرٌ
silver	فِضَّةٌ	good	خَيْرٌ
clear	مُبِيْنٌ	taste	ذَائِقَةٌ

أَفْعَالٌ

English	Arabic	English	Arabic
to climb	صَعِدَ يَصْعَدُ صُعُوْدًا	to follow	اِتَّبَعَ يَتَّبِعُ اِتِّبَاعًا
to seek protection	عَاذَ يَعُوْذُ عَوْذًا	to give preference	آثَرَ يُؤْثِرُ إِيْثَارًا
to test, trial	فَتَنَ يَفْتِنُ فُتُوْنًا	to seek help	اِسْتَعَانَ يَسْتَعِيْنُ اِسْتِعَانَةً
to speak	كَلَّمَ يُكَلِّمُ تَكْلِيْمًا، كَلَامًا	to backbite	اِغْتَابَ يَغْتَابُ اغْتِيَابًا
to play	لَعِبَ يَلْعَبُ لَعْبًا	to establish, stay, reside	أَقَامَ يُقِيْمُ إِقَامَةً
to curse	لَعَنَ يَلْعَنُ لَعْنًا	to command	أَمَرَ يَأْمُرُ أَمْرًا
to own, control	مَلَكَ يَمْلِكُ مُلْكًا	to deceive	خَدَعَ يَخْدَعُ خَدْعًا
to benefit	نَفَعَ يَنْفَعُ نَفْعًا	to enter	دَخَلَ يَدْخُلُ دُخُوْلًا
to reach	وَصَلَ يَصِلُ وُصُوْلًا	to intercede	شَفَعَ يَشْفَعُ شَفَاعَةً

UNIT 4
Section 2

INTERROGATIVE PRONOUNS AND EMPHATIC PHRASES

Part 1: Interrogative Pronouns

Part 2: Emphatic Phrases

Summary

Part 1: Interrogative Pronouns

An interrogative pronoun is a word used to ask a question.

Where is the boy?

In Arabic, an interrogative sentence is called اِسْتِفْهَامٌ and the interrogative pronoun is called أَدَاةُ الاسْتِفْهَامِ.

Types of Interrogative Pronouns

There are two types of أَدَاةُ الاسْتِفْهَامِ: particle interrogatives, حَرْفُ الاسْتِفْهَامِ, and noun interrogatives, اِسْمُ الاسْتِفْهَامِ.

أَدَاةُ الاسْتِفْهَامِ Interrogatives	
حَرْفُ الاسْتِفْهَامِ particle interrogatives	اسْمُ الاسْتِفْهَامِ noun interrogatives

Types of Interrogatives

There are two types of questions:

1. Polar questions: questions which can be answered using yes or no.

   Is it hot today?
   Yes.

2. Non-Polar questions: questions which cannot be answered using yes or no. Instead, it requires specific information.

   Where are you going?
   I am going to the school.

Polar Questions

Polar questions are formed by adding an interrogative particle, حَرْفُ الِاسْتِفْهَامِ, at the beginning of the sentence.

There are two حَرْفُ الِاسْتِفْهَامِ: أ and هَلْ.

أَهُوَ قَائِمٌ؟	هَلْ هُوَ قَائِمٌ؟	هَلْ جَاءَ زَيْدٌ؟

In tarkib, these do not take the place of any slot.

حَرْفُ اسْتِفْهَامٍ	مُبْتَدَأٌ	خَبَرٌ
هَلْ	هُوَ	قَائِمٌ

Translation of حَرْفُ الاسْتِفْهَامِ in a جُمْلَةٌ اسْمِيَّةٌ

A جُمْلَةٌ اسْمِيَّةٌ with a حَرْفُ الاسْتِفْهَامِ is translated by moving the is/are/was/were to the beginning of the sentence.

Zaid is standing. ➲ *Is Zaid standing?*

Exercise 1

Translate the following.

١) هَلِ الْعِيْدُ غَدًا؟

٢) هَلِ الْأَجْرُ كَبِيْرٌ؟

٣) هَلِ الْبَابُ أَسْوَدُ؟

٤) هَلِ الْأُمَّةُ وَاحِدَةٌ؟

٥) هَلْ أَنْتَ جَائِعٌ؟

٦) أَجَوَابِي صَحِيْحٌ؟

٧) هَلِ اللَّبَنُ خَالِصٌ؟

٨) هَلِ الْجِبَالُ جَمِيْلَةٌ؟

٩) أَهٰؤُلَاءِ التُّجَّارُ أُمَنَاءُ؟

١٠) أَهٰذِهِ التَّمَاثِيْلُ آلِهَةٌ؟

١١) أَهٰذَا الثَّوْبُ نَجِسٌ؟

١٢) أَذٰلِكَ الرَّجُلُ الشُّجَاعُ بَخِيْلٌ؟

Exercise 2

Change the following sentences into polar questions and translate.

١) الْمَاءُ بَارِدٌ

٢) النَّافِذَةُ مُغْلَقَةٌ

٣) الْمُعَلِّمُ حَاضِرٌ

٤) أُمُّ خَالِدٍ صَالِحَةٌ

٥) الْبَنَاتُ جَالِسَاتٌ

٦) ذٰلِكَ الْوَلَدُ صَائِمٌ

٧) تِلْكَ الرُّمَّانَةُ حُلْوَةٌ

٨) الْإِنَاءُ مَمْلُوْءٌ بِاللَّبَنِ

٩) أَوْلَادُ التَّاجِرِ أَغْنِيَاءُ

١٠) الطُّلَّابُ مُجْتَهِدُوْنَ

١١) الْمُسْلِمُوْنَ صَائِمُوْنَ

١٢) طِفْلُ بِنْتِ الْإِمَامِ عَاقِلٌ

Translation of حَرْفُ الاسْتِفْهَامِ in a جُمْلَةٌ فِعْلِيَّةٌ

A جُمْلَةٌ فِعْلِيَّةٌ with a حَرْفُ الاسْتِفْهَامِ is translated by adding the following words at the beginning of the sentence:

Past Tense	Did	Did you eat the dates?
Present Habitual Tense	Do	Do you eat dates?
Present Continuous Tense	Is / Are	Are you eating dates?
Future Tense	Will	Will you eat dates?

Exercise 3

Translate the following.

١) هَلْ تَنْقِمُوْنَ مِنَّا؟

٢) هَلْ أَذِنَ لَكَ أَبُوْكَ؟

٣) هَلْ نَسِيْتَ الدَّرْسَ؟

٤) هَلْ تَبْتَغِي وَجْهَ اللهِ؟

٥) أَتُحْسِنُوْنَ إِلَى أَبَوَيْكَ؟

٦) أَتَغْتَابَانِ أَخَاكَ الْمُسْلِمَ؟

٧) أَتَجْزَعُوْنَ عَلَى مُصِيبَةٍ؟

٨) هَلْ صُمْتَ شَهْرَ رَمَضَانَ؟

٩) هَلِ اجْتَمَعَ النَّاسُ لِلصَّلَاةِ؟

١٠) هَلْ تَتَّبِعُوْنَ الشَّيْطَانَ وَأَوْلِيَائَهُ؟

١١) أَغَسَلْتَ وُجُوْهَكُمْ وَأَيْدِيَكُمْ؟

١٢) هَلْ تَعْبُدُوْنَ أَصْنَامًا حِجَارَةً مِنْ دُوْنِ اللهِ؟

Notes

It is common for هَمْزَةُ الاسْتِفْهَامِ to be used with a negative particle.

أَلَا تُشْكُرُ اللهَ

Will you not be thankful to Allah?

Exercise 4

Translate the following.

١) أَلَا نَشْكُرُ لِلهِ؟

٢) أَلَيْسَ اللهُ غَفُوْرًا؟

٣) أَلَا تَسْتَعِيْنِيْنَ اللهَ؟

٤) أَلَا تَنْصُرِيْنَ أُخْتَكِ؟

٥) أَلَا تَعْمَلُوْنَ لِلْآخِرَةِ؟

٦) أَمَا قَرَأْتَ كِتَابَ اللهِ؟

٧) أَلَمْ يَنْفَعْكُمْ عِلْمُكُمْ؟

٨) أَلَا تَخَافُوْنَ اللهَ رَبَّكُمْ؟

٩) أَلَا تُطِيعُوْنَ اللهَ وَرَسُوْلَهُ؟

١٠) أَمَا سَمِعْتَ آيَاتِ الْقُرْآنِ؟

١١) أَلَمْ يُهْلِكِ اللهُ فِرْعَوْنَ وَجُنُوْدَهُ؟

١٢) أَلَمْ تَفْهَمِي هٰذِهِ الْآيَةَ مِنَ الْقُرْآنِ؟

Answering Polar Questions and Statements

Polar questions are answered in either the affirmative or negative.

Are you hungry?

Yes, I am.   *No, I am not*

Similarly, a statement can be affirmed or rejected.

You are late.

Yes, I am.   *No, I am not*

In Arabic, particles used to reply to a question or affirm a statement are called أَحْرُفُ الْجَوَابِ.

Affirmation

The following أَحْرُفُ الْجَوَابِ are used for affirmation:

1. نَعَمْ
2. أَجَلْ
3. بَلَى

نَعَمْ

The particle نَعَمْ (yes) is used to reply affirmatively to a question.

هَلْ صَلَّيْتَ؟ نَعَمْ، صَلَّيْتُ

Have you performed salah? Yes, I have performed salah.

أَجَلْ

The particle أَجَلْ (yes) is used to affirm a statement, not a question. For example, if someone were to say:

جَاءَ الطُّلَّابُ

The students came.

To affirm this and show your agreement, you would say

أَجَلْ

Yes (they have).

بَلَى

The particle بَلَى (certainly) is used to reply affirmatively to a negative question.

For example, if someone were to ask:

أَلَا تُصَلِّيْ؟

Do you not pray?

To affirm this, you would say بَلَى, not نَعَمْ.

بَلَى	نَعَمْ
Certainly (I do pray).	*Yes (I do not pray).*

Exercise 5

Translate the following.

١) أَلَيْسَ اللهُ رَبَّنَا وَرَبَّكُمْ؟ بَلَى، إِنَّهُ رَبُّنَا

٢) أَلَا يَجْتَهِدْنَ؟ بَلَى، يَجْتَهِدْنَ اجْتِهَادًا

٣) أَلَا تَشْكُرُ اللهَ؟ بَلَى أَشْكُرُهُ عَلَى نِعَمِهِ

٤) أَلَا تَتَّبِعُونَ رَسُوْلَ اللهِ ﷺ؟ بَلَى، أَتَّبِعُهُ

٥) أَمَا فَهِمْتِ هٰذَا الدَّرْسَ؟ بَلَى، لَقَدْ فَهِمْتُهُ

٦) أَلَمْ يُهْلِكِ اللهُ الظَّالِمِيْنَ؟ بَلَى، قَدْ أَهْلَكَهُمْ

٧) أَلَا تُحِبُّ اللهَ وَرَسُوْلَهُ؟ بَلَى، أُحِبُّهُمَا كَثِيْرًا

٨) أَلَا تَصُمْنَ رَمَضَانَ؟ بَلَى، نَصُوْمُ شَهْرَ رَمَضَانَ

٩) أَأَنْتُمْ مَعَ جَدِّكُمُ الْمَرِيْضِ؟ نَعَمْ، نَحْنُ مَعَهُ

١٠) أَلَا تَعْتَصِمُوْنَ بِحَبْلِ اللهِ الْقُرْآنِ؟ بَلَى، نَعْتَصِمُ بِهِ

١١) أَتُحِبُّ اللهَ وَرَسُوْلَهُ؟ نَعَمْ، أُحِبُّ اللهَ وَرَسُوْلَهُ كَثِيْرًا

١٢) أَتَقْرَءُوْنَ آيَةَ الْكُرْسِيِّ قَبْلَ النَّوْمِ؟ نَعَمْ، نَقْرَأُهَا قَبْلَ النَّوْمِ

١٣) أَلَا تَسْتَغْفِرُوْنَ اللهَ لِذُنُوْبِكُمْ؟ بَلَى، نَسْتَغْفِرُهُ لِذُنُوْبِكُمْ

١٤) أَلَا تَنْصُرَانِ أُمَّكُمَا فِي أَعْمَالِ الْبَيْتِ؟ بَلَى، نَنْصُرُهَا وَأَبَانَا فِي الْبَيْتِ

١٥) أَلَمْ تُؤْمِنَا بِاللهِ وَالْيَوْمِ الْآخِرِ؟ بَلَى، نُؤْمِنُ بِاللهِ وَرَسُوْلِهِ وَالْيَوْمِ الآخِرِ

١٦) أَمَا حَفِظْتِ هٰذِهِ السُّوَرَ الْعَشْرَ؟ بَلَى، حَفِظْتُهَا أَنَا وَأُخْتِيْ قَبْلَ سَنَوَاتٍ كَثِيْرَةٍ

١٧) هَلْ صَلَّيْتُمْ صَلَاةَ الْعِشَاءِ فِي الْمَسْجِدِ؟ نَعَمْ، صَلَّيْنَاهَا وَصَلَاةَ الْمَغْرِبِ فِي مَسْجِدِنَا

Negation

The following أَحْرُفُ الْجَوَابِ are used for negation:

1. لَا
2. كَلَّا

لَا

The particle لَا (no) is used to reply negatively.

هَلِ اسْتَيْقَظَ الْوَلَدُ؟ لَا! مَا اسْتَيْقَظَ حَتَّى الْآنِ

Has the child woken up? No, he has not woken yet.

كَلَّا

The particle كَلَّا is also used to reply negatively. However, this is more emphatic than لَا. It is translated as never, certainly not, etc.

هَلْ كَذَبْتَ؟ كَلَّا، مَا كَذَبْتُ

Did you lie? I certainly did not lie.

Exercise 6

Translate the following.

١) أَأَنْتُمَا ظَالِمَانِ؟ لَا، لَسْنَا ظَالِمَيْنِ بَلْ عَادِلَيْنِ

٢) هَلْ تَظْلِمُوْنَ الْفُقَرَاءَ؟ كَلَّا لَا نَظْلِمُ الْفُقَرَاءَ قَطُّ

٣) أَتَعْبُدُوْنَ آلِهَةً غَيْرَ اللهِ؟ كَلَّا، لَن نَّعْبُدَ أَحَدًا غَيْرَ اللهِ

٤) هَلْ تَخْدَعُوْنَنَا؟ كَلَّا، لَا نَخْدَعُكُمْ ولَا أَحَدًا غَيْرَكُمْ

٥) هَلْ لِلظَّالِمِيْنَ مِنْ أَنْصَارٍ؟ لَا، لَا يَكُوْنُ لَهُمْ مِنْ أَنْصَارٍ

٦) هَلْ رَجَعَ الْحُجَّاجُ مِنْ عَرَفَةَ؟ لَا، مَا رَجَعُوْا حَتَّى الْآنِ

٧) أَكَانَ فِي الْحَدِيْقَةِ حِمَارٌ؟ لَا كَانَ فِي الْحَدِيْقَةِ شَاةٌ

٨) هَلْ يُظْلَمُوْنَ يَوْمَ الْقِيَامَةِ مِنْ نَقِيرٍ؟ لَا، لَا يُظْلَمُوْنَ نَقِيْرًا

٩) هَلْ تُسَافِرُ إِلَى تِلْكَ الْقَرْيَةِ الْبَعِيْدَةِ؟ لَا أُسَافِرُ إِلَى تِلْكَ الْقَرْيَةِ الْقَرِيْبَةِ

١٠) هَلْ تَذْهَبِيْنَ إِلَى بَيْتِ خَالَتِكِ مَسَاءً؟ لَا أَذْهَبُ إِلَى بَيْتِ خَالَتِي صَبَاحًا وَإِلَى بَيْتِ جَدَّتِي مَسَاءً

Non-Polar Questions

There are two types of non-polar questions:

1. Non-polar questions with a حَرْفُ الاسْتِفْهَامِ
2. Non-polar questions with an اسْمُ الاسْتِفْهَامِ

Non-Polar Questions with حَرْفُ الاسْتِفْهَامِ

The حَرْفُ الاسْتِفْهَامِ of هَلْ and أَ can also be used for non-polar questions.

هَمْزَةُ الاسْتِفْهَامِ

The focal point of a question with هَمْزَةُ الاسْتِفْهَامِ must come immediately after أَ. For example, if the question is regarding the مَفْعُوْلٌ بِهِ, the مَفْعُوْلٌ بِهِ must be brought after the أَ.

أَزَيْدًا رَأَيْتَ أَمْسِ؟

Did you see Zaid yesterday?
Was it Zaid who you saw yesterday?

In this same example, if the focal point were the مَفْعُوْلٌ فِيْهِ, the مَفْعُوْلٌ فِيْهِ would be brought immediately after the هَمْزَةُ الاسْتِفْهَامِ.

أَأَمْسِ رَأَيْتَ زَيْدًا؟

Did you see Zaid yesterday?
Was it yesterday you saw Zaid?

This focal point may also have a مَعْطُوْفٌ, which will follow the حَرْفُ عَطْفٍ of أَمْ and come separated from its مَعْطُوْفٌ عَلَيْهِ.

أَزَيْدًا رَأَيْتَ أَمْ خَالِدًا؟

Did you see Zaid or Khalid?
Was it Zaid who you saw, or Khalid?

It would not be correct to phrase these as follows:

أَرَأَيْتَ زَيْدًا أَمْ خَالِدًا؟	×
أَزَيْدًا أَمْ خَالِدًا رَأَيْتَ؟	×

The tarkib of this is written as follows:

... مَفْعُوْلٌ بِهِ		فِعْلٌ وَفَاعِلٌ (ت)	مَفْعُوْلٌ بِهِ ...	حَرْفُ الاسْتِفْهَامِ
خَالِدًا؟	أَمْ	رَأَيْتَ	زَيْدًا	أَ
مَعْطُوْفٌ	حَرْفُ عَطْفٍ		مَعْطُوْفٌ عَلَيْهِ	

Notes

1. When هَمْزَةُ الِاسْتِفْهَام comes with أَمْ, it is no longer a polar question.
2. The حَرْفُ الاسْتِفْهَام can be understood from the context or tone, and therefore omitted.

زَيْدٌ فِي الْبَيْتِ أَمْ عَمْرٌو؟

Is Zaid in the house or Amr?

3. If the أَ is used before a word with an اَلْ, it will change to آ to make pronunciation easier.

أَ+اللهُ خَيْرٌ ← آللهُ خَيْرٌ

4. The هَمْزَةُ الاسْتِفْهَام is brought before the حَرْفُ الْعَطْفِ, unlike all other interrogatives which come after the حَرْفُ الْعَطْفِ.

فَهَلْ أَنْتَ ذَاهِبٌ — أَفَأَنْتَ ذَاهِبٌ

Exercise 7

Translate the following.

١) أَغَيْرَ اللهِ تَعْبُدُوْنَ؟

٢) أَشَاةً ذَبَحُوْا أَمْ بَقَرَةً؟

٣) أَمُتَوَضِّئَةً تَقْرَئِيْنَ كِتَابَكِ؟

٤) أَشَابًّا كَانَ خَالِدٌ أَمْ شَيْخًا؟

٥) اِحْتِسَابًا تَعْتَمِرُوْنَ أَمْ رِيَاءً؟

٦) أَبَخِيلٌ هٰذَا الرَّجُلُ أَمْ كَرِيْمٌ؟

٧) مِائَةَ صَفْحَةٍ قَرَأْتَ أَمْ مِائَتَيْنِ؟

٨) أَلَبَنًا مَلَأْتَ الْكُوْبَ أَمْ عَسَلًا؟

٩) مَسَاءً وَصَلَ الْأَمِيْرُ أَمْ صَبَاحًا؟

١٠) آلدُّنْيَا وَعَدَ اللهُ الْمُتَّقِيْنَ أَمِ الْآخِرَةَ؟

١١) أَمَنْصُوْبًا يَكُوْنُ الْفَاعِلُ أَمْ مَرْفُوْعًا؟

١٢) الْبَارِحَةَ بَلَغَ التُّجَّارُ أَمْ صَبَاحَ الْيَوْمِ؟

١٣) أَفِي الْحَدِيْقَةِ لَعِبَ الْأَوْلَادُ أَمْ فِي الْبَيْتِ؟

١٤) أَأُسْبُوْعًا لَبِثَ الْأُسْتَاذُ فِي ذٰلِكَ الْبَلَدِ أَمْ شَهْرًا؟

Exercise 8

Add a مَعْطُوْفٌ to the following sentences.

١) أَبَعِيْدَةٌ الْقَرْيَةُ أَمْ .....؟

٢) آلْبَابَ تَفْتَحِيْنَ أَمِ .... ؟

٣) الْيَوْمَ يَجْتَمِعُ النَّاسُ أَمْ .....؟

٤) أَصَبَاحًا سَافَرْتَ أَمْ .... ؟

٥) أَمُجْتَهِدًا كَانَ زَيْدٌ أَمْ .... ؟

٦) أَعَلَى الْمَكْتَبِ وَضَعْتَ الْحَقِيْبَةَ أَمْ عَلَى .... ؟

Non-Polar Questions with أَسْمَاءُ الاسْتِفْهَامِ

There are eight أَسْمَاءُ الاسْتِفْهَامِ:

1. مَنْ
2. مَا and مَاذَا
3. أَيْنَ
4. مَتَى
5. كَيْفَ
6. أَنَّى
7. كَمْ
8. أَيُّ

مَنْ and مَنْ ذَا

The interrogatives مَنْ and مَنْ ذَا are translated as who.

مَنْ رَبُّكَ؟
Who is your Lord?

The Tarkib of أَسْمَاءُ الاسْتِفْهَامِ

In tarkib, the أَسْمَاءُ الاسْتِفْهَامِ takes the place of a slot in the sentence, unlike the حَرْفَا الاسْتِفْهَامِ.

Its grammatical slot depends on the word that it is replacing. For example, if the answer to the اسْتِفْهَامٌ is the خَبَرٌ, the اسْتِفْهَامٌ will also be خَبَرٌ.

Look at the example below.

Question	Answer
مَنْ خَالِدٌ؟ *Who is Khalid?*	خَالِدٌ صَدِيْقِي *Khalid is my friend.*

Because the اسْمُ الِاسْتِفْهَامِ is replaced by a خَبَرٌ, it will be the خَبَرٌ in the question.

خَبَرٌ مُقَدَّمٌ	مُبْتَدَأٌ مُؤَخَّرٌ
مَنْ	خَالِدٌ

مَنْ in a جُمْلَةٌ اسْمِيَّةٌ

In a جُمْلَةٌ اسْمِيَّةٌ, the word مَنْ is either:

1. مُبْتَدَأٌ if there is a نَكِرَة word or شِبْهُ الْجُمْلَة after it.

مَنْ قَائِمٌ؟
Who is standing?

خَبَرٌ	مُبْتَدَأٌ
قَائِمٌ	**مَنْ**

مَنْ فِي الْبَيْتِ؟
Who is in the house?

خَبَرٌ	مُبْتَدَأٌ
فِي الْبَيْتِ	**مَنْ**

2. خَبَرٌ مُقَدَّمٌ if there is a مَعْرِفَة word after it.

مَنْ خَالِدٌ؟
Who is Khalid?

The tarkib of this is written as follows:

مُبْتَدَأٌ مُؤَخَّرٌ	خَبَرٌ مُقَدَّمٌ
خَالِدٌ	**مَنْ**

The following table summarises the use of مَنْ.

مَنْ in a جُمْلَةٌ اسْمِيَّةٌ		
Followed by a نَكِرَةٌ word	Followed by a شِبْهُ الْجُمْلَةِ	Followed by a مَعْرِفَةٌ word
مَنْ قَائِمٌ؟	مَنْ فِي الْبَيْتِ؟	مَنْ خَالِدٌ؟
مُبْتَدَأٌ		خَبَرٌ مُقَدَّمٌ

Exercise 9

Translate the following.

١) مَنِ الْهُدَاةُ؟
٢) مَنْ وَلَدُكِ؟
٣) مَنْ إِلٰهُكُمْ؟
٤) مَنْ عَدُوُّهُ؟
٥) مَنْ مَعَكُمَا؟
٦) مَنْ أَخُوْهَا؟
٧) مَنْ فَاسِقُوْنَ؟
٨) مَنْ أُسْتَاذُهُمْ؟
٩) مَنِ الشُّهَدَاءُ؟
١٠) مَنْ مِنْ مَكَّةَ؟
١١) مَنْ ضُيُوْفُنَا؟
١٢) مَنْ كَاذِبُوْنَ؟
١٣) مَنْ عَلَى هُدًى؟
١٤) مَنِ الْمُهْتَدُوْنَ؟
١٥) مَنِ الْمُنَافِقُوْنَ؟
١٦) مَنِ الْمَقْبُوْلُوْنَ؟
١٧) مَنِ الْمَسَاكِيْنُ؟
١٨) مَنْ مُعَلِّمُوْهُمَا؟
١٩) مَنْ خَلْفَ الْبَابِ؟
٢٠) مَنِ الْمُجْتَهِدُوْنَ؟

مَنْ in a جُمْلَةٌ فِعْلِيَّةٌ

In a جُمْلَةٌ فِعْلِيَّةٌ, the word مَنْ becomes the مَفْعُوْلٌ بِهِ مُقَدَّمٌ.

مَنْ رَأَيْتَ؟

Who did you see?

The tarkib of this is written as follows:

فِعْلٌ وَفَاعِلٌ (ت)	مَفْعُوْلٌ بِهِ مُقَدَّمٌ
رَأَيْتَ؟	مَنْ

Exercise 10

Translate the following.

١) مَنْ نَخْدَعُ؟

٢) مَنْ نَسِيْتُمْ؟

٣) مَنْ تَلْعَنُوْنَ؟

٤) مَنْ تُحِبُّوْنَ؟

٥) مَنْ أَطْعَمْتُمْ؟

٦) مَنْ أَنْذَرَ الْأَنْبِيَاءُ؟

٧) مَنْ عَذَّبَ فِرْعَوْنُ؟

٨) مَنْ تُشْرِكُوْنَ بِاللهِ؟

٩) مَنْ وَعَدَ اللهُ الْجَنَّةَ؟

١٠) مَنْ زَادَ الْقُرْآنُ إِيْمَانًا؟

١١) مَنْ رَأَيْتُمْ فِي السُّوْقِ؟

١٢) مَنْ أَعْطَى الرَّجُلُ مَاءً؟

مَنْ in a Phrase

In a phrase, مَنْ becomes the مُضَافٌ إِلَيْهِ. This is translated as whose.

كِتَابُ مَنْ هٰذَا؟

Whose book is this?

The tarkib of this is written as follows:

مُبْتَدَأٌ مُؤَخَّرٌ	خَبَرٌ مُقَدَّمٌ	
هٰذَا	مَنْ	كِتَابُ
	مُضَافٌ إِلَيْهِ	مُضَافٌ

Exercise 11

Translate the following.

١) عَبْدُ مَنْ أَنْتَ؟

٢) بَيْتَ مَنْ رَأَيْتَ؟

٣) أُخْتُ مَنْ هٰذِهِ؟

٤) تَمْرَةَ مَنْ أَكَلْتَ؟

٥) أَوْلَادُ مَنْ أَنْتُمْ؟

٦) دِيْنَ مَنْ تَتَّبِعُوْنَ؟

٧) مَالَ مَنْ تُسْرِفِيْنَ؟

٨) كِتَابَ مَنْ قَرَأْتَ

٩) خُطْبَةَ مَنْ سَمِعْتُمَا؟

١٠) حَقِيْبَةَ مَنْ تَحْمِلَانِ؟

١١) دُرُوْسَ مَنْ تَحْضُرِيْنَ؟

١٢) إِنَاءَ مَنْ مَلَأْتُمَا بِالْمَاءِ؟

مَا and مَاذَا

The interrogatives مَا and مَاذَا are translated as what.

مَا and مَاذَا in a جُمْلَةٌ اسْمِيَّةٌ

In a جُمْلَةٌ اسْمِيَّةٌ, the words مَا and مَاذَا will follow the same rules as مَنْ.
It will either be:

1. مُبْتَدَأٌ if there is a شِبْهُ الْجُمْلَةِ after it.

مَا فِي الْبَيْتِ؟

What is in the house?

The tarkib of this is written as follows:

خَبَرٌ	مُبْتَدَأٌ
فِي الْبَيْتِ	مَا

2. خَبَرٌ مُقَدَّمٌ if there is a مَعْرِفَةٌ word after it.

مَا هٰذَا؟

What is this?

The tarkib of this is written as follows:

مُبْتَدَأٌ مُؤَخَّرٌ	خَبَرٌ مُقَدَّمٌ
هٰذَا	مَا

The following table summarises the use of مَا.

مَا in a جُمْلَةٌ اسْمِيَّةٌ	
Followed by a شِبْهُ الْجُمْلَةِ	Followed by a مَعْرِفَةٌ word
مَا فِي الْبَيْتِ؟	مَا هٰذَا؟
مُبْتَدَأٌ	خَبَرٌ مُقَدَّمٌ

Exercise 12

Translate the following.

١) مَا هُوَ؟
٢) مَا مَعَ الثَّمَرِ؟
٣) مَا فَوْقَ الْبِئْرِ؟
٤) مَا مِنَ السُّوْقِ؟
٥) مَا تَحْتَ الْبَحْرِ؟
٦) مَا هٰذِهِ الْأَشْيَاءُ؟
٧) مَا بَعْدَ هٰذِهِ الْفِتَنِ؟
٨) مَا فِي هٰذِهِ الْآيَاتِ؟
٩) مَا قَبْلَ ذٰلِكَ الدَّرْسِ؟
١٠) مَا حَوْلَ هٰذِهِ التَّمَاثِيْلِ؟
١١) مَا خَلْفَ هٰذَا الْبَلَدِ الْبَعِيْدِ؟
١٢) مَا عِنْدَ ذٰلِكَ الْبَابِ الْمُغْلَقِ؟

مَا and مَاذَا in a جُمْلَةٌ فِعْلِيَّةٌ

In a جُمْلَةٌ فِعْلِيَّةٌ, the words مَا and مَاذَا become the مَفْعُوْلٌ بِهِ مُقَدَّمٌ.

مَا رَأَيْتَ؟

What did you see?

The tarkib of this is written as follows:

فِعْلٌ وَفَاعِلٌ (تَ)	مَفْعُوْلٌ بِهِ مُقَدَّمٌ
رَأَيْتَ؟	مَا

Exercise 13

Translate the following.

١) مَا تَبْتَغُوْنَ؟

٢) مَا يَبْنُوْنَ؟

٣) مَا تَغْسِلُ؟

٤) مَا وَعَدَكَ؟

٥) مَاذَا تَكْتُبُ؟

٦) مَاذَا أَكَلْتُمْ؟

٧) مَا تَشْرَبُ؟

٨) مَاذَا تَخَافُ؟

٩) مَا تَسْمَعُوْنَ؟

١٠) مَا أَعْطَيْتَ أَبَاكَ؟

١١) مَا تَقْرَئِيْنَ؟

١٢) مَا تَسْأَلُ اللهَ؟

١٣) مَاذَا حَرَّمَ رَبُّكُمْ؟

١٤) مَاذَا تَتَّخِذُوْنَ إِلٰهًا؟

١٥) مَاذَا خَلَقَتْ هٰذِهِ التَّمَاثِيْلُ؟

Notes

A ضَمِيْرُ فَصْل can be brought between the اِسْمُ الاسْتِفْهَامِ of مَنْ or مَا, and the word after it.

خَبَرٌ	ضَمِيْرُ الْفَصْلِ	مُبْتَدَأٌ
الْفَاسِقُوْنَ	هُمُ	مَنْ

Exercise 14

Translate the following.

١) مَا هُوَ التَّقْوَى؟

٢) مَا هُوَ الْعِلْمُ؟

٣) مَنْ هُوَ الشَّابُّ؟

٤) مَنْ هُمُ الْيَتَامَى؟

٥) مَا هِيَ الْجَحِيْمُ؟

٦) مَنْ هُوَ الْوَهَّابُ؟

٧) مَنْ هِيَ الْمُعَلِّمَةُ؟

٨) مَنْ هُمُ الظَّالِمُوْنَ؟

٩) مَنْ هُمُ الْمُفْلِحُوْنَ؟

١٠) مَنْ هُمُ الْخَاسِرُوْنَ؟

١١) مَنْ هُمُ الرَّاشِدُوْنَ؟

١٢) مَنْ هُمُ الْمُسْلِمُوْنَ؟

أَيْنَ

The interrogative أَيْنَ is translated as where.

أَيْنَ in a جُمْلَةٌ اسْمِيَّةٌ

In a جُمْلَةٌ اسْمِيَّةٌ, the word أَيْنَ becomes the خَبَرٌ مُقَدَّمٌ.

أَيْنَ الْكِتَابُ؟

Where is the book?

The tarkib of this is written as follows:

مُبْتَدَأٌ مُؤَخَّرٌ	خَبَرٌ مُقَدَّمٌ
الْكِتَابُ	**أَيْنَ**

Exercise 15

Translate the following.

١) أَيْنَ الْبَحْرُ؟
٢) أَيْنَ الْبِئْرُ؟
٣) أَيْنَ الثِّيَابُ؟
٤) أَيْنَ الْحِمَارُ؟
٥) أَيْنَ الْخُبْزُ؟
٦) أَيْنَ عَقْلُكَ؟
٧) أَيْنَ الدِّيَارُ؟
٨) أَيْنَ الدَّنَانِيْرُ؟
٩) أَيْنَ الدَّمُ؟
١٠) أَيْنَ الْآنِيَةُ؟
١١) أَيْنَ الرُّمَّانَةُ؟
١٢) أَيْنَ السَّكَاكِيْنُ؟

أَيْنَ in a جُمْلَةٌ فِعْلِيَّةٌ

In a جُمْلَةٌ فِعْلِيَّةٌ, the word أَيْنَ becomes the مَفْعُوْلٌ فِيْهِ مُقَدَّمٌ.

أَيْنَ تَذْهَبُ؟

Where will you go?

The tarkib of this is written as follows:

فِعْلٌ وَفَاعِلٌ (ت)	مَفْعُوْلٌ فِيْهِ مُقَدَّمٌ
تَذْهَبُ	**أَيْنَ**

Exercise 16

Translate the following.

١) أَيْنَ قُتِلَ الرَّجُلُ؟
٢) أَيْنَ نُنْفِقُ أَمْوَالَنَا؟
٣) أَيْنَ سَقَطَ السَّيْفُ؟
٤) أَيْنَ خَطَبَ الْإِمَامُ؟
٥) أَيْنَ تَجْتَمِعُوْنَ غَدًا؟
٦) أَيْنَ غَابَ الطُّلَّابُ؟
٧) أَيْنَ أَقَمْتَ فِي مَكَّةَ؟
٨) أَيْنَ وَجَدتُّمُ الْبَقَرَةَ؟
٩) أَيْنَ كَتَبْتَ الْجَوَابَ؟
١٠) أَيْنَ تُنْفِقَانِ أَمْوَالَكُمَا؟
١١) أَيْنَ جَمَعْتَ الْأَقْلَامَ؟
١٢) أَيْنَ مَاتَتِ الْمَرْأَةُ أَمْسِ؟

مَتَى

The interrogative مَتَى is translated as when.

مَتَى in a جُمْلَةٌ اسْمِيَّةٌ

In a جُمْلَةٌ اسْمِيَّةٌ, the word مَتَى becomes the خَبَرٌ مُقَدَّمٌ.

مَتَى الصَّلَاةُ؟

When is salah?

The tarkib of this is written as follows:

مُبْتَدَأٌ مُؤَخَّرٌ	خَبَرٌ مُقَدَّمٌ
الصَّلَاةُ	مَتَى

Vocab

English	Arabic	English	Arabic
intellect	عَقْلٌ ج عُقُوْلٌ	gift, bounty	أَلًى ج آلَاءٌ
breakfast, lunch	غَدَاءٌ ج أَغْدِيَةٌ	discourse, Prophetic narration	حَدِيْثٌ ج أَحَادِيْثُ
messenger	مُرْسَلٌ ج وْنَ	left	شِمَالٌ
time	وَقْتٌ ج أَوْقَاتٌ	round, course	شَوْطٌ ج أَشْوَاطٌ
right	يَمِيْنٌ ج أَيْمَانٌ	dinner	عَشَاءٌ ج أَعْشِيَةٌ

Exercise 17

Translate the following.

١) مَتَى يَوْمُ الْعِيْدِ؟

٢) مَتَى الصَّلَاةُ؟

٣) مَتَى هٰذَا الْفَتْحُ؟

٤) مَتَى اللَّيْلُ؟

٥) مَتَى الصَّبَاحُ؟

٦) مَتَى الْأَذَانُ؟

٧) مَتَى الدَّرْسُ؟

٨) مَتَى الْحَجُّ؟

٩) مَتَى الْغَدَاءُ؟

١٠) مَتَى نَصْرُ اللهِ

١١) مَتَى السَّاعَةُ؟

١٢) مَتَى هٰذَا الْوَعْدُ؟

مَتَى in a جُمْلَةٌ فِعْلِيَّةٌ

In a جُمْلَةٌ فِعْلِيَّةٌ, the word مَتَى becomes the مَفْعُوْلٌ فِيْهِ مُقَدَّمٌ.

مَتَى تَذْهَبُ؟

When will you go?

The tarkib of this is written as follows:

فِعْلٌ وَفَاعِلٌ (ت)	مَفْعُوْلٌ فِيْهِ مُقَدَّمٌ
تَذْهَبُ	مَتَى

Vocab

English	Arabic	English	Arabic
to go over, recap	رَاجَعَ يُرَاجِعُ مُرَاجَعَةً	to give life	أَحْيَى يُحْيِيْ إِحْيَاءً
to change	صَرَّفَ يُصَرِّفُ تَصْرِيْفًا	to complain	اِشْتَكَى يَشْتَكِيْ اِشْتِكَاءً
to waste	ضَيَّعَ يُضَيِّعُ تَضْيِيْعًا	to adhere to	اِعْتَصَمَ يَعْتَصِمُ اِعْتِصَامًا
to rise	طَلَعَ يَطْلَعُ طُلُوْعًا	to drown	أَغْرَقَ يُغْرِقُ إِغْرَاقًا
to set	غَرَبَ يَغْرُبُ غُرُوْبًا	to initiate, start	بَدَأَ يَبْدَأُ بَدْأً

Exercise 18

Translate the following.

١) مَتَى بَكَتِ الطِّفْلَةُ؟

٢) مَتَى يَطْلَعُ الْقَمَرُ؟

٣) مَتَى أَذِنَ لَكَ أَبَوَاكَ؟

٤) مَتَى دَخَلْتَ الْمَسْجِدَ؟

٥) مَتَى غَرَبَتِ الشَّمْسُ؟

٦) مَتَى يَنَامُ الْأَوْلَادُ لَيْلًا؟

٧) مَتَى تُرَاجِعُ الدُّرُوْسَ؟

٨) مَتَى تَسْتَيْقِظُ الْأُمُّ صَبَاحًا؟

٩) مَتَى وَصَلَ الْحُجَّاجُ مَكَّةَ؟

١٠) مَتَى يُسَافِرُ النَّاسُ لِلْحَجِّ؟

١١) مَتَى ذَهَبَ التُّجَّارُ إِلَى السُّوْقِ الْيَوْمَ؟

١٢) مَتَى يَجْتَمِعُ الْمُسْلِمُوْنَ لِصَلَاةِ الْعِيْدِ؟

Notes

The interrogative أَيَّانَ is also used to mean when. However, it is only used to ask about incredibly important things. In the Quran, it is only used to ask about the Day of Judgement.

﴿أَيَّانَ يَوْمُ الْقِيَامَةِ﴾

When is the Day of Judgement?

كَيْفَ

The interrogative كَيْفَ is translated as how.

كَيْفَ in a جُمْلَةٌ اسْمِيَّةٌ

In a جُمْلَةٌ اسْمِيَّةٌ, the word كَيْفَ becomes the خَبَرٌ مُقَدَّمٌ.

كَيْفَ حَالُكَ؟

How is your condition? (How are you?)

The tarkib of this is written as follows:

خَبَرٌ مُقَدَّمٌ	مُبْتَدَأٌ مُؤَخَّرٌ
كَيْفَ	حَالُكَ

Exercise 19

Translate the following.

١) كَيْفَ الشَّاةُ؟
٢) كَيْفَ الْقُرَّاءُ؟
٣) كَيْفَ الشَّيْخُ؟
٤) كَيْفَ الْعَسَلُ؟
٥) كَيْفَ الْقَاضِي؟
٦) كَيْفَ الْأَوْلَادُ؟
٧) كَيْفَ الْمَرْضَى؟
٨) كَيْفَ كَانَ الطَّعَامُ؟
٩) كَيْفَ كَانَ الدَّرْسُ؟
١٠) كَيْفَ يَكُوْنُ الدَّرْسُ؟
١١) كَيْفَ كَانَتِ الْأَجْوِبَةُ؟
١٢) كَيْفَ يَكُوْنُ الْعَذَابُ؟

كَيْفَ in a جُمْلَةٌ فِعْلِيَّةٌ

In a جُمْلَةٌ فِعْلِيَّةٌ, the word كَيْفَ becomes the حَالٌ مُقَدَّمٌ.

كَيْفَ تَذْهَبُ؟

How do/will you go?

The tarkib of this is written as follows:

حَالٌ مُقَدَّمٌ	فِعْلٌ وَفَاعِلٌ (ت)
كَيْفَ	تَذْهَبُ

Exercise 20

Translate the following.

١) كَيْفَ تَخْدَعُ النَّاسَ؟
٢) كَيْفَ وَجَدتَّ الطَّعَامَ؟
٣) كَيْفَ يَغْتَابُوْنَ إِخْوَانَهُمْ؟
٤) كَيْفَ يَقْبَلُ هٰذِهِ الْأَعْمَالَ؟
٥) كَيْفَ نَسِيتَ هٰذِهِ الْقَوَاعِدَ؟
٦) كَيْفَ فَاقَتْ زَيْنَبُ أَقْرَانَهَا؟
٧) كَيْفَ تَتَأَخَّرُوْنَ عَنِ الدَّرْسِ؟
٨) كَيْفَ يَرْضَى اللهُ عَنِ الْمُنَافِقِيْنَ؟
٩) كَيْفَ تَمْشِيْ إِلَى هٰذِهِ الْقُرَى الْبَعِيْدَةِ؟
١٠) كَيْفَ سَقَطَتْ هٰذِهِ الكُتُبُ الْقَدِيْمَةُ؟
١١) كَيْفَ لَا تُنْفِقُ مِنْ مَالِكَ عَلَى الْمَسَاكِيْنِ؟
١٢) كَيْفَ انْكَسَرَتِ هٰذِهِ النَّافِذَةُ الْقَدِيْمَةُ؟

أَنَّى

The interrogative أَنَّى can be translated in two ways:

1. From where

أَنَّى هٰذَا؟

Where is this from?

In this case it will have the same grammatical function as أَيْنَ.

2. How

﴿أَنَّى يُحْيِي هَٰذِهِ اللهُ بَعْدَ مَوْتِهَا﴾

How will Allah give life to this after its death?

In this case it will have the same grammatical function as كَيْفَ.

The context will help determine the meaning of أَنَّى.

كَمْ

The interrogative كَمْ is translated as how many.

كَمْ is followed by a تَمْيِيزٌ. The تَمْيِيزٌ will be singular, but it will be translated as plural.

كَمْ رَجُلًا

How many men?

كَمْ in a جُمْلَةٌ اسْمِيَّةٌ

In a جُمْلَةٌ اسْمِيَّةٌ, the word كَمْ and its تَمْيِيزٌ occur in two slots:

1. If there is a نَكِرَةٌ word or شِبْهُ الْجُمْلَةِ after كَمْ and its كَمْ تَمْيِيزٌ, this will be the مُبْتَدَأٌ.

   كَمْ وَلَدًا غَائِبٌ؟

   How many children are absent?

   The tarkib of this is written as follows:

خَبَرٌ	مُبْتَدَأٌ	
غَائِبٌ	وَلَدًا	كَمْ
	تَمْيِيزٌ	مُمَيَّزٌ

   كَمْ وَلَدًا فِي الْمَدْرَسَةِ؟

   How many children are there in the school?

2. If there is a مَعْرِفَةٌ word after كَمْ and its كَمْ تَمْيِيزٌ,, this will be the خَبَرٌ مُقَدَّمٌ.

   كَمْ سَنَةً عُمُرُكَ؟

   How old are you?
   (How many years is your age?)

   The tarkib of this is written as follows:

مُبْتَدَأٌ مُؤَخَّرٌ	خَبَرٌ مُقَدَّمٌ	
عُمُرُكَ	سَنَةً	كَمْ
	تَمْيِيزٌ	مُمَيَّزٌ

The following table summarises the use of كَمْ.

كَمْ in a جُمْلَةٌ اسْمِيَّةٌ		
Followed by a نَكِرَةٌ word	Followed by a شِبْهُ الْجُمْلَةِ	Followed by a مَعْرِفَةٌ word
كَمْ وَلَدًا غَائِبٌ؟	كَمْ وَلَدًا فِي الْمَدْرَسَةِ؟	كَمْ سَنَةً عُمُرُكَ؟
مُبْتَدَأٌ		خَبَرٌ مُقَدَّمٌ

Exercise 21

Translate the following.

١) كَمْ بِنْتًا شَاكِرَةٌ؟

٢) كَمْ يَوْمًا الْحَجُّ؟

٣) كَمْ بَابًا لِهٰذِهِ الدَّارِ؟

٤) كَمْ شَوْطًا الطَّوَافُ؟

٥) كَمْ يَوْمًا أَيَّامُ الْعِيْدِ؟

٦) كَمْ كَلْبًا فِيْ الْحَدِيْقَةِ؟

٧) كَمْ ضَيْفًا فِي الْغُرْفَةِ؟

٨) كَمْ يَوْمًا فِي الْأُسْبُوْعِ؟

٩) كَمْ وَقْتًا عِنْدَكَ الْيَوْمَ؟

١٠) كَمْ أَوْلَادًا لِهٰذِهِ الْأُمِّ

١١) كَمْ طَالِبًا مُجْتَهِدُوْنَ

١٢) كَمْ طَيْرًا عَلَى الشَّجَرَةِ؟

١٣) كَمْ آيَةً فِي هٰذِهِ السُّوْرَةِ؟

١٤) كَمْ أُسْتَاذًا فِي الْمَدْرَسَةِ؟

١٥) كَمْ مِيْلًا بَيْنَ مَكَّةَ والْمَدِيْنَةِ؟

كَمْ in a جُمْلَةٌ فِعْلِيَّةٌ

In a جُمْلَةٌ فِعْلِيَّةٌ, the word كَمْ and its تَمْيِيْزٌ occur as the مَفْعُوْلٌ بِهِ, مَفْعُوْلٌ فِيْهِ or مَفْعُوْلٌ مُطْلَقٌ. An example of each is given below.

مَفْعُوْلٌ بِهِ مُقَدَّمٌ

كَمْ تَمْرَةً أَكَلْتَ؟

How many dates did you eat?

The tarkib of this is written as follows:

فِعْلٌ وَفَاعِلٌ (ت)	مَفْعُوْلٌ بِهِ مُقَدَّمٌ	
أَكَلْتَ	تَمْرَةً	كَمْ
	تَمْيِيْزٌ	مُمَيَّزٌ

مَفْعُوْلٌ فِيْهِ

كَمْ يَوْمًا غَابَ؟

How many days was he absent?

The tarkib of this is written as follows:

فِعْلٌ وَفَاعِلٌ (هُوَ)	مَفْعُوْلٌ فِيْهِ مُقَدَّمٌ	
غَابَ	يَوْمًا	كَمْ
	تَمْيِيْزٌ	مُمَيَّزٌ

مَفْعُوْلٌ مُطْلَقٌ

كَمْ مَرَّةً صُمْتَ؟

How many times did you fast?

The tarkib of this is written as follows:

فِعْلٌ وَفَاعِلٌ (ت)	مَفْعُوْلٌ مُطْلَقٌ مُقَدَّمٌ	
صُمْتَ	مَرَّةً	كَمْ
	تَمْيِيْزٌ	مُمَيَّزٌ

Exercise 22

Translate the following.

١) كَمْ شَهْرًا تُسَافِرَانِ؟

٢) كَمْ حَدِيْثًا حَفِظْتُمْ؟

٣) كَمْ أَلًى أَنْعَمَ اللهُ عَلَيْكَ؟

٤) كَمْ يَوْمًا غَابَتْ فَاطِمَةُ؟

٥) كَمْ تَمْرَةً أَعْطَتْكَ أُمُّكَ؟

٦) كَمْ وَقْتًا تُضَيِّعُ كُلَّ يَوْمٍ؟

٧) كَمْ وَقْتًا تَلْعَبِيْنَ كُلَّ يَوْمٍ؟

٨) كَمْ كِتَابًا قَرَأْتَ هٰذِهِ السَّنَةَ؟

٩) كَمْ كُوْبًا مَلَأْتَ مَاءً وَعَسَلًا؟

١٠) كَمْ دَرْسًا تَحْضُرُ كُلَّ أُسْبُوْعٍ؟

١١) كَمْ مَرَّةً اِعْتَمَرْتَ فِي حَيَاتِكَ؟

١٢) كَمْ يَوْمًا أَقَمْتَ فِي ذٰلِكَ الْبَلَدِ؟

١٣) كَمْ شَوْطًا تَطُوْفِيْنَ حَوْلَ الْكَعْبَةِ؟

١٤) كَمْ مَرَّةً تَخْتِمِيْنَ الْقُرْآنَ فِي رَمَضَانَ؟

أَيٌّ

The interrogative أَيٌّ is translated as which.

أَيٌّ becomes مُضَافٌ, and the grammatical function of أَيٌّ along with its مُضَافٌ إِلَيْهِ will depend on the meaning of the مُضَافٌ إِلَيْهِ.

أَيَّ يَوْمٍ صُمْتَ؟

Which day did you fast?

فِعْلٌ وَفَاعِلٌ	مَفْعُوْلٌ فِيْهِ مُقَدَّمٌ	
صُمْتَ	**يَوْمٍ**	**أَيَّ**
	مُضَافٌ إِلَيْهِ	مُضَافٌ

In this sentence أَيٌّ and its مُضَافٌ إِلَيْهِ take the slot of مَفْعُوْلٌ فِيْهِ مُقَدَّمٌ.

أَيَّ كِتَابٍ قَرَأْتَ؟

Which book did you read?

فِعْلٌ وَفَاعِلٌ	مَفْعُوْلٌ بِهِ مُقَدَّمٌ	
قَرَأْتَ	**كِتَابٍ**	**أَيَّ**
	مُضَافٌ إِلَيْهِ	مُضَافٌ

In this sentence أَيٌّ and its مُضَافٌ إِلَيْهِ take the slot of مَفْعُوْلٌ بِهِ مُقَدَّمٌ.

Exercise 23

Translate the following.

١) أَيَّ بَيْتَيْكَ تَبِيْعُ؟

٢) أَيُّهُمْ مُفْلِحُوْنَ؟

٣) أَيَّ رُمَّانَةٍ تَأْكُلَانِ؟

٤) أَيَّ عَامٍ حَجَّ جَدُّكَ؟

٥) أَيَّ جُمُعَةٍ تُسَافِرُوْنَ؟

٦) أَيَّ شَيْءٍ تُحِبُّ حُبًّا؟

٧) تِلَاوَةَ أَيِّ إِمَامٍ تُحِبُّ؟

٨) أَيُّ كَأْسٍ مَمْلُوْءٌ لَبَنًا؟

٩) أَيَّ طَالِبٍ نَفَعَ الْعِلْمُ؟

١٠) أَيَّ آيَةٍ قَرَأْتَ الْبَارِحَةَ؟

١١) مَعَ أَيِّ التَّاجِرَيْنِ ذَهَبْتَ؟

١٢) أَيَّ ثَوْبٍ تَلْبَسُ يَوْمَ الْعِيْدِ؟

أَسْمَاءُ الاسْتِفْهَامِ in a شِبْهُ الْجُمْلَةِ

An اِسْمُ الِاسْتِفْهَام may be preceded by a حَرْفٌ جَارٌّ and become part of a شِبْهُ الْجُمْلَةِ.

إِلَى مَنْ تَذْهَبُ؟

Who are you going towards?

The tarkib of this is written as follows:

فِعْلٌ وَفَاعِلٌ (ت)	مَفْعُوْلٌ فِيْهِ غَيْرُ صَرِيْحٍ	
تَذْهَبُ	**مَنْ**	**إِلَى**
	مَجْرُوْرٌ	جَارٌّ

Notes

When the interrogative مَا, مَا الِاسْتِفْهَامِيَّةُ, is preceded by a حَرْفٌ جَارٌّ, the ا is dropped and it becomes مَ.

بِمَ يَطُوْفُ الْحُجَّاجُ؟

What do the pilgrims circumambulate?

Some حُرُوْفٌ جَارَّةٌ merge with the مَا and are written as one word.

عَنْ مَا ← عَمَّ

مِنْ مَا ← مِمَّ

Exercise 24

Translate the following.

١) ﴿مِمَّ خُلِقَ﴾

٢) فِي أَيِّ بِئْرٍ مَاءٌ؟

٣) إِلَى أَيْنَ يَذْهَبْنَ؟

٤) لِكَمْ يَوْمًا تُسَافِرَانِ؟

٥) فِي أَيِّ سَفِيْنَةٍ تَرْكَبُ؟

٦) فِي أَيِّ وَقْتٍ تَصِلُوْنَ؟

٧) إِلَى مَنْ نَشْتَكِي حُزْنَنَا؟

٨) إِلَى مَتَى تَخْدَعُ النَّاسَ؟

٩) بِأَيِّ سِكِّيْنٍ تَقْطَعُ الْخُبْزَ؟

١٠) مِنْ أَيِّ بَلَدٍ أَنْتَ وَأَخُوْكَ؟

١١) فِيْ أَيِّ مَوْضِعٍ تَضَعُ كُتُبَكَ؟

١٢) بِكَمْ دِرْهَمًا تَبِيْعُ هٰذَا الْحِمَارَ؟

١٣) عَلَى أَيِّ صَفْحَةٍ قَوَاعِدُ الاسْتِفْهَامِ؟

١٤) مِنْ أَيِّ مِنْبَرٍ يَخْطُبُ الْإِمَامُ يَوْمَ الْجُمُعَةِ؟

لِمَاذَا and لِمَ

The interrogatives لِمَ and لِمَاذَا are translated as why. These are the حَرْفٌ جَارٌّ of لِ along with مَا and مَاذَا.

These usually occur in a جُمْلَةٌ فِعْلِيَّةٌ as the مَفْعُوْلٌ لَهُ غَيْرُ صَرِيْح.

لِمَ تَذْهَبُ؟

Why are you going?

The tarkib of this is written as follows:

مَفعُوْلٌ لَهُ غَيْرُ صَرِيْحٍ		فِعْلٌ وَفَاعِلٌ (ت)
لِ	مَ	تَذْهَبُ
جَارٌّ	مَجْرُوْرٌ	

Exercise 25

Translate the following.

١) ﴿لِمَ قَتَلْتُمُوْهُمْ﴾

٢) لِمَ أَخَذْتَ قَلَمِيْ؟

٣) لِمَ تُهْلِكُوْنَ أَنْفُسَكُمْ؟

٤) لِمَاذَا لَمْ تَصْعَدِ الْجَبَلَ؟

٥) ﴿لِمَ تَكْفُرُوْنَ بِآيَاتِ اللهِ﴾

٦) لِمَ لَا تُرَاجِعَانِ دُرُوْسَكُمَا؟

٧) لِمَاذَا لَا تَجْتَهِدُوْنَ فِي الدَّرْسِ؟

٨) لِمَاذَا نَغْتَابُ إِخْوَانَنَا الْمُسْلِمِيْنَ؟

٩) لِمَاذَا تُضَيِّعُوْنَ أَوْقَاتَكُمْ فِي اللَّهْوِ؟

١٠) لِمَاذَا تَفْتَرِيْ عَلَى اللهِ الْكَذِبَ؟

١١) لِمَاذَا لَمْ تَحْفَظْنَ هٰذِهِ السُّوَرَ الثَّلَاثَ؟

١٢) لِمَاذَا لَا يَلْعَبُ هُوَ وَأَخُوْهُ مَعَ الْأَوْلَادِ؟

لِمَنْ

The interrogative لِمَنْ is translated as whose, whose … is this or who does … belong to. This is the حَرْفٌ جَارٌّ of لِ along with مَنْ.

لِمَنْ هٰذَا؟

Who does this belong to?

The tarkib of this is written as follows:

مُبْتَدَأٌ مُؤَخَّرٌ	خَبَرٌ مُقَدَّمٌ	
هٰذَا	مَنْ	لِ
	مَجْرُوْرٌ	جَارٌّ

Exercise 26

Translate the following.

١) لِمَنِ اللَّبَنُ؟

٢) لِمَنِ الْفَوَاكِهُ؟

٣) لِمَنِ الذَّهَبُ؟

٤) لِمَنِ الْحَرِيْرُ؟

٥) لِمَنْ ذٰلِكَ الْكَلَامُ؟

٦) لِمَنْ هٰذَا الْكَبْشُ؟

٧) لِمَنْ هٰذِهِ الْحِبَالُ؟

٨) لِمَنْ هٰذَا الْكَأْسُ؟

٩) لِمَنْ هٰذَا الْمُصْحَفُ؟

١٠) لِمَنْ هٰذَا الْمِحْرَابُ؟

١١) لِمَنْ ذٰلِكَ الْكُرْسِيُّ؟

١٢) لِمَنِ الطَّيِّبَاتُ فِي الْآخِرَةِ؟

Summary of Interrogatives

Interrogatives in a جُمْلَةٌ اسْمِيَّةٌ

<table>
<tr><th></th><th>خَبَرٌ</th><th>مُبْتَدَأٌ</th><th></th></tr>
<tr><td>who, whom</td><td>مَنْ، مَنْ ذَا</td><td>مَنْ، مَنْ ذَا</td><td rowspan="7">أَ
هَلْ</td></tr>
<tr><td>what</td><td>مَا، مَاذَا</td><td>مَا، مَاذَا</td></tr>
<tr><td>where</td><td>أَيْنَ</td><td></td></tr>
<tr><td>when</td><td>مَتَى</td><td></td></tr>
<tr><td>how</td><td>كَيْفَ</td><td></td></tr>
<tr><td>how, from where</td><td>أَنَّى</td><td></td></tr>
<tr><td>how many</td><td>كَمْ</td><td>كَمْ</td></tr>
</table>

Interrogatives in a جُمْلَةٌ فِعْلِيَّةٌ

The following table shows which أَسْمَاءُ الِاسْتِفْهَامِ can come in which slots in a جُمْلَةٌ فِعْلِيَّةٌ.

<table>
<tr><th>حَالٌ</th><th>مَفْعُوْلٌ مُطْلَقٌ</th><th>مَفْعُوْلٌ لَهُ</th><th>مَفْعُوْلٌ فِيْهِ</th><th>مَفْعُوْلٌ بِهِ</th><th>فَاعِلٌ</th><th></th></tr>
<tr><td></td><td></td><td>لِمَ</td><td>أَيْنَ</td><td>مَنْ، مَنْ ذَا</td><td>مَنْ، مَنْ ذَا</td><td rowspan="6">أَ
هَلْ</td></tr>
<tr><td></td><td></td><td>لِمَاذَا</td><td></td><td>مَا، مَاذَا</td><td>مَا، مَاذَا</td></tr>
<tr><td></td><td></td><td></td><td>مَتَى</td><td></td><td></td></tr>
<tr><td>كَيْفَ</td><td></td><td></td><td></td><td></td><td></td></tr>
<tr><td>أَنَّى</td><td></td><td></td><td>أَنَّى</td><td></td><td></td></tr>
<tr><td></td><td>كَمْ</td><td></td><td>كَمْ</td><td>كَمْ</td><td>كَمْ</td></tr>
<tr><td></td><td colspan="5">أَيٌّ</td><td></td></tr>
</table>

Interrogatives in a Phrase

مَجْرُوْرٌ	مُضَافٌ إِلَيْهِ	مُضَافٌ
		أَيٌّ
مَنْ، مَنْ ذَا	مَنْ	
مَا، مَاذَا		
كَمْ		
أَيْنَ		
أَيٌّ		

أَحْرُفُ الْجَوَابِ

أَحْرُفُ الْجَوَابِ				
Affirmative			Negative	
نَعَمْ	أَجَلْ	بَلَى	لَا	كَلَّا

Exercise 27

Translate the following.

١) مَنْ رَبُّكُمْ؟

٢) مَا اشْتَرَيْتَ؟

٣) أَيْنَ نَتَوَضَّأُ؟

٤) مَتَى تَلْعَبِيْنَ؟

٥) مَاذَا حَرَّمَ اللهُ؟

٦) مَنْ تُكْرِهُوْنَ؟

٧) مَتَى الدَّرْسُ؟

٨) كَيْفَ الضُّيُوْفُ؟

٩) مَا عِنْدَ السَّفِيْنَةِ؟

١٠) كَمْ خُبْزًا تَأْكُلُ؟

١١) أَيَّ طَعَامٍ أَكَلْتَ؟

١٢) بِكَمْ هٰذِهِ الرُّمَّانَةُ؟

١٣) مَاذَا عَلَى الثَّوْبِ؟

١٤) مَنْ ذَا فِي السُّوْقِ؟

١٥) لِمَنْ هٰذِهِ الدَّنَانِيْرُ؟

١٦) لِمَاذَا تَغْضَبُ كَثِيْرًا؟

١٧) كَيْفَ تَمْضِيْ وَقْتَكَ؟

١٨) لِمَ تُسْرِفُوْنَ أَمْوَالَكُمْ؟

١٩) أَيْنَ الرِّجَالُ الشُّجْعَانُ؟

٢٠) لِمَ قَطَعْتَ هٰذِهِ الْأَشْجَارَ؟

٢١) لِمَاذَا قَتَلْتَ هٰذَا الْكَلْبَ؟

٢٢) فِي أَيِّ وَقْتٍ يَخْطُبُ الْإِمَامُ؟

٢٣) مَنْ ذَا يَشْفَعُ يَوْمَ الْقِيَامَةِ عِنْدَ اللهِ؟

٢٤) كَمْ مِنْ دُمُوْعٍ رَأَيْتُ عَلَى وَجْهِهَا!

Exercise 28

Replace the underlined words with an appropriate اسْمُ الِاسْتِفْهَام and then translate. If the entire sentence is underlined, change it to a polar question.

١) لَبِثْنَا يَوْمًا

٢) نَسِيْتُ اسْمَكَ

٣) نَسِيْتُ اسْمَكَ

٤) نَسِيْتُ فَاطِمَةَ

٥) لَمْ أَفْهَمْ دَرْسَكَ

٦) جَاء الوَلَدُ مَاشِيًا

٧) جَاء الوَلَدُ مَاشِيًا

٨) أَبُوْكَ عَلى الْيَمِيْنِ

٩) أَبُوْكَ عَلى الشِّمَالِ

١٠) حَفِظْتُ دُرُوْسِيْ

١١) رَأَيْنَا أُمَّكَ فِي السُّوْقِ

١٢) الدُّرُوْسُ ثَلَاثُ سَاعَاتٍ

١٣) يُصَلِّي الْمُسْلِمُوْنَ احْتِسَابًا

١٤) الْعَذَابُ الشَّدِيْدُ لِلظَّالِمِيْنَ

١٥) الْعَشَاءُ قَبْلَ صَلَاةِ الْعِشَاءِ

١٦) هٰؤُلَاءِ الطُّلَّابُ مُجْتَهِدُوْنَ

١٧) هٰؤُلَاءِ الطُّلَّابُ مُجْتَهِدُوْنَ

١٨) هٰؤُلَاءِ الطُّلَّابُ مُجْتَهِدُوْنَ

١٩) وَصَلَ الْإِمَامُ قَبْلَ الْجُمُعَةِ

٢٠) رَأَيْنَا أَرْبَعَةَ كِلَابٍ عِنْدَ الْبَابِ

٢١) أُصَلِّيْ خَمْسَ مَرَّاتٍ فِي الْيَوْمِ

Supplement: Rhetorical Questions

أَسْمَاءُ الاسْتِفْهَامِ can also be used rhetorically; to make a statement rather than to elicit information.

﴿أَإِلَٰهٌ مَعَ اللهِ﴾

Is there a God with Allah?
(There is not another God with Allah.)

The meaning can be understood from the tone of the speaker and the context of the sentence.

﴿... بِأَيِّ آلَاءِ رَبِّكُمَا تُكَذِّبَانِ﴾

Which of the blessings of your lord will you deny?

Rhetorical Questions with إِلَّا

When an اسْتِفْهَام is used rhetorically to convey a negative meaning, the particle إِلَّا can be brought after it to create emphasis, just as إِلَّا comes after a negative particle to create emphasis. (see page 116)

هَلْ يَعْبُدُ الْمُسْلِمُوْنَ إِلَّا اللهَ

Do the Muslims worship anyone other than Allah?
The Muslims do not worship anyone other than Allah.

مَفْعُوْلٌ بِهِ	حَرْفُ حَصْرٍ	فَاعِلٌ	فِعْلٌ	حَرْفُ اسْتِفْهَام
اللهَ	إِلَّا	الْمُسْلِمُوْنَ	يَعْبُدُ	هَلْ

Exercise 29

Translate the following.

١) هَلْ نَجْتَمِعُ إِلَّا للهِ؟

٢) هَلْ يَبْقَى إِلَّا عَمَلُكَ؟

٣) هَلْ يَظْلِمُوْنَ إِلَّا أَنْفُسَهُمْ؟

٤) هَلْ يُهْلَكُوْنَ إِلَّا بِذُنُوْبِهِمْ؟

٥) هَلْ تَخْدَعُوْنَ إِلَّا أَنْفُسَكُمْ؟

٦) هَلْ نَجَحَ إِلَّا الْمُجْتَهِدُوْنَ؟

٧) هَلْ يَهْدِيْكُمْ إِلَّا اللهُ؟

٨) هَلْ يَسْتَجِيْبُ دُعَاءَكَ إِلَّا اللهُ؟

٩) هَلْ يُقْبَلُ إِلَّا الْأَعْمَالُ الْخَالِصَةُ؟

١٠) هَلْ تُصِيْبُكُمْ مُصِيْبَةٌ إِلَّا بِذُنُوْبِكُمْ؟

١١) هَلْ يَنْفَعُكُمْ فِي الْآخِرَةِ إِلَّا أَعْمَالُكُمْ؟

١٢) هَلْ يُحَاسِبُ الْعِبَادَ إِلَّا رَبُّهُمُ الْغَفُوْرُ ذُو الرَّحْمَةِ؟

The Rhetorical كَم

When the interrogative كَمْ is used rhetorically, its إِعْرَابٌ changes to reflect that the question is rhetorical. The تَمْيِيْزٌ of the rhetorical كَمْ, كَمْ الْخَبَرِيَّةُ, will be مَجْرُوْرٌ.

كَمْ تَمْرَةٍ أَكَلْتَ؟

How many dates did you eat?

The tarkib of this will be written as follows:

فِعْلٌ وَفَاعِلٌ (ت)	مَفْعُوْلٌ بِهِ مُقَدَّمٌ	
أَكَلْتَ	**تَمْرَةٍ**	**كَمْ**
	تَمْيِيْزٌ	كَم الْخَبَرِيَّةُ

Similarly, the تَمْيِيْزٌ of كَمْ الْخَبَرِيَّةُ can also be plural.

كَمْ تَمَرَاتٍ أَكَلْتَ؟

The تَمْيِيْزٌ of كَمْ الْخَبَرِيَّةُ can also be preceded by a مِنْ which will be a حَرْفُ صِلَةٍ.

كَمْ مِنْ تَمْرَةٍ أَكَلْتَ؟

The tarkib of this will be written as follows:

فِعْلٌ وَفَاعِلٌ (ت)	مَفْعُوْلٌ بِهِ مُقَدَّمٌ		
أَكَلْتَ	**تَمْرَةٍ**	**مِنْ**	**كَمْ**
	تَمْيِيْزٌ	حَرْفُ صِلَةٍ	كَم الْخَبَرِيَّةُ

When كَمْ الْخَبَرِيَّةُ occurs with مِنْ, the تَمْيِيْزٌ does not have to come immediately after كَمْ.

كَمْ أَكَلْتَ مِنْ تَمْرَةٍ

The tarkib of this will be written as follows:

... مَفْعُوْلٌ بِهِ مُقَدَّمٌ		فِعْلٌ وَفَاعِلٌ (ت)	مَفْعُوْلٌ بِهِ مُقَدَّمٌ ...
تَمْرَةٍ	**مِنْ**	**أَكَلْتَ**	**كَمْ**
تَمْيِيْزٌ	حَرْفُ صِلَةٍ		كَم الْخَبَرِيَّةُ

The following table summarises the differences between the two types of كَمْ.

Type of كَمْ	كَمْ الاسْتِفْهَامِيَّةُ	كَمْ الْخَبَرِيَّةُ
Irab of تَمْيِيْزُ	مَنْصُوْبٌ	مَجْرُوْرٌ
Number of تَمْيِيْزُ	مُفْرَدٌ	مُفْرَدٌ، جَمْعٌ
حَرْفُ صِلَةٍ	✗	مِنْ
Example	كَمْ تَمْرَةً أَكَلْتَ؟	كَمْ تَمْرَةٍ / تَمْرَاتٍ أَكَلْتَ! كَمْ مِنْ تَمْرَةٍ / تَمْرَاتٍ أَكَلْتَ!
Meaning	*How many dates did you eat?*	

Exercise 30

Translate the following. Ensure you differentiate between the two types of كَمْ.

١) كَمْ قَلَمًا عِنْدَكَ

٢) كَمْ قَلَمٍ عِنْدَكَ

٣) كَمْ أَقْلَامٍ عِنْدَكَ

٤) كَمْ مِنْ أَقْلَامٍ عِنْدَكَ

٥) كَمْ مِنْ قَلَمٍ عِنْدَكَ

٦) كَمْ عِنْدَكَ مِنْ قَلَمٍ

٧) كَمْ إِلٰهًا يَعْبُدُوْنَ

٨) كَمْ مِنْ آلِهَةٍ يَعْبُدُوْنَ

٩) كَمْ آيَةً فِي هٰذِهِ السُّوْرَةِ

١٠) كَمْ آيَةً حَفِظَ هٰذَا الطِّفْلُ

١١) كَمْ سُوْرَةٍ حَفِظَ هٰذَا الصَّبِيُّ

١٢) كَمْ سُوَرٍ نَسِيَ هٰذَا الطَّالِبُ

١٣) كَمْ قَرَأَ هٰذَا الطَّالِبُ مِنْ كُتُبٍ

١٤) كَمْ كِتَابًا حَفِظَتْ هٰذِهِ الْمَرْأَةُ

١٥) كَمْ مِنْ كِتَابٍ حَفِظَتْ هٰذِهِ الْمَرْأَةُ

Exercise 31

Translate the following.

١) كَمْ مُنَافِقٍ فِيْنَا!

٢) كَمْ مَاءٍ تَشْرَبُ!

٣) كَمْ مِنْ مَالٍ أَسْرَفُوْا!

٤) كَمْ أَجْرٍ لِطَالِبِ الْعِلْمِ!

٥) كَمْ اشْتَرَيْتَ مِنْ كُتُبٍ!

٦) كَمْ مِنْ جَبَلٍ صَعِدْتُّمَا!

٧) كَمْ رِجَالٍ فِي الْمَسْجِدِ!

٨) كَمْ مِنْ وَلَدٍ قَتَلَ فِرْعَوْنُ!

٩) كَمْ صَفْحَةٍ تَقْرَئِيْنَ كُلَّ يَوْمٍ!

١٠) كَمْ أَرَى فِي بَيْتِكَ مِنْ ضُيُوْفٍ!

١١) كَمْ مِن بَرَكَةٍ فِي شَهْرِ رَمَضَانَ الْمُبَارَكِ!

١٢) كَمْ مِنْ ضُعَفَاءَ نَصَرَ هٰذَا الرَّجُلُ الْكَرِيْمُ!

382

In a sentence, to emphasise a certain point, the speaker may add stress or importance using emphatic phrases.

I wrote it myself.   *Hurry! Hurry!*   *All the students came.*

Introduction to تَأْكِيْد

In Arabic, emphasis is called تَأْكِيْد.

Nouns, adjectives, verbs and particles can all be emphasised for various reasons.

Emphasising the Noun

A noun can be emphasised for two reasons:

1. To specify that the noun itself is intended.

    Ahmad built the desks.

    This sentence carries two possibilities:

    a) He built the desks himself using a saw, screws, and paint.

    b) He had them built by a carpenter.

    Adding an emphatic pronoun removes the second possibility.

    Ahmad built the desks himself.

2. To quantify parts or members of a noun.

    I saw all the students.
    I read the rest of the book.

Emphasising the Adjective

An adjective is emphasised to intensify its meaning.

The water is extremely hot.

Emphasising the Verb

A verb is emphasised to show the certainty of its occurrence.

Indeed, Zaid went.

Emphasising the Particle

A particle is emphasised to intensify its meaning.

I will definitely not backbite anyone.

The table below summarises the different purposes of تَأْكِيْدٌ.

Type of Word	Noun	Adjective	Verb	Particle
Purpose of Emphasis	Emphatic- Pronoun Quantifier	Intensifier	Certainty	Intensifier

Arabic Structures of Emphasis

Two Arabic structures are used to create تَأْكِيْدٌ:

1. تَأْكِيْدٌ لَفْظِيٌّ: repeating the word to be emphasised,

2. تَأْكِيْدٌ مَعْنَوِيٌّ: using words specifically created for emphasis.

تَأْكِيدٌ لَفْظِيٌّ

تَأْكِيدٌ لَفْظِيٌّ is a word which has been repeated to create emphasis.

جَاءَ زَيْدٌ زَيْدٌ

In this example, repeating the word زَيْدٌ emphasises the point that زَيْدٌ came, not anyone else.

Rules of Emphasis Phrases

The word being emphasised is called مُؤَكَّدٌ, and the word creating the emphasis is called تَأْكِيدٌ.

The مُؤَكَّدٌ and تَأْكِيدٌ must agree in irab. Together, they form a phrase which becomes a slot in the main sentence.

فَاعِلٌ		فِعْلٌ
زَيْدٌ	زَيْدٌ	جَاءَ
تَأْكِيدٌ	مُؤَكَّدٌ	

تَأْكِيْدٌ لَفْظِيٌّ of a Noun

If the تَأْكِيْدٌ لَفْظِيٌّ is a noun, it will function as an emphatic pronoun, i.e. himself, myself, yourself, etc.

Translation of the تَأْكِيْدٌ لَفْظِيٌّ of a Noun

In Arabic, a تَأْكِيْدٌ لَفْظِيٌّ is formed by repetition. However, in English, the تَأْكِيْدٌ لَفْظِيٌّ can be translated in various ways:

1. Using an emphatic pronoun.

   Zaid himself came.

2. Using words such as only and alone.

   Only Zaid came.

3. Adding an adjective before the noun.

   Zaid is a great scholar.

4. Using other structures which show emphasis.

   It was Zaid who came.

5. Underlining the emphasised word.

   Zaid came.

Exercise 1

Translate the following.

١) اِفْعَلُوا الْخَيْرَ الْخَيْرَ

٢) الْقُرْآنُ بُرْهَانٌ بُرْهَانٌ

٣) الشَّيْطَانُ عَدُوٌّ عَدُوٌّ

٤) الْخَمْرُ حَرَامٌ حَرَامٌ

٥) رأَيْتُ فَاطِمَةَ فَاطِمَةَ

٦) اِرْحَمُنَّ الْيَتَامٰى الْيَتَامٰى

٧) نَبْتَغِي أَجْرَ الْآخِرَةِ الْآخِرَةِ

٨) اللهَ اللهَ يَسْتَعِيْنُ الْمُسْلِمُوْنَ

٩) الْبَارِحَةَ الْبَارِحَةَ قُتِلَ الرَّجُلُ

١٠) الظَّالِمُوْنَ الظَّالِمُوْنَ خَاسِرُوْنَ

Exercise 2

Add a تَأْكِيْدٌ لَفْظِيٌّ to the underlined noun.

١) اللهُ نَصِيْرٌ

٢) اِغْسِلِي الْوَجْهَ

٣) نَخَافُ الْجَحِيْمَ

٤) فِي الْغُرْفَةِ أَسَدٌ

٥) لَا تَتْرُكُوا الصَّلَاةَ

٦) هَلْ سَمِعْتُمُ الْأَذَانَ

٧) تُحِبِّيْنَ اللَّحْمَ

٨) سَنَرْكَبُ حِمَارًا

٩) دَخَلَ الْكَلْبُ مِنَ النَّافِذَةِ

تَأْكِيْدٌ لَفْظِيٌّ of an Adjective

If the تَأْكِيْدٌ لَفْظِيٌّ is an adjective, it functions as an intensifier. This can be translated using words such as very, extremely, etc. It can also be translated as a word with an intensive meaning.

اَلْمَاءُ حَارٌّ حَارٌّ

The water is extremely hot.
The water is scalding.

☑ Exercise 3

Translate the following.

١) أَعْمَالُنَا قَلِيْلَةٌ قَلِيْلَةٌ	٧) لَعَذَابُ الْآخِرَةِ أَلِيْمٌ أَلِيْمٌ
٢) الْمَوْتُ قَرِيْبٌ قَرِيْبٌ	٨) هٰؤُلَاءِ الْأَوْلَادُ عُقَلَاءُ عُقَلَاءُ
٣) آيَاتُ الْقُرْآنِ مُبِيْنَةٌ مُبِيْنَةٌ	٩) الظَّالِمُوْنَ خَاسِرُوْنَ خَاسِرُوْنَ
٤) إِنَّ الشَّيْطَانَ لَرَجِيْمٌ رَجِيْمٌ	١٠) شَرِبْنَا لَبَنَ الْبَقَرَةِ الْخَالِصَ الْخَالِصَ
٥) هٰذَا الرَّجُلُ جَاهِلٌ جَاهِلٌ	١١) كَانَ مُحَمَّدٌ رَسُوْلُ اللهِ ﷺ أَمِيْنًا أَمِيْنًا
٦) الْمُتَّقُوْنَ مُفْلِحُوْنَ مُفْلِحُوْنَ	١٢) إِنَّ الْجِبَالَ حَوْلَ الْقَرْيَةِ جَمِيْلَةٌ جَمِيْلَةٌ

☑ Exercise 4

Add a تَأْكِيْدٌ لَفْظِيٌّ to the underlined adjective.

١) اَلْقُرْآنُ مُبِيْنٌ	٥) اَلْكَلْبُ أَسْوَدُ	٩) اِشْتَرَيْتُنَّ ثَوْبًا جَدِيْدًا
٢) الْمَيْتَةُ حَرَامٌ	٦) الْأَعْنَابُ حُلْوَةٌ	١٠) إِنَّ عَذَابَ الْآخِرَةِ أَلِيْمٌ
٣) اَلْمَوْتُ قَرِيْبٌ	٧) اَلْأَعْمَالُ مَقْبُوْلَةٌ	١١) رَأَيْنَا قُضَاةً عَادِلِيْنَ
٤) اَلسَّيْفُ وَسِخٌ	٨) اَلصَّحَابَةُ رَاشِدُوْنَ	١٢) نَعُوْذُ بِاللهِ مِنَ الشَّيْطَانِ الرَّجِيْمِ

تَأْكِيْدٌ لَفْظِيٌّ of a Verb

If the تَأْكِيْدٌ لَفْظِيٌّ is a verb, it is translated using the emphatic do, certainly, indeed, etc. (see page 112)

ذَهَبَ ذَهَبَ زَيْدٌ

Zaid did go. *Indeed, Zaid went.* *Certainly, Zaid went.*

The tarkib of such a تَأْكِيْدٌ لَفْظِيٌّ is written as follows:

فِعْلٌ		فَاعِلٌ
ذَهَبَ	ذَهَبَ	اللهُ
مُؤَكَّدٌ	تَأْكِيْدٌ	

Exercise 5

Translate the following.

١) كَذَبَ كَذَبَ خَالِدٌ

٢) اِسْتَيْقِظْ قَبْلَ الْفَجْرِ

٣) اجْتَهِدْ اجْتَهِدْ فِي الْعِلْمِ

٤) وَجَدتُّ وَجَدتُّ قَلَمَكَ

٥) يَلْعَنُ يَلْعَنُ اللهُ الظَّالِمِيْنَ

٦) آثِرْ آثِرْ أَخَاكَ عَلَى نَفْسِكَ

٧) أَتَخْدَعُوْنَ تَخْدَعُوْنَ النَّاسَ؟

٨) يُحَاسِبُ يُحَاسِبُ اللهُ الْعِبَادَ

٩) لَا تَتَّخِذْ لَا تَتَّخِذِ الشَّيْطَانَ وَلِيًّا

١٠) حَرَّمَ حَرَّمَ اللهُ النَّارَ عَلَى الْمُتَّقِيْنَ

١١) أَسْرِعْ أَسْرِعْ إِلَى الْخَيْرِ لَا إِلَى الشَّرِّ

١٢) نَشْكُرُ نَشْكُرُ اللهَ عَلَى نِعَمِهِ الْعَظِيْمَةِ

Exercise 6

Add a تَأْكِيْدٌ لَفْظِيٌّ to the underlined verb.

١) حَزِنَ الْجَدُّ

٢) كَثُرَتِ الْفِتَنُ

٣) يَجُوْعُ الْفُقَرَاءُ

٤) لَا تَظْلِمْ أَحَدًا

٥) أُصْدُقُوْا الْحَدِيْثَ

٦) لَا تُسْرِعْ فِي الْكَلَامِ

٧) اِنْكَسَرَ كُرْسِيُّ الْمُعَلِّمِ

٨) صَعِدُوْا هٰذَا الْجَبَلَ الْعَظِيْمَ

٩) حَرَّمَ اللهُ الذَّهَبَ عَلَى الرِّجَالِ

Notes

We have previously studied ways in which verbs can be emphasised, such as قَدْ, لَقَدْ, لَامُ الابْتِدَاءِ and لَنْ.

تَأْكِيدٌ لَفْظِيٌّ of a Particle

A particle can also have a تَأْكِيدٌ لَفْظِيٌّ.

لَا لَا أَغْتَابُ أَحَدًا

I will definitely not backbite anyone

إِنَّ إِنَّ زَيْدًا قَائِمٌ

Surely, Zaid is standing.

Summary

Type of Word	Noun	Adjective	Verb	Particle
Example	جَاءَ زَيْدٌ زَيْدٌ	اَلْمَاءُ حَارٌّ حَارٌّ	ذَهَبَ ذَهَبَ زَيْدٌ	لَا لَا أَغْتَابُ أَحَدًا إِنَّ إِنَّ زَيْدًا قَائِمٌ

تَأْكِيدٌ مَعْنَوِيٌّ

تَأْكِيدٌ مَعْنَوِيٌّ are specific Arabic words coined to create emphasis. There are two types of تَأْكِيدٌ مَعْنَوِيٌّ:

1. Emphatic pronoun
2. Quantifier

تَأْكِيدٌ مَعْنَوِيٌّ as an Emphatic Pronoun

The following two words of تَأْكِيدٌ are used as emphatic pronouns:

1. نَفْسٌ
2. عَيْنٌ

These words become مُضَافٌ to the pronoun of the مُؤَكَّدٌ.

جَاءَ الْمَلِكُ نَفْسُهُ   جَاءَ الْمَلِكُ عَيْنُهُ

The king himself came.

The tarkib of this is written as follows:

فَاعِلٌ ...			فِعْلٌ
ـهُ	نَفْسُ	الْمَلِكُ	جَاءَ
مُضَافٌ إِلَيْهِ	مُضَافٌ		
تَأْكِيدٌ		مُؤَكَّدٌ	

Note

When a تَأْكِيدٌ مَعْنَوِيٌّ is used as an emphatic pronoun, it serves the same purpose as a تَأْكِيدٌ لَفْظِيٌّ.

جَاءَ الْمَلِكُ نَفْسُهُ   جَاءَ الْمَلِكُ الْمَلِكُ

Exercise 7

Translate the following.

١) هٰذَا مَاءُ زَمْزَمَ نَفْسِهِ

٢) أَهٰذَا أَخُوكَ نَفْسُهُ؟

٣) يَسْمَعُ الْمُعَلِّمُ عَيْنُهُ الدَّرْسَ

٤) هٰؤُلَاءِ هُمُ الْحُجَّاجُ أَنْفُسُهُمْ

٥) رَأَيْتُ إِمَامَ الْمَسْجِدِ الْحَرَامِ نَفْسَهُ

٦) بَنَى النَّبِيُّ نُوحٌ عَيْنُهُ سَفِينَةً لِلْمُؤْمِنِينَ

٧) كَانَ الْمَيِّتُ عَيْنُهُ فِي الْبَيْتِ الْبَارِحَةَ

٨) يَنْصُرُ الْمَلِكُ عَيْنُهُ الضُّعَفَاءَ وَالْمَسَاكِيْنَ

٩) يُعْطِي هٰذَا الْغَنِيُّ نَفْسُهُ الْفُقَرَاءَ مَالًا وَطَعَامًا

١٠) جَاءَ الْمَلِكُ نَفْسُهُ إِلَى الْمَسْجِدِ هٰذِهِ الْجُمُعَةَ

Notes

If the word being emphasised is dual or plural, the plural forms of نَفْسٌ, i.e. أَنْفُسٌ, and عَيْنٌ, i.e. أَعْيُنٌ, are used.

جَاءَ الْمَلِكَانِ أَنْفُسُهُمَا	جَاءَ الْمُلُوْكُ أَنْفُسُهُمْ
جَاءَ الْمَلِكَانِ أَعْيُنُهُمَا	جَاءَ الْمُلُوْكُ أَعْيُنُهُمْ

Exercise 8

Translate the following.

١) لَمْ يَأْتِ الْأَمِيْرَانِ أَنْفُسُهُمَا

٢) أَخَذَ الْأَطْفَالُ أَنْفُسُهُمُ السُّيُوْفَ

٣) كَتَبَ الْقُضَاةُ أَنْفُسُهُمْ هٰذَا الْكِتَابَ

٤) قَطَعَ الشَّبَابُ أَنْفُسُهُمْ تِلْكَ الشَّجَرَةَ

٥) لَا يُنْبِتُ الْفَلَّاحُوْنَ أَنْفُسُهُمُ الْأَثْمَارَ

٦) يُطْعِمُ التَّاجِرَانِ أَنْفُسُهُمَا فُقَرَاءَ الْقَرْيَةِ

٧) طَلَبَ الشُّيُوْخُ أَنْفُسُهُمُ الْكِتَابَ مِنَ الْقُضَاةِ

٨) بَنَى الرَّسُوْلُ ﷺ وَأَصْحَابُهُ أَنْفُسُهُمْ مَسْجِدَ النَّبِيِّ ﷺ

نَفْسٌ as a تَأْكِيدٌ مَعْنَوِيٌّ and a Reflexive Pronoun

The word نَفْسٌ can be used as a reflexive pronoun or emphatic pronoun, i.e. تَأْكِيدٌ لَفْظِيٌّ.

1. When نَفْسٌ agrees with the irab of the word it is emphasising, it is an emphatic phrase.
2. When نَفْسٌ is the مَفْعُوْلٌ بِهِ while its مُضَافٌ إِلَيْهِ refers to the فَاعِلٌ, it is a reflexive pronoun.

رَأَيْتُ الرَّجُلَ نَفْسَهُ

I saw the man himself.

In this example, the word نَفْسٌ emphasises the word before it, because in irab it agrees with that word.

رَأَى الرَّجُلُ نَفْسَهُ

The man himself saw.

In this example, the word نَفْسٌ is a reflexive pronoun because it is the مَفْعُوْلٌ بِهِ, while its مُضَافٌ إِلَيْهِ refers to the فَاعِلٌ.

Exercise 9

Translate the following.

١) سَمِعَ الْإِمَامُ نَفْسُهُ

٢) رَأَيْتُ الْإِمَامَ نَفْسَهُ

٣) جَاءَ الْإِمَامُ نَفْسُهُ

٤) ظَلَمَ الْقَاضِي نَفْسَهُ

٥) عَدَلَ الْقَاضِي عَيْنُهُ

٦) الْأَنْصَابُ أَنْفُسُهَا رِجْسٌ

٧) يَعْبُدُ النَّاسُ هَذَا الصَّنَمَ نَفْسَهُ

٨) لَا تَمْلِكُ هٰذِهِ الْأَصْنَامُ لِأَنْفُسِهِمْ شَيْئًا

Different Uses of نَفْسٌ

نَفْسٌ	
مَنْصُوْبٌ, and مُضَافٌ to pronoun of the فَاعِلٌ	Agree in Irab with previous word
رَأَى الرَّجُلُ نَفْسَهُ	رَأَيْتُ الرَّجُلَ نَفْسَهُ

تأكِيدٌ مَعْنَوِيٌّ as a Quantifier

A quantifier indicates the amount or quantity of a noun. When a تأكِيدٌ مَعْنَوِيٌّ is used as a quantifier, it indicates the number of members or parts of something.

I saw all the students.
I read the rest of the book.

There are two types of quantifiers:

1. Inclusive quantifiers: these emphasise the inclusion of every member or part of something, e.g. all, both, etc.
2. Non-Inclusive quantifiers: these denote quantities that do not include every member or part of something, e.g some, rest of, remainder, etc.

Inclusive Quantifiers

The following four words are used as inclusive quantifiers:

1. كِلَا and كِلْتَا
2. كُلٌّ
3. جَمِيْعٌ
4. أَجْمَعُ

These words can be used in مُؤَكَّدٌ-تَأَكِيْدٌ structures, or they can be direct slots.

Quantifiers In a مُؤَكَّدٌ-تَأْكِيدٌ Structure:

كِلَا and كِلْتَا

كِلَا and its feminine form, كِلْتَا, are used to quantify duals, مُثَنًّى. These are translated as both.

They become مُضَافٌ to the pronoun of the مُؤَكَّدٌ.

جَاءَ الْوَلَدَانِ كِلَاهُمَا	جَاءَتِ الْبِنْتَانِ كِلْتَاهُمَا
Both the boys came.	*Both the girls came.*

The tarkib of these are written as follows:

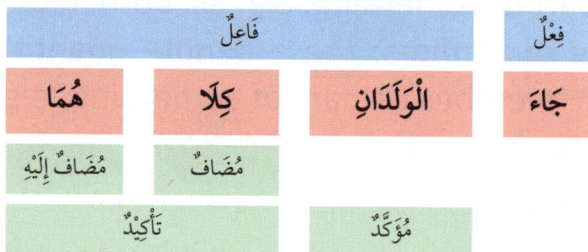

فَاعِلٌ			فِعْلٌ
هُمَا	كِلَا	الْوَلَدَانِ	جَاءَ
مُضَافٌ إِلَيْهِ	مُضَافٌ		
تَأْكِيدٌ		مُؤَكَّدٌ	

Notes

These words have the irab of a مُثَنًّى noun, i.e. in the مَنْصُوْبٌ and مَجْرُوْرٌ state they will become كِلَيْ and كِلْتَيْ.

رَأَيْتُ الْوَلَدَيْنِ كِلَيْهِمَا	نَظَرْتُ إِلَى الْبِنْتَيْنِ كِلْتَيْهِمَا
I saw both the boys.	*I looked at both the girls.*

Exercise 10

Translate the following.

١) جَاءَ الْأَمِيْرَانِ كِلَاهُمَا

٢) رَأَيْنَا الْأَسَدَيْنِ كِلَيْهِمَا

٣) الْبَابَانِ كِلَاهُمَا مُغْلَقَانِ

٤) أَكَلْنَ الرُّمَّانَتَيْنِ كِلْتَيْهِمَا

٥) تَصْعَدْنَ الْجَبَلَيْنِ كِلَيْهِمَا

٦) لَنُحْسِنَنَّ إِلَى الْأَبَوَيْنِ كِلَيْهِمَا

٧) بَاعَ التَّاجِرُ بَيْتَهُ وَأَرْضَهُ كِلَيْهِمَا

٨) إِنَّ الْكُوْبَيْنِ كِلَيْهِمَا مَمْلُوْءَانِ مَاءً

٩) دَرْسَا هَذَا الْمُعَلِّمِ كِلَاهُمَا يَسِيْرَانِ

١٠) سَقَطَ السِّكِّيْنَانِ كِلَاهُمَا عَلَى الْأَرْضِ

١١) يَكُوْنُ الْمُبْتَدَأُ وَالْخَبَرُ كِلَاهُمَا مَرْفُوْعَيْنِ

١٢) إِنَّ أَبَا خَالِدٍ وَأُمَّهُ كِلَيْهِمَا شَاكِرَانِ

١٣) مَاتَ الرَّجُلُ وَزَوْجَتُهُ كِلَاهُمَا فِي يَوْمٍ وَاحِدٍ

١٤) حَفِظَتِ الْبِنْتُ السُّوْرَتَيْنِ الطَّوِيْلَتَيْنِ كِلْتَيْهِمَا فِي عِشْرِيْنَ يَوْمًا

كُلٌّ

The word كُلٌّ is used to quantify singular or plural nouns.

It can be translated as all, every, each or entire, depending on the context.

It becomes مُضَافٌ to the pronoun of the مُؤَكَّدٌ, the word it is quantifying.

﴿تُؤْمِنُونَ بِالْكِتَابِ كُلِّهِ﴾	﴿سَجَدَ الْمَلَائِكَةُ كُلُّهُمْ﴾
You believe in the entire book.	*All the angels prostrated.*

The tarkib of this is written as follows:

فَاعِلٌ			فِعْلٌ
هُمْ	كُلُّ	الْمَلَائِكَةُ	سَجَدَ
مُضَافٌ إِلَيْهِ	مُضَافٌ		
تَأْكِيْدٌ		مُؤَكَّدٌ	

Exercise 11

Translate the following.

١) غَابَ الطُّلَّابُ كُلُّهُمْ

٢) أُحِبُّ الصَّحَابَةَ كُلَّهُمْ

٣) مَرِضَتِ الْبَنَاتُ كُلُّهُنَّ

٤) لَقَدْ قَرَأْتُ الْكِتَابَ كُلَّهُ

٥) لَقَدْ رَجَعَ الْحُجَّاجُ كُلُّهُمْ

٦) كَانَ الْكَأْسُ كُلُّهُ مَمْلُوْءً مَاءً

٧) لَيَحْضُرَنَّ الْمُعَلِّمُوْنَ كُلُّهُمْ

٨) الْمُنَافِقُوْنَ كُلُّهُمْ خَاسِرُوْنَ

٩) إِنَّ الصَّحَابَةَ كُلَّهُمْ لَمُهْتَدُوْنَ

١٠) لَا يَصُوْمُ الْمَرْضَى رَمَضَانَ كُلَّهُ

١١) الْمُهَاجِرُوْنَ وَالْأَنْصَارُ كُلُّهُمْ رَاشِدُوْنَ

١٢) مَضَى الرِّجَالُ لَيْلَةَ الْقَدْرِ كُلَّهَا ذَاكِرِيْنَ

Exercise 12

Rewrite the following sentences by adding either كِلَا, كِلْتَا or كُلّ to emphasise the underlined words.

١) نَحْتَرِمُ أَسَاتِذَتَنَا

٢) رَأَيْنَا الْغُرْفَتَيْنِ

٣) سَقَطَ السِّكِّيْنَانِ

٤) إِنَّ الْبَلَدَيْنِ بَعِيْدَانِ

٥) أَخَذَ الشَّابُّ السَّيْفَيْنِ

٦) ذَبَحَ الْفَلَّاحُوْنَ الْبَقَرَاتِ

٧) لَيْسَتِ الْأَجْوِبَةُ صَحِيْحَةً

٨) كَانَتِ الْحَدِيْقَتَانِ كَبِيْرَتَيْنِ

٩) لَقَدْ أَكَلَتِ الطِّفْلَةُ الصَّغِيْرَةُ الْخُبْزَ

١٠) يُصَلِّي هٰؤُلَاءِ الْيَتَامَى الصَّلَوَاتِ الْخَمْسَ

جَمِيْعٌ

The word جَمِيْعٌ is used to quantify singular and plural nouns.

This becomes مُضَافٌ to the pronoun of the مُؤَكَّدٌ, the word it is quantifying.

When the noun being quantified is singular, it can be translated as entire.

قَرَأْتُ الْقُرْآنَ جَمِيْعَهُ فِيْ شَهْرِ رَمَضَانَ

I read the entire Quran in Ramadhan.

When the noun being quantified is plural, it can be translated as all.

جَاءَ الرِّجَالُ جَمِيْعُهُمْ

All the men came.

The tarkib of this is written as follows:

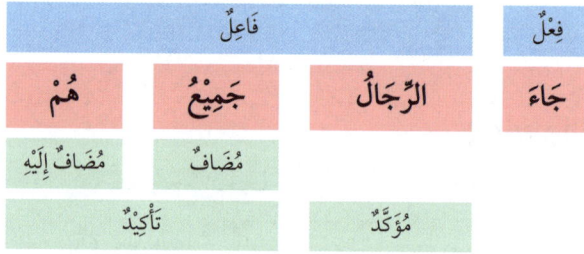

فَاعِلٌ			فِعْلٌ
هُمْ	جَمِيْعُ	الرِّجَالُ	جَاءَ
مُضَافٌ إِلَيْهِ	مُضَافٌ		
تَأْكِيْدٌ		مُؤَكَّدٌ	

Exercise 13

Translate the following.

١) حَفِظْتُ الْكِتَابَ جَمِيْعَهُ

٢) هٰذِهِ الْأَيَّامُ جَمِيْعُهَا مُبَارَكَةٌ

٣) حَرَّمَ اللهُ الْفَوَاحِشَ جَمِيْعَهَا

٤) فَاقَتْ عَائِشَةُ أَقْرَانَهَا جَمِيْعَهُنَّ

٥) هٰذِهِ التَّمَاثِيْلُ جَمِيْعُهَا حِجَارَةٌ

٦) خَلَقَ رَبُّنَا النَّاسَ جَمِيْعَهُمْ سَوَاءً

٧) يَجْتَهِدُ هَؤُلَاءِ الطُّلَّابُ جَمِيْعُهُمْ

٨) ثِيَابُ هٰذَيْنِ الطِّفْلَيْنِ جَمِيْعُهَا وَسِخَةٌ

٩) فِيْ هٰذِهِ الْقُرَى جَمِيْعِهَا مَسَاجِدُ كَثِيْرَةٌ كَثِيْرَةٌ

١٠) يُصَلِّيْ أُولَئِكَ الشَّبَابُ جَمِيْعُهُمُ الصَّلَوَاتِ الْخَمْسَ

١١) أَصَابَتِ النَّاسَ هٰذِهِ الْمَصَائِبُ جَمِيْعُهَا مِنْ أَجْلِ ذُنُوْبِهِمْ

١٢) آمَنَ أَهْلُ أَبِيْ بَكْرٍ جَمِيْعُهُمْ أَبَوَاهُ وَزَوْجُهُ وَأَوْلَادُهُ

أَجْمَعُ

The word أَجْمَعُ is used to quantify singular and plural nouns.

However, أَجْمَعُ differs from the other quantifiers in three ways:

1. It has feminine and plural forms, as follows:

مُؤَنَّثٌ	مُذَكَّرٌ	
جَمْعَاءُ	أَجْمَعُ	مُفْرَدٌ
جُمَعُ	أَجْمَعُوْنَ	جَمْعٌ

   The masculine plural form, أَجْمَعُوْنَ, is the most common form. This is a جَمْعُ الْمُذَكَّرِ السَّالِمُ and becomes أَجْمَعِيْنَ in the مَنْصُوْبٌ and مَجْرُوْرٌ states.

2. It does not become مُضَافٌ to the pronoun of the مُؤَكَّدٌ.

   أَهْلَكَ اللهُ فِرْعَوْنَ وَجُنُوْدَهُ أَجْمَعِيْنَ

   Allah destroyed Firawn and his entire army.

   The tarkib of this is written as follows:

مَفْعُوْلٌ بِهِ				فَاعِلٌ	فِعْلٌ
أَجْمَعِيْنَ	جُنُوْدَهُ	وَ	فِرْعَوْنَ	اللهُ	أَهْلَكَ
تَأْكِيْدٌ	مُؤَكَّدٌ				
مَعْطُوْفٌ		حَرْفُ عَطْفٍ	مَعْطُوْفٌ عَلَيهِ		

3. It can also be used as additional emphasis, تَأْكِيْدٌ ثَانٍ, for كُلٌّ.

   ﴿سَجَدَ الْمَلَائِكَةُ كُلُّهُمْ أَجْمَعُونَ﴾

   Every single one of the angels prostrated.

   The tarkib of this is written as follows:

فَاعِلٌ			فِعْلٌ
أَجْمَعُونَ	كُلُّهُمْ	الْمَلَائِكَةُ	سَجَدَ
تَأْكِيْدٌ ثَانٍ	تَأْكِيْدٌ	مُؤَكَّدٌ	

Exercise 14

Translate the following.

١) اِغْفِرْ لَنَا أَجْمَعِيْنَ

٢) لَيَسْأَلَنَّ اللهُ الْعِبَادَ أَجْمَعِيْنَ

٣) لَيَحْشُرَنَّ اللهُ الْعِبَادَ كُلَّهُمْ أَجْمَعِيْنَ

٤) رَضِيَ اللهُ عَنِ الصَّحَابَةِ أَجْمَعِيْنَ

تَأْكِيْدٌ مَعْنَوِيٌّ with a حَرْفُ صِلَةٌ

Some تَأْكِيْدٌ مَعْنَوِيٌّ, such as نَفْسٌ and أَجْمَعُ, are often preceded by a حَرْفُ صِلَةٍ of بِ.

ذَبَحَ رَسُوْلُ اللهِ ﷺ كَبْشًا بِنَفْسِهِ

The Prophet of Allah slaughtered a lamb himself.

The tarkib of this is written as follows:

ذَبَحَ	رَسُوْلُ	اللهِ	كَبْشًا	بِ	نَفْسِهِ
فِعْلٌ	فَاعِلٌ ...		مَفْعُوْلٌ بِهِ	حَرْفُ صِلَةٍ	... فَاعِلٌ
	مُضَافٌ	مُضَافٌ إِلَيْهِ			
	مُؤَكَّدٌ				تَأْكِيْدٌ

Exercise 15

Translate the following.

١) لَا تَأْكُلُ هَذِهِ الصَّبِيَّةُ بِنَفْسِهَا

٢) لَا يَمْشِيْ هَذَا الشَّيْخُ بِنَفْسِهِ

٣) يَقْرَأُ هٰذَا الطِّفْلُ الْقُرْآنَ بِنَفْسِهِ

٤) لَا تُسَافِرُ هَؤُلَاءِ الْبَنَاتُ بِأَنْفُسِهِنَّ

٥) قَتَلَ هٰؤُلَاءِ الرِّجَالُ الْأُسْدَ بِأَجْمَعِهَا

٦) جَاءَ الْوَلَدُ مِنْ بَيْتِ وَالِدَيْهِ إِلَى بَيْتِ جَدِّهِ بِنَفْسِهِ

Summary

The following table summarises the types of تَأْكِيْدٌ.

تَأْكِيْدٌ لَفْظِيٌّ			تَأْكِيْدٌ مَعْنَوِيٌّ				
Adjective	Verb	Noun	نَفْسٌ عَيْنٌ	كِلَا كِلْتَا	كُلٌّ	جَمِيْعٌ	أَجْمَعُوْنَ
Intensifier			Emphatic Pronoun	Quantifier			

Quantifiers as Direct Slots:

The quantifiers كِلَا, كِلْتَا, كُلٌّ and جَمِيعٌ can be part of a slot directly. This occurs when they become مُضَافٌ directly to the noun they are quantifying, and not مُضَافٌ to its pronoun.

Direct Slot	مُؤَكَّدٌ تَأْكِيدٌ
جَاءَ كِلَا الرَّجُلَيْنِ	جَاءَ الرَّجُلَانِ كِلَاهُمَا
جَاءَ كُلُّ النَّاسِ	جَاءَ النَّاسُ كُلُّهُمْ
جَاءَ جَمِيْعُ النَّاسِ	جَاءَ النَّاسُ جَمِيْعُهُمْ

Exercise 16

Translate the following.

١) جَاءَ الضُّيُوْفُ كُلُّهُمْ

٢) جَاءَ كُلُّ الضُّيُوْفِ

٣) خَلَقَ اللهُ الْبِحَارَ كُلَّهَا

٤) خَلَقَ اللهُ جَمِيْعَ الْبِحَارِ

٥) إِنَّ الْأَشْجَارَ كُلَّهَا كَبِيْرَةٌ

٦) إِنَّ كُلَّ الْأَشْجَارِ كَبِيْرَةٌ

٧) اَلْوَجْهَانِ كِلَاهُمَا وَسِخَانِ

٨) كِلَا الْوَجْهَيْنِ وَسِخَانِ

٩) كَانَتِ الْحَدَائِقُ جَمِيْعُهَا جَمِيْلَةً

١٠) كَانَتْ جَمِيْعُ الْحَدَائِقِ جَمِيْلَةً

Rules of كِلَا and كِلْتَا in a Direct Slot

When كِلَا and كِلْتَا become a slot directly, they are مَبْنِيٌّ.

نَظَرْتُ إِلَى كِلْتَا الْبِنْتَيْنِ	رَأَيْتُ كِلَا الرَّجُلَيْنِ
I looked at both girls.	*I saw both men.*

The tarkib of this is written as follows:

فَاعِلٌ		فِعْلٌ وَفَاعِلٌ (تُ)
الرَّجُلَيْنِ	كِلَا	رَأَيْتُ
مُضَافٌ إِلَيْهِ	مُضَافٌ	

The following table shows the difference between the two different uses of the words كِلَا and كِلْتَا.

	كِلَا and كِلْتَا	
Type of Structure	Emphasis Phrase مُؤَكَّدٌ – تَأْكِيدٌ	Direct Slot
مُضَافٌ إِلَيْهِ	Pronoun	Noun
إِعْرَابٌ	مُعْرَبٌ	مَبْنِيٌّ
Examples	جَاءَ الرَّجُلَانِ كِلَاهُمَا	جَاءَ كِلَا الرَّجُلَيْنِ
	رَأَيْتُ الرَّجُلَيْنِ كِلَيْهِمَا	رَأَيْتُ كِلَا الرَّجُلَيْنِ
	نَظَرْتُ إِلَى الرَّجُلَيْنِ كِلَيْهِمَا	نَظَرْتُ إِلَى كِلَا الرَّجُلَيْنِ

✒ **Exercise 17**

Translate the following.

١) كِلَا الْبَابَيْنِ مَفْتُوحَانِ   ٦) إِنَّ كِلَا السَّيْفَيْنِ غَيْرُ خَفِيفَيْنِ   ١١) أَكَلَ الضَّيْفُ كِلَا الرُّمَّانَتَيْنِ

٢) اَلْبَابَانِ كِلَاهُمَا مَفْتُوحَانِ   ٧) كَانَ الشَّابَّانِ كِلَاهُمَا شُجَاعَيْنِ   ١٢) جَلَسَ النَّاسُ فِي كِلْتَا الْحَدِيقَتَيْنِ

٣) إِنَّ كِلْتَا الشَّاتَيْنِ بَعِيدَتَانِ   ٨) كَانَ كِلَا الشَّابَّيْنِ ذَوَيْ عِلْمٍ   ١٣) رَأَيْتُ كِلَا الْمُعَلِّمَيْنِ فِي الْمَسْجِدِ

٤) إِنَّ كِلْتَا الْبَقَرَتَيْنِ جَائِعَتَانِ   ٩) إِنَّ الطَّالِبَتَيْنِ كِلْتَيْهِمَا شَرِيفَتَانِ   ١٤) حَفِظَ كِلَا الْيَتِيمَيْنِ الْقُرْآنَ الْكَرِيمَ

٥) إِنَّ السَّيْفَيْنِ كِلَيْهِمَا ثَقِيلَانِ   ١٠) إِنَّ كِلْتَا الطَّالِبَتَيْنِ شَرِيفَتَانِ   ١٥) أَمْسِ اشْتَرَى التَّاجِرُ كِلَا الثَّوْبَيْنِ

Rules of كُلٌّ in a Direct Slot

When كُلٌّ is a فَاعِلٌ in a direct slot, the verb before it usually agrees in gender with its مُضَافٌ إِلَيْهِ.

جَلَسَتْ كُلُّ الْأَخَوَاتِ	جَلَسَ كُلُّ الْإِخْوَانِ

Usually, the gender of the فِعْلٌ agrees with the مُضَافٌ of the فَاعِلٌ.

جَلَسَتْ أُمُّ أَحْمَدَ	جَلَسَ أَبُوْ فَاطِمَةَ

Exercise 18

Translate the following.

١) كُلُّ بَنِي آدَمَ إِخْوَانٌ

٢) جَعَلَ اللهُ كُلَّ نَبِيٍّ صَادِقًا

٣) لَيُبْعَثَنَّ كُلُّ عَبْدٍ يَوْمَ الْقِيَامَةِ

٤) لَقَدْ آمَنَ كُلُّ أَوْلَادِ أَبِيْ بَكْرٍ

٥) إِنَّ كُلَّ أَوْلَادِ خَالِدٍ شَاكِرُوْنَ

٦) مَضَيْنَا كُلَّ الْيَوْمِ فِي الْمَدْرَسَةِ

٧) يَظْلِمُ كُلُّ الْمُلُوْكِ إِلَّا الْمُتَّقِيْنَ

٨) لَمْ يُصَلِّ كُلُّ النَّاسِ خَاشِعِيْنَ

٩) يَغْفِرُ اللهُ كُلَّ ذَنْبٍ إِلَّا الشِّرْكَ

١٠) لَتَذُوْقَنَّ كُلُّ نَفْسٍ ذَائِقَةَ الْمَوْتِ

١١) فَهِمَ الدَّرْسَ كُلُّ طَالِبٍ إِلَّا ذٰلِكَ الْوَلَدَ

١٢) يَقْرَأُ أَبُوْ أَحْمَدَ الْقُرآنَ كُلَّ لَيْلَةٍ وَأُمُّ زَيْنَبَ كُلَّ صَبَاحٍ

تَنْوِيْنُ الْعِوَضِ

The مُضَافٌ إِلَيْهِ of كُلٌّ can be substituted by a تَنْوِيْنٌ called تَنْوِيْنُ الْعِوَضِ, the tanween which replaces the مُضَافٌ إِلَيْهِ.

The context will help determine the meaning of the مُضَافٌ إِلَيْهِ.

﴿كُلًّا هَدَيْنَا﴾

We guided all (of them)

In this case, the مُبْتَدَأٌ can be نَكِرَةٌ.

كُلٌّ ... قَانِتُوْنَ

Every (thing) is submissive.

Rules of جَمِيْعٌ in a Direct Slot

As mentioned before, the word جَمِيْعٌ can be used as a مُضَافٌ to a noun to become a slot in a sentence directly. However, it can also come on its own, as a نكِرَة word in the مَنْصُوْب state.

﴿يَبْعَثُهُمُ اللهُ جَمِيعًا﴾

Allah will resurrect them all.

Even though this quantifies the noun and gives a meaning of تَأْكِيْدٌ, it is labelled as حَالٌ.

فِعْلٌ	مَفْعُوْلٌ بِهِ	فَاعِلٌ	حَالٌ مِنَ الْمَفْعُوْلِ بِهِ
يَبْعَثُ	هُمُ	اللهُ	جَمِيعًا

The table summarises the three different ways جَمِيْعٌ can be used.

مُؤَكِّدٌ – تَأْكِيْدٌ	Direct Slot	حَالٌ
جَاءَ الرِّجَالُ جَمِيْعُهُمْ	جَاءَ جَمِيْعُ الرِّجَالِ	جَاءَ الرِّجَالُ جَمِيْعًا

Vocab

English	Arabic	English	Arabic
leader	سَيِّدٌ	family, followers	آلٌ
(form of a verb)	صِيْغَةٌ	rope	حَبْلٌ ج حِبَالٌ
honour	عِزَّةٌ	peace	سَلَامٌ

Exercise 19

Translate the following.

١) ﴿لِلَّهِ الْأَمْرُ جَمِيْعًا﴾

٢) ﴿نَحْشُرُهُمْ جَمِيْعًا﴾

٣) ﴿يَبْعَثُهُمُ اللهُ جَمِيْعًا﴾

٤) ﴿إِنَّ الْقُوَّةَ لِلَّهِ جَمِيْعًا﴾

٥) ﴿إِنَّ الْعِزَّةَ لِلَّهِ جَمِيْعًا﴾

٦) ﴿تُوبُوا إِلَى اللهِ جَمِيْعًا﴾

٧) ﴿يَحْشُرُهُمْ إِلَيْهِ جَمِيْعًا﴾

٨) ﴿اعْتَصِمُوا بِحَبْلِ اللهِ جَمِيْعًا﴾

Summary

The chart below summarises the different uses of quantifiers.

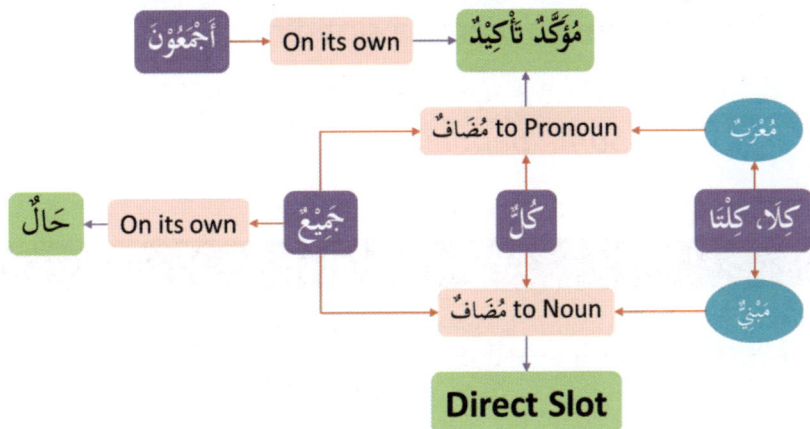

أَجْمَعُوْنَ
On its own
مُؤَكَّدٌ تَأْكِيْدٌ
مُضَافٌ to Pronoun
مُعْرَبٌ
حَالٌ
On its own
جَمِيْعٌ
كُلٌّ
كِلَا، كِلْتَا
مُضَافٌ to Noun
مَبْنِيٌّ
Direct Slot

Non-Inclusive Quantifiers

There are also some other quantifiers which are مُضَافٌ to the noun they are quantifying and become a slot directly.

قَالَ بَعْضُ النَّاسِ

Some people/someone said

Some of these quantifiers are given below.

English	Arabic	English	Arabic
some, one	بعْضٌ	remaining, rest of, all	سَائِرٌ
		remainder, rest	بَقِّيَّةٌ

Exercise 20

Translate the following.

١) إِنَّ بَعْضَ التَّمَرَاتِ حُلْوَةٌ

٢) كَانَ بَعْضُ بُيُوْتِ الْقَرْيَةِ قَدِيْمَةً

٣) صِيْغَةُ فَعَلَ وَسَائِرُ صِيَغِ الْمَاضِي مَبْنِيَّةٌ

٤) مَا كُلُّ مَسَاجِدِ الْقَرْيَةِ جَدِيْدَةً بَلْ بَعْضُهَا

٥) لَيْسَ الْحَجَرُ الْأَسْوَدُ مِثْلَ سَائِرِ الْأَحْجَارِ

٦) تَصُوْمُ هٰذِهِ الْمَرْأَةُ بَعْضَ السَّنَةِ لَا كُلَّ السَّنَةِ

٧) إِنَّ بَعْضَ النَّاسِ لَشَاكِرُوْنَ وَبَعْضَ النَّاسِ لَكَافِرُوْنَ

٨) صِيْغَتَا الْمُخَاطَبَاتِ وَالْغَائِبَاتِ مَبْنِيَّتَانِ وَبَقِيَّةُ صِيَغِ الْمُضَارِعِ مُعْرَبَةٌ

٩) الصَّلَاةُ وَالسَّلَامُ عَلَى سَيِّدِ الْمُرْسَلِيْنَ خَاتَمِ النَّبِيِّيْنَ مُحَمَّدٍ ﷺ وَ عَلَى أَزْوَاجِهِ وَسَائِرِ أَوْلَادِهِ وَالْخُلَفَاءِ الرَّاشِدِيْنَ أَبِي بَكْرٍ وَعُمَرَ وَعُثْمَانَ وَعَلِيٍّ وبَقِيَّةِ الصَّحَابَةِ أَجْمعِيْنَ رضي الله عنهم

Additional Rules of تَأْكِيْدٌ

ضَمِيْرُ الْفَاعِلِ as a مَعْطُوْفٌ عَلَيْهِ

When the ضَمِيْرُ الْفَاعِلِ is the مَعْطُوْفٌ عَلَيْهِ, it is necessary to repeat the corresponding مُبْتَدَأٌ pronoun, i.e. ضَمِيْرٌ مَرْفُوْعٌ مُنْفَصِلٌ before the حَرْفُ الْعَطْفِ in a مُؤَكَّدٌ-تَأْكِيْدٌ structure before adding the مَعْطُوْفٌ, as follows:

ذَهَبْتُ أَنَا وَزَيْدٌ

In this example, the pronoun أَنَا has been brought before the حَرْفُ الْعَطْفِ to emphasise the ضَمِيْرُ الْفَاعِلِ, i.e. تُ.

It would not be correct to simply say:

ذَهَبْتُ وَزَيْدٌ

In translation, the مُتَكَلِّمٌ pronoun is usually given at the end.

Zaid and I went. ✓	*I and Zaid went.* ✗

The tarkib of this is written as follows:

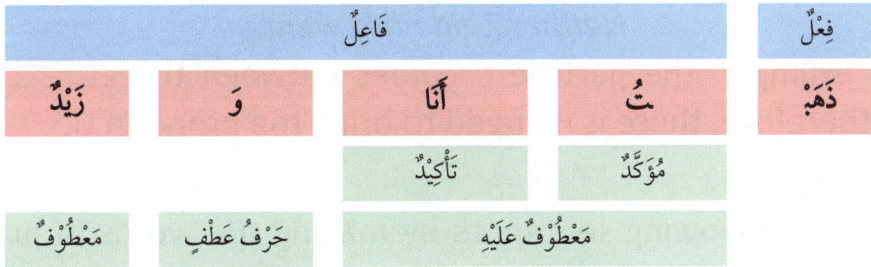

فَاعِلٌ				فِعْلٌ
زَيْدٌ	وَ	أَنَا	تُ	ذَهَبْ
		تَأْكِيْدٌ	مُؤَكَّدٌ	
مَعْطُوْفٌ	حَرْفُ عَطْفٍ	مَعْطُوْفٌ عَلَيْهِ		

The following is an example of a more complex tarkib.

... فَاعِلٌ			نُوْنُ التَّأْكِيْدِ	فَاعِلٌ ...	فِعْلٌ	لام الابتداء
بِنْتُهَا	وَ	هِيَ	نَّ	(هِيَ)	تَسْمَعَ	لَ
		تَأْكِيْدٌ		مُؤَكَّدٌ		
مَعْطُوْفٌ	حَرْفُ عَطْفٍ	... مَعْطُوْفٌ عَلَيْهِ		مَعْطُوْفٌ عَلَيْهِ ...		

Exercise 21

Translate the following.

١) لَسْنَا نَحْنُ وَلَا أَنْتُمْ كَافِرِيْنَ

٢) لَيَحْفَظَنَّ هُوَ وَأَخُوْهُ الْقُرْآنَ

٣) كَانُوْا هُمْ وَأَصْحَابُهُ عَلَى هُدًى

٤) تَمْشُوْنَ أَنْتُمْ وَأَصْدِقَائُكُمْ كَأَسَدٍ

٥) مَا خَلَقُوْا هُمْ وَلَا آلِهَتُهُمْ مِنْ شَيْءٍ

٦) إِيَّاهُ نَسْتَعِيْنُ نَحْنُ وَإِخْوَانُنَا الْمُسْلِمُوْنَ

٧) لَا نَعْبُدُ نَحْنُ وَلَا أَبْنَائُنَا مِنْ صَنَمٍ وَلَا حَجَرٍ

٨) لَأُسَافِرَنَّ أَنَا وَأَبِي وَأُمِّي إِلَى مَدِيْنَةِ الرَّسُوْلِ ﷺ

٩) الْيَوْمَ سَافَرَتْ هِيَ وَأُمُّهَا مِنَ الْقَرْيَةِ إِلَى الْمَدِيْنَةِ

١٠) اِتَّخَذُوا هُمْ وَآبَائُهُمُ الْأَصْنَامَ إِلٰهًا مِنْ دُوْنِ اللهِ جَهْلًا

١١) صُمْتَ أَنْتَ وَهٰذَا الْوَلَدُ ثَلَاثِيْنَ يَوْمًا مِنْ رَمَضَانَ وَعِشْرِيْنَ يَوْمًا مِنْ غَيْرِ رَمَضَانَ

Notes

If there is another word between the حَرْفُ عَطْفٍ and مَعْطُوْفٌ, it is not necessary to add a ضَمِيْرٌ مَرْفُوْعٌ مُنْفَصِلٌ.

مَا ذَهَبْتُ وَلَا زَيْدٌ

Neither Zaid nor I went.

In this example, the particle لَا comes between the مَعْطُوْفٌ عَلَيْهِ and مَعْطُوْفٌ, therefore, there is no need to bring the pronoun أَنَا.

Exercise 22

Rewrite the following sentences by making the words in brackets the مَعْطُوْفٌ of the فَاعِلٌ.

١) لَعِبُوْا فِي الْحَدِيْقَةِ (الْبَنَاتُ)

٢) اِتَّخَذُوا الْأَصْنَامَ إِلٰهً (آبَائُهُمْ)

٣) أَتَحُجِّيْنَ هٰذَا الْعَامَ (زَوْجُكِ)

٤) كُنْتُمْ فِي ضَلَالٍ مُبِيْنٍ (آبَائُكُمْ)

٥) لَا تُضَيِّعُوْا أَوْقَاتَكَ (أَصْدِقَائُكَ)

٦) صَعِدْتُنَّ ذٰلِكَ الْجَبَلَ (أُمَّهَاتُكُنَّ)

٧) قُمْتُ خَلْفَ أَبِي لِلصَّلَاةِ (أَخِي)

٨) بَقِيْنَا فِي الْمَدْرَسَةِ (الطُّلَّابُ كُلُّهُمْ)

٩) هَلِ اشْتَكَيْتَ إِلَى الْمُعَلِّمِ (صَدِيْقُكَ)

١٠) أُرَاجِعُ الدُّرُوْسَ كُلَّهَا فِي اللَّيْلِ (أَحْمَدُ)

١١) أَتَعْتَصِمُوْنَ بِالْكِتَابِ وَالسُّنَّةِ (أَصْحَابُكَ)

١٢) لَا تُغْنِي أَمْوَالُهُمْ عَنْهُمْ يَوْمَ الْقِيَامَةِ (أَوْلَادُهُمْ)

تَأْكِيدٌ لَفْظِيٌّ of a ضَمِيرٌ

The مُؤَكَّدٌ can be a ضَمِيرٌ, either:

1. ضَمِيرٌ مُنْفَصِلٌ
2. ضَمِيرٌ مُتَّصِلٌ

تَأْكِيدٌ لَفْظِيٌّ of a ضَمِيرٌ مُنْفَصِلٌ

When the مُؤَكَّدٌ is a ضَمِيرٌ مُنْفَصِلٌ, its تَأْكِيدٌ لَفْظِيٌّ must also be a ضَمِيرٌ مُنْفَصِلٌ with the same irab.

أَنْتَ أَنْتَ قَائِمٌ

You are standing.
It is you who are standing.

إِيَّاهُ إِيَّاهُ أَعْبُدُ

It is He who I worship.

تَأْكِيدٌ لَفْظِيٌّ of a ضَمِيرٌ مُتَّصِلٌ

If the مُؤَكَّدٌ is a ضَمِيرٌ مُتَّصِلٌ, its تَأْكِيدٌ will be ضَمِيرٌ مُنْفَصِلٌ. It would not be correct to use a ضَمِيرٌ مُتَّصِلٌ.

✓ ذَهَبْتُ أَنَا

✗ ذَهَبْتُ تُ

I went.
It was I who went.

✓ رَأَيْتُكَ إِيَّاكَ

✗ رَأَيْتُكَكَ

I saw you.
It was you whom I saw.

The tarkib of this is written as follows:

فَاعِلٌ		فِعْلٌ
أَنَا	ـتُ	ذَهَبْـ
تَأْكِيدٌ	مُؤَكَّدٌ	

مَفْعُوْلٌ بِهِ		فِعْلٌ وَفَاعِلٌ (ت)
إِيَّاكَ	كَ	رَأَيْتُـ
تَأْكِيدٌ	مُؤَكَّدٌ	

If the فَاعِلٌ pronoun is a ضَمِيرٌ مُسْتَتِرٌ, it must be written after the verb in brackets.

فَاعِلٌ		فِعْلٌ
هُوَ	(هُوَ)	ذَهَبَ
تَأْكِيدٌ	مُؤَكَّدٌ	

Exercise 23

Translate the following.

١) فَتَنَّا نَحْنُ

٢) هُوَ هُوَ رَبِّي

٣) جَزِعْتُمْ أَنْتُمْ

٤) لَا تَمْلِكُ أَنْتَ

٥) لَنْ نَغْتَابَ نَحْنُ

٦) تَسْتَعِينُوْنَ أَنْتُمْ

٧) لَا يَرْكَعُوْنَ هُمْ

٨) هِيَ هِيَ خَالَتِيْ

٩) أَنْتَ أَنْتَ رَاشِدٌ

١٠) لَمْ يَلْعَنْكُمْ إِيَّاكُمْ

١١) إِيَّاكَ إِيَّاكَ نَصَرْتُ

١٢) أَنْتَ أَنْتَ صَدِيْقِيْ

١٣) فَاقَتْ هِيَ أَقْرَانَهَا

١٤) هُمْ هُمْ خَاسِرُوْنَ

١٥) لَقَدْ خَدَعْتَنَا إِيَّانَا

١٦) يُشْرِكُوْنَ هُمْ بِاللهِ

١٧) لَنُقِيْمَنَّ نَحْنُ الصَّلَاةَ

١٨) حَفِظَتْ هِيَ الْقُرْآنَ فِيْ سَنَةٍ

Notes

1. If the مُؤَكَّدٌ is a ضَمِيْرٌ مَجْرُوْرٌ with a حَرْفٌ جَارٌّ, the entire شِبْهُ الْجُمْلَةِ must be repeated.

أَنْظُرُ إِلَيْهِ إِلَيْهِ

It is him I am looking at.

2. The تَأْكِيْدٌ لَفْظِيٌّ of a ضَمِيْرٌ مَنْصُوْبٌ مُتَّصِلٌ and a ضَمِيْرٌ مَجْرُوْرٌ مُتَّصِلٌ is formed with the ضَمِيْرٌ مَرْفُوْعٌ مُتَّصِلٌ.

إِنَّهُ هُوَ اللهُ

هٰذَا كِتَابِي أَنَا

The table below summarises the different forms of تَأْكِيْدٌ of a pronoun.

مُؤَكَّدٌ		تَأْكِيْدٌ		
مُنْفَصِلٌ	مَرْفُوْعٌ	مُنْفَصِلٌ	مَرْفُوْعٌ	أَنَا أَنَا قَائِمٌ
	مَنْصُوْبٌ		مَنْصُوْبٌ	إِيَّاكَ إِيَّاكَ سَمِعْتُ
مُتَّصِلٌ	مَرْفُوْعٌ		مَرْفُوْعٌ	سَمِعْتُ أَنَا
	مَنْصُوْبٌ		مَرْفُوْعٌ	إِنِّي أَنَا قَائِمٌ
	مَجْرُوْرٌ		مَرْفُوْعٌ	كِتَابِي أَنَا

Exercise 24

Translate the following.

١) أَعْبُدُكَ أَنْتَ

٢) اللهُ هُو رَبِيّ أَنَا

٣) إِنَّكَ أَنْتَ أَسَدٌ

٤) نَشْكُرُكُمْ أَنْتُمْ

٥) لَنْ أَغْتَابَكَ أَنْتَ

٦) لَمْ يَخْدَعْنَا نَحْنُ

٧) هِيَ صَدِيْقُكِ أَنْتِ

٨) هٰذِهِ مِنْ بَرَكَتِهِ هُوَ

٩) الْإِسْلَامُ دِيْنُنَا نَحْنُ

١٠) لَيَغْفِرَنَّ اللهُ لَهُمْ هُمْ

١١) الْإِسْلَامُ دِيْنُنَا نَحْنُ

١٢) لَا لَا أُوْثِرُ أَحَدًا عَلَيْكَ أَنْتَ

Exercise 25

Rewrite the following sentences by bringing a تَأْكِيْدٌ لَفْظِيٌّ of the underlined words.

١) هُوَ عَاقِلٌ

٢) هُوَ عَاقِلٌ

٣) أَسْتَعِيْنُ بِهِ

٤) بَدَأَهُ الْمُعَلِّمُ

٥) بَدَأَتَ الدَّرْسَ

٦) لَنْ أَخْدَعَ أَحدًا

٧) بَدَأَ الْمُعَلِّمُ الدَّرْسَ

٨) بَدَأَ الْمُعَلِّمُ الدَّرْسَ

٩) بَدَأَ الْمُعَلِّمُ الدَّرْسَ

Irregular مَفْعُوْلٌ مُطْلَقٌ For Emphasis

There are some words which are not the مَصْدَرٌ of the main verb but still occur as a مَفْعُوْلٌ مُطْلَقٌ. They create the meaning of تَأْكِيْدٌ. They are:

1. جِدًّا: this intensifies the meaning of an adjective.

زَيْدٌ كَرِيْمٌ جِدًّا

Zaid is very noble.

The tarkib of this is written as follows:

مَفْعُوْلٌ مُطْلَقٌ	خَبَرٌ	مُبْتَدَأٌ
جِدًّا	كَرِيْمٌ	زَيْدٌ

2. حَقًّا: this emphasises the content of a sentence. This can be translated as in fact, truly, indeed, etc.

﴿أُولَئِكَ هُمُ الْمُؤْمِنُونَ حَقًّا﴾

It is they who are the true believers.

The tarkib of this is written as follows:

مَفْعُوْلٌ مُطْلَقٌ	خَبَرٌ	ضَمِيرُ الْفَصْلِ	مُبْتَدَأٌ
حَقًّا	الْمُؤْمِنُونَ	هُمُ	أُولَئِكَ

3. يَقِيْنًا: this emphasises the degree of certainty in a sentence. This can be translated as surely, definitely, indeed, etc.

﴿مَا قَتَلُوهُ يَقِينًا﴾

They certainly did not kill him.

The tarkib of this is written as follows:

مَفْعُوْلٌ مُطْلَقٌ	مَفْعُوْلٌ بِهِ	فِعْلٌ وَفَاعِلٌ (و)	
يَقِينًا	هُ	قَتَلُوْ	مَا

Exercise 26

Translate the following.

١) إِنَّهُ لَرَسُولُ اللهِ حَقًّا

٢) هٰذَا الْجَبَلُ عَظِيْمٌ جِدًّا

٣) هٰذِهِ الدَّنَانِيْرُ كَثِيْرَةٌ جِدًّا

٤) هٰذَا الْقَاضِيْ صَادِقٌ جِدًّا

٥) إِنَّ فِي كِتَابِ اللهِ آيَاتٍ كَثِيْرَةً جِدًّا

٦) إِنَّ تُجَّارَ الْمَدِيْنَةِ الْأُمَنَاءَ صَادِقُوْنَ جِدًّا

Overview of Emphasis

We have studied various ways to emphasise different parts of a sentence. Now we will review them all.

Emphasis of Nouns

The table below summarises the different ways a noun may be emphasised.

Noun					
Emphasis				Quantity	
إِلَّا	Fronting	تَأْكِيْدٌ لَفْظِيٌّ	تَأْكِيْدٌ مَعْنَوِيٌّ	تَأْكِيْدٌ مَعْنَوِيٌّ	
			عَيْنٌ، نَفْسٌ	كِلَا، كِلْتَا، كُلٌّ، جَمِيْعٌ، أَجْمَعُ	
				مُؤَكَّدٌ - تَأْكِيْدٌ Structure	مُضَافٌ – مُضَافٌ إِلَيْهِ Structure

Exercise 27

Translate the following. Notice the different ways the nouns have been emphasised.

١) أَحْمَدَ مَا رَأَيْتُ

٢) إِيَّاهُ إِيَّاهُ نَسْتَعِيْنُ

٣) نُحِبُّ كُلَّ صَحَابِيٍّ

٤) غَابَ أَحْمَدُ أَحْمَدُ

٥) حَضَرَ الْأُسْتَاذُ نَفْسُهُ

٦) جَاءَ الْأَخَوَانِ كِلَاهُمَا

٧) ذَهَبَتَا الْبِنْتَانِ كِلْتَاهُمَا

٨) أَذَّنَ الْمُؤَذِّنُوْنَ كُلُّهُمْ

٩) وَصَلَ جَمِيْعُ الرِّجَالِ

١٠) اِعْتَمَرَتْ كِلْتَا الْأُخْتَيْنِ

١١) مَا غَابَ الْيَوْمَ إِلَّا أَحْمَدُ

١٢) حَضرتِ الْمُعَلِّمَةُ عَيْنُهَا

١٣) أَذَّنَ الْمُؤَذِّنُوْنَ جَمِيْعُهمْ

١٤) أَذَّنَ الْمُؤَذِّنُوْنَ أَجْمَعُوْنَ

١٥) مَضَيْنَا كِلَا الشَّهْرِيْنِ فِي مَكَّةَ

411

Emphasis of Adjectives

The table below summarises the different ways an adjective may be emphasised.

Adjective	
Intensifier	
تَأْكِيْدٌ لَفْظِيٌّ	جِدًّا

Exercise 28

Translate the following. Notice the different ways the adjectives have been emphasised.

١) الْفِيْلُ كَبِيْرٌ كَبِيْرٌ

٢) الدَّمُ أَحْمَرُ أَحْمَرُ

٣) الْخَمْرُ حَرَامٌ حَرَامٌ

٤) الْمَوْتُ قَرِيْبٌ قَرِيْبٌ

٥) الشَّيْطَانُ رَجِيْمٌ رَجِيْمٌ

٦) الشَّجَرَةُ خَضْرَاءُ جِدًّا

Emphasis of Verbs

The table below summarises the different ways a verb may be emphasised.

Past	Present	Future	
		Affirmative	Negative
قَدْ، لَقَدْ	لَامُ الابْتِدَاءِ	نُوْنُ التَّأْكِيْدِ	لَنْ
تَأْكِيْدٌ لَفْظِيٌّ			

Exercise 29

Translate the following. Notice the different ways the verbs have been emphasised.

١) لَنْ نُضِيِّعَنَ أَوْقَتَنَا

٢) لَنَعْتَصِمُ بِكِتَابِ اللهِ

٣) لَنَتُوْبَنَّ مِنَ الذُّنُوْبِ

٤) قَدْ أَغْرَقَ اللهُ فِرْعَوْنَ

٥) لَقَدْ أَغْرَقَ اللهُ فِرْعَوْنَ

٦) نَعْتَصِمُ نَعْتَصِمُ بِالْقُرْآنِ

Summary

Key Terms

English	Arabic	English	Arabic
Rhetorical كَمْ	كَمُ الْخَبَرِيَّةُ	Question	اِسْتِفْهَامٌ
Emphasis (with repeated word)	تَأْكِيدٌ لَفْظِيٌّ	Interrogative Pronoun	أَدَاةُ الاسْتِفْهَامِ
Emphasis (with specific word)	تَأْكِيدٌ مَعْنَوِيٌّ	Particle Interrogative	حَرْفُ الاسْتِفْهَامِ
Quantifier	–	Noun Interrogative	اِسْمُ الاسْتِفْهَامِ
Emphatic pronoun	–	Particles for affirmation/negation	أَحْرُفُ الْجَوَابِ
Intensifier	–	Polar Question	
		Non-Polar Question	

Interrogatives

English	Arabic	English	Arabic
when	أَيَّانَ		أَ
how	كَيْفَ		هَلْ
from where, how	أَنَّى	who	مَنْ
how many	كَمْ	who	مَنْ ذَا
which	أَيٌّ	what	مَا
why	لِمَ	what	مَاذَا
why	لِمَاذَا	where	أَيْنَ
who does it belong to	لِمَنْ	when	مَتَى

Non-Inclusive Quantifiers

English	Arabic	English	Arabic
some, one	بعْضٌ	remaining, rest of, all	سَائِرٌ
		remainder, rest	بَقِيَّةٌ

Vocabulary

أَسْمَاءٌ

English	Arabic	English	Arabic
(form of a verb)	صِيْغَةٌ	family, followers	آلٌ
honour	عِزَّةٌ	gift, bounty	أَلًى ج آلَاءٌ
dinner	عَشَاءٌ ج أَعْشِيَةٌ	rope	حَبْلٌ ج حِبَالٌ
intellect	عَقْلٌ ج عُقُوْلٌ	discourse, Prophetic narration	حَدِيْثٌ ج أَحَادِيْثُ
breakfast, lunch	غَدَاءٌ ج أَغْدِيَةٌ	peace	سَلَامٌ
messenger	مُرْسَلٌ ج وْنَ	leader	سَيِّدٌ
time	وَقْتٌ ج أَوْقَاتٌ	left	شِمَالٌ
right	يَمِيْنٌ ج أَيْمَانٌ	round, course	شَوْطٌ ج أَشْوَاطٌ

أَفْعَالٌ

English	Arabic	English	Arabic
to go over, recap	رَاجَعَ يُرَاجِعُ مُرَاجَعَةً	to give life	أَحْيٰى يُحْيِيْ إِحْيَاءً
to change	صَرَّفَ يُصَرِّفُ تَصْرِيْفًا	to complain	اِشْتَكَى يَشْتَكِيْ اِشْتِكَاءً
to waste	ضَيَّعَ يُضَيِّعُ تَضْيِيْعًا	to adhere to	اِعْتَصَمَ يَعْتَصِمُ اِعْتِصَامًا
to rise	طَلَعَ يَطْلَعُ طُلُوْعًا	to drown	أَغْرَقَ يُغْرِقُ إِغْرَاقًا
to set	غَرَبَ يَغْرُبُ غُرُوْبًا	to initiate, start	بَدَأَ يَبْدَأُ بَدْأً

UNIT 5
Section 1

NESTED SENTENCES

Introduction: جُمْلَةٌ صُغْرَى

Part 1: جُمْلَةٌ صُغْرَى as a خَبَرٌ

Part 2: جُمْلَةٌ صُغْرَى as a مَفْعُوْلٌ بِهِ

Part 3: جُمْلَةٌ صُغْرَى as a حَالٌ

Part 4: جُمْلَةٌ صُغْرَى as a مَعْطُوْفٌ

Part 5: جُمْلَةٌ صُغْرَى as a بَدَلٌ

Part 6: جُمْلَةٌ صُغْرَى as a مُضَافٌ إِلَيْهِ

Part 7: جُمْلَةٌ صُغْرَى as a نَعْتٌ

Summary

Introduction: جُمْلَةٌ صُغْرَى

The slots of a sentence are a noun, a pronoun or a phrase.

I love the Prophet.
I love him.
I like his way.

In these examples, the noun, Prophet, the pronoun, him, and the phrase, his way, become the مَفْعُوْلٌ بِهِ.

Similarly, a sentence can take the place of a slot within another sentence, i.e. one sentence can be nested within another.

The nested sentence can occur in two ways:

1. Directly
2. Indirectly

Directly Nested Sentence

He said: I wrote a book.

In this example, the sentence I wrote a book fits into the slot of the مَفْعُوْلٌ بِهِ directly, without any additions.

A directly nested sentence is called a جُمْلَةٌ صُغْرَى.

Indirectly Nested Sentence

I like what he wrote.
I like that he wrote it properly.

In these examples, the sentences he wrote and he wrote it properly are preceded by the words what and that, which then allow them to fit into the slot of the مَفْعُوْلٌ بِهِ.

A indirectly nested sentence is called a اِسْمٌ مُؤَوَّلٌ.

Summary of Nested Sentences

Nested Sentence	
جُمْلَةٌ صُغْرَى Directly Nested	اِسْمٌ مُؤَوَّلٌ Indirectly Nested
(Section 1)	(Sections 2 and 3)

الْجُمْلَةُ الصُّغْرَى

A directly nested sentence is called الْجُمْلَةُ الصُّغْرَى. The main sentence in which the جُمْلَةٌ صُغْرَى is nested is called الْجُمْلَةُ الْكُبْرَى.

قُلْتُ: بَكَى الْوَلَدُ الْبَارِحَةَ

I said: The boy cried last night.

In this example, the sentence بَكَى الْوَلَدُ الْبَارِحَةَ is the جُمْلَةٌ صُغْرَى of the main sentence.

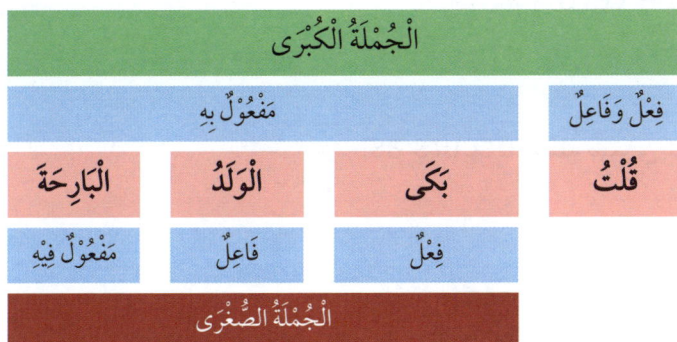

الْجُمْلَةُ الْكُبْرَى			
مَفْعُولٌ بِهِ			فِعْلٌ وَفَاعِلٌ
الْبَارِحَةَ	الْوَلَدُ	بَكَى	قُلْتُ
مَفْعُولٌ فِيهِ	فَاعِلٌ	فِعْلٌ	
الْجُمْلَةُ الصُّغْرَى			

Rules of a جُمْلَةٌ صُغْرَى

The entire جُمْلَةٌ صُغْرَى becomes a part of the جُمْلَةٌ كُبْرَى. However, the slots of the جُمْلَةٌ صُغْرَى remain independent; the irab of each word is based on its slot within the صُغْرَى.

In the above example, the irab of the words بَكَى, اَلْوَلَدُ and الْبَارِحَةَ are due to them being the فِعْلٌ, فَاعِلٌ and مَفْعُولٌ فِيهِ of the صُغْرَى.

Look at another example.

كَانَ الرَّجُلُ [وَلَدُهُ مَرِيضٌ]	كَانَ الرَّجُلُ [مَرِيضًا]
مَرِيضٌ becomes the خَبَر of وَلَدٌ, therefore it is مَرْفُوعٌ. The entire sentence then becomes the خَبَر of كَانَ.	مَرِيضًا is governed by كَانَ because it is a single word which become the خَبَر directly.

📖 Summary

Nested Sentences	
Vocative Expressions	
جُمْلَةٌ كُبْرَى	Main Sentence
جُمْلَةٌ صُغْرَى	Directly Nested Sentence
اِسْمٌ مُؤَوَّلٌ	Indirectly Nested Sentence

Uses of a الْجُمْلَةُ الصُّغْرَى

A جُمْلَةٌ صُغْرَى occurs in a جُمْلَةٌ اسْمِيَّةٌ, a جُمْلَةٌ فِعْلِيَّةٌ or in a phrase.

In a جُمْلَةٌ اسْمِيَّةٌ, a جُمْلَةٌ صُغْرَى occurs as:

1. خَبَرٌ

In a جُمْلَةٌ فِعْلِيَّةٌ, a جُمْلَةٌ صُغْرَى occurs as:

1. مَفْعُوْلٌ بِهِ of the verb قَالَ يَقُوْلُ قَوْلًا
2. حَالٌ

In a phrase, a جُمْلَةٌ صُغْرَى occurs as:

1. مَعْطُوْفٌ
2. بَدَلٌ
3. مُضَافٌ إِلَيْهِ of some words
4. نَعْتٌ of a نَكِرَةٌ word

Part 1: خبر as a جُمْلَةٌ صُغْرَى

The خَبَرٌ can occur as a جُمْلَةٌ صُغْرَى, either an اسْمِيَّةٌ or فِعْلِيَّةٌ.

The خَبَرٌ as a جُمْلَةٌ اِسْمِيَّةٌ

A جُمْلَةٌ اسْمِيَّةٌ can become the خَبَرٌ of a مُبْتَدَأٌ.

اللهُ رَحْمَتُهُ وَاسِعَةٌ

In this example, the جُمْلَةٌ صُغْرَى, i.e. رَحْمَتُهُ وَاسِعَةٌ, is the خَبَرٌ of the جُمْلَةٌ كُبْرَى.

Grammar

When the خَبَرٌ is a sentence, it contains a pronoun which refers to the مُبْتَدَأٌ. This pronoun is called the عَائِدٌ.

اللهُ رَحْمَتُهُ وَاسِعَةٌ

In this example, the خَبَرٌ has a pronoun (هُ) which refers to the مُبْتَدَأٌ.
In tarkib, the slots of the جُمْلَةٌ صُغْرَى are written at the very bottom in blue ink. The phrases of the جُمْلَةٌ صُغْرَى are written above its main slots. The عَائِدٌ is underlined.

خَبَرٌ
مُبْتَدَأٌ
وَاسِعَةٌ
رَحْمَتُهُ
اللهُ
مُضَافٌ، مُضَافٌ إِلَيْهِ
خَبَرٌ
مُبْتَدَأٌ

This can be written up in an exercise book as follows:

خبر
مبتدأ
اللهُ رَحْمَتُهُ وَاسِعَةٌ
مضاف إليه
مضاف
خبر
مبتدأ

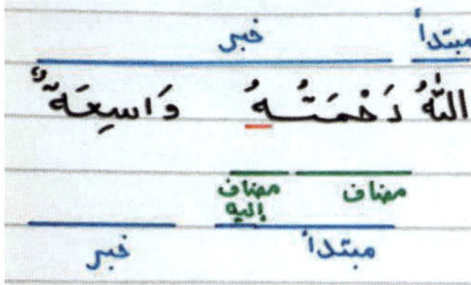

Translation

When the خَبَرٌ is a جُمْلَةٌ صُغْرَى, it is translated as per the following steps:

اللهُ رَحْمَتُهُ وَاسِعَةٌ

1. Translate the خَبَرٌ on its own;

His mercy is vast.

2. Replace the عَائِدٌ in the خَبَرٌ with the مُبْتَدَأٌ.

Allah's mercy is vast.

Be sure not to repeat the noun and the pronoun.

Allah's mercy is vast. ✓
Allah his mercy is vast. ✗

Exercise 1

Translate the following.

١) النَّهْرُ مَاءُهُ بَارِدٌ
٢) الْقُرآنُ آيَاتُهُ بَيِّنَاتٌ
٣) كَانَ الرَّجُلُ مَالُهُ كَثِيْرٌ
٤) إِنَّ اللهَ أَوْلِيَائُهُ الْمُتَّقُوْنَ
٥) هٰذَا الْيَتِيْمُ أُمُّهُ صَالِحَةٌ
٦) هَذَا الرَّجُلُ كَلَامُهُ حُلْوٌ
٧) إِنَّ الْبِنْتَ ثِيَابُهَا جَدِيْدَةٌ
٨) إِنَّ الشَّيْطَانَ كَيْدُهُ ضَعِيْفٌ
٩) هَذِهِ الشَّجَرَةُ تَمَرَاتُهَا حُلْوَةٌ
١٠) الْكُرْسِيُّ تَحْتَهُ كَلْبٌ صَغِيْرٌ
١١) الْبَيْتُ حَوْلَهُ أَشْجَارٌ كَثِيْرَةٌ
١٢) هَذَانِ الْوَلَدَانِ أُمُّهُمَا مَرِيْضَةٌ
١٣) إِنَّ مَسَاجِدَ هٰذِهِ الْمَدِيْنَةِ مَنَابِرُهَا كَبِيْرَةٌ
١٤) الْمَسْجِدُ الْحَرَامُ فِيْهِ رِجَالٌ كَثِيْرٌ وَنِسَاءٌ
١٥) إِنَّ الْأَعْمَالَ الصَّالِحَةَ ثَوَابُهَا مَغْفِرَةٌ وجَنَّةٌ

Exercise 2

Rewrite the following by making the underlined words a مُبْتَدَأٌ, and the خَبَرٌ a sentence.

أَيَّامُ رَمَضَانَ مُبَارَكَةٌ ← رَمَضَانُ أَيَّامُهُ مُبَارَكَةٌ

١) حَقِيْبَةُ الْوَلَدِ ثَقِيْلَةٌ
٢) طَعْمُ اللَّبَنِ طَيِّبٌ
٣) دَمْعُ التَّائِبِيْنَ صَادِقٌ
٤) حَدِيْثُ الْأَنْبِيَاءِ صَادِقٌ
٥) صَوْتُ الْمُؤَذِّنِ عَالٍ
٦) يَدَا الطِّفْلِ وَسِخَتَانِ
٧) جَنَاحَا الطَّيْرِ طَوِيْلَانِ
٨) آلِهَةُ الْمُشْرِكِيْنَ أَصْنَامٌ
٩) آيَاتُ هٰذِهِ السُّوْرَةِ قَصِيْرَةٌ
١٠) عِلْمُ إِمَامِ الْمَسْجِدِ عَمِيْقٌ
١١) قُبُوْرُ الْجَدَّاتِ عِنْدَ الشَّجَرَةِ
١٢) مُعَلِّمُو الْمَدْرَسَةِ مُخْلِصُوْنَ

The خَبَرٌ as a جُمْلَةٌ فِعْلِيَّةٌ

A جُمْلَةٌ فِعْلِيَّةٌ can also become the خَبَرٌ of the مُبْتَدَأٌ.

اللهُ خَلَقَ السَّمَاءَ وَالْأَرْضَ

In this example, the جُمْلَةٌ صُغْرَى, i.e. خَلَقَ السَّمَاءَ وَالْأَرْضَ, becomes the خَبَرٌ of the جُمْلَةٌ كُبْرَى.

خَبَرٌ				مُبْتَدَأٌ
الْأَرْضَ	وَ	السَّمَاءَ	خَلَقَ	اللهُ
مَعْطُوْفٌ	حَرْفُ عَطْفٍ	مَعْطُوْفٌ عَلَيْهِ		
مَفْعُوْلٌ بِهِ			فِعْلٌ وَفَاعِلٌ (هُوَ)	

Translation

When the خَبَرٌ is a جُمْلَةٌ فِعْلِيَّةٌ, it will be translated in the same manner as when the خَبَرٌ is a جُمْلَةٌ اسْمِيَّةٌ, as per the following steps:

اللهُ خَلَقَ (هُوَ) السَّمَاءَ وَالْأَرْضَ

1. Translate the خَبَرٌ on its own;

   He created the skies and the earth.

2. Replace the عَائِدٌ in the خَبَرٌ with the مُبْتَدَأٌ.
   The عَائِدٌ in this sentence is the ضَمِيْرٌ مُسْتَتِرٌ within خَلَقَ.

   Allah created the skies and the earth.

Be sure not to repeat the noun and the pronoun.

Allah created the skies and the earth. ✓
Allah is he created the skies and the earth. ✗

Vocab

English	Arabic	English	Arabic
to repent	تَابَ يَتُوْبُ تَوْبَةً	to take out	أَخْرَجَ يُخْرِجُ إِخْرَاجًا
to study	دَرَسَ يَدْرُسُ دَرْسًا	to rest	اِسْتَرَاحَ يَسْتَرِيْحُ اسْتِرَاحَةً
to read, study	طَالَعَ يُطَالِعُ مُطَالَعَةً	to act proudly	اِسْتَكْبَرَ يَسْتَكْبِرُ اسْتِكْبَارًا
to clean	طَهَّرَ يُطَهِّرُ تَطْهِيْرًا	to wait	اِنْتَظَرَ يَنْتَظِرُ انْتِظَارًا

Exercise 3

Translate the following.

١) ﴿أُولَٰئِكَ يُؤْمِنُونَ بِهِ﴾

٢) ﴿اللَّهُ يَرْزُقُهَا وَإِيَّاكُمْ﴾

٣) ﴿اللَّهُ يَعْلَمُ أَعْمَالَكُمْ﴾

٤) ﴿أَنْتُمْ تَتْلُونَ الْكِتَابَ﴾

٥) ﴿هُمْ يَكْفُرُونَ بِالرَّحْمَٰنِ﴾

٦) ﴿أُولَٰئِكَ يَدْعُونَ إِلَى النَّارِ﴾

٧) ﴿هُوَ يَقْبَلُ التَّوْبَةَ عَنْ عِبَادِهِ﴾

٨) ﴿إِنَّهُمْ كَفَرُوا بِاللَّهِ وَرَسُولِهِ﴾

٩) ﴿إِنَّ اللَّهَ يَغْفِرُ الذُّنُوبَ جَمِيعًا﴾

١٠) ﴿إِنَّكَ لَتَدْعُوهُمْ إِلَىٰ صِرَاطٍ مُسْتَقِيمٍ﴾

١١) ﴿إِنَّهُمُ اتَّخَذُوا الشَّيَاطِينَ أَوْلِيَاءَ﴾

١٢) ﴿اللَّهُ يَدْعُو إِلَى الْجَنَّةِ وَالْمَغْفِرَةِ﴾

Exercise 4

Rewrite the following sentences as a جُمْلَةٌ اسْمِيَّةٌ by making the underlined words the مُبْتَدَأٌ.

١) اِسْتَيْقَظَتِ **الْبِنْتُ**

٢) لَنْ تَظْلِمَ **الْأُمَّهَاتُ**

٣) سَمِعَتِ **الْأُخْتَانِ**

٤) تَجْلِسُ **الْأَخَوَاتُ**

٥) خَلَقَ **اللهُ** السَّمَاوَاتِ

٦) خَلَقَ اللهُ **السَّمَاوَاتِ**

٧) لَا يَظْلِمُ **الْمُلُوكُ** النَّاسَ

٨) لَا يَظْلِمُ الْمُلُوكُ **النَّاسَ**

٩) لَنْ تَقْرَءَ **خَدِيْجَةُ** الْكِتَابَيْنِ

١٠) مَا تَعْرِفُ فَاطِمَةُ **زَيْنَبَ**

١١) مَا قَرَءَتِ **الْبِنْتَانِ** الْقُرْآنَ

١٢) جَعَلَ اللهُ **الْإِسْلَامَ** دِيْنًا

١٣) آتَى اللهُ **عِيسَى** الْإِنْجِيلَ

١٤) جَعَلَ **اللهُ** مُحَمَّدًا رَسُوْلًا

١٥) جَعَلَ اللهُ **مُحَمَّدًا** رَسُوْلًا

١٦) وَعَدَ اللهُ **الْمُؤْمِنِيْنَ** الْجَنَّةَ

١٧) خَسِرَ **الظَّالِمُوْنَ** خُسْرَانًا

١٨) يُطِيْعُ الْمُسْلِمُوْنَ **الرَّسُوْلَ** رَغَبًا

Summary

Nested Sentences			
جُمْلَةٌ صُغْرَى			
خَبَرٌ	جُمْلَةٌ اسْمِيَّةٌ		زَيْدٌ وَلَدُهُ قَائِمٌ
	جُمْلَةٌ فِعْلِيَّةٌ	مَاضٍ	زَيْدٌ قَامَ
		مُضَارِعٌ	زَيْدٌ يَقُوْمُ

Past Tense with a فِعْلٌ مُضَارِعٌ

When the past tense is coupled with a فِعْلٌ مُضَارِعٌ, they denote the past continuous or past habitual tense.

Past Tense *(Verb, Noun, Context)*	+	فِعْلٌ مُضَارِعٌ *(Word or Meaning)*	=	Past Continuous Tense Past Habitual tense

The فِعْلٌ نَاقِصٌ of كَانَ is commonly used with a فِعْلٌ مُضَارِعٌ to give this tense.

	كَانَ [past] زَيْدٌ يَقْرَأُ [مُضَارِعٌ]
Past Habitual	*Zaid used to read.*
Past Continuous	*Zaid was reading.*

The tarkib of this written as follows:

فِعْلٌ نَاقِصٌ	اسْمُ كَانَ	خَبَرُ كَانَ	
كَانَ	النَّاسُ	يَعْبُدُوْنَ	الْأَصْنَامَ
		فِعْلٌ وَفَاعِلٌ (و)	مَفْعُوْلٌ بِهِ

Some verbs will be translated as the simple past tense even if they are preceded by كَانَ.

كَانُوْا يعلَمُوْنَ

They knew. ✓

They used to know. ✗

Exercise 5

Translate the following.

١) كَانُوْا يَظْلِمُوْنَ أَنْفُسَهُمْ

٢) ﴿كَانُوا يَكْفُرُوْنَ بِآيَاتِ اللهِ﴾

٣) كَانَ رَسُولُ اللهِ ﷺ يَخْطُبُ قَائِمًا

٤) ﴿كُنْتُمْ تَسْتَكْبِرُوْنَ فِي الْأَرْضِ﴾

٥) ﴿كُنْتُمْ تُؤْمِنُوْنَ بِاللهِ وَالْيَوْمِ الْآخِرِ﴾

٦) كَانَ ثَمُوْدُ قَوْمُ صَالِحٍ يَعْبُدُوْنَ أَصْنَامًا

٧) كَانَ الْمُسْلِمُوْنَ يَصُوْمُوْنَ فِيْ رَمَضَانَ

٨) أَكَانَ الطُّلَّابُ كُلُّهُمْ يَدْرُسُوْنَ الْبَارِحَةَ؟

٩) كَانَ النَّاسُ يُسَافِرُوْنَ عَلَى الْإِبِلِ وَعَلَى الْحِمَارِ

١٠) كَانَ رَسُولُ اللهِ ﷺ يَذْهَبُ لِصَلَاةِ الْعِيْدِ مَاشِيًا

١١) كان نَبِيُّنَا مَحَمَّدٌ ﷺ يَصُوْمُ يَوْمَ عَرَفَةَ وَيَوْمَ عَاشُوْرَاءَ

١٢) كَانَ الْمَلِكُ الظَّالِمُ فِرْعَوْنُ يَظْلِمُ قَوْمَ مُوْسَى بَنِيْ إِسْرَائِيْلَ

Notes

Sometimes, a sentence may have both إِنَّ and كَانَ.

إِنَّ زَيْدًا كَانَ يَذْهَبُ إِلَى الْمَسْجِدِ

Indeed, Zaid used to go to the masjid.

The tarkib of this is written as follows:

حَرْفٌ مُشَبَّهٌ بِالْفِعْلِ	اسْمُ إِنَّ	خَبَرُ إِنَّ		
إِنَّ	**زَيْدًا**	**كَانَ**	**يَذْهَبُ**	**إِلَى الْمَسْجِدِ**
			فِعْلٌ، فَاعِلٌ (هُوَ)	مَفْعُوْلٌ فِيْهِ غَيْرُ صَرِيْحٍ
		فِعْلٌ نَاقِصٌ ، اِسْمُ كَانَ (هو)	خَبَرُ كَانَ	

Exercise 6

Translate the following.

١) إِنَّ إِبْرَاهِيْمَ كَانَ نَبِيًّا

٢) إِنَّ فِرْعَوْنَ كَانَ مِنَ الْمُفْسِدِيْنَ

٣) إِنِّيْ كُنْتُ أَنْتَظِرُ لَكَ فِيْ ذٰلِكَ الْمَوْضِعِ

٤) إِنَّ الصَّحَابَةَ كَانُوْا يَعْتَصِمُوْنَ بِاللهِ جَمِيْعًا

٥) إِنَّ الْمُفْسِدِيْنَ كَانُوْا يُفْسِدُوْنَ فِي الْأَرْضِ

٦) إِنَّ الْمُرْسَلِيْنَ كُلَّهُمْ كَانُوْا يَدْعُوْنَ إِلَى اللهِ

٧) إِنَّ جَدِّيْ كَانَ يَسْتَرِيْحُ فِي رَمَضَانَ بَعْدَ الظُّهْرِ

٨) إِنَّ عَادًا وَثَمُوْدَ كَانُوْا يَسْتَكْبِرُوْنَ فِي الْأَرْضِ

٩) إِنَّ الْأَوْلَادَ كَانُوْا يَلْعَبُوْنَ فِي الْحَدِيْقَةِ الْبَارِحَةَ

١٠) إِنَّ الصَّحَابَةَ كَانُوْا يُؤْثِرُوْنَ إِخْوَانَهُمْ عَلَى أَنْفُسِهِمْ

١١) إِنَّ الطُّلَّابَ الْمُجْتَهِدُوْنَ كَانُوْا يُطَالِعُوْنَ كُتُبَهُمْ لَيْلًا

١٢) إِنَّ النَّاسَ كَانُوْا يَدْخُلُوْنَ الْمَسْجِدَ يَوْمَ الْجُمُعَةِ مِنْ ذٰلِكَ الْبَابِ

The Anticipatory Pronoun – ضَمِيرُ الشَّأْنِ

In English, we sometimes use the word it to introduce or anticipate the subject or object of a sentence.

It is good that she is studying more.

In this sentence, the pronoun it has no subject to which it is referring.

This is known as an anticipatory it; one which introduces or anticipates the subject or object.

Similarly, in Arabic, the pronoun هُوَ or هِيَ, or their مَنْصُوبٌ equivalent إِنَّهُ or إِنَّهَا, can be used as anticipatory pronouns.

The masculine anticipatory pronoun is called ضَمِيرُ الشَّأْنِ. The feminine anticipatory pronoun is called ضَمِيرُ الْقِصَّةِ.

In Arabic, the anticipatory pronouns allude to the importance of the subsequent statement. This is translated in various ways, and sometimes it is left untranslated.

هُوَ اللهُ أَحَدٌ

[The truth] is that Allah is One.

The tarkib of this is written as follows:

خَبَرٌ		مُبْتَدَأٌ
أَحَدٌ	اللهُ	هُوَ
خَبَرٌ	مُبْتَدَأٌ	

Exercise 7

Translate the following. Notice how the ضَمِيرُ الشَّأْنِ and ضَمِيرُ الْقِصَّةِ are used.

١) هِيَ السَّاعَةُ يَوْمٌ عَظِيمٌ

٢) هُوَ الْقُرآنُ مَوْعِظَةٌ وَشِفَاءٌ

٣) إِنَّهُ يَوْمُ الْجُمُعَةِ يَوْمُ الْعِيدِ

٤) إِنَّهُ شَهْرُ رَمَضَانَ شَهْرٌ مُبَارَكٌ

Differentiating Between مُبْتَدَأٌ and مُقَدَّمٌ Slots

If an اِسْمٌ comes at the beginning of a sentence, it could either be a مُبْتَدَأٌ or a مُقَدَّمٌ slot.

زَيْدًا رَأَيْتُ

In this example, زَيْدًا is مَنْصُوْبٌ and becomes the مَفْعُوْلٌ بِهِ مُقَدَّمٌ.

زَيْدٌ رَأَيْتُهُ

In this example, زَيْدٌ is مَرْفُوْعٌ and becomes the مُبْتَدَأٌ. It cannot be the مَفْعُوْلٌ بِهِ مُقَدَّمٌ as the verb after it already has its own مَفْعُوْلٌ بِهِ, i.e. ـهُ.

In these examples, the first word is مُعْرَبٌ, therefore the irab shows its function.

However, if the first word is مَبْنِيٌّ, the irab will not be apparent. Therefore, to determine whether the first word is a مُبْتَدَأٌ or a مَفْعُوْلٌ بِهِ مُقَدَّمٌ we will need to analyse the sentence in more detail.

If the verb after the noun has an عَائِدٌ referring to the مَفْعُوْلٌ بِهِ, the first word will be the مُبْتَدَأٌ; if it does not have an عَائِدٌ, it will become a مُقَدَّمٌ slot.

مُوْسَى رَأَيْتُ

In this example, the sentence after مُوْسٰى does not consist of an عَائِدٌ, therefore مُوْسَى is the مَفْعُوْلٌ بِهِ مُقَدَّمٌ, and is deemed to be مِنْصُوْبٌ.

مُوْسَى رَأَيْتُهُ

In this example, the sentence after مُوْسٰى consists of an عَائِدٌ, therefore مُوْسَى is the مُبْتَدَأٌ and is deemed to be مَرْفُوْعٌ.

This rule is used to determine the grammatical function of other مَبْنِيٌّ nouns such as أَسْمَاءُ الِاسْتِفْهَام.

مَنْ رَأَيْتَ؟	مَنْ رَأَيْتَهُ؟

Who did you see?

Exercise 8

Translate the following and identify the role of the words at the beginning of the sentence.

١) مَا غَرَبَتْ؟

٢) مَنْ تَغْتَابُ؟

٣) مَنْ تَغْتَابُهُ؟

٤) مَن يَّغْتَابُكَ؟

٥) مَنْ تَأْمُرُوْنَ؟

٦) مَنْ تَأْمُرُوْنَهُ؟

٧) مَن يَّأْمُرُكَ بِهَذَا؟

٨) مَنْ تَأْمُرُ بِهَذَا؟

٩) هٰذَا لَا يَنْفَعُكَ

١٠) ذٰلِكَ رَأَيْتُ

١١) مَنْ تَخْدَعِيْنَ؟

١٢) مَا فَعَلْتَ؟

١٣) مَنْ فَعَلَ هٰذَا؟

١٤) مَنْ فَهِمَ الدَّرْسَ؟

١٥) مَا فَهِمَ الطَّالِبُ؟

١٦) كَمْ كَبْشًا ذَبَحْتَ؟

١٧) كَمْ مِنْ كَبْشٍ ذَبَحْتَهُ!

١٨) مَنْ أَغْرَقَ فِرْعُوْنَ؟

١٩) مُوْسَى اتَّبَعَ التَّوْرَاةَ

٢٠) مُوْسَى اتَّبَعَهُ بَنُوْ إِسْرَائِيْلَ

٢١) مُوْسَى اتَّبَعَ بَنُوْ إِسْرَائِيْلَ

٢٢) مَنْ نَجَّى بَنِي إِسْرَائِيْلَ؟

٢٣) مَنْ نَجَّاهُمُ اللهُ مِنْ فِرْعَوْنَ؟

٢٤) مَنْ نَجَّى اللهُ مِنْ فِرْعَوْنَ؟

٢٥) كَمْ طَالِبًا حَضَرَ الدَّرْسَ؟

٢٦) كَمْ طَالِبًا رَأَيْتَ فِي الدَّرْسِ؟

٢٧) عِيْسَى أَنْزَلَ اللهُ عَلَيْهِ الْإِنْجِيْلَ

Summary: Tarkib of أَسْمَاءُ الِاسْتِفْهَامِ

<table>
<tr><td rowspan="2">مَنْ
مَا
مَاذَا
كَمْ</td><td>Not followed by an عَائِدٌ referring to the اِسْمُ الِاسْتِفْهَامِ</td><td>Becomes a مُقَدَّمٌ slot of the sentence</td><td>مَنْ سَمِعْتَ؟</td></tr>
<tr><td>Followed by an عَائِدٌ referring to the اِسْمُ الِاسْتِفْهَامِ</td><td>Becomes the مُبْتَدَأٌ, and the sentence after it becomes the خَبَرٌ</td><td>مَنْ سَمِعْتَهُ؟</td></tr>
</table>

Part 2: جُمْلَةٌ صُغْرَى as a مَفْعُوْلٌ بِهِ

The مَفْعُوْلٌ بِهِ can occur as a جُمْلَةٌ صُغْرَى when it is a quotation.
There are two types of quotations:

1. Quotations without أَنْ
2. Quotations with أَنْ

Quotation Without أَنْ

The quotation of the verbs قَالَ, يَقُوْلُ, قُلْ (to say), and سَأَلَ, يَسْأَلُ, سَلْ (to ask) occur without the particle أَنْ.

The quotation can be a جُمْلَةٌ اسْمِيَّةٌ.

قَالَ الرَّجُلُ: اَللهُ رَحِيْمٌ

The man said: Allah is merciful.

The tarkib of this is written as follows:

مَفْعُوْلٌ بِهِ		فَاعِلٌ	فِعْلٌ
رَحِيْمٌ	اللهُ	الرَّجُلُ	قَالَ
خَبَرٌ	مُبْتَدَأٌ		

The quotation can also be a جُمْلَةٌ فِعْلِيَّةٌ

قَالَ الرَّجُلُ: خَلَقَ اللهُ السَّمَاءَ

The man said: Allah created the sky.

The tarkib of this is written as follows:

مَفْعُوْلٌ بِهِ			فَاعِلٌ	فِعْلٌ
السَّمَاءَ	اللهُ	خَلَقَ	الرَّجُلُ	قَالَ
مَفْعُوْلٌ بِهِ	فَاعِلٌ	فِعْلٌ		

Notes

The addressee is given as a مَفْعُوْلٌ بِهِ غَيْرُ صَرِيْحٍ with the حَرْفُ جَارٍّ of لِ.

قُلْنَا لَكَ: اِجْلِسْ هُنَا

We said to you: Sit here.

430

Exercise 1

Translate the following.

١) ﴿قَالُوْا نَعْبُدُ أَصْنَامًا﴾

٢) ﴿قَالُوْا اتَّخَذَ اللهُ وَلَدًا﴾

٣) ﴿قَالُوْا إِنَّا كُنَّا ظَالِمِيْنَ﴾

٤) ﴿قَالُوْا آمَنَّا بِرَبِّ الْعَالَمِيْنَ﴾

٥) قَالَ لُقْمَانُ لِابْنِهِ: ﴿اُشْكُرْ لِلّٰهِ﴾

٦) ﴿قُلْنَا لِلْمَلَائِكَةِ اسْجُدُوْا لِآدَمَ﴾

٧) ﴿قَالُوْا آمَنَّا بِرَبِّ هَارُوْنَ وَمُوْسَى﴾

٨) ﴿كُنْتُمْ تَقُوْلُوْنَ عَلَى اللهِ غَيْرَ الْحَقِّ﴾

٩) أَلَمْ أَسْأَلْكَ لِمَاذَا لَمْ تَحْفَظْ دُرُوْسَكَ

١٠) يَقُوْلُ الْمُؤْمِنُوْنَ: مَا لَنَا مِنْ إِلٰهٍ غَيْرُ اللهِ

١١) قَالَ الْأَنْبِيَاءُ لِقَوْمِهِمْ: لَا نَسْأَلُكُمْ مِنْ أَجْرٍ

١٢) يَسْأَلُوْنَ مَنْ خَلَقَ الْأَرْضَ وَالسَّمَاوَاتِ السَّبْعَ

١٣) قَالَ الرُّسُلُ لِقَوْمِهِمْ: لَا تَتَّخِذُوْا الْأَصْنَامَ آلِهَةً

١٤) ﴿قَالَ مُوسَى لِقَوْمِهِ ... إِنَّكُمْ ظَلَمْتُمْ أَنْفُسَكُمْ﴾

١٥) قَالَ الْأُسْتَاذُ: الْفِعْلُ ثَلَاثَةُ أَقْسَامٍ مَاضٍ وَمُضَارِعٌ وَأَمْرٌ

١٦) سَأَلَ يَعْقُوْبُ عليه السلام أَبْنَائَهُ ﴿مَا تَعْبُدُوْنَ مِنْ بَعْدِي﴾؟
فَقَالُوْا: ﴿نَعْبُدُ إِلٰهَكَ وَإِلٰهَ آبَائِكَ إِبْرَاهِيْمَ وَإِسْمَاعِيْلَ
وَإِسْحَاقَ إِلٰهًا وَاحِدًا﴾

Quotations with أَنْ

The quotation of all other verbs is usually preceded by أَنْ. This is known as أَنْ التَّفْسِيْرِيَّةُ. It is غَيْرُ عَامِلٍ and is not translated.

﴿أَوْحَيْتُ إِلَى الْحَوَارِيِّيْنَ أَنْ آمِنُوْا بِيْ وَبِرَسُوْلِيْ﴾

I inspired the helpers (of Isa): Believe in me and my messenger.

The tarkib of this is written as follows:

مَفْعُوْلٌ بِهٖ		أَنْ التَّفْسِيْرِيَّةُ	مَفْعُوْلٌ بِهٖ ثَانٍ غَيْرُ صَرِيْحٍ	فِعْلٌ وَفَاعِلٌ (ت)
بِيْ وَبِرَسُوْلِيْ	آمِنُوْا	أَنْ	إِلَى الْحَوَارِيِّيْنَ	أَوْحَيْتُ
مَفْعُوْلٌ بِهٖ غَيْرُ صَرِيْحٍ	فِعْلٌ وَفَاعِلٌ (و)			

Some verbs which require an أَنْ تَفْسِيْرِيَّةٌ are listed below.

English	Arabic	English	Arabic
to write, enjoin	كَتَبَ يَكْتُبُ كِتَابَةً	to send	أَرْسَلَ يُرْسِلُ إِرْسَالًا
to call out	نَادَى يُنَادِيْ مُنَادَاةً	to inspire, reveal	أَوْحَى يُوْحِيْ إِيْحَاءً
to advise, order	وَصَّى يُوَصِّيْ تَوْصِيَةً	to make a covenant	عَهِدَ يَعْهَدُ عَهْدًا

Vocab

English	Arabic	English	Arabic
stomach	بَطْنٌ ج بُطُوْنٌ	name	اِسْمٌ ج أَسْمَاءٌ
misguided	ضَالٌّ ج وْنَ	finger	إِصْبَعٌ ج أَصَابِعُ (مث)
evening	عِشَاءٌ	exam	اِمْتِحَانٌ ج اتٌ
religion, creed	مِلَّةٌ ج مِلَلٌ	people	أَهْلٌ

Exercise 2

Translate the following.

١) ﴿أَوْحَيْنَا إِلَيْكَ أَنِ اتَّبِعْ مِلَّةَ إِبْرَاهِيمَ﴾

٢) ﴿وَصَّيْنَا﴾ هُمْ ﴿وَإِيَّاكُمْ أَنِ اتَّقُوا اللهَ﴾

٣) ﴿أَوْحَيْنَا إِلَى رَجُلٍ مِنْهُمْ أَنْ أَنْذِرِ النَّاسَ﴾

٤) ﴿لَقَدْ بَعَثْنَا فِي كُلِّ أُمَّةٍ رَسُوْلًا أَنِ اعْبُدُوا اللهَ﴾

٥) ﴿إِنَّا أَرْسَلْنَا نُوْحًا إِلَى قَوْمِهِ أَنْ أَنْذِرْ قَوْمَكَ﴾

٦) ﴿أَلَمْ أَعْهَدْ إِلَيْكُمْ ... أَنْ لَا تَعْبُدُوا الشَّيْطَانَ﴾

٧) ﴿عَهِدْنَا إِلَى إِبْرَاهِيمَ وَإِسْمَاعِيلَ أَنْ طَهِّرَا بَيْتِيَ﴾

٨) ﴿وَصَّيْنَا الْإِنْسَانَ بِوَالِدَيْهِ أَنِ اشْكُرْ لِي وَلِوَالِدَيْكَ﴾

٩) ﴿وَصَّيْنَا ... إِبْرَاهِيمَ وَمُوسَى وَعِيسَى أَنْ أَقِيْمُوا الدِّيْنَ﴾

١٠) ﴿لَقَدْ أَرْسَلْنَا مُوسَى بِآيَاتِنَا أَنْ أَخْرِجْ قَوْمَكَ مِنَ الظُّلُمَاتِ إِلَى النُّورِ﴾

Different Types of Verbs with Quotations

The following table explains the difference between types of verbs which have quotations.

Verbs with Quotations	قَالَ/ سَأَلَ	No Additions	قُلْتُ: أُنْصُرْنِي
	Other Verbs	أَنْ التَّفْسِيْرِيَّة	نَادَيْتُ أَنِ انْصُرْنِي

Summary

Nested Sentences			
جُمْلَةٌ صُغْرَى			
مَفْعُوْلٌ بِهِ	قَالَ يَقُوْلُ قُلْ، سَأَلَ يَسْأَلُ سُؤَالًا	Without أَنْ	قَالَ زَيْدٌ: أُنْصُرْنِي
	Other Verbs	With أَنْ	نَادَى زَيْدٌ أَنِ انْصُرْنِي

Part 3: حَالٌ as a جُمْلَةٌ صُغْرَى

The حَالٌ can occur as a جُمْلَةٌ صُغْرَى, either an اسْمِيَّةٌ or فِعْلِيَّةٌ.

حَالٌ as a جُمْلَةٌ فِعْلِيَّةٌ

When the حَالٌ is a جُمْلَةٌ فِعْلِيَّةٌ, the verb in the حَالٌ is either a فِعْلٌ مَاضٍ or a فِعْلٌ مُضَارِعٌ.

The حَالٌ as a جُمْلَةٌ فِعْلِيَّةٌ with a فِعْلٌ مُضَارِعٌ

If the حَالٌ occurs as a sentence with a فِعْلٌ مُضَارِعٌ, it comes after the main sentence without any additions.

This type of حَالٌ represents an action which occurs simultaneously with the main verb.

This is translated using the present tense of the verb, without the subject.

رَأَيْتُ زَيْدًا يُصَلِّي

I saw Zaid praying.

(I saw Zaid, he is praying.)

The tarkib of this is written as follows:

حَالٌ مِنَ الْمَفْعُوْلِ بِهِ	مَفْعُوْلٌ بِهِ	فِعْلٌ وَفَاعِلٌ (تُ)
يُصَلِّي	زَيْدًا	رَأَيْتُ
فِعْلٌ وَفَاعِلٌ (هُوَ)		

Notes

One sentence can have two حَالٌ without a حَرْفُ الْعَطْفِ between them. The word and can be added in the translation.

رَأَيْتُ زَيْدًا سَاجِدًا يَدْعُوا اللهَ

I saw Zaid prostrating and praying to Allah.

The tarkib of this is written as follows:

حَالٌ		حَالٌ	مَفْعُوْلٌ بِهِ	فِعْلٌ وَفَاعِلٌ (تُ)
اللهَ	يَدْعُوا	سَاجِدًا	زَيْدًا	رَأَيْتُ
مَفْعُوْلٌ بِهِ	فِعْلٌ وَفَاعِلٌ (هُوَ)			

Exercise 1

Translate the following sentences.

١) نَدْعُو اللهَ رَبَّنَا نَسْتَعِيْنُهُ

٢) طَافَ النَّاسُ يَذْكُرُوْنَ اللهَ

٣) هَلْ سَمِعْتُمُوْهُمْ يَغْتَابُوْنَ النَّاسَ؟

٤) رَأَيْتُ الإِمَامَ فِي الْمَسْجِدِ يَخْطُبُ

٥) لَبِثَتِ الْأُمُّ أَيَّامًا تَحْزَنُ عَلَى وَلَدِهَا

٦) رَأَيْتُ النَّاسَ يَطُوْفُوْنَ حَوْلَ الْكَعْبَةِ

٧) وَجَدتُّ هٰؤُلَاءِ التُّجَّارَ يَخْدَعُوْنَ النَّاسَ

٨) رَأَيْنَا أُولٰئِكَ الشَّبَابَ يُقِيْمُوْنَ الصَّلَاةَ

٩) وَجَدَ أَهْلُ مَكَّةَ آبَاءَهُمْ يَعْبُدُوْنَ الْأَصْنَامَ

١٠) سَمِعْتُ زَيْدًا يَقْرَأُ الْقُرْآنَ بَعْدَ صَلَاةِ الْفَجْرِ

١١) يَقُوْمُ الْمُتَّقُوْنَ لَيَالِيَ رَمَضَانَ يَخْتِمُ الْقُرْآنَ كُلَّهُ

١٢) رَأَيْنَا النَّاسَ فِي الْمَسْجِدِ قَبْلَ الْمَغْرِبِ يَتْلُوْنَ الْقُرْآنَ

١٣) لَبِثَ النَّبِيُّ مُحَمَّدٌ ﷺ فِي مَكَّةَ سِنِيْنَ يَدْعُو قَوْمَهُ

١٤) قَامَتِ الْمُعَلِّمَةُ أَمَامَ بَابِ الْمَدْرَسَةِ تُكَلِّمُ أُمَّ فَاطِمَةَ

١٥) يَصُوْمُ الْمُسْلِمُوْنَ أَيَّامَ رَمَضَانَ يَبْتَغُوْنَ أَجْرَ الْآخِرَةِ

١٦) ﴿اللهُ أَخْرَجَكُمْ مِنْ بُطُونِ أُمَّهَاتِكُمْ لَا تَعْلَمُونَ شَيْئًا﴾

Exercise 2

Join the following sentences.

١) أَوْحَى اللهُ إِلَى الْأَنْبِيَاءِ أَنِ اعْبُدُوْا اللهَ لَا تُشْرِكُوْنَ بِهِ شَيْئًا

٢) يَحْشُرُ اللهُ النَّاسَ يَوْمَ الْقِيَامَةِ مِنْ قُبُوْرِهِمْ لَا يَمْلِكُ بَعْضُهُمْ لِبَعْضٍ شَيْئًا

٣) جَلَسَ النَّاسُ فِي بُيُوْتِهِمْ بَعْدَ صَلَاةِ الْمَغْرِبِ يَأْكُلُوْنَ الْعَشَاءَ مَعَ أَهْلِهِمْ

٤) ضَرَبَ فَاطِمَةَ الصَّغِيْرَةَ أَخُوْهُ أَحْمَدُ فَذَهَبَتْ إِلَى أُمِّهِمَا تَبْكِيْ وَتَشْتَكِيْهِ إِلَيْهَا

٥) كَانَ طُلَّابُ هٰذِهِ الْمَدْرَسَةِ يَجْلِسُوْنَ فِي اللَّيْلِ يَقْرَأُوْنَ كُتُبَهُمْ وَيَحْفَظُوْنَ دُرُوْسَهُمْ لِلِامْتِحَانِ

٦) إِنَّ الْمُسْلِمِيْنَ صَلَّوْا صَلَاةَ الْفَجْرِ فِي مَسْجِدِ الرَّسُوْلِ ﷺ مُجْتَمِعِيْنَ ثُمَّ جَلَسُوا بَعْدَهَا يَذْكُرُوْنَ اللهَ

٧) أَهْلُ مَكَّةَ وَجَدُوْا آبَائَهُمْ يَعْبُدُوْنَ الْأَصْنَامَ وَيَسْجُدُوْنَ لَهَا وَيَذْبَحُوْنَ لَهَا فَاتَّبَعُوْهُمْ وَضَلُّوْا عَنِ الصِّرَاطِ الْمُسْتَقِيْمِ

٨) يَوْمَ الْأَحَدِ ذَهَبْتُ إِلَى الْحَدِيْقَةِ مَعَ أَبِيْ وَأُمِّيْ وَأَخِيْ وَأَخَوَاتِي الثَّلَاثَةِ فَجَلَسْنَا آكِلِيْنَ شَارِبِيْنَ نَنْظُرُ إِلَى الشَّمْسِ تَغْرُبُ

The حَالٌ as a جُمْلَةٌ فِعْلِيَّةٌ with a فِعْلٌ مَاضٍ

If the حَالٌ occurs as a sentence with a فِعْلٌ مَاضٍ, it comes after the main sentence.

The particle وَ must be added before the حَالٌ. This وَاوٌ is known as وَاوٌ حَالِيَّةٌ. This is often followed by the particle قَدْ.

This type of حَالٌ can have two meanings:

1. A state prior to the occurrence of the main verb.
   This can be translated as but, already or after.

   جِئْتُ وَقَدْ خَرَجْتَ

   I came but you had already left.
   I came after you had left.
   You had already left when I came.

   In this example, خَرَجْتَ occurred prior to جِئْتُ.

2. A contrast to the meaning in the main sentence. This can be translated as even though, although, whereas, etc.

   لِمَ لَمْ تُصَلِّ وَقَدْ أَمَرْتُكَ

   Why did you not pray even though I instructed you to?
   Why did you not pray although I instructed you to?

The tarkib of this is written as follows:

حَالٌ	حَرْفُ تَحْقِيْقٍ	وَاوٌ حَالِيَّةٌ	فِعْلٌ وَفَاعِلٌ (تُ)
خَرَجْتَ	قَدْ	وَ	جِئْتُ
فِعْلٌ وَفَاعِلٌ (تَ)			

Notes

A حَالٌ with a negative past tense meaning is comprised of a فِعْلٌ مُضَارِعٌ with لَمْ.

اِجْتَمَعَ النَّاسُ وَلَمْ يَأْتِ الْإِمَامُ بَعْدُ

The people have gathered but the imam has not come yet.

Exercise 3

Translate the following.

١) كَيْفَ تُصَلِّيْ وَلَمْ تَتَوَضَّأْ؟

٢) لَا آمَنُكَ وَقَدْ خَدَعْتَنِيْ مِرَارًا

٣) لِمَ تَصِيْحُوْنَ وَقَدْ قَامَ النَّاسُ؟

٤) لَا تَأْخُذْ هٰذَا وَلَمْ يَأْذَنْ لَكَ أَبُوْكَ

٥) لِمَ تَغْضَبُ وَقَدْ قُلْتُ لَكَ الْحَقَّ؟

٦) كَيْفَ يَدْخُلُ الْجَنَّةَ وَقَدْ كَفَرَ بِاللهِ؟

٧) لِمَ تَكْذِبِيْنَ وَقَدْ حَرَّمَ اللهُ الْكَذِبَ؟

٨) جَاءَ زَيْدٌ يَأْكُلُ وَجَاءَ أَحْمَدُ وَقَدْ أَكَلَ

٩) كَيْفَ يُفْلِحُوْنَ وَقَدْ كَذَّبُوا الرُّسُلَ وَقَتَلُوْهُمْ؟

١٠) لِمَ لَمْ تَحُجَّ وَقَدْ رَزَقَكَ اللهُ مَالًا وَصِحَّةً؟

١١) كَيْفَ يَكُوْنُ الصَّنَمُ إِلٰهً وَقَدْ صَنَعَوْهُ بِأَيْدِيْهِمْ

١٢) أَكَلَ الطِّفْلُ الصَّائِمُ وَلَمْ تَغْرُبِ الشَّمْسُ بَعْدُ

١٣) رَجَعَ الْحُجَّاجُ إِلَى الْبُيُوْتِ وَقَدْ غَفَرَ اللهُ لَهُمْ

١٤) يَتَعَجَّبُ الْكَافِرُ مِنَ الْبَعْثِ وَقَدْ خَلَقَهُ اللهُ أَوَّلَ مَرَّةٍ

١٥) اَلْيَوْمَ أَنْفَقَ الْغَنِيُّ أَلْفَ دِيْنَارٍ وَقَدْ أَنْفَقَ أَمْسِ أَلْفَيْنِ

١٦) كَيْفَ تَنْجَحُ فِي الامْتِحَانِ وَكُنْتَ تُضَيِّعُ وَقْتَكَ

١٧) أَكَلَ زَيْدٌ أَمَامَ أُخْتِهِ الصَّائِمَةِ وَقَدْ نَهَتْهُ أُمُّهُ عَنْ ذٰلِكَ

١٨) لِمَ يَسْجُدُوْنَ لِلْأَصْنَامِ وَقَدْ صَنَعُوْهَا بِأَيْدِيْهِمْ؟

Exercise 4

Join the following sentences by making the second sentence a حَالٌ. Add وَاوٌ حَالِيَّةٌ and/or قَدْ as necessary.

١) نَبْدَأُ الدَّرْسَ / نَقُوْلُ بِسْمِ اللهِ

٢) لِمَ لَا نَتَّبِعُ الرُّسُلَ / هَدَاهُمْ اللهُ

٣) كَيْفُ يَأْكُلُ الصَّائِمُ / طَلَعَتِ الشَّمْسُ

٤) لِمَ لَا تَأْكُلُ الصَّائِمَةُ / غَرَبَتِ الشَّمْسُ

٥) نَمْشِيْ فِيْ الْحَدِيْقَةَ / نَنْظُرُ إِلَى الْجِبَالِ

٦) وَصَلْنَا إِلَى الْمَسْجِدِ / قَامَ الْإِمَامُ لِلْخُطْبَةِ

حَالٌ as جُمْلَةٌ اسْمِيَّةٌ

When the حَالٌ is a جُمْلَةٌ اسْمِيَّةٌ, it will be preceded by a وَاوٌ حَالِيَّةٌ.

This type of حَالٌ can have two meanings:

1. A state which occurs simultaneously with the main verb. This can be translated as whilst.

جِئْتُ وَأَنْتَ نَائِمٌ

I came whilst you were sleeping.

2. A contrast to the meaning in the previous sentence. This can be translated as whilst, even though, although, whereas, etc.

يَعْبُدُوْنَ الْأَصْنَامَ وَهِيَ حِجَارَةٌ

They worship idols even though they are stones.

The tarkib of this is written as follows:

فِعْلٌ وَفَاعِلٌ (تُ)	وَاوٌ حَالِيَّةٌ	حَالٌ	
جِئْتُ	وَ	أَنْتَ	نَائِمٌ
		مُبْتَدَأٌ	خَبَرٌ

If the main sentence is negative, the حَالٌ can be translated as as long as.

لَا تَنَامُ الْأُمُّ وَالطِّفْلُ يَبْكِي

The mother does not sleep as long as the child is crying.

Exercise 5

Translate the following.

١) أَشْرَكُوْا بِاللهِ وَهُوَ خَلَقَهُمْ

٢) كَيْفَ تَعْصِي اللهَ وَهُوَ يَرَاكَ

٣) يَعْبُدُوْنَ الْأَصْنَامَ وَهِيَ حِجَارَةٌ

٤) لِمَ لَا تَتَّبِعُ الرُّسُلَ وَهُمْ مُهْتَدُوْنَ

٥) نَعْبُدُ اللهَ وَنَحْنُ رَاجُوْنَ خَائِفُوْنَ

٦) ﴿أَخَذَهُمُ الْعَذَابُ وَهُمْ ظَالِمُوْنَ﴾

٧) لَا يُعَذِّبُهُمُ اللهُ ﴿وَهُمْ يَسْتَغْفِرُوْنَ﴾

٨) ﴿وَأَغْرَقْنَا آلَ فِرْعَوْنَ وَأَنْتُمْ تَنْظُرُوْنَ﴾

٩) رَجَعَ الْأَوْلَادُ مِنَ الْحَدِيْقَةِ وَهُمْ مَسْرُوْرُوْنَ

١٠) لَا نَعْبُدُ الْأَنْبِيَاءَ وَالْأَوْلِيَاءَ وَهُمْ عِبَادٌ أَمْثَالُنَا

١١) يَتَّخِذُ بَعْضُ النَّاسِ أَصْنَامًا آلِهَةً وَهِيَ حِجَارَةٌ

١٢) لَا يَحْتَرِمُ بَعْضُ الطُّلَّابِ الْعُلَمَاءَ وَهُمْ أَسَاتِذَتُهُمْ

437

Summary

<table>
<tr><td colspan="4">حَالٌ</td></tr>
<tr><td colspan="3">جُمْلَةٌ</td><td>اِسْمٌ</td></tr>
<tr><td>اسْمِيَّةٌ</td><td colspan="2">فِعْلِيَّةٌ</td><td></td></tr>
<tr><td></td><td>مَاضٍ</td><td>مُضَارِعٌ</td><td></td></tr>
<tr><td>جَلَسَ زَيْدٌ
وَالنَّاسُ قَائِمُوْنَ</td><td>جَاءَ زَيْدٌ
وَقَدْ ذَهَبَ النَّاسُ</td><td>جَاءَ زَيْدٌ
يَرْكَبُ</td><td>جَاءَ زَيْدٌ
رَاكِبًا</td></tr>
<tr><td>Simultaneous state</td><td>Prior state</td><td colspan="2">Simultaneous state</td></tr>
<tr><td colspan="2">Contrast</td><td colspan="2"></td></tr>
</table>

Summary

<table>
<tr><td colspan="5">Nested Sentences</td></tr>
<tr><td colspan="5">جُمْلَةٌ صُغْرَى</td></tr>
<tr><td rowspan="4">خَبَرٌ</td><td colspan="3">جُمْلَةٌ اسْمِيَّةٌ</td><td>زَيْدٌ وَلَدُهُ قَائِمٌ</td></tr>
<tr><td rowspan="3">جُمْلَةٌ فِعْلِيَّةٌ</td><td colspan="2">مَاضٍ</td><td>زَيْدٌ قَامَ</td></tr>
<tr><td rowspan="2">مُضَارِعٌ</td><td></td><td>زَيْدٌ يَقُوْمُ</td></tr>
<tr><td>With past tense (كَانَ)</td><td>كَانَ زَيْدٌ يَقُوْمُ</td></tr>
<tr><td rowspan="2">مَفْعُوْلٌ بِهِ</td><td colspan="3">قَالَ يَقُوْلُ قُلْ، سَأَلَ يَسْأَلُ سُؤَالًا</td><td>قَالَ زَيْدٌ: اُنْصُرْنِيْ</td></tr>
<tr><td colspan="3">Other Verbs</td><td>نَادَى زَيْدٌ أَنِ انْصُرْنِيْ</td></tr>
<tr><td rowspan="3">حَالٌ</td><td rowspan="2">جُمْلَةٌ فِعْلِيَّةٌ</td><td>مُضَارِعٌ</td><td>Simultaneous</td><td>جِئْتُ أَرْكَبُ</td></tr>
<tr><td>مَاضٍ</td><td>Prior
Contrast</td><td>جِئْتُ وَقَدْ خَرَجْتَ
لِمَ جِئْتَ وَقَدْ مَنَعْتُكَ</td></tr>
<tr><td colspan="2">جُمْلَةٌ اسْمِيَّةٌ</td><td>Simultaneous
Contrast</td><td>جِئْتُ وَأَنْتَ نَائِمٌ
جِئْتَ وَالْمَطَرُ يَنْزِلُ</td></tr>
</table>

Part 4: مَعْطُوْفٌ as a جُمْلَةٌ صُغْرَى

The مَعْطُوْفٌ can occur as a جُمْلَةٌ صُغْرَى if the مَعْطُوْفٌ عَلَيْهِ is a جُمْلَةٌ صُغْرَى.

زَيْدٌ جَاءَ وَذَهَبَ

Zaid came and went.

The sentences will be labelled as مَعْطُوْفٌ عَلَيْهِ and مَعْطُوْفٌ, as follows:

خَبَرٌ			مُبْتَدَأٌ
ذَهَبَ	وَ	جَاءَ	زَيْدٌ
فِعْلٌ وَفَاعِلٌ (هُوَ)		فِعْلٌ وَفَاعِلٌ (هُوَ)	
مَعْطُوْفٌ	حَرْفُ عَطْفٍ	مَعْطُوْفٌ عَلَيْهِ	

If the sentence before the حَرْفُ عَطْفٍ is an independent sentence, not a جُمْلَةٌ صُغْرَى, both sentences will be independent.

جَاءَ زَيْدٌ وَذَهَبَ

Zaid came and went.

In tarkib, each sentence will be labelled independently, as follows:

فِعْلٌ وَفَاعِلٌ (هُوَ)	حَرْفُ عَطْفٍ	فَاعِلٌ	فِعْلٌ
ذَهَبَ	وَ	زَيْدٌ	جَاءَ

Exercise 1

Translate the following sentences and state whether the sentence after وَ is independent or if it becomes مَعْطُوْفٌ.

١) يُحْيِي اللهُ وَيُمِيْتُ

٢) اللهُ يُحْيِي وَيُمِيْتُ

٣) إِنَّ اللهَ يَهْدِيْ وَيُضِلُّ

٤) صَلَّى الْمُسْلِمُوْنَ وَصَامُوْا

٥) كَانُوْا يُذْنِبُوْنَ ثُمَّ يَسْتَغْفِرُوْنَ

٦) نُؤْمِنُ بِالرُّسُلِ وَنَتَّبِعُهُمْ

٧) نَحْنُ آمَنَّا بِالرُّسُلِ وَاتَّبَعْنَاهُمْ

٨) الضُّيُوْفُ جَاءُوْا وَذَهَبُوْا

٩) وَصَلَ الضُّيُوْفُ وَدَخَلُوا الْبَيْتَ

١٠) اَلْأَنْبِيَاءُ يَصْدُقُوْنَ وَلَا يَكْذِبُوْنَ

١١) إِنَّ هٰؤُلَاءِ صَبَرُوْا وَلَمْ يَجْزَعُوْا

١٢) فَاطِمَةُ حَضَرَتِ الْيَوْمَ وَغَابَتْ أَمْسِ

١٣) اَلْيَوْمَ حَضَرَتْ فَاطِمَةُ وَغَابَتْ أَمْسِ

١٤) مَشَى النَّاسُ إِلَى الْمَسْجِدِ وَلَمْ يَرْكَبُوْا

Part 5: جُمْلَةٌ صُغْرَى as a بَدَلٌ

The بَدَلٌ can occur as a جُمْلَةٌ صُغْرَى. This will be punctuated by a semicolon.

> إِنَّ اللهَ أَنْعَمَ عَلَيْكَ جَعَلَكَ مُؤْمِنًا
>
> *Indeed, Allah bestowed his favour upon you; he made you a believer.*

The tarkib of this is written as follows:

خَبَرُ إِنَّ				اِسْمُ إِنَّ	حَرْفٌ مُشَبَّهٌ بِالْفِعْلِ
مُؤْمِنًا	**جَعَلَكَ**	**عَلَيْكَ**	**أَنْعَمَ**	**اللهَ**	**إِنَّ**
مَفْعُوْلٌ بِهِ ثَانٍ	فِعْلٌ وَفَاعِلٌ (هُوَ)، وَمَفْعُوْلٌ بِهِ	مَفْعُوْلٌ بِهِ	فِعْلٌ وَفَاعِلٌ (هُوَ)		
بَدَلٌ		مُبْدَلٌ مِنْهُ			

Part 6: مُضَافٌ إِلَيْهِ as a جُمْلَةٌ صُغْرَى

The مُضَافٌ إِلَيْهِ can occur as a جُمْلَةٌ صُغْرَى. The مُضَافٌ of these sentences are of two types:

1. Regular adverbs of time
2. Special adverbs of time

مُضَافٌ إِلَيْهِ as a Sentence with Regular Adverbs

The مُضَافٌ إِلَيْهِ of regular adverbs of time such as حِيْنٌ, سَنَةٌ, يَوْمٌ, etc. can occur as a جُمْلَةٌ صُغْرَى.

These adverbs are translated by placing the word the before the adverb of time, followed by the مُضَافٌ إِلَيْهِ.

يَوْمَ مَاتَتْ أُمُّهُ

the day his mother died

The tarkib of this is written as follows:

<table>
<tr><td colspan="3">مَفْعُوْلٌ فِيْهِ</td><td>فَاعِلٌ</td><td>فِعْلٌ</td></tr>
<tr><td>أُمُّهُ</td><td>مَاتَتْ</td><td>يَوْمَ</td><td>الرَّجُلُ</td><td>بَكَى</td></tr>
<tr><td>فَاعِلٌ</td><td>فِعْلٌ</td><td></td><td></td><td></td></tr>
<tr><td colspan="2">مُضَافٌ إِلَيْهِ</td><td>مُضَافٌ</td><td></td><td></td></tr>
</table>

Notes

حِيْنَ and its مُضَافٌ إِلَيْهِ can be translated as either the time or when.

حِيْنَ رَجَعَ وَلَدُهُ

the time/when his son returned

Exercise 1

Translate the following and write out the tarkib.

١) ... سَنَةَ مَاتَ جَدُّهُ

٢) ... حِيْنَ يَرَوْنَ الْعَذَابَ

٣) ... سَاعَةَ جَاءَ الضُّيُوْفُ

٤) ... صَبَاحَ نُسَافِرُ إِلَى مَكَّةَ

٥) ... مَسَاءَ رَجَعْنَا مِنَ السُّوْقِ

٦) ... لَيْلَةَ رَأَيْنَا هِلَالَ رَمَضَانَ

٧) ... يَوْمَ تَابُوْا مِنْ جَمِيْعِ ذُنُوْبِهِمْ

٨) ... أُسْبُوْعَ لَمْ تَحْضُرِ الدَّرْسَ لِمَرَضِكَ

Vocab

English	Arabic	English	Arabic
to get married	تَزَوَّجَ يَتَزَوَّجُ تَزَوُّجًا	to see	أَبْصَرَ يُبْصِرُ إِبْصَارًا
to take (life), (مَجْهُوْلٌ: die)	تَوَفَّى يَتَوَفَّى تَوَفِّيًا	to burn	اِحْتَرَقَ يَحْتَرِقُ اِحْتِرَاقًا
to narrate, relate	حَدَّثَ يُحَدِّثُ تَحْدِيْثًا	to disgrace	أَخْزَى يُخْزِيْ إِخْزَاءً
to uncover, remove,	كَشَفَ يَكْشِفُ كَشْفًا	to save	أَنْجَى يُنْجِيْ إِنْجَاءً

Exercise 2

Translate the following and write out the tarkib.

١) تَقْرَأُ الْأُمُّ الْكُتُبَ لَيْلًا حِيْنَ يَنَامُ الْأَوْلَادُ

٢) كَانَ رَسُوْلُ اللهِ ﷺ يَبْتَسِمُ حِيْنَ يَلْقَى النَّاسَ

٣) يَغْضَبُ جَدُّنَا حِيْنَ نَتَأَخَّرُ عَنِ الصَّلَاةِ أَوِ الدَّرْسِ

٤) حَزِنَ الصَّحَابَةُ كُلُّهُمْ رضي الله عنهم حِيْنَ مَاتَ رُسُوْلُ اللهِ ﷺ

٥) يَفْرَحُ الْأَوْلَادُ الصِّغَارُ يَوْمَ الْعِيْدِ حَيْنَ يَلْبَسُوْنَ ثِيَابَهُمُ الْجَدِيْدَةَ

٦) أَبُوْ عَبْدِ اللهِ يُسْرِعُ حِيْنَ يُكَلِّمُ النَّاسَ وَلَا يُسْرِعُ حِيْنَ يَتْلُو الْقُرْآنَ

٧) كَانَ الصَّحَابَةُ رضي الله عنهم يَتْبَعُوْنَ الرَّسُوْلَ ﷺ حِيْنَ يَأْمُرُهُمْ بِأَمْرٍ مِنَ اللهِ

٨) صَلَّى سَيِّدُنَا أَبُوْ بَكْرٍ رضي الله عنه بِالنَّاسِ فِي مَسْجِدِ الرَّسُوْلِ ﷺ حِيْنَ مَرِضَ

٩) الصَّائِمُوْنَ يَأْكُلُوْنَ التَّمَرَاتِ وَيَشْرَبُوْنَ الْمَاءَ حِيْنَ يَسْمَعُوْنَ أَذَانَ الْمَغْرِبِ

١٠) لَقَدْ حَزِنَتْ أُمُّ فَاطِمَةَ حُزْنًا شَدِيْدًا حِيْنَ مَاتَ ابْنُهَا الصَّغِيْرُ وَهُوَ ابْنُ سَنَتَيْنِ

١١) دَعَا سَيِّدُنَا إِبْرَاهِيْمُ عليه السلام: ﴿وَلَا تُخْزِنِي يَوْمَ يُبْعَثُوْنَ يَوْمَ لَا يَنْفَعُ مَالٌ وَلَا بَنُوْنَ﴾

١٢) قَالَ نَبِيُّ اللهِ إِبْرَاهِيْمُ عليه السلام ﴿اِغْفِرْ لِي وَلِوَالِدَيَّ وَلِلْمُؤْمِنِيْنَ يَوْمَ يَقُوْمُ الْحِسَابُ﴾

١٣) يَحْزَنُ الْآبَاءُ وَالْأُمَّهَاتُ وَالْمُعَلِّمُوْنَ وَالْمُعَلِّمَاتُ حَيْنَ يَرَوْنَ الطُّلَّابَ يُضَيِّعُوْنَ حَيَاتَهُمْ

١٤) يَجْتَمِعُ الْمُسْلِمُوْنَ فِي الْمَسَاجِدِ لَيْلَةَ يَخْتِمُ الْأَئِمَّةُ الْقُرْآنَ رَجَاءَ الْمَغْفِرَةِ وَالرَّحْمَةِ وَالْبَرَكَةِ

١٥) يَدْرُسُ هٰذَا الطَّالِبُ الْمُجْتَهِدُ فِي غُرْفَتِهِ مَعَ أَبِيْهِ حِيْنَ يَلْعَبُ أَخُوْهُ فِي الْحَدِيْقَةِ مَعَ أَصْدِقَائِهِ

١٦) إِنَّ ذٰلِكَ الرَّجُلَ سَافَرَ إِلَى مَكَّةَ مَعَ زَوْجَتِهِ لِلْحَجِّ سَنَةَ تَزَوَّجَ صَدِيْقُهُ خَالِدٌ بِأُخْتِهِ الصَّغِيْرَةِ زَيْنَبَ

Notes

1. These structures usually become the مَفْعُوْلٌ فِيْهِ. However, they can also occur in other slots.

يَخَافُ الْمُؤْمِنُوْنَ يَوْمَ يَقُوْمُوْنَ أَمَامَ رَبِّ الْعَالَمِيْنَ

The believers fear the Day they will stand in front of the Lord of the worlds.

In this sentence, the word يَوْمَ is the مَفْعُوْلٌ بِهِ of the verb, i.e. it is the thing they fear.

2. When an adverb is مُضَافٌ to a sentence, it can be:

a) مُعْرَبٌ

b) مَبْنِيٌّ with a فَتْحَةٌ.

ذٰلِكَ يَوْمُ / يَوْمَ رَأَيْتُكَ لِأَوَّلِ مَرَّةٍ

That was the day I saw you for the first time.

3. يَوْمَ and its مُضَافٌ إِلَيْهِ commonly become the مَفْعُوْلٌ بِهِ of أُذْكُرْ. However, it is common for the verb to be removed.

يَوْمَ يَحْشُرُهُمْ جَمِيْعًا

(Remember) the day he will gather them all.

Exercise 3

Translate the following.

١) ذٰلِكَ الْيَوْمُ حِيْنَ يَنْدَمُ النَّاسُ

٢) أَنْتَظِرُ لَيْلَةَ نَرَى هِلَالَ رَمَضَانَ

٣) الْقِيَامَةُ يَوْمَ يَحْشُرُهُمْ اللهُ جَمِيعًا

٤) أَذْكُرُ يَوْمَ رَأَيْتُ الْكَعْبَةَ لِأَوَّلِ مَرَّةٍ

٥) نَخَافُ يَوْمَ يَحْشُرُ النَّاسَ لِلْحِسَابِ

٦) ﴿وَأَنْذِرِ النَّاسَ يَوْمَ يَأْتِيهِمُ الْعَذَابُ﴾

٧) كَانَ ذٰلِكَ الْيَومُ يَوْمَ رَجَعْنَا مِنَ الْقَرْيَةِ

٨) لَنْ أَنْسَى حِيْنَ رَأَيْتُ الْكَعْبَةَ لِأَوَّلِ مَرَّةٍ

٩) أَنْتَظِرُ يَوْمَ نُسَافِرُ إِلَى بَيْتِ اللهِ الْحَرَامِ

١٠) نَحْشُرُ الْمُجْرِمِيْنَ يَوْمَ يُنْفَخُ فِي الصُّورِ

١١) أُحِبُّ لَيَالِيَ يَقُوْمُ الْمُسْلِمُوْنَ فِي الْمَسَاجِدِ

١٢) هَلْ نَسِيْتَ شَهْرَ مَضَيْنَا فِي مَكَّةَ وَالْمَدِيْنَةِ

١٣) كَانَ يَوْمُ وُلِدَ رَسُوْلُ اللهِ ﷺ خَيْرَ أَيَّامِ الدُّنْيَا

١٤) ﴿قَالَ اللهُ هٰذَا يَوْمُ يَنْفَعُ الصَّادِقِيْنَ صِدْقُهُمْ﴾

مُضَافٌ إِلَيْهِ as a Sentence with Special Adverbs

There are some special adverbs which are always مُضَافٌ to the subsequent sentence. Along with their مُضَافٌ إِلَيْهِ, they become the مَفْعُوْلٌ فِيْهِ of the main verb of the sentence.

These adverbs are of two types:

1. Special adverbs of time
2. Special adverbs of place

Special Adverbs of Time

There are six special adverbs of time:

1. لَمَّا
2. كُلَّمَا
3. إِذْ
4. إِذَا
5. مُذْ
6. مُنْذُ

Special Adverbs of Place

There is one special adverb of place:

1. حَيْثُ

Special Adverbs of Time

لَمَّا

The مُضَافٌ إِلَيْهِ of لَمَّا is a جُمْلَةٌ فِعْلِيَّةٌ consisting of a فِعْلٌ مَاضٍ. The verb of the main sentence will also be a فِعْلٌ مَاضٍ. This is translated as when with a past tense meaning.

صَلَّيْتُ لَمَّا سَمِعْتُ الْأَذَانَ

I prayed when I heard the athan.

The tarkib of this is written as follows:

مَفْعُوْلٌ فِيْهِ			فِعْلٌ وَفَاعِلٌ
الْأَذَانَ	سَمِعْتُ	لَمَّا	صَلَّيْتُ
مَفْعُوْلٌ بِهِ	فِعْلٌ وَفَاعِلٌ		
مُضَافٌ إِلَيْهِ		مُضَافٌ	

Notes

The مَفْعُوْلٌ فِيْهِ with لَمَّا can come both before and after the main verb.

لَمَّا سَمِعْتُ الْأَذَانَ ذَهَبْتُ إِلَى الْمَسْجِدِ

When I heard the athan, I went to the masjid.

Exercise 4

Translate the following.

١) لَمَّا أَخَذْتُ قَلَمَهُ غَضِبَ عَلَيَّ

٢) ﴿كَذَّبُوْا بِالْحَقِّ لَمَّا جَاءَهُمْ﴾

٣) ﴿آمَنَّا بِآيَاتِ رَبِّنَا لَمَّا جَاءَتْنَا﴾

٤) ﴿لَمَّا سَمِعْنَا الْهُدَى آمَنَّا بِهِ﴾

٥) أَكَلَ الرِّجَالُ الْغَدَاءَ لَمَّا رَجَعُوْا

٦) لَمَّا دَخَلَ الْأَبُ الْبَيْتَ رَأَى ابْنَهُ بَاكِيًا

٧) قَالَ الْأُسْتَاذُ: بِسْمِ اللهِ لَمَّا بَدَأَ الدَّرْسَ

٨) لَمَّا بَدَأَ الْمُعَلِّمُ الدَّرْسَ سَكَتَ الطُّلَّابُ

٩) ﴿وَتِلْكَ الْقُرَى أَهْلَكْنَاهُمْ لَمَّا ظَلَمُوا﴾

١٠) لَمَّا غَرَبَتِ الشَّمْسُ أَكَلَ الصَّائِمُوْنَ

١١) لَمَّا رَجَعَتِ الْأُمُّ إِلَى الْبَيْتِ فَرِحَ الطِّفْلُ فَرَحًا

١٢) لَمَّا جَلَسَ الْجَدُّ عَلَى الْكُرْسِيِّ اجْتَمَعَ الْأَوْلَادُ حَوْلَهُ

١٣) لَمَّا دَعَا رَسُوْلُ اللهِ ﷺ قَوْمَهُ إِلَى عِبَادَةِ اللهِ كَذَّبُوْهُ

١٤) الْمُسْلِمُوْنَ بَنَوْا مَسْجِدًا جَمِيْلًا لَمَّا أَقَامُوْا فِي هٰذَا الْبَلَدِ

١٥) لَمَّا ابْتَلَى اللهُ يَعْقُوْبَ وَأَيُّوْبَ عليهما السلام صَبَرَا صَبْرًا جَمِيْلًا

١٦) لَمَّا تَأَخَّرَ الطُّلَّابُ عَنِ الدَّرْسِ غَضِبَ الْأُسْتَاذُ عَلَيْهِمْ

445

كُلَّمَا

The مُضَافٌ إِلَيْهِ of كُلَّمَا is a جُمْلَةٌ فِعْلِيَّةٌ with a فِعْلٌ مَاضٍ. This is translated as whenever and can denote past, present, or future tense. Context will help determine the tense.

سَلِّمْ عَلَى وَالِدَيْكَ كُلَّمَا دَخَلْتَ الْبَيْتَ

Greet your parents whenever you enter the house.

The tarkib of this is written as follows:

<table>
<tr><td colspan="3">مَفْعُوْلٌ فِيْهِ</td><td colspan="2">مَفْعُوْلٌ بِهِ غَيْرُ صَرِيحٍ</td><td>فِعْلٌ وَفَاعِلٌ (أَنْتَ)</td></tr>
<tr><td>الْبَيْتَ</td><td>دَخَلْتَ</td><td>كُلَّمَا</td><td>وَالِدَيْكَ</td><td>عَلَى</td><td>سَلِّمْ</td></tr>
<tr><td>مَفْعُوْلٌ بِهِ</td><td>فِعْلٌ وَفَاعِلٌ (هُوَ)</td><td></td><td></td><td></td><td></td></tr>
<tr><td colspan="2">مُضَافٌ إِلَيْهِ</td><td>مُضَافٌ</td><td></td><td></td><td></td></tr>
</table>

Exercise 5

Translate the following.

١) كُلَّمَا ذَكَرْتُ أَبِيْ دَعَوْتُ لَهُ

٢) كُلَّمَا ازْدَدْنَا عِلْمًا زِدْنَا جَهْلًا

٣) كُلَّمَا أَصَابَتْنَ مُصِيْبَةٌ قُلْنَا إِنَّا لِلّٰهِ

٤) كُلَّمَا تُبْتَ إِلَى اللهِ غَفَرَ لَكَ ذُنُوْبَكَ

٥) أَدْعُوْ لِوَالِدَيَّ كُلَّمَا دَعَوْتُ لِنَفْسِيْ

٦) كُلَّمَا كَتَبْتُ الدَّرْسَ بَدَأْتُ بِاسْمِ اللهِ

٧) كُلَّمَا لَقِيْتُ أَخَاكَ ابْتَسَمَ فِي وَجْهِيْ

٨) ﴿كُلَّمَا جَاءَهُمْ رَسُولٌ ... كَذَّبُوا﴾

٩) ﴿كُلَّمَا جَاءَكُمْ رَسُولٌ ... اسْتَكْبَرْتُمْ﴾

١٠) كُلَّمَا سَجَدتَّ سَجْدَةً رفَعَكَ اللهُ بِهَا دَرَجَةً

١١) كُلَّمَا قَرَأَ الْقُرَّاءُ آيَةَ رَحْمَةٍ سَأَلَ اللهُ رَحْمَتَهُ

١٢) كُلَّمَا اَشْتَرَيْتُ شَيْئًا جَدِيْدًا سَأَلْتُ اللهَ خَيْرَهُ

١٣) كُلَّمَا أَكْسِبُ مَالًا أُنْفِقُ شَيْئًا مِنْهُ فِي سَبِيْلِ اللهِ

١٤) كُلَّمَا قَرَأْتَ آيَةً مِنْ كِتَابِ اللهِ كَتَبَ اللهُ لَكَ أَجْرًا

١٥) كُلَّمَا مَشَيْتَ إِلَى الْمَسْجِدِ رُفِعَتْ دَرَجَاتُكَ عِنْدَ اللهِ

١٦) كُلَّمَا شَرِبْتُ مَاءً أَو أَكَلْتُ طَعَامًا شَكَرْتُ اللهَ عَلَى نِعْمَتِهِ

١٧) كُلَّمَا قَامَتِ الْمُؤْمِنَاتُ يَدْعُوْنَ اللهَ فَاضَتْ أَعْيُنُهُم دُمُوْعًا

١٨) قَالَ نُوْحٌ ﴿كُلَّمَا دَعَوْتُهُمْ ... جَعَلُوا أَصَابِعَهُمْ فِي آذَانِهِمْ﴾

إِذْ

The مُضَافٌ إِلَيْهِ of إِذْ can be a جُمْلَةٌ فِعْلِيَّةٌ or a جُمْلَةٌ اسْمِيَّةٌ. This is translated as when.

نَصَرَ اللهُ النَّبِيَّ ﷺ إِذْ أَخْرَجَهُ قَوْمُهُ

Allah assisted the Prophet when his people expelled him.

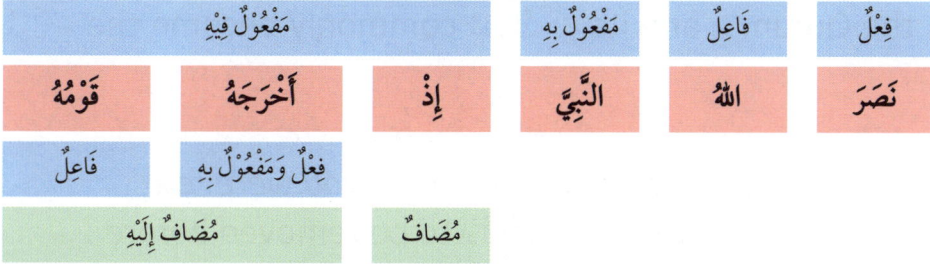

The tarkib of this is written as follows:

مَفْعُوْلٌ فِيْهِ			مَفْعُوْلٌ بِهِ	فَاعِلٌ	فِعْلٌ
قَوْمُهُ	أَخْرَجَهُ	إِذْ	النَّبِيَّ	اللهُ	نَصَرَ
فَاعِلٌ	فِعْلٌ وَمَفْعُوْلٌ بِهِ				
مُضَافٌ إِلَيْهِ		مُضَافٌ			

Vocab

English	Arabic	English	Arabic
jail	سِجْنٌ ج سُجُوْنٌ	body	جَسَدٌ ج أَجْسَادٌ
doctor	طَبِيْبٌ ج أَطِبَّاءُ	news	خَبَرٌ ج أَخْبَارٌ
crescent	هِلَالٌ ج أَهِلَّةٌ	medicine	دَوَاءٌ ج أَدْوِيَةٌ

Exercise 6

Translate the following.

١) ﴿وَكَذَّبَ بِالصِّدْقِ إِذْ جَاءَهُ﴾

٢) إِنَّهُ قَدْ نَصَرَنِي نَصْرًا إِذْ كُنْتُ فَقِيْرًا

٣) ضَرَبَنِي زَيْدٌ إِذْ أَغْضَبْتُهُ إِغْضَابًا

٤) كَانَ رَسُوْلُ اللهِ ﷺ ابْنَ أَرْبَعِيْنَ سَنَةً إِذْ بَعَثَهُ اللهُ

٥) هَلْ سَمِعْتَ أَحْمَدَ إِذْ كَانَ يُحَدِّثُ عَنْ أَخْبَارِ سَفَرِهِ

٦) تَزَوَّجَتْ زَيْنَبُ إِذْ كَانَ عُمُرُهَا خَمْسًا وَّعِشْرِيْنَ سَنَةً

٧) كَانَ رَسُوْلُ اللهِ ﷺ طِفْلًا صَغِيْرًا إِذْ تُوُفِّيَتْ أُمُّهُ آمِنَةُ

٨) كَانَ النَّاسُ فِي بُيُوْتِهِمْ وَأَسْوَاقِهِمْ إِذْ زُلْزِلَتِ الْأَرْضُ زِلْزَالًا شَدِيْدًا

٩) قَالَ يُوْسُفُ عَلَيْهِ السَّلَامُ إِنَّ اللهَ ﴿قَدْ أَحْسَنَ بِي إِذْ أَخْرَجَنِي مِنَ السِّجْنِ﴾

Notes

1. إِذْ and its مُضافٌ إِلَيْهِ usually occur as the مَفْعُوْلٌ فِيْهِ. However, they can also come in other slots, such as the مَفْعُوْلٌ بِهِ and بَدَلٌ.

لَا أَنْسَى يَوْمَ الْعِيْدِ إِذِ اجْتَمَعَ النَّاسُ كُلُّهُمْ

I will not forget the day of Eid, when all the people gathered.

In this sentence, إِذْ and its مُضافٌ إِلَيْهِ become the بَدَلٌ of the مَفْعُوْلٌ بِهِ.

2. In the Quran, إِذْ and its مُضَافٌ إِلَيْهِ commonly become the مَفْعُوْلٌ بِهِ of أُذْكُرْ.

﴿وَاذْكُرُوْا إِذْ كُنتُمْ قَلِيْلًا﴾

Remember when (the time) you were few.

It is common for the verb of أُذْكُرْ to be removed before إِذْ.

﴿وَإِذْ قُلْنَا لِلْمَلَائِكَةِ اسْجُدُوْا لِآدَمَ﴾

And (remember) when we said to the angels: Prostrate to Adam.

Exercise 7

Translate the following.

١) ﴿وَإِذْ آتَيْنَا مُوسَى الْكِتَابَ﴾

٢) ﴿وَإِذْ نَجَّيْنَاكُمْ مِنْ آلِ فِرْعَوْنَ﴾

٣) ﴿وَإِذْ قَالَ لُقْمَانُ لِابْنِهِ ... لَا تُشْرِكْ بِاللهِ﴾

٤) ﴿وَإِذْ قَالَ إِبْرَاهِيمُ لِأَبِيهِ آزَرَ أَتَتَّخِذُ أَصْنَامًا آلِهَةً﴾

٥) ﴿وَإِذْ نَادَى رَبُّكَ مُوسَى أَنِ ائْتِ الْقَوْمَ الظَّالِمِينَ قَوْمَ فِرْعَوْنَ﴾

٦) قَالَ مُوْسَى لِقَوْمِهِ ﴿اذْكُرُوا نِعْمَةَ اللهِ عَلَيْكُمْ إِذْ جَعَلَ فِيكُمْ أَنْبِيَاءَ﴾

٧) ﴿إِذْ قَالَ مُوسَى لِقَوْمِهِ اذْكُرُوا نِعْمَةَ اللهِ عَلَيْكُمْ إِذْ أَنْجَاكُمْ مِنْ آلِ فِرْعَوْنَ﴾

تَنْوِيْنُ الْعِوَضِ

The مُضَافٌ إِلَيْهِ which occurs as a sentence can be replaced by a تَنْوِيْنُ الْعِوَضِ. This is quite common with words such as يَوْمَئِذٍ (that day) and حِيْنَئِذٍ (that time).

This was originally two words followed by a جُمْلَةٌ as a مُضَافٌ إِلَيْهِ.

يَوْمَ	إِذْ	ذَهَبْتُ	⇦	يَوْمَ	إِذٍ
مُضَافٌ	مُضَافٌ إِلَيْهِ	مُضَافٌ إِلَيْهِ		مُضَافٌ	مُضَافٌ إِلَيْهِ

Exercise 8

Translate the following.

١) لَيْلَتَئِذٍ رَأَيْنَا الْهِلَالَ

٢) لَيُسْأَلَنَّ الْعِبَادُ يَوْمَئِذٍ

٣) يَوْمَئِذٍ يَخْسَرُ الظَّالِمُوْنَ

٤) حِيْنَئِذٍ يَنْدَمُ النَّاسُ جَمِيْعًا

٥) سَاعَتَئِذٍ رَأَيْتُ الْإِمَامَ قَائِمًا

٦) ﴿يَوْمَئِذٍ يَفْرَحُ الْمُؤْمِنُوْنَ﴾

٧) ﴿يَوْمَئِذٍ لَا تَنْفَعُ الشَّفَاعَةُ﴾

٨) يَوْمَئِذٍ يَدْخُلُ أَصْحَابُ الْجَنَّةِ الْجَنَّةَ وَأَصْحَابُ النَّارِ النَّارَ

٩) يُنْفَخُ فِي الصُّوْرِ وَحِيْنَئِذٍ يُخْرُجُوْنَ النَّاسُ مِنْ قُبُوْرِهِمْ

١٠) يَأْتِي كُلَّ إِنْسَانٍ مَوْتُهُ وَحِيْنَئِذٍ لَا يَنْفَعُ دَوَاءٌ وَلَا طَبِيْبٌ

١١) يُحْشَرُ النَّاسُ يَوْمَ الْقِيَامَةِ وَحِيْنَئِذٍ لَا يَنْفَعُ مَالٌ وَلَا بَنُوْنَ

١٢) لَمْ أَفْهَمِ الدَّرْسَ الْيَوْمَ وَأَسْئَلُ الْأُسْتَاذَ غَدًا وَحِيْنَئِذٍ أَفْهَمُهُ

١٣) يُؤَذِّنُ الْمُؤَذِّنُ وَحِيْنَئِذٍ يَقُوْمُ الْمُسْلِمُوْنَ وَالْمُسْلِمَاتُ مُصَلِّيْنَ

١٤) تُزَلْزَلُ الْأَرْضُ يَوْمَ الْقِيَامَهِ وَيَوْمَئِذٍ تُحَدِّثُ الْأَرْضُ أَخْبَارَهَا

Vocab

English	Arabic	English	Arabic
to face, turn towards	إِسْتَقْبَلَ يَسْتَقْبِلُ إِسْتِقْبَالًا	to emphasise	أَكَّدَ يُؤَكِّدُ تَأْكِيْدًا، تَوْكِيْدًا
to listen	إِسْتَمَعَ يَسْتَمِعُ اسْتِمَاعًا	to make مَجْرُوْرٌ	جَرَّ يَجُرُّ جَرًّا
to scold	زَجَرَ يَزْجُرُ زَجْرًا	to make مَجْزُوْمٌ	جَزَمَ يَجْزِمُ جَزْمًا
to wish, desire	شَاءَ يَشَاءُ مَشِيْئَةً	to make مَرْفُوْعٌ	رَفَعَ يَرْفَعُ رَفْعًا
to sneeze	عَطَسَ يَعْطِسُ عُطَاسًا	to make مَنْصُوْبٌ	نَصَبَ يَنْصِبُ نَصْبًا
to pass	مَرَّ يَمُرُّ مُرُوْرًا	to negate	نَفَى يَنْفِي نَفْيًا
to be dry	يَبِسَ يَيْبَسُ يُبْسًا	to seek refuge	إِسْتَعَاذَ يَسْتَعِيْذُ إِسْتِعَاذَةً

إِذَا

The مُضَافٌ إِلَيْهِ of إِذَا is a جُمْلَةٌ فِعْلِيَّةٌ, usually with a فِعْلٌ مَاضٍ. However, it denotes a present continuous or future tense meaning. This is translated as when.

إِذَا سَمِعْتُ الْأَذَانَ ذَهَبْتُ إِلَى الْمَسْجِدِ

When I hear the athan, I go to the masjid.

The tarkib of this is written as follows:

مَفْعُوْلٌ فِيْهِ			فِعْلٌ وَفَاعِلٌ (تُ)	مَفْعُوْلٌ فِيْهِ غَيْرُ صَرِيْحٍ	
إِذَا	سَمِعْتُ	الْأَذَانَ	ذَهَبْتُ	إِلَى	الْمَسْجِدِ
	فِعْلٌ وَفَاعِلٌ (تُ)	مَفْعُوْلٌ بِهِ		جَارٌّ	مَجْرُوْرٌ
مُضَافٌ	مُضَافٌ إِلَيْهِ				

If the sentence after إِذَا is negative, it comes with the negative particle لَمْ.

إِذَا لَمْ يَحْضُرِ الْمُعَلِّمُ الدَّرْسَ تَرَاجَعْنَا الدُّرُوْسَ

When the teacher does not attend the class, we revise the lessons.

Exercise 9

Translate the following.

١) ﴿وَاذْكُرْ رَبَّكَ إِذَا نَسِيْتَ﴾

٢) إِنَّ اللهَ إِذَا أَحَبَّ قَوْمًا ابْتَلَاهُمْ

٣) إِذَا تَابَ الْعَبْدُ تَابَ اللهُ عَلَيْهِ

٤) ﴿إِذَا أَصَابَتْهُمْ مُصِيْبَةٌ قَالُوْا إِنَّا لِلَّهِ﴾

٥) إِذَا جَاءَ الْمَوْتُ لَا يَنْفَعُ طَبِيْبٌ وَلَا دَوَاءٌ

٦) إِنَّ الْمُنَافِقِيْنَ إِذَا قَامُوا إِلَى الصَّلَاةِ قَامُوا كُسَالَى

٧) مُرُوْا أَوْلَادَكُمْ بِالصَّلَاةِ إِذَا بَلَغُوْا سَبْعَ سِنِيْنَ

٨) إِذَا جَاءَ رَمَضَانُ ازْدَادَ الْمُصَلُّوْنَ فِي الْمَسَاجِدِ

٩) إِذَا دَخَلَتْ إِنَّ أَوْ لَامُ الابْتِدَاءِ عَلَى الْجُمْلَةِ أَكَّدَتْهُ

١٠) إِذَا دَخَلَتْ لَمْ الْمُضَارِعَ جَزَمَتْهُ وَإِذَا دَخَلَتْهُ أَنْ نَصَبَهُ

١١) إِذَا دَخَلَ لَمْ أَوْ لَا أَوْ لَنْ عَلَى الْمُضَارِعِ نَفَتْهُ جَعَلَهُ مَنْفِيًّا

١٢) إِذَا رَأَى الْكَافِرُ الْعَذَابَ يَوْمَ الْقِيَامَةِ يَنْدَمُ وَحِيْنَئِذٍ لَا تَنْفَعُ النَّدَامَةُ

١٣) إِذَا دَخَلَتْ نُونُ التَّأْكِيْدِ سَقَطَتِ الضَّمَّةُ مِنْ آخِرِ الْمُضَارِعِ

١٤) إِذَا طَلَعَتِ الشَّمْسُ خَرَجَ وَقْتُ الْفَجْرِ وَإِذَا غَرَبَتْ دَخَلَ وَقْتُ الْمَغْرِبِ

فَاءٌ رَابِطَةٌ

If إِذَا and its مُضَافٌ إِلَيْهِ come at the beginning of the sentence, the particle فَ is usually added to the sentence after it. This is most common when the verb is an أَمْرٌ. The فَ is not translated.

> إِذَا سَأَلْتَ فَاسْئَلِ اللهَ
>
> *When you (need to) ask anyone, ask Allah.*

In tarkib, this is labelled as فَاءٌ رَابِطَةٌ, the فَاءٌ which joins the مَفْعُوْلٌ فِيْهِ to the rest of the sentence.

مَفْعُوْلٌ بِهِ	فِعْلٌ وَفَاعِلٌ	رَابِطَةٌ	مَفْعُوْلٌ فِيْهِ	
اللهَ	اسْئَلِ	فَ	سَأَلْتَ	إِذَا
			فِعْلٌ وَفَاعِلٌ	
			مُضَافٌ إِلَيْهِ	مُضَافٌ

Exercise 10

Translate the following.

١) إِذَا عَطَسْتَ فَاحْمَدِ اللهَ

٢) إِذَا اسْتَعَنْتَ فَاسْتَعِنْ بِاللهِ

٣) ﴿وَإِذَا قُرِئَ الْقُرْآنُ فَاسْتَمِعُوا لَهُ﴾

٤) إِذَا أَكَلْتَ فَسَمِّ اللهَ وَإِذَا فَرَغْتَ فَاحْمَدْهُ

٥) إِذَا نِمْتَ عَنِ الصَّلَاةِ فَصَلِّهَا إِذَا اسْتَيْقَظْتَ

٦) إِذَا جَلَسْتَ فِي الدَّرْسِ فَاسْتَمِعْ إِلَى الْمُعَلِّمِ

٧) إِذَا سَمِعْتَ أَحَدً يَغْتَابُ آخَرَ فَلَا تَجْلِسْ مَعَهُ

٨) إِذَا رَأَيْتَ أَحَدًا يَظْلِمُ النَّاسَ فَاغْسِلْ يَدَكَ مِنْهُ

٩) إِذَا أَرَدتَّ أَنْ تَتْلُوَ الْقُرْآنَ فَتَوَضَّأْ واسْتَقْبَلِ الْقِبْلَةَ

١٠) ﴿إِذَا قَرَأْتَ الْقُرْآنَ فَاسْتَعِذْ بِاللهِ مِنَ الشَّيْطَانِ الرَّجِيمِ﴾

مَا الصِّلَةُ

Sometimes إِذَا is followed by the particle مَا. This is known as مَا الصِّلَةُ, the مَا which creates emphasis but does not affect the grammar.

> إِذَا مَا مَرَّ يَوْمٌ ذَهَبَ بَعْضُكَ
>
> *When a day passes, a part of you passes.*

إِذَا الْفُجَائِيَّةُ and إِذْ الْفُجَائِيَّةُ

A sentence may be followed by another which shows an unexpected event.

I left the house one sunny morning,
and suddenly, a few hours later it was pouring.

In Arabic, either of the following words are used to create this meaning.

1. إِذَا الْفُجَائِيَّةُ
2. إِذْ الْفُجَائِيَّةُ

إِذَا الْفُجَائِيَّةُ

The word إِذَا can be used to show an unexpected or surprising event. This is translated as suddenly, when suddenly, lo, or simply when.

This إِذَا is preceded by a فَ and is followed by a جُمْلَةٌ اسْمِيَّةٌ.

جُمْلَةٌ اسْمِيَّةٌ	إِذَا	فَ	جُمْلَةٌ

Look at the example below.

أَلْقَى مُوْسَى عَصَاهُ فَإِذَا هِيَ ثُعْبَانٌ

Musa threw his staff and lo, it was a serpent.

In tarkib, the فَ is labelled as a حَرْفُ عَطْفٍ, and the إِذَا is labelled as إِذَا الْفُجَائِيَّةُ. The sentence after it becomes a new sentence.

خَبَرٌ	مُبْتَدَأٌ	الْفُجَائِيَّةُ	حَرْفُ عَطْفٍ	مَفْعُوْلٌ بِهِ	فَاعِلٌ	فِعْلٌ
ثُعْبَانٌ	هِيَ	إِذَا	فَ	عَصَاهُ	مُوْسَى	أَلْقَى
فَاعِلٌ	فِعْلٌ					

Notes

1. The مُبْتَدَأٌ after إِذَا الْفُجَائِيَّةُ can be preceded by a حَرْفُ صِلَةٍ of بِ.

دَخَلْنَا الْفَصْلَ فَإِذَا بِزَيْدٍ جَالِسٌ

We entered the class and there was Zaid sitting.

2. The مُبْتَدَأٌ after إِذَا الْفُجَائِيَّةُ can also occur as a نَكِرَةٌ.

خَرَجْتُ مِنَ الدُّكَّانِ فَإِذَا طِفْلٌ عِنْدَ الْبَابِ

I came out of the shop and lo, there was a child at the door.

Exercise 11

Translate the following.

١) أَبَوَاكَ يُرَبِّيَانِكَ صَغِيْرًا وَيُحْسِنَانِ إِلَيْكَ فَإِذَا أَنْتَ تَعُقُّهُمَا

٢) كُنَّا نَمْشِيْ فِي الْحَدِيْقَةِ إِذْ نَظَرْنَا إِلَى السَّمَاءِ فَإِذَا الْهِلَالُ أَمَامَنَا

٣) الْبَارِحَةَ كُنْتُ أَجْلِسُ أَكْتُبُ دُرُوْسِيْ وَأَحْفَظُهَا فَإِذَا دَمٌ يَسِيْلُ عَلَى أُصْبُعِي

٤) وَلَقَدْ أَرْسَلَ اللهُ إِلَىٰ ثَمُودَ أَخَاهُمْ صَالِحًا أَنِ اعْبُدُوا اللهَ فَإِذَا هُمْ يَكْفُرُوْنَ

٥) جَاءَ الْكَافِرِيْنَ رُسُلُهُمْ بِآيَاتٍ بَيِّنَاتٍ مِنَ اللهِ فَإِذَا هُمْ مِنَ الْآيَاتِ يَضْحَكُوْنَ

٦) كَانُوْا يُخْرِجُوْنَ الْمَاءَ مِنَ الْبِئْرِ كُلَّ يَوْمٍ فَذَهَبُوْا إِلَيْهَا يَوْمًا فَإِذَا هُوَ يَابِسٌ لَيْسَ فِيْهِ مَاءٌ

٧) أَمْسِ ذَهَبَ التَّاجِرُ إِلَى السُّوْقِ وَفَتَحَ بَابَ دُكَّانِهِ وَدَخَلَهُ فَإِذَا الْأَشْيَاءُ كُلُّهَا عَلَى الْأَرْضِ

٨) قَدْ يُصِيْبُ النَّاسَ مُصِيْبَةٌ بِذُنُوْبِهِمْ فَيَدْعُوْنَ اللهَ فَيَكْشِفُ اللهُ عَنْهُمْ فَإِذَا هُمْ بِرَبِّهِمْ يَكْفُرُوْنَ

٩) كُنَّا فِي الْبَيْتِ إِذْ سَمِعْنَا صَوْتًا مِنَ الْغُرْفَةِ فَأَسْرَعْنَا إِلَيْهِ وَدَخَلْنَاهُ فَإِذَا الْأَثْمَارُ التُّمُوْرُ وَالرُّمَّانَاتُ وَغَيْرُهُمَا عَلَى الْأَرْضِ

١٠) إِنَّ اللهَ سَخَّرَ لَكُمُ الشَّمْسَ وَالْقَمَرَ وَأَخْرَجَ لَكُمْ مِنَ الْأَرْضِ نَبَاتًا وَأَنْزَلَ لَكُمْ مِنَ السَّمَاءِ مَاءً وَسَقَاكَ مَاءً عَذْبًا فَإِذَا أَنْتُمْ تَعْصُوْنَهُ

إِذْ الْفُجَائِيَّةُ

Like إِذَا, the word إِذْ can also be used to show an unexpected event. This is preceded by a sentence with the adverb بَيْنَمَا (whilst) which is followed by a جُمْلَةٌ اسْمِيَّةٌ.

جُمْلَةٌ	إِذْ	جُمْلَةٌ اسْمِيَّةٌ	بَيْنَمَا

Look at the example below:

بَيْنَمَا نَحْنُ نَسمعُ الدَّرْسَ إِذْ سَمِعْنَا صَوْتًا

Whilst we were listening to the lesson, we suddenly heard a sound.
We were listening to the lesson when we suddenly heard a sound.

In tarkib, this is labelled as إِذْ الْفُجَائِيَّةُ:

وَمَفْعُوْلٌ بِهِ	فِعْلٌ وَفَاعِلٌ	الْفُجَائِيَّةُ	مَفْعُوْلٌ فِيْهِ		
صَوْتًا	سَمِعْنَا	إِذْ	نَسْمعُ الدَّرْسَ	نَحْنُ	بَيْنَمَا
			فِعْلٌ وَفَاعِلٌ وَمَفْعُوْلٌ بِهِ		
			خَبَرٌ	مُبْتَدَأٌ	
			مُضَافٌ إِلَيْهِ		مُضَافٌ

Exercise 12

Translate the following.

١) بَيْنَمَا الْإِمَامُ يَتْلُو الْقُرْآنَ إِذْ بَكَى وَبَكَى النَّاسُ

٢) بَيْنَمَا الْأَوْلَادُ يَلْعَبُوْنَ فِي الْحَدِيْقَةِ إِذْ نَزَلَ الْمَطَرُ

٣) بَيْنَمَا أَنَا أَسْتَرِيحُ فِيْ غُرْفَتِيْ إِذْ نَادَتْنِيْ أُمِّي أَنِ انْصُرْنِي

٤) بَيْنَمَا الطُّلَّابُ يُطَالِعُوْنَ كُتُبَهُمْ إِذْ رَأَوْا نَارًا مِنَ الدُّكَّانِ

٥) بَيْنَمَا هٰذَا الْوَلَدُ يَضْرِبُ أُخْتَهُ إِذْ دَخَلَ أَبُوْهُمَا وَأُمُّهُمَا الْغُرْفَةَ فَمَنَعَاهُ

٦) بَيْنَمَا أَنَا وَفَاطِمَةُ نَتَحَدَّثُ إِذْ غَضِبَتْ عَلَيَّ غَضْبَةً شَدِيْدَةً وَصَاحَتْ

٧) بَيْنَمَا النَّاسُ فِيْ بُيُوْتِهِمْ وَدَكَاكِيْنِهِمْ وَمَدَارِسِهِمْ إِذْ زُلْزِلَتِ الْأَرْضُ زِلْزَالًا شَدِيْدًا

٨) بَيْنَمَا النَّاسُ فِيْ ظُلُمَاتِ الْكُفْرِ وَعِبَادَةِ الْأَصْنَامِ إِذْ أَرْسَلَ اللهُ نَبِيًّا فَأَخْرَجَهُمْ مِن تِلْكَ الظُّلُمَاتِ إِلَى نُوْرِ الْإِسْلَامِ

مُذْ and مُنْذُ

مُذْ and مُنْذُ are adverbs which can be followed by:

1. A جُمْلَةٌ فِعْلِيَّةٌ
2. An اِسْمٌ

مُذْ and مُنْذُ Followed by a جُمْلَةٌ فِعْلِيَّةٌ

When مُذْ and مُنْذُ are followed by a جُمْلَةٌ فِعْلِيَّةٌ, they become مُضَافٌ. The مُضَافٌ إِلَيْهِ is usually comprised of a فِعْلٌ مَاضٍ and the sentence before them is usually negative.

جُمْلَةٌ فِعْلِيَّةٌ	مُذْ / مُنْذُ	جُمْلَةٌ فِعْلِيَّةٌ (مَاضٍ)

These are translated as since.

مَا رَأَيْتُهُ مُذْ لَقِيتُهُ فِي بَيْتِكَ

I have not seen him since I met him at your house.

The tarkib of this is written as follows:

مَفْعُوْلٌ فِيهِ			فِعْلٌ وَ فَاعِلٌ وَمَفْعُوْلٌ بِهِ	حَرفُ نَفْيٍ
فِي بَيْتِكَ	لَقِيتُهُ	مُذْ	رَأَيْتُهُ	مَا
مَفْعُوْلٌ فِيهِ غَيْرُ صَرِيْحٍ	فِعْلٌ وَ فَاعِلٌ وَمَفْعُوْلٌ بِهِ			
مُضَافٌ إِلَيْهِ		مُضَافٌ		

Exercise 13

Translate the following.

١) مَا خَدَعْتُ أَحَدًا مُنْذُ وَعَدْتُكَ

٢) مَا أَكَلَ أَحَدٌ مُنْذُ غَرَبَتِ الشَّمْسُ

٣) كَانَ الرَّجُلُ حَزِيْنًا مُذْ تُوُفِّيَتْ زَوْجَتُهُ

٤) لَمْ يَكْذِبْ ذٰلِكَ الْوَلَدُ مُذْ زَجَرَهُ وَالِدُهُ

٥) مَا اجْتَمَعَ أَهْلُ أَحْمَدَ مُنْذُ تُوُفِّيَ أَبُوْهُمْ

٦) لَمْ يَشْرَبْ هٰذَا الرَّجُلُ خَمْرًا مُذْ تَابَ مِنْهَا

٧) لَمْ يَنْسَ الطُّلَّابُ هٰذِهِ الْقَاعِدَةَ مُذْ عَلِمُوْهَا

٨) مَا صَلَّى الْمَرِيْضُ فِي الْمَسجِدِ مُذْ يَوْمِ الْجُمُعَةِ

٩) مَا تَرَكَتْ فَاطِمَةُ صَلَاةً مُذْ بَلَغَتْ عَشَرَ سِنِيْنَ

١٠) لَمْ يَتَأَخَّرْ مُصْعَبٌ وَأُخْتُهُ مُذْ زَجَرَتْهُمَا الْمُعَلِّمَةُ

١١) مَا غَضِبَ هٰذَا الرَّجُلُ عَلَى زَوْجَتِهِ مُذْ تَزَوَّجَهَا

١٢) مَا غَرِقَ أَحَدٌ فِي هٰذَا النَّهْرِ مُنْذُ نَهَى الأَمِيْرُ النَّاسَ

١٣) مَا سَافَرَتْ هٰؤُلَاءِ الْبَنَاتُ مُنْذُ مَرِضَ أَخُوْهُنَّ الْكَبِيْرُ

١٤) لَمْ تَغِبْ آمِنَةُ مِنَ الْمَدْرَسَةِ مُذْ غَابَتْ يَوْمَ تُوُفِّيَ جَدُّهَا

مُذْ and مُنْذُ Followed by an اسْمٌ

When مُذْ and مُنْذُ are followed by an اِسْمٌ, they become حَرْفٌ جَارٌّ. In this case, they are translated as for.

مَا رَأَيْتُهُ مُذْ يَوْمَيْنِ

I have not seen him for two days.

The tarkib of this is written as follows:

مَفْعُوْلٌ فِيْهِ		فِعْلٌ وَ فَاعِلٌ وَمَفْعُوْلٌ بِهِ	حَرفُ نَفْيٍ
يَوْمَيْنِ	**مُذْ**	**رَأَيْتُهُ**	**مَا**
مَجْرُوْرٌ	جَارٌّ		

Exercise 14

Translate the following.

١) مَا رَأَيْتُكَ مُنْذُ أَيَّامٍ كَثِيْرَةٍ

٢) مَا أَكَلْتَ لَحْمًا مُذْ أَرْبَعَةِ أَيَّامٍ

٣) مَا صَامَتِ الْمَرِيْضَةُ مُذْ أَشْهُرٍ

٤) لَمْ نَشْرَبْ مَاءً مُذْ سِتِّ سَاعَاتٍ

٥) مَا غَسَلُوْا الثِّيَابَ مُنْذُ يَوْمِ الْأَحَدِ

٦) هَلْ طَالَعْتَ كُتُبَكَ مُذْ يَوْمِ السَّبْتِ

٧) لَمْ أُسَافِرْ مُذْ ثَلَاثَةِ أَشْهُرٍ أَوْ أَرْبَعَةٍ

٨) مَا سَمِعَ النَّاسُ هٰذَا الْقَارِئَ مُذْ سِنِيْنَ

٩) مَا سَافَرْنَا إِلَى مَكَّةَ مُذْ خَمْسَ سَنَوَاتٍ

١٠) مَا تَأَخَّرَ الْبَنَاتُ لِلدَّرْسِ مُذْ يَوْمِ الْإِثْنَيْنِ

١١) مَا لَعِبْتُنَّ فِي الْحَدِيْقَةِ مُذْ الْيَوْمِ الثُّلَاثَاءِ

١٢) مَا دَخَلَ التَّاجِرُ السُّوْقَ مُذْ يَوْمِ الْخَمِيْسِ

١٣) مَا جَلَسَ الطُّلَّابُ فِي الْفَصْلِ مُذْ أُسْبُوْعٍ

١٤) هَلْ رَاجَعْتَ هٰذَا الدَّرْسَ مُنْذُ يَوْمِ الْجُمُعَةِ

١٥) مَا كُلَّمْتُ صَدِيْقِي ذَاكِرًا مُنْذُ يَوْمِ الْأَرْبِعَاءِ

١٦) مَا رَأَى الْمُسَافِرُوْنَ أَهْلَهُمْ مُذْ زَمَنٍ طَوِيْلٍ

١٧) لَمْ تَكْتُبْ هٰذِهِ الطَّالِبَةُ الْكَسْلَى دُرُوْسَهَا مُذْ أَيَّامٍ

١٨) مَا حَضَرَتْ خَدِيْجَةُ الْمَدْرَسَةَ مُنْذُ يَوْمِ الْجُمُعَةِ

Special Adverbs of Place

حَيْثُ

The مُضَافٌ إِلَيْهِ of حَيْثُ is usually a جُمْلَةٌ فِعْلِيَّةٌ. However, it sometimes occurs as a جُمْلَةٌ اسْمِيَّةٌ. This is translated as where or wherever.

> جَلَسَتْ فَاطِمَةُ حَيْثُ جَلَسَتْ أُمُّهَا
>
> Fatima sat where her mother sat.

The tarkib of this is written as follows:

مَفْعُوْلٌ فِيْهِ			فَاعِلٌ	فِعْلٌ
أُمُّهَا	جَلَسَتْ	حَيْثُ	فَاطِمَةُ	جَلَسَتْ
فَاعِلٌ	فِعْلٌ			
مُضَافٌ إِلَيْهِ		مُضَافٌ		

The word حَيْثُ is often preceded by the particle مِنْ.

> يَرْزُقُ اللهُ الْعِبَادَ مِنْ حَيْثُ لَا يَعْلَمُوْنَ
>
> *Allah provides servants from where they do not know.*

Exercise 15

Translate the following.

١) ﴿كُلُوا مِنْهَا حَيْثُ شِئْتُمْ﴾

٢) ﴿وَامْضُوا حَيْثُ تُؤْمَرُونَ﴾

٣) لَا تَجْلِسْ حَيْثُ يَمُرُّ النَّاسُ

٤) نَجْتَمِعُ حَيْثُ النَّاسُ قَائِمُوْنَ

٥) كُنْتُ أَنْتَظِرُ لَكَ حَيْثُ وَعَدْتَنِي

٦) يَرْزُقُكُمْ مِنْ حَيْثُ لَا تَحْتَسِبُوْنَ

٧) تَنْزِلُ الْبَرَكَةُ حَيْثُ يُصَلَّى النَّاسُ

٨) يَوْمَ الْجُمُعَةِ أَجْلِسُ حَيْثُ أَرَى الْإِمَامَ

٩) نَدْرُسُ حَيْثُ لَا يَبْلُغُنَا أَصْوَاتُ النَّاسِ

١٠) نَدْخُلُ الْمَسْجِدَ مِنْ حَيْثُ يَخْرُجُ النَّاسُ

١١) تَنْزِلُ الرَّحْمَةُ حَيْثُ يَجْتَمِعُ النَّاسُ لِلْعِلْمِ

١٢) تَكُوْنُ الْأَرْضُ يَابِسَةً حَيْثُ لَا تَنْزِلُ الْمَطَرُ

١٣) لَا تَمُرُّوْا حَيْثُ يُصَلِّي النَّاسُ وَيَسْجُدُوْنَ

١٤) لَا تُصَلُّوْا عِنْدَ بَابِ الْمَسْجِدِ حَيْثُ يَمُرُّ النَّاسُ

Summary of the Special Adverbs

	Translation	Structure of مُضَافٌ إِلَيْهِ	Structure of the Main Sentence	Tense
لَمَّا	When	جُمْلَةٌ فِعْلِيَّةٌ: مَاضٍ	مَاضٍ	Past
كُلَّمَا	Whenever	جُمْلَةٌ فِعْلِيَّةٌ: مَاضٍ	مَاضٍ	Present Future
إِذْ	When	جُمْلَةٌ فِعْلِيَّةٌ: مَاضٍ جُمْلَةٌ اسْمِيَّةٌ	مَاضٍ مُضَارِعٌ	Past Present Future
إِذَا	When	جُمْلَةٌ فِعْلِيَّةٌ: مَاضٍ	مَاضٍ	Future
مُذْ / مُنْذُ	Since	جُمْلَةٌ فِعْلِيَّةٌ اِسْمٌ		Past
حَيْثُ	Where Wherever	جُمْلَةٌ فِعْلِيَّةٌ جُمْلَةٌ اسْمِيَّةٌ		*

458

Part 7: نَعْتٌ as a جُمْلَةٌ صُغْرَى

The نَعْتٌ can occur as a جُمْلَةٌ صُغْرَى.

This is a man who came from the village.

In this example, the sentence came from the village along with the relative pronoun who becomes the نَعْتٌ of the preceding نَكِرَةٌ word, a man.

In Arabic, the sentence which becomes the نَعْتٌ of a نَكِرَةٌ word does not have an equivalent to the relative pronoun who. However, it must have an عَائِدٌ.

هٰذَا رَجُلٌ جَاءَ مِنَ الْقَرْيَةِ

In this sentence, the عَائِدٌ is hidden within the verb جَاءَ, i.e. هُوَ.

The tarkib of this is written as follows:

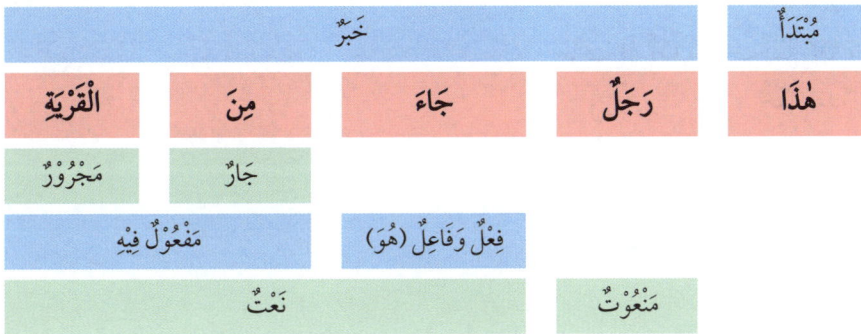

خَبَرٌ				مُبْتَدَأٌ
الْقَرْيَةِ	مِنَ	جَاءَ	رَجُلٌ	هٰذَا
مَجْرُوْرٌ	جَارٌّ			
مَفْعُوْلٌ فِيْهِ		فِعْلٌ وَفَاعِلٌ (هُوَ)		
نَعْتٌ			مَنْعُوْتٌ	

Translation of the نَعْتٌ Sentence

The translation of the نَعْتٌ sentence differs according to the slot the عَائِدٌ occupies.

Here are some examples.

رَجُلٌ يَدُهُ وَسِخَةٌ	رَجُلٌ رَأَيْتُهُ	رَجُلٌ سَقَطَ

In these three examples, the نَكِرَةٌ word, رَجُلٌ, is followed by a نَعْتٌ sentence. However, each will be translated slightly differently, because the عَائِدٌ has a different grammatical role in each.

We are going to discuss the عَائِدٌ which occurs within the نَعْتٌ sentence in the following slots:

1. فَاعِلٌ
2. مَفْعُوْلٌ بِهِ
3. مُضَافٌ إِلَيْهِ
4. مَجْرُوْرٌ or مُضَافٌ إِلَيْهِ of a ظَرْفٌ
5. In a خَبَرٌ مُقَدَّمٌ

Translation of the عَائِدٌ as the فَاعِلٌ

The عَائِدٌ in the نَعْتٌ sentence can be a فَاعِلٌ. The فَاعِلٌ will either be a person or a thing.

قَلَمٌ سَقَطَ	رَجُلٌ سَقَطَ

These phrases can be translated in the following four steps:

1. Translate the sentence نَعْتٌ on its own;

it fell	he fell

2. If the عَائِدٌ refers to a human being, add the word who or one who before the sentence; if it refers to a thing, add the word which or that;

that/which it fell	who he fell

3. Remove the translation of the عَائِدٌ;

that/which fell	who fell

4. Add the translation of the مَنْعُوْتٌ.

a pen that fell a pen which fell	a man who fell

☑ Exercise 1

Translate the following descriptive phrases into English.

١) ... أَصْنَامٌ لَا تَنْفَعُنَا	٥) ... مَلِكٌ لَا يَرْحَمُ النَّاسَ	٩) ... رُمَّانَةٌ سَقَطَتْ مِنَ الشَّجَرَةِ
٢) ... سَنَوَاتٌ مَضَتْ	٦) ... أَبْنَاءٌ يُطِيْعُوْنَ أُمَّهَاتِهِمْ	١٠) ... صَحَابِيٌّ آمَنَ بِاللهِ وَالرَّسُوْلِ
٣) ... طَالَبٌ فَاقَ أَقْرَانَهُ	٧) ... دِيْنٌ يَهْدِيْكَ إِلَى الْجَنَّةِ	١١) ... شَجَرَةٌ سَقَطَتْ عَلَى الْأَرْضِ
٤) ... أَسَدٌ قُتِلَ فِي الْقَرْيَةِ	٨) ... عِلْمٌ يَنْفَعُكَ فِي الدُّنْيَا	١٢) ... مُهَاجِرُوْنَ تَرَكُوْا دِيَارَهُمْ

Translation of the عَائِدٌ as the مَفْعُوْلٌ بِهِ

The عَائِدٌ in the نَعْتٌ sentence can be a مَفْعُوْلٌ بِهِ. This can either be a person or a thing.

قَلَمٌ رَأَيْتُهُ	رَجُلٌ رَأَيْتُهُ

These phrases can be translated in the following four steps:

1. Translate the نَعْتٌ sentence on its own;

I saw it	*I saw him*

2. If the عَائِدٌ refers to a human being, add the word whom or who before the sentence; if it refers to a thing, add the word which or that;

that/which I saw it	*whom I saw him*

3. Remove the translation of the عَائِدٌ;

that/which I saw	*whom I saw*

4. Add the translation of the مَنْعُوْتٌ.

a pen that I saw *a pen which I saw*	*a man whom I saw*

Exercise 2

Translate the following phrases into English.

١) ... بَقَرَةٌ ذَبَحُوْهَا

٢) ... يَوْمٌ لَن نَّنْسَاهُ

٣) ... خُبْزٌ أَكَلَهُ الْوَلَدُ

٤) ... رِجَالٌ لَا نَعْرِفُهُمْ

٥) ... صَفَحَاتٌ لَمْ نَقْرَأْهَا

٦) ... وُجُوْهٌ لَمْ نَرَهُ مِنْ قَبْلُ

٧) ... عِلْمٌ نَطْلُبُهَا إِلَى مَوْتِنَا

٨) ... أَعْمَالٌ لَا يَرْضَاهَا اللهُ

٩) ... أَسَاطِيْرُ افْتَرَاهَا النَّاسُ

١٠) ... مَسَاجِدُ بَنَاهَا الْمُسْلِمُوْنَ

١١) ... كَبْشٌ وَجَدْنَاهُ فِي الْقَرْيَةِ

١٢) ... وَقْتٌ لَمْ نَمْضِهِ فِي عِبَادَةِ اللهِ

Translation of the عَائِدٌ as the مُضَافٌ إِلَيْهِ

The عَائِدٌ in the نَعْتٌ sentence can be the مُضَافٌ إِلَيْهِ. This can either be a person or a thing.

بَيْتٌ بَابُهُ مَفْتُوْحٌ	رَجُلٌ يَدُهُ وَسِخَةٌ

These phrases can be translated in the following four steps:

1. Translate the sentence نَعْتٌ on its own;

its door is open	*his hand is dirty*

2. Add the word whose before the sentence;

whose its door is open	*whose his hand is dirty*

3. Remove the translation of the عَائِدٌ;

whose door is open	*whose hand is dirty*

4. Add the مَنْعُوْتٌ.

a house whose door is open	*a man whose hand is dirty*

When the عَائِدٌ is مُضَافٌ إِلَيْهِ, the translation is usually adjusted:

a house whose door is open	⇨	*a house with an open door*

Exercise 3

Translate the following phrases into English.

١) ... كِتَابٌ آيَاتُهُ بَيِّنَاتٌ

٢) ... رَجُلٌ دَارُهُ بَعِيْدَةٌ

٣) ... طِفْلٌ وَجْهُهُ جَمِيْلٌ

٤) ... اِمْرَأَةٌ أَوْلَادُهَا يَتَامَى

٥) ... نِسَاءٌ قُتِلَ أَزْوَاجُهُمْ

٦) ... شَابٌّ إِيْمَانُهُ قَوِيٌّ

٧) ... مَسَاكِيْنُ مَالُهُمْ قَلِيْلٌ

٨) ... مُعَلِّمٌ لَا نَفْهَمُ دَرْسَهُ

٩) ... رَسُوْلٌ نَعْتَصِمُ بِسُنَّتِهِ

١٠) ... مُؤْمِنُوْنَ تُقْبَلُ أَعْمَالُهُمْ

١١) ... سُوْرَةٌ نَقْرَأُ آيَاتِهَا كُلَّ لَيْلَةٍ

١٢) ... رَجُلٌ لَا يَتْرُكُ وَلَدُهُ الصَّلَاةَ

Translation of the عَائِدٌ as the مَجْرُوْرٌ or مُضَافٌ إِلَيْهِ of a ظَرْفٌ

The عَائِدٌ in the نَعْتٌ sentence can be the مَجْرُوْرٌ of a حَرْفٌ جَرٌّ or the مُضَافٌ إِلَيْهِ of a ظَرْفٌ. This can either be a person or a thing.

كِتَابٌ قَرَأْتُ مِنْهُ	رَجُلٌ قَرَأْتُ مَعَهُ

These phrases can be translated in the following four steps:

1. Translate the sentence نَعْتٌ on its own;

I read from it	*I read with him*

2. If the عَائِدٌ refers to a human being, add the word whom or who before the sentence; if it refers to a thing, add the word which or that;

that/which I read from it	*whom I read with him*

3. Remove the translation of the عَائِدٌ;

that/which I read from	*whom I read with*

4. Add the translation of the مَنْعُوْتٌ.

a book which I read from *a book that I read from*	*a man whom I read with*

The translation of the حَرْفٌ جَارٌّ or ظَرْفٌ can also be brought before the relative pronoun.

a book from which I read	*a man with whom I read*

Notes

When the جَارٌّ-مَجْرُوْرٌ become the مَفْعُوْلٌ بِهٖ غَيْرُ صَرِيْحٍ, they will be translated as though the عَائِدٌ is the مَفْعُوْلٌ بِهٖ.

كِتَابٌ كَفَرُوْا بِهٖ *a book that they rejected*	وَلَدٌ نَصَحْتُ لَهُ *a boy whom I advised*

Exercise 4

Translate the following phrases into English.

١) ... بَيْتٌ نَطُوْفُ بِهٖ	٥) ... تِلَاوَةٌ بَكَيْنَا بَعْدَهَا	٩) ... يَوْمٌ يُبْعَثُ فِيْهِ الْعِبَادُ
٢) ... ذُنُوْبٌ تُبْنَا مِنْهَا	٦) ... أَشْيَاءُ نَغْضَبُ مِنْهَا	١٠) ... مُدُنٌ لَمْ نُسَافِرْ إِلَيْهَا
٣) ... كِتَابٌ نَعْتَصِمُ بِهٖ	٧) ... جَبَلَانِ نَنْظُرُ إِلَيْهِمَا	١١) ... امْتِحَانٌ لَمْ نَنْجَحْ فِيْهِ
٤) ... رَبٌّ لَا نُشْرِكُ بِهٖ	٨) ... مَصَائِبُ صَبَرْنَ عَلَيْهَا	١٢) ... بَابٌ دَخَلْنَا الْبَيْتَ مِنْهُ

Translation of the عَائِدٌ in a خَبَرٌ مُقَدَّمٌ

The عَائِدٌ in the نَعْتٌ sentence can occur within the خَبَرٌ مُقَدَّمٌ.

كِتَابٌ فِيهِ قِصَصٌ	رَجُلٌ عَلَيْهِ دَيْنٌ

These phrases can be translated in the following four steps:

1. Translate the sentence نَعْتٌ on its own;

there are stories in it	*there is a loan on him*

2. If the عَائِدٌ refers to a human being, add the word who before the sentence; if it refers to a thing, add the word which or that;

which there are stories in it	*who there is a loan on him*

3. Replace there is/are with has;

which has stories in it	*who has a loan on him*

4. Add the translation of the مَنْعُوْتٌ.

a book which has stories in it *a book that has stories in it*	*a man who has a loan on him*

The translation of the حَرْفٌ جَارٌّ or ظَرْفٌ can be brought before the relative pronoun. In this case, the words there is/are will not be replaced, and the relative pronoun whom will be used instead of who.

a book in which there are stories	*a man on/upon whom there is a loan*

Exercise 5

Translate the following phrases into English.

١) ... رَجُلٌ لَهُ مَالٌ كَثِيْرٌ
٢) ... بَابٌ أَمَامَهُ كُرْسِيَّانِ
٣) ... دَرْسٌ بَعْدَهُ صَلَاةٌ
٤) ... رَبٌّ لَيْسَ لَهُ شَرِيْكٌ
٥) ... دَمْعٌ تَحْتَهُ خَدْعٌ
٦) ... أَرْضٌ فَوْقَهَا جِبَالٌ
٧) ... شَجَرَتَانِ بَيْنَهُمَا أَسَدٌ
٨) ... طُلَّابٌ مَعَهُمْ كُتُبٌ كَثِيْرَةٌ

Summary

The table below summarises the translation of the نَعْتٌ sentence.

Non-Human	Human	
قَلَمٌ سَقَطَ a pen that/which fell	رَجُلٌ سَقَطَ a man who fell	فَاعِلٌ
قَلَمٌ رَأَيْتُهُ a pen that/which I saw	رَجُلٌ رَأَيْتُهُ a man whom I saw	مَفْعُوْلٌ بِهِ
بَيْتٌ بَابُهُ مَفْتُوْحٌ a house whose door is open	رَجُلٌ يَدُهُ وَسِخَةٌ a man whose hand is dirty	مُضَافٌ إِلَيْهِ
كِتَابٌ قَرَأْتُ مِنْهُ a book that/which I read from	رَجُلٌ قَرَأْتُ مَعَهُ a man with whom I read	مَجْرُوْرٌ
كِتَابٌ فِيْهِ قِصَصٌ a book in which there are stories	رَجُلٌ عَلَيْهِ دَيْنٌ a man on whom there is a loan	خَبَرٌ مُقَدَّمٌ

Vocab

English	Arabic	English	Arabic
to flow	سَالَ يَسِيْلُ سَيَلَانًا	to abstain	اِجْتَنَبَ يَجْتَنِبُ اجْتِنَابًا
to live	عَاشَ يَعِيْشُ عَيْشًا	to be dutiful/obedient (to parents)	بَرَّ يَبَرُّ بِرًّا
to disobey (parents)	عَقَّ يَعُقُّ عُقُوْقًا	to speak	تَكَلَّمَ يَتَكَلَّمُ تَكَلُّمًا
to grant ability	وَفَّقَ يُوَفِّقُ تَوْفِيْقًا	to bury	دَفَنَ يَدْفِنُ دَفْنًا

Exercise 6

Translate the following phrases into English.

١) ... وَلَدٌ أَبُوْهُ فَقِيْرٌ

٢) ... وَلَدٌ نُحْسِنُ إِلَيْهِ

٣) ... وَلَدٌ رَأَيْنَاهُ فِي الْبَيْتِ

٤) ... تُرَابٌ نُدْفَنُ تَحْتَهُ

٥) ... وَلَدٌ أَمَامَهُ كُتُبٌ كَثِيْرَةٌ

٦) ... دَمٌ يَسِيْلُ عَلَى وَجْهِكَ

٧) ... مِنْبَرٌ يَجْلِسُ عَلَيْهِ الْإِمَامُ

٨) ... صَوْتٌ سَمِعْنَاهُ مِنَ الْحَدِيْقَةِ

٩) ... وَلَدٌ حَفِظَ الْقُرْآنَ وَفَهِمَهُ وَعَمِلَ بِهِ

١٠) ... صُلَحَاءُ تَفِيْضُ أَعْيُنُهُمْ دُمُوْعًا مِنْ خَشْيَةِ اللهِ

Using a نَعْتٌ Sentence in a Sentence

A نَعْتٌ sentence joins with its مَنْعُوْتٌ to become one of the main slots of the sentence.

Notes

1. When the مَنْعُوْتٌ of a نَعْتٌ sentence is the فَاعِلٌ, the نَعْتٌ can be translated in two ways:
   a) Immediately after the مَنْعُوْتٌ before the verb.
   b) After the verb.

> اِنْكَسَرَ كُرْسِيٌّ كَانَ فِي الْبَيْتِ
>
> *A chair which was in the house broke.*
> *A chair broke which was in the house.*

2. If one مَنْعُوْتٌ has two نَعْتٌ, one as a single word and the other as a sentence, the single word is translated first before the مَنْعُوْتٌ. The نَعْتٌ sentence is then translated at the end.

> ﴿هَذَا ذِكْرٌ مُبَارَكٌ أَنْزَلْنَاهُ﴾
>
> *This is a blessed remembrance which we have revealed.*

The tarkib of this is written as follows:

خَبَرٌ				مُبْتَدَأٌ
هُ	أَنْزَلْنَا	مُبَارَكٌ	ذِكْرٌ	هٰذَا
مَفْعُوْلٌ بِهِ	فِعْلٌ وَفَاعِلٌ (هُوَ)			
نَعْتٌ		نَعْتٌ	مَنْعُوْتٌ	

3. If the main sentence consists of a فِعْلٌ مَاضٍ, and the نَعْتٌ sentence consists of a مُضَارِعٌ, the مُضَارِعٌ can be translated as the past habitual or continuous tense.

> كَسَرَ إِبْرَاهِيمُ عَلَيْهِ السَّلَام تَمَاثِيلَ يَعْبُدُهَا النَّاسُ
>
> *Ibrahim عَلَيْهِ السَّلَام broke the idols that people used to worship.*

Exercise 7

Translate the following phrases into English.

١) هٰذَا دَوَاءٌ يَنْفَعُكَ

٢) بَكَى طِفْلٌ غَابُ أُمُّهُ

٣) هٰذَا شَابٌّ يَعُقُّ وَالِدَيْهِ

٤) حَزِنَتِ امْرَأَةٌ مَاتَ زَوْجُهَا

٥) ذٰلِكَ طَبِيْبٌ دَوَاءُهُ يَنْفَعُكَ

٦) رَأَيْنَا مَسْجِدًا لَهُ مِحْرَابٌ كَبِيْرٌ

٧) أَنْزَلَ اللهُ كِتَابًا فِيْهِ آيَاتٌ بَيِّنَاتٌ

٨) ﴿إِنَّ هٰؤُلاءِ قَوْمٌ لا يُؤْمِنُوْنَ﴾

٩) أَعُوْذُ باللهِ مِنْ كُلِّ عَمَلٍ يُخْزِيْنِيْ

١٠) صَامَ وَلَدٌ عُمُرُهُ خَمْسُ سَنَوَاتٍ

١١) نَرْجُوْ عَمَلًا يُدْخِلُنَا اللهُ بِهِ الْجَنَّةَ

١٢) الصَّبْرُ عَمَلٌ لَيْسَ لَهُ جَزَاءٌ إِلَّا الْجَنَّةَ

١٣) هٰذَا دَوَاءٌ اشْتَرَيْتُهُ مِن دُكَّانِ الطَّبِيْبِ

١٤) هَلْ تَرَى سَفِيْنَةً لا تَجْرِيْ عَلَى الْبَحْرِ

١٥) ﴿إِنَّ فِيْ ذٰلِكَ لَآيَاتٍ لِقَوْمٍ يُؤْمِنُوْنَ﴾

١٦) يَوْمَ الْعِيْدِ سَأَلْبَسُ ثَوْبًا اشْتَرَاهُ اِبْنِيْ لِيْ

١٧) هٰؤُلَاءِ رِجَالٌ تَفِيْضُ أَعْيُنُهُمْ مِنْ خَشْيَةِ اللهِ

١٨) هٰذِهِ قَاعِدَةٌ حَفِظْتُهَا مُنْذُ سَنَوَاتٍ كَثِيْرَةٍ وَلَمْ أَنْسَهَا قَطُّ

١٩) أَعُوْذُ باللهِ مِنْ عِلْمٍ لَا يَنْفَعُ ونَفْسٍ لَا تَشْبَعُ وقَلْبٍ لَا يَخْشَعُ

٢٠) هُمْ أَوْلَادٌ صَابِرُوْنَ لَا يَشْتَكُوْنَ الْمَصَائِبَ وَلَا يَجْزَعُوْنَ

Summary

Nested Sentences

Directly Nested Sentences – جُمْلَةٌ صُغْرَى

Main Slots

خَبَرٌ	جُمْلَةٌ اسْمِيَّةٌ			زَيْدٌ وَلَدُهُ قَائِمٌ
	جُمْلَةٌ فِعْلِيَّةٌ	مَاضٍ		زَيْدٌ قَامَ
		مُضَارِعٌ	Present Habitual/Continuous	زَيْدٌ يَقُوْمُ
مَفْعُوْلٌ بِهِ	قَالَ يَقُوْلُ قُلْ			قَالَ زَيْدٌ: اُنْصُرْنِيْ
	Other Verbs			نَادَى زَيْدٌ أَنِ اُنْصُرْنِيْ
حَالٌ	جُمْلَةٌ فِعْلِيَّةٌ	مُضَارِعٌ	Simultaneous	جِئْتُ أَرْكَبُ
		مَاضٍ	Prior Contrast	جِئْتُ وَقَدْ خَرَجْتَ لِمَ جِئْتَ وَقَدْ مَنَعْتُكَ
	جُمْلَةٌ اسْمِيَّةٌ		Simultaneous Contrast	جِئْتُ وَأَنْتَ نَائِمٌ جِئْتَ وَالْمَطَرُ يَنْزِلُ

Phrases

مَعْطُوْفٌ			أَحْمَدُ جَاءَ وَذَهَبَ
بَدَلٌ			أَنْعَمَ اللهُ عَلَيْكَ هَدَاكَ
مُضَافٌ إِلَيْهِ	With regular مُضَافٌ		رَأَيْتُكَ يَوْمَ جِئْتَ
	With Special مُضَافٌ	لَمَّا	رَأَيْتُكَ لَمَّا جِئْتَ
		كُلَّمَا	رَأَيْتُكَ كُلَّمَا جِئْتَ
		إِذْ	رَأَيْتُكَ إِذْ جِئْتَ
		إِذَا	رَأَيْتُكَ إِذَا جِئْتَ
		مُذْ، مُنْذُ	مَا رَأَيْتُكَ مُنْذُ جِئْتَ
		حَيْثُ	رَأَيْتُ حَيْثُ جَلَسْتَ
نَعْتٌ			رَأَيْتُ رَجُلًا جَاءَ

Summary

Key Terms

English	Arabic
وَاوٌ used before a sentence حَالٌ	وَاوٌ حَالِيَّةٌ
فَ on the main sentence with إِذَا	فَاءٌ رَابِطَةٌ
مَا placed after إِذَا	مَا الصِّلَةُ

English	Arabic
subsentence	جُمْلَةٌ صُغْرَى
Pronoun within the صُغْرى that refers to something before it	عَائِدٌ
Anticipatory Pronoun	ضَمِيرُ الشَّأْنِ
أَنْ used in quotations	أَنْ التَّفْسِيْرِيَّةُ

Vocabulary

Verbs which require an أَنْ تَفْسِيْرِيَّةٌ

English	Arabic
to write, enjoin	كَتَبَ يَكْتُبُ كِتَابَةً
to call out	نَادَى يُنَادِيْ مُنَادَاةً
to advise, order	وَصَّى يُوَصِّيْ تَوْصِيَةً

English	Arabic
to send	أَرْسَلَ يُرْسِلُ إِرْسَالًا
to inspire, reveal	أَوْحَى يُوْحِيْ إِيْحَاءً
to make a covenant	عَهِدَ يَعْهَدُ عَهْدًا

أَسْمَاءٌ

English	Arabic
medicine	دَوَاءٌ ج أَدْوِيَةٌ
jail	سِجْنٌ ج سُجُوْنٌ
misguided	ضَالٌّ ج وْنَ
doctor	طَبِيْبٌ ج أَطِبَّاءُ
evening	عِشَاءٌ
religion, creed	مِلَّةٌ ج مِلَلٌ
crescent	هِلَالٌ ج أَهِلَّةٌ

English	Arabic
name	اِسْمٌ ج أَسْمَاءٌ
finger	إِصْبَعٌ ج أَصَابِعُ (مث)
exam	امْتِحَانٌ ج اتٌ
people	أَهْلٌ
stomach	بَطْنٌ ج بُطُوْنٌ
body	جَسَدٌ ج أَجْسَادٌ
news	خَبَرٌ ج أَخْبَارٌ

English	Arabic	English	Arabic
to narrate, relate	حَدَّثَ يُحَدِّثُ تَحْدِيْثًا	to see	أَبْصَرَ يُبْصِرُ إِبْصَارًا
to be disgraced	خَزِيَ يَخْزَى خِزْيًا	to abstain	اِجْتَنَبَ يَجْتَنِبُ اجْتِنَابًا
to study	دَرَسَ يَدْرُسُ دَرْسًا	to burn	اِحْتَرَقَ يَحْتَرِقُ اِحْتِرَاقًا
to bury	دَفَنَ يَدْفِنُ دَفْنًا	to take out	أَخْرَجَ يُخْرِجُ إِخْرَاجًا
to make مَرْفُوْعٌ	رَفَعَ يَرْفَعُ رَفْعًا	to rest	اِسْتَرَاحَ يَسْتَرِيْحُ اسْتِرَاحَةً
to scold	زَجَرَ يَزْجُرُ زَجْرًا	to seek refuge	اِسْتَعَاذَ يَسْتَعِيْذُ اِسْتِعَاذَةً
to flow	سَالَ يَسِيْلُ سَيَلَانًا	to face, turn towards	اِسْتَقْبَلَ يَسْتَقْبِلُ اِسْتِقْبَالًا
to wish, desire	شَاءَ يَشَاءُ مَشِيْئَةً	to act proudly	اِسْتَكْبَرَ يَسْتَكْبِرُ اِسْتِكْبَارًا
to read, study	طَالَعَ يُطَالِعُ مُطَالَعَةً	to listen	اِسْتَمَعَ يَسْتَمِعُ اسْتِمَاعًا
to clean	طَهَّرَ يُطَهِّرُ تَطْهِيْرًا	to emphasise	أَكَّدَ يُؤَكِّدُ تَأْكِيْدًا، تَوْكِيْدًا
to live	عَاشَ يَعِيْشُ عَيْشًا	to wait	اِنْتَظَرَ يَنْتَظِرُ انْتِظَارًا
to sneeze	عَطَسَ يَعْطِسُ عُطَاسًا	to save	أَنْجَى يُنْجِيْ إِنْجَاءً
to disobey (parents)	عَقَّ يَعُقُّ عُقُوْقًا	to be dutiful/obedient (to parents)	بَرَّ يَبَرُّ بِرًّا
to uncover, remove	كَشَفَ يَكْشِفُ كَشْفًا	to repent	تَابَ يَتُوْبُ تَوْبَةً
to pass	مَرَّ يَمُرُّ مُرُوْرًا	to get married	تَزَوَّجَ يَتَزَوَّجُ تَزَوُّجًا
to make مَنْصُوْبٌ	نَصَبَ يَنْصِبُ نَصْبًا	to speak	تَكَلَّمَ يَتَكَلَّمُ تَكَلُّمًا
to negate	نَفَى يَنْفِيْ نَفْيًا	to take (life), (مَجْهُوْلٌ: die)	تَوَفَّى يَتَوَفَّى تَوَفِّيًا
to grant ability	وَفَّقَ يُوَفِّقُ تَوْفِيْقًا	to make مَجْرُوْرٌ	جَرَّ يَجُرُّ جَرًّا
to be dry	يَبِسَ يَيْبَسُ يُبْسًا	to make مَجْزُوْمٌ	جَزَمَ يَجْزِمُ جَزْمًا

UNIT 5
Section 2

NESTED SENTENCES

Introduction: اِسْمٌ مُؤَوَّلٌ with اِسْمٌ مَوْصُوْلٌ
Part 1: اِسْمٌ مُؤَوَّلٌ in Sentences
Part 2: اِسْمٌ مُؤَوَّلٌ in Phrases
Supplement
Summary

Introduction: اِسْمٌ مُؤَوَّلٌ with اِسْمٌ مَوْصُوْلٌ

A sentence may be indirectly nested into another sentence if it is preceded by a relative pronoun. Let us review the following scenario:

A student wrote a summary of a book. The teacher is pleased. There are two aspects which may have pleased the teacher:

1. The summary presented by the student.
2. The action of summarisation.

To express pleasure at the summary, the teacher would say:

The summary that you wrote pleased me.

In this example, the relative pronoun that extracts the noun meaning from the sentence, whilst allowing it to be nested into the main sentence.

To express pleasure at the action, the teacher would say:

It pleased me that you summarised the book.

In this example, the relative pronoun that extracts the verb meaning from the sentence, whilst allowing it to be nested into the main sentence.

In Arabic, the relative pronoun is called مَوْصُوْلٌ and the sentence after it is called the صِلَةٌ. Together, these form an indirectly nested sentence, an اِسْمٌ مُؤَوَّلٌ.

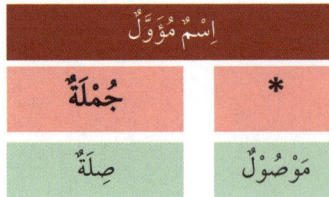

اِسْمٌ مُؤَوَّلٌ	
جُمْلَةٌ	*
صِلَةٌ	مَوْصُوْلٌ

Types of مَوْصُوْلٌ

There are two types of مَوْصُوْلٌ:

1. اِسْمٌ مَوْصُوْلٌ: this is used to extract the noun meaning from the sentence.
2. حَرْفٌ مَوْصُوْلٌ: this is used to extract the verb meaning from the sentence.

In this section we will discuss the اِسْمٌ مَوْصُوْلٌ.

اِسْمٌ مَوْصُوْلٌ and its صِلَةٌ

اِسْمٌ مَوْصُوْلٌ

An اِسْمٌ مَوْصُوْلٌ is a relative pronoun which precedes a sentence and extracts the noun meaning from it.

I read your letter.
I read what you wrote.

In this example, the phrase what you wrote takes the place of the object. The word what allows the sentence to function as a single slot in a meaning like the noun your letter.

Types of اِسْمٌ مَوْصُوْلٌ

The اِسْمٌ مَوْصُوْلٌ are of two types:

1. Gender and number neutral
2. Gender and number specific

Gender and Number Neutral اِسْمٌ مَوْصُوْلٌ

There are two اِسْمٌ مَوْصُوْلٌ which are gender and number neutral, i.e. they do not have different forms because of their number or gender.

1. مَنْ
2. مَا

مَنْ

The اِسْمٌ مَوْصُوْلٌ of مَنْ is used to refer to people. This is translated as who, or one who.

مَنْ يَخَافُ اللهَ

who fears Allah
the one who fears Allah

مَا

The اِسْمٌ مَوْصُوْلٌ of مَا is used to refer to things. This is translated as what.

مَا قَالَتِ الْأُمُّ

what the mother said

475

Gender and Number Specific إِسْمٌ مَوْصُوْلٌ

The أَسْمَاءٌ مَوْصُوْلَةٌ which are gender and number specific are as follows:

الْأَسْمَاءُ الْمَوْصُوْلَةُ		
اَلَّذِي	مُفْرَدٌ	اَلْمُذَكَّرُ
اللَّذَانِ	مُثَنًّى	
اَلَّذِيْنَ	جَمْعٌ	
اَلَّتِي	مُفْرَدٌ	اَلْمُؤَنَّثُ
اللَّتَانِ	مُثَنًّى	
اللَّاتِي / اللَّائِي	جَمْعٌ	

These are used for both people and things. The context will help determine the meaning.

الَّذِي رَأَيْتُ

who/what I saw

The إِعْرَابٌ of the الْأَسْمَاءُ الْمَوْصُوْلَةُ

The الْأَسْمَاءُ الْمَوْصُوْلَةُ are مَبْنِيّ, except the مُثَنًّى forms which are مُعْرَبٌ and change as normal مُثَنًّى nouns:

اللَّذَانِ ⬅ اللَّذَيْنِ

اللَّتَانَ ⬅ اَللَّتَيْنِ

Summary

The table below summarises the أَسْمَاءٌ مَوْصُوْلَةٌ.

الْأَسْمَاءُ الْمَوْصُوْلَةُ				
Human		Non-Human		
مَنْ	اَلَّذِيْ	مَا	مُفْرَدٌ	اَلْمُذَكَّرُ
	اَللَّذَانِ		مُثَنًّى	
	اَلَّذِيْنَ		جَمْعٌ	
	اَلَّتِيْ		مُفْرَدٌ	اَلْمُؤَنَّثُ
	اَللَّتَانِ		مُثَنًّى	
	اَللَّاتِيْ / اَللَّائِيْ		جَمْعٌ	

صِلَةٌ

Types of صِلَةٌ

The صِلَةٌ of the اِسْمٌ مَوْصُوْلٌ can come in two forms:

1. A جُمْلَةٌ, either اِسْمِيَّةٌ or فِعْلِيَّةٌ.
2. A شِبْهُ الْجُمْلَةِ.

صِلَةٌ as a جُمْلَةٌ
مَنْ رَأَيْتُهُ
الَّذِيْ رَأَيْتُهُ
the one who I saw

صِلَةٌ as a شِبْهُ جُمْلَةٍ
مَنْ فِي الْبَيْتِ
الَّذِيْ فِي الْبَيْتِ
the one who is in the house

Rules of صِلَةٌ

If the صِلَةٌ is a جُمْلَةٌ, it must have an عَائِدٌ which refers to the اِسْمٌ مَوْصُوْلٌ. This عَائِدٌ can either be mentioned explicitly or omitted and understood.

عَائِدٌ Mentioned Explicitly
مَنْ رَأَيْتُهُ

عَائِدٌ Omitted
مَنْ رَأَيْتُ (ـهُ)

If the صِلَةٌ is a شِبْهُ جُمْلَةٍ, it does not have an عَائِدٌ.

The tarkib of the اِسْمٌ مَوْصُوْلٌ and its صِلَةٌ are written under the main sentence, as follows:

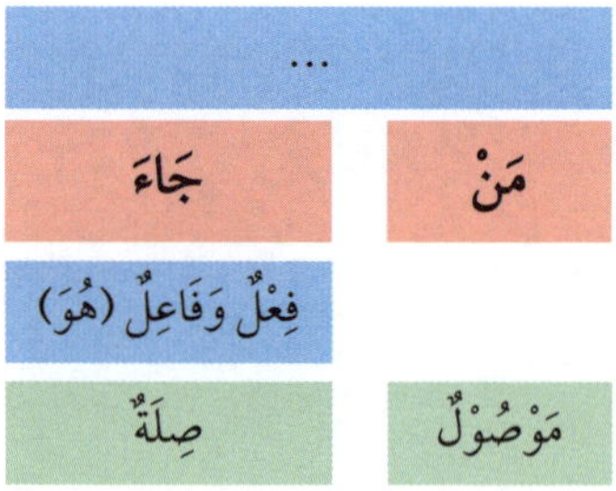

جَاءَ
مَنْ
فِعْلٌ وَفَاعِلٌ (هُوَ)
صِلَةٌ
مَوْصُوْلٌ

Translating the اسْمٌ مَوْصُوْلٌ and its صِلَةٌ

The translation of the اسْمٌ مَوْصُوْلٌ and its صِلَةٌ differ according to the slot the عَائِدٌ occupies within the صِلَةٌ. All the rules applied in the sentence نَعْتٌ are also applied here. (see page 460)

Translation of the عَائِدٌ as the فَاعِلٌ

If the عَائِدٌ becomes the فَاعِلٌ, the اسْمٌ مَوْصُوْلٌ will be translated as:

1. Who or the one who if it refers to human being.
2. That or that which if it refers to a non-human being.
(see page 461)

مَنْ يَنْفَعُ	مَا يَنْفَعُ
the one who benefits	*that which benefits*

Exercise 1

Translate the following.

١) ... مَا لَا يَنْفَعُ
٢) ... مَنْ يَّغْتَابُنَا
٣) ... مَا أَصَابَكُمْ
٤) ... اللَّاتِيْ يَتُبْنَ
٥) ... اللَّائِيْ ابْتُلِيْنَ
٦) ... مَنْ لَمْ يَجْزَعْ
٧) ... الَّذِيْ لَا يَخْدَعُ
٨) ... الَّتِيْ اسْتَكْبَرَتْ
٩) ... الَّذِيْنَ لَا يَغْتَابُوْنَ
١٠) ... الَّذِيْنَ يَسْتَرِيْحُوْنَ
١١) ... اللَّتَانِ لَا تَشْتَكِيَانِ
١٢) ... مَا يَطِيْرُ فِي السَّمَاءِ
١٣) ... الَّذِيْ يَدْرُسُ الْقُرْآنَ
١٤) ... اللَّذَيْنِ يُطَالِعَانِ الْكُتُبَ
١٥) ... مَنْ لَا يُشْرِكُ بِاللهِ شَيْئًا
١٦) ... اللَّذَيْنِ لَعِبَا مَعِيْ أَمْسِ
١٧) ... اللَّتَانِ لَمْ تُبَدِّلَا دِيْنَهُمَا
١٨) ... الَّتِيْ وَصَلَتْ قَبْلَ سَاعَةٍ

Exercise 2

Add an إِسْمٌ مَوْصُوْلٌ in the following sentences which refers to the فَاعِلٌ.

يَبِسَتَا ⬅ اللَّتَانِ يَبِسَتَا

١) كَشَفُوْا
٢) تَنْتَظِرُ لِيْ
٣) تَسْتَكْبِرَانِ
٤) وُفِّقَ لِلْخَيْرِ
٥) عَطِشَتَا الْآنَ
٦) مَرَّا بِالسِّجْنِ
٧) عَقَّتْ وَالِدَتَهَا
٨) سَيُدْفَنَّ الْيَوْمَ
٩) حَدَّثْنَ مَعَكُمْ
١٠) يَتَزَوَّجَانِ غَدًا
١١) يَبَرُّوْنَ وَالِدَيْهِمْ
١٢) يَسِيْلُ فِي الْوَادِيْ

Translation of the عَائِدٌ as the مَفْعُوْلٌ بِهِ

If the عَائِدٌ becomes the مَفْعُوْلٌ بِهِ, the اسْمٌ مَوْصُوْلٌ will be translated as:

1. Whom or who if it refers to human being.
2. That, which or what if it refers to a non-human being.
   (see page 462)

مَا كَتَبْتُهُ	مَنْ نَصَرْتُهُ
what I wrote	*who/whom I helped*

Exercise 3

Translate the following.

١) ... مَا تَبِيْعِيْنَ
٢) ... مَنْ سَمِعْنَا
٣) ... مَا أَكَلْتُمُوْهُ
٤) ... اللَّتَيْنِ رَأَيْنَا
٥) ... مَنْ أَنْذَرُوْا
٦) ... الَّذِي تَرَكْتَهُ
٧) ... الَّذِي ضَرَبْتُهُ
٨) ... مَنْ هَدَى اللهُ
٩) ... اللَّذَيْنِ رَحِمْتُ
١٠) ... الَّتِي لَمْ نَعْرِفْ
١١) ... اللَّاتِي ظَلَمْتَ
١٢) ... اللَّتَيْنِ نَصَرْتُمْ
١٣) ... مَا ذَبَحْتُمْ أَمْسِ
١٤) ... الَّذِيْنَ تَحْسُدُهُمْ
١٥) ... اللَّاتِي شَكَرْتُمُوْهُنَّ
١٦) ... اللَّذَيْنِ أَضَلَّهُمَا اللهُ
١٧) ... الَّذِيْنَ وَعَدَ اللهُ الْجَنَّةَ
١٨) ... الَّتِي عَلَّمَ هٰذَا الْمُعَلِّمُ

Exercise 4

Add an اِسْمٌ مَوْصُوْلٌ in the following sentences which refers to the مَفْعُوْلٌ بِهِ. Remember, the عَائِدٌ is often omitted from the صِلَةٌ when it is the مَفْعُوْلٌ بِهِ.

رَأَيْتُهُمْ ⬅ اَلَّذِيْنَ رَأَيْتُ (هُمْ)

١) قَبِلَهَا
٢) نَتَّبِعُهُمَا
٣) نَجْتَنِبُهُ
٤) ضَيَّعْتُنَّهَا
٥) زَجَرُوْهُنَّ
٦) أَغْرَقَهُ اللهُ
٧) تَأْمُرُوْنَهُنَّ
٨) أَخْرَجْتُمُوْهُمْ
٩) أَنْجَيْتُمُوْهُمَا
١٠) تَزَوَّجَهَا أَمْسِ
١١) أَخْزَاهُ اللهُ فِي الدُّنْيَا
١٢) نَسْتَقْبِلُهَا فِي الصَّلَاةِ

Translation of the عَائِدٌ as the مُضَافٌ إِلَيْهِ

If the عَائِدٌ becomes the مُضَافٌ إِلَيْهِ, the اسْمٌ مَوْصُوْلٌ will be translated as:

1. Whose or the one whose if it refers to human being.
2. That or that whose if it refers to a non-human being.
   (see page 463)

الَّذِيْ بَابُهُ مَفْتُوْحٌ
whose door is open

Exercise 5

Translate the following sentences into English.

١) ... مَا بَابُهُ مُغْلَقٌ

٢) ... مَنْ أَبُوْهُ فَقِيْرٌ

٣) ... مَنْ دِيْنُهُ الْإِسْلَامُ

٤) ... الَّذِيْ أُمُّهُ صَابِرَةٌ

٥) ... الَّذِيْ دُكَّانُهُ كَبِيْرٌ

٦) ... الَّتِيْ عَمَلُهَا مَقْبُوْلٌ

٧) ... اللَّاتِيْ كَلْبُهُنَّ صَغِيْرٌ

٨) ... اَلَّذِيْنَ كَلَامُهُمْ حُلْوٌ

٩) ... اللَّذَانِ جَدُّهُمَا جَالِسٌ

١٠) ... اَلَّذِيْنَ خَالَتُهُمْ شَاكِرَةٌ

١١) ... الَّتِيْ ضُيُوْفُهَا صَائِمُوْنَ

١٢) ... اللَّذَانِ احْتَرَقَ بَيْتُهُمَا

١٣) ... اللَّتَانِ دَرَجَاتُهُمَا رَفِيْعَةٌ

١٤) ... اللَّاتِيْ أَخَوَاتُهُنَّ صَالِحَاتٌ

١٥) ... اللَّتَانِ مُعَلِّمُوْهُمَا مُجْتَهِدُوْنَ

Exercise 6

Add an اِسْمٌ مَوْصُوْلٌ in the following sentences which refers to the مُضَافٌ إِلَيْهِ.

أُصْبُعُهَا تَسِيْلُ دَمًا ⬅ الَّتِيْ أُصْبُعُهَا تَسِيْلُ دَمًا

١) اِحْتَرَقَ بَيْتُهَا

٢) بَكَى وَلَدُهَا

٣) دَوَائُهُنَّ نَافِعٌ

٤) أَهْلُهُ مِنْ مَكَّةَ

٥) بُطُوْنُهُمَا كَبِيْرَةٌ

٦) آبَائُهُمْ ضَالُّوْنَ

٧) مِلَّتُهَا مَلَّةُ آبَائِهَا

٨) أَجْسَادُهُمَا قَوِيَّةٌ

٩) اِبْنَاهُ فِي السِّجْنِ

١٠) سَيِّدُهُمَا عَاقِلٌ

١١) حَدِيْثُهُمْ صَادِقٌ

١٢) صَامَتْ أُخْتُهُنَّ

Translation of the عَائِدٌ as the مَجْرُوْرٌ or مُضَافٌ إِلَيْهِ of a ظَرْفٌ

If the عَائِدٌ becomes the مَجْرُوْرٌ of a حَرْفٌ جَرٌّ or the مُضَافٌ إِلَيْهِ of a ظَرْفٌ, the اسْمٌ مَوْصُوْلٌ will be translated as:

1. Whom if it refers to a human being.
2. That or which if it refers to a non-human being. (see page 464)

الَّذِيْ قَرَأْتُ مَعَهُ	الَّذِيْ قَرَأْتُ مِنْهُ
whom I read with *with whom I read*	*which I read from* *from which I read*

Exercise 7

Translate the following phrases into English.

١) ... الَّتِيْ مَالُنَا عِنْدَهَا

٢) ... مَا نَمْلَأُ الْإِنَاءَ بِهِ

٣) ... اللَّذَانِ نَعُوْذُ مِنْهُمَا

٤) ... الَّذِيْنَ ذَهَبْنَا إِلَيْهِمْ

٥) ... الَّذِيْ سَقَطتُّ عَلَيْهِ

٦) ... اللَّذَانِ نُصَلِّيْ مَعَهُمَا

٧) ... الَّذِيْنَ لَا نَسْجُدُ لَهُمْ

٨) ... اللَّاتِيْ مَاتَ قَبْلَهُنَّ

٩) ... مَنْ بِيَدِهِ مُلْكُ السَّمَاوَاتِ

١٠) ... مَنْ حَزِنَتِ الْأُمُّ عَلَيْهِنَّ

١١) ... اللَّتَانِ اسْتَغْفَرْتُمْ مِنْهُمَا

١٢) ... اللَّائِيْ أَنْعَمَ اللهُ عَلَيْهِنَّ

١٣) ... اللَّتَانِ دَخَلْنَا الْبَيْتَ مَعَهُمَا

١٤) ... الَّتِيْ طَلَبَ أَبُوْكَ مِنْهَا الْمَاءَ

١٥) ... ... الَّذِيْ اشْتَرَيْتُ الْكِتَابَ بِهِ

Exercise 8

Add an اِسْمٌ مَوْصُوْلٌ in the following sentences which refers to the مُضَافٌ إِلَيْهِ or مَجْرُوْرٌ.

تَطُوْفِيْنَ بِهَا ⇐ الَّتِيْ تَطُوْفِيْنَ بِهَا

١) تُبْتُمْ مِنْهُ

٢) وُفِّقْنَا لَهُ

٣) عِشْتُمْ فِيْهِ

٤) تَنْظُرْنَ إِلَيْهَا

٥) أُخْرِجْنَا مِنْهَا

٦) تَسْتَرِيْحُوْنَ عَلَيْهِ

٧) تَسْتَعِيْذِيْنَ مِنْهُمَا

٨) تُحْسِنُوْنَ إِلَيْهِنَّ

٩) تَعِيْشُوْنَ مَعَهُمَا

١٠) أَنْجَيْنَاكُمْ مِنْهُمْ

١١) فَرَضَ اللهُ عَلَيْهِمُ الْحَجَّ

١٢) أَنْزَلَ اللهُ عَلَيْهِمُ الْعَذَابَ

Translation of the عَائِدٌ in a خَبَرٌ مُقَدَّمٌ

If the عَائِدٌ occurs in the خَبَرٌ مُقَدَّمٌ, it will be translated as:

1. Who has if it refers to a human being.
2. Which has if it refers to a thing.

(see page 465)

اَلَّذِيْ فِيْهِ قِصَصٌ	اَلَّذِيْ عَلَيْهِ دَيْنٌ
which has stories in it	*who has a loan on him*
in which there are stories	*on whom there is a loan*

Exercise 9

Translate the following phrases.

١) ... مَا عَلَيْهِ دَمٌ

٢) ... مَا فِيْهِ بَرَكَاتٌ

٣) ... مَنْ عِنْدَهُ عَقْلٌ

٤) ... مَنْ عِنْدَهُمْ مَالٌ

٥) ... اَلَّذِيْ لَيْسَ قَبْلَهُ شَيْءٌ

٦) ... اَلَّذِيْ فِيْهِ آيَاتٌ بَيِّنَاتٌ

٧) ... اَللَّذَانِ عِنْدَهُ بَابٌ كَبِيْرٌ

٨) ... اَللَّذَانِ مَعَهُمَا وَلِيُّهُمَا

٩) ... اَلَّتِيْ مِنْهَا خَلْقُ الْإِنْسَانِ

١٠) ... اَللَّاتِيْ لَهُنَّ وَقْتٌ كَثِيْرٌ

١١) ... اَللَّتَانِ لَهُمَا وَلَدَانِ عَاقِلَانِ

١٢) ... اَلَّذِيْنَ فَوْقَهُمْ شُيُوْخٌ مُتَّقُوْنَ

١٣) ... اَلَّتِيْ فِيْهَا فَوَاكِهُ وَلَحْمُ طَيْرٍ

١٤) ... اَللَّتَانِ بَعْدَهُمَا فِتْنَةٌ عَظِيْمَةٌ

١٥) ... اَللَّاتِيْ خَلْفَهُنَّ أَوْلَادٌ صِغَارٌ

١٦) ... اَلَّذِيْنَ حَوْلَهُمْ أَصْدِقَاءُ مُحِبُّوْنَ

Exercise 10

Add an اِسْمٌ مَوْصُوْلٌ in the following sentences which refers to the خَبَرٌ مُقَدَّمٌ.

١) مَعَهُمْ خَمْرٌ

٢) لَيْسَ لَهُ حِمَارٌ

٣) فِيْهِ أَسَدٌ أَصْفَرُ

٤) لَهُمَا فِيْلٌ أَبْيَضُ

٥) لَهَا غُرْفَةٌ كَبِيْرَةٌ

٦) فِيْهَا أَنْهَارٌ كَثِيْرَةٌ

٧) لَيْسَ عَلَيْهِ ذُبَابٌ

٨) لَهَا صَفَحَاتٌ كَثِيْرَةٌ

٩) عِنْدَهُمْ كَلْبٌ أَسْوَدُ

١٠) لَهَا عَيْنَانِ زَرْقَاوَانِ

١١) مَعَهُمْ قَطَرَاتٌ قَلِيْلَةٌ

١٢) عَلَيْهَا شَجَرَةٌ خَضْرَاءُ

Part 1: اِسْمٌ مَؤَوَّلٌ in a Sentence

An اسْمٌ مَوْصُوْلٌ and its صِلَةٌ occur in any slot in a sentence where a مَعْرِفَةٌ noun can occur.

In a جُمْلَةٌ اسْمِيَّةٌ, these are:

1. مُبْتَدَأٌ
2. خَبَرٌ

In a جُمْلَةٌ فِعْلِيَّةٌ, these are:

1. فَاعِلٌ
2. مَفْعُوْلٌ بِه
3. مَفْعُوْلٌ بِهِ ثَانٍ
4. مُسْتَثْنًى

مَوْصُوْلٌ and صِلَةٌ as a مُبْتَدَأٌ and خَبَرٌ

1. When an اِسْمٌ مَوْصُوْلٌ and its صِلَةٌ become the مُبْتَدَأٌ or خَبَرٌ, it is common for a ضَمِيْرُ الْفَصْلِ to occur between them.

   اَللّٰهُ هُوَ الَّذِيْ خَلَقَنِيْ

   اَلَّذِيْ خَلَقَنِيْ هُوَ اللّٰهُ

2. When the مُبْتَدَأٌ is an اِسْمٌ مَوْصُوْلٌ and صِلَةٌ, the خَبَرٌ may be preceded by a فَ.

   اَلَّذِيْ آمَنَ فَلَهُ أَجْرٌ عَظِيْمٌ

   For the one who believes is a great reward.

   The tarkib of this is written as follows:

خَبَرٌ		زَائِدَةٌ	مُبْتَدَأٌ	
أَجْرٌ	لَهُ	فَ	آمَنَ	اَلَّذِيْ
مُبْتَدَأٌ مُؤَخَّرٌ	خَبَرٌ مُقَدَّمٌ		فِعْلٌ وَفَاعِلٌ (هُوَ)	
			صِلَةٌ	اِسْمٌ مَوْصُوْلٌ

فَاعِلٌ as a صِلَةٌ and مَوْصُوْلٌ

When the مَوْصُوْلٌ and صِلَةٌ occur as the فَاعِلٌ, the صِلَةٌ can be translated in two ways:

1. Immediately after the مَوْصُوْلٌ before the verb.
2. After the verb.

لَمْ يَفْهَمِ الدَّرْسَ الَّذِيْنَ غَابُوْا أَمْسِ

Those who were absent yesterday have not understood the lesson.

Those (students) have not understood the lesson who were absent yesterday.

Exercise 1

Translate the following and state which slot the مَوْصُوْلٌ – صِلَةٌ occur in.

١) نَجَحَتِ اللَّتَانِ اجْتَهَدَتَا

٢) لَا أُحِبُّ إِلَّا مَنْ يَّصْدُقُ

٣) لَمْ يَفْهَمِ الَّذِيْنَ قَالُوْا فَهِمْنَا

٤) ﴿يُؤْتِي الْحِكْمَةَ مَنْ يَشَاءُ﴾

٥) اجْتَمَعَ الَّذِيْنَ جَاءُوْا مِنَ الْبَلَدِ

٦) رَأَيْنَا اللَّذَيْنِ مَشَيَا إِلَى السُّوْقِ

٧) ﴿إِنَّكَ لَا تَهْدِيْ مَنْ أَحْبَبْتَ﴾

٨) ﴿هُوَ الَّذِيْ خَلَقَكُمْ مِنْ طِيْنٍ﴾

٩) عَلَّمَ الْأَنْبِيَاءُ النَّاسَ مَا عَلَّمَهُمُ اللهُ

١٠) نَصَرَ الرَّجُلُ الْكَرِيْمُ اللَّاتِيْ ظُلِمْنَ

١١) أَحْمَدُ هُوَ الَّذِيْ رَأَيْتُهُ فِي السُّوْقِ

١٢) اَلَّذِيْ رَأَيْتُهُ فِي الْمَسْجِدِ هُوَ أَحْمَدُ

١٣) هَلْ رَأَيْتَ الَّذِيْ رَأَيْتُهُ فِي الْحَدِيْقَةِ؟

١٤) مَاتَ الْفَرَسُ الَّذِيْ سَقَطَ مِنَ الْجَبَلِ

١٥) اَلْيَوْمَ أَعْطَيْتُ أَحْمَدَ مَا أَعْطَيْتَنِيْ أَمْسِ

١٦) اَلَّذِيْ يَحْفَظُ الدَّرْسَ حِفْظًا هُوَ حُذَيْفَةُ

١٧) وَصَلَ النَّاسُ إِلَّا الَّذِيْ رَأَيْتُهُ مَعَ خَالَتِيْ

١٨) فَاطِمَةُ هِيَ الَّتِيْ لَمْ تَغِبْ يَوْمًا عَنِ الدَّرْسِ

١٩) ﴿قَالَ إِبْرَاهِيمُ رَبِّيَ الَّذِي يُحْيِيْ وَيُمِيْتُ﴾

٢٠) يَسْتَكْبِرُوْنَ الَّذِيْنَ لَا يُؤْمِنُوْنَ بِاللهِ وَلَا بِالْيَوْمِ الْآخِرِ

Part 2: إِسْمٌ مُؤَوَّلٌ in a Phrase

An اسْمٌ مَوْصُوْلٌ and its صِلَةٌ occur in any slot in a phrase where a مَعْرِفَةٌ noun can occur. These are:

1. مُشَارٌ إِلَيْهِ: it has been mentioned previously that the مُشَارٌ إِلَيْهِ must have an اَلْ. However, a phrase with اَلَّذِيْ or its sisters can also become the مُشَارٌ إِلَيْهِ.
2. مُضَافٌ إِلَيْهِ
3. مَجْرُوْرٌ
4. نَعْتٌ of a مَعْرِفَةٌ word

Exercise 1

Translate the following and notice how the مَوْصُوْلٌ and صِلَةٌ are used as part of the phrases.

١) ذٰلِكَ الَّذِيْ تَكْرَهُ يَنْفَعُكَ

٢) تِلْكَ الَّتِيْ فِي الْغُرْفَةِ هِيَ لَكُمْ

٣) أُحْسِنُ إِلَى الَّذِيْ لَا يُحْسِنُ إِلَيَّ

٤) هٰذَا الَّذِيْ رَأَيْتُ فِيْ الْمَسْجِدِ هُوَ خَالِدٌ

٥) لَيْسَ هٰذَا مِنْ عَمَلِ الَّذِيْنَ يَطْلُبُوْنَ الْعِلْمَ

٦) مُصْعَبٌ صَدِيْقُ الَّذِيْ رَأَيْتُ فِيْ الْمَسْجِدِ

٧) لَا يَنْفَعُ الَّذِيْنَ يُشْرِكُوْنَ بِاللهِ آلِهَتُهُمْ فِي الْآخِرَةِ

٨) لِلَّذِيْنَ يُؤْمِنُوْنَ وَيَعْمَلُوْنَ الصَّالِحَاتِ أَجْرٌ كَبِيْرٌ

The مَوْصُوْلٌ and صِلَةٌ as a نَعْتٌ

If a مَعْرِفَةٌ word is followed by a sentence which gives more information regarding that word, it will become the نَعْتٌ.

the man who came from the village

In this example, the relative pronoun, who, and the sentence, came from the village, become the نَعْتٌ of the مَعْرِفَةٌ word, the man. In Arabic, the sentence which becomes the نَعْتٌ of a مَعْرِفَةٌ word will become the صِلَةٌ, and it will be preceded by an اِسْمٌ مَوْصُوْلٌ.

الرَّجُلُ الَّذِيْ جَاءَ مِنَ الْقَرْيَةِ

The tarkib of this is written as follows:

<table>
<tr><td colspan="5">...</td></tr>
<tr><td>الْقَرْيَةِ</td><td>مِنَ</td><td>جَاءَ</td><td>الَّذِي</td><td>الرَّجُلُ</td></tr>
<tr><td>مَجْرُوْرٌ</td><td>جَارٌ</td><td></td><td></td><td></td></tr>
<tr><td colspan="2">مَفْعُوْلٌ فِيْهِ</td><td>فِعْلٌ وَفَاعِلٌ (هُوَ)</td><td></td><td></td></tr>
<tr><td colspan="3">صِلَةٌ</td><td>مَوْصُوْلٌ</td><td></td></tr>
<tr><td colspan="4">نَعْتٌ</td><td>مَنْعُوْتٌ</td></tr>
</table>

Notes

Only الَّذِيْ and its sisters can form part of a نَعْتٌ. The words مَنْ and مَا cannot form part of the نَعْتٌ.

Exercise 2

Translate the following phrases into English.

١) ... الْوَقْتُ الَّذِيْ مَضَى

٢) ... السَّيِّدُ الَّذِيْ يُطِيْعُهُ النَّاسُ

٣) ... الْيَتَامَى الَّذِيْنَ مَاتَ أَبُوْهُمْ

٤) ... النِّعْمَةُ الَّتِيْ أَنْعَمَهَا اللهُ عَلَيْنَا

٥) ... الْأُذُنَانِ اللَّتَانِ تَسْمَعِيْنَ بِهِمَا

٦) ... التُّفَّاحَتَانِ اللَّتَانِ أَكَلَتْهُمَا الْبِنْتُ

٧) ... الدُّمُوْعُ الَّتِيْ تَسِيْلُ مِنْ خَشْيَةِ اللهِ

٨) ... الْإِمَامَانِ اللَّذَانِ يَتْلُوَانِ الْقُرْآنَ كَثِيْرًا

٩) ... الصَّالِحَاتُ اللَّاتِيْ تَقُمْنَ اللَّيْلَ بِالْقُرْآنِ

١٠) ... الْبَنَاتُ اللَّائِيْ لَمْ يَحْضُرْنَ الدَّرْسَ أَمْسِ

١١) ... الْمُصْحَفَانِ اللَّذَانِ اشْتَرَيْنَاهُمَا مِنْ مَكَّةَ

١٢) ... الْمُسْلِمُوْنَ الَّذِيْنَ لَا يَسْتَيْقِظُوْنَ لِصَلَاةِ الْفَجْرِ

Exercise 3

Translate the following sentences.

١) نَسْتَعِيْنُ بِاللهِ الَّذِيْ خَلَقَنَا

٢) نَشْكُرُ اللهَ الَّذِيْ أَنْعَمَ عَلَيْنَا

٣) جَاءَ الرَّجُلُ الَّذِيْ نَصَرَ أَخَاكَ

٤) إِنَّ اللهَ يُحِبُّ الَّذِيْ يَخَافُهُ وَيُطِيْعُهُ

٥) يَسْجُدُ الْمُسْلِمُوْنَ لِلهِ الَّذِيْ خَلَقَهُمْ

٦) آمَنْتُ بِالرَّسُوْلِ الَّذِيْ جَاءَ بِالْقُرْآنِ

٧) سَكَتَ الْوَلَدُ الَّذِيْ كَانَ يَبْكِيْ كَثِيْرًا

٨) لَا أُحِبُّ هٰذَا الرَّجُلَ الَّذِيْ يَحْسُدُنِيْ

٩) سَمِعْتُ الْإِمَامَ الَّذِيْ خَطَبَ هٰذِهِ الْجُمُعَةَ

١٠) ﴿اعْبُدُوا رَبَّكُمُ الَّذِي خَلَقَكُمْ وَالَّذِينَ مِنْ قَبْلِكُمْ﴾

Sentence نَعْتٌ of نَكِرَةٌ and مَعْرِفَةٌ Words

When a sentence occurs as a نَعْتٌ of a مَعْرِفَةٌ word, it must be preceded by an اِسْمٌ مَوْصُوْلٌ.

When the sentence becomes the نَعْتٌ of a نَكِرَةٌ word, an اِسْمٌ مَوْصُوْلٌ is not required.

كِتَابٌ قَرَأْتُهُ	الْكِتَابُ الَّذِيْ قَرَأْتُهُ
A book that I read.	*The book that I read.*

The table below explains this.

نَعْتٌ			
Single Word		Sentence	
After a نَكِرَةٌ or مَعْرِفَةٌ		After a نَكِرَة	After a مَعْرِفَةٌ
Directly			Via an اسْمٌ مَوْصُوْلٌ
Agree in DING		Contains an عَائِدٌ referring to the مَنْعُوْتٌ	
Translated before the مَنْعُوْتٌ		Translated with a relative pronoun Translated after the مَنْعُوْتٌ	
الرَّجُلُ الْمُؤْمِنُ	رَجُلٌ مُؤْمِنٌ	رَجُلٌ آمَنَ	الرَّجُلُ الَّذِيْ آمَنَ
The believing man.	A believing man.	A man who believes.	The man who believes.

Exercise 4

Translate the following phrases. Notice the difference between the sentence نَعْتٌ of a مَعْرِفَةٌ word and a نَكِرَةٌ word.

١) ... ذُنُوْبٌ يَغْفِرُهَا اللهُ

٢) ... الذُّنُوْبُ الَّتِيْ نَسْتَغْفِرُ اللهَ مِنْهَا

٣) ... أَعْيُنٌ لَا يُبْصِرُوْنَ بِهَا

٤) ... الْعُيُوْنُ الَّتِيْ تُبْصِرُوْنَ بِهَا

٥) ... الشَّيْءُ الَّذِيْ حَرَّمَهُ اللهُ وَرَسُوْلُهُ

٦) ... أَشْيَاءُ أَحَلَّهَا اللهُ وَلَمْ يُحَرِّمْهَا

٧) ... نُوْرٌ يَهْدِيْ بِهِ اللهُ مَن يَّشَاءُ

٨) ... النُّوْرُ الَّذِيْ أَرْسَلَ اللهُ إِلَى النَّاسِ

٩) ... الْعِبَادُ الَّذِيْنَ لَا يَعْرِفُوْنَ اللهَ وَرَسُوْلَهُ

١٠) ... عِبَادٌ يَعْرِفُوْنَ رَبَّهُمْ وَرَسُوْلَهُ وَدِيْنَهُ

١١) ... لَيَالِيْ رَمَضَانَ قَضَيْنَاهَا فِي الصَّلَاةِ

١٢) ... اللَّيْلَةُ الَّتِيْ قَضَيْنَاهَا طَائِفِيْنَ حَوْلَ الْبَيْتِ

The بَدَلٌ of مَنْ and مَا and their صِلَةٌ

The اسْمٌ مَوْصُوْلٌ of مَنْ or مَا and their صِلَةٌ may have a بَدَلٌ in the form of a شِبْهُ الْجُمْلَةِ with the حَرْفٌ جَارٌّ of مِنْ.

This مِنْ is called مِنَ الْبَيَانِيَّةُ, the مِنْ which clarifies the اِسْمٌ مَوْصُوْلٌ.

The اِسْمٌ مَوْصُوْلٌ and the مَجْرُوْرٌ are translated as follows:

the [مَجْرُوْرٌ] who / that [صِلَةٌ]

Look at the example below.

... مَا رَزَقَكَ اللهُ مِنْ مَالٍ

the wealth that Allah granted you

The tarkib of this is written as follows:

مَالٍ	مِنْ	اللهُ	رَزَقَكَ	مَا
مَجْرُوْرٌ	جَارٌّ	فَاعِلٌ	فِعْلٌ، مَفْعُوْلٌ بِهِ	
		صِلَةٌ		مَوْصُوْلٌ
بَدَلٌ		مُبْدَلٌ مِنْهُ		

Exercise 5

Translate the following phrases.

١) ... مَا أَنْفَقْتُمْ مِنْ مَالٍ

٢) ... مَا نَخْسَرُ مِنْ مَالٍ

٣) ... مَا تَجْمَعُ مِنَ الْعِلْمِ

٤) ... مَا أَصَابَنَا مِنْ مُصِيْبَةٍ

٥) ... مَا يُحِبُّوْنَ مِنْ مَالٍ وَبَنِيْنَ

٦) ... مَنْ أَرْسَلَ اللهُ مِنَ الْأَنْبِيَاءِ

٧) ... مَا يَفْعَلُوْنَ مِنْ خَيْرٍ أَوْ شَرٍّ

٨) ... مَا اتَّخَذْتُمْ آلِهَةً مِنَ الْأَصْنَامِ

٩) ... مَا يَبِيْعُوْنَ مِنْ طَعَامٍ وَشَرَابٍ

١٠) ... مَا تَتْرُكُوْنَ فِي الدُّنْيَا مِنَ الْأَمْوَالِ وَالْأَوْلَادِ

Exercise 6

Translate the following sentences.

١) نَعُوْذُ بِاللهِ مِمَّا أَنْذَرَنَا الْأَنْبِيَاءُ عَلَيْهِمُ السَّلَامُ مِنَ الْعَذَابِ

٢) لَا يَخْفَى عَلَى اللهِ مَا تَعْمَلُوْنَ مِنْ سَيِّئَةٍ أَوْ حَسَنَةٍ

٣) أَبْتَغِيْ مَا وَعَدَ اللهُ الْمُؤْمِنِيْنَ مِنَ الْأَجْرِ وَالْمَغْفِرَةِ

٤) نَجَّى اللهُ بَنِيْ إِسْرَائِيْلَ مِمَّا كَانُوْا فِيْهِ مِنَ الْعَذَابِ وَالذِّلَّةِ

٥) أُشْكُرُوا اللهَ عَلَى مَا آتَاكُمْ مِنْ صِحَّةٍ وَإِيْمَانٍ وَتَوْفِيْقٍ وَعَافِيَةٍ

٦) قَدْ حَفِظْنَا مَا فِي هٰذَا الْكِتَابِ مِنَ الْقَوَاعِدِ وَالْكَلِمَاتِ الْجَدِيْدَةِ

٧) لَا يُغْنِيْ عَنْهُمْ يَوْمَ الْقِيَامَةِ مَا يَعْبُدُوْنَ مِنْ دُوْنِ اللهِ مِنْ صَنَمٍ أَوْ حَجَرٍ أَوْ شَجَرٍ أَوْ إِنْسَانٍ

٨) أَجْتَنِبُ مَا حَرَّمَ اللهُ مِنَ الشِّرْكِ وَعُقُوْقِ الْوَالِدَيْنِ وَالْبِدْعَةِ وَالْغِيْبَةِ وَالزِّنَا وَالْكَذِبِ وَغَيْرِ ذٰلِكَ

Supplement: اَلنَّكِرَةُ الْمُوْصُوْفَةُ

النَّكِرَةُ الْمَوْصُوْفَةُ

The words مَنْ and مَا usually have a مَعْرِفَةٌ meaning, i.e. someone or something known. However, they can also have a نَكِرَةٌ meaning, i.e. someone or something unknown. In this case, مَنْ or مَا will be classified as a نَكِرَةٌ مَوْصُوْفَةٌ; a noun which is followed by a نَعْتٌ.

أُحِبُّ مَن يَّجْتَهِدُ

I love the one who works hard.

In this example, مَنْ can be interpreted both ways: as a مَعْرِفَةٌ or نَكِرَةٌ. If the one who works hard is referring to a particular person, مَنْ will be مَعْرِفَةٌ and be classified as an اسْمٌ مَوْصُوْلٌ.

However, if the one who works hard is referring generally to anyone with that quality, مَنْ will be نَكِرَةٌ مَوْصُوْفَةٌ, i.e. a مَنْعُوْتٌ.

The tarkib of the نَكِرَةٌ مَوْصُوْفَةٌ is written as follows:

مَفْعُوْلٌ بِهِ		فِعْلٌ، فَاعِلٌ (أَنَا)
يَجْتَهِدُ	**مَنْ**	**أُحِبُّ**
فِعْلٌ، فَاعِلٌ (هُوَ)		
نَعْتٌ	مَنْعُوْتٌ	

Exercise 1

Translate the following. Note the use of مَنْ and مَا.

١) أَنْفِقْ مِمَّا كَسَبْتَ

٢) نَتَّبِعُ مَا أَنْزَلَ اللهُ

٣) أَعْبُدُ مَنْ خَلَقَنِي

٤) نَسْتَعِيْذُ بِاللهِ مِمَّا يَضُرُّنَا

٥) لَقَدْ ضَلَّ مَنْ أَضَلَّهُ اللهُ

٦) أَصَابَهُمْ مَا كَتَبَ اللهُ لَهُمْ

٧) لَقَدْ فَازَ مَنْ مَلَأَ مِيْزَانَهُ حَسَنَاتٍ

٨) قَدْ أَفْلَحَ مَنْ رَضِيَ بِمَا رَزَقَهُ اللهُ

٩) أُحْسِنُ إِلَى مَنْ أَحْسَنَ إِلَيَّ الْيَوْمَ

١٠) هَلْ تَفُوْنَ بِمَا وَعَدتُّمُوْنِي الْبَارِحَةَ

١١) اَلْيَوْمَ ضَرَبَ الْوَلَدُ مَنْ ضَرَبَهُ أَمْسِ

١٢) لَا أَسْجُدُ لِمَا لَا يَنْفَعُنِي وَلَا يَضُرُّنِي

Notes

Sometimes, مَنْ and مَا are used to mean some. This occurs in two instances:

1. When مَنْ and مَا and their صِلَةٌ or نَعْتٌ become the مُبْتَدَأٌ مُؤَخَّرٌ.
2. When the خَبَرٌ مُقَدَّمٌ is made up of مِنْ and a مَجْرُوْرٌ.

مُبْتَدَأٌ مُؤَخَّرٌ		خَبَرٌ مُقَدَّمٌ	
صِلَةٌ	مَنْ / مَا	مَجْرُوْرٌ	مِنْ

Look at the example below.

﴿مِنْكُمْ مَنْ يُرِيدُ الدُّنْيَا﴾

From amongst you, there are those who desire the world.
Some of you desire the world.

Exercise 2

Translate the following.

١) ﴿فَمِنْهُمْ مَنْ آمَنَ وَمِنْهُمْ مَنْ كَفَرَ﴾

٢) مِنَ التُّجَّارِ مَنْ يَصْدُقُ النَّاسَ وَلَا يَخْدَعُهُمْ

٣) ﴿وَمِنْهُمْ مَنْ يُؤْمِنُ بِهِ وَمِنْهُمْ مَنْ لا يُؤْمِنُ بِهِ﴾

٤) ﴿مِنْكُمْ مَنْ يُرِيْدُ الدُّنْيَا وَمِنْكُمْ مَنْ يُرِيْدُ الْآخِرَةَ﴾

٥) مِنَ النَّاسِ مَنْ آتَاهُمُ اللهُ مَالًا كَثِيْرًا وَمِنْهُمْ مَنْ لَا يَمْلِكُ شَيْئًا

٦) مِنَ النَّاسِ مَنْ يَّصْبِرُ عَلَى مَا ابْتَلَاهُمُ اللهُ بِهِ وَمِنْهُمْ مَن يَّجْزَعُوْنَ

٧) ﴿ وَمِنَ النَّاسِ مَنْ يَقُولُ آمَنَّا بِاللهِ وَبِالْيَوْمِ الْآخِرِ وَمَا هُمْ بِمُؤْمِنِيْنَ﴾

٨) مِنْ أَهْلِ مَكَّةَ مَنْ هَدَى اللهُ وَمِنْهُمْ مَن طَبَعَ اللهُ عَلَى قُلُوْبِهِمْ فَلَمْ يُؤْمِنُوْا

٩) مَنَ الْمُسْلِمِيْنَ مَنْ لَا يَصُوْمُ إِلَّا رَمَضَانَ وَمِنْهُمْ مَنْ يَّصُوْمُ رَمَضَانَ وَغَيْرَهُ

١٠) مِنَ الطُّلَّابِ مَن يُضَيِّعُ وَقْتَهُ فَيَخْسَرُ وَمِنْهُمْ مَن يَّرَاجِعُ الدُّرُوْسَ وَيَحْفَظُهَا فَيَفُوْقُ أَقْرَانَهُ

١١) مِنَ الْمُؤْمِنِيْنَ مَنْ يَخْتِمُ الْقُرْآن فِيْ كُلِّ سَبْعَةِ أَيَّامٍ، وَمِنْهُمْ مَن يَّخْتِمُ فِي كُلِّ ثَلَاثِيْنَ وَمِنْهُمْ مَن يَّخْتِمُ فِي سَنَةٍ

١٢) مِنَ النَّاسِ مَنْ يَنْفَعُ النَّاسَ: يَنْصُرُ الضُّعَفَاءَ وَيُطْعِمُ الْمَسَاكِيْنَ وَيُنْفِقُ عَلَى الْيَتَامَى، هُمْ خِيَارُ النَّاسِ، وَمِنْهُمْ مَنْ لَا يَنْفَعُهُمْ وَلَا يَضُرُّهُمْ، وَمِنْهُمْ مَنْ لَا يَنْفَعُهُمْ بَلْ يُضُرُّهُمْ وَيَظْلِمُهُمْ، هُمْ شِرَارُ النَّاسِ

📖 Summary: The Different Types of مَا

We have studied the following types of مَا:

1. مَا الْمُشَبَّهَةُ بِلَيْسَ: this is followed by its اِسْمٌ (مَرْفُوعٌ) and its خَبَرٌ (مَنْصُوبٌ).

> مَا الْوَلَدُ كَاذِبًا
> *The boy is not a liar.*

2. مَا النَّافِيَةُ: this is followed by a فِعْلٌ, either مَاضٍ or مُضَارِعٌ.

> مَا يَكْذِبُ الْوَلَدُ
> *The boy does not lie.*

> مَا كَذَبَ الْوَلَدُ
> *The boy did not lie.*

3. مَا الِاسْتِفْهَامِيَّةُ: this is followed by either a single noun or a جُمْلَةٌ فِعْلِيَّةٌ.

> مَا الْكَذِبُ؟
> *What is a lie?*

> مَا قَالَ الْوَلَدُ؟
> *What did the boy say?*

These three types of مَا always occur at the beginning of the sentence.

4. مَا الْمَوْصُولَةُ: this is followed by its صِلَةٌ. The مَوْصُولٌ-صِلَةٌ become a slot of the main sentence. There will be other slots along with with the sentence after it.

The following table summarises the different types of مَا.

مَا			
مُشَبَّهَةٌ بِلَيْسَ	نَافِيَةٌ	اسْتِفْهَامِيَّةٌ	مَوْصُولَةٌ
Followed by a مَرْفُوعٌ and a مَنْصُوبٌ	Followed by a verb	Followed by a single noun or جُمْلَةٌ فِعْلِيَّةٌ	There are other slots along with the sentence after it
مَا الْكِتَابُ كَبِيرًا	مَا كَتَبْتَ	مَا هٰذَا مَا كَتَبْتَ	مَا كَتَبْتَ صَحِيحٌ
The book is not big.	You did not write.	What is this? What did you write?	What you wrote is correct.

Exercise 3

Translate the following. Explain which type of مَا is being used in each sentence.

١) مَا عِنْدَ الطَّالِبَةِ؟

٢) مَا تَبْتَسِمُ الطَّالِبَةُ

٣) مَا ابْتَسَمَتِ الطَّالِبَةُ

٤) مَا الطَّالِبَةُ مُبْتَسِمَةً

٥) مَا عِنْدَ الطَّالِبَةِ كَبِيْرٌ

٦) مَا كَتَبْتَ

٧) مَا كَتَبْتَ؟

٨) مَا تَكْتُبُوْنَ

٩) مَا كَتَبْتَ صَحِيْحٌ

١٠) قَرَأْتُ مَا كَتَبْتَ

١١) مَا تَعْبُدُوْنَ؟

١٢) مَا الْأَصْنَامُ آلِهَةً

١٣) مَا تَعْبُدُوْنَ الْأَصْنَامَ

١٤) مَا تَعْبُدُوْنَ أَصْنَامٌ

١٥) مَا تَعْبُدُوْنَ هِيَ أَصْنَامٌ

Summary

Key Terms

English	Arabic
sentence after مَوْصُوْلٌ	صِلَةٌ
مَوْصُوْلٌ and صِلَةٌ	اِسْمٌ مُؤَوَّلٌ
مَنْ and مَا which become مَنْعُوْتٌ	نَكِرَةٌ مَوْصُوْفَةٌ

English	Arabic
relative pronoun	مَوْصُوْلٌ
relative pronoun	اِسْمٌ مَوْصُوْلٌ
relative pronoun	حَرْفٌ مَوْصُوْلٌ

UNIT 5
Section 3

NESTED SENTENCES

Introduction: حَرْفٌ مَوْصُوْلٌ with اِسْمٌ مُؤَوَّلٌ

Part 1: اِسْمٌ مُؤَوَّلٌ as an مُبْتَدَأٌ مُؤَخَّرٌ and مُبْتَدَأٌ

Part 2: اِسْمٌ مُؤَوَّلٌ as an خَبَرٌ

Part 3: اِسْمٌ مُؤَوَّلٌ as an فَاعِلٌ

Part 4: اِسْمٌ مُؤَوَّلٌ as an مَفْعُوْلٌ بِهِ

Part 5: اِسْمٌ مُؤَوَّلٌ as an مَفْعُوْلٌ فِيْهِ

Part 6: اِسْمٌ مُؤَوَّلٌ as an مَفْعُوْلٌ لَهُ

Part 7: اِسْمٌ مُؤَوَّلٌ as an مَفْعُوْلٌ مُطْلَقٌ

Part 8: اِسْمٌ مُؤَوَّلٌ as an مُسْتَثْنَى

Part 9: اِسْمٌ مُؤَوَّلٌ as an مُضَافٌ إِلَيْهِ

Supplement: Verbal Phrases

Summary

Introduction: اِسْمٌ مُؤَوَّلٌ with حَرْفٌ مَوْصُوْلٌ

The following table summarises the different types of nested sentences.

Nested Sentences		
Directly without a مَوْصُوْلٌ	With a مَوْصُوْلٌ	
جُمْلَةٌ صُغْرَى	اِسْمٌ مُؤَوَّلٌ	
	With an اِسْمٌ مَوْصُوْلٌ	With a حَرْفٌ مَوْصُوْلٌ

We have already discussed directly nested sentences and nested sentences with an اِسْمٌ مَوْصُوْلٌ.
In this section we will discuss nested sentences with a حَرْفٌ مَوْصُوْلٌ.

The حُرُوْفٌ مَوْصُوْلَةٌ

There are two types of حَرْفٌ مَوْصُوْلٌ:

1. Unrestricted
2. Restricted

Unrestricted حَرْفٌ مَوْصُوْلٌ

There are three unrestricted حَرْفٌ مَوْصُوْلٌ that can be used universally in any slot:

1. أَنَّ
2. مَا
3. أَنْ

Restricted حَرْفٌ مَوْصُوْلٌ

There is one restricted حَرْفٌ مَوْصُوْلٌ that can only be used in a specific slot:

1. كَيْ

The Unrestricted حَرْفٌ مَوْصُوْلٌ

The حَرْفٌ مَوْصُوْلٌ of أَنَّ

أَنَّ is used when the sentence after it is in the indicative mood: it comprises of statements conveying facts, descriptions, scheduled events, etc.

الْحَقُّ أَنَّكَ لَا تَكْذِبُ

The truth is that you do not lie.

In the above example, the sentence after الْحَقُّ is factual, so it is preceded by أَنَّ.

Grammar

أَنَّ is a حَرْفٌ مُشَبَّهٌ بِالْفِعْلِ which is followed by its اِسْمٌ and خَبَرٌ. Together, these become one of the slots of the main sentence.

<table>
<tr><td colspan="3">...</td></tr>
<tr><td>لَا تَكْذِبُ</td><td>ك</td><td>أَنَّ</td></tr>
<tr><td>فِعْلٌ وَفَاعِلٌ (أَنْتَ)</td><td></td><td></td></tr>
<tr><td>خَبَرُ أَنَّ</td><td>اِسْمُ أَنَّ</td><td>حَرْفٌ مُشَبَّهٌ بِالْفِعلِ</td></tr>
<tr><td colspan="2">صِلَةٌ</td><td>حَرْفٌ مَوْصُوْلٌ</td></tr>
</table>

Translation

The اسْمٌ مُؤَوَّلٌ with أَنَّ is translated as the word that.

أَنَّكَ لَا تَكْذِبُ

that you do not lie

Exercise 1

Translate the following اسْمٌ مُؤَوَّلٌ into English.

١) ... أَنَّنَا لَا نَجْزَعُ

٢) ... أَنَّنِي لَمْ أَشْتَكِ

٣) ... أَنَّ الْعِلْمَ يَنْفَعُ

٤) ... أَنَّهُمْ لَا يَغْتَابُوْنَ

٥) ... أَنَّ اللهَ أَمَرَكَ بِهَذَا

٦) ... أَنَّهَا اسْتَغْفَرَتِ اللهَ

٧) ... أَنَّكُمْ تَتَّبِعُوْنَ الرَّسُوْلَ

٨) ... أَنَّ الطُّلَّابَ سَيَصِلُوْنَ

٩) ... أَنَّ الشَّمْسَ لَمْ تَطْلُعْ بَعْدُ

١٠) ... أَنَّ اللهَ لَا يَشْفَعُ عِنْدَهُ أَحَدٌ

١١) ... أَنَّهُنَّ لَا تُضَيِّعْنَ أَوْقَاتَهُنَّ

١٢) ... أَنَّهُمَا تَعْتَصِمَانِ بِكِتَابِ اللهِ

The حَرْفٌ مَوْصُولٌ of مَا

مَا is also used when the sentence after it is in the indicative mood.

Grammar

The حَرْفٌ مَوْصُولٌ of مَا is غَيْرُ عَامِلٍ. Along with its صِلَةٌ, it becomes one of the slots of a sentence.

...	
تَصْدُقُ	مَا
فِعْلٌ وَفَاعِلٌ (أَنْتَ)	
صِلَةٌ	حَرْفٌ مَوْصُولٌ

Translation

The اسْمٌ مُؤَوَّلٌ with مَا can be translated in two different ways:

1. By adding that before the verb. The subject is mentioned before the verb.

   that you speak the truth

2. As a gerund (adding -ing after the verb). The subject can be mentioned before the gerund in a possessive structure, or omitted altogether.

   your speaking the truth
   speaking the truth

Exercise 2

Translate the following اسْمٌ مُؤَوَّلٌ.

١) ... مَا تَبْتَسِمُ
٢) ... مَا زَجَرْتَنِي
٣) ... مَا عَطِشْنَا
٤) ... مَا آمَنَ النَّاسُ
٥) ... مَا سَقَطَ الطِّفْلُ
٦) ... مَا ذَهَبَتِ الْأَيَّامُ
٧) ... مَا طَافُوْا بِالْبَيْتِ
٨) ... مَا صَامَتِ الطِّفْلَةُ
٩) ... مَا صَبَرَتِ الْخَالَةُ
١٠) ... مَا يَبِسَتِ الشَّجَرَةُ
١١) ... مَا تَسْتَقْبِلُوْنَ الْقِبْلَةَ
١٢) ... مَا تَسْتَعِيْذُوْنَ بِاللهِ
١٣) ... مَا يُطَالِعُوْنَ الْكُتُبَ
١٤) ... مَا تَابُوْا مِنْ ذُنُوْبِهِمْ
١٥) ... مَا اسْتَكْبَرُوْا فِي أَنْفُسِهِمْ

Differentiating Between مَا **as an** اِسْمٌ مَوْصُوْلٌ **and as a** حَرْفٌ مَوْصُوْلٌ

The particle مَا can be used as either اِسْمٌ مَوْصُوْلٌ and حَرْفٌ مَوْصُوْلٌ.
When مَا is used as an اِسْمٌ مَوْصُوْلٌ, it will have a noun meaning.
When مَا is used as a حَرْفٌ مَوْصُوْلٌ, it will have a verb meaning.

	مَا تَكْتُبُ ...	... مَا تَصْدُقُ
اِسْمٌ مَوْصُوْلٌ	what you write	*
حَرْفٌ مَوْصُوْلٌ	that you write	that you speak the truth

In many cases, مَا can be interpreted as both.
The following table explains how to differentiate between the two structures based on the عَائِدٌ.

مَا مَوْصُوْلَةٌ			
صِلَةٌ contains an عَائِدٌ	صِلَةٌ does not contain an عَائِدٌ but a slot is available for it		صِلَةٌ does not contain an عَائِدٌ and no slot is available for it
اِسْمٌ مَوْصُوْلٌ	اِسْمٌ مَوْصُوْلٌ or حَرْفٌ مَوْصُوْلٌ		حَرْفٌ مَوْصُوْلٌ
... مَا كَتَبْتَهُ	... مَا كَتَبْتَ (هُ)	... مَا كَتَبْتَ	... مَا كَتَبْتَ جَوَابًا
what you wrote	what you wrote	that you wrote	that you wrote an answer
1	2	3	4

In Example 2, a ضَمِيْرٌ is assumed to be hidden, therefore مَا is an اِسْمٌ مَوْصُوْلٌ.

In Example 3, there is no ضَمِيْرٌ assumed to be hidden, therefore مَا is a حَرْفٌ مَوْصُوْلٌ.

📝 **Exercise 3**

Translate the following sentences. Identify where the مَوْصُوْلٌ is an اِسْمٌ, where it is a حَرْفٌ, and where it can be either.

٩) ... مَا نَدْرُسُ الْكُتُبَ	٥) ... مَا نَسِيْتُمُوْهُ	١) ... مَا وَضَعْتَ
١٠) ...مَا تَرْجُوْنَ	٦) ... مَا نَسِيْتَ الْآخِرَةَ	٢) ... مَا وَضَعْتَ الْقَلَمَ
١١) ...مَا تَرْجُوْنَهُ	٧) ... مَا تَدْرُسُوْنَ	٣) ... مَا وَضَعْتَهُ
١٢) ...مَا تَرْجُوْنَ الثَّوَابَ	٨) ... مَا يَدْرُسُوْنَهُ	٤) ... مَا نَسِيْتُمْ

501

The حَرْفٌ مَوْصُوْلٌ of أَنْ

أَنْ is used when the sentence after it is in the subjunctive mood: its contents are subjective, conveying recommendations, doubts, wishes, etc., i.e. things which are possible, but not certain.

أَرْجُوْ أَنْ تَصْدُقَ

I hope that you speak the truth.

Grammar

The particle أَنْ is عَامِلٌ: it causes the following فِعْلٌ مُضَارِعٌ to become مَنْصُوْبٌ. The particle أَنْ and its صِلَةٌ become one of the slots of the main sentence.

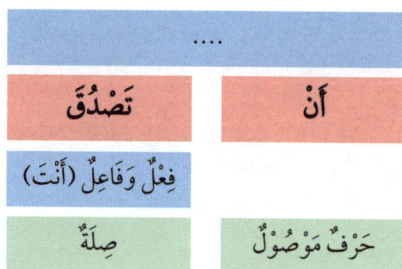

....	
تَصْدُقَ	أَنْ
فِعْلٌ وَفَاعِلٌ (أَنْتَ)	
صِلَةٌ	حَرْفٌ مَوْصُوْلٌ

Translation

The اسْمٌ مُؤَوَّلٌ with أَنْ can be translated in three different ways:

1. Adding that before the subject and verb.

   that you speak the truth ...

2. As a gerund (adding -ing after the verb). The subject of this can be mentioned before the gerund in a possessive structure, or omitted altogether.

   speaking the truth
   your speaking the truth

3. As an infinitive (adding to before the verb). The subject of this can be mentioned if it is preceded by the word for, or it can be omitted altogether.

   to speak the truth
   for you to speak the truth

Negating the صِلَةٌ after أَنْ

The صِلَةٌ of أَنْ is made negative by adding the حَرْفُ نَفْيٍ of لَا. The أَنْ and لَا are written and pronounced as a single word.

أَنْ لَا ⇦ أَلَّا

However, in tarkib, both are written separately, as follows:

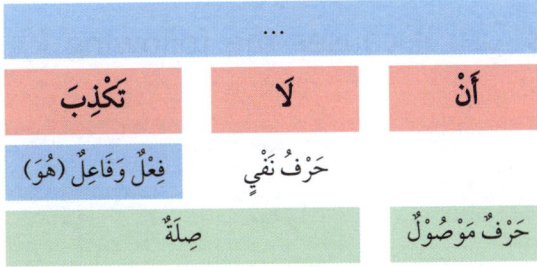

...		
تَكْذِبَ	لَا	أَنْ
فِعْلٌ وَفَاعِلٌ (هُوَ)	حَرْفُ نَفْيٍ	
صِلَةٌ		حَرْفٌ مَوْصُوْلٌ

This can be translated in any of the following ways:

not lying
your not lying
not to lie
for you not to lie
that you do not lie

Exercise 4

Translate the following حُرُوْفٌ مُؤَوِّلَةٌ and their صِلَةٌ into English. Try practicing the different methods of translation.

١) ... أَلَّا يَغْضَبْنَ
٢) ... أَن يَّبْتَلِيَكَ اللهُ
٣) ... أَنْ تَفُوْقِيْ أَقْرَانَكِ
٤) ... أَنْ تَنْظُرَ إِلَى أَبَوَيْكَ
٥) ... أَن يَّغْسِلَ وَجْهَهُ ثَلَاثًا
٦) ... أَن يُّحْيِيَ اللهُ الْمَوْتَى
٧) ... أَلَّا تَشْتَكِيْ إِلَّا إِلَى اللهِ
٨) ... أَنْ نَّنْجَحَ فِي الِامْتِحَانِ
٩) ... أَنْ أَتَأَدَّبَ مَعَ الْمُعَلِّمِيْنِ
١٠) ... أَنْ يَّفْتَرُوْا عَلَى اللهِ كَذِبًا
١١) ... أَنْ تَفِيْضَ عُيُوْنُهُمَا دُمُوْعًا
١٢) ... أَنْ تَخْتِمَ الْقُرْآنَ كُلَّ شَهْرٍ
١٣) ... أَنْ نَّطُوْفَ بِبَيْتِ اللهِ الْحَرَامِ
١٤) ... أَن يُّدْخِلَنِيَ اللهُ فِي رَحْمَتِهِ
١٥) ... أَن يُّرَاجِعْنَ الدُّرُوْسَ كُلَّ يَوْمٍ

The Restricted حَرْفٌ مَوْصُوْلٌ

The حَرْفٌ مَوْصُوْلٌ of كَيْ

كَيْ is also used when the sentence after it is in the subjunctive mood. The particle كَيْ and its صِلَةٌ become the مَفْعُوْلٌ لَهُ.

Grammar

The particle كَيْ is عَامِلٌ: it causes the following فِعْلٌ مُضَارِعٌ to become مَنْصُوْبٌ.

... مَفْعُوْلٌ لَهُ		
النَّاسَ	يَهْدُوا	كَيْ
مَفْعُوْلٌ بِهِ	فِعْلٌ وَفَاعِلٌ (هُمْ)	
صِلَةٌ		حَرْفٌ مَوْصُوْلٌ

Translation of كَيْ

كَيْ and its صِلَةٌ can be translated in two ways:

1. By adding so that before the subject, verb other parts of the sentence.

   so that they guide the people.

2. As an infinitive (adding to before the verb) without the subject.

   to guide the people.

Exercise 5

Translate the following أَسْمَاءٌ مُؤَوَّلَةٌ into English.

١) ... كَيْ تَشْبَعَ الْبَنَاتُ

٢) ... كَيْ يَنْفَعَكَ عِلْمُكَ

٣) ... كَيْ لَا تُصِيْبَنَا مُصِيْبَةٌ

٤) ... كَيْ لَا يَغْضَبَ اللهُ عَلَيْنَا

٥) ... كَيْ نَعْتَصِمَ بِكِتَابِ اللهِ

٦) ... كَيْ لَا يُضَيِّعُوْنَ أَوْقَاتَهُمْ

٧) ... كَيْ لَا يَجُوْعَ الْأَوْلَادُ

٨) ... كَيْ يَنْجَحُوْا فِي الامْتِحَانِ

٩) ... كَيْ لَا يَسِيْلَ الْمَاءُ فِي الْبَيْتِ

١٠) ... كَيْ لَا يَظْلِمَ الْأَقْوِيَاءُ الضُّعَفَاءَ

١١) ... كَيْ نَتَّبِعَ مَا أَنْزَلَ اللهُ مِنَ الْهُدَى

١٢) ... كَيْ يُقِيْمُوْا الصَّلَاةَ وَيُؤْتُوا الزَّكَاةَ

Summary

The table below summarises the different حُرُوْفٌ مَوْصُوْلَةٌ.

Indicative Mood		Subjunctive Mood	
مَا	أَنَّ	أَنْ	كَيْ
Followed by a جُمْلَةٌ فِعْلِيَّةٌ	Followed by اِسْمٌ and خَبَرٌ	Followed by a مُضَارِعٌ	
غَيْرُ عَامِلٍ	عَامِلٌ		

Uses of an اِسْمٌ مُؤَوَّلٌ

An اِسْمٌ مُؤَوَّلٌ occurs in a جُمْلَةٌ اسْمِيَّةٌ, a جُمْلَةٌ فِعْلِيَّةٌ or in a phrase.

In a جُمْلَةٌ اسْمِيَّةٌ, an اِسْمٌ مُؤَوَّلٌ occurs as:

1. مُبْتَدَأٌ
2. خَبَرٌ

In a جُمْلَةٌ فِعْلِيَّةٌ, an اِسْمٌ مُؤَوَّلٌ occurs as:

1. فَاعِلٌ
2. مَفْعُوْلٌ بِه or مَفْعُوْلٌ بِهِ ثَانٍ
3. مَفْعُوْلٌ فِيْهِ
4. مَفْعُوْلٌ لَهُ
5. مَفْعُوْلٌ مُطْلَقٌ
6. مُسْتَثْنًى

In a phrase, an اِسْمٌ مُؤَوَّلٌ occurs as:

1. مَعْطُوْفٌ
2. مُضَافٌ إِلَيهِ

Part 1: إِسْمٌ مُؤَوَّلٌ as an مُبْتَدَأٌ مُؤَخَّرٌ and مُبْتَدَأٌ

A مُبْتَدَأٌ or مُبْتَدَأٌ مُؤَخَّرٌ can occur as an إِسْمٌ مُؤَوَّلٌ.

A مُبْتَدَأٌ as an إِسْمٌ مُؤَوَّلٌ

أَنْ تَصُوْمُوْا خَيْرٌ

The tarkib of this is written as follows:

خَبَرٌ	مُبْتَدَأٌ	
خَيْرٌ	تَصُوْمُوْا	أَنْ
	فِعْلٌ وَفَاعِلٌ (و)	
	صِلَةٌ	حَرْفٌ مَوْصُوْلٌ

A مُبْتَدَأٌ مُؤَخَّرٌ as an إِسْمٌ مُؤَوَّلٌ with أَنْ

إِنَّ مِنَ السُّنَّةِ أَنْ تَأْكُلَ بِيَمِيْنِكَ

The tarkib of this is written as follows:

اِسْمُ إِنَّ الْمُؤَخَّرُ			خَبَرُ إِنَّ الْمُقَدَّمُ		حَرْفٌ مُشَبَّهٌ بِالْفِعْلِ
بِيَمِيْنِكَ	تَأْكُلَ	أَنْ	السُّنَّةِ	مِنَ	إِنَّ
آلَةٌ	فِعْلٌ وَفَاعِلٌ		مَجْرُوْرٌ	جَارٌّ	
صِلَةٌ		حَرْفٌ مَوْصُوْلٌ			

A مُبْتَدَأٌ مُؤَخَّرٌ as an إِسْمٌ مُؤَوَّلٌ with أَنَّ

مِنْ عَقِيْدَةِ الْمُؤْمِنِيْنَ أَنَّ اللهَ وَاحِدٌ

The tarkib of this is written as follows:

مُبْتَدَأٌ مُؤَخَّرٌ			خَبَرٌ مُقَدَّمٌ		
وَاحِدٌ	اللهَ	أَنَّ	الْمُؤْمِنِيْنَ	عَقِيْدَةِ	مِنْ
			مُضَافٌ إِلَيْهِ	مُضَافٌ	
خَبَرُ أَنَّ	اِسْمُ أَنَّ	حَرْفٌ مُشَبَّهٌ بِالْفِعْلِ	مَجْرُوْرٌ		جَارٌّ

Translation

These can be translated in two ways:

1. Translating the مُبْتَدَأٌ or مُبْتَدَأٌ مُؤَخَّرٌ first, followed by the خَبَرٌ.

> *Fasting/To fast/That you fast is better.*
> *Eating/To eat/That you eat with your right hand is from the sunnah.*
> *That Allah is One is a Muslim's belief.*

2. Placing an anticipatory it before the خَبَرٌ followed by the مُبْتَدَأٌ.

> *It is better to fast/that you fast.*
> *It is from the sunnah to eat/that you eat with your right hand.*
> *It is a Muslim's belief that Allah is one.*

Vocab

English	Arabic	English	Arabic
major sin	كَبِيْرَةٌ ج كَبَائِرُ	manner, etiquette	أَدَبٌ ج آدَابٌ
tongue	لِسَانٌ ج أَلْسِنَةٌ	lip	شَفَةٌ ج شِفَاهٌ
language	لُغَةٌ ج اتٌ	intellect	عَقْلٌ ج عُقُوْلٌ
known	مَعْلُوْمٌ	sign	عَلَامَةٌ ج اتٌ

Exercise 1

Translate the following.

١) مِنَ الْكَبَائِرِ أَنْ تُشْرِكَ بِاللهِ شَيْئًا

٢) إِنَّ مِنَ الْعِلْمِ أَنْ تَقُولَ لَا أَعْلَمُ

٣) إِنَّ مِنَ الْإِيْمَانِ أَنْ تُحِبَّ الصَّحَابَةَ

٤) إِنَّ مِنَ الْكَبَائِرِ أَن يَّلْعَنَ الرَّجُلُ أَبَوَيْهِ

٥) إِنَّ مِنْ عَلَامَةِ النِّفَاقِ أَنْ يَكْذِبَ الْمَرْءُ

٦) مِنْ آدَابِ الْعِلْمِ أَنْ تَتَوَضَّأَ قَبْلَ الدَّرْسِ

٧) مِنْ آدَابِ تِلَاوَةِ الْقُرْآنِ أَنْ تَسْتَقْبِلَ الْقِبْلَةَ

٨) لَيْسَ مِنْ آدَابِ الْوَالِدَيْنِ أَنْ تَمْشِيَ أَمَامَهُمْ

٩) مِنْ آيَاتِ اللهِ أَنَّهُ خَلَقَ السَّمَاوَاتِ وَالْأَرْضَ

١٠) إِنَّ مِنْ آيَاتِ اللهِ أَنَّهُ أَخْرَجَ مِنَ الْأَرْضِ نَبَاتًا

١١) إِنَّ مِنَ الْبِرِّ أَنْ تَدْعُوَ لِوَالِدَيْكَ بَعْدَ كُلِّ صَلَاةٍ

١٢) إِنَّ مِنْ أَدَبِ الْعِلْمِ أَنْ تُوَقِّرَ أَسَاتِذَتَكَ وَكُتُبَكَ

١٣) مِنْ آدَابِ الْوَالِدَيْنِ أَلَّا تَرْفَعَ صَوْتَكَ فَوْقَ أَصْوَاتِهِمْ

١٤) مِنْ آيَاتِ اللهِ أَنَّهُ جَعَلَ فِي الْأَرْضِ جِبَالًا وَأَنْهَارًا

١٥) إِنَّ مِنْ نِعْمَةِ اللهِ عَلَيْكَ أَنَّهُ خَلَقَكَ بِلِسَانٍ وَشَفَتَيْنِ

١٦) إِنَّ مِنْ نِعْمَةِ اللهِ عَلَيْكُمْ أَنَّهُ وَفَّقَكُمْ لِعِلْمِ الْقُرْآنِ وَلُغَتِهِ

Notes

Different حُرُوْفٌ جَارَّةٌ can occur within the خَبَرٌ مُقَدَّمٌ of an اِسْمٌ مُؤَوَّلٌ. Some have their own unique translations.

1. عَلَى: this is translated as responsibility, duty, etc.

عَلَيْكَ أَنْ تَخْدِمَ وَالِدَيْكَ

It is your duty to serve your parents.

2. لِ: this is translated as:

   a) Right, allowed, can, etc. if it is preceded by an affirmative sentence.

   لَكَ أَنْ تَجْلِسَ هُنَا

   You can sit here.

   b) Has no right to, should not, or it does not befit if it is preceded by a negative sentence.

   لَيْسَ لَكَ أَنْ تَجْلِسَ هُنَا

   You are not allowed to sit here.

Exercise 2

Translate the following.

١) عَلَيْكَ أَنْ تَجْتَنِبَ مَا حَرَّمَ اللهُ

٢) ﴿مَا يَكُونُ لَنَا أَنْ نَتَكَلَّمَ بِهَذَا﴾

٣) ﴿مَا كَانَ لِلَّهِ أَنْ يَتَّخِذَ مِنْ وَلَدٍ﴾

٤) ﴿مَا كَانَ لِمُؤْمِنٍ أَنْ يَقْتُلَ مُؤْمِنًا﴾

٥) عَلَيكَ أَنْ تَبَرَّ أَبَوَيْكَ وَأَلَّا تَعُقَّهُمَا

٦) عَلَيْكُمْ أَنْ تُرَاجِعُوْا دُرُوْسَكُمْ كُلَّ يَوْمٍ

٧) لَيْسَ لَكَ أَنْ تَمُرَّ بَيْنَ يَدَيْ مَنْ يُصَلِّي

٨) لَيْسَ لَنَا أَنْ نَسْتَرِيْحَ إِلَّا بَعْدَ الامْتِحَانِ

٩) ﴿مَا كَانَ لَنَا أَنْ نُشْرِكَ بِاللهِ مِنْ شَيْءٍ﴾

١٠) ﴿وَمَا كَانَ لِنَفْسٍ أَنْ تَمُوتَ إِلَّا بِإِذْنِ اللهِ﴾

١١) هَلْ لِأَحَدٍ أَنْ يَكْفُرَ بِاللهِ وَهُوَ يَعِيْشُ عَلَى أَرْضِهِ

١٢) ﴿أُولَئِكَ مَا كَانَ لَهُمْ أَنْ يَدْخُلُوهَا إِلَّا خَائِفِينَ﴾

Part 2: خَبَرٌ as an اِسْمٌ مُؤَوَّلٌ

A خَبَرٌ can occur as an اِسْمٌ مُؤَوَّلٌ.

الْحَقُّ أَنَّكَ تَجْتَهِدُ

The truth is that you work hard.

The tarkib of this is written as follows:

خَبَرٌ		مُبْتَدَأٌ
تَجْتَهِدُ	أَنَّكَ	الْحَقُّ
فِعْلٌ وَفَاعِلٌ (أَنْتَ)		
خَبَرٌ	حَرْفٌ مُشَبَّهٌ بِالْفِعْلِ وَاسْمُهُ (كَ)	

Vocab

English	Arabic	English	Arabic
futile activity	لَهْوٌ	soul	رُوْحٌ ج أَرْوَاحٌ
ruling	مَسْأَلَةٌ ج مَسَائِلُ	swift	سَرِيْعٌ ج سِرَاعٌ، سُرْعَانٌ
disobedience	مَعْصِيَةٌ ج مَعَاصِيْ	Ashura (10th Muharram)	عَاشُوْرَاءُ
ritual	مَنْسَكٌ ج مَنَاسِكُ	punishment	عِقَابٌ

Exercise 1

Translate the following.

١) اَلْعَقْلُ أَلَّا تَتَكَلَّمَ بِمَا يَضُرُّكَ

٢) الْعِلْمُ أَنْ تَعْمَلَ لَا أَنْ تَحْفَظَ

٣) اَلتَّقْوَى أَنْ تَجْتَنِبَ الْمَعَاصِيَ

٤) اَلسُّنَّةُ أَنْ تَتَّبِعَ الرَّسُوْلَ فِيْمَا أَمَرَنَا

٥) الْبِرُّ أَنْ تُطِيْعَ أَبَاكَ وَأُمَّكَ وَأَلَّا تَعُقَّهُمَا

٦) الْخَيْرُ كُلُّ الْخَيْرِ أَنْ يُوَفِّقَكَ اللهُ لِطَاعَتِهِ

Part 3: فَاعِلٌ as an اِسْمٌ مُؤَوَّلٌ

A فَاعِلٌ can occur as an اِسْمٌ مُؤَوَّلٌ with أَنْ or أَنَّ.

يَجِبُ عَلَيْكَ أَنْ تَصْدُقَ

The tarkib of this is written as follows:

فَاعِلٌ		مَفْعُوْلٌ بِهِ غَيْرُ صَرِيْحٍ	فِعْلٌ
تَصْدُقَ	أَنْ	عَلَيْكَ	يَجِبُ
فِعْلٌ وَفَاعِلٌ (أَنْتَ)		جَارٌّ - مَجْرُوْرٌ	
صِلَةٌ	حَرْفٌ مَوْصُوْلٌ		

This can be translated in two ways:

1. Translating the فَاعِلٌ first, followed by the main verb.

Speaking the truth is incumbent upon you.
To speak the truth is incumbent upon you.
That you speak the truth is incumbent upon you.

2. Adding an anticipatory it before the main verb, followed by the فَاعِلٌ.

It is incumbent upon you to speak the truth.

Notes

1. When an اِسْمٌ مُؤَوَّلٌ becomes the فَاعِلٌ, the verb will always be in the masculine form.
2. The verb يَنْبَغِي can be translated by adding the word should before the verb within the اِسْمٌ مُؤَوَّلٌ.

يَنْبَغِي لَكَ أَنْ تَجْتَهِدَ فِي دُرُوْسِكَ

You should work hard in your lessons.

Vocab

English	Arabic	English	Arabic
to be permissible	حَلَّ يَحِلُّ حَلَالًا	to please, delight	أَعْجَبَ يُعْجِبُ إِعْجَابًا
to make happy	سَرَّ يَسُرُّ سُرُوْرًا، مَسَرَّةً	to make angry	أَغْضَبَ يُغْضِبُ إِغْضَابًا
to become apparent	ظَهَرَ يَظْهَرُ ظُهُوْرًا	to be possible	أَمْكَنَ يُمْكِنُ إِمْكَانًا
to be compulsory	وَجَبَ يَجِبُ وُجُوْبًا	to be suitable, appropriate, necessary	اِنْبَغَى يَنْبَغِي انْبِغَاءً

Exercise 1

Translate the following.

١) لَا يَحِلُّ لِأَحَدٍ أَن يَّقْتُلَ أَحَدًا

٢) لَا يَحِلُّ لِمُسْلِمٍ أَن يَّغْتَابَ أَخَاهُ

٣) لَا يَجُوْزُ لِمُسْلِمٍ أَن يَّلْعَنَ أَحَدًا

٤) لَا يَحِلُّ لِمُسْلِمٍ أَن يَّشْرَبَ خَمْرًا

٥) يَجِبُ عَلَيْنَا أَن نَّشْكُرَ اللهَ عَلَى نِعَمِهِ

٦) يَنْبَغِي لِطَالِبِ عِلْمٍ أَن يَّعْمَلَ بِعِلْمِهِ

٧) لَا يَنْبَغِي لِأَحَدٍ أَن يُّضَيِّعَ وَقْتَهُ فِي اللَّهْوِ

٨) يَسُرُّ الْمُعَلِّمَ أَنَّ الطُّلَّابَ يَجْتَهِدُوْنَ كَثِيْرًا

٩) لَا يَحِلُّ لِمُسْلِمٍ أَن يَّأْخُذَ مَالَ غَيْرِهِ بِغَيْرِ إِذْنِهِ

١٠) كَانَ يُغْضِبُ أَبِي أَنَّ أَخِي كَانَ يَضْرِبُ أُخْتَنَا

١١) يَظْهَرُ أَنَّ هٰذَا الطَّالِبَ يَطْلُبُ الْعِلْمَ حَتَّى مَوْتِهِ

١٢) هَلْ يُمْكِنُ لَكَ أَنْ تَأْتِيَ مَعِيْ إِلَى السُّوْقِ الْآنَ؟

١٣) هَلْ غَابَ عَنْكَ أَنَّ أَبَاكَ وَأُمَّكَ أَحْسَنَا إِلَيْكَ صَغِيْرًا؟

١٤) يَنْبَغِي أَنْ تَكُوْنَ نِيَّةُ طَالِبِ عِلْمٍ حُصُوْلَ رِضَى اللهِ

١٥) يَنْبَغِي لِطَالِبِ عِلْمٍ أَن يَّكُوْنَ فِي الْفَصْلِ قَبْلَ أُسْتَاذِهِ

١٦) يَنْبَغِي لِطَالِبِ عِلْمٍ أَن يَّكُوْنَ مَعَهُ كِتَابٌ فِي سَائِرِ أَوْقَاتِهِ

١٧) يَسُرُّنِي أَنَّكُمَا يُطَالِعَانِ الْكُتُبَ فِي اللَّيْلِ قَبْلَ النَّوْمِ

١٨) بَلَغَنَا أَنَّ النَّبِيَّ ﷺ كَانَ يَصُوْمُ عَاشُوْرَاءَ وَيَوْمًا قَبْلَهُ أَوْ يَوْمًا بَعْدَهُ

Part 4: اِسْمٌ مُؤَوَّلٌ as an مَفْعُوْلٌ بِهٖ

A مَفْعُوْلٌ بِهٖ can occur as an اِسْمٌ مُؤَوَّلٌ.
This can occur in two ways:

1. As an اسْمٌ مُؤَوَّلٌ with أَنْ
2. As an اسْمٌ مُؤَوَّلٌ with أَنَّ

مَفْعُوْلٌ بِهٖ with أَنْ

The مَفْعُوْلٌ بِهٖ can occur as an اِسْمٌ مُؤَوَّلٌ with أَنْ.

أَرْجُوْ أَن يَّغْفِرَ اللهُ لِي

I hope that Allah forgives me.

The tarkib of this is written as follows:

مَفْعُوْلٌ بِهٖ				فِعْلٌ وَفَاعِلٌ (أَنَا)
لِي	اللهُ	يَّغفِرَ	أَن	أَرْجُوْ
مَفْعُوْلٌ بِهٖ غَيْرُ صَرِيْحٍ	فَاعِلٌ	فِعْلٌ		
صِلَةٌ			حَرْفٌ مَوْصُوْلٌ	

The word that can also be removed from the translation.

أَرْجُوْ أَن يَّغفِرَ اللهُ لِي

I hope Allah forgives me.

Vocab

English	Arabic	English	Arabic
to desire	تَمَنَّى يَتَمَنَّى تَمَنِّيًا	to refuse	أَبَى يَأْبَى إِبَاءً
to know	دَرَى يَدْرِيْ دِرَايَةً	to intend	أَرَادَ يُرِيْدُ إِرَادَةً
to testify, witness	شَهِدَ يَشْهَدُ شَهَادَةً	to be ashamed	اِسْتَحْيَى يَسْتَحْيِيْ اسْتِحْيَاءً
to be able to	قَدَرَ يَقْدِرُ قُدْرَةً	to be able to	اِسْتَطَاعَ يَسْتَطِيْعُ اِسْتِطَاعَةً
to dislike	كَرِهَ يَكْرَهُ كَرَاهَةً	to make witness	أَشْهَدَ يُشْهِدُ إِشْهَادًا
to stop, prohibit, forbid	مَنَعَ يَمْنَعُ مَنْعًا	to believe	اِعْتَقَدَ يَعْتَقِدُ اعْتِقَادًا
to prohibit	نَهَى يَنْهَى نَهْيًا	to give glad tidings	بَشَّرَ يُبَشِّرُ تَبْشِيْرًا

Exercise 1

Translate the following.

١) أَلَا تُحِبُّوْنَ أَن يَّغْفِرَ اللهُ لَكُمْ

٢) ﴿يُرِيدُوْنَ أَنْ يُبَدِّلُوْا كَلَامَ اللهِ﴾

٣) نَرْجُوْ أَن يَّغْفِرَ اللهُ لَنَا ذُنُوْبَنَا كُلَّهَا

٤) لَن يَّقْدِرَ أَحَدٌ غَيْرُ اللهِ أَن يَّخْلُقَ شَيْئًا

٥) أَمَرَنَا أُسْتَاذُنَا أَلَّا نَتَكَلَّمَ أَثْنَاءَ الدَّرْسِ

٦) إِنَّ اللهَ يُحِبُّ أَن يَرَى نِعْمَتَهُ عَلَى عَبْدِهِ

٧) أَمَرَ اللهُ الْمُسْلِمِيْنَ أَنْ يَحُجُّوْا بَيْتَهُ الْكَعْبَةَ

٨) قَالَ مُوْسَى عليه السلام ﴿إِنِّي أَخَافُ أَنْ يُكَذِّبُوْنِ﴾

٩) نَرْجُوْ أَن يَّغْفِرَ اللهُ لَنَا مَا مَضَى مِنَ الذُّنُوْبِ

١٠) نَهَانَا اللهُ أَن نَّعْبُدَ الْأَصْنَامَ والْأَحْجَارَ وَالْأَشْجَارَ

١١) تَطْلُبُ الْأُمُّ مِنَ الْأَوْلَادِ كُلِّهِمْ أَن يَسْتَيْقِظُوْا قَبْلَ الْفَجْرِ

١٢) أَرَادَ إِبْرَاهِيْمُ عليه السلام أَنْ يَمْنَعَ النَّاسَ مِنْ عِبَادَةِ الْأَصْنَامِ

١٣) أَمَرَ اللهُ خَلِيْلَهُ إِبْرَاهِيْمَ أَنْ يَذْبَحَ ابْنَهُ إِسْمَاعِيْلَ عليه السلام

١٤) أَمَرَ اللهُ مُوْسَى وأَخَاهُ هَارُوْنَ عليهما السلام أَنْ يَّذْهَبَا إِلى فِرْعَوْنَ

Notes

An اِسْمٌ مُؤَوَّلٌ can occur as the مَفْعُوْلٌ بِهِ غَيْرُ صَرِيْحٍ. In this case, the حَرْفٌ جَارٌّ is commonly omitted.

For example, the verb أَمَرَ has two مَفْعُوْلٌ, and the second occurs with the حَرْفٌ جَارٌّ of ب.

اللهُ يَأْمُرُكُمْ بِالصِّدْقِ

Allah commands you to speak the truth.

However, when it occurs as an اِسْمٌ مُؤَوَّلٌ, the ب is usually omitted.

اللهُ يَأْمُرُكُمْ أَنْ تَصْدُقُوْا

Allah commands you to speak the truth.

مَفْعُوْلٌ بِهِ with أَنَّ

The مَفْعُوْلٌ بِهِ can occur as an اِسْمٌ مُؤَوَّلٌ with أَنَّ.

This is used with verbs which have a meaning of information or knowledge, and whose مَفْعُوْلٌ بِهِ is in the indicative mood.

يَعْلَمُوْنَ أَنَّ اللهَ رَبُّهُمْ

They know that Allah is their Lord.

The tarkib of this is written as follows:

فِعْلٌ وَفَاعِلٌ (و)	مَفْعُوْلٌ بِهِ		
يَعْلَمُوْنَ	أَنَّ	اللهَ	رَبُّهُمْ
	حَرْفٌ مُشَبَّهٌ بِالْفِعْلِ	اسْمُ أَنَّ	خَبَرُ أَنَّ

Exercise 2

Translate the following.

١) أَشْهَدُ أَنَّ مُحَمَّدًا عَبْدُ اللهِ وَرَسُوْلُهُ

٢) أَعْتَقِدُ أَنَّ اللهَ يَقْدِرُ عَلَى كُلِّ شَيْءٍ

٣) أَلَا تَدْرُوْنَ أَنَّ اللهَ فَرَضَ عَلَيْكُمُ الْحَجَّ

٤) أَلَا تَعْلَمُوْنَ أَنَّكَ سَتُدْفَنُ تَحْتَ التُّرَابِ

٥) ذَكَرَتْ لِيْ أُمِّيْ أَنَّهَا رَأَتْ مُعَلِّمَتِيْ فِي السُّوْقِ

٦) يَوْمَئِذٍ يَعْرِفُ النَّاسُ أَنَّ السَّاعَةَ لَا رَيْبَ فِيْهَا

٧) رَأَيْتُ أَنَّ هٰذَا الطَّالِبَ يَحْضُرُ الدُّرُوْسَ كُلَّ يَوْمٍ

٨) هَلْ نَسِيْتَ أَنَّ هٰذَا الشَّهْرَ شَهْرُ رَمَضَانَ الْمُبَارَكُ

٩) نَرَى أَنَّ كَثِيْرًا مِنَ النَّاسِ لَا يَشْكُرُوْنَ اللهَ عَلَى آلَائِهِ

١٠) سَمِعْنَا أَنَّ بَعْضَ الْعُلَمَاءِ كَانُوْا لَا يَقْرَؤُوْنَ الْكُتُبَ إِلَّا مُتَوَضِّئِيْنَ

١١) بَيْنَمَا أَحْمَدُ وَأَصْدِقَائُهُ يُسَافِرُوْنَ إِذْ عَلِمَ أَنَّ أُمَّهُ قَدْ مَرِضَتْ شَدِيْدًا فَأَرَادَ أَنْ يَّرْجِعَ إِلَى بَيْتِهِ

Quotation with رَوَى

The quotation of the verb رَوَى يَرْوِيْ رِوَايَةً (to narrate) can be followed by an اسْمٌ مُؤَوَّلٌ with أَنَّ, which becomes its quotation.

The person from whom the narration is transmitted comes with عَنْ.

رَوَى الْإِمَامُ مُسْلِمٌ عَنْ أَبِيْ مَالِكٍ أَنَّ رَسُوْلَ اللهِ ﷺ قَالَ: «الصَّلَاةُ نُورٌ»

Imam Muslim narrates from Abu Malik that the Messenger of Allah said: Salah is light.

It is common for the verb and subject to be removed.

عَنْ أَبِيْ مَالِكٍ أَنَّ رَسُوْلَ اللهِ ﷺ قَالَ: «الصَّلَاةُ نُورٌ»

(It is narrated) from Abu Malik that the Messenger of Allah said: Salah is light.

📖 Summary

The following table below summarises the اِسْمٌ مُؤَوَّلٌ as a مَفْعُوْلٌ بِهِ.

اِسْمٌ مُؤَوَّلٌ with an مَفْعُوْلٌ بِهِ	
With أَنْ	With أَنَّ
...أَنْ يَغْفِرَ لِي	...أَنَّهُ يَغْفِرُ الذُّنُوْبَ

Differentiating Between أَنَّ التَّفْسِيْرِيَّةُ **and** أَنَّ الْمَوْصُوْلَةُ

أَنْ التَّفْسِيْرِيَّةُ differs from the أَنْ حَرْفُ مَوْصُوْلٌ of أَنْ in a few ways:

a) أَنْ التَّفْسِيْرِيَّةُ is غَيْرُ عَامِلٍ and can precede a فِعْلُ أَمْرٍ, a فِعْلُ مَاضٍ, or a جُمْلَةٌ اِسْمِيَّةٌ. أَنْ الْمَوْصُوْلَةُ is عَامِلٌ; it changes the following فِعْلُ مُضَارِعٌ to the مَنْصُوْبٌ state.

b) أَنْ التَّفْسِيْرِيَّةُ is not translated.

أَنْ الْمَصْدَرِيَّةُ is translated as an infinitive or gerund.

Look at the examples below.

أَرَادَتِ الْأُمُّ أَنْ يَّصْدُقَ الْوَلَدُ	نَادَتِ الْأُمُّ أَنِ اصْدُقْ
The mother wanted the child to speak the truth.	The mother called out: Speak the truth.

The following table explains the difference between the two أَنْ.

	تَفْسِيْرِيَّةٌ	مَوْصُوْلَةٌ
Translation	(Omitted)	Gerund Infinitive
Following Sentence	جُمْلَةٌ اِسْمِيَّةٌ جُمْلَةٌ فِعْلِيَّةٌ	فِعْلٌ مُضَارِعٌ
Governance	غَيْرُ عَامِلٌ	عَامِلٌ

✍ Exercise 3

Translate the following. Identify the different uses of أَنْ.

١) قَالَ اللهُ لِلْأَنْبِيَاءِ ﷺ اعْبُدُوْنِي

٢) أَمَرَ اللهُ الْأَنْبِيَاءَ ﷺ أَنْ يَّعْبُدُوْهُ

٣) أَوْحَى اللهُ إِلَى الْأَنْبِيَاءِ ﷺ أَنِ اعْبُدُوْنِي

٤) نَادَى الْأَنْبِيَاءُ ﷺ أَنْ لَّا تَكْذِبُوْا

٥) قَالَ الْأَنْبِيَاءُ ﷺ لِلنَّاسِ لَا تَكْذِبُوْا

٦) نَهَى الْأَنْبِيَاءُ ﷺ النَّاسَ أَنْ يُّكْذِبُوْا

Part 5: مَفْعُوْلٌ فِيْهِ as an اِسْمٌ مُؤَوَّلٌ

A مَفْعُوْلٌ فِيْهِ can occur as an اِسْمٌ مُؤَوَّلٌ in two ways:

1. As a مَفْعُوْلٌ فِيْهِ directly
2. As part of a مَفْعُوْلٌ فِيْهِ غَيْرُ صَرِيْح.

اِسْمٌ مُؤَوَّلٌ as an مَفْعُوْلٌ فِيْهِ

When an اِسْمٌ مُؤَوَّلٌ becomes the مَفْعُوْلٌ فِيْهِ directly, the حَرْفٌ مَوْصُوْلٌ of مَا is used. This is known as مَا الظَّرْفِيَّة. This is used in two ways:

1. On its own
2. With the فِعْلٌ نَاقِصٌ of دَامَ

مَا الظَّرْفِيَّةُ on its Own

The صِلَةٌ of مَا الظَّرْفِيَّةَ is a جُمْلَةٌ فِعْلِيَّةٌ comprised of a فِعْلٌ مَاضٍ.

جَلَسْتُ مَا قُمْتَ

The tarkib of this is written as follows:

مَفْعُوْلٌ فِيْهِ		فِعْلٌ وَفَاعِلٌ (أَنَا)
جَلَسْت	مَا	أَجْلِسُ
فِعْلٌ وَفَاعِلٌ (تُ)		
صِلَةٌ	حَرْفٌ مَوْصُوْلٌ	

Translation of مَا الظَّرْفِيَّةُ

This is translated as as long as.

The tense of the صِلَةٌ is dictated by the main verb.

جَلَسْتُ مَا قُمْتَ

I sat as long as you stood.

In this example, the main verb, جَلَسْتُ, is a فِعْلٌ مَاضٍ; therefore, the verb in the صِلَةٌ is translated as the past tense.

أَجْلِسُ مَا قُمْتَ

I will sit as long as you stand.

In this example, the main verb, أَجْلِسُ, is a فِعْلٌ مُضَارِعٌ; therefore, the verb in the صِلَةٌ is translated in the future tense.

The صِلَةٌ of مَا الظَّرْفِيَّةُ as a جُمْلَةٌ اسْمِيَّةٌ

If the صِلَةٌ of مَا الظَّرْفِيَّةُ is a جُمْلَةٌ اِسْمِيَّةٌ it will occur with the فِعْلٌ نَاقِصٌ of كَانَ.

لَا آكُلُ مَا كُنْتَ صَائِمًا

I will not eat as long as you are fasting.

Negating the صِلَةٌ of مَا الظَّرْفِيَّةُ

The صِلَةٌ of مَا الظَّرْفِيَّةُ is negated by a فِعْلٌ مُضَارِعٌ preceded by لَمْ. This can be translated as as long as or until.

لَا تَنْجَحُ مَا لَمْ تَجْتَهِدْ

You will not be successful as long as you do not work hard.

Exercise 1

Translate the following.

١) أَصْدُقُ مَا عِشْتُ

٢) نُوَقِّرُكَ مَا وَقَّرْتَ نَفْسَكَ

٣) لَا أَصُوْمُ مَا كُنْتُ مُسَافِرًا

٤) يَغْفِرُ اللهُ ذُنُوْبَكَ مَا تُبْتَ إِلَيْهِ

٥) أَجْلِسُ مَعَ أَبِيْ وَأُمِّيْ مَا أَرَادَا

٦) لَنْ أَفْعَلَ هٰذَا أَبَدًا مَا نَهَيْتَنِيْ عَنْهُ

٧) مَا اسْتَيْقَظْتُ مَا لَمْ أَسْمَعِ الْأَذَانَ

٨) لَا تَشْرَبِ هٰذَا اللَّبَنَ مَا كَانَ حَارًّا

٩) لَا يَجُوْزُ لَكَ أَنْ تَأْكُلَ مَا كُنْتَ صَائِمًا

١٠) تَنْتَظِرُ أُمِّي لِيْ مَا لَمْ أَعُدْ مِنَ الْمَدْرَسَةِ

١١) لَنْ يُؤْتِيَكَ الْعِلْمُ بَعْضَهُ مَا لَمْ تُؤْتِهِ كُلَّكَ

١٢) أُرَاجِعُ هٰذِهِ الدُّرُوْسَ مَا لَمْ أَفْهَمْهَا فَهْمًا

١٣) يَلْعَبُ الْأَوْلَادُ مَا لَمْ يُؤَذِّنِ الْمُؤَذِّنُ لِلصَّلَاةِ

١٤) كُنْتُ أَنَا وَهُوَ صَدِيْقَيْنِ مَا كَانَ فِيْ هٰذَا الْبَلَدِ

١٥) لَا تَلْعَبِيْ عِنْدَ الْمَكْتَبِ مَا كَانَ السِّكِّيْنُ عَلَيْهِ

١٦) لَنْ تَضِلُّوْا مَا اعْتَصَمْتُمْ بِكِتَابِ اللهِ وَسُنَّةِ رَسُوْلِهِ ﷺ

Exercise 2

Join the sentences together using مَا الظَّرْفِيَّةُ. Ensure you adjust the tense of the verb in the صِلَةٌ.

١) لَا تَأْكُلْ / لَا تَجُوْعُ

٢) أَجْلِسُ / تَجْلِسُوْنَ

٣) أَخْدِمُ وَالِدَيَّ / أَسْتَطِيْعُ

٤) أَجْلِسُ عِنْدَكَ / أَنْتَ مَرِيْضًا

٥) يَنْتَظِرُ لَكَ صَدِيْقُكَ / لَا تَحْضُرُ

٦) يَسْتَجِيْبُ اللهُ دُعَائَكُمْ / تَدْعُوْهُ

٧) اُطْلُبُوا الْعِلْمَ / أَنْتَ قَوِيٌّ صَحِيْحٌ

٨) لَنْ يُهْلِكَ اللهُ قَوْمًا / يَسْتَغْفِرُوْنَ اللهَ

مَا الظَّرْفِيَّةُ with the فِعْلٌ نَاقِصٌ of دَامَ

مَا الظَّرْفِيَّةُ may be followed by the فِعْلٌ نَاقِصٌ of دَامَ to form مَا دَامَ. Along with the اسْمٌ and خَبَرٌ, the word مَا دَامَ becomes the مَفْعُوْلٌ فِيْهِ of the main sentence. This is translated as as long as.

أَصُوْمُ مَا دُمْتُ صَحِيْحًا

I will fast as long as I am healthy.

The tarkib of this is written as follows:

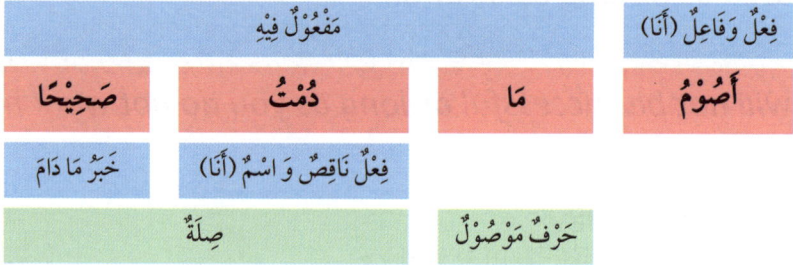

فِعْلٌ وَفَاعِلٌ (أَنَا)	مَفْعُوْلٌ فِيْهِ		
أَصُوْمُ	**مَا**	**دُمْتُ**	**صَحِيْحًا**
		فِعْلٌ نَاقِصٌ وَ اسْمٌ (أَنَا)	خَبَرٌ مَا دَامَ
	حَرْفٌ مَوْصُوْلٌ	صِلَةٌ	

Vocab

English	Arabic	English	Arabic
to recompense	جَزَى يَجْزِيْ جَزَاءً	to fulfil, complete	أَدَّى يُؤَدِّيْ تَأْدِيَةً، أَدَاءً
to push, repel	دَفَعَ يَدْفَعُ دَفْعًا	to sin	أَذْنَبَ يُذْنِبُ إِذْنَابًا
to raise, nurture	رَبَّى يُرَبِّيْ تَرْبِيَةً	to seek advice or counsel	اِسْتَشَارَ يَسْتَشِيْرُ اِسْتِشَارَةً
to visit	زَارَ يَزُوْرُ زِيَارَةً	to lengthen	أَطَالَ يُطِيْلُ إِطَالَةً
to rest, reside	سَكَنَ يَسْكُنُ سُكُوْنًا	to acknowledge	اِعْتَرَفَ يَعْتَرِفُ اِعْتِرَافًا
to explain	شَرَحَ يَشْرَحُ شَرْحًا	to do abundantly	أَكْثَرَ يُكْثِرُ إِكْثَارًا
to understand	عَقَلَ يَعْقِلُ	to finish, complete	اِنْتَهَى يَنْتَهِيْ انْتِهَاءً
to meet	لَقِيَ يَلْقَى لِقَاءً	to be tired	تَعِبَ يَتْعَبُ تَعَبًا
to regret	نَدِمَ يَنْدَمُ نَدَامَةً، نَدَمًا	to flow	جَرَى يَجْرِيْ جِرْيَانًا

Exercise 3

Translate the following.

١) أُقِيْمُ مَعَكِ مَا دُمْتِ مَرِيْضَةً

٢) تَفُوْقُ أَقْرَانَكَ مَا دُمْتَ تَجْتَهِدُ

٣) أَحْضُرُ الدُّرُوْسَ مَا دُمْتُ صَحِيْحًا

٤) نَبْقَى فِي الْبَيْتِ مَا دَامَ الْمَطَرُ نَازِلًا

٥) اِسْتَشِرْ أَبَوَيْكَ وَالْكِبَارَ مَا دَامُوْا أَحْيَاءً

٦) لَا تَتَكَلَّمْ مَا دَامَ الْمُعَلِّمُ يَشْرَحُ الدَّرْسَ

٧) لَا تَنْجَحُ مَا دُمْتَ تَمْضِيْ وَقْتَكَ فِي اللَّهْوِ

٨) يَجْلِسُ النَّاسُ سَاكِتِيْنَ مَا دَامَ الْإِمَامُ يَخْطُبُ

٩) لَا أَتْرُكُ الصَّلَاةَ مَعَ الْجَمَاعَةِ مَا دُمْتُ صَحِيْحًا

١٠) لَا يُعَذِّبُ اللهُ قَوْمًا مَا دَامُوْا يَسْتَغْفِرُوْنَ لِذُنُوْبِهِمْ

١١) لَا أَسْئَلُ النَّاسَ مَا دُمْتُ أَسْتَطِيْعُ أَنْ أَكْسِبَ بِيَدِيْ

١٢) لَا تَخْرُجْ أَنْتَ وَأَخُوْكَ مِنْ بَيْتِكُمَا مَا دُمْتُمَا مَرِيْضَيْنِ

Exercise 4

Join the sentences together using مَا الظَّرْفِيَّةُ and دَامَ.

١) نَبَرُّ أَبَانَا وَأُمَّنَا / هُمَا حَيَّانِ

٢) اللهُ يَقْبَلُ التَّوْبَةَ / أَنْتَ حَيٌّ

٣) يُحِبُّكَ النَّاسُ / أَنْتَ مُخْلِصٌ

٤) أُعْبُدُوْا اللهَ / الرُّوْحُ فِي الْجَسَدِ

٥) لَا تَدْخُلِ الْغُرْفَةَ / الطِّفْلُ نَائِمٌ

٦) أَكْثِرِيْ مِنَ الطَّوَافِ / أَنْتِ فِي مَكَّةَ

٧) لَا تُطِيْلُوا الصَّلَاةَ / الضُّعَفَاءُ خَلْفَكَ

٨) لَا تَتَكَلَّمِيْ / الْمُعَلِّمَةُ تَشْرَحُ الدَّرْسَ

٩) لَا تَلْعَبْ عِنْدَ الْمَكْتَبِ / السَّيْفُ عَلَيْهِ

١٠) لَا تَجِبُ الزَّكَاةَ عَلَيْكُمَا / أَنْتُمَا فَقِيْرَانِ

١١) صَلُّوْا الصَّلَاةَ مَعَ الْجَمَاعَةِ / أَنْتُمْ أَصِحَّاءُ

١٢) لَا نَسْتَطِيْعُ أَنْ نَدْخُلَ الْمَسْجِدَ / بَابُهُ مُغْلَقٌ

اِسْمٌ مُؤَوَّلٌ as an مَفْعُوْلٌ فِيْهِ غَيْرُ صَرِيْحٍ

An اِسْمٌ مُؤَوَّلٌ with أَنْ can become the مَجْرُوْرٌ of the مَفْعُوْلٌ فِيْهِ غَيْرُ صَرِيْحٍ.

أَطْلُبُ الْعِلْمَ إِلَى أَنْ أَمُوْتَ

I will seek knowledge until I die.

The tarkib of this is written as follows:

مَفْعُوْلٌ فِيْهِ غَيْرُ صَرِيْحٍ			مَفْعُوْلٌ بِهِ	فِعْلٌ وَفَاعِلٌ (أَنَا)
أَمُوْتَ	أَنْ	إِلَى	الْعِلْمَ	أَطْلُبُ
فِعْلٌ وَفَاعِلٌ (أَنَا)				
صِلَةٌ	حَرْفٌ مَوْصُوْلٌ			
مَجْرُوْرٌ		جَارٌّ		

The particle أَنْ is usually omitted after حَتَّى.

لَا يَأْكُلُ الصَّائِمُوْنَ حَتَّى تَغْرُبَ الشَّمْسُ

Those fasting will not eat until the sun sets.

The tarkib of this is written as follows:

مَفْعُوْلٌ فِيْهِ فِيْهِ غَيْرُ صَرِيْحٍ				فَاعِلٌ	فِعْلٌ	حَرْفُ نَفْيٍ
الشَّمْسُ	تَغْرُبَ	(أَنْ)	حَتَّى	الصَّائِمُوْنَ	يَأْكُلُ	لَا
فَاعِلٌ	فِعْلٌ					
صِلَةٌ		حَرْفٌ مَوْصُوْلٌ				
مَجْرُوْرٌ			جَارٌّ			

Exercise 5

Translate the following.

١) نَدْرُسُ فِي اللَّيْلِ حَتَّى نَتْعَبَ

٢) أَنْتَظِرُ لَكَ حَتَّى تَرْجِعَ مِنَ الْمَسْجِدَ

٣) اَسْتَرِيْحُ قَبْلَ الظُّهْرِ حَتَّى أَسْمَعَ الْأَذَانَ

٤) لَا تَنْتَهُوْنَ مِنَ الْكَذِبِ حَتَّى تَزْجُرَهُمْ

٥) أَتبقى تُذْنِبُ حَتَّى يَأْتِيَكَ مَلَكُ الْمَوْتِ

٦) لَا تُصَلُّوْا حَتَّى تُطَهِّرَ ثِيَابَكَ وَجَسَدَكَ

٧) لَا تَحْفَظُوْنَ الْقَوَاعِدَ حَتَّى تُرَاجِعُوْهَا مِرَارًا

٨) لَا تَسْتَطِيْعُ أَنْ تَفْعَلَ شَيْئًا حَتَّى يُوَفِّقَكَ اللهُ

٩) الْمُعَلِّمَةُ تَشْرَحُ الدَّرْسَ إِلَى أَنْ يَّفْهَمَ الطُّلَّابُ

١٠) نَصْبِرُ حَتَّى يَكْشِفَ اللهُ مَا نَحْنُ فِيْهِ مِنَ الْمَصَائِبِ

١١) عَذَّبَ فِرْعَوْنُ بَنِيْ إِسْرَائِيْلَ إِلَى أَنْ أَغْرَقَهُ اللهُ وَجُنُوْدَهُ

١٢) لَا يُغْلَقُ بَابُ التَّوْبَةِ إِلَى أَنْ يَّخْرُجَ الرُّوْحُ مِنَ الْجَسَدِ

١٣) لَا تُغْلَقُ أَبْوَابُ الْمَسْجِدِ إِلَى أَنْ يَّخْرُجَ الْمُصَلُّوْنَ كُلُّهُمْ

١٤) الْمُصَلُّوْنَ يَجْلِسُوْنَ مُسْتَمِعِيْنَ إِلَى أَنْ يَّنْتَهِيَ الْإِمَامُ مِنْ خُطْبَتِهِ

Summary

إِسْمٌ مُؤَوَّلٌ with an مَفْعُوْلٌ فِيْهِ			
Direct Slot		Part of a مَفْعُوْلٌ فِيْهِ غَيْرُ صَرِيْحٍ	
مَا	مَا دَامَ	With Apparent أَنْ	With Hidden أَنْ
... مَا جَلَسْتَ	... مَا دُمْتَ جَالِسًا	... إِلَى أَنْ تَجْلِسَ	... حَتَّى تَجْلِسَ
As long as		Until	

Part 6: مَفْعُوْلٌ لَهُ as an اِسْمٌ مُؤَوَّلٌ

An اِسْمٌ مُؤَوَّلٌ can occur as the مَفْعُوْلٌ لَهُ.

I went to the market to buy some dates.

In this example, to buy some dates is the مَفْعُوْلٌ لَهُ.

An اِسْمٌ مُؤَوَّلٌ can occur as the مَفْعُوْلٌ لَهُ in two ways:

1. Directly
2. As a مَفْعُوْلٌ لَهُ غَيْرُ صَرِيْح

مَفْعُوْلٌ لَهُ as an اِسْمٌ مُؤَوَّلٌ

An اِسْمٌ مُؤَوَّلٌ with the حَرْفٌ مَوْصُوْلٌ of كَيْ becomes the مَفْعُوْلٌ لَهُ directly.

If the subject of the صِلَةٌ is mentioned in the main sentence, كَيْ is translated using the word to.

أَرْسَلَ اللهُ الْأَنْبِيَاءَ كَيْ يَهْدُو النَّاسَ

Allah sent messengers to guide people.

In this example, the subject of the صِلَةٌ is mentioned in the main sentence, so the word to is used.

If the subject of the صِلَةٌ is not mentioned, كَيْ is translated using the words so that.

أَرْسَلَ اللهُ الْأَنْبِيَاءَ كَيْ يَهْتَدِي النَّاسُ

Allah sent messengers so that people are guided.

In this example, the subject of the صِلَةٌ is not mentioned in the main sentence, so the words so that is used.

The tarkib of this is written as follows:

مَفْعُوْلٌ لَهُ			مَفْعُوْلٌ بِهِ	فَاعِلٌ	فِعْلٌ
النَّاسَ	يَهْدُوْا	كَيْ	الْأَنْبِيَاءَ	اللهُ	أَرْسَلَ
مَفْعُوْلٌ بِهِ	فِعْلٌ وَفَاعِلٌ (هُمْ)				
صِلَةٌ		حَرْفٌ مَوْصُوْلٌ			

Notes

كَيْ can be preceded by لِ or followed by لَا.

أَرْسَلَ اللهُ الْأَنْبِيَاءَ لِكَيْ يَهْدُو النَّاسَ

أَرْسَلَ اللهُ الْأَنْبِيَاءَ لِكَيْ لَا يَضِلَّ النَّاسَ

Exercise 1

Translate the following.

١) مَشَيْنَا سَرِيْعًا كَيْلَا نَتَأَخَّرَ لِلدَّرْسِ

٢) رَزَقَكُمُ اللهُ كَيْ تَشْكُرُوْهُ وَتَحْمَدُوْهُ

٣) يَجْتَهِدُوْنَ فِي الدَّرْسِ كَيْ يَفْهَمُوْهُ

٤) يَبْتَلِي اللهُ النَّاسَ كَيْ يَرْفَعَ دَرَجَاتِهِمْ

٥) سَيَذْبَحُوْنَ بَقَرَةً كَيْ يُطْعِمُوا الْفُقَرَاءَ لَحْمَهَا

٦) مَا أَخْبَرَتِ الْأُمُّ ابْنَهَا بِمَوْتِ كَلْبِهِ كَيْلَا يَحْزَنَ

٧) اشْتَرَتْ أَسْمَاءُ قَلَمًا جَدِيْدًا كَيْ تَكْتُبَ دُرُوْسَهَا

٨) كُلَّ يَوْمٍ نَقْرَأُ جُزْءًا مِنَ الْقُرْآنِ كَيْ نَخْتِمَهُ فِي شَهْرٍ

٩) نُؤَدِّي مَا فَرَضَ اللهُ عَلَيْنَا وَنَجْتَنِبُ مَا حَرَّمَ كَيْ نَفُوْزَ

١٠) كُلَّمَا نَسْمَعُ الْأَذَانَ نَتَوَضَّأُ كَيْ نُصَلِّيَ وَنُؤَدِّيَ فَرَائِضَنَا

١١) أَتَمَنَّى أَنْ أَسْكُنَ فِي مَدِيْنَةِ الْحَبِيْبِ الرَّسُوْلِ ﷺ كَيْ أَمُوْتَ وَأُدْفَنَ فِيهَا

١٢) نَعْلَمُ أَنَّ زَيْدًا يُسَافِرُ غَدًا إِلَى الْقَرْيَةِ كَيْ يَزُوْرَ أُمَّهُ وَجَدَّتَهُ

١٣) كُنْتُ أَذْهَبُ إِلَى السُّوْقِ كَيْ أَشْتَرِيَ تَمْرًا وَلَبَنًا إِذِ الْمَطَرُ يَنْزِلُ

Exercise 2

Join the sentences together using كَيْ. Where necessary adjust the irab and pronouns and make the صِلَةٌ negative.

١) نَعْبُدُ اللهَ رَبَّنَا الرَّحِيْمَ / نَدْخُلُ الْجَنَّةَ

٢) لَا أُسْرِعُ فِيْ كَلَامِيْ / يَفْهَمُهُ النَّاسُ

٣) مَلَأْتُ الْإِنَاءَ بِمَاءِ زَمْزَمَ / أَسْقِيهِ أَصْدِقَائِي

٤) أَنْزَلَ اللهُ الْكُتُبَ إِلَى الْأُمَمِ / تَهْتَدِي الْأُمَمُ

٥) تُفْتَحُ أَبْوَابُ الْمَسْجِدِ / يَدْخُلُ النَّاسُ وَيُصَلُّوْنَ

٦) يُسَافِرُ الْعُلَمَاءُ إِلَى بِلَادٍ كَثِيْرَةٍ / يَحْصُلُوْنَ الْعِلْمَ

٧) يُضِلُّ الشَّيْطَانُ النَّاسَ / يَدْخُلُ النَّاسُ النَّارَ مَعَهُ

٨) تَأْكُلُ الْبِنْتُ كَثِيْرًا فِي الصَّبَاحِ / لَا تَجُوْعُ فِي النَّهَارِ

٩) يَصُوْمُ الْمُسْلِمُوْنَ رَمَضَانَ / يَحْصُلُوْنَ عَلَى الْأَجْرِ

١٠) يَكْسِبُ النَّاسُ الْمَالَ / يُطْعِمُوْنَ أَهْلَهُمْ وَيَكْسُوْنَهُم

اِسْمٌ مُؤَوَّلٌ as an مَفْعُوْلٌ لَهُ غَيْرُ صَرِيحٍ

An اِسْمٌ مُؤَوَّلٌ can become مَجْرُوْرٌ of a مَفْعُوْلٌ لَهُ غَيْرُ صَرِيحٍ. Its صِلَةٌ can be either the subjunctive or indicative mood.

مَفْعُوْلٌ لَهُ غَيْرُ صَرِيحٍ in the Subjunctive Mood

When the صِلَةٌ is in the subjunctive mood the حَرْفٌ مَوْصُوْلٌ of أَنْ is used.

ذَهَبْتُمْ إِلَى الْمَسْجِدِ لِتُصَلُّوْا

You went to the masjid to perform Salah.

The subjunctive mood is usually used to indicate the objective or goal of the main verb.

In the above example, to perform Salah demonstrates the objective for the main verb.

Notes

1. The حَرْفٌ جَارٌّ of حَتَّى can be used in a مَفْعُوْلٌ لَهُ غَيْرُ صَرِيحٍ.

   أَقْرَأُ كُتُبَ الحَدِيْثِ وَالسِّيْرَةِ حَتَّى أَعْرِفَ رَسُوْلَ اللهِ ﷺ

   I read books of Hadith and Seerah so I can recognize the Messenger of Allah.

2. أَنْ is usually omitted but the فِعْلٌ مُضَارِعٌ after it is still مَنْصُوْبٌ.
   The tarkib of this is written as follows:

مَفْعُوْلٌ لَهُ غَيْرُ صَرِيحٍ			مَفْعُوْلٌ فِيهِ غَيْرُ صَرِيحٍ		وَفَاعِلٌ
تُصَلُّوْا	(أَنْ)	لِ	الْمَسْجِدِ	إِلَى	ذَهَبْتُمْ
فعل وفاعل (وَ)			مَجْرُوْرٌ	جَارٌّ	
صِلَةٌ	حَرْفٌ مَوْصُوْلٌ				
مَجْرُوْرٌ		جَارٌّ			

3. If the فِعْلٌ مُضَارِعٌ in the اسْمٌ مُؤَوَّلٌ is negative أَنْ cannot be omitted. This can be translated as so … doesn't/lest.

   ذَهَبْتُ إِلَى الْمَسْجِدِ لِئَلَّا يَفُوْتَنِيْ أَجْرُ الْجَمَاعَةِ

   I went to the masjid, so I don't /lest I miss out on the reward of congregation.

4. The لا from the negative اسْمٌ مُؤَوَّلٌ is often removed if it can be understood from the context.

ذَهَبْتُ إِلَى الْمَسْجِدِ أَن يَّفُوْتَنِيْ أَجْرُ الْجَمَاعَةِ

I went to the masjid, so I don't /lest I miss out on the reward of congregation.

Exercise 4

Translate the following.

١) اِتَّقِ اللهَ حَتَّى تَدْخُلَ الْجَنَّةَ

٢) اِتَّبِعِ الْقُرآنَ وَالسُّنَّةَ لِئَلَّا تَضِلُّوْا

٣) نَتَعَلَّمُ الْعَرَبِيَّةَ حَتَّى نَفْهَمَ الْقُرْآنَ

٤) نَعْتَصِمُ بِحَبْلِ اللهِ الْقُرْآنَ لِئَلَّا نَضِلَّ

٥) أَسْتَشِيْرُ الْعُقَلَاءَ فِي أُمُوْرِيْ لِئَلَّا أَنْدَمَ

٦) لَا تَغْتَابُوا النَّاسَ لِئَلَّا تَضِيْعَ حَسَنَاتُكُمْ

٧) سَافَرْتُ إِلَى ذٰلِكَ الْبَلَدِ لِأَلْقَى الْعُلَمَاءَ

٨) ﴿وَالرَّسُولُ يَدْعُوكُمْ لِتُؤْمِنُوا بِرَبِّكُمْ﴾

٩) اِسْتَمِعْ إِلَى الْمُعَلِّمِ فِي الدَّرْسِ حَتَّى تَفْهَمَهُ فَهْمًا

١٠) أُرَاجِعُ الدُّرُوْسَ كُلَّ يَوْمٍ أَوْ يَوْمَيْنِ لِئَلَّا أَنْسَاهَا

١١) أَنْذَرَ الْأَنْبِيَاءُ النَّاسَ الْعَذَابَ كَيْ لَا يَدْخُلَ النَّارَ

١٢) لَا أَخْدَعُ أَحَدًا لِئَلَّا أَكُوْنَ مِنَ الْكَاذِبِيْنَ الَّذِيْنَ لَعَنَهُمُ اللهُ

١٣) أَنْزَلَ اللهُ كِتَابًا إِلَيْكَ لِتُخْرِجَ النَّاسَ مِنَ الظُّلُمَاتِ إِلَى النُّوْرِ

١٤) شَرِبَ أَحْمَدُ مَاءً كَثِيْرًا فِي السُّحُوْرِ كَيْ لَا يَعْطَشَ فِي الْيَوْمِ

١٥) يُحَذِّرُ الْأَوْلَادَ آبَائُهُمْ وَأُمَّهَاتُهُمْ مِنَ الْكَسَلِ لِئَلَّا يُضَيِّعُوْا حَيَاتَهُمْ

١٦) أَسْتَرِيْحُ قَلِيْلًا كُلَّ يَوْمٍ بَعْدَ الظُّهْرِ لِئَلَّا أَتْعَبَ فِي الدُّرُوْسِ فِي اللَّيْلِ

مَفْعُولٌ لَهُ غَيْرُ صَرِيحٍ in the Indicative Mood

When the صِلَةٌ is in the **indicative mood** the حَرْفٌ مَوْصُولٌ of أَنَّ or مَا is used.

أَعْبُدُ اللهَ لِأَنَّهُ خَلَقَنِي	فَرِحَ أَبُوكَ بِمَا اجْتَهَدتَّ
I worship Allah because He created me.	*Your father was happy because you worked hard.*

The indicative mood is usually used to indicate the cause of the main verb.

In the above examples, He created me and you worked hard demonstrate the cause for the main verb.

✒ Exercise 3

Translate the following.

١) غَدًا سَأَلْبَسُ ثَوْبًا جَدِيدًا لِأَنَّهُ يَوْمُ عِيدٍ

٢) لَا تَرْكَبُوا هٰذَا الْحِمَارَ لِأَنَّهُ مَرِيضٌ جِدًّا

٣) أُسَافِرُ إِلَى هٰذَا الْبَلَدِ لِأَنَّ صَدِيقِي يُسْكُنُ فِيهِ

٤) أَسْرِعُوا إِلَى الْمَدْرَسَةِ لِأَنَّ الدَّرْسَ سَيَبْدَأُ بَعْدَ قَلِيلٍ

٥) لَا تَذْهَبَا إِلَى السُّوقِ الْآنَ لِأَنَّ الْمُؤَذِّنَ سَيُؤَذِّنُ لِلصَّلَاةِ

٦) سَيَجْزِى اللهُ الْمُحْسِنِينَ جَنَّةً وَحَرِيرًا بِمَا كَانُوا يَصْبِرُونَ

٧) يَقُولُ اللهُ يَوْمَ الْقِيَامَةِ ﴿ذُوقُوا الْعَذَابَ بِمَا كُنْتُمْ تَكْفُرُونَ﴾

٨) لَا نَتَّبِعُ سَبِيلَ الشَّيْطَانِ وَأَوْلِيَائِهِ لِأَنَّهُمْ يُضِلُّنَا عَنْ سَبِيلِ اللهِ

٩) فَرِحَ أَبُوكَ بِمَا اسْتَيْقَظْتَ فِي اللَّيْلِ وَصَلَّيْتَ رَكْعَتَيْنِ وَدَعَوْتَ اللهَ

١٠) لَا تَظْلِمُوا النَّاسَ لِأَنَّ اللهَ سَيُحَاسِبُكُمْ عَلَى كُلِّ مَا فَعَلْتُمْ مِنْ خَيْرٍ أَوْ شَرٍّ

١١) أَتَمَنَّى أَنْ أَسْكُنَ فِي مَدِينَةِ الْحَبِيبِ الرَّسُولِ ﷺ لِأَنِّي أُحِبُّهُ ﷺ وَأُحِبُّ بَلَدَهُ

📖 Notes

The examples below explain the difference between the مَفْعُوْلٌ لَهُ in the two moods.

> أَتْلُو الْقُرْآنَ لِأَحْصُلَ عَلَى الْأَجْرِ
>
> I recite the Quran ...
>
> *... so that I acquire reward.*

In this example, the main verb is I recite the Quran.

The sentence so that I acquire reward occurs after the main verb, therefore the subjunctive mood is used.

> أَتْلُو الْقُرْآنَ لِمَا سَمِعْتُ مِنْ فَضَائِلِ الْقُرْآنِ
>
> I recite the Quran ...
>
> *... because of the virtues of the Quran I heard.*

In this example, the main verb is I recite the Quran.

The sentence because of the virtues of the Quran I heard occurs before the main verb, therefore the indicative mood is used.

Part 7: مَفْعُوْلٌ مُطْلَقٌ as an اِسْمٌ مُؤَوَّلٌ

An اِسْمٌ مُؤَوَّلٌ can occur as the مَفْعُوْلٌ مُطْلَقٌ غَيْرُ صَرِيْحٍ.

They recite as the reciters recite.

In this example, the phrase as the reciters recite is the مَفْعُوْلٌ مُطْلَقٌ because it describes the verb.

The مَفْعُوْلٌ مُطْلَقٌ غَيْرُ صَرِيْحٍ can occur as an اِسْمٌ مُؤَوَّلٌ with the حَرْفٌ مَوْصُوْلٌ of مَا in one of the following two structures:

1. مُضَافٌ-مُضَافٌ إِلَيْهِ: the مُضَافٌ will usually be مِثْلَ.

يَقْرَءُوْنَ مِثْلَ مَا يَقْرَأُ الْقُرَّاءُ

2. جَارٌّ-مَجْرُوْرٌ: the جَارٌّ will usually be كَ.

يَقْرَءُوْنَ كَمَا يَقْرَأُ الْقُرَّاءُ

This is translated as like, the way, or as.

They recite as the reciters recite.

The tarkib of this is written as follows:

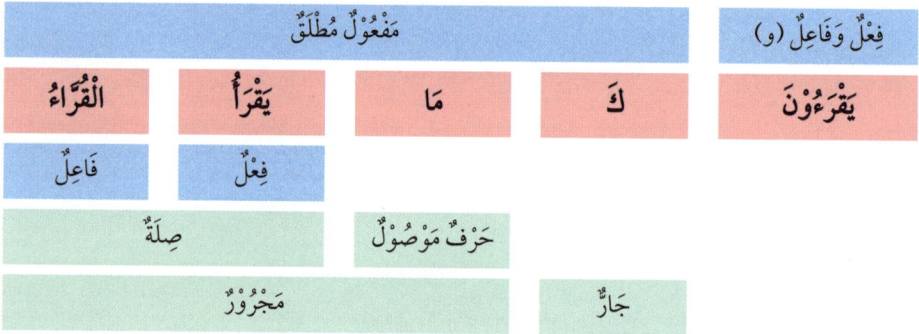

مَفْعُوْلٌ مُطْلَقٌ				فِعْلٌ وَفَاعِلٌ (و)
الْقُرَّاءُ	يَقْرَأُ	مَا	كَ	يَقْرَءُوْنَ
فَاعِلٌ	فِعْلٌ			
صِلَةٌ		حَرْفٌ مَوْصُوْلٌ		
مَجْرُوْرٌ			جَارٌّ	

Exercise 1

Translate the following.

١) لَا تَسْتَكْبِرْ كَمَا اسْتَكْبَرَ فِرْعَوْنُ

٢) ﴿وَأَحْسِنْ كَمَا أَحْسَنَ اللهُ إِلَيْكَ﴾

٣) نُوَقِّرُ أَسَاتِذَتَنَا كَمَا نُوَقِّرُ آبَائَنَا وَأُمَّهَاتِنَا

٤) نَتُوْبُ مِنَ الذُّنُوْبِ كُلِّهَا كَمَا أَمَرَنَا رَبُّنَا

٥) لَا نَغْتَابُ النَّاسَ كَمَا يَغْتَابُ الْجَاهِلُوْنَ

٦) يُطَالِعُ الطُّلَّابُ كُتُبَهُمْ كَمَا يُطَالِعُ أَسَاتِذَتُهُمْ

٧) أَشْرَكُوْا بِاللهِ جَهْلًا كَمَا أَشْرَكَ آبَاؤُهُمْ جَاهِلِيْنَ

٨) نَعْتَرِفُ أَنَّنَا لَا نَحْمَدُ اللهَ عَلَى نِعَمِهِ كَمَا يَنْبَغِي

٩) نَخْدِمُ أَبَوَيْنَا فِي كِبَرِهِمَا كَمَا أَحْسَنَا إِلَيْنَا صِغَارًا

١٠) لَا نَخَافُ اللهَ كَمَا نَخَافُ مِنَ الْأَسَدِ بَلْ نَخْشَاهُ

١١) يُحْيِي اللهُ الْمَوْتَى بَعْدَ مَوْتِهِمْ كَمَا يُحْيِي الْأَرْضَ بَعْدَ مَوْتِهَا

١٢) كَذَّبَتْ قُرَيْشٌ بِمُحَمَّدٍ ﷺ كَمَا كَذَّبَ فِرْعَوْنُ بِمُوْسَى عَلَيْهِ السَّلَامُ

Part 8: مُسْتَثْنًى as an اِسْمٌ مُؤَوَّلٌ

The مُسْتَثْنًى can occur as an اِسْمٌ مُؤَوَّلٌ with أَنْ.
This is translated as except or unless.

يَحْضُرُ أَحْمَدُ الدَّرْسَ إِلَّا أَن يَكُوْنَ مَرِيْضًا

Ahmad attends lesson (in all conditions) unless he is ill.

The مُسْتَثْنًى مِنْهُ of this will usually be a حَالٌ which will be مَحْذُوْفٌ, omitted.

The tarkib of this is written as follows:

فِعْلٌ	فَاعِلٌ	مَفْعُوْلٌ بِهِ	حَرْفُ اسْتِثْنَاءٍ	مُسْتَثْنًى مِنَ الْحَالِ الْمَحْذُوْفِ		
يَحْضُرُ	أَحْمَدُ	الدَّرْسَ	إِلَّا	أَن	يَكُوْنَ	مَرِيْضًا
					كَانَ وَاسْمُ كَانَ (هُوَ)	خَبَرُ كَانَ
				حَرْفٌ مَوْصُوْلٌ	صِلَةٌ	

Exercise 1

Translate the following.

١) سَتَنْسَوْنَ الْقَوَاعِدَ إِلَّا أَنْ تَكْتُبُوْهَا وَتُرَاجِعُوْهَا مِرَارًا

٢) سَنُسَافِرُ إِلَى مَكَّةَ هٰذَا الْعَامَ مَعَ أَبَوَيْنَا إِلَّا أَن يَّشَاءَ اللهُ

٣) نَفْهَمُ الدَّرْسَ حِيْنَ يَشْرَحُهَا الْمُعَلِّمُ إِلَّا أَن يَّتَكَلَّمَ سَرِيْعًا

٤) يَطُوْفُ الْمُسْلِمُوْنَ لَيْلًا وَنَهَارًا إِلَّا أَن يُّصَلِّيَ الْإِمَامُ بِالنَّاس

٥) الْبِرُّ أَنْ تُطِيْعَ أَبَاكَ وَأُمَّكَ فِيْ كُلِّ مَا أَمَرَاكَ إِلَّا أَن يَّأْمُرَكَ بِمَعْصِيَةٍ

٦) نَبْدَأُ كُلَّ شَيْءٍ بِاسْمِ اللهِ رَبِّنَا كَمَا أَمَرَنَا رَسُوْلُ اللهِ ﷺ إِلَّا أَن نَّنْسَى

٧) سَنَمْضِيْ ذٰلِكَ الْيَوْمَ فِيْ حَدِيْقَةِ الْبَلَدِ مَعَ إِخْوَتِنَا وَأَخَوَاتِنَا إِلَّا أَن يَّنْزِلَ الْمَطَرُ

٨) لَا يَمْنَعُكَ الْأَبَوَيْنِ أَوِ الْأَسَاتِذَةُ أَوِ الْكِبَارُ مِنْ شَيْءٍ تُرِيْدُهُ إِلَّا أَن يَّرَى أَنَّ فِيْهِ ضَرَرًا

٩) نُصَلِّيْ فِي الْمَسَاجِدِ لِنَحْصُلَ عَلَى أَجْرِ الْجَمَاعَةِ إِلَّا أَن نَّكُوْنَ مُسَافِرِيْنَ أَوْ مَرْضَى

١٠) سَيُعَذِّبُ اللهُ الظَّالِمِيْنَ عَذَابًا شَدِيْدًا يَوْمَ يَجْمَعُ الظَّالِمَ وَالْمَظْلُوْمَ مَعًا إِلَّا أَن يَّتُوْبُوْا

An اِسْمٌ مُؤَوَّلٌ after إِلَّا for Emphasis

In a negative sentence, if إِلَّا is followed by an اِسْمٌ مُؤَوَّلٌ, this إِلَّا will be a حَرْفُ حَصْرٍ, not a حَرْفُ اسْتِثْنَاءٍ.

This can be translated by adding phrases like only, the only thing, all that etc. at the beginning of the sentence.

لَا أَرْجُوْ إِلَّا أَن يَّغْفِرَ اللهُ لِيْ

The only thing I hope for is for Allah to forgive me.
I only hope for Allah to forgive me.

The tarkib of this is written as follows:

مَفْعُوْلٌ بِهِ		حَرْفُ حَصْرٍ	فِعْلٌ وَفَاعِلٌ (أَنَا)	
يَغْفِرَ اللهُ لِيْ	**أَن**	**إِلَّا**	**أَرْجُوْ**	**لَا**
فِعْلٌ وَفَاعِلٌ وَ....				
صِلَةٌ	حَرْفٌ مَوْصُوْلٌ			

Exercise 2

Translate the following.

١) اَلْآنَ لَا أَسْتَطِيْعُ إِلَّا أَنْ أُنْفِقَ تِسْعَةَ جُنَيْهٍ

٢) لَا يَأْمُرُكُمْ أَبُوْكُمْ إِلَّا أَنْ تَكُوْنُوْا مُحْسِنِيْنَ

٣) لَا يُرِيْدُ الطِّفْلُ الَّذِيْ يَبْكِيْ إِلَّا أَن يَّرَى أُمَّهُ

٤) لَا يَضُرُّكَ أَحَدٌ وَلَا يَنْفَعُكَ إِلَّا أَن يَّشَاءَ اللهُ

٥) لَا يُسَافِرُ هٰذَا الشَّيْخُ إِلَّا أَن يَّحُجَّ أَوْ يَعْتَمِرَ

٦) لَا يُغْضِبُ الْمُعَلِّمَ إِلَّا أَلَّا نَسْمَعَ فِي الدَّرْسِ

٧) لَا يَسُرُّ أَبِيْ وَأُمِّيْ إِلَّا أَنْ أَجْتَهِدَ فِيْ دُرُوْسِيْ

٨) مَا كَانَ رَسُوْلُ اللهِ ﷺ يَأْكُلُ إِلَّا كَمَا يَأْكُلُ الْعَبْدُ

٩) لَا تَفْعَلْ شَيْئًا إِلَّا أَن يَّنْفَعَكَ فِي الدُّنْيَا أَوِ الْآخِرَةِ

١٠) لَا أَعْبُدُ اللهَ إِلَّا كَيْ يَغْفِرَ لِيْ ذُنُوْبِيْ وَيُدْخِلَنِي الْجَنَّةَ

١١) لَا تَنْجَحُوْنَ فِي الدُّنْيَا وَلَا فِي الْآخِرَةِ إِلَّا أَنْ تَجْتَهِدُوْا

١٢) لَا أَتَمَنَّى إِلَّا أَن يَّغْفِرَ اللهُ لِيْ وَيُدْخِلَنِيْ جَنَّتَهُ مَعَ حَبِيْبِنَا ﷺ

Part 9: إِسْمٌ مُؤَوَّلٌ as an مُضَافٌ إِلَيْهِ

A مُضَافٌ إِلَيْهِ of a ظَرْفٌ can be an إِسْمٌ مُؤَوَّلٌ. The حَرْفٌ مَوْصُوْلٌ can be either أَنْ or مَا.

يَأْكُلُ الصَّائِمُوْنَ قَبْلَ أَنْ تَطْلُعَ الْفَجْرُ

Those fasting eat before the dawn rises.

The tarkib of this is written as follows:

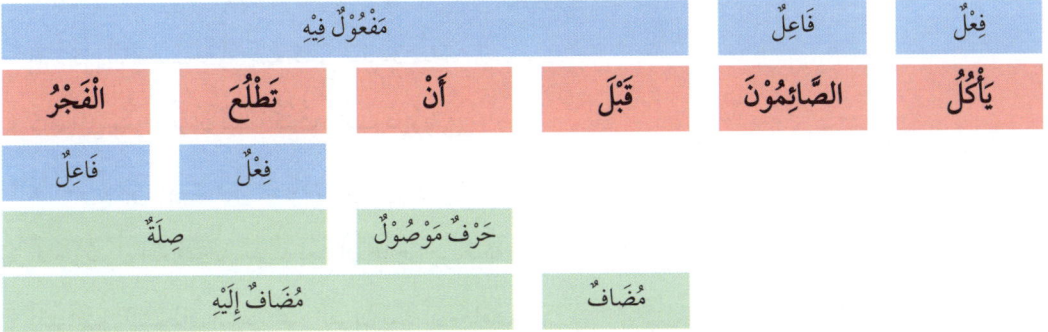

مَفْعُوْلٌ فِيْهِ				فَاعِلٌ	فِعْلٌ
الْفَجْرُ	تَطْلُعَ	أَنْ	قَبْلَ	الصَّائِمُوْنَ	يَأْكُلُ
فَاعِلٌ	فِعْلٌ				
صِلَةٌ		حَرْفٌ مَوْصُوْلٌ			
مُضَافٌ إِلَيْهِ			مُضَافٌ		

The following adverbs and حَرْفٌ مَوْصُوْلٌ are commonly used together.

English	Arabic	English	Arabic
when, whilst	بَيْنَمَا	before	قَبْلَ أَنْ
when, while	حِيْنَمَا	after	بَعْدَ مَا، بَعْدَ أَنْ
while, as long as	رَيْثَمَا	when, whilst	عِنْدَمَا

Notes

Usually, the صِلَةٌ after أَنْ is comprised of a فِعْلٌ مُضَارِعٌ. However, the صِلَةٌ after قَبْلَ أَنْ and بَعْدَ أَنْ can comprise of a فِعْلٌ مَاضٍ.

رَجَعَ الْحُجَّاجُ بَعْدَ أَنْ أَدَّوْا مَنَاسِكَهُمْ

The Hujjaj returned after they fulfilled their rituals.

Exercise 1

Translate the following.

١) اِفْهَمُوا الدَّرْسَ قَبْلَ أَنْ تَحْفَظُوْهَا

٢) عِنْدَمَا يَفْسُدُ الْقَلْبُ تَفْسُدُ الْأَعْمَالُ

٣) عِنْدَمَا يَلْعَبُ الْأَطْفَالُ تَقْرَأُ الْمُعَلِّمَةُ

٤) فَاقَ عُثْمَانُ أَصْدِقَائَهُ عِلْمًا بَعْدَ أَنِ اجْتَهَدَ

٥) اِقْرَأْ كُلَّ لَيْلَةٍ صَفْحَةً أَوْ صَفْحَتَيْنِ قَبْلَ أَنْ تَنَامَ

٦) كَانَ أَبِيْ يَتْلُو الْقُرْآنَ بَيْنَمَا كُنْتُ أَكْتُبُ دُرُوْسِيْ

٧) لَا أَخْرُجُ مِنَ الْبَيْتِ قَبْلَ أَن يَّأْذَنَ لِيْ أَبِيْ أَوْ أُمِّيْ

٨) أَقَامَ رَسُوْلُ اللهِ ﷺ بِالْمَدِيْنَةِ بَعْدَ أَنْ هَاجَرَ مِنْ مَكَّةَ

٩) لَقَدْ أَضَلَّ الشَّيْطَانُ النَّاسَ عَنِ الْقُرآنِ بَعْدَ أَنْ جَاءَهُمْ

١٠) يَجْتَمِعُ النَّاسُ لِلصَّلَاةِ فِي الْمَسَاجِدِ بَعْدَ أَن يُّؤَذِّنَ الْمُؤَذِّنُ

١١) لَا أُسْرِفُ مَالِيْ بَعْدَ أَنْ سَمِعْتُ أَنَّ اللهُ قَدْ نَهَى عَنِ الْإِسْرَافِ

١٢) عَزَمَ عَبْدُ اللهِ عَلَى الصَّلَاةِ مَعَ الْجَمَاعَةِ بَعْدَ أَنْ سَمِعَ فَضِيْلَتَهَا

١٣) لَا أَغْتَابُ أَحَدًا بَعْدَ مَا عَلِمْتُ الْغِيْبَةَ تَضُرُّ صَاحِبَهَا فِي الْآخِرَةِ

١٤) ما اجْتَهَدَ هٰذَا الْوَلَدُ قَبْلَ أَنْ نَصَحَهُ أَبُوْهُ نُصْحًا وَلَا بَعْدَ أَنْ نَصَحَهُ

١٥) تَزَوَّجَ رَسُوْلُ اللهِ بِسَوْدَةَ بِنْتِ زَمْعَةَ بَعْدَ أَنْ تُوُفِّيَتْ خَدِيْجَةُ بِنْتُ خُوَيْلِدٍ رضي الله عنها

١٦) يُصَلِّي الْمُسْلِمُوْنَ صَلَاةَ الْفَجْرِ قَبْلَ أَنْ تَطْلُعَ الشَّمْسُ وَصَلَاةَ الْمَغْرِبِ بَعْدَ أَنْ تَغْرُبَ

Summary

The table below summarises the use of an إِسْمٌ مُؤَوَّلٌ within a sentence.

Example	Slot
أَن تَصُومُوا خَيْرٌ	مُبْتَدَأٌ
إِنَّ مِنَ السُّنَّةِ أَنْ تَأْكُلَ بِيَمِينِكَ مِنْ عَقِيدَةِ الْمُؤْمِنِينَ أَنَّ اللهَ وَاحِدٌ	مُبْتَدَأٌ مُؤَخَّرٌ
الْحَقُّ أَنَّكَ تَجْتَهِدُ	خَبَرٌ
يَجِبُ عَلَيْكَ أَنْ تَصْدُقَ ظَهَرَ أَنَّكَ صَدَقْتَ	فَاعِلٌ
أَرْجُو أَن يَّغْفِرَ اللهُ لِيْ يَعْلَمُوْنَ أَنَّ اللهَ رَبُّهُمْ	مَفْعُوْلٌ بِهِ
جَلَسْتُ مَا قُمْتَ أَصُوْمُ مَا دُمْتُ صَحِيْحًا أَطْلُبُ الْعِلْمَ إِلَى أَنْ أَمُوْتَ لَا يَأْكُلُوْنَ حَتَّى تَغْرُبَ الشَّمْسُ	مَفْعُوْلٌ فِيْهِ
أَرْسَلَ اللهُ الْأَنْبِيَاءَ كَيْ يَهْدُو النَّاسَ ذَهَبْتُمْ إِلَى الْمَسْجِدِ لِتُصَلُّوْا فَرِحَ أَبُوْكَ بِمَا اجْتَهَدتَّ أَعْبُدُ اللهَ لِأَنَّهُ خَلَقَنِي	مَفْعُوْلٌ لَهُ
يَقْرَءُوْنَ مِثْلَ مَا يَقْرَأُ الْقُرَّاءُ يَقْرَءُوْنَ كَمَا يَقْرَأُ الْقُرَّاءُ	مَفْعُوْلٌ مُطْلَقٌ
يَحْضُرُ الدَّرْسَ إِلَّا أَنْ يَكُوْنَ مَرِيْضًا	مُسْتَثْنًى
يَأْكُلُ قَبْلَ أَنْ تَطْلُعَ الْفَجْرُ	مُضَافٌ إِلَيْهِ

Supplement: Verbal Phrases

Introduction

We previously studied that both the مَصْدَرٌ and the مُشْتَقَّاتٌ can occur in the meaning of a noun, an adjective, or a verb. (see page 48)

When the مَصْدَرٌ and the مُشْتَقَّاتٌ convey verbal meanings, they can become part of a phrase. These are known as verbal phrases.

These phrases are comprised of a فَاعِلٌ, مَفْعُوْلٌ بِهِ and other slots of a verbal sentence.

اَلْحُجَّاجُ رَاجِعُوْنَ مِنْ عَرَفَةَ الْآنَ

The pilgrims are returning from Arafah now.

In this sentence, the اِسْمُ الْفَاعِلِ, i.e. رَاجِعُوْنَ, has its own مَفْعُوْلٌ فِيْهِ, i.e. مِنْ عَرَفَةَ and اَلْآنَ. Together, these form a verbal phrase which becomes the خَبَرٌ of the مُبْتَدَأٌ, i.e اَلْحُجَّاجُ.

The tarkib of this will be written as follows:

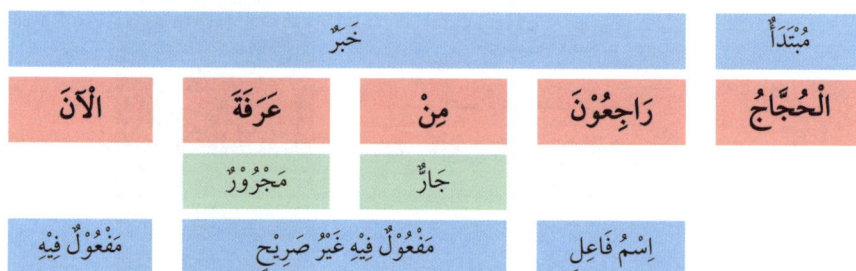

<table>
<tr><td colspan="4">خَبَرٌ</td><td>مُبْتَدَأٌ</td></tr>
<tr><td>اَلْآنَ</td><td>عَرَفَةَ</td><td>مِنْ</td><td>رَاجِعُوْنَ</td><td>اَلْحُجَّاجُ</td></tr>
<tr><td></td><td>مَجْرُوْرٌ</td><td>جَارٌّ</td><td></td><td></td></tr>
<tr><td>مَفْعُوْلٌ فِيْهِ</td><td colspan="2">مَفْعُوْلٌ فِيْهِ غَيْرُ صَرِيْحٍ</td><td>اِسْمُ فَاعِلٍ</td><td></td></tr>
</table>

Types of Verbal Phrase

There are five types of verbal phrase:

1. The مَصْدَرٌ verbal phrase
2. The اِسْمُ الْفَاعِلِ verbal phrase
3. The صِفَةٌ مُشَبَّهَةٌ بِاسْمِ الْفَاعِلِ verbal phrase
4. The اِسْمُ الْمَفْعُوْلِ verbal phrase
5. The اِسْمُ التَّفْضِيْلِ verbal phrase

The مَصْدَرٌ Verbal Phrase

In this section we are going to discuss:

1. Construction of a مَصْدَرٌ verbal phrase.
2. Usage of a مَصْدَرٌ verbal phrase in a sentence.

Construction of a مَصْدَرٌ Verbal Phrase

A مَصْدَرٌ verbal phrase consists of essential and non-essential slots. There is one essential slot found in every مَصْدَرٌ verbal phrase:

1. A مَصْدَرٌ slot

There are two non-essential slots in a مَصْدَرٌ verbal phrase:

1. A مُضَافٌ إِلَيْهِ slot
2. مَنْصُوْبٌ or غَيْرُ صَرِيْحٍ slot(s)

The table below summarises the parts of a مَصْدَرٌ verbal phrase.

مَصْدَرٌ Verbal Phrase		
مَصُوْبٌ غَيْرُ صَرِيْحٍ	مُضَافٌ إِلَيْهِ	مَصْدَرٌ

The مُضَافٌ إِلَيْهِ Slot

The مَصْدَرٌ is commonly followed by a مُضَافٌ إِلَيْهِ. Even though the noun will be مَجْرُوْرٌ, it has an إِعْرَابٌ مَحَلِّيٌّ, i.e. it gives the meaning of a فَاعِلٌ, مَفْعُوْلٌ فِيْهِ or مَفْعُوْلٌ بِهِ.

The مُضَافٌ إِلَيْهِ of the مَصْدَرٌ as the فَاعِلٌ

فَهْمُ الطَّالِبِ

the student's understanding

The tarkib of this is written as follows:

الطَّالِبِ	فَهْمُ
مُضَافٌ إِلَيْهِ	مُضَافٌ
فَاعِلٌ	مَصْدَرٌ

The مُضَافٌ إِلَيْهِ of the مَصْدَرٌ as the مَفْعُوْلٌ بِهِ

فَهْمُ الدَّرْسِ

the understanding of the lesson

The tarkib of this is written as follows:

الدَّرْسِ	فَهْمُ
مُضَافٌ إِلَيْهِ	مُضَافٌ
مَفْعُوْلٌ بِهِ	مَصْدَرٌ

The مُضَافٌ إِلَيْهِ of the مَصْدَرٌ as the مَفْعُوْلٌ فِيْهِ

قِيَامُ اللَّيْلِ

standing during the night

The tarkib of this is written as follows:

اللَّيْلِ	قِيَامُ
مُضَافٌ إِلَيْهِ	مُضَافٌ
مَفْعُوْلٌ فِيْهِ	مَصْدَرٌ

Summary of a Verbal Phrase With a مَصْدَرٌ

The table below summarises the different functions of the مُضَافٌ إِلَيْهِ of the مَصْدَرٌ.

مُضَافٌ إِلَيْهِ	مَصْدَرٌ
الْعَبْدِ فَاعِلٌ	دُعَاءُ
رَبِّهِ مَفْعُوْلٌ بِهِ	دُعَاءُ
اللَّيْلِ مَفْعُوْلٌ فِيْهِ	دُعَاءُ

Exercise 1

Translate the following verbal phrases. Identify the different functions of the مُضَافٌ إِلَيْهِ.

١) تَرْبِيَةُ الْأَوْلَادِ

٢) تَرْبِيَةُ الْأَبَوَيْنِ

٣) اِعْتِرَافُ الْعَبْدِ

٤) اِعْتِرَافُ الذُّنُوْبِ

٥) شَرْحُ الْمُعَلِّمِ

٦) شَرْحُ الدُّرُوْسِ

٧) نَدَامَةُ الْكَافِرِيْنَ

٨) تَمَنِّي الْجَنَّةِ

٩) تَمَنِّي العِبَادِ

١٠) بَيْعُ الثِّيَابِ

١١) جُوْعُ الْفُقَرَاءِ

١٢) جَمْعُ الْأَمْوَالِ

١٣) احْتِرَامُ الْكِبَارِ

١٤) إِطْعَامُ النَّاسِ

١٥) شُرْبُ الْخَمْرِ

١٦) تَرْكُ الصَّلَاةِ

١٧) أَدَاءُ الزَّكَاةِ

١٨) سُجُوْدُ اللَّيْلِ

١٩) اِحْتِرَامُ الْعُلَمَاءِ

٢٠) صَوْمُ رَمَضَانَ

٢١) نَدَامَةُ يَوْمِ الْقِيَامَةِ

Notes

In some cases, the مُضَافٌ إِلَيْهِ can be taken to be either فَاعِلٌ or مَفْعُوْلٌ بِهِ.

اِحْتِرَامُ الْعُلَمَاءِ

In this example, الْعُلَمَاءِ can be the فَاعِلٌ, i.e. the ones who are honouring, or it can be the مَفْعُوْلٌ بِهِ, i.e. the ones who are being honoured.

The مَنْصُوْبٌ and غَيْرُ صَرِيْحٍ Slots

The مَصْدَرٌ can have regular مَنْصُوْبٌ and غَيْرُ صَرِيْحٍ slots.
These slots may occur in two ways:

1. After the مُضَافٌ إِلَيْهِ.

   فَهْمُ الطَّالِبِ الدَّرْسَ
   the student's understanding of the lesson

   The tarkib of this is written as follows:

الدَّرْسَ	الطَّالِبِ	فَهْمُ
	مُضَافٌ إِلَيْهِ	مُضَافٌ
مَفْعُوْلٌ بِهِ	فَاعِلٌ	مَصْدَرٌ

2. Immediately after the مَصْدَرٌ.

   طَلَبٌ لِلْعِلْمِ
   seeking knowledge

   The tarkib of this is written as follows:

لِلْعِلْمِ	طَلَبٌ
جَارٌ وَمَجْرُوْرٌ	
مَفْعُوْلٌ بِهِ غَيْرُ صَرِيْحٍ	مَصْدَرٌ

Notes

The مَفْعُوْلٌ بِهِ غَيْرُ صَرِيْحٍ in a verbal phrase is commonly formed with the حَرْفٌ جَارٌّ of لَ.

فَهْمُ الطَّالِبِ لِلدَّرْسِ
the student's understanding of the lesson

Notes

A verbal phrase with a مَصْدَرٌ can be made negative by adding the word عَدَمٌ before it.

عَدَمُ الْفَهْمِ لِلدَّرْسَ

not understanding the lesson

Exercise 2

Translate the following verbal phrases and identify the different slots.

١) دَفْعُ الْفِتَنِ

٢) إِرَادَةُ الْخَيْرِ

٣) إِقَامَةُ الصَّلَاةِ

٤) شَرْحُ الدَّرْسِ

٥) جَزَاءُ الظَّالِمِيْنَ

٦) أَدَاءُ مَنَاسِكِ الْحَجِّ

٧) اِسْتِشَارَةُ ذَوِيْ عِلْمٍ

٨) كَسْبُ الْمَرْءِ لِأَهْلِهِ

٩) كُفْرُ النَّاسِ لِنِعَمِ اللهِ

١٠) إِيْتَاءُ الزَّكَاةِ لِلْفَقَرَاءِ

١١) إِنْذَارُ الْأَنْبِيَاءِ النَّاسَ

١٢) ظُلْمُ الْأَغْنِيَاءِ الْفُقَرَاءَ

١٣) كِتَابَةُ الطُّلَّابِ الدَّرْسَ

١٤) مَرَضُ الْجَدِّ قَبْلَ مَوْتِهِ

١٥) لِقَاءُ النَّاسِ بَعْدَ الصَّلَاةِ

١٦) نَوْمِيْ قَبْلَ صَلَاةِ الظُّهْرِ

١٧) ابْتِسَامُكِ فِي وَجْهِ أَبِيْكِ

١٨) إِضْلَالُ الشَّيْطَانِ لِلنَّاسِ

١٩) ظُهُوْرُ الْفِتَنِ قَبْلَ الْقِيَامَةِ

٢٠) تَرْبِيَةُ الْأَبَوَيْنِ لِأَوْلَادِهِمْ

٢١) وَعْدُ اللهِ الْمُحْسِنِيْنَ الْجَنَّةَ

٢٢) نَدَامَةُ الْكَافِرِيْنَ يَوْمَ الْقِيَامَةِ

٢٣) اِعْتِرَافُ الْمُذْنِبِيْنَ بِذُنُوْبِهِمْ

٢٤) غَضَبُ الْمُعَلِّمِ عَلَى الطَّالِبِ

٢٥) عَدَمُ اِسْتِقْبَالِ الْقِبْلَةِ لِلصَّلَاةِ

٢٦) بَعْثُ اللهِ الرُّسُلَ لِهِدَايَةِ النَّاسِ

٢٧) عَطَشُ الصَّائِمِيْنَ أَيَّامَ رَمَضَانَ

٢٨) إِنْزَالُ الْقُرْآنِ زَمَنَ الرَّسُوْلِ ﷺ

٢٩) حُزْنُ الْأُمِّ عَلَى أُمِّهَا بَعْدَ مَوْتِهَا

٣٠) عَدَمُ اِحْتِرَامِ الطُّلَّابِ لِأَسَاتِذَتِهِمْ

Usage of a مَصْدَرٌ Verbal Phrase in a Sentence

A مَصْدَرٌ verbal phrase occurs as one of the main slots of a sentence.

شُرْبُ الْخَمْرِ حَرَامٌ

Drinking alcohol is forbidden.

The tarkib of this is written as follows:

خَبَرٌ	مُبْتَدَأٌ	
حَرَامٌ	الْخَمْرِ	شُرْبُ
	مُضَافٌ إِلَيْهِ	مُضَافٌ
	مَفْعُوْلٌ بِهِ	مَصْدَرٌ

Exercise 3

Translate the following.

١) سَأَنْتَظِرُ رُجُوْعَكَ مِنَ السُّوْقِ

٢) الْغِيْبَةُ ذِكْرُكَ أَخَاكَ بِمَا يَكْرَهُ

٣) إِنَّ كَثْرَةَ الْكَلَامِ تَضْيِيْعٌ لِلْوَقْتِ

٤) إِسْرَاعُكَ لِلْكَلَامِ يُفْسِدُ الدَّرْسَ

٥) مِنَ السُّنَّةِ بَدْأُ كُلِّ شَيْءٍ بِاسْمِ اللهِ

٦) جَهْلُكَ لِهٰذِهِ الْمَسَائِلِ أَمْرٌ عَجِيْبٌ

٧) أَمَرَتْنَا الْمُعَلِّمَةُ بِكِتَابَةِ الدُّرُوْسِ لَيْلًا

٨) مَا لُبْثُنَا فِي الدُّنْيَا إِلَّا كَسَاعَةٍ وَاحِدَةٍ

٩) يَجْزِيْهِمُ اللهُ بِصَبْرِهِمْ عِنْدَ الْمَصَائِبِ

١٠) نَهَى رَسُوْلُ اللهِ ﷺ عَنْ ضَرْبِ الْوَجْهِ

١١) أَغْضَبَنِيْ عَدَمُ احْتِرَامِ الطُّلَّابِ لِأَسَاتِذَتِهِمْ

١٢) عَزَمَ الْأَبُ وَالْأُمُّ عَلَى تَسْمِيَةِ ابْنِهِمَا عَبْدَ اللهِ

١٣) لَقَدْ رَأَى بَنُوْ إِسْرَائِيْلَ إِغْرَاقَ فِرْعَوْنَ بِأَعْيُنِهِمْ

١٤) لَقَدْ أَعْجَبَنِيْ إِيْثَارُ الصَّحَابَةِ إِخْوَانَهُمْ عَلَى أَنْفُسِهِمْ

The اِسْمُ فَاعِلٍ Verbal Phrase

In this section we are going to discuss:

1. Construction of a اِسْمُ الْفَاعِلِ verbal phrase.
2. Usage of an اِسْمُ الْفَاعِلِ verbal phrase in a sentence.

Construction of an اِسْمُ الْفَاعِلِ Verbal Phrase

An اِسْمُ الْفَاعِلِ verbal phrase consists of essential and non-essential slots.

There are two essential slots found in an اِسْمُ الْفَاعِلِ verbal phrase.

1. An اِسْمُ الْفَاعِلِ slot
2. A فَاعِلٌ slot

There are two non-essential slots in an اِسْمُ الْفَاعِلِ verbal phrase.

1. A مُضَافٌ إِلَيْهِ slot
2. مَنْصُوْبٌ or غَيْرُ صَرِيْحٍ slot(s)

The table below summarises the slots of an اِسْمُ الْفَاعِلِ verbal phrase.

اِسْمُ الْفَاعِلِ Verbal Phrase			
مَصُوْبٌ غَيْرُ صَرِيْحٍ	مُضَافٌ إِلَيْهِ	فَاعِلٌ	اِسْمُ فَاعِلٍ

The فَاعِلٌ Slot

The اسْمُ الْفَاعِل must have a فَاعِلٌ. This can occur in two ways:

1. As a ضِمِيْرٌ مُسْتَتِرٌ.

الرَّجُلُ سَامِعٌ
The man is listening.

The tarkib of this is written as follows:

خَبَرٌ	مُبْتَدَأٌ
سَامِعٌ	الرَّجُلُ
إِسْمُ فَاعِلٍ وَالْفَاعِلُ (هُوَ)	

2. As a regular مَرْفُوْعٌ noun.

الرَّجُلُ سَامِعٌ وَلَدُهُ
The man's son is listening.

The tarkib of this is written as follows:

خَبَرٌ		مُبْتَدَأٌ
وَلَدُهُ	سَامِعٌ	الرَّجُلُ
فَاعِلٌ	إِسْمُ فَاعِلٍ	

Notes

This إِسْمُ الْفَاعِل verbal phrase is translated like a جُمْلَةٌ إِسْمِيَّةٌ whose خَبَرٌ is a جُمْلَةٌ فِعْلِيَّةٌ. (see page 423)

The man's son is listening.	✓
The man his son is listening.	×

مُضَافٌ إِلَيْهِ Slot

When the فَاعِلٌ of the اِسْمُ الْفَاعِلِ is a ضَمِيرٌ مُسْتَتِرٌ, it can be followed by a مُضَافٌ إِلَيْهِ. This will give the meaning of either the مَفْعُوْلٌ بِهِ or مَفْعُوْلٌ فِيْهِ.

The مُضَافٌ إِلَيْهِ of the اِسْمُ الْفَاعِلِ as the مَفْعُوْلٌ بِهِ

كُلُّ نَفْسٍ ذَائِقَةُ الْمَوْتِ

Every soul is going to taste death.

The tarkib of this is written as follows:

خَبَرٌ		مُبْتَدَأٌ
الْمَوْتِ	**ذَائِقَةُ**	**كُلُّ نَفْسٍ**
مُضَافٌ إِلَيْهِ	مُضَافٌ	
مَفْعُوْلٌ بِهِ	اِسْمُ فَاعِلٍ وَالْفَاعِلُ (هُوَ)	

The مُضَافٌ إِلَيْهِ of the اِسْمُ الْفَاعِلِ as the مَفْعُوْلٌ فِيْهِ

هُوَ قَائِمُ اللَّيْلِ

He stands at night.

The tarkib of this is written as follows:

خَبَرٌ		مُبْتَدَأٌ
اللَّيْلِ	**قَائِمُ**	**هُوَ**
مُضَافٌ إِلَيْهِ	مُضَافٌ	
مَفْعُوْلٌ فِيْهِ	اِسْمُ فَاعِلٍ وَالْفَاعِلُ (هُوَ)	

The مَنْصُوْبٌ and غَيْرُ صَرِيْح Slots

The اِسْمُ الْفَاعِلِ can have regular مَنْصُوْبٌ and غَيْرُ صَرِيْح slots.

خَالِدٌ مُسَافِرٌ إِلَى مَكَّةَ غَدًا

Khalid is travelling to Makkah tomorrow.

The tarkib of this is written as follows:

خَبَرٌ			مُبْتَدَأٌ
غَدًا	**إِلَى مَكَّةَ**	**مُسَافِرٌ**	**خَالِدٌ**
مَفْعُوْلٌ فِيْهِ	مَفْعُوْلٌ فِيْهِ غَيْرُ صَرِيْح	اِسْمُ فَاعِلٍ والْفَاعِلُ (هُوَ)	

Usage of an إِسْمُ الْفَاعِلِ Verbal Phrase in a Sentence

The اسْمُ الْفَاعِلِ in a verbal phrase can occur in two ways:

1. Without an اَلْ
2. With an اَلْ

إِسْمُ الْفَاعِلِ without an اَلْ

When the اسْمُ الْفَاعِلِ occurs without an اَلْ, it can occur in three slots:

1. خَبَرٌ

هُوَ قَائِمٌ عِنْدَ الْبَابِ

He is standing by the door.

2. حَالٌ

رَأَيْتُهُ قَائِمًا عِنْدَ الْبَابِ

I saw him standing by the door.

3. As its own slot if it occurs after a مَا الْمُشَبَّهَةُ بِلَيْسَ or هَمْزَةُ الِاسْتِفْهَامِ.

مَا كَاذِبٌ التَّاجِرُ

The merchant is not lying.

The tarkib of this is written as follows:

فَاعِلٌ	إِسْمُ فَاعِلٍ	مَا الْمُشَبَّهَةُ بِلَيْسَ
التَّاجِرُ	**كَاذِبٌ**	**مَا**

In this case, the مَا الْمُشَبَّهَةُ بِلَيْسَ does not have an إِسْمٌ and خَبَرٌ.

Exercise 4

Translate the following. Notice the similarities between the إِسْمُ فَاعِلٍ and the فِعْلٌ مُضَارِعٌ.

١) هِيَ تَأْكُلُ تَمَرَةً

٢) مَا هُوَ آكِلٌ الْآنَ

٣) اللهُ قَادِرٌ عَلَى كُلِّ شَيْءٍ

٤) هَلْ أَنْتُمْ تَقْدِرُوْنَ عَلَى ذٰلِكَ

٥) هُمْ يَنْدَمُوْنَ عَلَى ذُنُوْبِهِمْ

٦) هُمْ نَادِمُوْنَ عَلَى مَا فَعَلُوْا

٧) رَأَى زُبَيْرٌ أَخَاهُ نَاصِرًا فَقِيْرًا

٨) رَأَى زُبَيْرٌ أَخَاهُ يَنْصُرُ فَقِيْرًا

٩) اللهُ جَازٍ كُلَّ نَفْسٍ بِمَا كَسَبَتْ

١٠) يَجْزِي اللهُ كُلَّ نَفْسٍ بِمَا كَسَبَتْ

Exercise 5

Translate the following.

١) مَا أَنَا بِعَابِدٍ مَّا عَبَدتُّمْ

٢) أَنَائِمَةٌ فَاطِمَةُ بَعْدَ قَلِيْلٍ؟

٣) الْأَنْبِيَاءُ مُهْتَدُوْنَ أُمَّتُهُمْ

٤) مَا أَنَا بِبَائِعٍ بَيْتِيْ بِأَلْفِ جُنَيْهٍ

٥) إِنَّ اللهَ مُبْتَلِيْكُمْ بِخَيْرٍ وَفِتْنَةٍ

٦) أَنَا حَاضِرٌ هٰذَا الدَّرْسَ غَدًا

٧) لَيْسَ اللهُ غَافِلًا عَمَّا يَعْمَلُوْنَ

٨) الْأَبُ جَالِسٌ أَخُوْهُ عِنْدَ الْمِنْبَرِ

٩) الْمَرْأَةُ صَائِمَةٌ غَدًا مَعَ أَوْلَادِهَا

١٠) أَهُمْ رَاجِعُوْنَ مِنَ السَّفَرِ الْيَوْمَ

١١) أَقَارِئَةٌ أَنْتِ ذَلِكَ الْكِتَابَ غَدًا؟

١٢) نَحْنُ غَائِبُوْنَ عَنِ الْمَدْرَسَةِ الآنَ

١٣) إِنَّ اللهَ جَامِعُ النَّاسِ يَوْمَ الْقِيَامَةِ

١٤) مَاتَ ذٰلِكَ الرَّجُلُ وَهُوَ سَاجِدٌ لِلّٰهِ

١٥) النَّاسُ مُجْتَمِعُوْنَ الْيَوْمَ فِي الْحَدِيْقَةِ

١٦) هَلْ أَنْتَ مُشْتَرٍ كَبْشًا لِعِيْدِ الْأَضْحَى

١٧) أَسْئَلُ اللهَ أَن يَّتَوَفَّانِيْ وَهُوَ رَاضٍ عَنِّى

١٨) وَجَدتُّهُ صَابِرًا عَلَى مَا أَصَابَهُ مِنَ الْمَصَائِبِ

١٩) أَنَا لَابِسٌ هٰذَا الثَّوْبَ يَوْمَ الْجُمُعَةِ لِأَنَّهُ جَمِيْلٌ

٢٠) كَانَ الطِفْلُ نَائِمًا فِي الْغُرْفَةِ قَبْلَ أَنْ جَاءَ الضُّيُوْفُ

اِسْمُ الْفَاعِل with an ال

When the اسْمُ الْفَاعِل occurs with an اَلْ, the اَلْ functions as an اِسْمٌ مَوْصُوْلٌ, and the اِسْمُ الْفَاعِلِ takes the place of the صِلَةٌ.

> الْقَائِمُ عِنْدَ الْبَابِ هُوَ صَدِيْقِيْ
>
> *The one standing by the door is my friend.*

The اِسْمُ الْفَاعِل with an اَلْ can occur in any slot in a sentence. The tarkib of this is written as follows:

خَبَرٌ	ضَمِيرُ الفَصْلِ	مُبْتَدَأٌ		
صَدِيْقِيْ	هُوَ	عِنْدَ الْبَابِ	قَائِمُ	اَلْـ
		مَفْعُوْلٌ فِيْهِ	اِسْمُ الفَاعِلِ	
		صِلَةٌ		مَوْصُوْلٌ

Exercise 6

Translate the following. Notice the similarities between the اِسْمُ الْفَاعِلِ with اَلْ and the اِسْمٌ مَوْصُوْلٌ and its صِلَةٌ.

١) رَأَيْتُ الَّذِيْ يَجْلِسُ

٢) رَأَيْتُ الْجَالِسَ

٣) رَأَيْتُ الَّذِيْ يَجْلِسُ أَخُوْهُ

٤) رَأَيْتُ الْجَالِسَ أَخُوْهُ

٥) تُحِبُّ الْمُعَلِّمَةُ اللَّاتِيْ يَجْتَهِدْنَ

٦) تُحِبُّ الْمُعَلِّمَةُ الْمُجْتَهِدَاتِ

٧) نَظَرَتِ الْبِنْتُ إِلَى اللَّتَيْنِ حَضَرَتَا الدَّرْسَ

٨) نَظَرَتِ الْبِنْتُ إِلَى الْحَاضِرَتَيْنِ الدَّرْسَ

٩) الْمُسْلِمُوْنَ هُمُ الَّذِيْنَ يُؤْمِنُوْنَ بِاللهِ وَرَسُوْلِهِ

١٠) الْمُسْلِمُوْنَ هُمُ الْمُؤْمِنُوْنَ بِاللهِ وَرَسُوْلِهِ

Exercise 7

Translate the following.

١) لَيَخْسَرَنَّ الْمُضَيِّعُوْنَ لِوَقْتِهِمْ

٢) هَلْ أَدَّيْتُمُ الزَّكَاةَ الْوَاجِبَةَ عَلَيكُمْ

٣) يُحِبُّ اللهُ التَّائِبِيْنَ الْمُسْتَغْفِرِيْنَ لِذُنُوْبِهِمْ

٤) نَعُوْذُ بِاللهِ مِنْ عَذابِهِ النَّازِلِ عَلَى الظَّالِمِيْنَ

٥) لَا يَغْفِرُ اللهُ لِلْمُشْرِكِيْنِ بِهِ أَصْنَامًا لَا تُغْنِيْ شَيْئًا

٦) يَشْرَبُ الْبَقَرَاتُ والشِّيَاهُ مِنَ النَّهْرِ الجَارِيْ بِالْقَرْيَةِ

٧) اَلْآكِلُوْنَ أَمْوَالَ الْيَتَامَى سَيَأْكُلُوْنَ فِيْ بُطُوْنِهِمْ نارًا

٨) لَا يُحِبُّ اللهُ الْمُعْجَبِيْنَ بِأَعْمَالِهِمْ بَلِ الرَّاجِيْنَ لِلْقَبُوْلِ

٩) رَأَيْتُ بَعْضَ الطُّلَّابِ طَالِبِيْنَ الْعِلْمَ فَأَعْجَبَنِيْ طَلَبُهُمْ لَهُ

١٠) يَوْمَ الْقِيَامَةِ سَيَنْدَمُ الْمُسْرِفُوْنَ أَمْوَالَهُمُ الَّتِيْ رَزَقَهُمُ اللهُ

Notes

1. The مُضَافٌ in an اِسْمُ الْفَاعِلِ verbal phrase may have an اَلْ.

   الْمُقِيْمِي الصَّلَاةِ

2. The مَوْصُوْلٌ in the form of an اَلْ before the اِسْمُ الْفَاعِلِ can have either a specific or general meaning.

   الْمُجْتَهِدُوْنَ هُمُ الْفَائِزُوْنَ

   Those who work hard are successful.

   In this example, the word مُجْتَهِدُوْنَ can be referring to a specific group of people who are hardworking, or it can be referring to all hardworking people.

3. If the اسْمُ الْفَاعِلِ occurs as the خَبَرٌ of كَانَ, it will have the past continuous tense.

   كَانَ قَائِمًا عِنْدَ الْبَابِ

   He was standing by the door.

The صِفَةٌ مُشَبَّهَةٌ بِاسْمِ الْفَاعِلِ Verbal Phrase

In this section we are going to discuss:

1. Construction of a صِفَةٌ مُشَبَّهَةٌ بِاسْمِ الْفَاعِلِ verbal phrase.
2. Usage of a صِفَةٌ مُشَبَّهَةٌ بِاسْمِ الْفَاعِلِ verbal phrase in a sentence.

Construction of a صِفَةٌ مُشَبَّهَةٌ بِاسْمِ الْفَاعِلِ Verbal Phrase

There are two essential slots in a صِفَةٌ مُشَبَّهَةٌ بِاسْمِ الْفَاعِلِ verbal phrase:

1. A صِفَةٌ مُشَبَّهَةٌ بِاسْمِ الْفَاعِلِ slot
2. A فَاعِلٌ slot

The table below summarises the parts of a صِفَةٌ مُشَبَّهَةٌ بِاسْمِ الْفَاعِلِ verbal phrase.

صِفَةٌ مُشَبَّهَةٌ بِاسْمِ الْفَاعِلِ Verbal Phrase	
فَاعِلٌ	صِفَةٌ مُشَبَّهَةٌ بِاسْمِ الْفَاعِلِ

The فَاعِلٌ Slot

The صِفَةٌ مُشَبَّهَةٌ بِاسْمِ الْفَاعِلِ must have a فَاعِلٌ. This can occur in three ways:

1. As a ضَمِيرٌ مُسْتَتِرٌ.

   اللهُ غَفُوْرٌ

   Allah is Forgiving.

   The tarkib of this is written as follows:

خَبَرٌ	مُبْتَدَأٌ
غَفُوْرٌ	اللهُ
صِفَةٌ مُشَبَّهَةٌ وَفَاعِلٌ (هُوَ)	

2. As a regular noun in the مَرْفُوْعٌ state.

   اللهُ سَرِيْعٌ حِسَابُهُ

   Allah's reckoning is swift.

   The tarkib of this is written as follows:

خَبَرٌ		مُبْتَدَأٌ
حِسَابُهُ	سَرِيْعٌ	اللهُ
فَاعِلٌ	صِفَةٌ مُشَبَّهَةٌ	

3. As a مُضَافٌ إِلَيْهِ.

اللهُ سَرِيْعُ الْحِسَابِ

The tarkib of this is written as follows:

خَبَرٌ		مُبْتَدَأٌ
الْحِسَابِ	سَرِيْعُ	اللهُ
مُضَافٌ إِلَيْهِ	مُضَافٌ	
فَاعِلٌ	صِفَةٌ مُشَبَّهَةٌ	

The مُضَافٌ إِلَيْهِ, i.e. الْحِسَابُ, was originally the فَاعِلٌ with a pronoun.

اللهُ سَرِيْعٌ حِسَابُهُ

However, for brevity it is expressed in a possessive phrase. This structure can be translated in different ways:

Allah's reckoning is swift.
Allah is swift in reckoning.

Notes

1. This مُضَافٌ-مُضَافٌ إِلَيْهِ structure is simply for ease of pronunciation; it does not have a meaning of ownership.
2. When the اِسْمُ الْفَاعِلِ is in the meaning of a صِفَةٌ مُشَبَّهَةٌ بِاسْمِ الْفَاعِلِ, i.e. it portrays a long-term meaning, its فَاعِلٌ can also occur as a مُضَافٌ إِلَيْهِ.

الرَّجُلُ دَائِمُ الصَّوْمِ
The man's fasting is continuous.

The tarkib of this is written as follows:

خَبَرٌ		مُبْتَدَأٌ
الصَّوْمِ	دَائِمُ	الرَّجُلُ
مُضَافٌ إِلَيْهِ	مُضَافٌ	
فَاعِلٌ	اِسْمُ فَاعِلٍ	

The مُضَافٌ إِلَيْهِ i.e. الصَّوْمُ was originally the فَاعِلٌ with a pronoun.

الرَّجُلُ دَائِمٌ صَوْمُهُ

Usage of a صِفَةٌ مُشَبَّهَةٌ بِاسْمِ الْفَاعِلِ Verbal Phrase in a Sentence

The صِفَةٌ مُشَبَّهَةٌ بِاسْمِ الْفَاعِلِ verbal phrase usually occurs as:

1. خَبَرٌ
2. نَعْتٌ

Exercise 8

Translate the following.

١) تِلْكَ بَقَرَةٌ كَثِيْرَةُ اللَّبَنِ

٢) أَبُو زَيْنَبَ دَائِمُ الصَّوْمِ

٣) ﴿اللهُ سَرِيْعُ الْحِسَابِ﴾

٤) ﴿إِنَّ اللهَ شَدِيْدُ الْعِقَابِ﴾

٥) رَمَضَانُ شَهْرٌ كَثِيْرُ الْبَرَكَةِ

٦) هٰذِهِ الْأَرْضُ طَيِّبَةُ الْمَاءِ

٧) كَانَتْ أُمُّ أَحْمَدَ كَثِيْرَةَ التِّلَاوَةِ

٨) تِلْكَ الْحَدِيْقَةُ كَثِيْرَةُ الْأَشْجَارِ

٩) كَانَتْ جَدَّتِيْ شَدِيْدَةَ الرَّحْمَةِ

١٠) إِنَّهُ كَانَ شَدِيْدَ الصَّبْرِ قَلِيْلَ الْجَزَعِ

١١) كَانَتْ قَوْمُ صَالِحٍ ثَمُوْدُ شَدِيْدَ الْقُوَّةِ

١٢) كَانَ رَسُوْلُ اللهِ ﷺ طَوِيْلَ الْقِيَامِ بِاللَّيْلِ

Notes

In a possessive structure, the مُضَافٌ can be the نَعْتٌ, and the مُضَافٌ إِلَيْهِ be the مَنْعُوْتٌ.

يَتَقَبَّلُ اللهُ صَالِحَ الْأَعْمَالِ

Allah accepts good deeds.

The tarkib of this is written as follows:

مَفْعُوْلٌ بِهِ		فَاعِلٌ	فِعْلٌ
الْأَعْمَالِ	**صَالِحَ**	**اللهُ**	**يَتَقَبَّلُ**
مُضَافٌ إِلَيْهِ	مُضَافٌ		
نَعْتٌ	مَنْعُوْتٌ		

550

The اِسْمُ مَفْعُوْلٍ Verbal Phrase

An اِسمُ الْمَفْعُوْلِ verbal phrase is constructed in the same manner as the اِسْمُ الْفَاعِلِ. However, instead of having a فَاعِلٌ as an essential part, it has a نَائِبُ الْفَاعِلِ.

> التَّائِبُ مَقْبُوْلٌ تَوْبَتُهُ
>
> *The repentance of the one who repents is going to be accepted.*

The tarkib of this is written as follows:

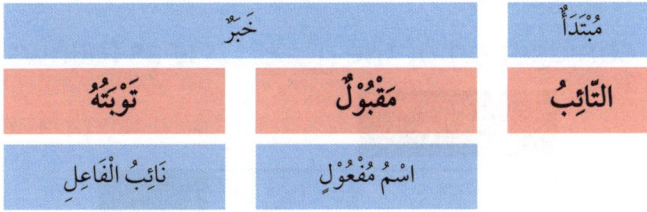

خَبَرٌ		مُبْتَدَأٌ
تَوْبَتُهُ	**مَقْبُوْلٌ**	**التَّائِبُ**
نَائِبُ الْفَاعِلِ	اسْم مُفْعُوْلٍ	

The نَائِبُ الْفَاعِلِ of an اِسْمُ مَفْعُوْلٍ may also occur as a شِبْهُ الْجُمْلَةِ.

> الْحُجَّاجُ مَغْفُوْرٌ لَهُمْ
>
> *The pilgrims are forgiven.*

Notes

When the نَائِبُ الْفَاعِلِ of the اِسْمُ الْمَفْعُوْلِ is غَيْرُ صَرِيْحٍ, the اِسْمُ الْمَفْعُوْلِ will remain masculine and singular in all cases.

> الْغِيبَةُ مَنْهِيٌّ عَنْهَا
>
> *Backbiting is prohibited.*

Exercise 9

Translate the following.

١) نَهَى اللهُ عَنِ الْغِيْبَةِ

٢) نُهِيَ عَنِ الْغِيْبَةِ

٣) اَلْغِيْبَةُ مَنْهِيٌّ عَنْهَا

٤) اَلْفِعْلُ مَرْفُوْعٌ فَاعِلُهُ

٥) اَلْمُضَافُ مَجْرُوْرٌ مَا بَعْدَهُ

٦) اَلنَّاسُ مَجْزِيُّوْنَ بِأَعْمَالِهِمْ

٧) اَلْمُخْلِصُوْنَ مَقْبُوْلٌ عَمَلُهُمْ

٨) مُحَمَّدٌ ﷺ رَسُوْلٌ مَرْحُوْمٌ أُمَّتُهُ

٩) إِنَّ الْمُنَافِقِيْنَ مَطْبُوْعٌ عَلَى قُلُوْبِهِمْ

١٠) هٰؤُلَاءِ الرِّجَالُ مَكْرُوْهَةٌ أَخْلَاقُهُمْ

١١) أَبُوْ بَكْرٍ رَضِيَ اللهُ عَنْهُ مِنَ الْعَشَرَةِ الْمُبَشَّرَةِ بِالْجَنَّةِ

١٢) اَلْفِعْلُ النَّاقِصُ مَرْفُوْعٌ اسْمُهُ وَمَنْصُوْبٌ خَبَرُهُ

١٣) هٰذَا الشَّيْخُ هُوَ الْمُسْتَشَارُ فِي الْأُمُوْرِ الْعَظِيْمَةِ

١٤) هٰذَا فِعْلٌ مَعْلُوْمٌ فَاعِلُهُ وَذٰلِكَ فِعْلٌ مَجْهُوْلٌ فَاعِلُهُ

The اِسْمُ تَفْضِيْلِ Verbal Phrase

In this section we are going to discuss:

1. Conjugation of the اِسْمُ التَّفْضِيْل.
2. Construction of an اِسْمُ التَّفْضِيْل verbal phrase.
3. Usage of a اِسْمُ التَّفْضِيْل verbal phrase in a sentence.

Conjugation of اِسْمُ التَّفْضِيْلِ

The pattern and meaning of اِسْمُ التَّفْضِيْلِ has been discussed previously. (see page 54)

The complete conjugation of the اِسْمُ التَّفْضِيْلِ is as follows:

اِسْمُ التَّفْضِيْلِ

أَكْبَرُ	مُفْرَدٌ	اَلْمُذَكَّرُ
أَكْبَرَانِ	مُثَنًّى	
أَكْبَرُوْنَ، أَكَابِرُ	جَمْعٌ	

كُبْرَى	مُفْرَدٌ	اَلْمُؤَنَّثُ
كُبْرَيَانِ	مُثَنًّى	
كُبْرَيَاتٌ، كُبَرٌ	جَمْعٌ	

Construction of an اِسْمُ التَّفْضِيْل Verbal Phrase

The اِسْمُ التَّفْضِيْل verbal phrase consists of essential and non-essential slots.

There are two essential slots found in an اِسْمُ التَّفْضِيْلِ verbal phrase:

1. The اِسْمُ التَّفْضِيْل slot
2. The فَاعِلٌ slot

There are two non-essential slots in an اِسْمُ التَّفْضِيْلِ verbal phrase.

1. The مَفْعُوْلٌ بِهِ slot
2. مَنْصُوْبٌ or غَيْرُ صَرِيْحٍ slot (s)

The table below summarises the slots of an اِسْمُ التَّفْضِيْل verbal phrase.

اِسْمُ الْفَاعِلِ Verbal Phrase			
مَصُوْبٌ غَيْرُ صَرِيْحٍ	مَفْعُوْلٌ بِهِ	فَاعِلٌ	اِسْمُ التَّفْضِيْلِ

The فَاعِلٌ Slot

The فَاعِلٌ of the اِسْمُ التَّفْضِيْل is always a ضَمِيْرٌ مُسْتَتِرٌ.

أَسْمَاءُ أَطْوَلُ بَنَاتِ أَحْمَدَ

Asma is the tallest daughter of Ahmad.

In this example, the فَاعِلٌ of أَطْوَلُ is a ضَمِيْرٌ مُسْتَتِرٌ i.e هِيَ.

The مَفْعُوْلٌ بِهِ Slot

The مَفْعُوْلٌ بِهِ of the اِسْمُ التَّفْضِيْلِ can occur in two ways:

1. As a مُضَافٌ إِلَيْهِ.
   The tarkib of this will be written as follows:

خَبَرٌ		مُبْتَدَأٌ
النَّاسِ	**أَصْدَقُ**	**مُحَمَّدٌ**
مُضَافٌ إِلَيْهِ	مُضَافٌ	
مَفْعُوْلٌ بِهِ	اِسْمُ التَّفْضِيْلِ وَفَاعِلٌ (هُوَ)	

2. As a مَفْعُوْلٌ بِهِ غَيْرُ صَرِيْحٍ with مِنْ.
   The tarkib of this will be written as follows:

خَبَرٌ			مُبْتَدَأٌ
خَدِيْجَةَ	**مِنْ**	**أَطْوَلُ**	**فَاطِمَةُ**
مَجْرُوْرٌ	جَارٌّ		
مَفْعُوْلٌ بِهِ غَيْرُ صَرِيْحٍ		اِسْمُ التَّفْضِيْلِ وَفَاعِلٌ (هِيَ)	

Translation of the مَفْعُوْلٌ بِهِ of the اِسْمُ التَّفْضِيْلِ

1. When the مَفْعُوْلٌ بِهِ of the اِسْمُ التَّفْضِيْلِ is mentioned, it has a comparative meaning. This is translated as -er or more.

   فَاطِمَةُ ﷺ أَطْوَلُ مِنْ خَدِيْجَةَ

   Fatima is taller than Khadeejah.

2. When the مَفْعُوْلٌ بِهِ of the اِسْمُ التَّفْضِيْلِ is not mentioned, it has a superlative meaning. This is translated as -est or most.

   الصَّلَاةُ أَفْضَلُ عَمَلٍ

   Salah is the most virtuous deed.
   Salah is the most virtuous of deeds.

The مَنْصُوْبٌ and غَيْرُ صَرِيْحٍ Slots

The اِسْمُ التَّفْضِيْلِ can have other مَنْصُوْبٌ and غَيْرُ صَرِيْح slots.

كَانَتْ فَاطِمَةُ أَبَرُّ الْبَنَاتِ بِأُمِّهَا عِنْدَ كِبَرِهَا

Fatima is the most dutiful of the girls to her mother in her old age.

The tarkib of this will be written as follows:

			خَبَرٌ	مُبْتَدَأٌ
عِنْدَ كِبَرِهَا	بِأُمِّهَا	الْبَنَاتِ	أَبَرُّ	فَاطِمَةُ
مُضَافٌ – مُضَافٌ إِلَيْهِ	جَارٌّ – مَجْرُوْرٌ	مُضَافٌ إِلَيْهِ	مُضَافٌ	
مَفْعُوْلٌ فِيْهِ	مَفْعُوْلٌ بِهِ غَيْرُ صَرِيْحٍ	مَفْعُوْلٌ بِهِ	اِسْمُ التَّفْضِيْلِ وَفَاعِلٌ (هِيَ)	

It is common for the اِسْمُ التَّفْضِيْلِ to have a تَمْيِيْزٌ when it is a word like أَكْثَرُ, أَقَلُّ, أَحْسَنُ, أَشَدُّ, etc.

هُمْ أَكْثَرُ النَّاسِ حَاجَةً

They are the neediest people.

The tarkib of this will be as follows:

		خَبَرٌ	مُبْتَدَأٌ
حَاجَةً	النَّاسِ	أَكْثَرُ	هُمْ
	مُضَافٌ إِلَيْهِ	مُضَافٌ	
تَمْيِيْزٌ	مَفْعُوْلٌ بِهِ	اِسْمُ التَّفْضِيْلِ وَفَاعِلٌ (هُمْ)	

Usage of an اِسْمُ التَّفْضِيْلِ Verbal Phrase in a Sentence

The اِسْمُ التَّفْضِيْلِ in a verbal phrase can occur in two ways:

1. Without an اَلْ
2. With an اَلْ

The اِسْمُ التَّفْضِيْلِ without an اَلْ

When the اِسْمُ التَّفْضِيْلِ does not have an اَلْ, it is usually masculine and singular.

الصَّلَاةُ أَفْضَلُ عَمِلٍ بَعْدَ الْإِيْمَانِ

Salah is the most virtuous deed after faith.

In this example, the اِسْمُ التَّفْضِيْلِ, i.e. أَفْضَلُ, remains masculine even though it is referring to الصَّلَاةُ which is feminine.

In some cases, however, the اِسْمُ التَّفْضِيْلِ changes to agree with the item it is describing.

الصَّحَابَةُ أَحْسَنُ النَّاسِ | الصَّحَابَةُ أَحَاسِنُ النَّاسِ

The Sahaba are the best of people.

In this example, the اِسْمُ التَّفْضِيْلِ i.e. أَحَاسِنُ becomes plural to agree with الصَّحَابَةُ.

Exercise 10

Translate the following. Ensure you differentiate between the translation of مَفْعُوْلٌ بِهِ as a مُضَافٌ إِلَيْهِ and as a مَجْرُوْرٌ with مِنْ.

١) اَللَّبَنُ أَبْرَدُ مِنَ الْمَاءِ

٢) نُسَيْبَةُ أَبَرُّ الْبَنَاتِ بِأُمِّهَا

٣) اَلْعُلَمَاءُ أَعْرَفُ النَّاسِ بِاللهِ

٤) مُصْعَبٌ أَقْوَى مِنْ إِبْرَاهِيْمَ

٥) هٰذِهِ الْأَرْضُ أَيْبَسُ مِنْ تِلْكَ

٦) أَيُّ كِتَابٍ أَصْدَقُ مِنَ الْقُرْآنِ؟

٧) خِيَارُ النَّاسِ خِيَارُهُمْ لِأَهْلِهِمْ

٨) إِنَّ الْقُرْآنَ أَعْظَمُ كِتَابٍ أَنْزَلَهُ اللهُ

٩) أَعْبَدُ النَّاسِ لِلّٰهِ أَبْعَدُهُمْ مِنَ الذُّنُوْبِ

١٠) اَلْمُجْتَهِدُوْنَ أَكْثَرُ مِنَ الْكُسَالَى عَدَدًا

١١) اَلْمَسْجِدُ الْحَرَامُ أَكْبَرُ مَسْجِدٍ فِي الدُّنْيَا

١٢) أَقْرَبُ النَّاسِ إِلَى الرَّسُوْلِ ﷺ أَتْقَاهُمْ

١٣) اَلْخُلُقُ الْحَسَنُ أَثْقَلُ شَيْءٍ فِي الْمِيْزَانِ

١٤) أَبْعَدُ النَّاسِ مِنَ الرَّسُوْلِ ﷺ أَبْعَدُهُمْ مِنَ السُّنَّةِ

١٥) اَلْجَاهِلُوْنَ أَضَلُّ النَّاسِ عَنِ الصِّرَاطِ الْمُسْتَقِيْمِ

١٦) كَانَ أُبَيُّ بْنُ كَعْبٍ رضي الله عنه أَقْرَءَ الصَّحَابَةِ لِكِتَابِ اللهِ

The اِسْمُ التَّفْضِيْلِ with an اَلْ

When the اِسْمُ التَّفْضِيْلِ has an اَلْ, it agrees with its مُبْتَدأٌ or مَنْعُوْتٌ.

الْوَلَدُ الْأَكْبَرُ
the eldest boy

Exercise 11

Translate the following.

١) اَلْمُتَّقُوْنَ هُمُ الْأَقَلُّوْنَ

٢) اَلْبِنْتُ الْكُبْرَى فِي الْبَيْتِ

٣) اَلْمُنَافِقُوْنَ هُمُ الْأَضَلُّوْنَ

٤) اَلْمُجْتَهِدَانِ هُمَا الْأَنْجَحَانِ

٥) اَلْإِسْلَامُ هُوَ الدِّيْنُ الْأَحْسَنُ

٦) نَارُ الْآخِرَةِ هِيَ النَّارُ الْكُبْرَى

٧) اَلْإِشْرَاكُ بِاللهِ هُوَ الذَّنْبُ الْأَكْبَرُ

Summary

Key Terms

English	Arabic	English	Arabic
مَوْصُوْلٌ (time)	مَا الظَّرْفِيَّةُ	مَوْصُوْلٌ (indicative)	أَنَّ
مَوْصُوْلٌ (time)	مَا دَامَ	مَوْصُوْلٌ (indicative)	مَا
أَنْ before quotation	أَنْ التَّفْسِيْرِيَّةُ	مَوْصُوْلٌ (subjunctive)	أَنْ
Verbal Phrase		مَوْصُوْلٌ (subjunctive)	كَيْ

أَسْمَاءُ

English	Arabic	English	Arabic
major sin	كَبِيْرَةٌ ج كَبَائِرُ	manner, etiquette	أَدَبٌ ج آدَابٌ
tongue	لِسَانٌ ج أَلْسِنَةٌ	soul	رُوْحٌ ج أَرْوَاحٌ
language	لُغَةٌ ج اتٌ	swift	سَرِيْعٌ ج سِرَاعٌ، سُرْعَانُ
futile activity	لَهْوٌ	lip	شَفَةٌ ج شِفَاهٌ
ruling	مَسْأَلَةٌ ج مَسَائِلُ	Ashura (10th Muharram)	عَاشُوْرَاءُ
disobedience	مَعْصِيَةٌ ج مَعَاصِي	punishment	عِقَابٌ
known	مَعْلُوْمٌ	intellect	عَقْلٌ ج عُقُوْلٌ
ritual	مَنْسَكٌ ج مَنَاسِك	sign	عَلَامَةٌ ج اتٌ

English	Arabic	English	Arabic
to recompense	جَزَى يَجْزِيْ جَزَاءً	to refuse	أَبَى يَأْبَى إِبَاءً
to be permissible	حَلَّ يَحِلُّ حَلَالًا	to fulfil, complete	أَدَّى يُؤَدِّيْ تَأْدِيَةً، أَدَاءً
to know	دَرَى يَدْرِيْ دِرَايَةً	to sin	أَذْنَبَ يُذْنِبُ إِذْنَابًا
to push, repel	دَفَعَ يَدْفَعُ دَفْعًا	to intend	أَرَادَ يُرِيْدُ إِرَادَةً
to raise, rear, nurture	رَبَّى يُرَبِّيْ تَرْبِيَةً	to be ashamed	اِسْتَحْيَى يَسْتَحْيِيْ اسْتِحْيَاءً
to visit	زَارَ يَزُوْرُ زِيَارَةً	to seek advice or counsel	اِسْتَشَارَ يَسْتَشِيْرُ اِسْتِشَارَةً
to make happy	سَرَّ يَسُرُّ سُرُوْرًا، مَسَرَّةً	to be able to	اِسْتَطَاعَ يَسْتَطِيْعُ اِسْتِطَاعَةً
to rest, reside	سَكَنَ يَسْكُنُ سُكُوْنًا	to make witness	أَشْهَدَ يُشْهِدُ إِشْهَادًا
to explain	شَرَحَ يَشْرَحُ شَرْحًا	to acknowledge	اِعْتَرَفَ يَعْتَرِفُ اِعْتِرَافًا
to testify, witness	شَهِدَ يَشْهَدُ شَهَادَةً	to believe	اِعْتَقَدَ يَعْتَقِدُ اعْتِقَادًا
to become apparent	ظَهَرَ يَظْهَرُ ظُهُوْرًا	to please, delight	أَعْجَبَ يُعْجِبُ إِعْجَابًا
to understand	عَقَلَ يَعْقِلُ	to make angry	أَغْضَبَ يُغْضِبُ إِغْضَابًا
to be able to	قَدَرَ يَقْدِرُ قُدْرَةً	to be possible	أَمْكَنَ يُمْكِنُ إِمْكَانًا
to dislike	كَرِهَ يَكْرَهُ كَرَاهَةً	to be suitable, appropriate, necessary	اِنْبَغَى يَنْبَغِيْ انْبِغَاءً
to meet	لَقِيَ يَلْقَى لِقَاءً	to finish, complete	اِنْتَهَى يَنْتَهِيْ انْتِهَاءً
to stop, prohibit, forbid	مَنَعَ يَمْنَعُ مَنْعًا	to give glad tidings	بَشَّرَ يُبَشِّرُ تَبْشِيْرًا
to regret	نَدِمَ يَنْدَمُ نَدَامَةً، نَدَمًا	to be tired	تَعِبَ يَتْعَبُ تَعَبًا
to prohibit	نَهَى يَنْهَى نَهْيًا	to desire	تَمَنَّى يَتَمَنَّى تَمَنِّيًا
to be compulsory	وَجَبَ يَجِبُ وُجُوْبًا	to flow	جَرَى يَجْرِيْ جِرْيَانًا

UNIT 6

Joining Sentences Together

Introduction: Joining Sentences Together

Part 1: Vocative Expressions

Part 2: Oaths

Part 3: Conditional Sentences

Part 4: Sentences after اَلْأَمْرُ and اَلنَّهْيُ

Part 5: جُمْلَةٌ تَعْلِيْلِيَّةٌ

Part 6: جُمْلَةٌ اسْتِدْرَاكِيَّةٌ

Summary

Introduction: Joining Sentences Together

In a passage of text, sentences are logically sequenced.

Some sentences are nested within another sentence, i.e. they become a slot within the main sentence.

Some sentences are not nested within another sentence, even though they are linked in meaning.

> *Your parents looked after you when you were young.*
> *Now that they are elderly, be good to them.*

In the passage above, there are two sentences; the second is grammatically independent of the first sentence, i.e. it is not nested within it.

However, despite being independent, the sentences have a logical connection; the first sentence is the reason for the imperative in the second.

Types of Connections Between Sentences

In this unit, we will study six connections between sentences:

1. Vocative Expressions
2. Oaths
3. Conditions and Results
4. Sentences After اَلْأَمْرُ and اَلنَّهْيُ
5. جُمْلَةٌ تَعْلِيلِيَّةٌ
6. جُمْلَةٌ اسْتِدْرَاكِيَّةٌ

Part 1: Vocative Expressions

To address or call out to someone, a vocative expression is used. In Arabic, the vocative expression is comprised of two parts:

1. نِدَاءٌ: the phrase to call someone.
2. جَوَابُ النِّدَاءِ: the sentence after the نِدَاءٌ.

Zaid, stand up.

In the above example, Zaid is the نِدَاءٌ, the phrase used to call, and stand up is the جَوَابُ النِّدَاءِ, the sentence after the نِدَاءٌ used to convey information to the addressee.

نِدَاءٌ

The نِدَاءٌ is formed by placing a vocative particle, حَرْفُ النِّدَاءِ, before the person being called, مُنَادًى.

يَا زَيْدُ

In this example, the particle يَا is the حَرْفُ النِّدَاءِ; and the word زَيْدُ is the مُنَادًى.

Rules of حَرْفُ النِّدَاءِ

The most common particle of نِدَاءٌ is يَا. The حَرْفُ النِّدَاءِ is translated as O, or it is left untranslated.

يَا زَيْدُ
O Zaid.
Zaid.

Rules of اَلْمُنَادَى

اَلْمُنَادَى can come in two forms:

1. Without a مُضَافٌ إِلَيْهِ: in this case, it will have one ضَمَّةٌ.

يَا زَيْدُ

2. In a possessive phrase: in this case, the مُضَافٌ will be مَنْصُوْبٌ.

يَا عَبْدَ اللهِ

The tarkib of this is written as follows:

جَوَابُ النِّدَاءِ	نِدَاءٌ	
فِعْلُ أَمْرٍ وَفَاعِلٌ (أَنْتَ)	مُنَادًى	حَرْفُ النِّدَاءِ
قُمْ	**زَيْدُ**	**يَا**

This diagram can be written up in an exercise book as follows:

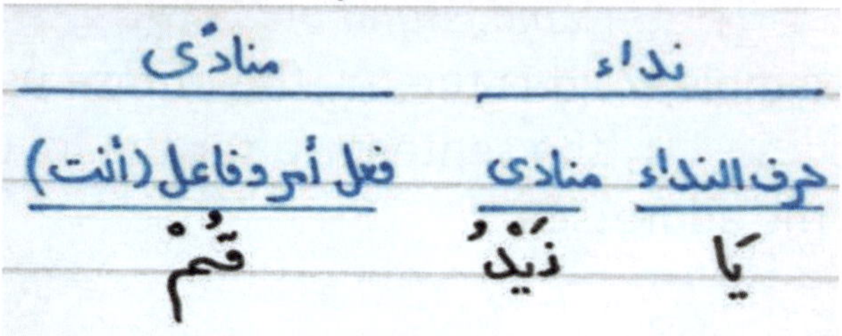

منادى
نداء
فعل أمر وفاعل (أنت)
منادى
حرف النداء
قُمْ
زَيْدُ
يَا

The name of each sentence is written at the very top.

Exercise 1

Translate the following.

١) يَا صَبِيُّ، أَيْنَ أُمُّكَ؟

٢) يَا وَلَدُ، لَا تَلْعَبِيْ بِالسِّكِّيْنِ

٣) يَا عِبَادَ اللهِ، لَا تُشْرِكُوْا بِاللهِ

٤) يَا وَلَدِيْ، هَلْ أَمَرْتُكَ بِهٰذَا؟

٥) يَا ضَيْفِيْ، هَلْ أَكَلْتَ الْعَشَاءَ؟

٦) يَا بِنْتِيْ، مَنْ تَتَّبِعِيْنَ فِيْ أُمُوْرِكِ؟

٧) يَا فَاطِمَةُ، اِحْتَرِمِيْ أُمَّكَ وَأَبَاكَ

٨) يَا شَيْخُ، هَلْ تُرِيْدُ أَنْ أَنْصُرَكَ؟

٩) يَا سُمَيَّةُ، لَا تَتَأَخَّرِيْ عَنِ الدَّرْسِ

١٠) ﴿يَا مُوْسَى اِذْهَبْ إِلَى فِرْعَوْنَ﴾

١١) ﴿يَا آدَمُ اسْكُنْ أَنْتَ وَزَوْجُكَ الْجَنَّةَ﴾

١٢) يَا عَابِدِيْ الْأَصْنَامِ، هَلْ تَنْفَعُكُمْ أَصْنَامُكُمْ؟

١٣) ﴿يَابَنِيْ إِسْرَائِيلَ اذْكُرُوْا نِعْمَتِيَ الَّتِيْ أَنْعَمْتُ عَلَيْكُمْ﴾

١٤) ﴿قَالَ مُوْسَى يَا فِرْعَوْنُ إِنِّي رَسُوْلٌ مِنْ رَبِّ الْعَالَمِيْنَ﴾

Additional Information Regarding حَرْفُ النِّدَاءِ

أَيُّهَا and أَيَّتُهَا

If the مُنَادَى has ال, أَيُّهَا is used for a masculine مُنَادَى, and أَيَّتُهَا for a feminine one.

أَيَّتُهَا الْبِنْتُ	أَيُّهَا الْوَلَدُ

These can also be preceded by a يَا.

يَاأَيَّتُهَا الْبِنْتُ	يَاأَيُّهَا الْوَلَدُ

The Word اَللّٰهُمَّ

اَللّٰهُمَّ on its own means O Allah. It does not have a حَرْفُ النِّدَاءِ before it.

اَللّٰهُمَّ
O Allah

Dropping the حَرْفُ النِّدَاءِ

The حَرْفُ النِّدَاءِ may be dropped if it can be understood from the context.

رَبَّنَا	⬅	يَا رَبَّنَا
O Our Lord		

Dropping the ي from the مُنَادَى

If the مُنَادَى is مُضَافٌ to the possessive pronoun ي, the ي may be dropped. The مُضَافٌ will keep its كَسْرَةٌ.

يَا قَوْمِ	⬅	يَا قَوْمِيْ
رَبِّ	⬅	رَبِّيْ

Vocab

English	Arabic	English	Arabic
to criticise	ذَمَّ يَذُمُّ ذَمًّا	to dislike, hate	أَبْغَضَ يُبْغِضُ إِبْغَاضًا
to be safe	سَلِمَ يَسْلَمُ سَلَامَةً	to fear	اِتَّقَى يَتَّقِي اِتِّقَاءً
to live	عَاشَ يَعِيْشُ عَيْشًا	to reward	أَجَرَ يَأْجُرُ أَجْرًا
to deal	عَامَلَ يُعَامِلُ مُعَامَلَةً	to inform	أَخْبَرَ يُخْبِرُ إِخْبَارًا
to protect	عَصَمَ يَعْصِمُ عِصْمَةً	to please	أَرْضَى يُرْضِيْ إِرْضَاءً
to praise	مَدَحَ يَمْدَحُ مَدْحًا	to bless	بَارَكَ يُبَارِكُ مُبَارَكَةً
to advice	وَعَظَ يَعِظُ وَعْظًا	to make sad	حَزَنَ يَحْزُنُ حُزْنًا

Exercise 2

Translate the following.

١) ﴿رَبَّنَا ظَلَمْنَا أَنْفُسَنَا﴾

٢) اَللّٰهُمَّ ارْزُقْنَا خَالِصَ الْأَعْمَالِ

٣) اَللّٰهُمَّ اهْدِنَا لِصَالِحِ الْأَخْلَاقِ

٤) ﴿يَاقَوْمِ اذْكُرُوا نِعْمَةَ اللهِ عَلَيْكُمْ﴾

٥) ﴿يَاأَيُّهَا الَّذِيْنَ آمَنُوْا تُوْبُوْا إِلَى اللهِ﴾

٦) اَللّٰهُمَّ لَا تَحْرِمْنِي بَرَكَةَ مَا أَعْطَيْتَنِيْ

٧) اَللّٰهُمَّ اعْصِمْنِي فِيمَا بَقِيَ مِنْ عُمُرِيْ

٨) اَللّٰهُمَّ اغْفِرْ لِيْ جَمِيْعَ مَا مَضَى مِنْ ذُنُوبِيْ

٩) ﴿قُلْ يَاأَيُّهَا الْكَافِرُوْنَ لَا أَعْبُدُ مَا تَعْبُدُوْنَ﴾

١٠) ﴿يَاأَيُّهَا النَّاسُ اعْبُدُوْا رَبَّكُمُ الَّذِيْ خَلَقَكُمْ﴾

١١) اَللّٰهُمَّ لَا تَحْرِمْنَا خَيْرَ مَا عِنْدَكَ بِشَرِّ مَا عِنْدَنَا

١٢) ﴿يَاأَيُّهَا الَّذِيْنَ آمَنُوْا أَطِيْعُوا اللهَ وَأَطِيْعُوا الرَّسُوْلَ﴾

١٣) اَللّٰهُمَّ اجْعَلْ خَيْرَ عَمَلِيْ آخِرَهُ وَخَيْرَ أَيَّامِيْ يَوْمَ أَلْقَاكَ

١٤) اَللّٰهُمَّ إِنِّيْ أَسْأَلُكَ حُبَّكَ، وَحُبَّ مَنْ يُحِبُّكَ، وَالْعَمَلَ الَّذِي يُبَلِّغُنِي حُبَّكَ

١٥) ﴿يَاأَيُّهَا النَّاسُ اتَّقُوا رَبَّكُمُ الَّذِيْ خَلَقَكُمْ مِنْ نَفْسٍ وَاحِدَةٍ وَخَلَقَ مِنْهَا زَوْجَهَا﴾

١٦) اَللّٰهُمَّ إِنِّيْ أَسْأَلُكَ الْجَنَّةَ وَمَا قَرَّبَ إِلَيْهَا مِنْ قَوْلٍ أَوْ عَمَلٍ، وَأَعُوذُ بِكَ مِنَ النَّارِ وَمَا قَرَّبَ إِلَيْهَا مِنْ قَوْلٍ أَوْ عَمَلٍ

📋 Summary

Joining Sentences Together

Vocative Expressions

نِدَاءٌ	حَرْفُ النِّدَاء	اللَّهُمَ	أَيَّتُهَا الْبِنْتُ	أَيُّها الرَّجُلُ	يَا رَجُلُ
	مُنَادًى	ضَمَّةٌ: مُضَافٌ-Non			يَا رَجُلُ
		فَتْحَةٌ : مُضَافٌ			يَا عَبْدَ اللهِ
جَوَابُ النِّدَاءِ					يَا عَبْدَ اللهِ، قُمْ

Part 2: Oaths

An oath can be brought before a sentence to create emphasis.
In Arabic, an oath is called قَسَمٌ. A sentence with an oath is made up of two sentences:

1. قَسَمٌ: the sentence comprised of the oath.
2. جَوَابُ الْقَسَمِ: the sentence being emphasised.

By Allah, I did not lie.

In the above example, By Allah is the قَسَمٌ and I did not lie is the جَوَابُ الْقَسَمِ.

Rules of اَلْقَسَمُ

اَلْقَسَمُ is made up of two parts:

1. The verb (أُقْسِمُ, I swear). This is usually hidden.
2. That upon which the oath is taken. This becomes the مَفْعُوْلٌ بِهِ غَيْرُ صَرِيْح of the verb.
   The following حُرُوْفٌ جَارَّةٌ are used in the مَفْعُوْلٌ بِهِ غَيْرُ صَرِيْحٍ of verbs of oath.
   a) وَ: this is the most common particle for an oath.

   وَالْعَصْرِ
   by time

   b) بِ:

   بِاللهِ
   by Allah

   c) تَ: This is only used with the word Allah and is seldom used.

   تَاللهِ
   by Allah

Rules of جَوَابُ الْقَسَمِ

In most cases, the جَوَابُ الْقَسَمِ will consists of some form of emphasis.

	جُمْلَةٌ اسْمِيَّةٌ	جُمْلَةٌ فِعْلِيَّةٌ		
		Past	*Present*	*Future*
مُثْبَتٌ	وَاللهِ إِنَّهُ لَصَادِقٌ	واللهِ لَقَدْ صَدَقَ	وَاللهِ لَيَصْدُقُ	وَاللهِ لَتَصْدُقَنَّ
مَنْفِيٌّ	وَاللهِ مَا هُوَ بِكَاذِبٍ	وَاللهِ مَا كَذَبَ	وَاللهِ مَا يَكْذِبُ	وَاللهِ لَنْ أَكْذِبَ

The tarkib of a sentence with an oath is written as follows:

قَسَمٌ		جَوَابُ الْقَسَمِ
مَفْعُوْلٌ بِهِ غَيْرُ صَرِيْحٍ لِفِعْلٍ مَحْذُوْفٍ (أُقْسِمُ)		فِعْلٌ، فَاعِلٌ (تُ)
وَ	اللهِ	مَا كَذَبْتُ
جَارٌّ	مَجْرُوْرٌ	

Exercise 1

Translate the following.

١) وَاللهِ إِنَّكَ قَدْ أَدَّيْتَ مَا عَلَيْكَ

٢) واللهِ مَا أَخْبَرْتُكَ إِلَّا بِمَا عَلِمْتُ

٣) ﴿وَالْعَصْرِ إِنَّ الْإِنْسَانَ لَفِي خُسْرٍ﴾

٤) وَاللهِ إِنَّ مُحَمَّدًا ﷺ رَسُوْلُ اللهِ الصَّادِقُ

٥) وَاللهِ، لَقَدْ أَعْجَبَنِي احْتِرَامُكَ لِأَسَاتِذَتِكَ

٦) تَاللهِ، لَيَحْزُنُنِيْ عَدَمُ أَدَائِكَ لِفَرِيْضَةِ الْحَجِّ

٧) وَاللهِ، إِنِّيْ لَأَتَمَنَّى أَن يَرْزُقَنِيَ اللهُ زِيَارَةَ بَيْتِهِ الْحَرَامَ

٨) وَاللهِ إِنَّ رَبَّكَ لَيَقْبَلُ التَّوْبَةَ حَتَّى تَخْرُجَ الرُّوْحُ مِنَ الْجَسَدِ

٩) تَاللهِ، لَا يُرِيْدُ الشَّيْطَانُ إِلَّا أَن يُضِلَّ النَّاسَ فَيُدْخِلُوا النَّارَ مَعَهُ

١٠) وَاللهِ لَنْ أَتَّبِعَ خُطُوَاتِ الشَّيْطَانِ بَلْ سَبِيْلَ اللهِ وَرَسُوْلَهُ ﷺ

Notes

1. Sometimes, the verb for the oath is mentioned explicitly.

أُقْسِمُ بِـالله

I swear by Allah.

2. The negative particle لَا often precedes the explicit verb of the oath. This creates emphasis, not a negative meaning.

﴿لَا أُقْسِمُ بِيَوْمِ الْقِيَامَةِ﴾

I swear by the day of reckoning.

3. وَاوُ القَسَم comes at the beginning of a sentence and is translated as by. It is عَامِلٌ; the following word is مَجْرُوْرٌ.

   وَاوُ الْعَطْفِ comes between two nouns or sentences and is translated as and. It is غَيْرُ عَامِلٍ.

وَاللهِ إِنَّهُ صَادِقٌ وَصَالِحٌ

Summary

Joining Sentences Together		
Oaths		
قَسَمٌ	Verb	أُقْسِمُ
	مَفْعُوْلٌ بِهِ غَيْرُ صَرِيْحٍ	وَاللهِ، بِاللهِ، تَاللهِ
جَوَابُ الْقَسَمِ		

Part 3: Conditional Sentences

A conditional sentence is comprised of a conditional conjunction, words like if, when, whenever, whoever, etc., and two clauses: a condition clause and a result clause.

In Arabic, the conditional conjunction is called أَدَاةُ الشَّرْطِ, the condition clause is called the شَرْطٌ and the result clause is called the جَوَابُ الشَّرْطِ.

If you work hard, you will be successful.

In the above example, If is the conditional conjunction, you work hard is the شَرْطٌ and you will be successful is the جَوَابُ الشَّرْطِ.

The table below illustrates the construction of a conditional sentence.

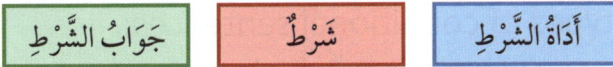

جَوَابُ الشَّرْطِ	شَرْطٌ	أَدَاةُ الشَّرْطِ

Conditional Conjunctions

There are two types of conditional conjunctions: nouns, اِسْمُ الشَّرْطِ and particles, حَرْفُ الشَّرْطِ. The term أَدَاةُ الشَّرْطِ is used to refer to both types.

أَدَاةُ الشَّرْطِ Conditional Conjunctions	
حَرْفُ الشَّرْطِ Particle conditional conjunctions	اِسْمُ الشَّرْطِ Noun conditional conjunctions

أَسْمَاءُ الشَّرْطِ

There are nine أَسْمَاءُ الشَّرْطِ. These nouns are also used as أَسْمَاءُ الاسْتِفْهَام.

English	Arabic
whoever	مَنْ
whatever	مَا
wherever	أَيْنَ
whenever	مَتَى
whenever	أَيَّانَ

English	Arabic
however	كَيْفَ
from wherever, however	أَنَّى
however many	كَمْ
whichever	أَيٌّ

The أَسْمَاءُ الشَّرْطِ are عَامِلٌ; they render the مُضَارِعٌ in both the condition and result to be in the مَجْزُوْمٌ state.

حَرْفُ الشَّرْطِ

There are three حُرُوْفُ الشَّرْطِ.

English	Arabic
if	لَوْلَا
if	إِنْ
if	لَوْ

The particle إِنْ is عَامِلٌ; it renders the مُضَارِعٌ in both the condition and result to be in the مَجْزُوْمٌ state.
The particles لَوْ and لَوْلَا are غَيْرُ عَامِلٍ.

Types of Conditional Sentences

There are two types of conditional sentences:

1. Real conditionals: conditions which may met.
2. Unreal conditionals: conditions which cannot be met.

Constructing Real Conditions

Real conditionals are constructed using either of the following أَدَاةُ الشَّرْطِ:

1. The أَسْمَاءُ الشَّرْطِ.

مَنْ يَجْتَهِدْ يَنْجَحْ

The tarkib of the أَسْمَاءُ الشَّرْطِ, will be the same as أَسْمَاءُ الِاسْتِفْهَامِ. (see page 428)

جَوَابُ الشَّرْطِ	شَرْطٌ	
فِعْلٌ وَفَاعِلٌ (أَنْتَ)	خَبَرٌ	مُبْتَدَأٌ
يَنْجَحْ	يَجْتَهِدْ	مَنْ
	فِعْلٌ وَفَاعِلٌ (هُوَ)	

2. The حَرْفُ الشَّرْطِ of إِنْ.

إِنْ تَجْتَهِدْ تَنْجَحْ

In tarkib, إِنْ is not labelled.

جَوَابُ الشَّرْطِ	شَرْطٌ	
فِعْلٌ وَفَاعِلٌ (أَنْتَ)	فِعْلٌ وَفَاعِلٌ (أَنْتَ)	حَرْفُ شَرْطٍ
تَنْجَحْ	تَجْتَهِدْ	إِنْ

Translation of Real Conditionals

There are two types of real conditionals:

1. Zero conditional
2. First conditional

Zero Conditionals

General truths and situations that occur all the time are represented by zero conditionals.

The present tense is used in both the condition and result clause.

If you work hard, you are successful.

First Conditionals

Future situations which may occur in the future are represented by first conditionals.

The present tense is used in the condition clause and the future tense with the infinitive in the result clause.

If you work hard, you will be successful.

📖 Notes

If the condition clause is mentioned first, a comma is placed between the two clauses.

If the result clause is mentioned first, the comma will be omitted.

If you work hard, you will be successful.
You will be successful if you work hard.

📋 Summary

The following table summarises the zero and first conditional.

		شَرْطٌ Condition		جَوَابُ الشَّرْطِ Result
Zero (General Truths)	If	you work hard (Present)	,	you are successful. (Present)
First (Future Possible)	If		,	you will be successful. (Future)

The context will help determine the meaning of the Arabic sentence.

Exercise 1

Translate the following.

١) إِنْ تَشْكُرُوا اللهَ يَزِدْكُمْ

٢) أَنَّى تَكُنْ يَأْتِكَ الْمَوْتُ

٣) إِنْ تُؤْمِنْ بِاللهِ تَدْخُلِ الْجَنَّةَ

٤) إِنْ تَدْعُ اللهَ يَسْتَجِبْ دُعَائَكَ

٥) وَاللهِ إِنْ تَحْفَظْ لِسَانَكَ تَسْلَمْ

٦) كَيْفَ تُعَامِلُوا النَّاسَ يُعَامِلُوْكَ

٧) إِنْ تَسْتَغْفِرِ اللهَ يَغْفِرْ لَكَ ذُنُوْبَكَ

٨) أَيْنَ تَعْمَلْ يَكْتُبْهُ اللهُ وَيُحَاسِبْكَ بِهِ

٩) كَمْ آيَةً يَحْفَظْ طَالِبٌ يَسْمَعْهُ الْمُعَلِّمُ

١٠) وَاللهِ إِنْ تَصْدُقِ النَّاس يُبَارِكِ اللهُ فِيكَ

١١) مَا تَكْسِبْ يَهْلِكْ إِلَّا مَا تُنْفِقُ فِي الْخَيْرِ

١٢) ﴿إِنْ يَشَأْ يَرْحَمْكُمْ أَوْ إِنْ يَشَأْ يُعَذِّبْكُمْ﴾

١٣) ﴿وَإِنْ تَدْعُوْهُمْ إِلَى الْهُدَى لَا يَسْمَعُوْا﴾

١٤) أَيَّ عِلْمٍ مِنْ عُلُوْمِ الْإِسْلَامِ تَطْلُبْ يَنْفَعْكَ

١٥) مَا تُنْفِقِيْ فِي سَبِيْلِ اللهِ يُكْتَبْ وَتُؤْجَرِيْ عَلَيْهِ

١٦) إِنْ تَظْلِمِ النَّاسَ يُعَذِّبْكَ اللهُ يَوْمَ يَحْشُرُ النَّاسَ

١٧) إِنْ تَعْتَصِمُوْا بِكِتَابِ اللهِ وَسُنَّةِ رَسُوْلِهِ ﷺ تَهْتَدُوْا

١٨) إِنْ تَسْأَلِ النَّاسَ يَغْضَبْ عَلَيْكَ وَإِنْ تَسْأَلِ اللهَ يَرْضَ عَلَيْكَ

١٩) إِنْ تُؤْمِنُوْا بِاللهِ وَرُسُوْلِهِ وَتَعْمَلُوْا صَالِحًا تَدْخُلُوا الْجَنَّةَ

٢٠) أَيَّانَ يُبْعَثُوْا مِنَ الْقُبُوْرِ يُحَاسَبُوْا عَلَى كُلِّ مَا فَعَلُوْهُ مِنْ خَيْرٍ وَشَرٍّ

٢١) مَتَى تَحْسُدُوا النَّاسَ عَلَى مَا آتَاهُمُ اللهُ مِنْ فَضْلِهِ لَا تَشْكُرُوْهُ عَلَى مَا آتَاكَ

٢٢) وَمَنْ يُؤْمِنْ بِاللهِ وَيَعْمَلْ صَالِحًا يُدْخِلْهُ اللهُ جَنَّاتٍ تَجْرِي مِنْ تَحْتِهَا الْأَنْهَارُ

Additional Rules of the Condition and Result Clauses

Non-مُضَارِعٌ Verbs in the شَرْطٌ and جَوَابُ الشَّرْطِ

The شَرْطٌ and جَوَابُ الشَّرْطِ may also be sentences without a فِعْلٌ مُضَارِعٌ.

The Verb of the Condition Clause

The verb in the شَرْطٌ is primarily a فِعْلٌ مُضَارِعٌ which is مَجْزُوْمٌ.

إِنْ تَصْدُقْ

If you speak the truth

However, it can also be:

1. A فِعْلٌ مَاضٍ

إِنْ صَدَقْتَ

If you speak the truth

This is translated as a فِعْلٌ مُضَارِعٌ.

2. The فِعْلٌ نَاقِصٌ of كَانَ

إِنْ كُنْتَ صَادِقًا

If you are truthful

This كَانَ is not translated as was/were.

The table below summarises the different forms of the شَرْطٌ.

شَرْطٌ		
كَانَ	مَاضٍ	مُضَارِعٌ
مَنْ كَانَ فَاعِلًا ...	مَن فَعَلْتَ ...	مَن يَّفْعَلْ ...

The Verb of the Result Clause

The جَوَابُ الشَّرْطِ is primarily:

1. A جُمْلَةٌ فِعْلِيَّةٌ with a فِعْلٌ مُضَارِعٌ in the مَجْزُوْمٌ state without any additions like سَ, لَنْ, etc.
2. A فِعْلٌ مَاضٍ with a مُضَارِعٌ meaning.

إِنِ اجْتَهَدتَّ نَجَحْتَ *If you work hard, you are successful.*	إِنِ تَجْتَهِدْ تَنْجَحْ *If you work hard, you are successful.*

If, however, the جَوَابُ الشَّرْطِ is neither of the above two, it is usually preceded by a فَ.

إِنْ يَضْرِبْكَ زَيْدٌ فَلَا تَضْرِبْهُ

If Zaid hits you, do not hit him.

This ف is not translated, and in tarkib it is labelled as رَابِطَةٌ; the فَ used to join the شَرْطٌ with the جَوَابٌ.

جَوَابُ شَرْطٍ	رَابِطَةٌ	شَرْطٌ		
فِعْلٌ وَفَاعِلٌ (أَنْتَ)مَفْعُوْلٌ بِهِ		فَاعِلٌ	فِعْلٌ وَمَفْعُوْلٌ بِهِ	حَرْفُ شَرْطٍ
لَا تَضْرِبْهُ	فَ	زَيْدٌ	يَضْرِبْكَ	إِنْ

The table below summarises the different forms of the جَوَابُ شَرْطٍ.

جَوَابُ شَرْطٍ		
Other (Preceded by فَ)	مَاضٍ With مُضَارِعٌ meaning	مُضَارِعٌ مَجْزُوْمٌ Without additions
فَهُوَ نَاجِحٌ، فَسَيَنْجَحُ، ...	نَجَحَ	يَنْجَحْ

Exercise 2

Translate the following. Identify the جَوَابُ الشَّرْطِ and explain why it is or isn't preceded by a فَاء رَابِطَةٌ.

١) ﴿إِنْ كُنْتُمْ تُحِبُّونَ اللهَ فَاتَّبِعُوْنِي﴾

٢) مَنْ سَرَّهُ مَدْحُ النَّاسِ لَهُ حَزَنَهُ ذَمُّهُمْ لَهُ

٣) ﴿وَإِنْ كَذَّبُوْكَ فَقُلْ لِي عَمَلِيْ وَلَكُمْ عَمَلُكُمْ﴾

٤) إِنْ أَغْضَبْتُكَ الْيَوْمَ فَقَدْ أَبْغَضْتَنِيْ مِرَارًا مِنْ قَبْلُ

٥) إِنْ مَاتَ النَّبِيُّ مُحَمَّدٌ ﷺ فَإِنَّ اللهُ حَيٌّ لَا يَمُوْتُ

٦) مَنْ كَانَ عِنْدَهُ مَالٌ كَثِيْرٌ فَقَدْ وَجَبَتْ عَلَيْهِ الزَّكَاةُ

٧) إِنْ تَصْبِرُوْا وَتَتَّقُوْا فَسُوْفَ يُؤْتِيْكُمْ اللهُ أَجْرًا عَظِيْمًا

٨) ﴿وَإِنْ تَكْفُرُوْا فَإِنَّ لِلَّهِ مَا فِي السَّماواتِ وَالْأَرْضِ﴾

٩) إِنْ يُنْزِلِ اللهُ عَلَيْكُمْ عَذَابًا مِنَ السَّمَاءِ فَلَا نَاصِرَ لَكُم

١٠) إِنْ أَصَابَتْكَ مُصِيْبَةٌ فَاصْبِرْ وَاعْلَمْ أَنْ اللهَ مَعَ الصَّابِرِيْنَ

١١) مَنْ كَانَ مَرِيْضًا فِي شَهْرِ رَمَضَانَ فَلْيَصُمْ فِيْ غَيْرِ رَمَضَانَ

١٢) إِنِ ابْتَلَاكَ اللهُ بِمُصِيْبَةٍ فَكَمْ مِنْ نِعْمَةٍ أَنْعَمَ بِهَا عَلَيْكَ مِنْ قَبْلُ

Negating the Verb in the Condition Clause

The verb of the شَرْطٌ is made negative by adding the particle لَمْ.

The verb of the جَوَابُ الشَّرْطِ is made negative by adding a مَا or لَا.

إِنْ لَمْ تَجْتَهِدْ لَا تَنْجَحْ

If you do not work hard, you will not be successful.

The negative verb in a conditional can be translated as unless.

Unless you work hard, you will not be successful.

Exercise 3

Translate the following.

١) إِنْ لَمْ تَجْتَهِدْ لَا تَفُزْ

٢) إِنْ لَمْ تُطِعْنَ أَبَوَيْكُنَّ يَحْزَنَا

٣) إِنْ لَمْ تَصْدُقِيْ لَا يُحْبِبْكِ النَّاسُ

٤) إِنْ لَمْ تُسْرِعْ يَكُنْ جَوَابُكَ صَحِيْحًا

٥) إِنْ لَمْ تَعْرِفْ رَبَّكَ تَعِشْ عِيْشَةَ الْبَهَائِمِ

٦) إِنْ لَمْ تَطْلُبُوا الْعِلْمَ صِغَارًا تَبْقَوْا جَاهِلِيْنَ

٧) إِنْ لَمْ تَشْرَبَا مَاءً تَعْطِشَا وَإِنْ لَمْ تَأْكُلَا تَجُوْعَا

٨) إِنْ لَمْ يَحْضُرْنَ الدُّرُوْسَ كُلَّ يَوْمٍ لَا يَفْهَمْنَهَا فَهْمًا

٩) إِنْ لَمْ يَبْلُغِ الضُّيُوْفُ قَبْلَ الْمَغْرِبِ نَرْجِعْ إِلَى بُيُوْتِنَا

١٠) إِنْ لَمْ تَكُنْ أَجْوِبَتُكَ صَحِيْحَةً لَا يَغْضَبْ عَلَيْكَ أُسْتَاذُكَ بَلْ يَنْصُرْكَ

The جَوَابٌ مُقَدَّمٌ

Sometimes, in a conditional sentence, the جَوَابٌ may precede the شَرْطٌ. In this case, the أَدَاةُ الشَّرْطِ will not cause the جَوَابٌ to be مَجْزُوْمٌ.

أَجْتَهِدُ إِنِ اجْتَهَدتَّ

I will work hard if you work hard.

The tarkib of this is written as follows:

شَرْطٌ مُؤَخَّرٌ		جَوَابُ شَرْطٍ مُقَدَّمٌ
فِعْلٌ وَفَاعِلٌ (تَ)	حَرْفُ شَرْطٍ	فِعْلٌ وَفَاعِلٌ (أَنَا)
اجْتَهَدتَّ	إِنْ	أَجْتَهِدُ

Exercise 4

Translate the following.

١) كُلْ إِنْ كُنْتَ جَائِعًا

٢) لَا تَصُمْ إِنْ كُنْتَ مَرِيْضًا

٣) ﴿اِتَّقُوْا اللهَ إِنْ كُنْتُمْ مُؤْمِنِيْنَ﴾

٤) أُنْصُرِ الْفُقَرَاءَ وَالْمَسَاكِيْنَ إِنْ كَانَ عِنْدَكَ مَالٌ

٥) لَا تَذْهَبْ إِلَى الْمَدْرَسَةِ إِنْ كُنْتَ مَرِيْضًا

٦) ﴿فَاسْأَلُوْا أَهْلَ الذِّكْرِ إِنْ كُنْتُمْ لَا تَعْلَمُوْنَ﴾

٧) ﴿وَاشْكُرُوْا نِعْمَتَ اللهِ إِنْ كُنْتُمْ إِيَّاهُ تَعْبُدُوْنَ﴾

٨) اِعْمَلْ صَالِحًا إِنْ كُنْتَ تَرْجُو اللهَ وَالْيَوْمَ الْآخِرَ

Comparing إِذَا and إِنْ

إِذَا is used for events which are certain to occur, i.e. in the meaning of when. (see page 450)

إِنْ is used for uncertain events, i.e. in the meaning of if.

إِنْ تَذْهَبْ If you go	إِذَا ذَهَبْتَ When you go

Exercise 5

Translate the following. Notice the difference between the شَرْطٌ and the sentence مَفْعُوْلٌ فِيْهِ.

١) إِنْ تَنْصُرِ اللهَ يَنْصُرْكَ

٢) إِذَا اسْتَيْقَظْتَ فَاذْكُرِ اللهَ

٣) إِنْ تَسْتَيْقِظْ قَبْلِيْ فَأَيْقِظْنِيْ

٤) إِذَا جَاءَ نَصْرُ اللهِ فَاشْكُرُوا اللهَ

٥) إِذَا تَكَلَّمْتَ فَاصْدُقْ وَلَا تَكْذِبْ

٦) إِذَا رَأَيْتَ أَخَاكَ فَسَلِّمْ عَلَيْهِ مِنِّيْ

٧) إِنْ تَرَ الْكَعْبَةَ بِعَيْنَيْكَ يُعْجِبْكَ حُسْنُهَا

٨) إِنْ تَجْلِسْ مَعَ الْعُلَمَاءِ يَنْفَعْكَ عِلْمُهُمْ

٩) إِنْ يَسْأَلْكَ الْأُسْتَاذُ فَاصْدُقْ وَلَا تَكْذِبْ

١٠) إِذَا جَلَسْتَ فِي الدَّرْسِ فَاسْتَمِعْ إِلَى الْأُسْتَاذِ

Unreal Conditionals

Unreal conditionals relate to circumstances which are unlikely to be met.

Translation of Unreal Conditionals

There are two types of unreal conditionals:

1. Second conditional
2. Third conditional

Second Conditional

Conditions which are possible but unlikely to be met are represented by the second conditional.

These are expressed using the past tense in the condition clause and would, should, could, might, etc. in the result clause.

If you worked hard, you would be successful.

This can also be translated by placing were at the beginning of the sentence, followed by the infinitive.

Were you to work hard, you would be successful.

📖 **Notes**

The condition clause is translated using the past tense, even though it gives a future meaning to indicate distance from reality, not past events.

Third Conditional

Past situations which cannot be changed are represented by the third conditional.

These are expressed using the past tense with had in the condition clause and would have, should have, could have, might have, etc. in the result clause, followed by the past participle.

If you had worked hard, you would have been successful.

This can also be translated by placing had at the beginning of the sentence, followed by the past tense.

Had you worked hard, you would have been successful.

The following table summarises the four different conditionals.

		شَرْطٌ Condition		جَوَابُ الشَّرْطِ Result
Zero (General Truths)	If	you work hard (Present)	,	you are successful. (Present)
First (Future: Possible)	If		,	you will be successful. (Future)
Second (Future: Possible, Unlikely)	If	you worked hard (Past)	,	you would be successful. (Would + Infinitive)
Third (Past, Unchangeable)	If	you had worked hard (Had + past)	,	you would have been successful. (Would have + Past participle)

Constructing Unreal Conditions

The unreal conditional is constructed by adding one of the following حَرْفُ الشَّرْطِ:

1. لَوْ
2. لَوْلَا

The حَرْفُ الشَّرْطِ used in unreal conditionals are غَيْرُ عَامِلٍ.

لَوْ

لَوْ can be followed by a:

1. جُمْلَةٌ فِعْلِيَّةٌ
2. جُمْلَةٌ اِسْمِيَّةٌ

لَوْ with a جُمْلَةٌ فِعْلِيَّةٌ

لَوْ is usually followed by a فِعْلٌ مَاضٍ in both الشَّرْطِ and جَوَابُ الشَّرْطِ.
The جَوَابٌ of لَوْ is often preceded by a لَامْ, known as لَامُ الْجَوَابِ.

> لَوِ اجْتَهَدتَّ لَنَجَحْتَ
>
> *If you worked hard, you would be successful.*
> *If you had worked hard, you would have been successful.*

The tarkib of this is written as follows:

شَرْطٌ		جَوَابُ شَرْطٍ	
حَرْفُ شَرْطٍ	فِعْلٌ وَفَاعِلٌ (تَ)	لَامُ الْجَوَابِ	فِعْلٌ وَفَاعِلٌ (تَ)
لَوْ	اجْتَهَدتَّ	لَ	نَجَحْتَ

Exercise 6

Translate the following.

١) لَوْ أَذْنَبْتُمْ لَحُرِمْتُمْ كَثِيْرًا مِن رِّزْقِكُمْ

٢) لَوِ اجْتَهَدَتِ اجْتِهَادًا لفَاقَتْ أَقْرَانَهَا

٣) لَوْ قَرَأْتَ مِنَ الْمُصْحَفِ لَمَا أَخْطَأْتَ

٤) لَوْ ذَاقُوْا حَلَاوَةَ الْإِيْمَانِ لَمَا تَرَكُوْا الصَّلَوَاتِ الْمَكْتُوْبَةَ

٥) لَوْ وَضَعْتُمُ الْأَشْيَاءَ فِي مَوَاضِعِهَا لَوَجَدتُّمُوْهَا حِيْنَ احْتَجْتُمْ إِلَيْهَا

٦) لَوْ أَنْزَلَ اللهُ كُلَّ آيَةٍ لِكُفَّارِ مَكَّةَ لَمَا آمَنُوْا بَلْ زَادُوْا كُفْرًا وَطُغْيَانًا وَتَكْذِيْبًا

٧) لَوْ نَظَرُوْا إِلَى السَّمَاءِ وَالْأَرْضِ وَفِي أَنْفِسِهِمْ نَظَرَ فِكْرٍ لَعَرَفُوْا أَنَّ لَهُمَا خَالِقًا يَقِيْنًا

٨) اَلْإِمَامُ يَعِظُ النَّاسَ جَالِسًا عَلَى ذٰلِكَ الْكُرْسِيِّ ولَوْ كَانَ فِي الْمَسْجِدِ مِنْبَرٌ لَوَعَظَ جَالِسًا عَلَيْهِ

٩) لَوْ تَرَكْتَ الضِّحْكَ وَالْكَلَامَ فِي الْفَصْلِ وَاسْتَمَعْتَ إِلَى الْمُعَلِّمِ اسْتِمَاعًا لَفَهِمْتَ الدَّرْسَ فَهْمًا

١٠) لَوْ عَلِمَ الْقَاضِي أَنَّهُ سَيَقُوْمُ للهِ يَوْمَ الْقِيَامَةِ وَيُحَاسَبُ عَلَى مَا فَعَلَ لَمَا آثَرَ الْأَغْنِيَاءَ وَالْأُمَرَاءَ عَلَى الْفُقَرَاءِ وَالضُّعَفَاءِ

لَوْ with a جُمْلَةٌ اسْمِيَّةٌ

لَوْ can also be followed by a جُمْلَةٌ اسْمِيَّةٌ. This occurs in two ways:

1. The جُمْلَةٌ اسْمِيَّةٌ is preceded by the فِعْلٌ نَاقِصٌ of كَانَ.

> لَو كَانَ الْمُعَلِّمُ صَحِيْحًا لَحَضَرَ الدَّرْسَ
>
> *Had the teacher been healthy, he would have attended the lesson.*

2. The مُبْتَدَأٌ is an اِسْمٌ مُؤَوَّلٌ with أَنَّ and the خَبَرٌ is hidden, مَحْذُوْفٌ.

> لَو أَنَّكَ اجْتَهَدتَّ ... لَنَجَحْتَ
>
> *If you worked hard, you would be successful.*
>
> *If you had worked hard, you would have been successful.*

The tarkib of this is written as follows:

جَوَابُ شَرْطٍ		شَرْطٌ				
فِعْلٌ وَفَاعِلٌ (تَ)	لَامُ الْجَوَابِ	خَبَرٌ	مُبْتَدَأٌ			حَرْفُ شَرْطٍ
نَجَحْتَ	لَ	(مَحْذُوْفٌ)	اجْتَهَدتَّ	كَ	أَنَّ	لَوْ
			فِعْلٌ وَفَاعِلٌ (تَ)			
			خَبَرُ أَنَّ	اِسْمُ إِنَّ	حَرْفٌ مُشَبَّهٌ بِالْفِعْلِ	
			صِلَةٌ		حَرْفٌ مَوْصُوْلٌ	

Exercise 7

Translate the following.

١) لَوْ كَانَ يَخَافُ اللهَ لَمَا عَصَاهُ

٢) لَوْ كَانَ الثَّوْبُ طَاهِرًا لَلَبِسْتُهُ

٣) لَوْ كَانَ فِي الْكَأْسِ مَاءٌ لَشَرِبْتُهُ

٤) لَوْ كَانَ الْبَابُ مَفْتُوْحًا لَدَخَلْتُ

٥) لَوْ كَانَتِ الْأَصْنَامُ آلِهَةً لَنَفَعَتْهُمْ

٦) لَوْ كُنْتَ تَسْمَعُ الدَّرْسَ لَفَهِمْتَهُ

٧) لَوْ أَنَّهُمْ عَرَفُوْا اللهَ مَا عَبَدُوْا الْأَصْنَامَ

٨) لَوْ كَانُوْا عُقَلَاءَ مَا فَعَلُوْا أَشْيَاءَ مِثْلَ هٰذِهِ

٩) لَوْ كَانَ لِلْمَسْجِدِ مِحْرَابٌ لَقَامَ الْإِمَامُ فِيْهِ

١٠) لَوْ كَانَ عِنْدَهَا مَاءٌ لَغَسَلَتْ يَدَهَا الْوَسِخَةَ

١١) لَوْ كَانَ عِنْدِيْ مَالٌ لَذَهَبْتُ إِلَى مَكَّةَ لِأَحُجَّ

١٢) لَوْ شَاءَ رَبُّكَ لَآمَنَ مَنْ فِي الْأَرْضِ جَمِيْعًا

١٣) لَوْ أَنَّ الْوَلَدَ نَامَ بَعْدَ الْعِشَاءِ لَاسْتَيْقَظَ لِلصَّلَاةِ

١٤) لَوْ عَلِمْتَ ثَوَابَ الصَّلَاةِ لَذَهَبْتَ إِلَى الْمَسْجِدِ

لَوْلَا

لَوْلَا is followed by a جُمْلَةٌ اسْمِيَّةٌ in which the خَبَرٌ is مَحْذُوْفٌ.

This is translated as were it not for or had it not been for. This is used for third conditionals.

لَوْلَا الْأَنْبِيَاءُ لَضَلَّ النَّاسُ

Were it not for the Prophets, people would have been misguided.
Had it not been for the Prophets, people would have been misguided.

The جَوَابٌ of لَوْلَا is often preceded by لَامُ الْجَوَابِ.

The tarkib of this is written as follows:

جَوَابُ شَرْطٍ			شَرْطٌ		
فَاعِلٌ	فِعْلٌ	لَامُ الْجَوَابِ	خَبَرٌ	مُبْتَدَأٌ	حَرْفُ شَرْطٍ
النَّاسُ	ضَلَّ	لَ	(مَحْذُوْفٌ)	الْأَنْبِيَاءُ	لَوْلَا

Exercise 8

Translate the following.

١) لَوْلَا الْمَصَائِبُ لَمَا عَرَفْنَا النِّعَمَ

٢) لَوْلَا الْقَلَمُ وَالْكِتَابُ لَضَاعَ الْعِلْمُ

٣) لَوْلَا تِلْكَ الْعَلَامَةُ لَمَا عَرَفْنَا بَيْتَكَ

٤) لَوْلَا الضُّيُوْفُ لَمَا أَقَمْنَا فِي الْبَيْتِ

٥) لَوْلَا أَنَّ الدَّرْسَ فِي اللَّيْلِ لَحَضَرْتُهُ

٦) لَوْلَا الْكَعْبَةُ لَمَا سَافَرَ النَّاسُ إِلَى مَكَّةَ

٧) لَوْلَا أَنَّ بَابَ الْمَسْجِدِ مُغْلَقٌ لَصَلَّيْنَا فِيْهِ

٨) لَوْلَا مَرَضُ جَدِّيْ لَصَامَ يَوْمَيْنِ كُلَّ أُسْبُوْعٍ

٩) لَوْلَا رَمَضَانُ لَمَا تَلَا الْقُرْآنَ كَثِيْرٌ مِنَ النَّاسِ

١٠) لَوْلَا الْعُلَمَاءُ لَمَا وَصَلَنَا عِلْمُ الْقُرْآنِ وَالْحَدِيْثِ

١١) لَوْلَا الْأَدَبُ لَعَاشَ النَّاسُ عِيْشَةَ الْأُسُدِ وَالْبَقَرَاتِ

١٢) لَوْلَا الْعِبَادَةُ وَطَلَبُ الْعِلْمِ مَا ذُقْتُ حَلَاوَةَ الْحَيَاةِ

Additional Rules of إِنْ and لَوْ

وَإِنْ and وَلَوْ as a حَالٌ

The conditional particles إِنْ and لَوْ can be preceded by a وَاوٌ حَالِيَّةٌ to give the meaning of even though or even if.

أَنْصِفُوْا النَّاسَ وَلَوْ ظَلَمُوْكَ

Be fair to people
even though they wronged you.

The sentence after وَلَوْ becomes the حَالٌ, and the جَوَابُ الشَّرْطِ is مَحْذُوْفٌ. The tarkib of this is written as follows:

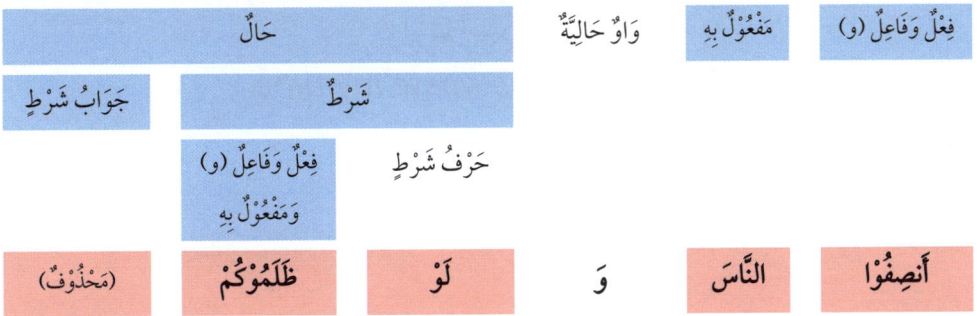

حَالٌ			وَاوٌ حَالِيَّةٌ	مَفْعُوْلٌ بِهِ	فِعْلٌ وَفَاعِلٌ (و)
جَوَابُ شَرْطٍ	شَرْطٌ				
	فِعْلٌ وَفَاعِلٌ (و) وَمَفْعُوْلٌ بِهِ	حَرْفُ شَرْطٍ			
(مَحْذُوْفٌ)	**ظَلَمُوْكُمْ**	**لَوْ**	وَ	**النَّاسَ**	**أَنْصِفُوْا**

Exercise 9

Translate the following.

١) لَا تَظْلِمِ النَّاسَ وَلَوْ ظَلَمُوْكَ

٢) أَتَوَضَّأُ لِكُلِّ صَلَاةٍ وَإِنْ كُنْتُ مُتَوَضِّأً

٣) لَن يُفْلِحَ الظَّالِمُ وَإِنْ جَمَعَ جَبَلًا مِنْ ذَهَبٍ

٤) لَا تَسْجُدُوْا لِأَحَدٍ غَيْرِ اللهِ وَإِنْ قَطَعُوْا رَأْسَكُمْ

٥) دَائِمًا أَسْأَلُ أُمِّي أَن تَدْعُوَ لِيْ وَلَوْ كَانَتْ قَالَتْ لِيْ: يَا بُنَيَّ! أَدْعُوْ لَكَ دَائِمًا

٦) كَانَ جَدُّ أَحْمَدَ سُلَيْمَانُ يُصَلِّيْ الصَّلَوَاتِ كُلَّهَا فِي الْمَسْجِدِ وَإِنْ كَانَ مَرِيْضًا

لَوْ for Requests

The conditional particle لَوْ can be used to make a request. The sentence after لَوْ will be a فِعْلٌ مَاضٍ. In this case the جَوَابُ الشَّرْطِ is مَحْذُوْفٌ. This is translated as why don’t you or could you kindly.

لَوْ جَلَسْتَ هُنَاكَ

Could you kindly sit over there.

لَوْ for Wishes

The particle لَوْ can also be used to express a wish. In this case, the جَوَابُ الشَّرْطِ is omitted.

لَوْ لَمْ أُضَيِّعْ وَقْتِي

If only I did not waste my time.

Part 4: Sentences after اَلْأَمْرُ and اَلنَّهْيُ

A sentence comprised of a فِعْلُ أَمْرٍ or a فِعْلُ نَهْيٍ is sometimes followed by another sentence which shows the result of adhering or not adhering to the أَمْرٌ or نَهْيٌ.

In Arabic, these sentences are called جَوَابُ الْأَمْرِ or جَوَابُ النَّهْيِ.

جَوَابُ الْأَمْرِ

The جَوَابُ الْأَمْرِ shows the result of adhering to the command.

This is comprised of a فِعْلٌ مُضَارِعٌ in the مَجْزُوْمٌ state.

The جَوَابُ الْأَمْرِ can be translated as two separate sentences, or it can be joined with the word and.

أُعْبُدِ اللهَ تَدْخُلِ الْجَنَّةَ

Worship Allah, you will enter Jannah.
Worship Allah and you will enter Jannah.

The tarkib of this is written as follows:

جَوَابُ أَمْرٍ		أَمْرٌ	
مَفْعُوْلٌ بِهِ	فِعْلٌ وَفَاعِلٌ (أَنْتَ)	مَفْعُوْلٌ بِهِ	فِعْلٌ وَفَاعِلٌ (أَنْتَ)
الْجَنَّةَ	**تَدْخُلِ**	**اللهَ**	**أُعْبُدِ**

Exercise 1

Translate the following.

١) صُوْمُوْا تَصِحُّوْا

٢) ﴿فَاذْكُرُوْنِي أَذْكُرْكُمْ﴾

٣) أَحْسِنْ إِلَى النَّاسِ يُحِبُّوْكَ

٤) اِقْبَلْ مِنَ النَّاسِ يَقْبَلِ اللهُ مِنْكَ

٥) أَدُّوْا زَكَاةَ أَمْوَالِكُمْ يُبَارِكِ اللهُ فِيْهَا

٦) آمِنُوْا بِاللهِ وَرَسُوْلِهِ تَفُوْزُوْا فَوْزًا عَظِيْمًا

٧) يَاأَيُّهَا الْأَوْلَادُ، اِحْتَرِمُوْا النَّاسَ يَحْتَرِمُوْكُمْ

٨) أُشْكُرُوا اللهَ عَلَى مَا رَزَقَكَمْ مِنَ النِّعَمِ يَزِدْكَمْ

٩) اِسْأَلِ الْأُسْتَاذَ يَشْرَحْ لَكَ الدَّرْسَ حَتَّى تَفْهَمَ

١٠) يَا أَحْمَدُ وَزَيْنَبُ، اُنْصُرَا النَّاسَ يَنْصُرْكُمَا اللهُ

١١) اِسْتَمِعِيْ إِلَى الْمُعَلِّمَةِ اسْتِمَاعًا تَفْهَمِي الدَّرْسَ

١٢) يَا بِنْتِيْ، اِصْبِرِيْ عَلَى مَا أَصَابَكِ يُؤْتِكِ اللهُ أَجْرًا عَظِيْمًا

١٣) يَا أَيُّهَا الَّذِيْنَ آمَنُوْا، اِسْتَغْفِرُوا اللهَ لِذُنُوْبِكُمْ، يَغْفِرْ لَكُمْ ذُنُوْبَكُمْ

١٤) اِرْحَمُوْا النَّاسَ كَبِيْرَهُمْ وَصَغِيْرَهُمْ قَوِيَّهُمْ وَضَعِيْفَهُمْ يَرْحَمُوْكَمْ وَيَرْحَمْكُمُ اللهُ

جَوَابُ النَّهْيِ

The جَوَابُ النَّهْيِ shows the result of adhering or not adhering to the command. It can can occur in two ways:

1. Without a فَ before it
2. With a فَ before it

The جَوَابُ النَّهْيِ Without a فَ

The جَوَابُ النَّهْيِ without a فَ shows the result of adhering to the prohibition.

This is comprised of a فِعْلٌ مُضَارِعٌ in the مَجْزُوْمٌ state.

This can be translated as two separate sentences, or it can be joint with the word and.

لَا تَكْفُرْ تَدْخُلِ الْجَنَّةَ

Do not disbelieve, you will enter Jannah.
Do not disbelieve and you will enter Jannah.

The tarkib of this is written as follows:

جَوَابُ النَّهْيِ		نَهْيٌ
مَفْعُوْلٌ بِهِ	فِعْلٌ وَفَاعِلٌ (أَنْتَ)	فِعْلُ نَهْيٍ وَفَاعِلٌ (أَنْتَ)
الْجَنَّةَ	**تَدْخُلِ**	**لَا تَكْفُرْ**

Exercise 2

Translate the following sentences.

١) لَا تَكْسَلْ تَنْجَحْ

٢) لَا تَنْسَ اللهَ لَا يَنْسَكَ

٣) لَا تَسْتَكْبِرْ يُحِبَّكَ النَّاسُ

٤) لَا تَتَّبِعُوا الشَّيْطَانَ تَهْتَدُوْا

٥) لَا تَقُوْلُوْا إِلَّا الْحَقَّ تَسْلَمُوْا

٦) لَا تُذْنِبْ تَذُقْ حَلَاوَةَ الْإِيْمَانِ

٧) لَا تَطْمَعْ فِي مَالِ النَّاسِ يُحِبُّوْكَ

٨) لَا تَبْدَأْ أَمْرًا بِغَيْرِ اسْمِ اللهِ يُبَارِكْ فِيْكَ

٩) لَا تُضَيِّعْ وَقْتَكَ تَنْجَحْ فِي الامْتِحَانِ

١٠) لَا تَلْعَبْ مَعَ قَلَمِكَ تَفْهَمِ الدَّرْسَ فَهْمًا

The جَوَابُ النَّهْيِ with a فَ

The جَوَابُ النَّهْيِ with a فَ shows the result of not adhering to the prohibition.

This is comprised of a فِعْلٌ مُضَارِعٌ in the مَنْصُوْبٌ state.

This can be translated as lest, otherwise, or, etc.

لَا تَكْسَلْ فَتَنْدَمَ

Do not be lazy, lest you regret (it).
Do not be lazy, or you will regret (it).
Do not be lazy, otherwise you will regret (it).

In tarkib, the فَ is labelled as فَاءُ السَّبَبِ.

جَوَابُ النَّهْيِ		نَهْيٌ
فِعْلٌ وَفَاعِلٌ (أَنْتَ)	فَاءُ السَّبَبِ	فِعْلُ نَهْيٍ وَفَاعِلٌ (أَنْتَ)
تَنْدَمَ	**فَ**	**لَا تَكْسَلْ**

Exercise 3

Translate the following sentences.

١) لَا تَخْدَعِ النَّاسَ فَيُبْغِضُوْكَ

٢) لَا تَغْضَبْ فَيَمْلِكَكَ الشَّيْطَانُ

٣) لَا تَضْحَكْ عَلَى أَحَدٍ فَيَبْتَلِيَكَ اللهُ

٤) لَا تَعُقَّ أَبَوَيْكَ فَيَحْزَنَا وَيَغْضَبَ اللهُ عَلَيْكَ

٥) لَا تَغْتَابُوْا النَّاسَ فَتَخْسَرُوْا أُجُوْرَكُمْ وَتَنْدَمُوْا

٦) لَا تَتْرُكِ الصَّلَاةَ فَتَبْكِيَ يَوْمَ الْقِيَامَةِ نَدَامَةً

٧) لَا تَظْلِمِ النَّاسَ فَيُعَذِّبَكَ اللهُ عَذَابًا شَدِيْدًا

٨) لَا تُسْرِفْ مَالَكَ فِيْمَا لَا يُرْضِي اللهَ فَتَخْسَرَ

٩) لَا تَدْخُلْ بَيْتَ أَحَدٍ بِغَيْرِ إِذْنٍ فَتَرَى مَا لَا يَنْبَغِي

١٠) لَا تَكْفُرْ بِمَا أَنْعَمَ اللهُ عَلَيْكَ مِنْ نِعَمٍ فَيُعَذِّبَكَ اللهُ

Summary of جَوَابُ الْأَمْرِ and جَوَابُ النَّهْيِ

Type of Verb in Main Sentence	Meaning of the Following Sentence	Irab of the Verb in the Following Sentence	Example and Translation
الْأَمْرُ	Result of adhering to the command	مَجْزُوْمٌ	اجْتَهِدْ تَنْجَحْ Work hard and you will be successful.
النَّهْيُ	Result of adhering to the prohibition	مَجْزُوْمٌ	لَا تَكْسَلْ تَنْجَحْ Do not be lazy and you will be successful.
	Result of not adhering to the prohibition	فَـ + مَنْصُوْبٌ	لَا تَكْسَلْ فَتَنْدَمَ Do not be lazy otherwise you will regret (it).

Exercise 3

Join the following sentences together. Make changes where necessary.

١) اُصْدُقُوْا / تَظْهَرُ الْبَرَكَةُ فِي حَيَاتِكَ

٢) لَا تَكْذِبْ / تَظْهَرُ الْبَرَكَةُ فِي حَيَاتِكَ

٣) لَا تَكْذِبْ / تُحْرَمُ الْبَرَكَةَ

٤) لَا تَسْتَكْبِرْ / يُبْغِضُكَ اللهُ

٥) تُوْبُوْا إِلَى اللهِ / تُقْبَلُ تَوْبَتُكَ

٦) اِعْتَصِمْنَ بِكِتَابِ اللهِ / تَهْتَدِيْنَ

٧) اِجْتَنِبْنَ الْمَعَاصِيَ / تَدْخُلُ الْجَنَّةَ

٨) لَا تُضَيِّعُوْا وَقْتَكُمْ / تَخْسَرُوْنَ

٩) رَاجِعَا الدُّرُوْسَ / تَنْجَحَانِ فِي الامْتِحَانِ

١٠) لَا تَدْخُلُوْا بُيُوْتًا غَيْرَ بُيُوْتِكُمْ / تَرَوْنَ مَا لَا يَنْبَغِيْ

Part 5: جُمْلَةٌ تَعْلِيْلِيَّةٌ

Sometimes, an independent sentence may show cause or reason of the previous sentence, like a مَفْعُوْلٌ لَهُ. This is called جُمْلَةٌ تَعْلِيْلِيَّةٌ.

A جُمْلَةٌ تَعْلِيْلِيَّةٌ is translated as for, because, so that or perhaps. Sometimes, it is left untranslated.

Be good to your parents because they looked after you when you were young.

Types of جُمْلَةٌ تَعْلِيْلِيَّةٌ

There are three types of جُمْلَةٌ تَعْلِيْلِيَّةٌ:

1. A جُمْلَةٌ تَعْلِيْلِيَّةٌ with no additions
2. A جُمْلَةٌ تَعْلِيْلِيَّةٌ with the حَرْفُ عَطْفٍ of فَ
3. A جُمْلَةٌ تَعْلِيْلِيَّةٌ with the حَرفٌ مُشَبَّهٌ بِالْفِعْلِ of لَعَلَّ

A جُمْلَةٌ تَعْلِيْلِيَّةٌ with no Additions

A جُمْلَةٌ تَعْلِيْلِيَّةٌ can occur without any additions to it.

أَحْسِنُوْا إِنَّ اللهَ يُحِبُّ الْمُحْسِنِيْنَ

Be good, for verily Allah loves those who do good.

In this text, the second sentence, Allah loves those who do good, shows the reason for the command in the first, be good.

Reason ⬅ Action

Vocab

English	Arabic	English	Arabic
form, picture	صُوْرَةٌ ج صُوَرٌ	footsteps	خُطْوَةٌ ج خُطُوَاتٌ
time	عَصْرٌ ج عُصُوْرٌ	body	جِسْمٌ ج أَجْسَامٌ

Exercise 1

Translate the following.

١) أُطْلُبُ الْعِلْمَ إِنَّ الْعِلْمَ يَنْفَعُ

٢) اِغْسِلُوْا يَدَيْكَ إِنَّهُمَا وَسِخَتَانِ

٣) لَا تُشْرِكُوْا بِاللهِ إِنَّ الشِّرْكَ لَظُلْمٌ عَظِيْمٌ

٤) لَا أَكْذِبُ إِنَّ الْكِذْبَ يَهْدِيْ إِلَى النَّارِ

٥) ﴿وَاسْتَغْفِرُوا اللهَ إِنَّ اللهَ غَفُورٌ رَحِيمٌ﴾

٦) ﴿وَاسْتَغْفِرِ اللهَ إِنَّ اللهَ كَانَ غَفُورًا رَحِيمًا﴾

٧) انْظُرُوْا إِلَى السَّمَاءِ وَالْأَرْضِ إِنَّ فِيْهِمَا لَآيَاتٍ

٨) ﴿اسْتَعِينُوا بِالصَّبْرِ وَالصَّلَاةِ إِنَّ اللهَ مَعَ الصَّابِرِينَ﴾

٩) ﴿لَا تَتَّبِعُوا خُطُوَاتِ الشَّيْطَانِ إِنَّهُ لَكُمْ عَدُوٌّ مُبِينٌ﴾

١٠) كُلُوْا وَاشْرَبُوْا وَلَا تُسْرِفُوْا إِنَّ اللهَ لَا يُحِبُّ الْمُسْرِفِيْنَ

A جُمْلَةٌ تَعْلِيْلِيَّةٌ with لَعَلَّ

A جُمْلَةٌ تَعْلِيْلِيَّةٌ can occur with the حَرْفٌ مُشَبَّهٌ بِالْفِعْلِ of لَعَلَّ.

﴿اِتَّقُوْا اللهَ لَعَلَّكُمْ تُفْلِحُوْنَ﴾

Fear Allah so that you may be successful.

In this text, the second sentence, you may be successful, shows the reason for the command in the first, Fear Allah.

Reason	⊂	Action

The tarkib of a sentence with لَعَلَّ is written as follows:

خَبرُ لَعَلَّ	اسْمُ لَعَلَّ	حَرْفٌ مُشَبَّهٌ بِالْفِعلِ
تُفْلِحُوْنَ	كُمْ	لَعَلَّ
فِعْلٌ وَفاعِلٌ (و)		

Exercise 2

Translate the following.

١) ﴿يُرِيْكُمْ آيَاتِهِ لَعَلَّكُمْ تَعْقِلُوْنَ﴾

٢) ﴿أُعْبُدُوْا رَبَّكُمُ ... لَعَلَّكُمْ تَتَّقُوْنَ﴾

٣) ﴿فَاذْكُرُوْا آلَاءَ اللهِ لَعَلَّكُمْ تُفْلِحُوْنَ﴾

٤) ﴿إِنَّا جَعَلْنَاهُ قُرْآنًا عَرَبِيًّا لَعَلَّكُمْ تَعْقِلُوْنَ﴾

٥) ﴿وَرَزَقَكُمْ مِنَ الطَّيِّبَاتِ لَعَلَّكُمْ تَشْكُرُوْنَ﴾

٦) ﴿وَلَقَدْ آتَيْنَا مُوسَى الْكِتَابَ لَعَلَّهُمْ يَهْتَدُونَ﴾

٧) أُطِيْعُ وَالِدَيَّ لَعَلَّهُمْ تَرْضَيَانِ عَنِّيْ وَيَدْعُوَانِ لِيْ

٨) إِنَّ اللهَ جَعَلَ لَكُمُ السَّمْعَ وَالْأَبْصَارَ لَعَلَّكُمْ تَشْكُرُونَ

٩) ﴿يَاأَيُّهَا الَّذِينَ آمَنُوْا ارْكَعُوْا وَاسْجُدُوْا وَاعْبُدُوْا رَبَّكُمْ وَافْعَلُوا الْخَيْرَ لَعَلَّكُمْ تُفْلِحُوْنَ﴾

A جُمْلَةٌ تَعْلِيْلِيَّةٌ with the حَرْفُ عَطْفٍ of فَ

A جُمْلَةٌ تَعْلِيْلِيَّةٌ can occur after the حَرْفُ عَطْفٍ of فَ which is known as فَاءٌ سَبَبِيَّةٌ.

اُعْبُدُوْا اللهَ فَإِنَّهُ خَلَقَكَ

Worship Allah because he created you.

In this text, the second sentence, he created you, shows the reason for the command in the first, Worship Allah.

Reason ف Action

The reason can also come before the action.

﴿اللهُ رَبِّي وَرَبُّكُمْ فَاعْبُدُوْهُ﴾

Allah is my Lord and your Lord, so worship him.

In this text, the first sentence, Allah is my Lord and your Lord, is the reason for the command in the second sentence, worship him.

Action ف Reason

Exercise 2

Translate the following.

١) الْخَمْرُ حَرَامٌ فَلَا تَشْرَبُوْهَا

٢) لَا تَشْرَبُوْا الْخَمْرَ فَإِنَّ اللهَ حَرَّمَهَا

٣) ﴿رَبَّنَا آمَنَّا فَاغْفِرْ لَنَا وَارْحَمْنَا﴾

٤) أُدْعُو اللهَ فَإِنَّهُ يَسْتَجِيْبُ الدَّعَوَاتِ

٥) إِنَّ اللهَ يَسْتَجِيْبُ الدَّعَوَاتِ فَادْعُوْهُ

٦) ﴿اِصْبِرُوْا فَإِنَّ اللهَ مَعَ الصَّابِرِيْنَ﴾

٧) اشْكُرُوا اللهَ فَإِنَّ اللهَ يُحِبُّ الشَّاكِرِيْنَ

٨) أُصْدُقُوْا فَإِنَّ الصِّدْقَ يَهْدِي إِلَى الْجَنَّةِ

٩) تَأَدَّبُوْا فَإِنَّ الْعِلْمَ لَا يُحْصَلُ إِلَّا بِالْأَدَبِ

١٠) تُوْبُوْا إِلَى اللهِ فَإِنَّ اللهَ يَقْبَلُ التَّوْبَةَ عَنْ عِبَادِهِ

١١) لَا تَسْجُدُوْا لِلْأَصْنَامِ فَإِنَّهَا لَا تَضُرُّ وَلَا تَنْفَعُ

١٢) ﴿وَاصْبِرْ فَإِنَّ اللهَ لَا يُضِيعُ أَجْرَ الْمُحْسِنِينَ﴾

١٣) اِحْفَظْ لِسَانَكَ فَإِنَّكَ مَسْئُوْلٌ عَنْهَا يَوْمَ الْقِيَامَةِ

١٤) أَكْثِرُوْا مِنَ الصَّدَقَةِ فَإِنَّ الصَّدَقَةَ تَدْفَعُ الْمَصَائِبَ

١٥) ﴿إِنَّ اللهَ رَبِّي وَرَبُّكُمْ فَاعْبُدُوْهُ هٰذَا صِرَاطٌ مُسْتَقِيمٌ﴾

١٦) يَا تَاجِرُ، لَا تَخْدَعِ النَّاسَ فَإِنَّ اللهَ يُحَاسِبُكَ يَوْمَ الْقِيَامَةِ

١٧) لَا أَجْلِسُ فِي الدَّرْسِ إِلَّا مُتَوَضِّأً فَإِنَّهَا مِنْ آدَابِ الْعِلْمِ

١٨) لَا أَسْتَطِيعُ أَنْ أَحْفَظَ هٰذَا الدَّرْسَ كُلَّهَا فَإِنَّهُ طَوِيْلٌ جِدًّا

Exercise 2

Join the following sentences together using فَـ.

١) اِعْدِلُوْا / إِنَّ اللهَ يُحِبُّ الْعَدْلَ

٢) لَا تَدْخُلُوْا الغُرْفَةَ / إِنَّ أُمَّكُمْ نَائِمَةٌ فِيْهَا

٣) اِجْتَهِدْ / إِنَّ الْفَضْلَ لَا يُحْصَلُ إِلَّا بِالاجْتِهَادِ

٤) لَا تَسْجُدُوْا لِلْأَصْنَامِ / إِنَّهَا لَا تَضُرُّ وَلَا تَنْفَعُ

٥) أَكْثِرُوْا مِنَ التِّلَاوَةِ / إِنَّ هٰذَا الشَّهْرَ شَهْرُ الْقُرْآنِ

٦) أَخْلِصُوْا فِي الْأَعْمَالِ / إِنَّ اللهَ لَا يَقْبَلُ إِلَّا الْأَعْمَالَ الْخَالِصَةَ

Summary

Joining Sentences Together		
جُمْلَةٌ تَعْلِيْلِيَّةٌ		
Without Additions	Action – Reason	أَحْسِنُوْا إِنَّ اللهَ يُحِبُّ الْمُحْسِنِيْنَ
With لَعَلَّ	Action – Reason	اِتَّقُوْا اللهَ لَعَلَّكُمْ تُفْلِحُوْنَ
With فَـ	Action – Reason	أُعْبُدُوْا اللهُ فَإِنَّهُ خَلَقَكَ
	Reason – Action	اللهُ رَبِّي وَرَبُّكُمْ فَاعْبُدُوْهُ

Part 6: جُمْلَةٌ اسْتِدْرَاكِيَّةٌ

Sometimes, an independent sentence may remove a presumption arising from the previous sentence.
This is called جُمْلَةٌ اسْتِدْرَاكِيَّةٌ.
A جُمْلَةٌ اسْتِدْرَاكِيَّةٌ is translated as but or however.

Types of جُمْلَةٌ اسْتِدْرَاكِيَّةٌ

There are two types of جُمْلَةٌ اسْتِدْرَاكِيَّةٌ:

1. A جُمْلَةٌ اسْتِدْرَاكِيَّةٌ with لٰكِنَّ
2. A جُمْلَةٌ اسْتِدْرَاكِيَّةٌ with لٰكِنْ

لٰكِنَّ

A جُمْلَةٌ اسْتِدْرَاكِيَّةٌ can occur with the حَرْفٌ مُشَبَّهٌ بِالْفِعْل of لٰكِنَّ.

صَامَتْ زَيْنَبُ لٰكِنَّ فَاطِمَةَ مَا صَامَتْ

Zainab fasted, but Fatima did not fast.

The tarkib of this is written as follows:

حَرْفٌ مُشَبَّهٌ بِالْفِعْل	اِسْمُ لٰكِنَّ	خَبَرُ لٰكِنَّ
لٰكِنَّ	فَاطِمَةَ	مَا صَامَتْ
		فِعْلٌ وَفَاعِلٌ

The حَرْفُ الْعَطْفِ of وَ can precede لٰكِنَّ.

صَامَتْ زَيْنَبُ وَلٰكِنَّ فَاطِمَةَ مَا صَامَتْ

Zainab fasted, but Fatima did not fast.

🗹 Exercise 1

Translate the following.

١) هُوَ يَذُمُّكَ وَلَكِنَّكَ لَا تَذُمُّهُ

٢) لَا نَهْدِي النَّاسَ وَلٰكِنَّ اللهَ يَهْدِيْهِمْ

٣) نُعَامِلُهُمْ بِخَيْرٍ وَلٰكِنَّهُمْ يُعَامِلُوْنَنَا بِشَرٍّ

٤) ﴿هِيَ فِتْنَةٌ وَلَكِنَّ أَكْثَرَهُمْ لَا يَعْلَمُونَ﴾

٥) ﴿وَمَا ظَلَمْنَاهُمْ وَلَكِنْ كَانُوْا هُمُ الظَّالِمِيْنَ﴾

٦) ﴿إِنَّ وَعْدَ اللهِ حَقٌّ وَلَكِنَّ أَكْثَرَهُمْ لَا يَعْلَمُوْنَ﴾

٧) إِنْ تَخْدَعِ النَّاسَ وَتَكْذِبْهُمْ يَزِدْ مَالُكَ وَلٰكِنَّ اللهَ لَا يُبَرِكُ لَكَ فِيْهِ

٨) بَعْضُ النَّاسِ يُرِيْدُوْنَ بَلْ يَتَمَنَّوْنَ أَن يَّدْخُلُوا الجَنَّةَ وَلٰكِنَّهُمْ لَا يَفْعَلُوْنَ مَا أَمَرَهُمُ اللهُ بِهِ مِن فَرَائِضَ وَلَا يَتْرُكُوْنَ مَا حَرَّمَ اللهُ عَلَيْهِمْ مِنَ الذُّنُوْبِ وَالْمَعَاصِيْ

لٰكِنْ

A جُمْلَةٌ اسْتِدْرَاكِيَّةٌ can occur with the حَرْفُ عَطْفٍ of لٰكِنْ or وَلٰكِنْ.

صَامَتْ زَيْنَبُ لٰكِنْ مَا صَامَتْ فَاطِمَةُ

صَامَتْ زَيْنَبُ وَلٰكِنْ مَا صَامَتْ فَاطِمَةُ

Zainab fasted, but Fatima did not fast.

Exercise 2

Translate the following.

١) لَا نُشْرِكُ بِاللهِ مِنْ شَيْءٍ وَلٰكِنْ نُؤْمِنُ بِهِ وَبِرَسُوْلِهِ

٢) لَيْسَ هٰؤُلَاءِ عَلٰى هُدًى وَلٰكِنْ هُمْ فِيْ ضَلَالٍ مُبِيْنٍ

٣) أَمَا حَفِظْتَ الدَّرْسَ؟ نَعَمْ حَفِظْتُهُ وَلٰكِنْ نَسِيْتُ أَكْثَرَ مَا حَفِظْتُ

٤) لَا يُحَرِّمُ اللهُ الطَّيِّبَاتِ وَلٰكِنْ يُحَرِّمُ الْخَبَائِثَ وَمَا يَضُرُّنَا وَلَا يَنْفَعُنَا

٥) إِنَّكَ شَابٌّ قَوِيٌّ يَسْتَطِيْعُ أَن يَطْلُبَ الْعِلْمَ وَلٰكِنْ لَا تَجْتَهِدُ وَذٰلِكَ يَحْزُنُنِيْ

٦) «إِنَّ اللهَ لا يَنْظُرُ إِلَى أَجْسَامِكُمْ، وَلَا إِلَى صُوَرِكُمْ، وَلٰكِنْ يَنْظُرُ إِلَى قُلُوبِكُمْ»

٧) هٰذَا الشَّابُّ يُصَلِّي الصَّلَوَاتِ الْخَمْسَ كُلَّهَا وَلٰكِنْ يُسْرِعُ فِي الرُّكُوْعِ وَالسُّجُوْدِ

٨) دَعَا النَّبِيَّانِ مُوْسَى وَهَارُوْنُ عليهما السلام فِرْعَوْنَ إِلَى اللهِ وَلٰكِنْ مَا آمَنَ بَلِ اسْتَكْبَرَ وَقَالَ أَنَا رَبُّكُمْ

٩) أَعْطَيْنَا الْفَقِيْرَ مَالًا لِيَشْتَرِيَ بِهِ طَعَامًا وَلٰكِنْ أَبَى وَقَالَ أُرِيْدُ أَنْ أَكْسِبَ الْمَالَ بِيَدَيَّ وَآكُلَ مِنْ طَيِّبَاتِ مَا كَسَبْتُ

Summary

Joining Sentences Together		
جُمْلَةٌ اسْتِدْرَاكِيَّةٌ		
لٰكِنَّ/ وَلٰكِنَّ	حَرْفٌ مُشَبَّهٌ بِالْفِعْلِ	
لٰكِنْ/ وَلٰكِنْ	حَرْفُ عَطْفٍ	

Summary

Key Terms

English	Arabic	English	Arabic
ف added to جَوَابُ الشَّرْطِ	فَاءٌ رَابِطَةٌ	Vocative Sentence	نِدَاءٌ
لَ added to جَوَابُ الشَّرْطِ	لَامُ الْجَوَابِ	Sentence After Vocative Sentence	جَوَابُ النِّدَاءِ
Sentence After an أَمْرٌ	جَوَابُ الْأَمْرِ	Particle of Vocation	حَرْفُ النِّدَاءِ
Sentence After an نَهْيٌ	جَوَابُ النَّهْيِ	Oath	قَسَمٌ
Sentence that shows reason	جُمْلَةٌ تَعْلِيْلِيَّةٌ	Sentence After Oath	جَوَابُ الْقَسَمِ
Sentence that shows reason	جُمْلَةٌ اسْتِدْرَاكِيَّةٌ	Conditional Conjunction	أَدَاةُ الشَّرْطِ
حَرْفٌ مُشَبَّهٌ بِالْفِعْلٌ, so that	لَعَلَّ	Condition Clause	شَرْطٌ
حَرْفٌ مُشَبَّهٌ بِالْفِعْلٌ, however	لٰكِنَّ	Result Clause	جَوَابُ الشَّرْطِ

Vocabulary

أَسْمَاءُ الشَّرْطِ

English	Arabic	English	Arabic
however	كَيْفَ	whoever	مَنْ
from wherever, however	أَنَّى	whatever	مَا
however many	كَمْ	wherever	أَيْنَ
whichever	أَيٌّ	whenever	مَتَى
		whenever	أَيَّانَ

حَرْفُ الشَّرْطِ

English	Arabic	English	Arabic
if	لَوْلَا	if	إِنْ
		if	لَوْ

أَسْمَاءٌ

English	Arabic	English	Arabic
form, picture	صُورَةٌ ج صُوَرٌ	footsteps	خُطْوَةٌ ج خُطُوَاتٌ
time	عَصْرٌ ج عُصُوْرٌ	body	جِسْمٌ ج أَجْسَامٌ

أَفْعَالٌ

English	Arabic	English	Arabic
to criticise	ذَمَّ يَذُمُّ ذَمًا	to dislike, hate	أَبْغَضَ يُبْغِضُ إِبْغَاضًا
to be safe	سَلِمَ يَسْلَمُ سَلَامَةً	to fear	اِتَّقَى يَتَّقِي اِتِّقَاءً
to live	عَاشَ يَعِيْشُ عَيْشًا	to reward	أَجَرَ يَأْجُرُ أَجْرًا
to deal	عَامَلَ يُعَامِلُ مُعَامَلَةً	to inform	أَخْبَرَ يُخْبِرُ إِخْبَارًا
to protect	عَصَمَ يَعْصِمُ عِصْمَةً	to please	أَرْضَى يُرْضِيْ إِرْضَاءً
to praise	مَدَحَ يَمْدَحُ مَدْحًا	to bless	بَارَكَ يُبَارِكُ مُبَارَكَةً
to advice	وَعَظَ يَعِظُ وَعْظًا	to make sad	حَزَنَ يَحْزُنُ حُزْنًا

سُبْحَانَكَ اللَّهُمَّ وَبِحَمْدِكَ

أَشْهَدُ أَنْ لَا إِلَه إِلَّا أَنْتَ

أَسْتَغْفِرُكَ وَأَتُوبُ إِلَيْكَ

Other Publications

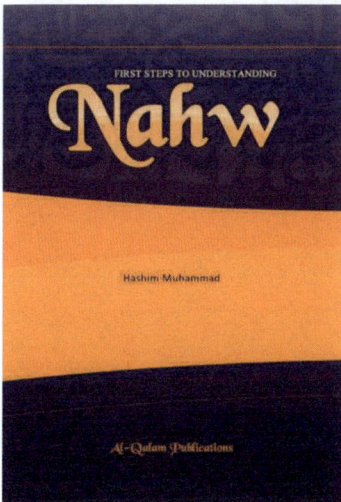

FIRST STEPS TO UNDERSTANDING
Nahw
Hashim Muhammad
Al-Qalam Publications

FIRST STEPS TO UNDERSTANDING
Balagah
Hashim Muhammad
Al-Qalam Publications

Written specifically for English speakers in an easy-to-understand style, First Steps to Understanding Nahw is a simplified, brief introduction to the Arabic Language with a fresh approach.

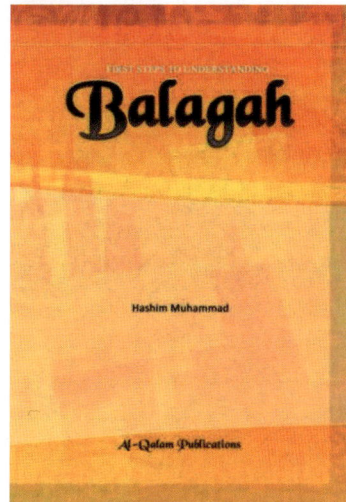

Fundamental in understanding the Quran. First Steps to Understanding Balagah is a basic introduction to the subject, providing a brief overview of essential concepts.

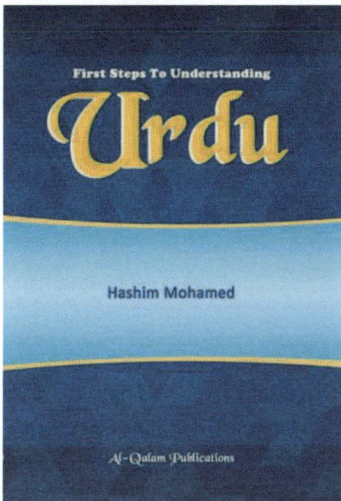

First Steps To Understanding
Urdu
Hashim Mohamed
Al-Qalam Publications

FIRST STEP TO READING
Urdu
Hashim Muhammad
Al-Qalam Publications

Suitable for non-native speakers, even those without Urdu or its sister languages. A new, user-friendly textbook teaching grammar rules and vocabulary, reinforced using exercises.

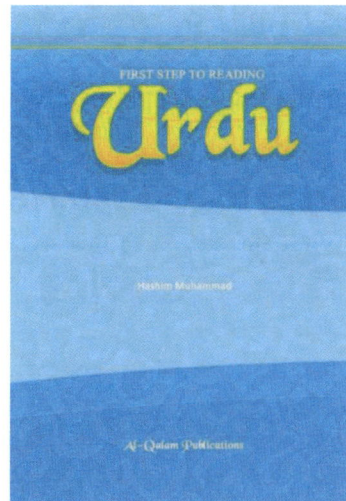

Designed with a focus on reading only, First Steps to Reading Urdu is an entry-level text. Rules are taught with lessons, exercises, and English examples to relate pronunciation to English words.

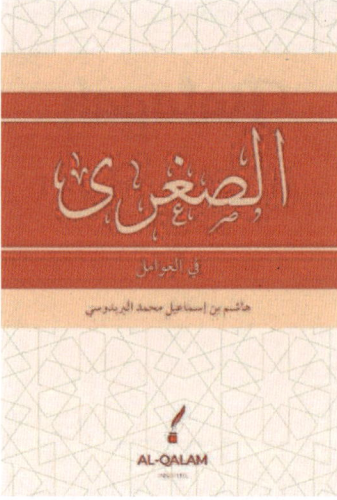

Other Publications

الصغرى
في العوامل
هاشم بن إسماعيل محمد البريدوسي
AL-QALAM

A brief Arabic introduction to the basic concepts of Nahw, based on the Awamil of al-Jurjani and al-Birkwi, and others. Structured with clear headings and the use of colour for ease of navigation. Self-explanatory tables at the end of the book to make key concepts accessible.

Coming Soon (Insha'allah)

First Steps to Understanding Sarf

الْوُسْطَى فِي النَّحْوِ